Theorien der Wirtschaftssoziologie

Theorien der Wirtschaftssoziologie

Ein Lehrbuch

Herausgegeben von
Konstanze Senge

DE GRUYTER
OLDENBOURG

ISBN 978-3-11-070487-7
e-ISBN (PDF) 978-3-11-070488-4
e-ISBN (EPUB) 978-3-11-070495-2

Library of Congress Control Number: 2025937615

Bibliographic information published by the Deutsche Nationalbibliothek
Die Deutsche Nationalbibliothek verzeichnet diese Publikation in der Deutschen Nationalbibliografie;
detaillierte bibliografische Daten sind im Internet über http://dnb.dnb.de abrufbar.

© 2025 Walter de Gruyter GmbH, Berlin/Boston, Genthiner Straße 13, 10785 Berlin
Einbandabbildung: metamorworks/iStock/Getty Images Plus
Satz: Integra Software Services Pvt. Ltd.

www.degruyterbrill.com
Fragen zur allgemeinen Produktsicherheit:
productsafety@degruyterbrill.com

Inhalt

Vorwort —— XIII

Konstanze Senge
I   Einführung in die Geschichte und Themen wirtschaftssoziologischen
     Denkens —— 1

Konstanze Senge
II   Erklärend verstehende Wirtschaftssoziologie nach Max Weber —— 57

Bernadette Hof
III Systemtheoretische Wirtschaftssoziologie nach Niklas Luhmann —— 101

Veronika Zink
IV   Poststrukturalistische Wirtschaftssoziologie —— 141

Christian Helge Peters
V   Praxistheoretische Wirtschaftssoziologie —— 189

Simon Dabrowski
VI   Wirtschaftssoziologische Netzwerkforschung —— 217

Max Weigelin
VII Neue Wirtschaftssoziologie —— 265

Markus Lange
VIII Social Studies of Finance: Sozio-technische Arrangements,
     Kalkulationen und Performativität —— 315

Abbildungsverzeichnis —— 343

Autor*innenverzeichnis —— 345

Register —— 347

Inhaltsverzeichnis

Konstanze Senge

I   **Einführung in die Geschichte und Themen wirtschaftssoziologischen Denkens —— 1**

1   Nachdenken über Wirtschaft: Vorläufer der Wirtschaftssoziologie —— 3

2   Die Klassiker wirtschaftssoziologischen Denkens: Auguste Comte, Emile Durkheim, Max Weber, Georg Simmel —— 16

3   Moderne Klassiker wirtschaftssoziologischen Denkens: Karl Polanyi, Talcott Parsons, Neil Smelser, Niklas Luhmann —— 20

4   Ökonomisierung, oder: Warum boomt die Wirtschaftssoziologie? —— 32

5   Der Boom der Neuen Wirtschaftssoziologie —— 38

6   Eine Leseführung: Warum dieses Buch über die Theorien der Wirtschaftssoziologie? —— 41

       Literatur —— 48

Konstanze Senge

II   **Erklärend verstehende Wirtschaftssoziologie nach Max Weber —— 57**

1   Einleitung —— 57

2   Entstehungsgeschichte —— 59

3   Erkenntnisinteresse einer erklärend verstehenden Wirtschaftssoziologie: die Identifikation subjektiv sinnhafter Orientierungen von Handlungsmustern typisierter Individuen —— 63

3.1   Themen der Wirtschaftssoziologie Max Webers —— 63

3.2   Methodologische Position der erklärend verstehenden Wirtschaftssoziologie —— 68

4   Methodologie und Methode —— 82

5   Zusammenfassung zentraler Begriffe —— 83

6   Kritik, Weiterentwicklung und Rezeption —— 83

6.1   Weiterentwicklungen —— 83

6.2   Theorieimmanente Kritik —— 86

7   Theorieanwendung: Konflikte um den Hambacher Forst —— 87

8   Übungsfragen —— 92

9   Weiterführende Literatur und Medien —— 94

       Literatur —— 96

Bernadette Hof

III   **Systemtheoretische Wirtschaftssoziologie nach Niklas Luhmann —— 101**

1   Einleitung —— **101**

2   Entstehungsgeschichte: Die Systemtheorie zwischen Theorie- und Wachstumskrise —— **103**

3   Erkenntnisinteresse der Systemtheorie —— **107**

3.1   Zur grundsätzlichen theoretischen Perspektive: Soziale Systeme als selbstreferentielle, autopoietische Kommunikationszusammenhänge —— **107**

3.2   Systemtheoretische Thematisierungen der Wirtschaft —— **111**

4   Methodologien, Methoden und untersuchte Phänomene: Zur Empirie —— **119**

5   Zusammenfassung zentraler Begriffe —— **121**

6   Kritik, Weiterentwicklung und Rezeption —— **122**

6.1   Kritik und Weiterentwicklungen der Systemtheorie —— **122**

6.2   Rezeption innerhalb der Wirtschaftssoziologie —— **125**

7   Theorieanwendung: Konflikte um den Hambacher Forst —— **127**

8   Übungsfragen —— **130**

9   Weiterführende Literatur und Medien —— **132**

     Literatur —— **133**

Veronika Zink

IV   **Poststrukturalistische Wirtschaftssoziologie —— 141**

1   Einleitung —— **141**

2   Entstehungsgeschichte: Krise des Marxismus – Transformationen des Kapitalismus —— **145**

3   Erkenntnisinteresse der Theorie: Politische Ökonomie als Spiel der Zeichen —— **148**

3.1   Theoretische Prämissen: Erben des Strukturalismus —— **148**

3.2   Ökonomie als bewegtes Zeichensystem: Das Flottieren ökonomischer Identitäten und der Semiokapitalismus —— **152**

3.3   Analyseebenen und empirische Phänomene: Diskurs, Macht, Subjektivierung —— **154**

4   Methodologie, Methode und empirische Erforschung: Dekonstruktion —— **166**

5   Zusammenfassung zentraler Begriffe —— **168**

6   Kritik, Weiterentwicklung und Rezeption —— **169**

6.1   Stellungskämpfe und kritische Weiterentwicklung —— **169**

6.2   Rezeption innerhalb der Wirtschaftssoziologie —— **173**

7   Theorieanwendung: Konflikte um die Rodung des Hambacher Forst – Diskurs der Biodiversität und die Rekultivierung des Hambacher Forstes —— **175**

8 Übungsfragen ⸺ 178
9 Weiterführende Literatur und Medien ⸺ 181
Literatur ⸺ 183

Christian Helge Peters
V Praxistheoretische Wirtschaftssoziologie ⸺ 189
1 Einleitung ⸺ 189
2 Entstehungsgeschichte ⸺ 191
2.1 Bourdieu und Latour und die Wirtschaftssoziologie ⸺ 191
2.2 Theoretische Verortung zwischen Objektivismus und Subjektivismus ⸺ 191
2.3 Latour und die Akteur-Netzwerk-Theorie ⸺ 192
3 Erkenntnisinteresse ⸺ 193
3.1 Praxis vs. Handlung ⸺ 193
3.2 Ökonomischer Habitus und ökonomische Praxis ⸺ 194
3.3 Kapitalien, Klassen und soziale Ungleichheiten ⸺ 196
3.4 Der Habitus als „zweite Natur" ⸺ 198
3.5 Das ökonomische Feld ⸺ 198
4 Methodologie und Methode ⸺ 201
5 Zusammenfassung zentraler Begriffe ⸺ 202
6 Kritik, Weiterentwicklung und Rezeption ⸺ 202
6.1 Das Verhältnis von Stabilität und Differenz ⸺ 202
6.2 Die Relationalität und Wandelbarkeit des Feldes ⸺ 203
6.3 Intersektionalität: Die Verschränkungen von Machteffekten ⸺ 203
6.4 Rezeption innerhalb der Wirtschaftssoziologie ⸺ 204
7 Theorieanwendung: Konflikte um den Hambacher Forst – Habituskonstellationen ⸺ 205
8 Übungsfragen ⸺ 207
9 Weiterführende Literatur und Medien ⸺ 209
Literatur ⸺ 209

Simon Dabrowski
VI Wirtschaftssoziologische Netzwerkforschung ⸺ 217
1 Einleitung ⸺ 218
2 Entstehungsgeschichte ⸺ 221
3 Erkenntnisinteresse ⸺ 226
3.1 Zentrale Themen ⸺ 226
3.2 Zentrale Theoreme und Konzepte der wirtschaftssoziologischen Netzwerkforschung ⸺ 227
3.3 Empirische Forschungsgegenstände ⸺ 235
4 Methodologie und Methode ⸺ 238
5 Zusammenfassung zentraler Begriffe ⸺ 240

6   Kritik, Weiterentwicklung und Rezeption —— **240**
6.1   Theorieimmanente Kritik —— **240**
6.2   Kritik im Vergleich zu anderen Theorien der Wirtschaftssoziologie —— **241**
6.3   Weiterentwicklungen und Perspektiven —— **243**
6.4   Rezeption innerhalb der Wirtschaftssoziologie —— **247**
7   Theorieanwendung: Konflikte um den Hambacher Forst —— **248**
7.1   Ausgangskonstellation: Ermöglichung extraktiver Tätigkeiten durch
         etablierte, machtvolle Netzwerke —— **249**
7.2   Entstehung der widerständigen Netzwerke und Mobilisierung —— **250**
7.3   Reaktionen der etablierten Akteur*innen als Ergebnis ihrer
         Einbettung in Netzwerke —— **251**
7.4   Aktuelle gesellschaftspolitische Entwicklungen in der
         Netzwerkperspektive —— **253**
8   Übungsfragen —— **253**
9   Weiterführende Literatur und Medien —— **256**
         Literatur —— **257**

Max Weigelin
VII   Neue Wirtschaftssoziologie —— 265
1   Einleitung —— **265**
2   Entstehungsgeschichte —— **270**
3   Erkenntnisinteresse der Neuen Wirtschaftssoziologie: Zur sozialen
         Einbettung und Konstruktion wirtschaftlichen Handelns —— **275**
3.1   Themen —— **275**
3.2   Zentrale Theoreme und Konzepte —— **279**
3.3   Zentrale Forschungsfelder der Neuen Wirtschaftssoziologie —— **287**
4   Methodologie und Methode —— **296**
5   Zusammenfassung zentraler Begriffe —— **300**
6   Kritik Weiterentwicklung und Rezeption —— **300**
6.1   Vergleich zu anderen Theorieangeboten —— **300**
6.2   Weiterentwicklungen —— **302**
7   Theorieanwendung: Konflikte um den Hambacher Forst —— **305**
8   Übungsfragen —— **306**
9   Weiterführende Literatur und Medien —— **307**
         Literaturverzeichnis —— **308**

Markus Lange
**VIII   Social Studies of Finance: Sozio-technische Arrangements,
         Kalkulationen und Performativität —— 315**
1   Einleitung —— **315**
2   Entstehungsgeschichte —— **318**
3   Erkenntnisinteresse —— **323**

4   Methodologie und Methode —— **332**
5   Zusammenfassung zentraler Begriffe —— **332**
6   Kritik, Weiterentwicklung und Rezeption —— **333**
7   Theorieanwendung: Konflikte um den Hambacher Forst —— **334**
8   Übungsfragen —— **336**
9   Weiterführende Literatur und Medien —— **338**
         Literatur —— **339**

Abbildungsverzeichnis —— **343**

Autor*innenverzeichnis —— **345**

Register —— **347**

Vorwort

Wenn man meint, alles Wesentliche zum Thema gesagt zu haben, kommt das Vorwort zum Schluss. In diesem Fall soll das Vorwort dazu dienen, all jenen zu danken, ohne die das Buch nicht in der vorliegenden Weise hätte geschrieben werden können. Zunächst möchte ich den Autor*innen danken, die über einen Zeitraum von drei Jahren am Ball geblieben sind und ihre spezifische theoretische wirtschaftssoziologische Expertise eingebracht haben. Alle Autor*innen sind derzeitige oder ehemalige Mitarbeiter*innen am Lehrstuhl für Wirtschafts- und Organisationssoziologie an der Martin-Luther-Universität Halle-Wittenberg und alle sind Expert*innen auf ihrem Gebiet. Von daher möchte ich mich nicht nur für die Mitarbeit an diesem Buch bedanken, sondern auch dafür, dass diese lebendige theoretische, Empirie geleitete Diskussionskultur durch die jeweiligen Schwerpunkte die gemeinsame Arbeit während der Semester in den Kolloquien, den gemeinsamen Seminaren und bei Lehrstuhltreffen so spannend und anregend macht. Ich danke Bernadette Hof, Veronika Zink, Simon Dabrowski, Markus Lange, Helge Peters und Max Weigelin für ihre Unterstützung. Bedanken möchte ich mich auch bei Audrey Terracher-Lipinski und Lisa Knoll, die das Projekt mit Ihren Ideen unterstützt haben. Wichtig waren bei den vielen Korrekturschleifen und Manuskripterstellungen die studentischen Hilfskräfte des Lehrstuhls Konrad von Bülow, Lena Buchmann, Thale Wöll, Xing Qin. Bedanken möchte ich mich zudem für die tatkräftige Unterstützung aus dem Sekretariat, bei Frau Bettina Tuchardt, die nicht nur unsere zwei Tagungen zum Buchprojekt in Essen und Schwerin für uns zu einem sehr angenehmen und konstruktiven Austausch hat werden lassen, sondern stets bei der Planung immer eine Unterstützung ist. Mein Dank gilt auch dem Verlag, insbesondere Herrn Geßl, der uns bei der Erstellung des Manuskriptes stets behilflich war. Vor allem und ganz besonders möchte ich die Arbeit von Anouk Wielockx hervorheben, die als studentische Hilfskraft eine hervorragende Mitarbeiterin war und alle, von eigenwilligen Wissenschaftler*innen erstellten Manuskripte in eine einheitliche Formatvorlage überführte.

Ich hoffe, mit dem vorliegenden Buch viele Studierende für die Theoriearbeit auch in der empirischen Forschung zu sensibilisieren und neugierig zu machen auf das, was die wirtschaftssoziologische Forschung bereit hält.

Halle (Saale), im April 2025   Konstanze Senge

https://doi.org/10.1515/9783110704884-204

Konstanze Senge

I Einführung in die Geschichte und Themen wirtschaftssoziologischen Denkens

Die Wirtschaftssoziologie ist als vergleichsweise junge soziologische Subdisziplin erst seit den 1980er Jahren institutionell im Fach verankert. Gleichwohl gehören Auseinandersetzungen über wirtschaftliche Phänomene zu den Gründungsszenen der Soziologie. So waren etwa Karl Marx und Friedrich Engels[1], Emile Durkheim, Georg Simmel und Max Weber in ihrem wissenschaftlichen Schaffen insbesondere auch von den wirtschaftlichen Wandlungsprozessen ihrer Zeit motiviert: Marx und Engels nahmen die durch die Industrialisierung herbeigeführten Missstände und Verelendungen zum Anlass, um über Kapital, Produktionsgesetze, Arbeit und Profit zu schreiben. Durkheim fokussierte die Bedeutung der Arbeitsteilung. Simmel betrachtete die gesellschaftlichen Auswirkungen der Geldwirtschaft. Und Weber untersuchte die historischen Ursprünge und Varianten des modernen Kapitalismus. Und auch diese Gelehrten, die Gründer der Soziologie und wirtschaftssoziologisch argumentierenden Vertreter*innen der Disziplin standen auf den „Schultern von Riesen"[2], indem sie Ideen, Überlegungen und Relevanzsetzungen von Ökonom*innen und Moralphilosoph*innen aufgriffen,[3] deren Wirken wiederum bis in das 16. Jahrhundert zurückreicht.[4]

Vor diesen Hintergründen stellen sich Fragen, die dieses Buch motivieren: Wenn soziologisches Denken in seinen Ursprüngen auch wirtschaftliche Phänomene zum Gegenstand hatte, wie hat sich dieses Denken über Wirtschaft dann im Laufe der letzten 100 Jahre verändert? Welche theoretischen Perspektiven der gegenwärtigen

---

[1] Marx und Engels wirkten zwar vor der Gründung des Faches, aber ihre Ideen sind so grundlegend für die Soziologie und die Wirtschaftssoziologie, dass ein Teil ihrer Schriften oft zum Kanon der Soziologie gezählt wird.

[2] „Auf den Schultern von Riesen zu stehen" ist hier mehr als ein geflügeltes Wort: Es bedeutet die tiefe Anerkennung dessen, was die Begründer des Faches und andere Gelehrte in ihrer Hingabe an den Versuch, Gesellschaft und die Möglichkeit von Gesellschaft zu verstehen, an Gedanken und Ideen vermacht haben. In diesem Sinne steht der folgende Versuch einer Einleitung in das wirtschaftssoziologische Denken in Sympathie mit einer historisch argumentierenden Tradition soziologischen Denkens (Coser 1971; Weber 1988a, b, c).

[3] In der Tat handelt es sich bei dem Blick in die Vergangenheit meist um Überlieferungen des Denkens von männlichen Gelehrten. Der Einfluss, den Frauen auf die Theoriegeschichte hatten, ist bislang wenig erforscht und bildet ein Lücke in der folgenden Darstellung. Erst langsam kommen Arbeiten dazu, welche auch soziologische und volkswirtschaftliche Beiträge von Frauen aus dem letzten Jahrhundert hervorheben (z.B. Honegger/Wobbe 2014; Gronert 2001).

[4] Und natürlich finden sich Überlieferungen aus der Zeit der Antike bei griechischen Denkern und Philosophen und römischen Schriftstellern sowie im Mittelalter bereits elaborierte Überlegungen über die Lehre des gerechten Preises (Albertus Magnus), das Zinsverbot (Thomas von Aquin) und die Geldlehre (Jean Buridan, Nicole Oresme) (Kolb 1997).

https://doi.org/10.1515/9783110704884-001

Wirtschaftssoziologie sind Weiterentwicklung früherer Überlegungen und Konzepte? Gibt es Fragen, die immer wieder neu gestellt werden? Welche theoretischen Perspektiven wurden weiterentwickelt? Was bedeutet überhaupt „Theorie" in der Wirtschaftssoziologie? Und wie sieht das Verhältnis von Theoriegenese zu den vielfältigen empirischen Forschungen in der Wirtschaftssoziologie aus?

Im Folgenden gehen wir auf diese und verwandte Fragen ein, indem wir einige Theorien bzw. theoretische Perspektiven der Wirtschaftssoziologie vorstellen, einordnen, reflektieren und als Praxisadaptionen im Selbstversuch auf einen ausgewählten empirischen Fall (die Rodung des Waldes Hambacher Forst) anwenden. Hierfür betrachten wir in den folgenden Kapiteln eingehender: die erklärend verstehende Wirtschaftssoziologie nach Weber (Kap. II), Wirtschaft in der Systemtheorie von Niklas Luhmann (Kap. III), poststrukturalistische Theoriefundamente über Wirtschaft und Kritik (Kap. IV), Praxeologische Perspektiven über wirtschaftliche Praktiken und Felder (Kap. V), die wirtschaftssoziologische Netzwerkforschung (Kap. VI), die Neue Wirtschaftssoziologie, die sich seit den 1980er Jahren formierte (Kap. VII) sowie die von der Wissenschafts- und Technikforschung geprägten Social Studies of Finance (Kap. VIII).

Wie es zu dieser Auswahl kam, was die Idee hinter dem einheitlichen Aufbau der Kapitel ist, welche Beispiele verwendet werden und wie das didaktische Angebot in der Hoffnung einer adäquaten Orientierung in dem Buch aussieht, wird zum Ende dieses ersten Kapitels erläutert. Zunächst erscheint es jedoch angebracht, mit einer Spurensuche zu beginnen, in der wesentliche wirtschaftliche Entwicklungen der jüngeren Geschichte und deren wirtschaftstheoretische bzw. wirtschaftssoziologische Analysen identifiziert und verortet werden.

Im Folgenden wird daher eine Skizze des Denkens über ökonomische Zusammenhänge mit dem Ziel angelegt, manche der Themen aufscheinen zu lassen, die für die Wirtschaftssoziologie wichtig geworden sind. Ebenso erhellend ist es gleichsam zu sehen, welche Themen, die einst für das Nachdenken über ökonomische Zusammenhänge der Wirtschaft in der Vergangenheit bedeutsam waren, in der heutigen Diskussion vernachlässigt werden. Aus diesem Grund wird sich die folgende kursorische Darstellung auf jene gedanklichen Traditionen beziehen, wie sie insbesondere in Europa nach dem Mittelalter vom 16. bis ins 19. Jahrhundert überliefert worden sind und in volkswirtschaftliche und ökonomische Theorien sowie praktische Überlegungen der jeweiligen Zeit eingeflossen sind (vgl. Kap. I.1.). Mit Ende des 19. Jahrhunderts als sich die Soziologie als Fach gründete, formulierten die Gründer der Soziologie grundlegende Vorstellungen über die Ursachen, Funktionsweise und Konsequenzen ökonomischer Prozesse. Aber erst in der Mitte des 20. Jahrhunderts wurden soziologische Großtheorien über das, was wir allgemein als „die Wirtschaft" bezeichnen, entwickelt. Die Ideen dieser soziologischen Klassiker wie Auguste Comte, Emile Durkheim, Max Weber, Georg Simmel, Schumpeter, Karl Polanyi, Talcott Parsons und Niklas Luhmann sollen daher im Anschluss an das folgende Unterkapitel mit Blick auf ihren wirtschaftssoziologischen Beitrag gewürdigt werden (vgl. Kap. I.2.). Die anschließenden Unterkapitel nehmen in einer stärker ausgerichteten wissenssoziologischen Perspektive die ökonomischen gesellschaftlichen Veränderungen seit den 1970er Jahren in den Blick, um den Boom der Neuen Wirtschaftssoziologie herzuleiten und die Bedeutung der Wirtschaftssoziologie als Subdisziplin der Soziologie zu begründen (vgl. Kap. I.3. und Kap.I.4.). Unterkapitel I.5. hebt abschließend mit Blick auf die Spezifikationen wirtschaftssoziologischer Theoriebildung die besondere Funktion dieses Lehrbuches hervor. Es ist zudem als Leseführung gedacht, indem es die didaktischen Mittel vorstellt, die einheitlich in den Kapiteln zwei bis acht verwendet werden.

1 Nachdenken über Wirtschaft: Vorläufer der Wirtschaftssoziologie

Welche Überlegungen, welche Fragen und ökonomische Probleme waren es nun, die das Denken von Ökonom*innen und später Wirtschaftssoziolog*innen prägten? Über Jahrhunderte hinweg setzten Vertreter*innen der großen Schulen seit dem 16. Jahrhundert – Merkantilist*innen, Physiokrat*innen, Vertreter*innen des Liberalismus sowie Vertreter*innen des Sozialismus, des Keynesianismus und Neoliberalismus – unterschiedliche Schwerpunkte: bestimmt durch religiöse Vorstellungen und das einsetzende aufklärerische Denken; geprägt durch historische Besonderheiten wie die staatliche Kontrolle des absolutistischen Staates; beeinflusst durch Unabhängigkeitsbewegungen in den Vereinigten Staaten von Amerika; motiviert durch eine sowohl mittels Handel als auch Krieg erzielte Ausbeutung von Edelmetallen und die Entstehung von Reichtum; angetrieben durch Verelendungsprozesse und Vorstellungen von Gerechtigkeit; auf der Suche nach Gleichgewichtstheorien und Entwicklungsgesetzen im Gütersektor und im monetären Bereich; sowie in dem Streben nach der Entdeckung von Markt- und Entwicklungsgesetzen der Ökonomie. Ohne Zweifel gehören zudem zu den Kernfragen volkswirtschaftlichen Denkens Überlegungen und Vorstellungen von ineinander greifenden Prozessen im Zusammenhang mit der Beobachtung einer arbeitsteiligen Ökonomie (Luhmann 1998).

Während wir heute dazu neigen, gesellschaftliche Bereiche wie „die Wirtschaft", „die Politik", „das Bildungssystem" u. ä. gedanklich zu abstrahieren und ihnen eine eigenlogische Funktionsweise zuschreiben, waren die früheren Jahrhunderte in Westeuropa von der Vorstellung geprägt, „die Nation" als eine politische und ökonomische Einheit zu begreifen, deren soziale Ordnung – Recht, Politik, Ökonomie, Kultur – zwar noch im Mittelalter Ausdruck von Gottes Gnaden war, mit dem beginnenden 16. Jahrhundert zunehmend als Ausdruck des Willens des Souveräns später als Volkes Wille galt.

Als Vertreter einer solchen, dem Willen des Souveräns folgenden Vorstellung galten die **Merkantilisten** in den modernen Ländern in Europa (England, Frankreich, Deutschland) und in europäischen Kolonien (16. bis 18. Jahrhundert). Entsprechend galten wirtschaftliche Prozesse unter den Vertretern des Merkantilismus als Vorgänge, die den Reichtum des Fürsten bzw. die von ihm kontrollierte Staatskasse fördern sollten (Kolb 1997: 15 ff.).[5] Das ökonomische Denken bezog sich auf „das Ganze", womit die Einheit des nationalen und territorialen Staates gemeint war. Geistesgeschichtlich ist der Merkantilismus der Epoche der Aufklärung zugehörig. Kennzeichnend für den Merkantilismus ist eine Kritik des mittelalterlichen Universalismus, welcher den verschiedenen Lebensbereichen eine einheitliche und gemeinsame Ordnung zuschrieb, die in der Regel religiöser Art war. Die für den Merkantilismus typische Unterordnung der Wirtschaft unter die Interessen Staates bedeutete faktisch, die Nutzung der nationalen Produktion für politische und militärische Ziele (Kolb 1997: 16). Zu den wichtigsten gelehrten Vertreter des Merkantilismus zählen in England Thomas Mun (2008), William Petty (1690) und Nicolas Barbon (2021); in Frankreich Jean Bodin (2018), der Schotte John Law (2023)[6]; Hugo Grotius (2017) in den Niederlanden; in Österreich zum Beispiel Heinrich von Justi (1759) (vgl. Kolb 1997: 20 ff.).[7]

Mit Blick auf die Zielsetzung, die Ökonomie habe politischen und militärischen Zwecken zu dienen, entwickelten sich im Merkantilismus zwei zentrale ökonomische Lehren: a) Zum einen handelt es sich um das Theorem der aktiven Handelsbilanz, womit die Vorstellungen verbunden war, eine positive Zahlungsbilanz durch eine entsprechende Steuerung des Außenhandels[8] zu erzielen und nicht, wie bis damals üblich, durch die Vermeidung jeglicher Kapitalabflüsse ins Ausland (Mun 2008). Der Fokus rückte damit auf die Bilanz des Handels. b) Zum anderen war damit auch eine spezifische Geldlehre verbunden. Beeindruckt durch die großen Mengen an Edelmetallen, welche über die Schifffahrtswege nach Europa kamen, entwickelte Jean Bodin eine einfache Quantitätstheorie, nach welcher Geldmenge und Geldwert sich umgekehrt proportional voneinander entwickeln (Bodin 2018). Merkantilisten gingen dazu über, die Verknappung und Hortung von Geld zu vermeiden und den Umlauf desselben zu fördern (Kolb 1997: 17).

Ohne jetzt näher auf die Geschichte der Geldtheorie einzugehen, zeigt dieser flüchtige Blick auf die Ideen der Merkantilisten, dass zentrale Themen der Ökonomie

---

5 Als Beginn des Merkantilismus wird das Jahr der Entdeckung Amerikas (1492) genannt und als Ende des Merkantilismus das Jahr der Verkündung der amerikanischen Unabhängigkeitserklärung (1776) – das Jahr, in dem Adam Smith sein berühmtes Werk „The Wealth of Nations" veröffentlichte (Kolb 1997: 15).

6 In Frankreich ist die merkantilistische Wirtschafts- und Verkehrspolitik mit dem Namen Jean-Baptiste Colbert gleichzusetzen, warum man auch von „Colbertismus" spricht. In Deutschland spricht man von Kameralismus (Kolb 1997: 25 ff.).

7 Viele Forderungen und Ideen der Merkantilisten wurden nicht nur von Gelehrten hervorgebracht, sondern auch von einflussreichen Kaufleuten (Kolb 1997: 22).

8 Insbesondere sollten es Ausfuhrzölle auf Waren sein, welche die Handelsbilanz verbesserten, später kamen weitere Mittel wie Subventionen, geringe Einfuhrzölle auf benötigte Waren, Ausfuhrverbote für bestimmte Rohstoffe, Steuerprivilegien mancher Organisationen, Kolonialisierungen etc. hinzu. Diese Maßnahmen brachten die damals vorherrschende Überzeugung der Merkantilisten zum Ausdruck, dass der Wohlstand eines Landes im Kern auf Kosten des Wohlstandes anderer Nationen erreicht werden kann (Bodin 2018; Kolb 1997: 19).

wie Handelsbilanzierungen und Geldtheorie, welche bis heute die Wirtschaftswissenschaften und auch die Wirtschaftssoziologie beschäftigen, schon früh, vor Jahrhunderten erdacht wurden. In der heutigen Wirtschaftssoziologie sind immer noch und wieder neue Fragen nach der Funktion von Preisen (Luhmann 1983) und der Rolle des Geldes (Paul 2017; Sahr 2018) zentral. Die Antworten, welche die Merkantilisten entwarfen, waren geprägt von der Suprematie des Souveräns. Zwar gab es im Laufe der Entwicklung räumliche und zeitliche Unterschiede innerhalb Europas, die sich in den Spielarten des Kommerzialismus (England, Niederlande), Colbertismus (Frankreich) und Kameralismus (Deutschland) zeigten, jedoch waren alle durch einen bewusst oder unbewusst gelebten Nationalcharakter geprägt (Kolb 1997: 20 ff.). Die heutigen Antworten spiegeln ihrerseits Entwicklungen wider, welche auf eine funktional differenzierte Gesellschaft verweisen (Luhmann 1998).

Die zunehmend sichtbar werdenden Schwächen des Merkantilismus im endenden 17. Jahrhundert, die Privilegien einiger Gewerbetreibender, die aufkommende Not der landwirtschaftlichen Bevölkerung in einigen Ländern sowie die angespannten Haushalte mancher Staaten, boten Raum und soziale Notwendigkeit, das ökonomische Denken zu verändern (Kolb 1997: 37 ff.). In der Folge wurde der Merkantilismus durch geänderte Wertvorstellungen, wie sie von den Physiokraten vorgetragen wurden, herausgefordert und eine neue Schule, der **Physiokratismus** entwickelte sich in der zweiten Hälfte des 18. Jahrhunderts: Die Physiokrat*innen gingen dazu über, Geld, Handel und Produktion mit dem Ziel der Förderung des Wohlstands größerer Bevölkerungsteile zu ermöglichen, wobei es ihnen auch um eine Enthaltsamkeit, eine Nichteinmischung des Staates ging (Kolb 1997: 37). Konnte der Merkantilismus als Protektorat des gewerblichen Standes bezeichnet werden, so war der Physiokratismus ein Schützer des dritten ländlichen Standes, was sich u. a. in der Zusammenlegung kleinerer Güter in große Pachtgüter äußerte, gepaart mit der Forderung der unbegrenzten Konkurrenz des Gewerbes und des Handels (Kolb 1997: 38). Aufgrund dieser Merkmale ordnet Kolb den Physiokratismus auch dem ökonomischen Liberalismus zu (Kolb 1997: 38), dem der Eigennutz des einzelnen als „die mechanische Gesetzlichkeit der Wirtschaft" galt (Kolb 1997: 39). Zu den wichtigsten Vertretern des Physiokratismus in Frankreich gehörte **François Quesnay (1694–1774)** und seine Analyse des „Tableau économique" (2015), dessen Kreislaufidee im Prinzip unsere heutige volkswirtschaftliche Gesamtrechnung prägt (Kolb 1997: 46); der Marquis de Mirabeau und die von ihm und anderen geforderte Alleinsteuer sowie die daraus abgeleiteten Reformvorschläge wie eine Begrenzung der Staatsverschuldung sind ebenfalls heute immer noch Schlüsselthemen finanzpolitischer Entscheidungen in Bezug auf nationale Haushalte (Royer 2010); Anne Robert Jacques Turgot, dessen Ansichten zwar nicht deckungsgleich waren, der aber ebenfalls eine Alleinsteuer empfahl und angesichts der verheerenden Finanzkrise in Angoulême die verzinste Verleihung von Geld erstmals wissenschaftlich im ökonomischen Kontext thematisierte (Turgot 1913);[9,10] in Deutschland zählten Johann August Schlettwein (2017), Theodor Schmalz (2020), Friedrich Carl Fulda (2018) u. a. dazu (Kolb 1997: 42 f.). Diese Vertreter des Physiokratismus artikulierten mit ihren Ideen nicht nur eine ökonomische Theorie, sondern auch eine sozialphilosophische Anschauung, die vieles von dem erstmalig aufnahm, was später im klassischen Liberalismus der Wirtschaftswissenschaft und auch in der Figur des homo oeconomicus wichtig wurde.

Da die Figur des homo oeconomicus zentral ist für die Wirtschaftswissenschaften und die Wirtschaftssoziologie, soll dieses Akteursmodell kurz erläutert werden: Der homo oeconomicus steht für eine Vorstellung eines spezifischen Akteursmodells der Wirtschafts- und Sozialwissenschaften.[11] Dieses Model zeichnet sich durch die folgenden Annahmen aus: Der homo oeconomicus, so die idealisierte Annahme, strebt stets danach, den eigenen Nutzen durch seine Entscheidungen und Handlungen zu maximieren. Ferner wird zugrunde gelegt, dass derartige Vorhaben der Nutzenmaximierung erfolgreich durchgeführt werden können, da Akteur*innen im Wissen um alle möglichen Alternativen in einer Entscheidungssituation sind und korrekt beurteilen können, die Umsetzung welcher Alternative in der jeweiligen Situation den größtmöglichen Nutzen mit sich bringen wird. Das Besondere in diesem Idealmodell ist nun darin zu sehen, dass die Übersetzung vorgestellter Alternativen in Entscheidungsresultate auch ohne Reibungsverlust abläuft, dass also genau das zuvor Imaginierte durch die Umsetzung einer Handlung konstituiert wird. Fehler, Falscheinschätzungen, wechselnde Präferenzen, Widerstände, Einflüsse durch andere und Kompromisse u. ä. spielen in der Welt des homo oeconomicus keine Rolle. In der Soziologie wird diese Position und Abwandlungen derselben von Vertreter*innen des Rational Choice Paradigmas vertreten, zu denen auch die, für die Wirtschaftssoziologie bedeutenden Sozialwissenschaftler Gary Becker (1976) und Gorge Homans (1958) gehören; aus Perspektive der Neuen Wirtschaftssoziologie, eine Perspektive, die seit den 1990er Jahren die für Subdisziplin führende ist, gilt der homo oeconomicus als ein unrealistisches, da untersozialisiertes Bild von Akteur*innen (Granovetter 1985).

In Fortführung und Erweiterung der physiokratischen Theorieperspektive entwickelte sich ab dem 18. Jahrhundert die Epoche des **klassischen Liberalismus**, welche auch als „Klassische Schule der Nationalökonomie" bezeichnet wird. Diese Schule entspringt aus dem Geiste einer rationalistischen Denkweise, womit die Überlegenheit des ordnenden Verstandes gemeint ist. Der Liberalismus baut auf dem Prinzip der individuellen Freiheit und dementsprechend auf dem Ziel einer Minimierung von Herr-

---

9 Vgl. auch https://de.wikipedia.org/wiki/Anne_Robert_Jacques_Turgot oder Turgot (1913). (letzter Aufruf: 10.04.2025).
10 Weitere Vertreter des Physiokratismus in Frankreich waren Mercier de La Rivière, Le Trsnoe, Du Pont (1846) u. a. (Kolb 1997: 41 f.).
11 Vgl. https://www.bpb.de/kurz-knapp/lexika/lexikon-der-wirtschaft/19635/homo-oeconomicus/ (letzter Aufruf: 31.03.2025).

schaft auf. Einig war man hinsichtlich der Unverletzbarkeit des Privateigentums an Produktionsmitteln. Die Vertreter des Liberalismus, die klassischen Nationalökonomen analysierten die Ökonomie als einen Kreislauf, der vom Eigennutz des Individuums angetrieben, durchaus zum Wohle aller wirken kann – wobei der Gedanke des Eigennutzes nicht für alle Varianten des Liberalismus gleichermaßen gilt. Denn manche Ideen und Werte des ökonomischen Liberalismus entwickelten sich in den nationalen Ökonomien in Abhängigkeit der historisch spezifischen Institutionengefüge und in verschiedenen Phasen des Liberalismus sehr unterschiedlich.[12] Wesentlich ist für die Epoche des Liberalismus die Beobachtung, dass der Mensch mit der Zeit dazu überging, einzelne Bereiche des Lebens zu identifizieren, die differenten Regeln unterlagen wie der Ordnung des Ökonomischen, des Politischen, des Religiösen usw., in denen Personen als homo oeconomicus, homo politicus usw. handeln. Denn die im 18. Jahrhundert mit der Aufklärung einsetzende Modernisierung und der damit einhergehende Säkularisierungsprozess relativierten die durch die Religion entstandenen Handlungsmuster, so dass es zu einem Glaubwürdigkeitsverlust religiöser Deutung im Bewusstsein der Menschen kam (Berger 1994: 3; Berger/Luckmann 1995: 40). Der einst durch die Religion vermittelte Sinn des Lebens, die Hoffnung auf ein heilversprechendes Jenseits, dem das gesamte Denken und Tun untergeordnet war, verblasste. Die für moderne Gesellschaften charakteristischen differenten Lebensbereiche bildeten sich langsam seit dieser Epoche heraus (Hondrich 1982a, b: 48).[13]

Als der bekannteste Vertreter des Liberalismus gilt bis heute der Schotte **Adam Smith (1723–1790)**. Sein Werk „Der Wohlstand der Nationen" (1999) gilt als der Klassiker der Volkswirtschaftslehre und Smith als der Vertreter der freien Marktwirtschaft. Entgegen dieser dominanten Lesart der Smith'schen Werke, weist Smiths Analyse der Arbeitsteilung zum einen viele Beispiele für eine nicht freie Marktwirtschaft und für die Einmischung des Staates wie auf dem Gebiet der Erleichterung von Handelsmöglichkeiten durch Handelswege, Bildungsmöglichkeiten zur Abpufferung monotoner Arbeiten, Justizwesen zur Regelung von Handelsstreitigkeiten und die Landesverteidigung auf; zum anderen finden sich in Smiths Werk (1999) viele tiefgehende soziologische Überlegungen zu den Themen Tausch, Markt, soziale Motivation, Lohnhöhe, Preistheorie sowie über den Wirtschaftskreislauf und über das Verhältnis von Staat

---

12 Dies zeigt sich beispielsweise heute noch in der unterschiedlichen Begriffsverwendung von „liberal": So wird der Begriff in den USA für das politisch linke Parteienspektrum verwendet. In Frankreich steht die Bezeichnung „liberal" für einen traditionellen Antiklerikalismus oder einen wirtschaftlichen Liberalismus. In Deutschland wird der parlamentarische Liberalismus aufgrund seiner Wirtschaftsnähe hingegen eher als politisch „rechts" oder „bürgerlich" eingestuft.
13 Allgemein werden bestimmte Grade der Differenzierung unterschiedlichen evolutionär entwickelten Gesellschaftsformen zugerechnet. So unterscheidet zum Beispiel Luhmann zwischen primitiven Gesellschaften, der Gesellschaft der Hochkultur und der modernen industriellen Gesellschaft, die einen besonders hohen Grad an Differenzierung aufweist (Luhmann 1980: 25 ff.)

und Ökonomie.[14] Vor allem widmet sich Smith dem Beschäftigungsproblem angesichts einer hohen Arbeitslosigkeit in Großbritannien und kommt zu der doch eher optimistischen Einschätzung, die Umsetzung der Eigenliebe und der eigenen Vorteile werde die Beschäftigung maßgeblich befördern (Smith 1999: 43):

„Nicht vom Wohlwollen des Metzgers, Brauers und Bäckers erwarten wir das, was wir zum Essen brauchen, sondern davon, dass sie ihre eigenen Interessen wahrnehmen. Wir wenden uns nicht an ihre Menschen- sondern an ihre Eigenliebe, und wir erwähnen nicht die eigenen Bedürfnisse, sondern sprechen von ihrem Vorteil." (Smith 1999: 17).

Heutzutage hat „Eigenliebe" für uns eine andere Bedeutung, verstehen wir darunter doch die Fokussierung auf eine Identität, mitunter die Selbstbezogenheit auf den eigenen Körper und die Maximierung individueller auch materieller Wünsche – dies alles aus einer Situation des Wohlstands. Smith, geprägt durch die Erfahrung der hohen Arbeitslosigkeit in Großbritannien und das Elend in den Städten, versteht unter Eigenliebe mehr den Instinkt oder das „natürliche Streben jedes Menschen, seine Lage zu verbessern" (Kolb 1997: 59). Das Mittel zur Vorteilsgenerierung ist für Smith die Arbeitsteilung; diese führt zu größerer Geschicklichkeit, Zeitersparnis und technischer Verbesserung (Smith 1999: 16 ff.).[15] Den Nachteil der Abstumpfung und den damit einhergehenden Verlust differenzierter Empfindungen wie Selbstlosigkeit, Großmut oder Güte sucht Smith durch eine staatliche Schulausbildung in den Grundfächern Lesen, Schreiben und Rechnen entgegenzuwirken (Smith 1999: 662 ff.). Interessanterweise greift Smith hier ein Problem auf, dass in der wirtschaftssoziologischen Debatte seit den 2000er Jahren über Entfremdung, Subjektivierung, Burn-out etc. immer noch virulent ist, seine Lösungen allerdings sind nicht mehr aktuell (Bröckling 2007; Ehrenberg 2008; Neckel/Wagner 2014).

Für Smith bringt die Arbeitsteilung auch auf internationaler Ebene Vorteile, denn jedes Land kann sich auf die Spezialisierung jener Produkte konzentrieren, die es kostengünstiger herstellen kann. Bedingung dafür sind freie, internationale Märkte (Smith 1999: 567).

In Smith' Erstlingswerk „Theorie der ethischen Gefühle" (2010) liefert er die Begründung, warum das Streben nach Eigennutzen und eigenen Vorteilen nicht zu einem Zerfall von Gesellschaften bzw. Gemeinschaften führt. Denn Smith glaubt entdeckt zu haben, dass die Menschen Neigungen, Gefühle und Leidenschaften wie Ei-

---

14 Anzumerken sei hier nur, dass Smith die Einflussnahme des Staates auf die Wirtschaft zwar reglementierte, nie aber den gänzlichen Rückzug forderte; ebenso wurde der Begriff des „laissez faire", der ihm häufig zugesprochen wird, in seiner 1000-seitigen Abhandlung nicht verwendet; und die Metapher der „unsichtbaren Hand des Marktes" findet bekanntlich nur einmalig Erwähnung in „The Wealth of Nations" (Smith 1999: 371).
15 Mit dieser Vorstellung wendet sich Smith gegen die Lehre der Physiokraten, dass der Boden die einzige Quelle zur Gewinnung wirtschaftlicher Werte sei; er teilt aber die Kritik der Physiokraten am Merkantilismus und deren Bestreben nach staatlicher Regelung der Ökonomie.

genliebe, Mitgefühl, Neid zeigen (moral sentiments) (Smith 2010: 37 ff.). Für ihn bedeutete dies, dass der Mensch in der Lage ist, sich in die Rolle seines Gegenübers zu versetzen und ihn zu verstehen:

> Mag man den Menschen für noch so egoistisch halten, es liegen offenbar gewisse Prinzipien in seiner Natur, die ihn dazu bestimmen, an dem Schicksal anderer Anteil zu nehmen, und die ihm die Glückseligkeit dieser anderen zum Bedürfnis machen, obgleich er keinen anderen Vorteil daraus zieht, als das Vergnügen, Zeuge davon zu sein (Smith 2010: 5).

Anhand der Einschätzungen, die wir über das Verhalten anderer vornehmen, bilden wir laut Smith auch Urteile über unser eigenes Verhalten.[16] Aus diesem Grunde hält der Mensch sich selbst zurück und versucht, sein Verhalten mit dem Verhalten anderer abzustimmen. Von absoluter Freiheit und grenzenlosem Egoismus ist also bei Smith nicht die Rede. Bei Fehlinterpretationen oder fehlender Reziprozität bedarf es des Staates als Ordnungshüter (Smith 1999: 347 ff.). Deshalb benötigt für Smith das Prinzip der absoluten freien Marktwirtschaft immer der Korrektur.

Zudem dienen Smith´s Werke auch als Inspiration für Auseinandersetzungen über die Differenzierung von Tauschwert und Gebrauchswert und über die Fragen, ob Zeit, Mühe, Seltenheit den Wert einer Ware ausmachen (Smith 1999: 27 ff.). So sind insbesondere auch seine Aussagen zur Preisfindung vor allem für die Wirtschaftswissenschaften wegweisend gewesen und in impliziter Auseinandersetzung mit diesen auch für die Soziologie der (Bewertung (siehe z.B. Beckert 2013; Diaz-Bone /Didier 2016; Peetz 2021). Smith schreibt zum Beispiel für die Preisfindung für die Ware Arbeit, dass diese sich entlang von Angebot und Nachfrage der Arbeitskräfte entscheide:

> Der Mensch ist darauf angewiesen von seiner Arbeit zu leben, und sein Lohn muss mindestens so hoch sein, daß er davon existieren kann ... Unter gewissen, für die Arbeit günstigen Umständen gelingt es ihnen bisweilen jedoch, einen Lohn durchzusetzen, der beträchtlich über dieser Höhe des Existenzminimums liegt, also über dem offensichtlich niedrigsten Satz, der eben noch mit unserer Vorstellung von Humanität vereinbar ist.
>
> Wenn in einem Land die Nachfrage nach Arbeitern, Gesellen oder Dienstboten, die nur von ihrem Lohn leben, ständig zunimmt ... dann haben die Arbeitnehmer keinen Anlaß, sich zu organisieren, um höhere Löhne zu erreichen. Der Mangel an Arbeitsplätzen führt nämlich zu einem Wettbewerb unter den Unternehmern, die sich gegenseitig überbieten, um Arbeiter zu bekommen [...] (Smith 1999: 59 f.)[17]

Natürlich sind die Smith'schen Überlegungen zur Preisfindung wesentlich komplexer und an manchen Stellen weniger widerspruchsfrei als hier mittels eines Zitates darzu-

---

16 Smith formuliert hier übrigens eine sehr soziologische Position, die sich vergleichbar, nur wesentlich elaborierter in den Schriften Meads findet (Mead 1995).

17 Neben diesen Faktoren sieht Smith aber auch, dass die Unternehmer im Vorteil waren aufgrund ihrer geringen Anzahl und sich leichter absprechen konnten. Zudem herrschte eine Koalitionsverbot von Arbeitern. Ferner waren Unternehmer im Falle von Lohnkonflikten länger in der Lage, Konflikte auszutragen (Kolb 1997: 58).

legen ist; zumal auch Smiths Formulierungen mit Termini wie „sehr oft", „in den meisten Fällen" u. ä. immer auch Einschränkungen und Ausnahmen zulassen (Kolb 1997: 59).

Wichtig ist an dieser Stelle, dass die klassischen Gelehrten in ihren Auseinandersetzungen mit den, die Wirtschaft betreffenden Fragen und Themen wie zum Beispiel dem Thema der Preisfindung, Arbeitsteilung, Lohnhöhe etc. den Grundstein für Debatten gelegt haben, die mitunter auch für die heutige Wirtschaftssoziologie das Fundament bilden und auch weiterhin geführt werden. So haben die oben angedeuteten Smith'schen Vorstellungen aber auch die Auseinandersetzungen bei Thomas Robert Malthus (1766–1834), einem Zeitgenossen von Smith, in Fragen der Preisfindung (Malthus 2015)[18] oder die Problematisierung des Verhältnisses von Lohn und Profit inspiriert (Smith 1999: 59 f.) Diese Themen haben eine lange gedankliche wirtschaftswissenschaftliche Tradition und bieten immer noch interessante Ausgangspunkte für Fragen von modernen Wirtschaftssoziolog*innen und Industriesoziolog*innen (z. B. Taylor 1998; Hirsch-Kreinsen 2004). Auch wenn sich die aktuellen wirtschaftssoziologischen Arbeiten oft nicht explizit auf die Klassiker beziehen, so findet man doch grundlegende Ideen ihres Denkens in aktuellen Debatten wie z. B. der Preis- und Werttheorie wieder (Aspers 2009; Espeland/Stevens 1998; Heintz 2021; Karpik 2011; Krüger et al. 2015).

Bedeutsam für das Denken von Adam Smith ist die Vorstellung, dass Wirtschaft als mechanischer Prozess gedeutet wird, der fast einem Naturgesetz gleich (so auch das natürliche Eigeninteresse) sich fortsetzt. Dieses naturalistische Prinzip der Klassischen Nationalökonomie steht im Gegensatz zu den von heutigen Wirtschaftssoziologen artikulierten Vorstellungen von der sozialen Bedingtheit ökonomischer Prinzipien. Und es ist gerade eine Stärke der heutigen Wirtschaftssoziologie, die sozialen Voraussetzungen von Phänomenen wie Reichtum und Wohlstand und damit Vorstellungen von Gerechtigkeit und Wertmaßstäben, von Peis und Geld, Markt und Staat zu rekonstruieren und derart die Konstruktion und die Entwicklung des So-Gewordenseins des Ökonomischen– und eben nicht die naturgesetzliche Determiniertheit – zu erklären und zu verstehen.

Ein weiterer wichtiger Vertreter der Klassischen Volkswirtschaftslehre ist **David Ricardo (1772–1823)**. Im Unterschied zu Adam Smith, bei dem die Ursachen des Wohlstandes der Nation im Vordergrund stehen, setzt sich Riccardo in seinem 1817 veröffentlichten Hauptwerk „Über die Grundsätze der Politischen Ökonomie und Besteuerung" mit den Fragen der Verteilung des Wohlstandes auseinander

---

18 So sah Malthus beispielsweise in der Höhe der Produktionskosten nur den niedrigst möglichen Preis einer Ware; zusätzlich und als wesentlich erachtete er das Verhältnis von Angebot und Nachfrage. Neben seiner Preistheorie ist Malthus vor allem für das von ihm entdeckt Bevölkerungsgesetz bekannt geworden, in dem er das Problem der Überbevölkerung im Verhältnis zu nicht linear wachsenden Nahrungsmittelproduktion angelegt sah. Als Folge werde die Bevölkerung nicht genügend Vorräte haben, wenn nicht Elend durch Krankheiten, Krieg das Gleichgewicht herstelle (Malthus 2015).

(Ricardo 2006).[19] Darin formuliert er wegweisende Ideen über den Wert von Gütern und übernimmt von Adam Smith die Unterscheidung von Gebrauchs- und Tauschwert (Ricardo 2006), eine Differenzierung, die auch in der Mehrwerttheorie von Marx und Engels (2005a) relevant wird, nach der nur die menschliche Arbeitskraft Wert schafft. Bekannt wurde Ricardo insbesondere auch für seine, auch für aktuelle Debatten äußerst wesentlichen Überlegungen über die komparativen Kosten im Außenhandel. Danach lohnt es sich für alle Volkswirtschaften, auch für jene, die gegenüber anderen Staaten für die Beschaffung und Herstellung von Gütern absolute Produktivitäts- und Kostennachteile haben, mit diesen Handel zu betreiben. Denn jedes Land erzielt den größtmöglichen Güterertrag, wenn es die Produkte mit den geringsten absoluten Produktionskosten selbst herstellt und die übrigen Güter im Austausch bezieht. Selbst bei absoluten Kostennachteilen im Vergleich der Produktionskosten (z. B. zwischen zwei Ländern für die Produktion von Tuch) sind eine internationale Arbeitsteilung und Spezialisierung sinnvoll, wenn die relativen Kostenvorteile genutzt werden.[20]

Vertreter der **sozialistischen Volkswirtschaftslehre** artikulieren im Vergleich zu den bislang vorgestellten den dringlichsten Impetus zur Umwälzung der Gesellschaft. Getrieben vom Elend der Arbeiter – Löhne, die kaum zum Leben reichten; Arbeitstage von 17 Stunden ohne Ruhetage; Kinderarbeit; Zusammenpferchung der Arbeiter über Nacht in kleinen Räumen, mitunter ohne Fenster etc. – in den aufkommenden Fabriken im Kontext der industriellen Revolution in einigen europäischen Ländern geriet die liberale Wirtschaftsordnung, die ja auch das Versprechen von Freiheit und Gleichheit trug, zunehmend in Legitimierungsnöte. Denn die Befreiungen von souveräner Reglementierung führte auch zum Zurückdrängen gemeinschaftlicher und kommuna-

---

19 Ricardos Gedanken über die Einkommensverteilung zwischen verschiedenen Marktteilnehmern (Ricardo 2006), sind aus heutiger Sicht kritisch zu sehen, da sich nach ihm das Lohnniveau der Arbeiter am Existenzminimum orientiert.
20 Zur Erläuterung des Theorems der komparativen Kosten soll der ursprüngliche Verfasser selbst zu Worte kommen, indem sein Beispiel in einem längeren Zitat folgt:

England kann in einer solchen Lage sein, dass die Erzeugung eines Tuches die Arbeit eines Jahres von 100 Leuten erfordert, und wenn es versucht, den Wein herzustellen, so wird vielleicht die Arbeit gleicher Zeitdauer von 120 Leuten benötigt werden. England wird daher finden, dass es seinen Interessen entspricht, Wein zu importieren und ihn mit Hilfe der Ausfuhr von Tuch zu kaufen. Um Wein in Portugal herzustellen, ist vielleicht nur die Arbeit von 80 Leuten während eines Jahres erforderlich, und um das Tuch in diesem Land zu produzieren, braucht es vielleicht die Arbeit von 90 Leuten während der gleichen Zeit. Es ist daher für Portugal von Vorteil, Wein im Austausch für Tuch zu exportieren. Dieser Austausch kann sogar stattfinden, obwohl die von Portugal importierte Ware dortselbst mit weniger Arbeit als in England produziert werden kann. Wenngleich es das Tuch vermittels der Arbeit von 90 Leuten erzeugen kann, wird Portugal dieses doch aus einem Lande einführen wo man zur Herstellung 100 Leuten benötigt, da es für Portugal von größerem Vorteil ist, sein Kapital in die Produktion von Wein anzulegen, wofür es von England mehr Tuch bekommt, als es durch Übertragung eines Teils seines Kapitals vom Weinbau zur Tuchfabrikation produzieren könnte. (Ricardo 2006: 115 f.)

ler Verpflichtungen (Kolb 1997: 81 f.). Nach dem Saint-Simonismus, dem Genossenschaftssozialismus, war es vor allem der **Marxismus** und die durch seine Vertreter-*innen aufgestellte Kapitalismusanalyse, welche für die Wirtschaftssoziologie, und mehr noch für die Arbeits- und Industriesoziologie, die Wissenssoziologie und für die Bearbeitung aktueller Probleme etwa der Ungleichheits- sowie der Globalisierungs- und Weltsystemforschung bis heute prägend ist. Es wäre vermessen, den Marxismus in seiner Bedeutung für die Wirtschaftssoziologie hier auf wenigen Passagen nachzuzeichnen. Vielmehr gebührte dem Marxismus ein eigenes Kapitel. Es soll aber dennoch der Versuch unternommen werden, einige zentrale Aspekte der Marxschen Lehre im Folgenden darzulegen:

Kritischer Ausgangspunkt heutiger Forschungen ist die Marxsche Arbeitswertlehre, nach der sich der Wert der Arbeit an der Quantität der Zeitdauer misst (Marx/ Engels 2005a: 53). Zwar gilt die Marxsche Arbeitswertlehre heute weitestgehend als überholt, dennoch lohnt eine Auseinandersetzung mit den darin artikulierte Überlegungen. So wird auch heute noch heftig darüber diskutiert und geforscht, was als „gute Arbeit" bezeichnet wird und welchen Wert man welcher Arbeitsleistung zuschreibt (z. B. für eine umfangreiche Kritik an Marx aus Sicht der Wirtschaftssoziologie Berger (2009); Nutzinger (1998); Peters (2024)). Daran schließen sich aktuelle Debatten über die Frage der Entfremdung von Arbeit (Hochschild 2006), Subjektivierung von Arbeit (Bröckling 2007) und Verdinglichung an (Henkel 2017). Wichtig ist bei Marx die Unterscheidung zwischen Tauschwert, Gebrauchswert und Mehrwert (Marx/Engels 2005a: 49 ff., 531 ff.). Dahinter steht u. a. die Überlegung, an welcher Stelle im Produktionsprozess überhaupt Profit bzw. Mehrwert entsteht. Im Band II des Kapitals geht es Marx um die Kreislauftheorie der kapitalistischen Produktionsweise und in Band III um die Bewegungsgesetze der kapitalistischen Wirtschaft, womit er seine Akkumulationstheorie von Reichtum, die Konzentrationstheorie der stets größer werdenden Betriebe und letztlich seine Krisentheorie begründet (Marx 2005b, 2005c). Für Marx sind aufgrund der Kreislaufgesetze Revolution und Klassenkämpfe unausweichlich. Als Vertreter der materialistischen Geschichtsauffassung gehen Marx und sein Wegbereiter Friedrich Engels von der Überzeugung aus,

> daß die Produktion, und nächste der Produktion der Austausch ihrer Produkte, die Grundlage aller Gesellschaftsordnung ist; daß in jeder geschichtlich auftretenden Gesellschaft die Verteilung der Produkte mit ihr die soziale Gliederung in Klassen oder Stände, sich danach richtet, was und wie produziert und wie das Produzierte ausgetauscht wird. Hiernach sind die letzten Ursachen aller gesellschaftlichen Veränderungen und politischen Umwälzungen zu suchen nicht in den Köpfen der Menschen ... sie sind zu suchen nicht in der *Philosophie*, sondern der *Ökonomie* der betreffenden Epoche. (Engels 1975: 248 f.).

Hier wird also das Ökonomische als die Grundlage aller gesellschaftlicher Positionierungen und Veränderungen gesehen.

Vilfredo Pareto (1848–1923) formulierte ähnliche Grundüberlegungen über die gesellschaftliche Bedeutung des Klassenkampfes wie Marx und Engels. Er selbst, zwischen Nationalökonomie und Soziologie stehend, erkannt den Klassenkampf als ein Faktum an, der aber, anders als bei Marx und Engels zwischen verschiedenen Eliten im Kampf um Macht geführt wird. In seinem Hauptwerk „Allgemeine Soziologie" (Pareto 2005) formuliert er eine Handlungstheorie und eine Elitesoziologie. Für ihn zirkulieren die Eliten in der Gesellschaft, sowohl in der Politik und in der Wirtschaft. In der Volkswirtschaftslehre ist er für sein Modell des Pareto-Optimums bekannt, welches allerdings in seinem soziologischen Hauptwerk keine Erwähnung findet, sondern nur in seinen volkswirtschaftlichen Schriften (Laukat 2000). Das Prinzip des „Pareto-Optimum" beschreibt den Zustand einer Wirtschaft, zu dem kein Mitglied der zugehörigen Gruppe besser gestellt werden kann, ohne dass eine andere Person schlechter gestellt wird (Laukat 2000).

Aus der kritischen Auseinandersetzung mit dem Liberalismus und der politischen Ökonomie entstanden im 19. und 20. Jahrhundert weitere Gegenströmungen. Von diesen sind der Keynesianismus und der Neoliberalismus wohl die einflussreichsten und sollen kurz eingeführt werden: Der Keynesianismus geht zurück auf **John Maynard Keynes (1883–1946)** und sein im Jahre 1936 erschienenes Hauptwerk „Allgemeine Theorie der Beschäftigung, des Zinses und des Geldes" (Keynes 2006). Wesentliches Merkmal von Keynes Ideen ist die Überzeugung, dass die Nachfrage nach Gütern und Dienstleistungen vom Staat zu steuern ist und auch expansive staatliche Schulden möglich sind, um derart die Gelpolitik und die Wirtschaft zu beleben.

Keynes ist für die Wirtschaftssoziologie kein Unbekannter. Jedoch wurde er kaum in seiner Rolle als der Vertreter des Keynesianismus rezipiert, sondern vielmehr als Kritiker rationaler Entscheidungsfindung im ökonomischen Kontext.[21] Keynes wurde derart zu einer zentralen Referenz für das wichtige Thema der Neuen Wirtschaftssoziologie „Handeln unter Ungewissheit" (Beyer/Senge 2018; Beckert 2018). Der Ökonom hinterfragt nämlich, wie ökonomische Akteur*innen die richtigen Investitionsentscheidungen angesichts einer unbekannten Zukunft treffen können. So schreibt er in Bezug auf die Rationalität von Investitionsentscheidungen: Derjenige, der versucht, „besser als die Masse zu raten, wie sich die Masse verhalten wird", wird sehr wahrscheinlich „verhängnisvollere Fehler" machen (Keynes 2006: 133). Demgegenüber geht Keynes davon aus, dass Investitionsentscheidungen typischerweise auf der Basis von Gegenwartserfahrungen getroffen werden, und zwar insofern, dass Investoren die Beständigkeit des gegenwärtigen Zustandes, mehr unbewusst als bewusst, unterstellen. In dieser Berufung auf den gegenwärtigen Zustand sieht Keynes eine Konvention, die Investoren zur Hilfe nehmen, um die Ungewissheit der Zukunft handhabbar zu machen (Keynes 2006: 129 ff.). Dabei ist ihm bewusst, dass diese Konvention in der Regel zu Fehlkalkulationen führen kann und nie eindeutig richtig ist, zumal der überwiegende

---

21 Beispielsweise geht Sascha Münnich (2024) der Frage nach, inwiefern die Angebotspolitik der letzten Bundesregierung die von der Regierung gesetzten Ziele einer nachhaltigen Gesellschaft und Wirtschaft nicht erreichten. Hier wäre ein Anschluss an Keynes und andere Ökonomen in kritischer Auseinandersetzung erhellend, den man natürlich nicht zwingend herstellen muss.

Teil unserer Handlungen mehr von spontanem Optimismus als von einer kalkulierenden Strategie abhängig ist (Keynes 2006: 137). Für ihn trifft das Individuum seine Entscheidung nach bestem Können, „rechnend, wo es kann, aber oft für seine Beweg-
gründe zurückfallend auf Laune, Gefühl oder Zufall" (Keynes 2006: 138). Keynes
bezweifelt also die korrekte Einschätzung des zukünftigen Ertrages von Investitionen
angesichts der Schwierigkeit, Prognosen über Erwartungen an die Erwartungen anderer Marktteilnehmer geben zu können, sowie auch angesichts der Eigenheit der
menschlichen Natur und Persönlichkeit. Unter die Eigenart der Persönlichkeit fallen
auch – und nun kommt die zweite wichtige Referenz, für die Keynes jenseits seiner
eigentlichen Botschaft herhalten muss – die berühmten von Keynes identifizierten
„animal spirits", die insbesondere von zahlreichen Autoren in der jüngeren wirtschaftssoziologischen Keynes-Rezeption hervorgehoben werden (DiMaggio 2002; Schluchter
2012; Senge/Beyer 2018; von Lüde 2012). Animal spirits können als Triebe oder Antriebe
gedeutet werden, bestimmte Handlungen auszuführen und andere zu unterlassen. Mit
der Hervorhebung der animal spirits bricht Keynes mit der vorherrschenden Sicht-
weise, dass wirtschaftliches Handeln von einer kalkulativen Rationalität gelenkt werden kann, denn das Problem der Ungewissheit stellt „eine systematische Begrenzung
für Erklärungen des Handelns unter Zugrundelegung des Modells rationaler Wahl-
handlungen" dar (Beckert 1996: 138). Damit wurde Keynes als Wegbereiter für die
Identifikationen von soziologisch konzipierten Mechanismen wie Normen, Werte, Traditionen, Routinen, Konventionen, Netzwerke, Pfadabhängigkeiten zur Bearbeitung
des Ungewissheitsproblems von ökonomischen Entscheidungen (Beckert 1996: 141 ff.).

Die andere kritisch mit dem Liberalismus verfahrene Strömung ist der Neoliberalismus. Historisch betrachtet entstand der Neoliberalismus kurz nach dem Keynesianismus zu Beginn des 20. Jahrhunderts ebenfalls als Antwort auf die negativen
Erfahrungen eines ungebremsten Laissez-faire Liberalismus im vorangegangenen
Jahrhundert. Aus diesem Grund plädieren Vertreter des Neo-Liberalismus zwar für
privates Eigentum an Produktionsmitteln, freie Preisbildung, Wettbewerbs- und Ge-
werbefreiheit, sehen aber auch die Notwendigkeit stabiler, konstanter staatlicher Len-
kung der Wirtschaft. Es gab zwei Strömungen des Neoliberalismus: In Deutschland
firmierte der Neoliberalismus unter dem Begriff „Ordoliberalismus" und wird mit
Namen eines **Walter Eucken (1891–1950)** verbunden (Eucken 2004), in England, der
anderen Variante, ist er vor allem mit dem Namen eines **Friedrich August von
Hayek (1899–1992)** verknüpft (Hayek 1948).

Interessanterweise wurde der Neoliberalismus aber vor allem in seiner veränderten Bedeutung zur Referenz für die Wirtschaftssoziologie: Die Bedeutung des Aus-
drucks „Neoliberalismus" veränderte sich nämlich bis in die 1990er Jahren, und der
Begriff „Neoliberalismus" wurde zu einem politischen Schlagwort, das für eine Wirtschaftspolitik mit einer Steigerung des Wettbewerbs durch Deregulierung, Durchsetzung des Freihandels und Finanzialisierung stand sowie der Reduzierung der Rolle
des Staates durch Privatisierung und Bürokratieabbau. Für die aktuelle wirtschaftssoziologischen Debatten im Poststrukturalismus und innerhalb der Neuen Wirtschafts-

soziologie spielt genau diese neue Bedeutung des Neoliberalismus eine wichtige Rolle, indem Kritik an der aktuellen ökonomischen Variante des Kapitalismus – die als Neo-Liberalismus bezeichnet wird, obwohl sie von dem Neo-Liberalismus eines Eucken und von Hayek deutlich abweicht – geübt wird und die aktuellen sozialen Probleme zum Thema gemacht werden (Foucault 2006a, 2006b; Baudrillard 2011, 2015).

Blickt man nun auf die bisherigen historischen Betrachtungen von Wirtschaft, auf das Theoretisieren von Tauschgeschäften, Preisentwicklungen, Produktionsbetriebe, auf Diskussionen von Reichtum und Armut, das Verhältnis von Staat und Wirtschaft, Zins und Wucher, Affekte und rationale Überlegungen usw., dann sehen wir unmittelbar, dass das, was in der Vergangenheit im Namen der Volkswirtschaftslehre und in Teilen der Betriebswirtschaftslehre untersucht wurde, dass das, was wir „Wirtschaft" nennen, nicht unabhängig von sozialen Prozessen existiert, sondern ein soziales Gebilde ist. Wirtschaft konstituiert sich, indem Menschen, Personen, Individuen, Akteur*innen etc. miteinander in Beziehung treten und miteinander soziale Interaktionen vollziehen, um, sehr allgemein gesprochen, die Bedarfsdeckung von Gütern und Dienstleistungen einer Gesellschaft zu sichern. Grundlegend für die Wirtschaftssoziologie ist die Prämisse, dass Handlungen in einem Wirtschaftssystem eben nicht allein aus rein ökonomischen Relationen zu deuten sind. Das heißt, wenn wir verstehen wollen, was innerhalb der Wirtschaft passiert, reicht es nicht, nur die Relationen zwischen zum Beispiel Angebotsmengen, Nachfragemengen und Preisen anzuschauen oder zwischen Lohnniveau und Beschäftigung oder zwischen Zinsniveau und Investitionsvolumen. Sondern Soziolog*innen gehen davon aus, dass es neben diesen abstrakten Relationen zudem kulturelle, politische, psychologische, rechtliche und andere soziale Gesichtspunkte gibt, die für das Funktionieren und Verstehen von Wirtschaft zentral sind. Nimmt man einen solchen Standpunkt ein, dann kann schnell der Eindruck entstehen, dass das, was wir abstrakt mit „Wirtschaft" bezeichnen („the economy"), keine Einheit ist, kein abgegrenzter Raum, nichts, was man isolieren könnte, sondern dass die Wirtschaft alle jene Handlungen, Prozesse und Materialitäten umfasst, welche für die materielle Reproduktion von Gesellschaft und ihren Mitgliedern notwendig sind. Die Wirtschaftssoziologie wiederum bzw. ihre Vertreter*innen versuchen nun genau dieses Gefüge im Zusammenhang und im Funktionieren und im gegenseitigen Einfluss aufeinander zu verstehen und auch in ihrem historischen So-geworden-Sein zu erklären.

Im Folgenden soll genau diese spezifische Perspektive auf das Phänomen „Wirtschaft" soziologisch problematisiert werden. Dafür widmet sich das anschließende Unterkapitel der Darstellung der klassischen Positionen der Wirtschaftssoziologie wie sie sich in den Arbeiten von Auguste Comte, Emile Durkheim, Max Weber[22], Georg Simmel zeigen (vgl. Kap. I.2.). Im Anschluss an die Darstellung der klassischen Positio-

---

22 Die Ausführungen zu Weber werden sehr knapp ausfallen, da der Weberschen Position ein eigenes Kapitel gewidmet ist; Gleiches gilt für die Luhmannsche Systemtheorie (vgl. Kap. I.3.) und für die Neue Wirtschaftssoziologie (vgl. Kap. I.5.).

nen werden Wirtschaftssoziologen vorgestellt, die als „moderne Klassiker" bezeichnet werden sollen. Zu diesen seien Karl Polanyi, Talcott Parsons und Neil Smelser sowie Niklas Luhmann gezählt (vgl. Kap. I.3.). Anschließend wird in einem wissenssoziologisch inspirierten Unterkapitel der Frage nachgegangen, warum es gerade in der letzten Zeit zu einem regelrechten Aufschwung wirtschaftssoziologischer Forschung gekommen ist (vgl. Kap. I.4.). Darauf aufbauend wird auf die Entwicklung der Neuen Wirtschaftssoziologie und ihre Themen eingegangen (vgl. Kap. I 5.); die ausführliche Auseinandersetzung mit der Neuen Wirtschaftssoziologie findet in Kapitel sieben (VII) des Buches statt. Das dann folgende Unterkapitel (vgl. Kap. I.6.) vermittelt abschließend eine Art Leseführung durch das Buch und erläutert die besonderen, in den Kapiteln integrierten Formate und didaktischen Mittel.

2 Die Klassiker wirtschaftssoziologischen Denkens: Auguste Comte, Emile Durkheim, Max Weber, Georg Simmel

Die ersten Überlegungen wirtschaftssoziologischen Denkens finden sich in den Klassikern der Soziologie als wissenschaftliche Lehre und bei den Begründern des Faches. Formal betrachtet beginnt die Soziologie mit **Auguste Comte (1789–1857)**. Es war Comte, von seiner Ausbildung her Naturwissenschaftler und Philosoph, der der Soziologie als Wissenschaft ihren Namen gab. Und es war Comte, der erstmalig im Namen der Soziologie die durch ökonomische Veränderungen erfolgten gesellschaftlichen Umwälzungen zum Ausgangspunkt seiner positivistischen Zugänge zur Welt diskutierte. Es war die Zeit in der ersten Hälfte des 19. Jahrhunderts, die geprägt war durch die Industrialisierung und den aufkommenden Wissenschaften auf der einen Seite und auf der anderen Seite durch den Kampf zwischen Absolutismus und Demokratie und die beginnende Arbeiterbewegung auf der anderen Seite. Während von Comte vor allem das Dreistadiengesetz, das natürliche Prinzip gesellschaftlichen Fortschritts sowie sein Verständnis von Gesellschaft als eine auf Moral gründende Ordnung innerhalb der Soziologie rezipiert wurde, ist er für die Wirtschaftssoziologie für seine kritische Auseinandersetzung mit der zu seiner Zeit zunehmenden Arbeitsteilung, die natürlich seit Adam Smith wissenschaftlich dokumentiert war, interessant (Comte 1974). Zwar ist Comte ein Verfechter des Fortschritts, in der Arbeitsteilung sieht er – anders als Smith und Ricardo, für die sich Gesellschaft über Tausch- und Vertragshandlungen konstituiert und als Regulativ sozialer Beziehungen funktioniert – starke zerstörerische Tendenzen wie Individualisierung und Verlust von Moral und damit die Grundlage für Gesellschaft. An dieser Stelle verortet Comte die Soziologie, nämlich als Garantin für die Aufrechterhaltung von Moral einer religionsfreien Gesellschaft zu wirken (Comte 1974: 507 f.; Morel et al. 1997: 13).

Während Comte mittlerweile für die Soziologie vor allem als Namensgeber wichtig ist und seine eigene Metaphysik nicht mehr in den Geist der Zeit passt, waren seine Ausführungen prägend für **Emile Durkheims (1858–1917)** Analysen der modernen Arbeitsteilung, welche heutzutage als bedeutungsvoller eingestuft werden und in der Regel in der Einführung in die Soziologie und Wirtschaftssoziologie referiert werden (Durkheim 1992). Durkheims Analyse über soziale Arbeitsteilung, die ein Standardwerk der Wirtschaftssoziologie geworden ist, soll daher kurz vorgestellt werden:

Etwa eine Generation nach Comte kann Durkheim als Soziologe der zweiten Generation zugerechnet werden, der in Frankreich den ersten Lehrstuhl für Soziologie in Bordeaux (1887) innehatte. Der historische Hintergrund und die politische Situation Durkheims war eine andere in Frankreich. Frankreich litt an dem verlorenen Krieg gegen Deutschland. Parlament und Kabinett waren schwach zu dieser Zeit. In den 1890er Jahren beruhigte sich die Situation in Frankreich, Durkheim lehrte inzwischen in Bordeaux, aber die soziale Ordnung blieb instabil. Letztlich erschütterte die Dreyfus-Affäre durch Krawalle, Intrigen, einem erstarkenden Antisemitismus, Rücktritten von Staatsdienern, Gerichtsprozessen, Attentate und dem Versuch eines Putsches 1899 die junge Republik (Coser 1971: 156 ff.). In dieser Situation stellt Durkheim erneut die Frage nach dem Band, das die Gesellschaft zusammenhält. Ähnliche wie Comte verwirft auch er die Vorstellungen der klassischen Politischen Ökonomie, wonach Ordnung sich durch das in Summe glücklich zusammengefügte Wirken des Eigennutzes einstellt. Dagegen verweist Durkheim auf moralische Handlungen, die sich nach Regeln richten, die wiederum das Ergebnis „kollektiver Bewußtseinszustände" sind (Durkheim 1976: 94 ff.). Inwiefern nun die soziale in der Lage ist (Durkheim 1992), ein soziales Band zwischen den Menschen herzustellen, untersucht Durkheim nach den Regeln der soziologischen Methode, indem er zunächst nach der Funktion eines sozialen Phänomens, d. h. die Leistung der Befriedung eines Bedürfnisses, fragt, um dann die Ursachen seiner Entstehung zu analysieren und sich abschließend den pathologischen Formen zuwendet (Durkheim 1976).

Hinsichtlich der Frage nach der Funktion der Arbeitsteilung unterscheidet Durkheim nicht-segmentäre Gesellschaften von segmentären Gesellschaften, die sich vor allem hinsichtlich ihrer Art der Solidarität unterscheiden. Segmentäre Gesellschaften sind von einer geringen Differenzierung geprägt und die Mitglieder in einer solchen Gesellschaft sind sich relativ ähnlich, da sie in derselben Lebenswelt leben und gemeinsame Werte vertreten. Unter diesen Gesellschaftsmitgliedern entsteht eine Solidarität unter Gleichen, die Durkheim „mechanische Solidarität" nennt (Durkheim 1992: 118 ff.). Nicht-segmentäre Gesellschaften sind durch einen höheren Grad an sozialer Differenzierung gekennzeichnet und zeigen daher einen höheren Grad an Arbeitsteilung. Die gesellschaftliche Solidarität entsteht in diesen Gesellschaften im Unterschied zu früheren, segmentären Gesellschaften nicht durch gemeinsame Glaubensinhalte, sondern durch wirtschaftliche Vertragsbeziehungen, die durch restitutives Recht, Familien-, Vertrags- und Handelsrecht abgesichert sind. Im Unterschied zur mechanischen Solidarität entsteht derart durch die Ausdifferenzierung von verschiedenen Funktionen eine Form von Solidarität, die Durkheim „organische Solidarität" nennt, vergleichbar mit dem Verhältnis einzelner Organe zu dem Gesamtorganismus (Durkheim 1992: 162 ff.). Soziale Differenzierung und Arbeitsteilung führen für Durkheim einerseits zu Individualisierung und Auseinandergehen von kongruenten Werten, andererseits zu einer neuen Art der Verbindung und einer spezifischen Abhängigkeit voneinander der vertraglich miteinander in Beziehungen Stehenden. Für Durkheim befriedigt die Arbeitsteilung quasi das Bedürfnis nach Harmonie, Ordnung und sozialer Solidarität (Durkheim 1992: 95 ff.). Durkheim kommt demnach zu einer gänzlich anderen Auslegung als beispielsweise Marx, welcher die Funktion der Arbeitsteilung in der Steigerung von Wohlstand und in der Maximierung von Profit auf Seiten des Kapitals sieht.

Auch hinsichtlich der Erklärung der Ursachen für die soziale Arbeitsteilung unterscheidet sich Durkheim von den Antworten der Utilitaristen. Zwar bestreitet er nicht, dass die soziale Arbeitsteilung ökonomische Vorteile mit sich bringt (so die utilitaristische Begründung), er sieht die eigentliche Ursache aber in der zunehmenden Dichte, in der Menschen insbesondere in den Städten aufeinander Bezug nehmen (Durkheim 1992: 289 ff.).

Und schließlich interessiert sich Durkheim für die pathologischen Formen, also für Arbeitsteilung, die nicht durch Solidarität gestützt wird, und die mittelfristig zu Wirtschaftskrisen, Klassenkämpfen und zu sozialer Ungerechtigkeit führt (Durkheim 1992: 421ff.).

Zeitgleich fast mit Durkheim entwickelte **Max Weber (1864–1920)** seine Soziologie und Wirtschaftssoziologie (vgl Kap. II). Dabei drängten ihn ganz andere Fragen. Ausgebildet auf den Gebieten der Rechtswissenschaft und Nationalökonomie, Lehrstuhlinhaber für Nationalökonomie in Freiburg seit 1894, 1897 ordentlicher Professor für Staatswissenschaften in Heidelberg und letztlich 1919 Professor für Gesellschaftswissenschaft in München, war er maßgeblich an der Institutionalisierung der Soziologie beteiligt, indem er die Gesellschaft für Soziologie 1909 mitgründete (vgl. Müller 2021: 93)[23]. Eine Wirtschaftssoziologie im heutigen Sinne gab es nicht, dennoch gilt er heute als „der Klassiker der Wirtschaftssoziologie" (Maurer 2010). Denn Webers Werke und Texte waren durchdrungen von wirtschaftssoziologischen Fragen, allen voran sein Hauptwerk „Wirtschaft und Gesellschaft" (Weber 1972), in dem er Grundbegriffe der Soziologie definierte. Wegweisend für die Wirtschaftssoziologie sind bis heute die vergleichende Studie der Religionen und die Kapitalismusstudien (Weber 1988a, b, c). Den modernen Kapitalismus stufte Weber als die schicksalvollste Macht des modernen Lebens ein und die wissenschaftliche Durchdringung desselben für eine der wichtigsten wissenschaftlichen Aufgaben (Müller 2021: 94). Um dies zu leisten, entwickelt Weber im Rahmen seiner wirtschaftssoziologischen Forschung einen universalgeschichtlichen Ansatz und versucht die Mächte in der Antike, dem Mittelalter und der Neuzeit in Hinblick auf die Lebensführung

---

23 Mitgründer waren mit Weber keine geringeren als Rudolf Goldscheid sowie Ferdinand Tönnies, Georg Simmel und Werner Sombart.

der Menschen und die Entwicklung des Kapitalismus in verschiedenen Religionen nachzuzeichnen. Das Ganze unterlegt er mit einem soziologischen Regelwerk für Methode, Methodologie und theoretische Konzepte (Müller 2021: 95). Am Ende steht Weber für einen eigenen paradigmatischen Zugang zu empirischen Phänomenen in der Wirtschaft. Aufgrund dieses Ranges gilt ihm und seiner erklärend verstehenden Wirtschaftssoziologie ein eigenes Kapitel (vgl. Kap. II), so dass an dieser Stelle auf Kapitel zwei verwiesen wird.

Zu diesen Klassikern der Wirtschaftssoziologie gesellt sich ein weiterer Zeitgenosse Webers, nämlich **Georg Simmel (1858–1918)**. Simmel ist für die Wirtschaftssoziologie insbesondere Wegbereiter einer Soziologie des Geldes. In seinem Hauptwerk „Philosophie des Geldes" (Simmel 1989), im Jahre 1900 veröffentlicht, beschreibt Simmel die kulturellen, historischen, ökonomischen und individuellen Voraussetzungen und Konsequenzen der modernen Geldwirtschaft. Integriert in seine Geldtheorie ist eine Werttheorie, die etwa 100 Jahre später von modernen Wirtschaftssoziologen rezipiert wurde (Deutschmann 2002, 2011; Kraemer/ Nessel 2015; Zelizer 2011, 2017). Für Simmel verändert das Geld nicht nur die Sozialverhältnisse, sondern auch den Charakter des Menschen (Simmel 1995c). Geldwirtschaftlich organisierte Gesellschaften lassen für Simmel Charaktere beziehungsweise auch soziale Typen entstehen, die es in Gesellschaften ohne Geldwirtschaft in dieser Form nicht gab. Dazu gehören zum Beispiel soziale Typen wie der Arme, der Geizige, der Blasierte, der Zyniker, der Gierige, der Verschwender und der Asket. Ferner erkennt Simmel auch eine kulturelle Nivellierung, die durch die Geldwirtschaft entsteht, da jede Qualität in die quantitative Skala des Geldwertes überführt werden kann. Unterschiede und feine Differenzierungen der Objekte bleiben unbeachtet. Insofern sieht Simmel das Geld als „gemein" an, weil es ein Äquivalent für alles und jedes ist (Simmel 1995c: 86). Für ihn achten moderne Menschen nicht mehr auf die Gegenstände, sondern fragen nur: Wie viel ist es wert? War das Geld ursprünglich nur Mittel zum Zweck, bis es seiner Mittel Funktion verlustig geht, da man den Sinn des Lebens immer mehr in der Maximierung von Geldvermögen sieht. Der Erwerb von Geld wird zum Zweck an sich (Simmel 1995c: 87). In der Konsequenz ist das Leben vieler Menschen bestimmt durch abwägen, rechnen, reduzieren, der Umwandlung qualitativer Werte in quantitative. Dies wiederum führt zu der Etablierung des verstandesmäßigen rechnenden Wesens der Neuzeit gegenüber dem auf das Ganze gehenden gefühlsmäßigen Charakters früherer Epochen (Simmel 1995c: 90 f.).

Simmels Ausführungen über Geld und seine Philosophie des Geldes – die mit keiner Zeile, wie er selbst schreibt, nationalökonomisch gemeint war – ist in die Großfrage seines Werkes, nämlich in die Theorie sozialer Differenzierung eingebettet und knüpft derart an die bereits von Comte und Durkheim adressierten Themen der Arbeitsteilung und Individualisierung an. Insofern war Simmel ähnlich wie Weber und Durkheim vor allem an gesellschaftlichen Veränderungen interessiert, denen er über die Analyse kleiner und großer Entwicklungen und Phänomene nachging. Für Simmel führt soziale Differenzierung nicht nur zur Individualisierung, sondern auch zur Erweiterung und Vergrößerung sozialer Gruppen. Wenn soziale Gruppen vormals isoliert nebeneinander bestanden, können sie nun durch die Differenzierung des Sozialen in Wechselwirkung treten. Soziale Differenzierung bringt für Simmel evolutionäre Vorteile mit, die er mit der Metapher der „Kraftersparnis" erläutert (Simmel 1995a). Aus Sicht des Einzelnen nämlich bedeutet soziale Differenzierung auch noch etwas anderes, nämlich die Freisetzung von Handlungsmöglichkeiten und damit die Auflösung aus den starren Beziehungen der Gruppe. Für den Einzelnen verbirgt soziale Differenzierung und die Zunahme der Kreise auch ein Risiko und eine Vielzahl von Gefahren, da z. B. der einzelne nur noch als Rollenträger auftritt und der Überblick über das Ganze verloren geht; im Kern formuliert Simmel damit eine Entfremdungstheorie, für die die Analysen der Geldwirtschaft konstitutiv sind, was er später als Tragödie der Kultur beschreibt (Simmel 1995b).

3 Moderne Klassiker wirtschaftssoziologischen Denkens: Karl Polanyi, Talcott Parsons, Neil Smelser, Niklas Luhmann

Nach dieser kursorischen Rückschau auf die Klassiker wirtschaftssoziologischen Denkens soll im Folgenden eine kleine Gruppe von Soziologen vorgestellt werden, die „modernen Klassiker" der Wirtschaftssoziologie. Gemeint ist damit, dass diese Gruppe zeitlich nach den bislang vorgestellten wirkte, ihre Arbeiten und theoretischen Beiträge aber bereits zum festen Kanon und regelmäßiger Referenz aktueller Wirtschaftssoziolog*innen gehören; d. h. sie sind etabliert und bilden somit auch die Grundlagen des Faches. Der Differenzierung zwischen „Klassikern" und „modernen Klassikern" liegt die Überlegung einer inhaltlichen Unterscheidung zugrunde. Wenn man fragt, was die Autoren in Unterkapitel 1.2. von den nun zu besprechenden abgrenzt, so kann man sagen, dass sie sich hinsichtlich der Konzipierung des Verhältnisses von Wirtschaft und Gesellschaft unterscheiden. Es mag nicht bis in die Detailtiefe der Interpretation zutreffen, aber es spricht einiges dafür, dass Polanyis Beobachtung der „Great Transformation", mit der der Beginn der Ausdifferenzierung von Wirtschaft und Politik beobachtet wird, das Nachdenken über Wirtschaft als eines eigenen Teilbereiches von Gesellschaft. Diese Beschreibung von gesellschaftlichen Eigenbereichen findet sich in der strukturfunktionalen Systemtheorie Parsons und in der funktional strukturellen Systemtheorie Luhmanns. Dabei liegt bei Parsons/ Smelser der Fokus auf der Interdependenz der Systeme, die Subsysteme durchdringen sich also gegenseitig; während in Luhmanns funktional struktureller Systemtheorie die Subsysteme der Gesellschaft sich durch eine autopoietische Schließung auszeichnen, d. h. eine gegenseitige Durchdringung nicht stattfindet, sondern jedes System in der jeweils eigenen Logik operiert. Dieses Dreigestirn von Polanyi, Parsons und Smelser sowie Luhmann mit den jeweiligen Vorstellungen von Wirtschaft soll im Folgenden vorgestellt werden, bevor die modernen Wirtschaftssoziolog*innen in Unterkapitel 1.4. besprochen werden.

Karl Polanyi's These der Entbettung von Wirtschaft und Politik: The Great Transformation (2015)

Karl Polanyi (1886–1964) ist für die Wirtschaftssoziologie bedeutsam, da er historisch in seinem Hauptwerk „The Great Transformation", welches 1944 publiziert wurde, begründet, warum der Markttausch[24] sich zu der dominanten Koordinationsform von Gütern und Leistungen in unserer Gesellschaft entwickelt hat und andere Mechanismen der Koordination ökonomischen Handelns wie Reziprozität[25] und Redistribution[26] in ihrer Bedeutung zurück gedrängt wurden.

Polanyi wurde 1886 in Wien geboren, wuchs dann in Budapest auf, emigrierte nach Großbritannien, später 1940 in die Vereinigten Staaten, hatte dort eine Gastprofessur an der New Yorker Columbia University. Die grundlegenden Fragen in seinem Oeuvre sind Fragen nach der gesellschaftlichen Entbettung des Wirtschaftslebens. Allerdings geht es Polanyi im Unterschied zu Fragen der Einbettung moderner Wirtschaftssoziolog*innen nicht darum, die Einbettung von kleinteiligen ökonomischen Beziehungen zu analysieren, sondern ihn interessiert wie Wirtschaft innerhalb der Gesellschaft verortet ist und wie Wirtschaft und Politik ineinandergreifen.

Polanyi bezeichnet die zunehmende Marktorientierung, die er zu seiner Zeit beobachtete, als eine Verselbständigung der Wirtschaft. Das traditionelle feudale und

---

24 Der Markttausch gilt als effizientes System der Ressourcenallokation in einer arbeitsteilig organisierten Gesellschaft. Es ist die Form des rationalisierten Tausches: Der Markttausch folgt am strengsten rein ökonomischen Kalkülen, im Unterschied zur Reziprozität und Redistribution, ausführlich vgl. Kap. VII.

25 Das Prinzip der Reziprozität zur Verteilung von Gütern wurde von Polanyi beschrieben, bedeutender waren aber die Arbeit „Die Gabe" von Marcel Mauss aus dem Jahr 1923/1924 (Mauss 2016) in diesem Zusammenhang und das Buch „Argonauts of the Western Pacific" von dem Ethnologen Bronislaw Malinowski von 1922 (Malinowski 1984). Formen von Reziprozität sind z. B. Gabentausch oder das Schenken. In der Regel hat der Tausch über das Prinzip der Reziprozität nicht nur einen materiellen Grund, sondern er dient dem Erhalt einer gemeinschaftlichen Ordnung. Ferner geht es nicht primär um die Maximierung eines materiellen Gewinns, sondern vor allem um eine moralische Verpflichtung. Die gemeinschaftliche Ordnung wird dadurch erhalten, dass etwas gegeben wird und dass mit zeitlicher Versetzung eine Gegengabe erfolgen wird. Die Annahme einer Gabe geht in der Regel mit der Verpflichtung des Erwiderns einher (Mauss 2016). Diese Form des Tausches ist typisch für archaische Jäger- und Sammler-Gesellschaften. Heute finden wir das Prinzip der Reziprozität noch im Kontext von Familien oder auch bei Verwandtschaftsbeziehungen, Nachbarschaftsbeziehungen, bei Erbschaften und unter Freunden.

26 Bei der Redistribution oder Umverteilung handelt es sich meist um eine Umverteilung von Gütern und Leistungen durch eine zentrale Instanz. In der Empire ist die Restdistribution oft mit dem Prinzip der Reziprozität gekoppelt. Die Redistribution dient typischerweise keiner reinen Zweck-Mittel-Kalkulation und folgt nicht wie die Redistribution allein moralischen Prinzipien. Der Sozialstaat oder die sozialstaatliche Umverteilung bedienen sich der Redistribution. Redistribution und Umverteilung können beispielsweise durch die Steuerpolitik oder Geldpolitik erfolgen, durch wohlfahrtsstaatliche Maßnahmen, aber auch durch das Angebot öffentlicher Leistungen und Güter. Eine typische Form von Redistribution ist eine Planwirtschaft.

ständische System musste sich demnach in kürzester Zeit an die Folgen der Industrialisierung anpassen. Darin sieht Polanyi den Wandel von der Agrargesellschaft mit dem Motiv des Lebensunterhaltes und den ständischen Kollektiven hin zu einer Marktgesellschaft, in der ein individuelles Streben nach Gewinn und eine Maximierung des Eigennutzes dominieren. Diese gesamtgesellschaftlichen Entwicklungen wurden durch die gewollten Einführungen freier Märkte für die von ihm bezeichneten „fiktiven Waren", darunter Arbeit, Grund und Boden und Geld, erwirkt (Polanyi 2015: 102 ff.).

Den Beginn dieser Entwicklung verortet Polanyi in das Jahr 1834 in Großbritannien. Im Jahre 1834 hatte die britische Regierung das sogenannte Speenhamland-Gesetz abgeschafft (Polanyi 2015: 113 ff.). Das Speenhamland-Gesetz war eine Art Sozialgesetz, welches 1795 in England eingeführt wurde, und das das Problem der Armut der Landbevölkerung lösen sollte, indem Arme zu ihren Löhnen, wenn sie unter ein bestimmtes Minimum fielen, einen staatlichen Zuschuss erhielten. Da durch das Gesetz der Erwerbsdruck gemildert wurde, war es für die damaligen Arbeitgeber mitunter problematisch, weshalb die britische Regierung dieses Schutzgesetz wieder aufgehoben hatte. Im Jahr 1834 und in dessen Folge drängten die Landarbeiter und die Kleinbauern zunehmend in die Städte, um dort Arbeit in den Manufakturen und später auch in den Fabriken zu suchen. Das Entscheidende ist an dieser Entwicklung, dass etwas historisch neu entstanden ist, was es bis dato nicht gegeben hat, nämlich einen Markt für Arbeit, also ein freier Arbeitsmarkt und eine neue Warengruppe Arbeit. Das ist das, was Polanyi als zentral ansieht für die große Transformation, die er beschreibt.

Neben der Entstehung des Arbeitsmarktes beobachtet Polanyi auch die Entstehung eines Marktes für Land, also Grund und Boden, der mit einer zunehmenden Einfriedung von Grundstücken durch Großgrundbesitzer einherging. Dieser Prozess entzog wiederum der Landbevölkerung die Mittel für einen eigenständig erwirtschafteten Lebensunterhalt und zwang sie zur Partizipation in den Arbeitsmarkt und in die Marktgesellschaft.

Diese Prozesse beschreibt Polanyi als Entbettung der Wirtschaft aus der Gesellschaft. Mit der Warenfiktion, wie er es nennt, von Arbeit, Boden und Geld, für ihn von nicht natürlichen Waren, werden Waren in die Marktdynamik eingebunden, die negative Folgen für die Gesellschaft haben. Polanyi sieht in dieser Entwicklung die zerstörerische Kraft der Great Transformation.

Der beobachtete Marktmechanismus läuft nach Polanyi dem Wesen der Gesellschaft entgegen und stellt eine existenzielle Bedrohung für die Gesellschaft dar (Polanyi 2015: 295 ff.). Die zerstörerische Kraft der Entbettung zeigt sich also nicht in einem materiellen Mangel oder in zunehmenden schlechter werdenden Arbeitsbedingungen für große Teile der Gesellschaft, sondern in der zerstörerischen Kraft einer eher kulturellen und sozialen Verwahrlosung. Polanyis Antwort und Lösung ist eine

Form von Sozialismus, die Arbeit, Boden und Geld dem Markt wieder entziehe und durch die Regierung kontrolliert werde.[27]

Diese gesellschaftliche zunehmende Bedeutung von Markttausch und auch die sich entwickelnde Kommodifizierung von Waren haben Polanyi zu seiner These der Entbettung geführt. Es ist nicht klar, inwiefern Parsons und Smelser Polanyis Schriften zur Kenntnis genommen haben.[28] Auch scheinen Parsons und Smelser zu einer anderen Einschätzung in der Transformation von Gesellschaft zu kommen als Polanyi. Zwar gehen sie Polanyis Weg über einen gewissen Abschnitt mit, indem sie die Etablierung gesellschaftlicher Differenzierung durch das Konzept „gesellschaftlicher Subsysteme" gedanklich begleiten, so auch die Wirtschaft, doch ist ihr Werk von der Idee der Einbettung der Subsysteme untereinander geprägt. Dennoch stellt sich mit der Kategorisierung von Subsystemen die Frage, wie derartige Subsysteme soziologisch beschrieben werden können.

Und damit sind wir bereits bei einer der großen Herausforderungen der Wirtschaftssoziologie, nämlich soziologisch umfassend zu beschreiben, was unter „Wirtschaft" zu verstehen ist. Es gibt nur wenige Soziolog*innen, die sich diesem Versuch der Artikulation eine „grand theory" von Wirtschaft erfolgreich gewidmet haben und deren Überlegungen, hinlänglich abstrakt, über einen langen Zeitraum das soziologische Denken in diesem Kontext prägten. Die Rede ist einerseits von dem US-amerikanischen Autorenpaar Talcott Parsons und Richard Smelser (1956) sowie andererseits von dem deutschen Soziologen Niklas Luhmann (1988). Beide Konzeptionen von Wirtschaft im Anschluss an Parsons/Smelser und im Anschluss an Luhmann werden nachstehend adressiert, um eine Idee zu vermitteln, was eine Soziologisierung der Wirtschaft beinhaltet. Im Anschluss daran, werden weitere wirtschaftssoziologische Themen in einer Perspektive der „middle range theory" (Merton 1968) vorgestellt werden (vgl. Kap. I.1.3.).[29]

---

27 Für Polanyi wäre also die moderne Marktgesellschaft durch eine Entbettung gekennzeichnet und nicht durch eine Einbettung von sozialen Beziehungen, wie es moderne Wirtschaftssoziolog*innen im Anschluss an Granovetter beschreiben. Wenn Polanyi von „Einbettung" der Wirtschaft" spricht, meint er damit eine Einbettung historisch früher Phasen (Beckert 2009).

28 So findet Polanyi zumindest in Parsons Spätwerk „Societies" Erwähnung, ohne dass hier auf Polanyis These der Entbettung eingegangen wird (Parsons 1966: 67, Fn. 63).

29 In der Geschichte der Wirtschaftssoziologie haben sich Theorien und theoretische Aussagen über die Wirtschaft und wirtschaftliche Prozesse entwickelt, die in ihrer Reichweite und in ihrem Abstraktionsniveau variieren. Es werden sogenannte „grand theories" (oder auch Universaltheorien, Totaltheorien genannt) von Theorien „mittlerer Reichweite" und wiederum von theoretischen Begriffen unterschieden. Mit der großen Theorie ist der Anspruch verbunden, einen allgemeinen Rahmen und einen Zugriff auf die Welt zu formulieren, die in verschiedenen soziokulturellen Kontexten für eine gewisse Dauer die empirische Welt beschreiben kann. Eine solche Großtheorie stellen z. B. die Theorien von Talcott Parsons und Niklas Luhmann dar. Die Beschreibung Theorien mittlerer Reichweite in der Soziologie gehen auf Überlegungen von dem US-amerikanischen Soziologen Robert K. Merton (1968) zurück. Merton beschreibt damit Theorien, die ein geringeres Abstraktionsniveau haben als „grand theories", die aber ein höheres Abstraktionsniveau haben als theoretische Konzepte oder Begriffe. Eine Theorie mittlerer Reichweite ist z. B. eine Theorie der Märkte; ein theoretisches Konzept

„Wirtschaft" als Subsystem der Gesellschaft: Talcott Parsons und Richard Smelser „Economy and Society" (1956)

Einen Theorieentwurf zur Beschreibung der Wirtschaft haben die US-amerikanischen Soziologen **Talcott Parsons (1902–1979)** und **Neil Smelser (1930–2017)** vorgelegt (Parsons/Smelser 1956). Parsons, 1902 in Colorado Springs geboren, war einer der bedeutendsten Soziologen der Vereinigten Staaten von Amerika (USA). Sein Studium begann Parsons am bekannten Amherst College, zunächst mit der Absicht einer biologischen Ausbildung, entdeckte aber dann bald auch sein sozialwissenschaftliches Interesse und ging an die London School of Economics. Interessanterweise bekam er dann ein Stipendium für eine Reise nach Deutschland und studierte in Heidelberg. Heidelberg war noch stark von der Soziologie Max Webers geprägt, der dort lebte und lehrte, und kurz zuvor verstorben war. Parsons promovierte in Heidelberg mit einer Arbeit über den Kapitalismus-Begriff und ging anschließend wieder zurück in die USA an die Harvard University, wo er bereits 1936 als ordentlicher Professor berufen wurde. Talcott Parsons prägte das soziologische Paradigma des Struktur-Funktionalismus und die strukturfunktionalistische Handlungstheorie, die bis in die 70er Jahre das dominante theoretische Modell innerhalb der US-amerikanischen Soziologie war. Gemeinsam mit dem fast 30 Jahre jüngeren Smelser schrieb Parsons 1953 das berühmte Buch „Economy and Society". Auch Smelser hat als Soziologe Spuren hinterlassen. Er von 1962 bis 1994 Professor für Soziologie an der *University of California Berkeley*.

Das Ziel der soziologischen Arbeit Parsons war es, eine einheitliche Theorie des menschlichen Handelns zu entwerfen, die Gesellschaft, Wirtschaft, das Soziale etc. beinhaltete. Diese allgemeine Theorie des Handelns formulierte Parsons in seiner Allgemeinen Handlungstheorie (Parsons 1949). Ausgangspunkt der *General Theory of Action* bei Parsons ist die Beobachtung, dass die Basis des sozialen Handlungen sind. Es sind genau diese Handlungen von Individuen, die das konzipieren, was Parsons beispielsweise soziale Systeme nennt, eines dieser sozialen Systeme ist die Wirtschaft.

Parsons und Smelsers Theorie der Wirtschaft ist in Parsons Theorie der Gesellschaft eingebunden, so dass zunächst zum besseren Verständnis ein paar allgemeine Bemerkungen zu Parsons Vorstellungen von Gesellschaft folgen: Gesellschaft ist das umfassende soziale System. Die Wirtschaft ist für Parsons/Smelser ebenfalls ein soziales System und gleichzeitig ein Teilsystem der Gesellschaft. Soziale Subsysteme der Gesellschaft unterscheiden sich vor allem durch die primäre Funktion der in ihnen organisierten Handlungen voneinander (Parsons/Smelser 1956: 13 ff.). Ferner unterscheiden sie sich auch bezüglich ihrer physikalischen Lokalität des sozialen Systems, hinsichtlich der physischen Umwelteinflüsse auf das soziale System und mit Blick auf die wertmäßigen Beziehungen der Mitglieder in den jeweiligen sozialen Systemen zu-

---

ist beispielsweise das Konzept der „Performativität". Innerhalb der Soziologie und der Wirtschaftssoziologie finden sich unterschiedliche Ansprüche an das, was Theorien leisten. Die im Folgenden zu besprechenden Theorien von Wirtschaft im Anschluss an Parsons/Smelser und Luhmann gehören zu den wenigen Großtheorien von Wirtschaft in der Soziologie.

einander (Kiss 1975: 165). Die in der Gesellschaft organisierten Handlungselemente sind quasi die Handlungen aller Gesellschaftsmitglieder.[30]

Wichtig ist die Vorstellung bei Parsons, dass die moderne Gesellschaft, und hier denkt er insbesondere an die US-amerikanische Gesellschaft, die Bedingungen produziert, die sie für ihr Leben braucht (Parsons 1965: 24). Sie ist quasi selbstgenügsam. So wie alle sozialen Systeme besteht auch das soziale System Gesellschaft aus vier primären Subsystemen. Zu diesen Subsystemen gehören zum einen die Gemeinschaft; das sogenannte Kultursystem, was häufig auch mit dem Begriff „Normerhaltungssystem" bezeichnet wird; die Politik; und die Wirtschaft. Jedes dieser vier Subsysteme erfüllt eine spezifische primäre Funktion für die Erhaltung der Gesellschaft. Nur wenn alle Subsysteme auch ihre Funktion erfüllen, ist der Bestand der Gesellschaft gesichert:

Die gesellschaftliche Gemeinschaft ist primär für die interne Integration der Subsysteme der Gesellschaft zuständig. Dies wird vor allem durch die Integration der Mitglieder in die normative Ordnung der Gesellschaft erreicht (Parsons 2003: 21). Das Kultursystem der Gesellschaft ist primär für die Legitimation dieser normativen Ordnung zuständig. Es legitimiert damit auch die politische und die wirtschaftliche Ordnung. Da das gesellschaftliche Wertesystem durch jene „letzte Realität" außerhalb der Gesellschaft legitimiert ist, ist die Gesellschaft über ihr Werte- und Normensystem mit dieser „letzten Realität" verbunden (Parsons 2003: 125 ff.). Die Politik ist primär für die Mobilisierung sozialer Kräfte für die Ziele der Gemeinschaft zuständig (Parsons 2003: 130 ff.). Die Wirtschaft löst primär die adaptiven Probleme der Beschaffung und Organisation ökonomisch-technischer Ressourcen für die Gemeinschaft (Parsons 2003: 20 ff.).[31]

---

30 Bezüglich der physikalischen Lokalität des sozialen Systems Gesellschaft gilt, dass es in der Regel territorial auf eine Nation begrenzt ist, obgleich man selbst bei Parson schon sehr modern auch die Idee von Europa und auch einer Weltgesellschaft findet (Parsons 2003). Gesellschaften sind nun bei Parsons von zwei Umwelten umgeben. Diese Umwelten markieren die Grenzen von Gesellschaften. Zum einen sind Gesellschaften von der physischen Umwelt umgeben und zum anderen von einer sogenannten letzten Realität. Die physische Umwelt beinhaltet zum Beispiel alle nicht-menschlichen Organismen oder auch die nicht verhaltensmäßigen Komponenten menschlicher Organismen, also zum Beispiel Pflanzen, Tiere, aber auch Stoffwechselprozesse, Informationsverarbeitungsprozesse. Die letzte Realität hat eine Art Sinngebungsfunktion, die als Umwelt bei der Bewältigung der großen Transzendenzen wie Liebe, Leid, Tod und Lebenssinn notwendig ist. Für Parsons ist diese letzte Realität eine Art Vorstellung von dem Letzten, dem Universum, Kosmos o. ä. Die letzte Realität ist nicht eine Realität an sich; sie ist immer religiösen Ursprungs (Parsons 1975: 18).

31 Bei dieser-strikten-Trennung der Gesellschaftsbereiche und ihrer Funktionen gilt es zu beachten, dass es sich stets um eine analytische Trennung handelt, die in der Empirie selten in dieser klaren Konturierung anzutreffen ist. Denn es gilt beispielsweise für soziale Systeme einer Verwandtschaftsbeziehung (also einem sozialen Subsystem des sozialen Systems der Gesellschaft), dass es allen drei anderen Systemen ebenfalls zugeordnet werden kann: dem kulturellen System, weil die Verwandtschaftsbeziehung für das Individuum die wichtigste Quelle für das Lernen von Werten ist; dem Wirtschaftssystem, weil die Verwandtschaftsbeziehung die wesentliche Ursache für die Bereitschaft ist, andere Individuen (vor allem Kinder) zu ernähren; und auch dem politischen System, da die

Auch dieses Sub-System wird durch die kulturelle Ordnung legitimiert. So sind im modernen Wirtschaftssystem vor allem jene Prozesse und Marktbeziehungen anerkannt, welche den Prinzipien von Effizienz- und Rationalität verpflichtet sind. Verschwenderischer Umgang mit Ressourcen wird beispielsweise von der Gesellschaft missbilligt. Gleichzeitig ist es die Aufgabe der Ökonomie, technologische Verfahren sowie Güter- und Dienstleistungen in das Sozialsystem einzufügen, d. h. Verfahren, Güter und Dienstleistungen im Interesse der individuellen und kollektiven Einheiten der Gesellschaft zu verteilen (Parsons/Smelser 1956: 13 ff: Parsons 1975: 30). Zwar unterliegt das Wirtschaftssystem auch einer institutionellen Kontrolle und rechtlichen Regulierung (Eigentumsrecht, Vertragsrecht, Arbeitsrecht), doch sehen Parsons und Smelser das Marktsystem als ein autonomes und differenziertes Subsystem der Gesellschaft (Parsons/Smelser 1956).

Parsons und Smelser differenzieren demnach die gesellschaftlichen Subsysteme und hier die Wirtschaft anhand einer groben Unterscheidung der jeweiligen Funktion von Handlungen. Es handelt es sich um eine Differenzierung, die Handlungen nach ihrer primären Funktion einem der vier gesellschaftlichen Subsysteme zuordnet. Diese Zuordnung ist durchaus kontingent und muss letztendlich von Fall zu Fall empirisch entschieden werden. Handelt es sich um Handlungen, die z. B. primär der Werterhaltung dienen, so können diese analytisch dem Kultursystem zugerechnet werden; handelt sich um Handlungen, die primär der Ressourcensicherung dienen, können diese analytisch der Wirtschaft zugerechnet werden. Ist hingegen die Rede von Werten, so werden Werte zwar auch dem Kultursystem zugerechnet, streng genommen müsste aber immer von Handlungen die Rede sein, die zu bestimmten Werten in Bezug gesetzt werden (Parsons 1961: 964).

Wichtig in der Theorie von Parson und Smelser ist die Vorstellung, dass die Wirtschaft von den anderen Subsystemen der Gesellschaft abhängig ist und vice versa. Das heißt, Handlungen, die in der Wirtschaft passieren, haben auch Effekte, beispielsweise für die Integration der Gesellschaft und für die Politik der Gesellschaft.

Sichtbar wird hier, dass Ökonomie immer in Bezug auf die Gesamtgesellschaft gedeutet wird. Wenn es also heißt, die primäre Aufgabe von Wirtschaft besteht in der Beschaffung von Wohlstand, dann geht es den Autoren nicht um ein utilitaristisches Denken und den Reichtum von Individuen und Einzelpersonen, die dann auch zu einer Vermehrung des Reichtums der Gesellschaft beitragen. Vielmehr adressieren Parsons und Smelser unmittelbar den Reichtum der Gesellschaft. Genau darin besteht die Funktion der Ökonomie, nämlich einen gewissen Wohlstand zu erzeugen. Und damit sieht man auch, dass diese Wohlstandserzeugung relevant ist für die Integrationsfunktion der Gesellschaft. Denn wenn starke Ungleichheit herrscht und es sehr arme und sehr reiche Bevölkerungsschichten gibt, kann die gesellschaftliche Integra-

---

Verwandtschaftsbeziehung als Quelle von Dienstleistungen wesentlich für das politische Gemeinwesen ist (Parsons 2003: 21).

tion gefährdet sein. Ferner ist die Funktion der Reichtumsverteilung gekoppelt an kulturelle Vorstellungen von Gerechtigkeit. Durch diese Verbundenheit der Subsysteme kommt es zur sogenannten „Interdependenz" zwischen den gesellschaftlichen Systemen.

Wie alle sozialen Systeme hat auch die Wirtschaft vier Subsysteme ausgebildet: Die primäre Funktion der Wirtschaft besteht in der Adaption von Ressourcen und damit in der Versorgung der Bevölkerung. Ferner hat die Wirtschaft auch ein kulturelles Subsystem. Parsons und Smelser verweisen hier insbesondere auf die Familie und den Haushalt, die sie dem kulturellen Subsystem der Wirtschaft zuordnen (Parsons/Smelser 1956: 53), da die Familie (und der Haushalt) die Funktion der latenten Werterhaltung für die Wirtschaft haben.[32] Warum verordnen Parsons und Smelser die Familie und den Haushalt in diesem kulturellen Subsystem? Sie sehen die Hauptaufgabe der Familie darin, die menschliche Motivation für die Partizipation an der Gesellschaft sicherzustellen. Bezugspunkt ist also immer wieder das Gesellschaftssystem. Die Familie ist ferner für die Sozialisation der Kinder verantwortlich. Hierin besteht die Output-Beziehung zwischen Wirtschaft und dem kulturellen Subsystem der Wirtschaft. Die Input-Beziehung von dem kulturellen Subsystem der Wirtschaft in die Wirtschaft besteht in der Bereitstellung von Berufswissen und Berufsrollen. Zudem gibt es Input- und Output-Beziehungen zwischen der Ökonomie und der Politik. Die Output-Beziehung von der Ökonomie in die Politik sehen die Autoren in der Bereitstellung von Kapital, was wiederum ermöglicht wird, indem die Politik Gesetze erlässt und für Sicherheit sorgt. Zu den anderen beiden Subsystemen gibt es ebenfalls interdependente Beziehungen. Die Beziehungen zwischen dem gemeinschaftlichen Subsystem und der Ökonomie bestehen darin, dass die Ökonomie einen bestimmten Lebensstil garantiert (Parsons/Smelser 1956: 63).[33]

Insgesamt handelt es sich bei der hier kurz dargelegten Theorie der Wirtschaft um eine hoch abstrakte Vorstellung über die Funktionsweise und das Bestehen der Ökonomie. Die Kernfragen lauten immer: Was leistet ein Subsystem? Und: Was tragen Handlungen für den Fortbestand des Systems bei? Artikuliert wird nicht nur eine systemtheoretische Vorstellung, sondern auch eine funktionalistische Vorstellung. Von diesem Ausgangspunkt der Systemtheorie von Parsons und Smelser entwickelte Luhmann seine Theorie der Wirtschaft, jedoch mit einer anderen Schwerpunktsetzung.

---

32 „Latent" bedeutet, dass etwas ständig gegeben und abrufbar ist.
33 Die Input- und Output-Beziehungen zwischen den Subsystemen der Ökonomie mit den Subsystemen der Gesellschaft beschreiben Parsons und Smelser (1956) auf den Seiten 50 bis 70. Da die Beziehungen sehr zahlreich und unterschiedlich sind, sollen sie hier nicht im Einzelnen nachgezeichnet werden (Parsons/Smelser 1956: 50 ff.).

Wirtschaft als gesellschaftliches Funktionssystem: Niklas Luhmann „Die Wirtschaft der Gesellschaft" (2019)

Niklas Luhmann (1927–1998) skizziert sein Verständnis von Wirtschaft in dem Aufsatz in „Die Wirtschaft der Gesellschaft als autopoietisches System" in der Zeitschrift für Soziologie bereits 1984 (Luhmann 1984a), bevor mit der Buch-Publikation im Jahre 1988 „Die Wirtschaft der Gesellschaft" eine umfassende Beschreibung von Wirtschaft erfolgt (Luhmann 1988). Luhmann, geboren 1927, studierte von 1946 bis 1949 Rechtswissenschaft an der Universität Freiburg. Nach dem erfolgreichen Abschluss des Studiums ging er in eine Referendarausbildung nach Lüneburg, an die eine achtjährige Tätigkeit als Verwaltungsbeamter anknüpfte.[34] Im Jahre 1961 erhielt Luhmann ein Stipendium für eine Fortbildung an der berühmten Harvard-Universität in Cambridge in den USA. Dort traf er mit Talcott Parsons zusammen und kam auch in Kontakt mit Parsons struktur-funktionaler Systemtheorie, die für ihn sehr prägend war. Im Jahr 1965/1966, also 40-jährig, schrieb er sich für das Studium der Soziologie in Münster ein und wurde dort auch schon ein Jahr später promoviert. Fünf Monate später konnte er seine bereits fertiggestellte Habilitation bei den Soziologen Dieter Claessens und Helmut Schelsky einreichen. 1968 wurde Luhmann zum ersten Professor der Soziologie an der Universität Bielefeld berufen, wo er bis zu seiner Emeritierung im Jahre 1993 wirkte. Niklas Luhmann ist 1998 verstorben.

In seinem wichtigsten Werk „Soziale Systeme – Grundriss einer allgemeinen Theorie" (Luhmann 1984b) entwickelt Luhmann eine neue Systemtheorie, welche Luhmanns sogenannte „autopoietische Wende" in seinem Denken markiert.[35] Darin entwickelt er eine Theorie des Sozialen auf einem höchst abstrakten Niveau mit eigenen Begrifflichkeiten, die wiederum durch die von ihm formulierte Theorie erklärt werden. Diesen Entwurf einer allgemeinen Theorie des Sozialen wendet er in den folgenden Jahren und Jahrzehnten auf immer andere gesellschaftliche Bereiche wie die Kunst, die Familie, die Wissenschaft, die Religion, die Politik sowie die Wirtschaft etc. an:

Während für Parsons die kleinste soziale Einheit, die Handlung ist —— er nannte diese „unit act" – sind für Luhmann die elementaren Einheiten des Sozialen „Kommunikationen". Was versteht Luhmann unter „Kommunikation"? Alltagssprachlich haben wir in der Regel ein Verständnis von Kommunikation, das mit der Vorstellung einhergeht, dass Informationen von einem Sender zu einem Empfänger geschickt

---

34 In dieser Zeit, also bis 1995 entstand auch der berühmte Zettelkasten. Es handelt sich dabei um einen Kasten mit 90.000 handschriftlichen Hinweisen und Gedanken, der jetzt mittlerweile in den Nachlass von Luhmann eingegangen ist und der für die Wissenschaft einen unschätzbaren Wert hat (vgl. Kap. III.9.).

35 Die autopoetische Wende bezeichnet einen Paradigmenwechsel in Luhmanns Denken, bei dem er die Vorstellung der Selbstreproduktion in den Vordergrund stellt. Gemeint ist damit, dass Systeme alle Einheiten, die sie benötigen, selbst erzeugen und reproduzieren und damit informationell geschlossen sind, jedoch energetisch zur Umwelt offen sind.

werden und auch von Sender zu Empfänger „fließen". Unsere Vorstellung beinhaltet ferner die Idee, dass diese Informationen auch genauso beim Empfänger ankommen wie sie vom Sender intendiert waren.

Dieses Kommunikationsmodell wird bei Luhmann auf den Kopf gestellt. Und zwar besteht für Luhmann eine Kommunikation aus der Einheit von drei Elementen: von Mitteilung, Information und Verstehen. Was ist damit gemeint? Dies soll im Folgenden kurz an einem Beispiel verdeutlicht werden: Eine Person A geht über die Straße und sieht in der Ferne eine andere Person B auf sich zukommen. Person A hat den Gedanken, dass es sich um eine Freundin handelt und Sie hebt den Arm und winkt. Dann wäre dieses Winken eine Mitteilung an die Freundin. In Wirklichkeit ist aber die Person B gar nicht Ihre Freundin und die Person B kennt Person A nicht. Folglich hat sich Person A (der Sender im herkömmlichen Kommunikationsmodell) vertan. Das Gegenüber, Person B, die gedachte Freundin, aber tatsächlich fremde Person, sieht so etwas wie „eine Hand heben" und selektiert diese Mitteilung auf ihre ganz eigene und spezifische Weise: Person B ist verärgert, weil sie denkt, Person A „zeigt ihr einen Vogel"; damit wird diese Geste als Beleidigung gedeutet. Wenn sich an diesen Verstehensprozess eine neue Mitteilung anschließt, die selektiert und wieder auf eine ganz eigene Art und Weise verstanden wird, kommt es zur Anschlusskommunikation. Information ist also nicht einfach ein Input von Daten, die von A nach B prozessiert werden, sondern ein Ereignis, indem das soziale System seinen eigenen Zustand auf eine von ihm festgelegte und von dem System als relevant erachtete Weise verändert (Luhmann 1984b: 104). Nur solange Kommunikation an Kommunikation gereiht wird, ist ein soziales System quasi im Bestand.

Soziale Systeme sind Systeme sinnhafter[36] Kommunikationen. Die Gesellschaft ist das umfassendste soziale System und umfasst die Gesamtheit aller Kommunikationen. Für Gesellschaft gilt, dass Kommunikation aus Kommunikation produziert wird und sich Gesellschaft dadurch reproduziert. Nun wissen wir natürlich, dass die Gesellschaft innerhalb von Umwelten operiert und das auch durchaus zum Thema machen kann. Also die Gesellschaft kann durchaus über ihre Umwelt kommunizieren und zum Beispiel andere Gesellschaften thematisieren. Sie kann aber auch ihre ökologische Umwelt zum Thema machen. Und insofern ist die Gesellschaft zwar operativ geschlossen, aber informativ geöffnet – oder bei Luhmann heißt es an vielen Stellen: Gesellschaft ist energetisch offen (Luhmann 1984b: 242 ff.). Das heißt, Gesellschaft erfährt Reize aus ihrer Umwelt, aber wie diese Reize dann im System intern verarbeitet, das wird allein in der Gesellschaft festgelegt und nicht in der Umwelt (Luhmann 1984b: 242 ff.).

---

36 „Sinn" impliziert, dass es in Kommunikationen einen Überschuss von Verweisungen gibt, aus denen eine herausselektiert werden muss für eine Anschlusskommunikation. „Sinn" legt bestimmte Anschlussmöglichkeiten nahe und macht andere unwahrscheinlich (Luhmann 1984b: 93 f.).

Für Luhmann ist die moderne Gesellschaft eine funktional differenzierte Gesellschaft im Unterschied zu früheren hierarchisch gegliederten oder segmentär strukturierten Gesellschaften. Ähnlich wie Parsons sieht Luhmann die Gesellschaft in eine Vielzahl an Subsystemen differenziert. Eines dieser Subsysteme bildet die Wirtschaft. Auch die Wirtschaft als soziales System besteht für Luhmann aus Kommunikationen, und zwar Kommunikationen, die für die Vorsorge für notwendige Güter und Dienstleistungen relevant sind.

Die Ausdifferenzierung der Wirtschaft als autonomes Subsystem, das autopoetisch operiert, basiert auf dem Einsatz von Geld als symbolisch generalisiertes Kommunikationsmedium (Luhmann 1988: 230 ff.). Ein Kommunikationsmedium ist ein Hilfsmittel, mit dem die Anschlussfähigkeit von Kommunikationen erhöht wird: zum Beispiel kann man Dinge einer unterschiedlichen Art und Metrik wie Weizen gegen Pfeffer oder Arbeit gegen Nahrung leichter tauschen über den Einsatz von Geld. Mit Geld kann demnach wesentlich distinkter als mit einer Menge heterogener Güter und Leistungen kalkuliert werden, weil Geld für Kommensurabilität sorgt, also eine Vergleichbarkeit unterschiedlicher Güter. Das Ansparen von Geld ermöglicht derart die Speicherung eines abstrakten Verfügungspotenzials, was für alles Mögliche eingesetzt werden kann. Das leistet Geld als generalisiert einsetzbares Mittel.

Dieser Fokus auf Geld als Kommunikationsmedium verbindet Luhmann mit Parsons, unterscheidet Luhmanns systemtheoretische Wirtschaftssoziologie aber von anderen Wirtschaftstheoretikern; beispielsweise Adam Smith und Karl Marx, welche die Bedeutung und Begriffe von Produktion, Tausch und Arbeit in den Mittelpunkt gesetzt haben. Aufgrund der Bedeutung von Geld werden in Luhmanns Analyse andere Motive zurückgedrängt. Arbeit wird so (fast) nur noch gegen Geld getauscht und nicht mehr aus Freude oder moralischer Überlegungen. Geld ermöglicht derart die Ausbildung rein ökonomischer Kriterien und trägt zur Ausbildung der Wirtschaft als autopoetisches Subsystem der Gesellschaft bei.

Im Vergleich zu Parsons „unit act" gilt in der Wirtschaft „die Zahlung" (und auch die „Nichtzahlung") als kleinste Einheit (Luhmann 1988: 52). Zur Wirtschaft gehört damit die Gesamtheit der Kommunikationen, die über den Code Zahlen/Nichtzahlen ablaufen. In der Wirtschaft reihen sich Zahlungen an Zahlungen an Zahlungen und Wirtschaft besteht aus unaufhörlich neuen Zahlungen, und wenn keine Zahlungen mehr erfolgen, lässt sich „die Wirtschaft" nicht mehr beobachten (Luhmann 1988: 230 ff.). Spricht Luhmann von Zahlung, so ist bei ihm von Bedeutung, dass das Gegenteil immer mitgedacht wird, nämlich die Nichtzahlung (Luhmann 1988: 230 ff.). Das heißt, wenn wir an Zahlung denken, dann ist auch immer die Möglichkeit der Nichtzahlung denkbar. Wenn Nichtzahlung eintritt, wird der Zahlungsprozess unterbrochen.

Aber dennoch stellt sich natürlich die Frage: Was motiviert dazu, dass im Wirtschaftssystem Zahlung an Zahlung gereiht wird? Zur Erläuterung führt Luhmann das Prinzip des Profits ein: Wir sprechen immer dann von Profit, wenn die Zahlung dem Zahlenden selbst zugutekommt. Die Möglichkeit des Profits ist es, was extern als

Grund für die Aneinanderreihung von Zahlungen formuliert wird. Und hier wird ein Problem der Wirtschaft angesprochen, denn offenbar gibt es einen Motiv-Mangel, warum man überhaupt zahlen soll. Denn man zahlt nicht, und man spart auch nicht per se, sondern nur, wenn bestimmte Gründe dazu vorliegen (Luhmann 1988: 55 ff., 116 ff.): Die autopoetische Geschlossenheit des Wirtschaftssystems zwingt die Wirtschaft quasi zu einer informationsbezogenen Offenheit mit der Umwelt und damit liegen Gründe vor, warum Zahlung an Zahlung zu binden sind. Luhmann erläutert dies, indem er den Begriff des „Bedürfnisses" einführt. Als „Bedürfnis" thematisieren wir das, was wir brauchen, was wir haben wollen, was uns nützt und dergleichen. Das sind nach Luhmann keine anthropologischen oder tatsächlichen Notwendigkeiten; weder sieht er darin eine psychologische Motivationshierarchie, wie er schreibt, sondern die, durch die Wirtschaft befriedigten und erwarteten Bedürfnisse, ergeben sich aus der unterschiedlichen Beziehung von Wirtschaft und Gesellschaft und entstehen auch erst mit der Ausdifferenzierung des Wirtschaftssystems (Luhmann 1988: 59 ff.).[37] Luhmann unterscheidet elementare Bedürfnisse der Reproduktion des Menschen von einer Art Mindestanforderungen des Überlebens. Und dazu kommen für ihn Bedürfnisse, die erst entstehen, wenn Geld zur Verfügung steht, um Befriedigung zu ermöglichen. Letzteres ist nur möglich, wenn die Wirtschaft als System der Zahlung schon hinreichend ausdifferenziert ist. Schließlich gibt es für ihn Bedürfnisse, die noch enger an die Wirtschaft selbst gebunden sind, vor allem die sekundären Bedürfnisse der wirtschaftlichen Produktion (Luhmann 1988: 216 ff.) wie der Bedarf an Energie, Material und Arbeit. Die Wirtschaft garantiert über den Begriff des Bedürfnisses das Operieren als geschlossenes System und als offenes System — und zwar je nach Art des Bedürfnisses.

Vergleicht man nun die Systemtheorien von Parsons und Smelser mit der von Luhmann mit Blick auf ihre Vorstellungen von Wirtschaft, so sei zunächst angemerkt, dass hinter beiden Theorien bedeutsame Soziologen stehen, deren analytischer Geist und abstraktes Denken innerhalb der Soziologie außergewöhnlich sind. Möglicherweise könnte man sagen, dass Luhmann der originellste Denker war. Aber alle haben eine Großtheorie formuliert, die es in der Soziologie selten gibt. Wichtig ist hervorzuheben, dass Luhmann, obwohl stark von Parsons beeinflusst, am Ende einen diametral anderen Ansatz mit dem Entwurf der Idee der Autopoesis formuliert: Für Luhmann gibt es gesellschaftliche Funktionssysteme. Eines davon ist die Wirtschaft. Mit der Wirtschaft und mit den anderen Funktionssystemen unterscheidet Luhmann funktional verschiedene gesellschaftliche Systeme, also Wirtschaft, Politik, Wissenschaft, Religion usw., die er gesellschaftlich für bedeutsam hält. Diesen Systemen schreibt er eine spezifische Eigenlogik zu.

---

37 Ähnliche Überlegungen finden sich bei Marx´ (2005c) Gedanken zur Kommodifizierung, bei Dörre (2009) mit dem Begriff der „Landnahme" oder auch in der Theorie von Boltanski und Chiapello (2006) in der Vorstellung des neuen Geistes des Kapitalismus, der stets neue Bedürfnisse erzeugt und kontinuierlich neue Bereiche des Sozialen für sich vereinnahmt.

Demgegenüber stellt sich die Systemtheorie Parsons und Smelser anders da. Da für Parsons alle Subsysteme der Gesellschaft die vier gleichen Funktionen erfüllen müssen, artikuliert er die Vorstellung, dass allgemeingültige Funktionserfordernisse für die Aufrechterhaltung der Gesellschaft erfüllt werden müssen. Für Parsons unterhalten die Subsysteme miteinander Austauschprozesse, sie sind also nicht informationell geschlossen. Bei Parsons sind die Subsysteme interdependent und nicht autonom. Ferner wird in beiden Theorien die Bedeutung des Geldes als symbolisch generalisiertes Kommunikationsmedium für die Ausdifferenzierung der Wirtschaft betont.

Mit diesen knappen Bemerkungen zur soziologischen systemtheoretischen Begründung von Wirtschaft soll sich hier einleitend zunächst begnügt werden, da es umfangreiches Kapitel (Kapitel III) zur systemtheoretischen Wirtschaftssoziologie gibt. Wichtig für die Wirtschaftssoziologie sind die besprochenen Autoren, da sie wirtschaftssoziologische Forschung mit gesellschaftstheoretischen Aussagen und Überlegungen verbinden und deshalb haben sie an dieser Stelle des vorliegenden Buches auch zusätzlich in der Einleitung ihren Platz. Allerdings muss an dieser Stelle auch festgehalten werden, dass insbesondere Luhmanns Wirtschaftssoziologie außer bei strengen Luhmanianern wie Baecker (2006), Esposito (2010, Hellmann (2003) und Cevolini (2010) nur geringe Auswüchse in die empirische wirtschaftssoziologische Forschung zur Folge hatte (Pahl 2017: 217). Wesentlich lebendiger, aber mit geringem gesellschaftstheoretischen Anspruch entwickelte sich hingegen seit den 1990er Jahren eine andere Strömung in der Wirtschaftssoziologie, die sogenannte Neue Wirtschaftssoziologie, die ihren Ausgang zunächst von US-amerikanischen Studien nahm. Der Neuen Wirtschaftssoziologie ist ebenfalls ein eigenes Kapitel (vgl Kap. VII) gewidmet, einige Aspekte dieser neuen Strömung sollen aber in dieser historisch motivierten Einleitung Erwähnung finden (vgl. Kap. I.1.5.). Vor allem aber soll zuvor der gesellschaftliche Hintergrund vergegenwärtigt werden, vor dem dieser Aufschwung wirtschaftssoziologischen Denkens stattgefunden hat (vgl. Kap. I.1.4.). Implizit ist damit die These verbunden, dass die gesellschaftlichen Entwicklungen, insbesondere der Bedeutungszuwachs der Ökonomie für die Gesellschaft, der mit dem Schlagwort „Ökonomisierung" eingefangen wird, das soziologische Nachdenken über Wirtschaft gestärkt hat.

4 Ökonomisierung, oder: Warum boomt die Wirtschaftssoziologie?

Nach den eher ruhigen Jahrzehnten mit Blick auf die Fülle und Dichte wirtschaftssoziologischer Forschung, setzte ab den 1980er Jahren eine Phase ein, die von einer solchen Lebendigkeit und Masse an Studien geprägt war, die dazu führte, dass die Wirtschaftssoziologie sich innerhalb der letzten vier Dekaden zu einer der zentralen Subdisziplinen der Soziologie herausgebildet hat. Die zunehmende Bedeutung der Wirtschaftssoziologie, so das folgende Argument, ist Ausdruck von und Antwort auf eine Ausdifferenzierung und Verselbständigung der Wirtschaft innerhalb der Gesellschaft und der Verbreitung ökonomisch geprägter Denk- und Handlungsmuster in Bereichen moderner Gesellschaften, die zuvor nicht ökonomisch geprägt waren. Welche gesellschaftlichen Veränderungen führten zu einer zunehmenden Bedeutung der Ökonomie in der Gesellschaft und der wissenschaftlichen (soziologischen) Betrachtung?

Vielleicht vergleichbar mit den Umwälzungen der Industriellen Revolution im 20. Jahrhundert, lassen sich die letzten 40–50 Jahre, mit der Erfindung und Etablierung des Internets und der einsetzenden Digitalisierung als eine Zeit beschreiben, in welcher die soziale Ordnung vieler Menschen auf dem Globus grundlegend verändert wurde. Durch den technischen Wandel kam es auch zu Transformationen des Kapitalismus hin zu einem global vernetzen System der Weltwirtschaft mit einem Weltmarkt (Scherrer/Kunze 2011: 12 ff.). Die Transformationen werden mit dem Begriffspaar „Ökonomische Globalisierung" bezeichnet. Dahinter steht die Veränderung der strukturellen und kulturellen Ordnung der kapitalistischen Wirtschaft, die sich durch die Entstehung neuer Märkte und durch den Wandel der Produktion und der Verteilung von Gütern, durch den Wandel der Arbeitsgesellschaft sowie durch Veränderungen im Verhältnis von Staat und Wirtschaft materialisiert. Diese Entwicklungen werden vor allem durch die technologische Revolution in Form der Digitalisierung und den so frei gesetzten Globalisierungsbestrebungen getragen, sie werden aber auch durch nationale und supranationale politische Entscheidungen gestützt. Zudem wurde die derart erfolgte Transformation des Kapitalismus von drei geopolitischen, sich wechselseitig verstärkenden Entwicklungen getragen, die im Folgenden kurz beschrieben werden sollen:

Erstens waren während der Jahre von 1980 bis 2000 politische Systemwechsel in verschiedenen Gebieten und Ländern der Welt zu beobachten. Der Zerfall der Union der Sozialistischen Sowjetrepubliken (UDSSR) war mitverursacht durch massive Wachstumsrückgänge der wirtschaftlichen Entwicklung der UDSSR. Die von Gorbatschow eingeleiteten Reformen nach 1985 brachten kaum Wachstumssteigerungen hervor. Die Industrieproduktion in den großen Kombinaten entwickelte sich negativ und die Förderung des Agrarsektors führte nicht zu einer zufrieden stellenden Versorgung der Bevölkerung mit Lebensmitteln. Politisch führten Entwicklungen auf verschiedenen Ebenen zur Auflösung der UDSSR, wodurch es vor allem zu einer symbolischen Aufwertung des Kapitalismus kam und zu einer zunehmenden Bereitschaft der, sich von der UDSSR abspaltenden Länder zur Teilhabe am kapitalistischen Marktgeschehen. Weitere Politikwechsel in China und Indien und mit diesen sukzessive erfolgende Markteintritte der Länder, vergrößerten die Märkte des einstigen Westens, da nun fast die Hälfte der Weltbevölkerung potenziell über Marktprozesse erreichbar wurde (Scherrer/Kunze 2011: 38).

Auch in den Ländern des Westens bedingten die nationalökonomischen Wandlungsprozesse eine ökonomische Öffnung der Nationalstaaten. Diese Öffnung wurde durch das politische Ziel der Erzeugung sozialer Sicherheit mittels Wohlstandgenerierung durch Marktteilnahme legitimiert (siehe z. B. Cioffi/Höpner 2006). Die Öffnung

Entwicklung des deutschen Außenhandels
Milliarden EUR

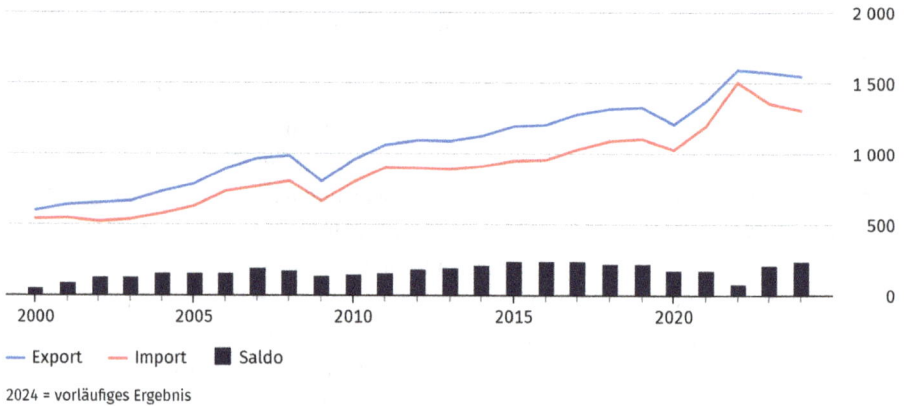

— Export — Import ■ Saldo

2024 = vorläufiges Ergebnis

© ᴵᵘᴵ Statistisches Bundesamt (Destatis), 2025

Abb. I.1: Entwicklung des Außenhandels in Deutschland von 2000–2024. (Statistisches Bundesamt (Destatis), https://www.destatis.de/DE/Themen/Wirtschaft/Aussenhandel/_Grafik/_Interaktiv/entwicklung-aussenhandel-jahre.html, letzter Aufruf: 11.04.2025).

der Volkswirtschaften führte zu einer verstärkten Abhängigkeit der nationalen Ökonomien voneinander und zu einer zunehmenden Mobilität in den Bereichen der Wirtschaft, Politik, Kultur etc. zwischen den Nationen. Eine Diffusion von Produkten, Ideen und Werten sowie ein gesteigerter Transfer von Produktionsfaktoren wie Güter, Kapital, Arbeitskräften und Technologien resultierten aus derartigen Veränderungen. Die Globalisierung der Industrieproduktion bedingte schließlich die Verflechtung der Realwirtschaft rund um den Globus. Dabei muss beachtet werden, die Globalisierung nicht einheitlich innerhalb der Nationen der Welt verläuft. Am stärksten profitierten die ehemaligen Industrie- und Schwellenländer in Europa und Amerika sowie China, Indien, Brasilien. Globalisierung kann daher auch als eine Verflechtung des Welthandels der Wirtschaftszentren in Amerika, Europa und Südostasien gedeutet werden.[38] Beispielsweise entwickelte sich das Exportvolumen der Bundesrepublik Deutschland von 2000 bis 2024 von 597 Milliarden Euro auf 1.548 Milliarden Euro (vgl. Abb. I.1).

Durch die beschriebenen Globalisierungsprozesse ist die globale Industrieproduktion mittlerweile auf viele Standorte auf dem Globus verstreut. Es kam zu einer Verlagerung der Industrieproduktion weg von Absatzmärkten in Länder mit vorteilhafteren Kostenstrukturen der Produktion. Die einzelnen Produktionsstätten sind trotz der räumlichen Entfernung eng aufeinander abgestimmt. Grundlagen dafür sind die Ver-

---

38 Vgl. https://www.bpb.de/die-bpb/partner/teamglobal/67284/grenzueberschreitender-handel-von-waren-und-dienstleistungen/#page-Grenzüberschreitender%20Handel%20von%20Waren%20und%20Dienstleistungen (letzter Aufruf: 19.03.2025).

gleichbarkeit und Berechenbarkeit der Produktionsschritte. Die Möglichkeit des Vergleichs anhand verschiedener Leistungsparameter wie Effizienz und Verarbeitungsqualität setzt die Konzerne und die Produktionsstandorte untereinander einem starken Konkurrenzdruck aus, was wiederum eine Steigerung der ökonomischen Dynamik zur Folge hat (Scherrer/Kunze 2011: 37 ff.).

Zweitens war ein weiterer bedeutender Faktor, welcher die Intensivierung ökonomischer Prozesse begünstigte und auch der Wirtschaftssoziologie einen deutlichen Schub gab, die während der 1990er Jahre, neben der Globalisierung der Industrieproduktion einsetzende Globalisierung und Verflechtung der Finanzmärkte: Lag das Volumen der weltweit gehandelten Aktien 1980 bei 0,3 Billionen US-Dollar und bei einer durchschnittlichen Haltedauer pro Aktie von ca. 9,7 Jahren so stieg das Handelsvolumen bis 2019 auf 119,9 Billionen US-Dollar bei einer deutlich kürzeren Haltedauer einer Aktie von durchschnittlich 7,2 Monaten (vgl. auch Windolf 2005).[39] Diese Zunahme der Finanzgeschäfte wurde durch die globale Verflechtung der Finanzmärkte und durch Intensivierung des grenzüberschreitenden Kapitalaustauschs sowie der internationalen Aktivitäten von Finanzinstitutionen möglich. Wegweisend für die Öffnung der Finanzmärkte wiederum war 1973 die Auflösung des Bretton Woods Systems und den damit einhergehenden geld- und währungspolitischen Liberalisierungen, allen voran die Abschaffung des US-Dollars als Währungsmaßstab. Es folgten Standardisierungen und weitere Liberalisierungen der Märkte z. B. auf dem Gebiet der Rechnungslegung und Bilanzierung sowie zudem Aufhebungen von Kapitalkontrollen, Handels- und Marktbeschränkungen. Derartige Liberalisierungstendenzen waren sowohl in den USA als auch quer durch Europa zu beobachten; galten die Finanzmärkte zunehmend als Wachstumsmotor der Ökonomie, deren Gewinne ein Zigfaches versprachen im Vergleich zu den Gewinnen in der Realwirtschaft (Cioffi/Höpner 2006; Epstein 2005; Krippner 2005). Beispielsweise gilt für Deutschland seit den 1990er Jahren, dass sich in der deutschen Wirtschaft, die unter dem Begriff der „Deutschland AG" firmierte und einst auf der Grundlage von Kooperation und Vernetzung der Akteur*innen beruhte und nicht extensiv auf Konkurrenz und Marktbezug, sich zunehmend hybride Strukturen (kooperative und finanzmarktorientierte) ausbilden und die Strukturen der Kooperation und Vernetzung sich auflösen (Beyer 1998: 118 ff.). Der Ansatz der „Varieties of Capitalism" (VoC) unterscheidet in dieser Hinsicht zwischen „koordinierten" und „liberalen" Marktökonomien (Hall/Soskice 2001). Die Stärkung ökonomischer Prinzipien führte dazu, dass in den koordinierten Marktökonomien wie in Deutschland die Bedeutung von Prinzipien der Kooperation und Vernetzung teilweise geschwächt und durch Prinzipien von Markt und Konkurrenz ersetzt bzw. ergänzt wurden.

Technologisch wurde die Internationalisierung und Liberalisierung der Finanzmärkte und des international abgestimmten Börsenhandels durch Fortschritte im

---

39 Vgl. https://de.statista.com/statistik/daten/studie/614272/umfrage/haltedauer-der-weltweiten-aktien/ (letzter Aufruf: 15.03.2025).

Kommunikations- und Informationswesen ermöglicht. An der Spitze dieser Entwicklung steht das High Frequency Trading, eine Methode, bei der besonders leistungsfähige Computerprogramme auf der Basis von Algorithmen quasi eigenständig eine große Anzahl von Handelsaufträgen in Bruchteilen von Sekunden tätigen (Schwarting 2015). Der Marktanteil im Hochfrequenzhandel als Subkategorie des allgemeinen computerisierten Handels lag nach Schätzungen der Deutschen Bundesbank bereits im Jahr 2016 nahezu bei 50 Prozent der Handelsaktivitäten in den liquidesten Marktsegmenten in den USA und Europa.[40] Insgesamt aber führt der Hochfrequenzhandel zu einer Steigerung des Aktienhandels, da nun zeitliche Preisunterschiede von Sekunden ausgenutzt werden können, was die Handelsaktivität massiv befördert. Die hier beschriebene ökonomische Globalisierung der Realwirtschaft und der Finanzmärkte führte auf vielen Ebenen zu einer sowohl quantitativen als auch qualitativen Intensivierung ökonomischer Prozesse und damit zu einer Steigerung ökonomischer Prinzipien innerhalb der Ökonomie.

Einhergehend mit den beschriebenen Ökonomisierungsprozessen ist ein Bedeutungszuwachs der Ökonomie, welcher über die Grenzen der Wirtschaft hinaus Konsequenzen hat. Denn Ökonomisierungsprozesse wurden zudem in anderen Bereichen der Gesellschaft beobachtet, in dessen Folge ökonomische Regelungsprinzipien ab den 1990er Jahren zunehmend auch in jenen Bereichen an Bedeutung gewannen, in denen bis dato andere Arten der Steuerung vorherrschten (Bogumil 2004; Lessenich 2008; Williams 2005).[41] So umfasste die Stärkung ökonomischer Regelungsprinzipien die Einführung von Prinzipien von Markt und Effizienz im Bereich der wohlfahrtsstaatlichen Politiken: In den 1990er Jahren setzte in zahlreichen Wohlfahrtsstaaten eine Entwicklung ein, in der Marktprinzipien in den wohlfahrtstaatlichen Politiken gegenüber den Prinzipien öffentlicher und damit gemeinnütziger Regelung an Bedeutung gewannen (Gilbert 2002; Lessenich 2008; Williams 2005). Bei der „Vermarktlichung" ging es um die Schaffung neuer Märkte in wohlfahrtstaatlichen Institutionen und Politiken, in denen die Marktlogik, d. h. die Geltung von Konkurrenz, Wettbewerb, vertraglichen Beziehungen und Äquivalententausch bisher nicht dominierte (Williams 2005; Polanyi 2015).

Die Stärkung ökonomischer Prinzipien betraf zudem auch den gesellschaftlich wichtigen Bildungs- und Forschungsbereich und dort die Hochschulen (de Boer et al. 2007). Hier wurden auf der Grundlage der Veränderung des Hochschulrechts und durch die Einführung von Ansätzen und Methoden des „New Public Management" teilweise erhebliche Umstrukturierungen vorgenommen (Naschold/Bogumil 2000).

---

40 Leider sind die Angaben zum Umfang der Hochfrequenzhandel ungenau und je nach Quelle unterschiedlich. Vgl. Deltavalue (2025), https://www.deltavalue.de/high-frequency-trading/, (letzter Aufruf: 23.08.2024) und Bundeszentrale für politische Bildung (2025), https://www.bpb.de/kurz-knapp/zahlen-und-fakten/globalisierung/52590/aktienbestand-und-aktienhandel/ (letzter Aufruf: 06.04.2025).
41 Dabei deuten die Ergebnisse einiger Studien daraufhin, dass dieser Prozess der Ökonomisierung durchaus widersprüchlich verlaufen kann (Bogumil 2004; Lessenich 2008).

Sichtbar wird durch die entsprechenden Studien, dass Prozesse der ökonomischen Globalisierung nichts natürlich Gegebenes sind und dass das Agieren in marktwirtschaftlichen Kontexten kein selbstverständliches „natürliches" Verhalten rationaler Akteur*innen ist, die eben nicht dem oft herbeigedachten Gesetz des Marktes folgen, sondern eine gelernte und in Interaktionen mit Anderen eingeübte Orientierung. Zudem zeigen die oben angeführten Studien, dass die jeweils spezifische ökonomische Orientierung von Gesellschaften in der Regel politisch gewollt sind und entsprechend institutionell gesteuert (Cioffi/Höpner 2006); zudem sind Ökonomien auch kulturell und sozial geerdet und legitimiert. Insbesondere die Krisen der globalen ökonomischen Ordnung wie die Finanzkrise, Klimakrise, Lieferkettenkrise, die Energiekrise, Weizenkrise etc. zeigen, inwiefern marktwirtschaftliche Systeme und Ordnungen institutionell voraussetzungsvoll, fragil und umkämpfte Arrangements sind. Dennoch und bei aller Unterschiedlichkeit und Krisenanfälligkeit marktwirtschaftlicher Systeme deuten die bislang beschriebenen Transformationen auf eine weltweite Dominanz und Intensivierung des Kapitalismus als herrschendes Wirtschaftsprinzip, welches mit einer Ausweitung des Marktprinzips einhergeht.

Die Darlegung der Ausbreitung kapitalistischer Ökonomien soll dabei keinesfalls bedeuten, dass Ökonomisierung widerspruchsfrei und zur Lösung globaler Probleme derzeit und zukünftig beitragen wird. Vielmehr sehen wir anhand der Klimakrise, weltweiter Ungleichheit, Krieg und Migration auch den Nährboden für Konflikt, Elend und Risiken im Kapitalismus. Vielmehr sollen die skizzierten Beobachtungen zeigen, in welchem Ausmaß von der Wirtschaft eine immense gesellschaftsformierende Kraft in sozialer, politischer, kultureller und ökologischer Hinsicht ausgeht: Denn Teilhabe an der Ökonomie bedeutet gleichzeitig die Integration von Nationen und individuellen Akteur*innen in die moderne (Welt-)Gesellschaft. Gleichfalls wirkt die Teilhabe an der ökonomischen Produktivität in hohem Maße sozial strukturierend. Und wir sehen auch, dass wirtschaftliche Ordnungen kulturelle Wertvorstellungen und soziale Klassifikationen wie Identitätsvorstellungen, soziale Milieus und Prozesse der Lebensführung prägen. Auch die Geltungsfähigkeit der Politik bemisst sich am ökonomischen Wohlstand einer Gesellschaft. Und last but not least zeigt die Nachhaltigkeitsforschung die ökologischen Auswirkungen wirtschaftlichen Handelns.

All diese Themen, Aspekte und Fragen ökonomischer Gegebenheiten nimmt die wirtschaftssoziologische Forschung in den Blick. Aus wirtschaftssoziologischer Sicht stellen sich daher vor allem zwei allgemeine Fragen: (1) Wie lässt sich die ökonomische Ordnung und Funktionsweise einer Gesellschaft soziologisch beschreiben und erklären? (2) Welche sozialen Auswirkungen hat diese ökonomische Ordnung für die Gesellschaft? Soziolog*innen sind davon überzeugt, dass sie relevante Antworten und Deutungen auch in ökonomischen Kernbereichen wie z. B. im Kontext einer Soziologie der Märkte, der Wirtschaftskreisläufe, Arbeit, Lohn und Beschäftigung, des Geldes oder durch soziologische Erklärungen von Preisbildungsprozessen, von Armut und Reichtum etc. einbringen können. In welche Richtung wirtschaftssoziologische Antworten auf die beiden Fragen tendieren, soll in den nächsten Paragraphen erläutert werden.

5 Der Boom der Neuen Wirtschaftssoziologie

Bis in die 1980er Jahre hinein, so lässt sich das Gesagte cum grano salis zusammenfassen, war Wirtschaftssoziologie immer auch Gesellschaftstheorie oder Allgemeine Soziologie. Selten traf man auf Ausführungen, deren zentrales Interesse darin bestand, ökonomische Prozesse für sich allein zu verstehen und zu analysieren. Stets ging es in der Geschichte der Soziologie bei der Betrachtung ökonomischer Aspekte immer auch um z. B. eine Konzeptionierung von Gesellschaft (z. B. Parsons, Luhmann, Polanyi); um die Prinzipien des Kapitalismus wie Kreislaufgesetze, Konkurrenz, Zerstörung (Marx, Engels, Polanyi); oder es standen gesellschaftliche Großentwicklungen wie Kapitalismus und Bürokratisierung im Interesse (z. B. Weber); Durkheim untersuchte moralische grundlegende Veränderungen als Konstituens für Gesellschaft wie mechanische und organische Solidarität; oder es ging um Modifikationen von Charaktereigenschaften der Menschen aufgrund der Geldwirtschaft wie Blasiertheit und Nivellierung (z. B. Simmel) usw. Dieser Fokus auf gesellschaftliche Themen, so kann man wohl etwas zugespitzt behaupten, ging einher mit einem eher geringen Interesse an per se ökonomischen Konzepten, Grundlagen und Begriffen. Es ging in den frühen Arbeiten nicht in erster Linie um ein Interesse an Wirtschaft, sondern um Gesellschaft mit einem Schwerpunkt auf Fragen der politischen Soziologie und auf kultursoziologischen Fragen. Natürlich gab es auch Ausnahmen, aber die kamen historisch später: Luhmann in den 1980er Jahren hat sich grundlegend für Geld, Preise und Zahlungen interessiert. Aber der Fluchtpunkt des Interesses war eben in der Regel die Gesellschaft.

Und genau dieser Zugang zum Ökonomischen änderte sich mit dem Aufkommen der Neuen Wirtschaftssoziologie in den 1980er Jahren. Man kann typisierend sagen, dass viele Vertreter der Neuen Wirtschaftssoziologie ihren Fokus mehr auf ökonomische Phänomene lenkten, dafür aber gesellschaftliche Großfragen mitunter aus dem Blick verloren (Sparsam 2015). Es waren die frühen Arbeiten eines Mark Granovetter's (1974, 1985), Harrison White's (1981, 1988), Ronald S. Burt's (1988) und Stuart Plattner's (1989) durch die und in denen der Markt für die Soziologie entdeckt und problematisiert wurde. Mit der Soziologisierung von „Markt" wurde auf einmal das zum Gegenstand der Untersuchung, was früher stets als taken-for-granted genommen wurde. Fragen wie: Wie entstehen Märkte (White 1981)? Wie unterscheiden sich Märkte von anderen Koordinationsmechanismen? Was sind die sozialen Voraussetzungen von Märkten (Engels 2009)? Was sind die zentralen Probleme, die auf Märkten gelöst werden müssen (Beckert 2007)? Was ist das Besondere an Finanzmärkten (Knorr Cetina 2009; Windolf 2005), an Kunstmärkten (Beckert/Rössel 2004) oder Weinmärkten (Rössel/ Beckert 2013)? Wie bilden sich Preise auf Märkten (Karpik 2011)? Wo sonst finden wir Marktmechanismen jenseits der Wirtschaft (Aspers 2011)? Auf einmal entspannte sich eine Dynamik in der Debatte über die Grundbegriffe der Ökonomie, welche immer differenziertere Fragen stellte und bis heute anhält (Kraemer/Brugger 2021: 6). Diese und viele weitere Fragen prägen die Neue Wirtschaftssoziologie, die vor allem durch US-amerikanische Autorinnen dynamisiert wird, die aber ebenso Aufschwung und entscheidende Beiträge durch eine vom Max Planck Institut für Gesellschaftsforschung in Köln initiierte Forschung in verschiedenen wirtschaftssoziologischen Feldern erfährt, allen voran im Bereich der Marktsoziologie geprägt durch Jens Beckert, Direktor am Max-Planck-Institut seit 2005, und zahlreiche ehemalige Mitarbeiter wie Sophie Mützel (2009), Sascha Münnich (2010), Mark Lutter (2012), Jörg Rössel (Rössel/Beckert 2013), um nur einige zu nennen. Nahm der Boom der Neuen Wirtschaftssoziologie von der Marktsoziologie seinen Anfang, so wurden mit der Zeit immer mehr Grundinstitutionen der Wirtschaft auf die soziologische Forschungsagenda gesetzt: Geld (Paul 2017), Kapitalismus (Beyer 2009), Finanzmärkte (Kraemer/Nessel 2012), Spekulationen (Stäheli 2007), Banken (Baecker 2008), Versicherungen (Cevolini 2010) und die Finanzwissenschaft (MacKenzie/Millo 2003).

Neben dem konzeptionellen Interesse an Grundbegriffen und Institutionen der Wirtschaft, eint diese neue Entwicklung in der Wirtschaftssoziologie eine kritische Auseinandersetzung mit den methodologischen Grundlagen der Wirtschaftswissenschaft und der Soziologie (Beckert 1996; Granovetter 1985; Kraemer/Brugger 2021). Wie in dem vorangegangen Unterkapitel erläutert, gab es seit den 1980er Jahren massive ökonomische Veränderungen, die mit einem Bedeutungszuwachs und einer Intensivierung der Ökonomie einhergingen. Gleichzeitig zeigten die reellen ökonomischen Verhältnisse aber auch, dass die herkömmlichen Modelle der Wirtschaftswissenschaft zu Beschreibungen der empirischen Wirklichkeit unterkomplex waren. Insbesondere gerieten die Modelle der Makrowissenschaft zur Berechnung und Prognose von Kursentwicklungen auf den Aktienmärkten in die Kritik, da extreme Aufschwung- und Abschwungphasen nicht kalkuliert wurden und derartige Nichtkalkulationen massive volkswirtschaftliche Gefahren mit sich brachten. Dreh- und Angelpunkt der theoretischen Leerstelle ist der Aspekt der „human nature". Denn nicht allein die ökonomische Vorstellung intendierten rationalen Handelns ist zu kritisieren, sondern das Dogma einer stabilen, einheitlichen handlungsleitenden Präferenzordnung von Finanzmarktakteur*innen (Beckert 1996; Kalthoff 2004: 154). Es ist das Verdienst der Neuen Wirtschaftssoziologie, ökonomisches Handeln als sozialen Prozess positiv problematisiert und damit die von den Wirtschaftswissenschaften vernachlässigten Aspekte in das Licht soziologischer Forschung gerückt zu haben. Im Besonderen steht im Zentrum der wirtschaftssoziologischen Kritik die Vorstellung von Handlungsmaximen und Präferenzordnungen, die von sozialen Kontexten und Organisationsdynamiken unabhängig seien, sowie die nicht ausreichende Berücksichtigung des Problems der doppelten Kontingenz und damit die grundlegend gegebene Ungewissheit in ökonomischen Handlungs- und Entscheidungsprozessen (Beckert 1996). In kritischer Auseinandersetzung mit den Prämissen der Wirtschaftswissenschaft und auch mit den Prämissen einer an unter- und übersozialisierten Handlungsmodellen in der Soziologie zielt das Verständnis der Neuen Wirtschaftssoziologie darauf ab, ökonomisches Handeln im Allgemeinen sowie Handeln auf Märkten im Besonderen mittels einer „Embeddedness-Perspektive" zu analysieren. Hervorgehoben wird damit, dass ökonomisches Handeln multiplen Präferenzordnungen unterliegen kann und beeinflusst wird von sozialen Strukturen, Organisationszusammenhängen, Situationsdefinitionen und Persönlichkeiten. Ferner gilt, da Individuen in soziale Gruppen, Netzwerke und Beziehungen eingebunden sind und ihr Handeln sinnhaft auf andere beziehen, dass ökonomische Entscheidungen aufgrund der Reflexivität sozialer Handlungen – zu unterschiedlichen Graden – mit dem Problem der Ungewissheit konfrontiert sind.

Aktuelle wirtschaftssoziologische Arbeiten folgen den Prämissen einer solchen „Embeddedness-Perspektive" und nutzen komplexere und empirisch aufgeklärte Handlungsmodelle. Sie wenden sich damit kritisch gegen die Limitierungen der Vorstellung eines homo oeconomicus. Der homo oeconomicus wird von der Soziologie und besonders von der Neuen Wirtschaftssoziologie durch den „institutionalized rational man" abgelöst. Der „institutionalized rational man", den eigenen Präferenzen verpflichtet und nach Nutzenmaximierung strebend, trifft zwar ebenso rationale Entscheidungen wie der in der Kritik stehende homo oeconomicus, aber seine Präferenzen sind nicht mehr ontologisch vorgegeben, sondern durch Kultur, Organisationen, Institutionen, soziale Beziehungen und Persönlichkeit geprägt und somit veränderbar (Beckert 1996; Granovetter 1985). Die nutzenmaximierende Perspektive wird ferner in Abhängigkeit von der Situation spezifiziert, mit dem Resultat, dass Kategorien wie Altruismus, Moral, Kultur, Identität etc. zur Erklärung sozialen Handelns herangezogen werden. Rationales Handeln wird also von der Wirtschaftssoziologie als grundsätzliche Handlungsmaxime nicht geleugnet, aber die Kriterien für Rationalität und Präferenzen sind kontingent. Das heißt, den „freien" rational man gibt es nicht mehr, sondern er agiert innerhalb eines sozialen Kontextes. Konsequenterweise argumentieren Vertreter wie Beckert (1996), Granovetter (1985), Fligstein (2001, 1996), Burt (1982), DiMaggio (2002), White (1981), Smelser/Swedberg (2005) u. a. seit den 1980er Jahre vehement für die „Embeddedness-Perspektive", der zufolge ökonomisches Handeln nicht losgelöst vom sozialen Kontext betrachtet werden kann.

Dabei geht es den neuen Wirtschaftssoziolog*innen zum einen auf der Makroebene um die Hereinnahme der gesellschaftlichen Umwelt in die Analysen wie politische Veränderungen, organisationsstrukturelle Anforderungen, Mentalitäten und kulturelle Werte (Beyer 2009; Neckel 2011; Dörre et al. 2009; Windolf 2005: 20 ff.). Zum anderen aber besteht der Anspruch, bei der Analyse von Mikroprozessen ökonomische Interaktionsprozesse nicht ohne deren Einbettung in soziale Netzwerke, Beziehungen, zwischenmenschliche Bindungen zu analysieren. So schreibt Granovetter (1985) in seinem für die Neue Wirtschaftssoziologie zentralen Beitrag „Economic action and social structure: The problem of embeddedness": „behavior and institutions are so constrained by ongoing social relations that to construe them as independent is a grievous misunderstanding" (Granovetter 1985: 481 f.). Stattdessen kontextualisieren Vertreter der Neuen Wirtschaftssoziologie das utilitaristische Handlungsmodell der Ökonomie, indem sie Akteur*innen und deren Interessen sowie das soziale Umfeld, in das sie immer eingebunden sind, in die Analyse mit einbeziehen. Diese theoretische Weiterentwicklung wird dabei auf die Analyse verschiedener zentraler Forschungsfelder übertragen. Als wichtige Forschungsfelder innerhalb der Neuen Wirtschaftssoziologie gelten die Analyse von Märkten und ihre institutionellen, politischen und kulturellen Grundlagen sowie speziell Finanzmärkte, Geld, Konsum (vgl. Kap. VII).

6 Eine Leseführung: Warum dieses Buch über die Theorien der Wirtschaftssoziologie?

Was folgt aus den bisherigen Herleitungen wirtschaftssoziologischer Forschung, die aktuell in den Bestrebungen der Neuen Wirtschaftssoziologie münden, für dieses Buch? Im Folgenden sollen vier Aspekte als vorläufige Quintessenz und Movens für die vorliegende Publikation hervorgehoben werden.

Zum Verhältnis von soziologischer Theorie und Wirtschaftssoziologie

Die vorangegangenen Ausführungen zeigen, dass soziologische theoretische Reflektionen der Wirtschaft überaus fruchtbar waren und sind. Bereits die Vertreter*innen der Klassischen Ökonomie haben Fragen aufgeworfen, die auch heute noch virulent sind. Darauf aufbauende ursprüngliche wirtschaftssoziologische Auseinandersetzungen haben erkenntnissichernden Wert. Dies setzt sich auch in den Perspektiven fort, die in den folgenden Kapiteln betrachtet werden. Je nach methodologischer Grundlage und Interessenschwerpunkt machen die ausgewählten Theorien unterschiedliche Aspekte der empirischen Wirklichkeit sichtbar und vernachlässigen dafür andere. Deutlich wird in der systematischen Darlegung der folgenden Theorien der Wirtschaftssoziologie der bisherige Reichtum in Theorie und Methodologie des Faches, von dem dieses Buch nur einen Ausschnitt präsentieren kann. Wichtige Theorien wie der Marxismus, das Rational Choice Paradigma, der Neo-Institutionalismus, Feministische Wirtschaftssoziologie, die Position der Industrie- und Arbeitssoziologie konnten aus forschungspraktischen Gründen in dieser ersten Ausgabe nicht entsprechend gewürdigt werden. Die Wirtschaftssoziologie ist eine empirische Wissenschaft, aber sie kommt ohne eine fundierte soziologische Theorie nicht aus. Soziologische Theorien ermöglichen, die Komplexität der Realität begrifflich und prozessual verstehen. Die Dynamik in der Theoretisierung von Wirtschaft und insbesondere über Märkte innerhalb der Neuen Wirtschaftssoziologie, deren Themen nicht gänzlich neu waren (Albert 1967; Hartfiel 1968; Heinemann 1969, 1976), aber neu in der wissenschaftlichen Fülle an Forschung, resultiert vornehmlich aus dem gesellschaftlichen Bedeutungszuwachs der Ökonomie.

 Dabei zeigt die Geschichte der Wirtschaftssoziologie ein wechselhaftes Interesse an gesellschaftlichen Großfragen wie soziale Ungleichheit, politische Fragen, Ökologie, Bildung, Kultur etc. Haben Soziologen wie Durkheim, Weber und Simmel ihre soziologischen Überlegungen über Wirtschaft stets in Beziehung gesetzt zu anderen gesellschaftlichen Entwicklungen, die in der Politik, der Kultur, den Großstädten beispielsweise von statten gingen, so hat sich dieser Fokus gewandelt. Zwar zeigt sich die Wirtschaftssoziologie mit Autoren wie Polanyi, Parsons und später Luhmann als Gesellschaftstheorie, so haben wir mit dem Boom von den 1980er Jahren bis 2020er Jahre wieder eine Subdisziplin mit einem Theoriefokus mittlerer Reichweite. Eine erneute Öffnung für gesamtgesellschaftliche Entwicklungen und eine Ausweitung der wirtschaftssoziologischen Perspektive findet sich in letzter Zeit mit einem wachsenden Interesse an Fragen der politischen Ökonomie und der Verbindung von Wirtschaft und Nachhaltigkeit (z. B. Ebner 2025; Heires/Nölke 2014; Hiß et al. 2020; Senge/Dabrowski 2024)

Damit einher gehen institutionelle Verankerungen wirtschaftssoziologischen Forschens, durch die auch Weiterentwicklungen von theoretischen Perspektiven ermöglicht und gefördert werden, in Deutschland insbesondere durch das in Köln ansässige Max-Planck-Institut für Gesellschaftsforschung erreicht.

Das vorliegende Buch ist aus dem Interesse für und der Einsicht in die Bedeutung des Theoretisierens über Wirtschaft entstanden. Damit möchten wir auch die Wirtschaftssoziologie in dem breiten Feld soziologischer Theorie stärken. Wir hoffen, dass Studierende, Wissenschaftler*innen und an Theorie interessierte Personen durch diese Lektüre einen einladenden und verständlichen Zugang zu wirtschaftssoziologischen Theorien erhalten.

Zum Verhältnis von Theorie und Empirie in der Wirtschaftssoziologie

Die vorangestellten Darlegungen des wirtschaftssoziologischen Denkens sollte auch zeigen, wie wichtig und erkenntnisfördernd die theoretische Arbeit an Begriffen, Konzepten und Großerzählungen ist. Theoriearbeit ist notwendig, um Entwicklungen zu erklären, das Verständnis von empirischen Phänomenen zu vertiefen, Sachverhalte genau zu erläutern sowie (volkswirtschaftliche) Vorhersagen zu treffen und. Theorien dienen als Werkzeuge zur Analyse, Modellierung und Interpretation der Welt. Die Verwendung von Theorien dient ferner der Abstraktion der empirischen Wirklichkeit und einer gesellschaftlichen Einordnung des Beobachteten.

Wie gezeigt wurde, haben sich in der Geschichte der Wirtschaftssoziologie Theorien und theoretische Aussagen über die Wirtschaft und wirtschaftliche Prozesse entwickelt, die in ihrer Reichweite und in ihrem Abstraktionsniveau variieren. Es werden sogenannte „grand theories" (oder auch Universaltheorien, Totaltheorien genannt) von Theorien „mittlerer Reichweite" und wiederum von theoretischen Begriffen unterschieden. Mit der großen Theorie ist der Anspruch verbunden, einen allgemeinen Rahmen und einen Zugriff auf die Welt zu formulieren, die in verschiedenen soziokulturellen Kontexten für eine gewisse Dauer die empirische Welt beschreiben können. Eine solche Großtheorie stellen z. B. die Theorien von Talcott Parsons und Niklas Luhmann dar. Die Beschreibung von Theorien mittlerer Reichweite in der Soziologie geht auf Überlegungen von dem US-amerikanischen Soziologen Robert K. Merton (1968) zurück. Merton beschreibt damit Theorien, die ein geringeres

Abstraktionsniveau haben als „grand theories", die aber ein höheres Abstraktionsniveau haben als theoretische Konzepte oder Begriffe. Eine Theorie mittlerer Reichweite ist z. B. eine Theorie der Märkte; ein theoretisches Konzept ist beispielsweise das Konzept der „Performativität". Alle Abstraktionsstufen haben ihren Wert und sind dienlich für das Verstehen.

Genauso wenig wie Wirtschaftssoziologie ohne eine tiefe theoretische Durchdringung auskommt, kommt sie ohne empirische Analysen aus. In den empirischen Beobachtungen von wirtschaftlicher Wirklichkeit fußt das Interesse an einem theoretischen *Verstehen* dieser. Die Soziologie als empirische Wissenschaft hat seit jeher die Aufgabe, Beobachtungen von Gesellschaft mit den Methoden und Theorien, die das Fach bereit stellt, zu erforschen. Daher handelt es sich bei der vorliegenden Publikation auch nicht um ein reines Theoriebuch. Vielmehr versuchen wir, die Leistung einer Theorie auch über deren Reflexionen von empirisch beobachteten Phänomenen verständlich zu machen. In diesem Buch gehen wir in den jeweiligen Kapiteln in einem Unterpunkt auf Methoden und Methodologie ein, während die Diskussion der theoretischen Konzepte und das Erkentnisinteresse einen größeren Stellenwert in dieser Publikation einnimmt. Dies verstehen wir aber keinesfalls als eine grundlegende Gewichtung von Bedeutung zwischen Theorie und Methode, aber als Schwerpunktsetzung dieses Buches. Da der Eindruck besteht, dass viele Einführungen in die Wirtschaftssoziologie über den Phänomenbereich „Wirtschaft" beginnen, galt es mit dieser Publikation die Perspektivierung von der Theorieseite aus herzuleiten (vgl. Funder 2011; Zelizer 2011), wobei natürlich in vielen Bänden immer stets Theorie und Empirie gleichzeitig verbunden sind (Maurer 2008; Beckert/Deutschmann 2009; Dobbin 2004). Aus diesem Grunde handelt es sich bei der vorliegenden Publikation auch nicht um ein reines Theoriebuch.

Vielmehr zeigen wir den Wert der Theorie an der Leistung, empirische Phänomene verständlich zu machen. Die einzelnen Kapitel beinhalten daher sehr viele Zusammenfassungen von empirischen Arbeiten von Wirtschaftssoziolog*innen; die Kapitel zeichnen zudem durch drei systematisch eingeführte Beispiele aus, die in jedem Kapitel vorkommen. Die Beispiele sind am Rand mit dem Icon „Blitz" gekennzeichnet. Das erste Beispiel beschreibt einen aktuellen empirischen Fall im Kontext der Ökonomie und zeigt, wie die jeweilige Theorie dienlich sein kann, diesen Fall zu bearbeiten und zu verstehen. Das zweite Beispiel referiert einen Fall, wie er bereits von Vertretern der jeweiligen Theorie anhand einer empirischen Studie dargelegt wurde. Dabei galt es, „das klassische Beispiel" wiederzugeben, welches die Theorie quasi berühmt gemacht hat. Beispielsweise ist dies bei der erklärend verstehenden Wirtschaftssoziologie im Anschluss an Max Weber die empirische Studie „Die protestantische Ethik und der Geist des Kapitalismus" (Weber 1988a), im Falle der wirtschaftssoziologischen Netzwerkforschung handelt es sich um Mark Granovetters Dissertationsschrift „Getting A Job. A Study of Contacts and Careers" (Granovetter 1974). Das dritte Beispiel ist in allen Kapiteln gleich, insofern es die jeweilige theoretische Perspektive auf die Erläuterung ein und desselben Problems, welches im Kontext der Konflikte um die Rodung des Waldes „Hambacher Forst" entstanden ist, anwendet. Durch diese durchgängig gleiche Referenz und Ausarbeitung eines empirischen Falles, werden Konturen und Nützlichkeit der jeweiligen Theorie im Besonderen und von Theorie im Allgemeinen deutlich.

Zum Verhältnis von Wirtschaftssoziologie und Wirtschaftswissenschaften

In diesem Buch werden die Wirtschaftswissenschaften (Volkwirtschaftslehre und Betriebswirtschaftslehre) wiederholt als Referenz herangezogen, was insbesondere auf die Kritik an bestimmten Annahmen von Seiten der Wirtschaftssoziologie zurückzuführen ist, etwa dem Modell des homo oeconomicus und die Dominanz der Efficient Market Theorie (Fama 1970, 1998) (vgl. Beckert 1996, Kraemer/Brugger 2021). Ferner werden die Wirtschaftswissenschaften in der Soziologie für die Vernachlässigung des Ungewissheitsproblem kritisiert (Beckert 1996). Einerseits bildet diese Kritik ein wesentliches Element auch wirtschaftssoziologischer Theoriebildung. Andererseits besteht damit die Gefahr, dass gerade neuere wirtschaftswissenschaftliche Perspektiven nicht mehr ausreichend genug berücksichtigt werden. Dies betrifft etwa die Neue Institutionenökonomie (Williamson 1985; North 1990), die Behavioral Finance (Shiller 2003; Kahneman/Tversky 1979) und pluralökonomische Perspektiven (Petersen et al. 2019; Peukert 2013; Schneidewind et al. 2017). Diese Ansätze haben sich dediziert auch zu Dimensionen der gesellschaftlichen Einbettung bzw. der sozialen Konfiguration von Wirtschaft geöffnet und haben eigene Kritiken an der mikroökonomischen Entscheidungstheorie ausgearbeitet. Zusammen mit weiteren Strömungen rangieren sie nicht mehr an der Peripherie der Wirtschaftswissenschaft, sondern gehören mittlerweile auch zu ihren Grundlagen. In diesem Sinn plädiert die vorliegende Publikation für konstruktive und kritische Reflexionen, die an wechselseitiger Wahrnehmung und Annährung zwischen Wirtschaftswissenschaft und Wirtschaftssoziologie ansetzen, denn für eine Spaltung der Disziplinen.

Welche Theorien werden vorgestellt?

In diesem Buch hätten weitaus mehr Theorien der Wirtschaftssoziologie vorgestellt werden können als vor dem Hintergrund arbeitspraktischer Einschränkungen möglich ist. Das verstehen wir als einen sehr wohlwollenden Hinweis auf das Vorhandensein lebendiger und dynamischer wirtschaftssoziologischer Forschung. Mit der folgenden Auswahl verfolgen wir das Ziel, sowohl einige Spezifika der wirtschaftssoziologischen Theoriebildung aufzuzeigen als auch eine ausreichend relevante Bandbreite fokussierter wirtschaftlicher Phänomene. Im Einzelnen zeichnen sich die Kapitel und die ausgewählten theoretischen Zugänge durch eine Spezifität aus, die kurz hervorgehoben werden soll:

In Kapitel II wird die **erklärend verstehende Wirtschaftssoziologie** im Anschluss an Max Weber vorgestellt. Weber gehört nicht nur zu den einflussreichsten (wirtschafts)soziologischen Vertreter*innen, sondern hat mit seiner historisch vergleichend vorgehenden, erklärend verstehenden Soziologie auch einen eigenständigen methodologischen Zugang vorgelegt. Die hieraus entstandenen wirtschaftssoziologischen Grundlagen ebenso wie Webers Forschungen zur Entstehung des Kapitalismus sind nach wie vor zentral für die Wirtschaftssoziologie.

In Kapitel III wird Wirtschaft als System betrachtet und hierfür die **Systemtheorie** von Niklas Luhmann herangezogen. Das besondere dieser theoretischen Perspektive ist, dass wirtschaftliche Phänomene hier im Kontext einer Theorie der modernen Gesellschaft behandelt werden. Die moderne Wirtschaft wird so als ein funktional ausdifferenziertes Sozialsystem neben anderen beobachtet, welches maßgeblich auf dem Medium des Geldes beruht. Zudem zeichnet sich die systemtheoretische Perspektive durch einen umfassenden und eigenständigen theoretischen Begriffsapparat aus, welcher mit dem Ziel der Entwicklung weitreichender soziologischer Beobachtungsmöglichkeiten im Sinne einer soziologischen Universaltheorie begründet wurde. Dieser hält entsprechend verschiedene analytische Zugänge zu den Facetten der Ökonomie bereit.

Auch die in Kapitel IV aufgezeigten Verortungen von Wirtschaft innerhalb des Poststrukturalismus zeichnen sich durch eine paradigmatische Eigenständigkeit aus. Der **Poststrukturalismus** ist dabei im klassischen Sinne keine Theorie der Wirtschaftssoziologie. Da aber in wirtschaftssoziologischen Arbeiten immer wieder auf die Theorie des Poststrukturalismus verwiesen wird, insbesondere auf die Arbeiten von Michel Foucault und Jean Baudrillard, erweist sich der Poststrukturalismus zum einen als wichtige Referenz in der Wirtschaftssoziologie (Berardi 2009; Bröckling 2007; Lazzarato 2012). Zum anderen, und hierin zeigt sich die eigentliche Bedeutung dieser Theorie für die Wirtschaftssoziologie, setzt der Poststrukturalismus den universellen Geltungsanspruch der Ökonomie (z. B. in Form von Finanzialisierung und Ökonomisierung) an den Ausgangspunkt seiner kritischen Theoretisierung. Es sind vor allem neoliberale Regierungstechniken, die durch diese Theorieperspektive diskursiv offen gelegt werden. Insofern ist der Poststrukturalismus nicht nur eine Theorie, die sich dem Ökonomischen zuwendet, sondern diese Theorie inklusive ihrer kapitalismuskritischen Begrifflichkeiten ist aus dem neuen Geist des Ökonomischen hervorgegangen. Das vierte Kapitel führt in die zentralen Denkweisen und Begriffe des Poststrukturalismus ein, wie Diskurs, Dispositiv, Hyperrealismus, différance oder Dekonstruktion, und beleuchtet deren wirtschaftssoziologische Relevanz im Lichte der historischen Wandlungsprozesse des Kapitalismus.

In Kapitel V werden **praxeologische Forschungsansätze** wie die von Pierre Bourdieu und Bruno Latour als Ausgangspunkt verwendet, um aufzuzeigen, wie sich wirtschaftliche Akteur*innen überhaupt erst herausbilden, welcher Logik ihre wirtschaftlichen Praktiken folgen und welche unterschiedlichen sozialen Einflüsse ihre Praxis prägen. Zum Verständnis ökonomischer Praktiken beziehen praxeologische Perspektiven Werte, Emotionen oder Gewohnheiten ein und verorten wirtschaftliche Akteur*innen in sozialen Strukturen und technologischen Bedingungen. Damit wenden sich praxeologische Forschungsansätze gegen Positionen aus den Wirtschaftswissenschaften, die von autonomen, zweckrationalen und interessengeleiteten Menschen ausgehen, als auch gegen Ansätze wie den Marxismus, der aus Sicht der Praxistheorie zu strukturdeterministisch argumentiert, sowie gegen interaktionistische Ansätze, weil diese Machtverhältnisse ausblenden würden.

Kapitel VI überschaut die **wirtschaftssoziologische Netzwerkforschung**, die als Sammelbegriff für verschiedene, teils divergente theoretische und methodologische Ansätze mit einigen gemeinsamen Grundannahmen zu verstehen ist. Die ihr zugerechneten Autor*innen und Ansätze haben maßgeblich die Entwicklung der Wirtschaftssoziologie als eigenständige soziologische Perspektive auf ökonomische Phänomene geprägt. Die Netzwerkforschung stellt die Muster sozialer Beziehungen zwischen Akteur*innen (meist Individuen oder Organisationen) in den Mittelpunkt und bietet somit einen spezifischen Zugang zur Untersuchung ökonomischer Dynamiken. Sie eignet sich sowohl für die Analyse individueller Handlungsentscheidungen als auch größerer sozialer Strukturen wie Märkte und Organisationen. Zudem erweitern einige ihrer Ansätze den Blick auf Netzwerke von menschlichen und nicht-menschlichen Akteur*innen.

Darauf aufbauend betrachtet Kapitel VII die sogenannte **Neue Wirtschaftssoziologie**, der als Konglomerat verschiedene Forschungsprogramme zugeschrieben werden, und die die zentralen Institutionen der Wirtschaft wieder in den Mittelpunkt soziologischer Forschung gerückt hat. Dies geschieht vor allem, indem empirische Studien und soziologische Perspektivierungen von Märkten entwickelt werden. Grundlegend dafür ist die These, dass Märkte nicht nur durch die Kräfte von Angebot und Nachfrage, sondern auch durch soziale Faktoren bestimmt werden. Die verschiedenen Ansätze der Neuen Wirtschaftssoziologie bestimmen dabei die relevanten sozialen Faktoren unterschiedlich. Während die Netzwerkanalyse die soziale Einbettung von Märkten in Bekanntschaftsnetzwerken betont, interessiert sich der Neo-Institutionalismus für die institutionelle Ordnung (Recht, Politik, Organisationsstrukturen etc.) von Märkten. Demgegenüber interessieren sich kultursoziologische Forschungen vor allem für die konstitutive Rolle von Bedeutungsordnungen für Märkte. Der Beitrag stellt mit den Konzepten der „Einbettung" und der „sozialen Konstruktion von Märkten" die theoretischen Leitmotive der Debatten in der Neuen Wirtschaftssoziologie vor, führt in das breite Themenspektrum dieser Forschungslandschaft ein (Märkte, Netzwerke, Kultur, politische Regulierung, Geld, Finanzmarkt, Konsum).

Abschließend wird in Kapitel VIII die von der Wissenschafts- und Technikforschung geprägte **Social Studies of Finance** vorgestellt, die für die aufgeworfenen Theoriefragen ein besonderes Potenzial mit sich bringt: Sie befasst sich dediziert mit dem Finanzsektor. Damit bereichert sie die Theoriebildung in der Wirtschaftssoziologie um einen der bedeutendsten Antreiber gegenwärtiger kapitalistischer Dynamiken. Zudem fokussiert sie die Hervorbringung von finanzwirtschaftlicher Praxis insbesondere anhand ihrer sozio-technischen und historischen Elemente. Daher findet hier vor allem eine auf empirische Beobachtungen beruhende Genese von theoretischen Konzepten statt und weniger eine theoriegeleitete Erfassung des Finanzsektors.

Diese Theorien verdeutlichen vielfältige und multiparadigmatische Herangehensweisen an wirtschaftssoziologische Theoriebildung. Diese ist damit zugleich keinesfalls erschöpfend dargestellt, da die Selektion von Theorien auch die Nicht-Selektion anderer Theorien zufolge hat. Die folgenden Theorien und Perspektiven konnten daher zunächst nicht berücksichtigt werden: marxistisch inspirierte Ansätze, neue Perspektiven einer feministischen Wirtschaftssoziologie, das Rational-Choice-Paradigma, der Neo-Institutionalismus, die Industrie- und Arbeitssoziologie sowie die Ökonomie der Konventionen.

Ein didaktisches Angebot: zum Aufbau der Kapitel
Um einen einladenden und verständlichen Zugang zu den folgenden Theorien der Wirtschaftssoziologie zu ermöglichen und hierfür Orientierung zu geben, haben wir jedes Kapitel nach einer einheitlichen Struktur aufgebaut. Diese sieht wie folgt aus:

Unterkapitel 1: Für einen ersten Einstieg befindet sich in der Einleitung immer eine **Zusammenfassung** in einer grau unterlegten Box, in der die wichtigsten Anliegen und Erkenntnisse der jeweiligen Theorie sowie bedeutende Themen, Anwendungsbereiche und Vertreter*innen dieser benannt werden. Zudem findet sich hier ein Beispiel eines (mehr oder weniger) aktuellen wirtschaftlichen Phänomens, welches aus der Perspektive der jeweiligen Theorie beleuchtet wird. Dieses und auch die weiteren **Beispiele** sind immer mit dem Icon „**Blitz**" gekennzeichnet.

Unterkapitel 2: Im Unterkapitel zwei wird auf die **Entstehungsgeschichte** der jeweiligen Theorie eingegangen, um dafür zu sensibilisieren, „wo", also aus welcher gedanklichen Tradition die Theorie herkommt bzw. „wie" sie sich in der Soziologie verorten lässt und „wer" zu den wichtigen Vertreter*innen gehört.

Unterkapitel 3: Im dritten Unterkapitel wird dann das eigentliche **Erkenntnisinteresse** der Theorie verdeutlicht und es wird auf die wesentlichen theoretischen Zusammenhänge und Konzepte dieser eingegangen. Die Vielfalt der behandelten Theorien bringt es dabei mit sich, dass die Binnenstruktur dieses Abschnittes auch an die jeweiligen Besonderheiten der Theorien und deren Genese angepasst ist. Wiederum einheitlich für alle Kapitel wird hier jedoch ein weiteres, sozusagen „klassisches" Beispiel aufgezeigt, dass aus der Theorie selbst stammt und innerhalb dieser entsprechend prominent geworden ist (wiederum erkenntlich gemacht anhand des „**Blitz**"-Icons).

Unterkapitel 4: Vor dem Hintergrund des oben angesprochenen Verhältnisses von Empirie und Theorie innerhalb der Wirtschaftssoziologie geht das vierte Unterkapitel auf die **Methodologie und Methoden** ein. Hier wird also aufgezeigt, welche empirische Forschungen bzw. Forschungsmethoden zur Theoriegenese beigetragen haben, oder umgekehrt, welche empirischen Forschungen diese Theorie sensibilisiert haben.

! **Unterkapitel 5:** Im fünften Unterkapitel folgt eine **Zusammenfassung der zentralen Begriffe und Konzepte** der Theorie. Diese Zusammenfassung ist am Rande mit einem **Ausrufezeichen** gekennzeichnet.

Unterkapitel 6: Das anschließende Unterkapitel befasst sich mit der Kritik an der vorgestellten Theorie, mit Weiterentwicklungen sowie ihre Rezeption innerhalb der Wirtschaftssoziologie und darüber hinaus in anderen soziologischen Subdisziplinen.

⚡ **Unterkapitel 7:** Im nächsten Unterkapitel folgt ein weiteres **Beispiel der Theorieanwendung**. Hier haben wir die Ereignisse rund um die einst geplante Rodung des sogenannten „Hambacher Forst" (in Nordrhein-Westfalen, Deutschland) zum Ausgangspunkt genommen, die jeweilige Theorie mit diesem Phänomen zu konfrontieren bzw. auf dieses Phänomen anzuwenden. Durch diese durchgängig gleiche Referenz auf einen empirischen Fall wollen wir noch einmal verdeutlichen, wie Theorie-Praxis-Adaptionen der jeweiligen Theorie aussehen können, wie sie zu einem Verständnis des empirischen Phänomens beitragen und worin die Gemeinsamkeiten und Unterschiede zwischen den hier betrachteten Theorien liegen.

? **Unterkapitel 8:** Im achten Abschnitt formulieren wir **drei Wiederholungsfragen und eine Diskussionsfrage** sowie Vorschläge zur Beantwortung dieser. Dabei beziehen sich die ersten drei Fragen konkreter auf die Theorie. Die vierte Frage soll hingegen dazu beitragen, Diskussionen mit der oder über die Theorie anzuregen. Die Fragen sind am Rand mit einem **Fragezeichen** gekennzeichnet.

Unterkapitel 9: Das letzte Unterkapitel zeigt Empfehlungen zu weiterführender Literatur sowie jeweils auch eine andere mediale Empfehlung.

Am Ende des Buches findet sich ein **Index**, der die wichtigsten Fachbegriffe mit Verweisen zu den jeweiligen Stellen im Buch enthält, an der diese ausführlicher beschrieben werden.

Die Kapitel haben ferner eine **Verweisstruktur** untereinander, die mit Absicht so reduziert wie möglich gehalten wurde, um den Lesefluss nicht zu stören. Treten an anderer Stelle im Buch ergänzende Inhalte zu einem Problem oder einem Begriff auf, so wird auf die entsprechende Stelle verwiesen.

Literatur

Akerlof, George A. (1970): The market for "lemons". Quality uncertainty and the market mechanism. In: The quarterly journal of economics, 84(3), 488–500.

Albert, Hans (1967): Marktsoziologie und Entscheidungslogik: ökonomische Probleme in soziologischer Perspektive. In: Soziologische Perspektive (36). Neuwied am Rhein: Luchterhand.

Aspers, Patrik (2009): Knowledge and valuation in markets. In: Theory and Society 38(2), 111–131.

Baecker, Dirk (2008): Womit handeln Banken? Eine Untersuchung zur Risikoverarbeitung in der Wirtschaft. Frankfurt am Main: Suhrkamp.

Barbon, Nicolas (2021): A Disclosure of Trade: Independently published.

Baudrillard, Jean (2011): Der symbolische Tausch und der Tod. Berlin: Matthes & Seitz.

Baudrillard, Jean (2015): Die Konsumgesellschaft. Wiesbaden: Springer VS.

Becker, Gary S. (1976): The economic approach to human behavior. In: Becker, Gary S. (Hg.): The economic approach to human behavior. Chicago: University of Chicago Press.

Beckert, Jens (1996): Was ist soziologisch an der Wirtschaftssoziologie? Ungewissheit und die Einbettung wirtschaftlichen Handelns. In: Zeitschrift für Soziologie 25(2), 125–146.

Beckert, Jens (2007): Die soziale Ordnung von Märkten. In: MPIfG Discussion Paper 7(6). Köln: Max-Planck-Institut für Gesellschaftsforschung, 7–9.

Beckert, Jens (2009): The Great Transformation of Embeddedness: Karl Polanyi and the New Economic Sociology. In: Hann, Chris; Hart, Keith (Hg.): Market and Society. Cambridge: Cambridge University Press, 38–55.

Beckert, Jens (Hg.) (2013): Constructing quality. The Classification of Goods in Markets. Oxford: Oxford University Press.

Beckert, Jens (2018): Imaginierte Zukunft. Fiktionale Erwartungen und die Dynamik des Kapitalismus. Berlin: Suhrkamp.

Beckert, Jens; Christoph, Deutschmann (Hg.) (2009): Wirtschaftssoziologie. In: Kölner Zeitschrift für Soziologie und Sozialpsychologie, Sonderheft 49. Wiesbaden: Springer VS.

Beckert, Jens; Rössel, Jörg (2004): Kunst und Preise. Reputation als Mechanismus der Reduktion von Ungewissheit am Kunstmarkt. In: Kölner Zeitschrift für Soziologie und Sozialpsychologie 56(1), 32–50.

Berardi, Franco (2009): Precarious rhapsody. Semiocapitalism and the pathologies of post-alpha generation. London: Minor Compositions.

Berger, Johannes (2009): Kapitalismusanalyse und Kapitalismuskritik. In: Berger, Johannes: der diskrete Charme des Marktes. Wiesbaden: Verlag für Sozialwissenschaften, 101–126.

Berger, Peter L. (1994): Sehnsucht nach Sinn. Glauben in einer Zeit der Leichtgläubigkeit. Frankfurt am Main: Campus.

Berger, Peter L.; Luckmann, Thomas (1995): Modernität, Pluralismus und Sinnkrise. Die Orientierung des modernen Menschen. Gütersloh: Verlag Bertelsmann-Stiftung.

Beyer, Jürgen (1998): Managerherrschaft in Deutschland? Corporate Governance Unter Verflechtungsbedingungen. Opladen: Westdeutscher Verlag.

Beyer, Jürgen (2009): Zur Nivellierung der nationalen Differenzen des Kapitalismus durch globale Finanzmärkte. In: Beckert, Jens; Deutschmann, Christoph (Hg.): Wirtschaftssoziologie. In: Kölner Zeitschrift für Soziologie und Sozialpsychologie, Sonderheft 49. Wiesbaden: VS Verlag für Sozialwissenschaften, 305–324.

Beyer, Jürgen; Senge, Konstanze (2018): Finanzmarktsoziologie. Wiesbaden: VS Verlag für Sozialwissenschaften.

Bodin, Jean (2018): Les six livres de la République. London: Forgotten Books.

Boer, Harry de; Enders, Jürgen; Schimank, Uwe (2007): On the Way towards New Public Management? The Governance of University Systems in England, the Netherlands, Austria, and Germany. In: Dorothea Jansen (Hg.): New Forms of Governance in Research Organizations. Dordrecht: Springer Netherlands, 137–152.

Bogumil, Jörg (2004): Ökonomisierung der Verwaltung. Konzepte, Praxis, Auswirkungen und Probleme einer effizienzorientierten Verwaltungsmodernisierung. In: Roland Czada und Reinhard Zintl (Hg.): Politik und Markt 34. Wiesbaden: VS Verlag für Sozialwissenschaften, 209–231.

Boltanski, Luc; Chiapello, Ève (2006): Der neue Geist des Kapitalismus. Frankfurt am Main: Suhrkamp.

Bröckling, Ulrich (2007): Das unternehmerische Selbst. Soziologie einer Subjektivierungsform. Frankfurt am Main: Suhrkamp.

Bundeszentrale für politische Bildung (2025): Aktienbestand und Aktienhandel. https://www.bpb.de/kurz-knapp/zahlen-und-fakten/globalisierung/52590/aktienbestand-und-aktienhandel/ (letzter Aufruf: 06.06.2025).

Burt, Ronald S. (1982): Toward a structural theory of action. Network models of social structure, perception, and action. New York: Academic Press.

Burt, Ronald S. (1988): The Stability of American Markets. In: American Journal of Sociology 94(2), 356–395.

Cevolini, Alberto (2010): Die Einrichtung der Versicherung als soziologisches Problem. In: Sociologia Internationalis 48(1), 65–89.

Cioffi, John W.; Höpner, Martin (2006): Das parteipolitische Paradox des Finanzmarktkapitalismus. Aktionärsorientierte Reformen in Deutschland, Frankreich, Italien und den USA. Aktionärsorientierte Reformen in Deutschland, Frankreich, Italien und den USA. In: PVS 47(3), 419–440.

Comte, Auguste (1974): Die Soziologie. Positive Philosophie. mit einer Einleitung von Jürgen v. Kempski. Stuttgart: Kröner.

Coser, Lewis A.; Merton, Robert King (Hg.) (1971): Masters of sociological thought. Ideas in historical and social context. New York: Harcourt Brace Jovanovich.

Daniel Kahneman; Amos Tversky (1979): Prospect Theory: An Analysis of Decision under Risk. In: Econometrica 47(2), 263–291.

Deltavalue (2025): High Frequency Trading – Definition & Erklärung. https://www.bpb.de/kurz-knapp/zah len-und-fakten/globalisierung/52590/aktienbestand-und-aktienhandel/, https://www.deltavalue.de/high-frequency-trading/ (letzter Aufruf: 06.04.2025).

Diaz-Bone, Rainer, & Didier, Emmanuel (2016). The sociology of quantification – Perspectives on an emerging field in the social sciences. In: Historical Social Research 41(2), 7–26.

DiMaggio, Paul (2002): Endogenizing Animal Spirits: Towards a Sociology of Collective Response to Uncertainty and Risk. New York: Russell Sage Foundation. In: The New Economic Sociology, 79–100.

Dobin, Frank (2004): The New Economic Sociology. Princeton: Princeton University Press.

Dörre, Klaus (2009): Die neue Landnahme. In: Dörre, Klaus; Lessenich, Stephan; Rosa, Hartmut (Hg.): Soziologie – Kapitalismus – Kritik. Eine Debatte. Frankfurt am Main: Suhrkamp, 21–86.

Dörre, Klaus; Lessenich, Stephan; Rosa, Hartmut (Hg.) (2009): Soziologie – Kapitalismus – Kritik. Eine Debatte. Frankfurt am Main: Suhrkamp.

Du Pont de Nemours, Pierre Samuel (1846): Physiocrates: Quesnay, Dupont de Nemours, Mercier de la Rivière, l'Abbé Baudeau, Le Trosne. 1. Paris: Guillaumin.

Durkheim, Émile (1976): Die Regeln der soziologischen Methode. Frankfurt am Main: Suhrkamp.

Durkheim, Émile (1984): Die Regeln der soziologischen Methode. Frankfurt am Main: Suhrkamp.

Durkheim, Émile (1992): Über soziale Arbeitsteilung. Studie über die Organisation höherer Gesellschaften. Frankfurt am Main: Suhrkamp.

Ebner, Alexander (2025): Innovation in economic evolution: Reintroducing Schumpeterian thought to current advances in economic sociology. In: Current Sociology 73(2), 1–19.

Ehrenberg, Alain (2008): Das erschöpfte Selbst. Depression und Gesellschaft in der Gegenwart. Frankfurt am Main: Suhrkamp.

Eisermann, Gottfried (1987): Vilfredo Pareto. Ein Klassiker der Soziologie. Tübingen: Mohr Siebeck.

Engels, Anita (2009): Die soziale Konstitution von Märkten. In: Beckert, Jens; Deutschmann, Christoph (Hg.): Wirtschaftssoziologie. In: Kölner Zeitschrift für Soziologie und Sozialpsychologie, Sonderheft 49. Wiesbaden: VS Verlag für Sozialwissenschaften, 67–86.

Engels, Friedrich (1975): Herrn Eugen Dührings Umwälzung der Wissenschaft. Neue Studienausgabe. 1. Auflage. Hecker, Rolf; Stützle, Ingo (Hg.): MEW 20. Berlin: Dietz Berlin.

Epstein, Gerald A. (2005): Financialization and the world economy. Cheltenham: Elgar.

Espeland, Wendy Nelson; Stevens, Mitchell L. (1998): Commensuration as a Social Process. In: Annual Review of Sociology 24, 313–343.

Eucken, Walter (Hg.) (2004): Grundsätze der Wirtschaftspolitik. Unter Mitarbeit von Edith Eucken-Erdsiek und Karl Paul Hensel. Tübingen: Mohr Siebeck.

Fama, Eugene F. (1970): Efficient Capital Markets: A Review of Theory and Empirical Work. In: The Journal of Finance 25(2), 383–417.

Fama, Eugen F. (1998): Market efficiency, long-term returns, and behavioral finance 1. In: Journal of Financial Economics 49(3), 283–306.

Fligstein, Neil (1996): Markets as politics. A political-cultural approach to market institutions. In: American Sociological Review 61(4), 656–676.

Fligstein, Neil (2001): The Architecture of Markets. An Economic Sociology of Twenty-First-Century Capitalist Societies. Princeton: Princeton University Press.

Foucault, Michel (2006a): Sicherheit, Territorium, Bevölkerung. Frankfurt am Main: Suhrkamp.

Foucault, Michel (2006b): Sicherheit, Territorium, Bevölkerung. Originalausgabe. Frankfurt am Main: Suhrkamp.

Fulda, Friedrich Carl (2018): Grundsätze Der Ökonomisch-Politischen, Oder, Kameralwissenschaften. Tübingen: Wentworth Press.

Funder, Maria (2011): Soziologie der Wirtschaft. München: Oldenbourg.

Gilbert, Neil (2002): Transformation of the welfare state. The silent surrender of public responsibility. Oxford: Oxford University Press.

Granovetter, Mark S. (1974): Getting a job. A study of contacts and careers. Cambridge: Harvard University Press.

Granovetter, Mark S. (1985): Economic action and social structure. The problem of embeddedness. In: The American journal of sociology 91(3), 481–510.

Gronert, Anne (2001): Frauen in der Ökonomie. Die Anfänge in England. Marburg: Metropolis.

Grotius, Hugo (2017): On the Law of War and Peace. North Chareleston, South Carolina: CreateSpace Independent Publishing Platform.

Hall, Peter; Soskice, David (Hg.) (2001): Varieties of Capitalism: The Institutional Foundations of Comparative Advantage. Cambridge: Cambridge University Press.

Hartfiel, Günter (1968): Wirtschaftliche und soziale Rationalität. Untersuchung zum Menschenbild in Ökonomie u. Soziologie. Stuttgart: Enke Verlag.

Hayek, Friedrich August von (1948): Der Weg zur Knechtschaft. Erlenbach Zürich: Eugen Rentsch.

Heinemann, Klaus (1969): Grundzüge einer Soziologie des Geldes. Stuttgart: Ferdinand Enke Verlag.

Heinemann, Klaus (1976): Elemente einer Soziologie des Marktes. In: Kölner Zeitschrift für Soziologie und Sozialpsychologie 28, 48–69.

Heintz, Bettina (2021): Kategorisieren, Vergleichen, Bewerten und Quantifizieren im Spiegel sozialer Beobachtungsformate. In: Kölner Zeitschrift für Soziologie und Sozialpsychologie 73(S1), 5–47.

Heires, Marcel; Nölke, Andreas (2014): Politische Ökonomie der Finanzialisierung. Wiesbaden: VS Verlag für Sozialwissenschaften.

Hirsch-Kreinsen, Hartmut (2004): Wirtschafts- und Industriesoziologie. Grundlagen, Fragestellungen, Themenbereiche. Weinheim: Juventa.

Hiß, Stefanie; Fessler, Agnes; Griese, Gesa; Nagel, Sebastian; Woschnack, Daniela (Hg.) (2020): Nachhaltigkeit und Finanzmarkt. Zur soziologischen Vermessung eines Reflexionsraums. Wiesbaden: VS Verlag für Sozialwissenschaften.

Hellmann, Kai-Uwe (2003): Soziologie der Marke. Frankfurt am Main: Suhrkamp.

Henkel, Anna (2017): Terra: Zur Differenzierung und Verdinglichung von Boden, Raum und Pflanzenernährung in der modernen Gesellschaft. In: Zeitschrift für theoretische Soziologie, 97–125.

Hochschild, Arlie R. (2006): Das gekaufte Herz. Frankfurt am Main: Campus.

Homans, George C. (1958): Social Behavior as Exchange. In: American Journal of Sociology 63(6), 597–606.

Hondrich, Karl Otto (Hg.) (1982a): Soziale Differenzierung. Langzeitanalysen zum Wandel von Politik, Arbeit und Familie. Frankfurt am Main: Campus.

Hondrich, Karl Otto (1982b): Sozialer Wandel als Differenzierung. In: Hondrich, Karl Otto (Hg.): Soziale Differenzierung. Langzeitanalysen zum Wandel von Politik, Arbeit und Familie. Frankfurt am Main Campus, 11–71.

Honegger, Claudia; Wobbe, Theresa (2014): Frauen in der Soziologie. Neun Portraits. München: Beck.

Justi, Johann Heinrich Gottlob von Justi (1759): Grundsätze der Policy-Wissenschaft. Göttingen. Online verfügbar unter https://www.digitale-sammlungen.de/de/view/bsb11278323?page=5, (letzter Aufruf: 18.03.2025).

Kalthoff, Herbert (2004): Finanzwirtschaftliche Praxis und Wirtschaftstheorie. Skizze einer Soziologie ökonomischen Wissens. In: Zeitschrift für Soziologie 33(2), 154–175.

Karpik, Lucien (2011): Mehr Wert. Die Ökonomie des Einzigartigen. Frankfurt am Main: Campus.

Kahneman, Daniel; Tversky, Amos (1979): Prospect Theory: An Analysis of Decision under Risk. In: Econometrica 47(2), 263–291.

Keynes, John Maynard (2006): Allgemeine Theorie der Beschäftigung, des Zinses und des Geldes. Berlin: Duncker & Humblot.

Kiss, Gábor (1975): Einführung in die soziologischen Theorien II. Vergleichende Analyse soziologischer Hauptrichtungen. Stuttgart: UTB.

Knorr Cetina, Karin (2009): What is a financial market? In: Beckert, Jens; Deutschmann, Christoph (Hg.): Wirtschaftssoziologie. In: Kölner Zeitschrift für Soziologie und Sozialpsychologie, Sonderband 49. Wiesbaden: VS Verlag für Sozialwissenschaften, 326–343.

Kolb, Gerhard (1997): Geschichte der Volkswirtschaftslehre. Dogmenhistorische Positionen des ökonomischen Denkens. München: Vahlen.

Kraemer, Klaus; Nessel, Sebastian (Hg.) (2012): Entfesselte Finanzmärkte. Soziologische Analysen des modernen Kapitalismus. Frankfurt am Main: Campus.

Kraemer, Klaus; Nessel, Sebastian (2015) (Hg.): Geld und Krise. Frankfurt am Main: Campus.

Kraemer, Klaus; Brugger, Florian (2021): Die Wirtschaft der Gesellschaft. Zum Stand der wirtschaftssoziologischen Forschung. In: Kraemer, Klaus; Brugger, Florian (Hg.): Schlüsselwerke der Wirtschaftssoziologie. Wiesbaden: VS Verlag für Sozialwissenschaften, 1–27.

Krüger, Anne K.; Peetz, Thorsten; Schäfer, Hilmar (Hg.) (2015): The Routledge International Handbook of Valuation and Society. London: Routledge Taylor & Francis Group.

Krippner, Greta R. (2005): The financialization of the American Economy. In: Socio-Economic Review 3(2), 173–208.

Laukat, Andreas (2000): Friedhof der Eliten. Vilfredo Pareto. Trattato di Sociologia Generale. In: Zeit dokument 1. Hamburg: Zeitverlag, 27–28.

Law, John (2023): Money and Trade Considered. Canada: East India Publishing Company.

Lazzarato, Maurizio (2012): Die Fabrik des verschuldeten Menschen. Essay über das neoliberale Leben. Berlin: b-books.

Lessenich, Stephan (2008): Die Neuentdeckung des Sozialen: Der Sozialstaat im flexiblen Kapitalismus. Bielefeld: Transcript.

Lüde, Rolf von; Scheve, Christian von (2012): Rationalitätsfiktionen des Anlageverhaltens auf Finanzmärkten. In: Kraemer, Klaus; Nessel, Sebastian (2012): Entfesselte Finanzmärkte. Soziologische Analysen des modernen Kapitalismus. Frankfurt am Main: Campus, 129–162.

Luhmann, Niklas (1980): Gesellschaftsstruktur und Semantik. Frankfurt am Main: Suhrkamp.

Luhmann, Niklas (1983): Das sind Preise: Ein soziologisch-systemtheoretischer Klärungsversuch. In: Soziale Welt 34(2), 153–170.

Luhmann, Niklas (1984a): Die Wirtschaft der Gesellschaft als autopoietisches System. In: Zeitschrift für Soziologie 13(4), 308–327.

Luhmann, Niklas (1984b): Soziale Systeme. Grundriß einer allgemeinen Theorie. Frankfurt am Main: Suhrkamp.

Luhmann, Niklas (1988): Die Wirtschaft der Gesellschaft. Frankfurt am Main: Suhrkamp.

Luhmann, Niklas (1998): Die Gesellschaft der Gesellschaft. Frankfurt am Main: Suhrkamp.

Lutter, Mark (2012): Anstieg oder Ausgleich? Die multiplikative Wirkung sozialer Ungleichheiten auf dem Arbeitsmarkt für Filmschauspieler. In: Zeitschrift für Soziologie 41(6), 435–457.

MacKenzie, Donald; Millo, Yuval (2003): Constructing a market, performing theory: The historical sociology of a financial derivatives exchange. American Journal of Sociology, 109(1), 107–145.

Malinowski, Bronislaw (1984): Argonauts of the Western Pacific. Long Grove, Illinois: Waveland Pr. Inc.

Malthus, Thomas Robert; Mayhew, Robert J. (2015): An essay on the principle of population and other writings. London, UK: Penguin Books.

Maurer, Andrea (Hg.) (2008): Handbuch der Wirtschaftssoziologie. Wiesbaden: VS Verlag für Sozialwissenschaften.

Maurer, Andrea (Hg.) (2010): Wirtschaftssoziologie nach Max Weber. Wiesbaden: VS Verlag für Sozialwissenschaften.

Mauss, Marcel; Evans-Pritchard, Edward E. (2016): Die Gabe. Form und Funktion des Austauschs in archaischen Gesellschaften. Frankfurt am Main: Suhrkamp.

Marx, Karl (2005a): Das Kapital. Kritik der politischen Ökonomie. Band 1. MEW 23. Berlin: Dietz.

Marx, Karl (2005b): Das Kapital. Kritik der politischen Ökonomie. Band 2. MEW 24. Berlin: Dietz.

Marx, Karl (2005c): Das Kapital. Kritik der politischen Ökonomie. Band 3. MEW 25. Berlin: Dietz.

Mead, George H. (1995): Geist, Identität und Gesellschaft. Aus der Sicht des Sozialbehaviorismus. Morris, Charles W. Frankfurt am Main: Suhrkamp.

Merton, Robert King (1968): Social theory and social structure. New York: The Free Press.

Morel, Julius; Bauer, Eva; Meleghy, Tamás (1997): Soziologische Theorie. Abriß der Ansätze ihrer Hauptvertreter. Berlin: De Gruyter Oldenbourg.

Münnich, Sascha (2010): Interessen und Ideen. Die Entstehung der Arbeitslosenversicherung in Deutschland und den USA. Frankfurt am Main: Campus.

Münnich, Sascha (2024): Selbstkritischer Kapitalismus in Grün – Segmentierung du Kapitalismuskritik aus Sicht der Wirtschaftssoziologie. In: Degens, Philipp; Neckel, Sighard (Hg.): Das Scheitern des grünen Kapitalismus. Frankfurt am Main: Campus, 143–178.

Mützel, Sophie (2009): Koordinierung von Märkten durch narrativen Wettbewerb. In: Beckert, Jens; Christoph, Deutschmann (Hg.): Wirtschaftssoziologie. In: Kölner Zeitschrift für Soziologie und Sozialpsychologie, Sonderheft 49. Wiesbaden: VS Verlag für Sozialwissenschaften, 87–106.

Müller, Hans-Peter (2021): Max Webers Sozialökonomik. In: Kraemer, Klaus; Brugger, Florian (Hg.): Schlüsselwerke der Wirtschaftssoziologie. Wiesbaden: VS Verlag für Sozialwissenschaften, 93–97.

Mun, Thomas (2008): England`s Treasure by Forraign Trade. Whitefish, Montana: Kessinger Publishing, LLC.

Naschold, Frieder; Bogumil, Jörg (2000): Modernisierung des Staates: New Public Management in deutscher und internationaler Perspektive. Opladen: Leske und Budrich.

Neckel, Sighard; Wagner, Greta (2014): Leistung und Erschöpfung. Frankfurt am Main: Suhrkamp.

Neckel, Sighard (2011): Der Gefühlskapitalismus der Banken: Vom Ende der Gier als „ruhiger Leidenschaft". In: Leviathan 39, 39–53.

North, Douglas C. (1990): Institutions, Institutional Change and Economic Performance. Cambridge: Cambridge University Press.

Nutzinger, Hans G. (1998): Was sonst noch von Marx' ökonomischer Theorie übrig bleibt. In: Warnke, Camilla; Huber, Gerhard (Hg.): Die ökonomische Theorie von Marx - was bleibt?, Marburg: Metropolis, 67–92.

Pahl, Hanno (2017): Niklas Luhmann: Die Wirtschaft der Gesellschaft. In: Kraemer, Klaus; Brugger, Florian (Hg.): Schlüsselwerke der Wirtschaftssoziologie. Wiesbaden: VS Verlag für Sozialwissenschaften, 211–222.

Pareto, Vilfredo (2005): Allgemeine Soziologie. Berlin: Capital.

Pareto, Vilfredo (1999): Friedhof der Eliten. Trattato di Sociologia Generale". Zeit (Dokument 1). Online verfügbar unter: https://www.zeit.de/1999/36/199936.pareto_.xml. (letzter Aufruf: 07.04.2025).

Parsons, Talcott (1949): The Structure of Social Action: A Study in Social Theory with Special Reference to a Group of Recent European Writers. New York: Free Press (Volume. I und II.).

Parsons, Talcott (1961): Introduction to "Culture and the Social System". In: Parsons, Talcott; Shils, Edward; Naegele, Kaspar D.; Pitts, Jesse R. (Hg.): Theories of Society. Foundations of Modern Sociological Theory. New York: Free Press, 963–993.

Parsons, Talcott (1965): The Social System. New York: Free Press.

Parsons, Talcott (1966): Societies. Evolutionary and Comparative Perspectives. Englewood Cliffs: Prentice-Hall.

Parsons, Talcott (1975): Gesellschaften. Frankfurt am Main: Suhrkamp.

Parsons, Talcott (2003): Das System moderner Gesellschaften. Reprint. Weinheim: Juventa-Verlag

Parsons, Talcott; Smelser, Neil (1956): Economy and Society. London: Routledge.

Paul, Axel T. (2017): Theorie des Geldes. Hamburg: Junius.

Peetz, Thorsten (2021): Elemente einer Soziologie der Bewertung. In: Meier, Frank; Peetz, Thorsten (Hg.): Organisation und Bewertung. Organisationssoziologie. Wiesbaden: Springer VS, 22–47.

Peters, Christian Helge (2024): Gesellschaftlicher Zusammenhalt in der guten Arbeit. In: Vogel, Berthold; Wolf, Harald (Hg.): Arbeit und gesellschaftlicher Zusammenhalt. Konzepte, Themen, Analysen. Frankfurt am Main: Campus, 95–112.

Petersen, David J.; Willers, Daniel; Schmitt, Esther M.; Birnbaum, Robert; Meyerhoff, Jan H. E.; Gießler, Sebastian; Roth, Benjamin (Hg.) (2019): Perspektiven einer pluralen Ökonomik. Wiesbaden: VS Verlag für Sozialwissenschaften.

Peukert, Helge (2013): Real World Economics. In: Das Wirtschaftsstudium 42 (2), 233–237 und 249.

Plattner, Stuart (1989): Markets and Marketplaces. In: Plattner, Stuart (Hg.): Economic anthropology. Stanford: Stanford University Press, 171–208.

Polanyi, Karl (2015): The great transformation. Politische und ökonomische Ursprünge von Gesellschaften und Wirtschaftssystemen. Frankfurt am Main: Suhrkamp.

Quesnay, François (2015): Tableau économique. Les Fiches de lecture. Paris: Encyclopaedia Universalis.

Ricardo, David (2006): Über die Grundsätze der Politischen Ökonomie und der Besteuerung. Marburg: Metropolis.

Rössel, Jörg; Jens Beckert (2013): Quality Classifications in Competition: Price Formation in the German Wine Market. In: Beckert, Jens; Musselin, Christine (Hg.): Constructing Quality: The Classification of Goods in Markets. Oxford: Oxford University Press, 288–315.

Royer, Clemmence A.(2010): Theorie De L'Impot V2. Ou La Dime Sociale (1862). Whitefish: Kessinger Publishing, LLC.

Sahr, Aaron (2018): Sind Banken Distributoren oder Produzenten von Geld? Eine Diskussion alternativer Theoriemodelle des Kreditsystems. In: Beyer, Jürgen; Senge, Konstanze (Hg.): Finanzmarktsoziologie. Entscheidungen, Ungewissheit und Geldordnung. Wiesbaden: VS Verlag für Sozialwissenschaften, 201–215.

Scherrer, Christoph; Kunze, Caren (2011): Globalisierung. Göttingen: Vandenhoeck & Ruprecht.

Schlettwein, Johann A. (2017): Grundfeste der Staaten. Die politische Ökonomie. Nachdruck der Ausgabe von 1779. Norderstedt: Hansebooks.

Schluchter, Daniel (2012): George A. Akerlof/Robert J. Shiller: Animal Spirits. In: Senge, Konstanze; Schützeichel, Rainer (Hg.): Hauptwerke der Emotionssoziologie. Wiesbaden, Heidelberg: Springer VS, 33–37.

Schmalz, Theodor (2020): Encyclopädie der Cameralwissenschaften. Münster: MV-History.

Schneidewind, Uwe; Pfriem, Reinhard; Barth, Jonathan; Beschorner, Thomas; Binswanger, Mathias; Diefenbacher, Hans; Eisenack, Klaus; Elsen, Susanne; Goldschmidt, Nils; Graupe, Silja; Grönzinger, Gerd; Hansjürgens, Bernd; Herzog, Lisa; Hirte, Katrin; Korbun, Thomas; Lehmann-Waffenschmidt, Marco; Müller-Christ,Georg; Muraca, Barbara; tsch, Walter; Peach, Niko; Panther, Stephan; Peukert, Helge; Petschow, Ulrich; Priddat, Birger P.; Reichel, André; Sachs, Wolfgang; Seidl, Irmi; Siebnhüner, Bernd; Treeck, Till van; Witt, Ulrich; Zahrnt; Zweynert, Joachim (2017): Transformative Wirtschaftswissenschaft im Kontext nachhaltiger Entwicklung: für einen neuen Vertrag zwischen Wirtschaftswissenschaft und Gesellschaft. https://nbn-resolving.org/urn:nbn:de:bsz:wup4-opus -63251 (letzter Aufruf: 04.04.2025).

Schwarting, Rena (2015): Hochfrequenzhandel zwischen Entscheidungsautomation und Entscheidungsautonomie. In: Apelt, Maja; Senge, Konstanze (Hg.): Organisation und Unsicherheit. Wiesbaden: VS Verlag für Sozialwissenschaften, 159–174.

Senge, Konstanze (2020): How do financial actors decide under conditions of fundamental uncertainty? – The role of emotions as a social mechanism to overcome fundamental uncertainty". In: Journal of US-China Public Administration 17(5), 203–220.

Senge, Konstanze; Beyer, Jürgen (2018): Finanzmarkt und Geldordnung. Soziologische Perspektiven nach der Wirtschafts- und Finanzkrise. In: Beyer, Jürgen; Senge, Konstanze (Hg.): Finanzmarktsoziologie. Entscheidungen, Ungewissheit und Geldordnung. Wiesbaden: VS Verlag für Sozialwissenschaften.

Senge, Konstanze; Dabrowski, Simon (2024): Aktiengesellschaften zwischen Kapitalmarktorientierung und Nachhaltigkeit: Zur Multiresonanz und Pluralität in Unternehmen. In: Zeitschrift für Soziologie 53(1), 8–24.

Shiller, Robert J. (2003): From Efficient Markets Theory to Behavioral Finance. In: Journal of Economic Perspectives 17(1), 83–104.

Smelser, Neil J.; Swedberg, Richard (2005): The Handbook of Economic Sociology. Princeton: Princeton University. Press.

Simmel, Georg (1983): Exkurs über das Problem: Wie ist Gesellschaft möglich. In: Dahme, Heinz-Jürgen; Rammstedt, Otthein (Hg.): Schriften zur Soziologie. Eine Auswahl. Frankfurt am Main: Suhrkamp, 275–293.

Simmel, Georg (1989): Aufsätze 1887 bis 1890. Über sociale Differenzierung. Die Probleme der Geschichtsphilosophie (1892). 1. Auflage. Frankfurt am Main: Suhrkamp, 109–295.

Simmel, Georg (1995a): Die Differenzierung und das Prinzip der Kraftersparnis (1890): In: Simmel, Georg: Schriften zur Soziologie. Frankfurt am Main: Suhrkamp, 61–77.

Simmel, Georg (1995b): Die Arbeitsteilung als Ursache für das Aufeinandertreffen der subjektiven und der objektiven Kultur (1900). In: Simmel, Georg: Schriften zur Soziologie. Frankfurt am Main: Suhrkamp, 95–128.

Simmel, Georg (1995c): Das Geld in der modernen Kultur. In: Simmel, Georg: Schriften zur Soziologie. Frankfurt am Main: Suhrkamp, 78–94.

Smith, Adam (1999): Der Wohlstand der Nationen. Eine Untersuchung seiner Natur und seiner Ursachen. München: Deutscher Taschenbuch Verlag.

Smith, Adam (2010): Theorie der ethischen Gefühle. Brandt, Horst D. (Hg.): Hamburg: Felix Meiner Verlag.

Sparsam, Jan (2015): Wirtschaft in der New Economic Sociology. Wiesbaden: Verlag für Sozialwissenschaften.

Stäheli, Urs (2007): Spektakuläre Spekulation. Das Populäre der Ökonomie. Frankfurt am Main: Suhrkamp.

Taylor, Frederick Winslow (1998): Principles of Scientific Management. New York: Courier Dover Publications.

Turgot, Anne-Robert-Jacques (1913): Réflexions sur la formation et la distribution des richesses. Heidelberg: Carl Winter's Universitätsbuchhandlung.

Weber, Max (1972): Wirtschaft und Gesellschaft. Tübingen: Mohr Siebeck.

Weber, Max (1988a): Gesammelte Aufsätze zur Religionssoziologie. Band I. Tübingen: Mohr Siebeck.

Weber, Max (1988b): Gesammelte Aufsätze zur Religionssoziologie. Band II. Tübingen: Mohr Siebeck.

Weber, Max (1988c): Gesammelte Aufsätze zur Religionssoziologie. Band III. Tübingen: Mohr Siebeck.

White, Harrison C. (1981): Where do markets come from? In: The American Journal of Sociology (87), 517–547.

White, Harrison C. (1988): Varieties of markets. In: Wellman, Barry; Berkowitz, Stephen D. (Hg.): Social structures. A network approach. Cambridge: Cambridge University Press, 226–260.

Williams, Colin C. (2005): A commodified world? Mapping the limits of capitalism. London: Zed Books.

Williamson, Oliver E. (1985): The economic institutions of capitalism. Firms, markets, relational contracting. New York: Collier Macmillan; Free Press.

Windolf, Paul (2005): Was ist Finanzmarkt-Kapitalismus? In Windolf: Paul (Hg.): Finanzmarkt-Kapitalismus. Analysen zum Wandel von Produktionsregimen. In: Kölner Zeitschrift für Soziologie und Sozialpsychologie, Sonderheft 45. Wiesbaden: VS Verlag für Sozialwissenschaften, 20–57.

Zelizer, Viviana A. (2011): Economic lives. How culture shapes the economy. Princeton: Princeton University Press.

Zelizer, Viviana A. (2017): The social meaning of money. Pin money, paychecks, poor relief, & other currencies. Princeton: Princeton University Press.

Konstanze Senge

II Erklärend verstehende Wirtschaftssoziologie nach Max Weber

Zusammenfassung: Die erklärend verstehende Wirtschaftssoziologie geht auf die Schriften Max Webers zurück, die er zu Beginn des 20. Jahrhunderts auch als Reaktion auf eine zunehmende Industrialisierung, Säkularisierung und Bürokratisierung in Europa, in Auseinandersetzung mit dem Positivismus und den Schriften von Karl Marx und Friedrich Engels sowie Immanuel Kant und Friedrich Nietzsche verfasst hatte. Weber ist auch heute immer noch einer der bedeutendsten Wirtschaftssoziologen und einer der wichtigsten Vordenker der Subdisziplin. Viele moderne Wirtschaftssoziolog*innen wie Andrea Maurer, Sascha Münnich, Klaus Kraemer, Konstanze Senge, Richard Swedberg u. a. arbeiten mit theoretischen und methodologischen Elementen des Weber-Paradigmas, aber kaum jemand innerhalb der Wirtschaftssoziologie hat Webers methodologische und methodische Rigorosität beibehalten.[1] Zu den wichtigsten Themen der Weberschen Wirtschaftssoziologie zählen die Zivilisationen vergleichende Kapitalismusforschung, die Untersuchung der nichtökonomischen Bedingungen ökonomischen Handelns, seine Ausführungen zur Börse und zum Unternehmertum, zur Lage der Landarbeiter sowie zur Wirtschaftsgeschichte. Zentrale Theoreme sind die verstehende Soziologie, methodologischer Individualismus, Idealtypen, Wertfreiheit und Wertbezogenheit.

1 Einleitung

Aktuelles Beispiel zur Veranschaulichung der Theorie: Webers Multikausalität und die verstehende Erklärung der Bürgerproteste gegen die steigende Inflationsrate in Deutschland in Sachsen-Anhalt und Sachsen im September 2022
Eine Untersuchung entlang der Weberschen Prämissen beginnt mit der Identifikation sozialen Handelns, welches als erklärungsbedürftig angesehen wird. Beispielsweise soll als forschungsleitende These angenommen werden, dass die politischen Protestbewegungen in Sachsen und Sachsen-Anhalt im September 2022 aufgrund der sehr hohen Inflationsrate von 10,2 Prozent[2] (im Jahresdurchschnitt 6,9 Prozent) in Deutschland und der damit verbundenen massiven ökonomischen Einschränkungen initiiert wurden, die von den protestierenden Bürger*innen als nicht mehr hinnehmbar empfunden wurden. Ursache politischer Aktionen wären demnach ökonomische Gründe.

Um die Proteste kausal zu erklären, wäre also die Frage nach den Motiven für die Proteste zu beantworten: Warum protestieren die Menschen in Sachsen und Sachsen-

---

[1] Stephen Kalberg (2021), Liah Greenfeld (1992) und Theda Skocpol (1979) haben in ihren Arbeiten die Webersche Methodologie umgesetzt; ihre Schriften sind aber eher der politischen Soziologie zuzuordnen.

[2] Vergleiche https://www.destatis.de/DE/Presse/Pressemitteilungen/2023/01/PD23_022_611.html (zuletzt aufgerufen am 07.06.2025).

https://doi.org/10.1515/9783110704884-002

Anhalt gegen die Inflation? Die Beantwortung dieser Frage wird durch den Umstand komplexer, dass ebensolche Proteste in anderen deutschen Bundesländern ausblieben, die ebenso von der Inflationsrate und anderen gesellschaftlichen Umständen wie die Ungewissheiten angesichts des Krieges gegen die Ukraine, der wiederum mit dem Anstieg der Inflationsrate korreliert, betroffen sind.

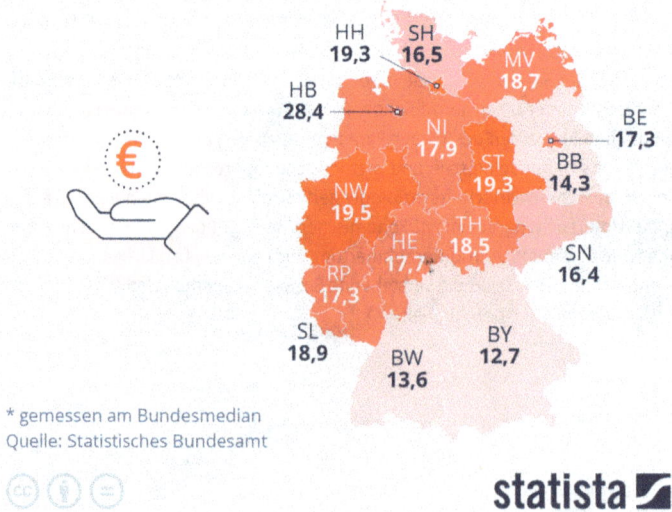

Armutsgefährdungsquote in Deutschland nach Bundesland 2022 (in %)*

HH 19,3
SH 16,5
MV 18,7
HB 28,4
NI 17,9
BE 17,3
ST 19,3
BB 14,3
NW 19,5
TH 18,5
HE 17,7
SN 16,4
RP 17,3
SL 18,9
BY 12,7
BW 13,6

* gemessen am Bundesmedian
Quelle: Statistisches Bundesamt

statista

Abb. II.1: Wo besonders viele Deutsche armutsgefährdet sind. Armutsgefährdungsquote in Deutschland nach Bundesland 2022. (Statista, https://de.statista.com/infografik/31049/armutsgefaehrdungsquote-nach-bundesland/, letzter Aufruf: 14.04.2025).

Für eine Analyse der Gründe könnten die von Weber angewandten Methoden und seine Methodologie herangezogen werden. Eine Webersche Erklärung würde zunächst die relevanten Träger- und Statusgruppen der Protestbewegungen identifizieren. Es ist anzunehmen, dass sich die Protestierenden aus verschiedenen Gruppen zusammensetzen: Die Proteste werden vermutlich von Personen getragen, die aufgrund der hohen Inflationsrate mit massiven ökonomischen Engpässen und existenziellen Bedrohungen zu rechnen haben, was laut verkündeter Prognosen von Helmut Schleweis, Präsident des Deutschen Sparkassen- und Giroverbandes, große Teile der Bevölkerung betreffen würde. Denn Schleweis prognostizierte, dass ab einem Durchschnittsgehalt von 3.600 Euro Netto am Ende des Monats das gesamte Nettoeinkommen für Lebenshaltungskosten ausgegeben wäre. Wenn dies zuträfe, wären 74 Prozent aller Haushalte in Deutschland, die weniger als 3.500 Euro Netto zur Verfügung haben, ökonomisch in einer problematischen Situation.[3] Im Sinne einer verkürzten und hier nur bei-spielhaft angedeuteten Weberschen Methodologie, sind es also zum einen die Träger ökonomischer Interessen, welche hier auf die Straße gehen.

Allerdings ist zu erwarten, dass man damit nicht die gesamte Dynamik der Pro-testbewegungen erklären kann. Zumindest ist es noch fragwürdig, warum die Pro-teste vor allem in Sachsen und Sachsen-Anhalt auftreten, nicht aber beispielsweise in Bremen, Nordrhein-Westfalen, Hamburg, Mecklenburg-Vorpommern und Saarland und damit in Bundesländern, in denen in etwa ein gleich großer Anteil oder, wie im Falle von Bremen oder Nordrhein-Westfalen, ein größerer Anteil der Bevölkerung von Armut bedroht ist als in Sachsen und Sachsen-Anhalt (vgl. Abb. II.1). Eine Weber-sche Spurensuche würde uns sodann die Frage nach möglichen beeinflussenden „Ideen" stellen lassen: Damit sind z. B. Werte gemeint, welche die politische Kultur in Sachsen und Sachsen-Anhalt kennzeichnen und möglicherweise unterstützend (oder auch hemmend) auf die Bereitschaft zu Protest und dessen Dynamik einwirken.

Zudem würde Webers makroanalytische Untersuchung auch darauf eingehen, in-wiefern Werte und Ereignisse aus der Vergangenheit relevant werden, um aktuelle soziale Handlungsmuster in ihrem historisch So-geworden-Sein zu erklären. Sicher-lich würde dies einen Blick auf die Jahre der Deutschen Demokratischen Republik, die Jahre der Wendezeit und erlebte Umbrüche, Emotionen, starke Werte und zweck-rationale Überlegungen miteinschließen. Man würde auf die Unterschiede zwischen Stadt- und Landbevölkerung eingehen und vermutlich weitere Faktoren berücksichti-gen, die sich durch eine intime Kenntnis der kulturellen Besonderheiten offenbaren.

Hätte man die multiplen Motive verschiedener Träger- und Statusgruppen identi-fiziert, hemmende und unterstützende historische Faktoren und idealtypische Hand-lungsmuster ermittelt, die man mit den Motiven anderer Träger vergleicht, um derart die Einzigartigkeit der Gesamtdynamik der auf den ersten Blick „rein" ökonomisch motivierten Proteste herauszuarbeiten, so wäre das Verhalten der Menschen, die gegen die hohe Inflation demonstrieren im Sinne Webers verstanden und in seinem Zustandekommen kausal erklärt.

Webers Methodologie würde ermöglichen, monokausale Ursachenforschung zu ver-meiden, sowohl divergente und komplementäre Dynamiken zu identifizieren als auch die relevanten Trägergruppen des Protestes und die sie leitenden Interessen und Werte.

2 Entstehungsgeschichte

Max Weber schrieb seine soziologischen Arbeiten vor mehr als 100 Jahren zu Beginn des 20. Jahrhunderts. Und noch immer können wir moderne Kulturmenschen aus die-

---

3 Vgl. https://www.faz.net/aktuell/finanzen/inflation-von-3600-euro-netto-bleibt-jetzt-nichts-mehr-ueb rig-18313546.html (letzter Aufruf: 04.08.2024).

sem Œuvre schöpfen, wenn wir verstehen möchten, welche Dynamiken die Entwicklung moderner Gesellschaften geprägt haben und in Zukunft prägen können. Soziologie ist für Max Weber die Wissenschaft des sozialen Handelns und sein analytischer Fokus ist der subjektive Sinn sozialen Handelns von typisierten Individuen. Darin unterscheidet er sich von strukturellen Konzeptionen des Sozialen seiner disziplinären Vordenker: Ferdinand Tönnies beschrieb strukturelle Entwicklungen von „Gemeinschaft" zu „Gesellschaft" als Resultat einer angenommenen evolutionären Entwicklung, die Weber kritisierte (Tönnies 2005). Herbert Spencer sah das Soziale als „sozialen Körper" ähnlich eines biologischen Organismus an, dessen Entwicklung und Wachstum sich aus kosmologischen Gesetzen speist (Spencer 2004). Emile Durkheim interessierte sich für die institutionellen Muster, die das Kollektivbewusstsein und den sozialen Zusammenhalt maßgeblich prägten. Durkheims Werk über die soziale Arbeitsteilung befasst sich mit derartigen Veränderungen von Solidarität und Zusammenhalt, wie sie sich durch den Wandel von Arbeit ergaben; er beschrieb die Entwicklung von mechanischer zu organischer Solidarität[4] (Durkheim 1983, 1992). Und natürlich schrieb Weber sein Werk in impliziter Auseinandersetzung mit den Schriften von Karl Marx und Friedrich Engels und deren Fokus auf miteinander in Konflikt stehenden sozialen Klassen und in Auseinandersetzung mit der Marxschen/Engelschen Konzentration auf die ökonomische gesellschaftliche Sphäre, die alle anderen Bereiche bestimme (Kalberg 1980: 1151; Marx/Engels 2003). Anders als Karl Marx und Werner Sombart, sah Weber den Kapitalismus als weniger transitorisch und vorübergehend, sondern als langfristige, wenn auch veränderliche Epoche (Sombart 1987).

Weber folgt den genannten Gründervätern der Soziologie dahingehend, dass auch er eine massive Veränderung der modernen westlichen Gesellschaft zu Beginn des 20.Jahrhunderts konstatiert. Auch sein Denken war geprägt von den weitreichenden gesellschaftlichen Umbrüchen, die durch die Industrialisierung in Europa hervorgebracht worden waren.[5] Doch im Unterschied zu den europäischen Nachbarländern wie England und Holland war die politische Kultur in Deutschland, zum Teil bedingt durch den Einfluss des Feudalismus, durch Obrigkeitsdenken und eine schwache Arbeiterklasse, von antidemokratischen Tendenzen durchzogen und es etablierte sich

---

4 Mechanische Solidarität entsteht in einer Gemeinschaft aufgrund der Übereinstimmungen im Alltag hinsichtlich gemeinsamer Ziele und Werte; organische Solidarität entsteht durch die gegenseitige Abhängigkeit von Personen mit durchaus differenten Werten untereinander, z. B. durch die Arbeitsteilung (Durkheim 1992).

5 Angelegt in Webers Schriften ist ebenso die Auseinandersetzung mit den Konsequenzen der Säkularisierung in Europa und deren Bedeutung für die Rationalisierung der Lebensführung. Webers These, dass die Entzauberung der Welt durch einen Wertepluralismus gekennzeichnet ist, zeigt zudem Friedrich Nietzsches Einfluss auf die Generation Webers (Hennis 1987; Kim 1999: 89). Weber war beeindruckt durch Nietzsches Analyse psychologischer Mechanismen, welche Vorstellungen in kraftvolle Mittel für die Erreichung von Interessen umwandeln. Anders als Nietzsche aber unterstreicht Weber jedoch die Bedeutung und Beharrlichkeit von Ideen (und nicht Interessen) für die Steuerung von Handlungen (Coser 1971: 249).

eine Herrschaft der Beamten, die durch ihre Regelhörigkeit und Unterwürfigkeit die Gefahr mit sich brachte, dass die Beamten zunehmend die Eigenverantwortung für die Konsequenzen von den eigenen Entscheidungen abgaben und auf bürokratische Regelsysteme verlagerten. Dadurch, so fürchtete Weber zu Beginn des neuen Jahrhunderts, würden Individualität und freies Denken kaum mehr möglich werden (Weber 1926: 27 ff., 51 ff.; Weber 1972: 833 ff.). Im Gegensatz zu vielen seiner Zeitgenossen wie Sigmund Freud (2010), der die Zügelung sexueller und aggressiver Triebe durch die Kultur der Moderne problematisierte; oder Ferdinand Tönnies (2005), welcher den Verlust von Gemeinschaft beklagte; oder Gelehrten wie Georg Simmel, der die Anonymität des urbanen modernen Lebens problematisierte und die Geldwirtschaft ambivalent betrachtete (Simmel 1968), war Weber nicht kulturpessimistisch gestimmt. Andere Bildungsbürger*innen fürchteten eine egalisierte Gesellschaft und einen rein sachlichen Umgang innerhalb ehemals privater Beziehungen (Stern 1965). Im Vergleich mit diesen Denker*innen wetterte Weber nicht gegen den Fortschrittsglauben der damaligen Zeit und kritisierte die industrialisierte Welt nicht für ihre Errungenschaften (Kalberg 1987). Weber war ambivalent angesichts der Entwicklungen der modernen kapitalistischen Lebensweise. Er erkannte die ökonomischen Vorteile der mit der Bürokratisierung einhergehenden Effizienzsteigerungen angesichts einer quantitativen Zunahme von Aufgaben und angesichts komplexer werdender Aufgaben, aber er sah auch die Gefahren des sich etablierenden Beamtenethos. Er fragte sich, ob sich die modernen Menschen auch weiterhin von verbindlichen Werten leiten lassen würden und Individuen frei von Autoritätshörigkeit handeln könnten. Oder würden moderne Industriegesellschaften zunehmend auf der Basis von zweckrationalen, unpersönlichen Beziehungen bestehen (Weber 1972: 31 ff.)? Von daher sind auch für Weber ökonomische gesellschaftliche Transformationen der Ausgangspunkt seines soziologischen Denkens und die Motivation seiner (wirtschafts-)soziologischen Arbeiten. Seine soziologischen Untersuchungen sind Antworten auf die Umbrüche seiner Zeit, die Industrialisierung, die Bürokratisierung sowie eine zunehmende Säkularisierung in Westeuropa (Kalberg 2006: 8).

Anders aber als seine soziologischen Vordenker wie Karl Marx, Auguste Comte oder Èmile Durkheim sieht Weber die Gründe für die gesellschaftlichen Veränderungen in historischen Besonderheiten und entsprechendem Handeln der modernen Individuen (Coser 1971: 217 f.). Weder eine rein materialistische, noch eine rein idealistische Interpretation des Sozialen ist für Weber angemessen. Er negiert die positivistische Vorstellung, dass das Soziale sozialen Gesetzen folge und er negiert die Vorstellung, dass die Welt naturwissenschaftlichen Gesetzen folge. Weber, in dieser Hinsicht dem Idealismus Kants verpflichtet, war davon überzeugt, dass der absichtsvoll handelnde, prinzipiell freie Mensch nicht durch die generalisierenden Methoden der Naturwissenschaften analysiert werden kann, sondern dass die Methoden den historischen Besonderheiten Rechnung tragen müssen (Weber 1988l: 272). Gemeinsam mit den ökonomischen Historikern wie Karl Knies und Wilhelm Roscher und den historischen Ökonomen seiner Zeit wie Gustav Schmoller, Adolph Wagner und Lujo Brentano, mit denen Weber im *Verein fuer Sozialpolitik* zusammentraf und über wissenschaftliche Fragen und gesellschaftliche Anliegen debattierte, lehnte er die Vorstellung ab, dass es ökonomische Gesetze gab, die von wenigen Propositionen ableitbar waren; ebenso waren sie überzeugt, dass das ökonomische Leben nur durch eine Analyse der Kultur und der historischen Entwicklungen verstanden werden konnte (Coser 1971: 247 f.; Weber 1988l: 270 ff.). Es gibt für Weber nicht „den ökonomischen Akteur", der für alle Situationen mit den gleichen Präferenzen ausgestattet ist und stets dieselben und damit konstant bleibenden Motive verfolgt. Analysen des Ökonomischen hatten nach Weber vielmehr induktiv vorzugehen und das konkrete Handeln in spezifischen historischen Situationen zu untersuchen (Weber 1988l: 270 ff.). Auch wenn er den generalisierenden Konzepten der Ökonomen positiv gegenüberstand, lehnt er universale Vorstellungen der Rationalisierung und Ökonomisierung ab.

Zwar legt Weber in seinen Schriften über die Weltregionen von China, Indien und über westliche Zivilisationen dar, dass Rationalisierungsprozesse zu verschiedenen Graden überall stattgefunden haben, aber er unterscheidet dabei verschiedene Formen von Rationalität und Rationalisierungen, die an verschiedenen Orten wie Rom, China oder Indien mit unterschiedlichem Tempo auf verschiedenen soziokulturellen Ebenen stattfanden und unterschiedliche Lebensbereiche wie das Recht oder die Wirtschaft durchdrungen haben. Er differenziert zum Beispiel den Rationalismus des antiken Judentums, des Konfuzianismus und die Rationalisierung mystischer Kontemplation (Kalberg 1980: 1150). Rationalisierungsprozesse hatten also in verschiedenen Kulturen sehr unterschiedlich stattgefunden. Für Weber gilt daher, dass sowohl die Naturwissenschaften als auch die Sozialwissenschaften in ihrer Erklärung des Gegenstandes von dem empirisch Vorgefundenen abstrahieren und selektieren müssen (Weber 1988k: 272). Den Unterschied zwischen den Wissenschaften sieht Weber vielmehr in Bezug auf das Interesse der Wissenschaftler*innen und deren Wertbezogenheit (Coser 1971: 219 ff.). Weber postuliert stets eine wertfreie Haltung bei der Erhebung und Interpretation von Daten,[6] allerdings sind die persönlichen Werte bei der Auswahl des zu Erforschenden oftmals leitend (Weber 1988n: 499 ff.). Diese Wertfreiheit unterscheidet die Soziologie maßgeblich von der politischen und auch der ökonomischen Wissenschaft (Weber 1988 m: 499 ff.). In dieser Hinsicht unterscheidet sich Weber auch von den anderen Mitgliedern im *Verein fuer Sozialpolitik*, so zum Beispiel von seinem Lehrer Karl Knies und dessen romantisierenden Vorstellungen (Coser 1971: 248; Weber 1988j: 1 ff.). Was aber dann ist das spezifische Erkenntnisinteresse von Webers erklärend verstehender Wirtschaftssoziologie, wenn es nicht die Identifikation von allgemeingültigen Gesetzen, Strukturen und universellen Vorstellungen und Werten sind?

---

6 Natürlich folgt die wertfreie Analyse auch einem Wert, nämlich dem Wert der Objektivität, dem Wunsch nach Wahrheit usw.

3 Erkenntnisinteresse einer erklärend verstehenden Wirtschaftssoziologie: die Identifikation subjektiv sinnhafter Orientierungen von Handlungsmustern typisierter Individuen

Webers Ansatzpunkt einer wertfreien Analyse zielt auf das Verstehen des subjektiven Sinns, den handelnden Individuen mit ihren sozialen Handlungen verbinden. Das Erkenntnisziel von Webers Analyse liegt in dem Verstehen dieses subjektiv gemeinten Sinnes und der kausalen Erklärung sozialen Handelns historischer typisierter Individuen und Phänomene. So schreibt Weber in „Die ‚Objektivität' sozialwissenschaftlicher und sozialpolitischer Erkenntnis" (1988k: 170 f.): *„Wir wollen die uns umgebende Wirklichkeit des Lebens, in welches wir hineingestellt sind, in ihrer Eigenart verstehen – den Zusammenhang und die Kulturbedeutung ihrer einzelnen Erscheinungen in ihrer heutigen Gestaltung einerseits, die Gründe ihres geschichtlichen So-und-nicht-anders-Gewordenseins andererseits."*

Zu den für die Wirtschaftssoziologie relevanten umgebenden Wirklichkeiten, die Weber verstehen wollte, gehören verschiedene ökonomische Phänomene und Entwicklungen, welche die Jahre während Webers Wirken prägten und die von gesellschaftlicher Bedeutung waren. Entsprechend verfasste Weber zahlreiche Aufsätze zu unterschiedlichen Themen: Weber äußerte sich zur Geldwirtschaft und zum Markttausch (Weber 1972: 40 ff., 382 ff.); er verfasste Aufsätze über die Börse (Weber 1988s); äußerte sich zu der Rolle des Unternehmers und zum Unternehmertum (Weber 1972: 37 f., 1981); ebenso sind seine Untersuchungen über die Formen des Kapitalismus (Weber 1988a, 1988f, 1988h) und seine sozialpolitischen Beiträge von Bedeutung (Weber 1984, 1988j, 1988p, 1988q, 1988r,). Seine wirtschaftssoziologischen Arbeiten prägen bis heute unser soziologisches Wissen über Teilbereiche der Wirtschaft und sind von großem analytischem Wert für z. B. die vergleichende Kapitalismusforschung, die Finanzmarktsoziologie, die Arbeits- und Industriesoziologie und die Wirtschaftsgeschichte. Die begrifflichen Grundlagen seiner Wirtschaftssoziologie finden sich in Webers Opus Magnum „Wirtschaft und Gesellschaft" (1972) und sind eingebettet in seine Verstehende Soziologie. Die wichtigsten Themen von Webers Wirtschaftssoziologie sollen in den folgenden Abschnitten dargestellt werden.

3.1 Themen der Wirtschaftssoziologie Max Webers

Weber hat sich in seinen soziologischen Studien, insbesondere in „Wirtschaft und Gesellschaft" (Weber 1972), in der von ihm verfassten Wirtschaftsgeschichte (1981), in seinen politischen Reden und in seinen Reden und Schriften für den Verein für Sozialpolitik (1988t) mit zahlreichen ökonomischen Themen befasst, die auch heute noch für die Wirtschaftssoziologie relevant sind.

Das soziologische Hauptwerk Webers „Wirtschaft und Gesellschaft" (1972) führt in wichtige Bereiche der Wirtschaft anhand präziser Begriffsbildung, Idealtypen und der in den Bereichen identifizierbaren typischen Handlungsorientierungen ein. Es enthält vielfältige Bezüge zu wirtschaftssoziologischen Themen und zum Verhältnis von Staat und Wirtschaft (Müller 2021a: 100). Weber erläutert das wirtschaftliche Handeln, wirtschaftliche Beziehungen und deren Ordnung in beispielsweise Verbänden; er differenziert zwischen Wirtschaften und Erwerben sowie zwischen Einkommen und Vermögen, zwischen Bedarfsdeckungs- und Erwerbswirtschaft sowie Naturalwirtschaft und Geldwirtschaft (Weber 1972: 31 ff.). Insbesondere interessiert sich Weber für den Zusammenhang zwischen Staatsfinanzierung und der korrespondierenden Form des Kapitalismus (Weber 1972: 97 ff.). In Wirtschaft und Gesellschaft finden sich auch Webers Ausführungen zum Geldgebrauch und über den Tausch (Weber 1972: 38 ff.); über Arbeit bzw. Leistung und Typen der Leistungserbringung (Weber 1972: 67 ff.); über Berufe (Weber 1972: 80 ff.) und in Kapitel vier über Klassen (Erwerbsklassen und soziale Klassen) und Stände; er verbindet derart wirtschaftssoziologische Analysen mit Fragen sozialer Ungleichheit (Weber 1972: 177 ff.; vgl. Müller 2021a: 107). Die zentralen einhundert Seiten zu wirtschaftlichen Aspekten in „Wirtschaft und Gesellschaft" sind im Vergleich zu anderen Texten von Weber weniger bedeutsam geworden, was vermutlich auch an ihrem eher eklektisch ausgewählten Status liegt, da Weber nicht explizit macht, warum er gerade diese Auswahl an Phänomenen im Kontext der begrifflichen Grundlegung seines Werkes trifft (Müller 2021a: 98).

Beispielsweise hat sich Weber intensiv mit dem Börsenwesen und mit der politischen Rahmenordnung der Börse seiner Zeit beschäftigt. In den Jahren 1894 bis 1898 schrieb und debattierte Weber viel über die Reform der deutschen Börse. Er war Mitglied des Börsenausschusses, der sich mit der Rolle der Börse für die wirtschaftliche Entwicklung des Deutschen Reiches auseinandersetzte. Weber befürwortete eine Börsenreform, da er eine starke Börse als politisches Mittel ansah, damit Deutschland ökonomisch international bedeutsam sein könnte (Weber 1999: 612). Selbst war er an den Entwicklungen einer politischen Rahmenordnung für den Börsenhandel beteiligt. Webers Schriften gehen aber über eine Betrachtung der politischen Debatten hinaus und liefern präzise Beschreibungen des Börsengeschehens, die mitunter fast ethnografischen Charakter haben (Weber 1988s, 1999).[7]

Weber, ordentlicher Professor für „Gesellschaftswissenschaft, Wirtschaftsgeschichte, Nationalökonomie" an der Universität München, erforschte zahlreiche ökonomische Phänomene zudem historisch vergleichend. Grundlegend war dafür eine intime Kenntnis historischer Gegebenheiten. Viele von Webers Ideen flossen in seine

---

7 Seine Äußerungen und Positionen zur Börse finden sich in der Gesamtausgabe in den Bänden 5.1 und 5.2.

Vorlesungen zur Wirtschaftsgeschichte aus dem Wintersemester des Jahres 1919/1920 ein, die später von den Studenten Siegmund Hellmann und Melchior Palyi teilweise rekonstruiert und posthum veröffentlicht wurden (Müller 2020: 223). Auch diese historischen Arbeiten sprechen eine deutliche soziologische Sprache, widmete sich Weber doch Fragen der Verteilung wirtschaftlicher Leistungen, verschiedenen Arten der Erwerbsform und der Rationalisierung der Wirtschaft durch die Einführung moderner Buchführung. Die Kapitel von Webers Wirtschaftsgeschichte beschäftigen sich mit der Entwicklung, Entstehung, Wirkung und Auflösung der Agrarwirtschaft, mit Gewerbeformen wie Zünfte, Verlagswesen, Fabriken, mit Bergbau, Handwerk und mit dem Handel von Gütern, mit der Geldwirtschaft und der Entstehung des modernen Kapitalismus (Müller 2020: 224 ff.; Weber 1981).

Heutige Vertreter*innen der Arbeits- und Industriesoziologie würdigen Webers Ausführungen über die „Die Lage der Landarbeiter im ostelbischen Deutschland (1892)", mit der Weber einen Interessenwandel von der Rechtswissenschaft zur Nationalökonomie vollzieht (Schmidt 1980, 2014; Weber 1984: VII). Weber setzt sich intensiv (versammelt auf 1000 Seiten in Band drei der Gesamtausgabe) mit den Lebensbedingungen und Verdienstmöglichkeiten der Landarbeiter in sechs Regionen und zwei Herzogtümern Deutschlands auseinander, da diese Regionen seit Jahrzehnten von einer Abwanderung der Landarbeiter in die Städte und nach Übersee betroffen waren (Weber 1984: 802 ff.). Weber fokussiert in seinen Ausführungen, welche auf der Auswertung von in zwei Runden erhobenen Fragebögen basieren, insbesondere die Konsequenzen für die Sicherung der Grenzen des Landes und für den Erhalt der Landwirtschaft (Pongratz 2020; Weber 1984: 778). Auf dieser Datenbasis identifiziert er zwei Gruppen von Landarbeitern mit spezifischen Arbeits- und Unterordnungsverhältnissen zu den Gutsbesitzern, nämlich die sicher entlohnten und die unsicher beschäftigten Landarbeiter (Weber 1984: 69 ff.). Als wesentliche erklärende Motive für die Abwanderung nennt Weber den Wunsch nach Freiheit, die Ablösung aus der patriarchalischen Hausgemeinschaft und die Möglichkeit des Aufstieges. Weniger ist es die objektive wirtschaftliche Lage der Landarbeiter, die ursächlich für die Abwanderung herangezogen werden kann (Weber 1984: 919 f.). Die von Weber formulierten Lösungsansätze in dieser im Kern politischen Schrift mit sozialwissenschaftlichem Charakter wurden von den Politikern seiner Zeit wohlwollend zur Kenntnis genommen; methodisch wurden Erhebung und Auswertung durchaus kritisiert, wobei auch Weber während der Untersuchung auf Schwierigkeiten – auch aufgrund der Fülle des Materials und wegen fehlender statistischer Auswertungsverfahren – verwies (Pongratz 2020: 229).

In der Schrift von 1908/1909 „Zur Psychophysik der industriellen Arbeit" geht Weber (1988r) den naturwissenschaftlichen Bedingungen der Leistungsfähigkeit nach, welche bei der sozialwissenschaftlichen Analyse von Arbeit berücksichtigt werden sollten (Weber 1988r: 63). Zu den naturwissenschaftlichen Voraussetzungen gehören z. B. ererbte Anlagen, Ernährung und Lebensschicksale (Weber 1988r: 63). Weber fasst einführend zahlreiche Ergebnisse und Studien über jene Effekte wie Ermüdung und Erholung auf die Arbeitsleistung zusammen, insbesondere Studien des Experimentalpsychologen Emil Kraepelin, aber auch Studien über Leistungsschwankungen, über den Einfluss sich ändernder Arbeitsmaterialien auf die Leistung u. Ä. Er stellt dann die Ergebnisse seiner eigenen statistischen Untersuchung in einem Textilbetrieb vor, in welcher er verschiedene Einflüsse wie Lohnhöhe, Arbeitsverhältnisse wie Temperatur, Sauerstoffversorgung, Jahreszeiten, Geschlecht, Alter und Familienstand und anderer Aspekte auf die Arbeitsleistung untersucht (Weber 1988r: 136 ff.). Ferner stellt er Überlegungen über die Bedeutung der Vererbungslehre für die sozialwissenschaftliche Forschung an und er diskutiert unter anderem die methodologischen Implikationen von Fallanalysen und Durchschnittswertberechnungen (Schmidt 1980; Weber 1988r: 237 ff.). Weber versucht, durch die Berücksichtigung naturwissenschaftlicher Erkenntnisse, Interdisziplinarität zu fördern und betont den Reichtum an Wissen, der sich für die Sozialwissenschaften derart auftut (Weber 1988r: 63), wendet sich aber am Ende kritisch gegen Versuche, vererbte „Anlagen" präzise als Körpermaße, Hirnwindungen oder Arbeitsneigungen objektivieren zu können (Weber 1988r: 243 ff.).

Vor allem sind Webers Schriften auch 100 Jahre nach ihrer Veröffentlichung immer noch ein wichtiges Dokument für die heutige vergleichende Kapitalismusforschung. Seine Arbeiten über die Wirtschaftsethiken der Weltreligionen (Weber 1988a, 1988f, 1988h), und das vierte Kapitel in der Wirtschaftsgeschichte (Weber 1981) widmen sich der Untersuchung des Aufstiegs des Kapitalismus in den großen Zivilisationen. Der erste Band der „Gesammelten Aufsätze zur Religionssoziologie" enthält die Kapitel über Konfuzianismus und Taoismus, der zweite Band die Ausführungen über Hinduismus und Buddhismus und der dritte Band behandelt schließlich „Das antike Judentum" und den „Nachtrag. Die Pharisäer". Seine Analyse der Wirtschaftsethiken gibt vergleichend Antwort auf die Frage, warum der moderne Kapitalismus im Okzident entstanden ist. Besonders einflussreich sind Webers Äußerungen in der Schrift „Die protestantische Ethik und der Geist des Kapitalismus" (Weber 1988c). Diese Schrift über die Entstehungsbedingungen des modernen Kapitalismus zählt zu den wichtigsten Analysen Webers. Als Entstehungsbedingungen des modernen Kapitalismus identifiziert Weber neben den zentralen Trägern wie Unternehmen, Bürgertum und Staat auch die Entwicklung der modernen Stadt, eine spezifische Gesinnung bzw. „Geist" unter den den Kapitalismus tragenden Akteursgruppen und eine Reihe institutioneller Voraussetzungen wie freies Eigentum, Marktfreiheit, rationales Recht, freie Arbeit sowie Kapitalbeschaffung durch Wertpapierausgabe (Collins 2012; Müller 2020: 234; Weber 1972: 31 ff., 181 ff.). Dabei sind Webers Schriften über die Wirtschaftsethiken der Weltreligionen am stärksten seinem eigenen methodologischen und methodischen Anspruch verpflichtet. Bei der vergleichenden Untersuchung der Weltreligionen als auch bei der Frage nach der Entstehung des Kapitalismus in verschiedenen Gebieten der Welt, verfolgt Weber einen dezidiert multikausalen Ansatz, während er in der protestantischen Ethik, die nur einen Teil dieser Schriften ausmacht, den Fokus auf die Bedeutung von Ideen und Werten bei der Erklärung der Entstehung des modernen Kapitalismus legt und damit „nur" eine Seite der kausalen Gleichung in den Blick nimmt, wie Kalberg schreibt (Kalberg 2006: 77 ff.). Gleichwohl ist sich Weber über die komplexen Zusammenhänge von Ideen und Interessen für die kausale Analyse bewusst:

> Jeder solche Erklärungsversuch muß, der fundamentalen Bedeutung der Wirtschaft entsprechend, vor allem die ökonomischen Bedingungen berücksichtigen. Aber es darf auch der umgekehrte Kausalzusammenhang darüber nicht unbeachtet bleiben. Denn wie von rationaler Technik und rationalem Recht, so ist der ökonomische Rationalismus in seiner Entstehung auch von der Fähigkeit und Disposition der Menschen zu bestimmten Arten praktisch-rationaler Lebensführung überhaupt abhängig. Wo diese durch Hemmungen seelischer Art obstruiert war, da stieß auch die Entwicklung einer wirtschaftlich rationalen Lebensführung auf schwere innere Widerstände. Zu den wichtigsten formenden Elementen der Lebensführung nun gehörten in der Vergangenheit überall die magischen und religiösen Mächte und die am Glauben an sie verankerten ethischen Pflichtvorstellungen. (Weber 1988b: 12)

Sichtbar wird in diesem Zitat einerseits die für Weber so wichtige Orientierung an Handlungsmotiven für die kausale Erklärung, nämlich hier religiöse Motive. Bei der Identifikation von Motiven und Handlungsmustern ging es Weber immer um die Identifikation von Konstellationen von Handlungsmustern in den Bereichen Wirtschaft, Recht und Religion, die zusammen komplementäre Wirkungskräfte entfalten; es geht ihm also nicht um Handlungsmuster eines einzelnen Individuums, sondern immer um typisierte Konstellationen von Handlungsmustern (Kalberg 2006: 79). Andererseits ist für Weber stets die gleichzeitige Betonung von Werten und Interessen bei den Analysen zu berücksichtigen, da er eine Erklärung ablehnt, die allein Interessen in den Blick nimmt bzw. die allein einen ökonomischen Überbau als erklärende Variabel heranzieht, wie Marx und Engels es taten. So untersucht Weber in den Bänden zur Wirtschaftsethik der Weltreligionen den chinesischen und indischen Rationalismus und jenen des alten Israel. Alle diese Religionen beinhalteten eine Form der Lebensführung, die es nicht zuließ, dass sich der Kapitalismus in den von diesen Weltreligionen geprägten Regionen wie im Okzident entwickelte.

Mit einer derartigen Interpretation, welche Aspekte der Lebensführung in den Mittelpunkt stellt, wird ein wichtiges Kennzeichen der Weberschen Perspektive deutlich. Denn Weber entwickelt einen dezidiert kultursoziologischen Ansatz in der Analyse des Ökonomischen. Wie Weber bei seinen Analysen diese Programmatik einer kulturwissenschaftlichen, multikausalen, verstehenden, den subjektiven Sinn typisierenden Erklärung gesellschaftlicher und damit auch ökonomischer Wirklichkeit umsetzt und was er mit diesen Ansprüchen verbindet, wird im Zentrum des folgenden Unterkapitels stehen. Dabei wird sich die Analyse auf jene Aspekte der Weberschen Soziologie konzentrieren, die typisch für die Webersche Perspektive sind. Aufgrund Webers Urheberschaft eines solchen Vorgehens, scheint es gerechtfertigt, von einem Weber-Paradigma in Bezug auf die Analyse ökonomischer Phänomene zu sprechen. Gemeint ist damit eine spezifische Vorgehensweise in der Analyse des Ökonomischen, die, ganz im Sinne Kuhns, als Modell für eine wissenschaftliche Tradition fungiert, die eigenen Prinzipien folgt und auf grundlegende Werte und Weltanschauungen gründet (Kuhn 1996: 10).

Zu diesen Aspekten des Weber-Paradigmas zähle ich die folgenden Prinzipien: 1) das erklärende Verstehen und das Prinzip des methodologischen Individualismus, 2) Webers Multikausalität, 3) die Identifikation von Handlungstypen und 4) Wertfreiheit[8]. Wie diese Prinzipien des Weber-Paradigmas in seinen Arbeiten umgesetzt werden, soll im Folgenden erläutert werden.

3.2 Methodologische Position der erklärend verstehenden Wirtschaftssoziologie

a) Das erklärende Verstehen und das Prinzip des methodologischen Individualismus

Max Weber ist der Begründer der heute als „Verstehende Soziologie" bezeichneten wissenschaftstheoretischen Richtung innerhalb der Soziologie. Ziel einer solchen Soziologie ist es, den Sinnzusammenhang von Handlungen erklärend zu verstehen. Gedanklicher Ausgangspunkt für Weber ist die Überzeugung, dass Gesellschaften und soziale Einheiten nicht als holistische und einheitliche Gebilde verstanden werden können. Vielmehr teilt er die Vorstellung von partikularen Gruppen, widersprüchlichen Werten und sich verändernden Strukturen (Kalberg 2006: 28 f.). Derart wird dem Versuch einer Verdinglichung sozialer Einheiten gedanklich entgegengewirkt. Denn was sollte das Soziale sein, wenn es nicht das Resultat handelnder Individuen ist? Nach Weber interpretieren Menschen ihre Situation und die Welt um sie herum und schreiben ihrem Handeln einen Sinn zu. Für Weber sind wir „Kulturmenschen" begabt „mit der Fähigkeit und dem Willen, bewusst zur Welt Stellung zu nehmen und ihr einen Sinn zu verleihen" (Weber 1988k: 180). Dies gilt selbst dann, wenn Handlungen unreflektiert ausgeführt werden, da das die Handlungen bedingende Wissen eine bewusste Anerkennung genießt – wie beispielsweise die Anerkennung von Gebräuchen und das dann mitunter unreflektierte Praktizieren der Gebräuche (Kalberg 2001: 43). Webers soziologisches Streben zentriert um das Bemühen, diesen subjektiven Sinn, den Menschen ihrem Handeln verleihen, zu *verstehen* (Kalberg 2006: 29).

Dabei kennen wir heute in der Soziologie und in der Wissenschaft unterschiedliche Arten des Verstehens. Vertreter*innen der Verstehenden Soziologie formulieren verschiedene sozialtheoretische Positionen mit unterschiedlichen Graden des Verstehens. So gilt

---

[8] Ich nehme damit bewusst eine andere Pointierung als Peter Müller (2020: 310 ff.) vor. Dieser zählt zu den Elementen des Weber Paradigmas Multidimensionalität, Individualismus in methodologischer und ethischer Hinsicht, Offenheit und Interdisziplinarität. Nur die ersten beiden Aspekte sind für mich als wissenschaftliche Kategorie überzeugend. Die ersten beiden Aspekte finden sich in den von mir identifizierten Prinzipien der Multikausalität und des methodologischen Individualismus, die anderen beiden Aspekte sind m. E. nicht angemessen, um ein wissenschaftliches Paradigma zu beschreiben, da insbesondere die Kategorie „Offenheit" unspezifisch scheint.

z. B. 1) für Vertreter*innen einer inhaltsanalytischen Position Handeln als verstanden, wenn man die Absicht der handelnden Person identifiziert hat (z. B. Mayring 2008); hier wird also (auch) die Frage nach dem subjektiv gemeinten Sinn gestellt, die als beantwortet gilt, wenn die *Absicht* der Handelnden identifiziert wurde. Die zu beantwortende Frage lautet: Was ist die Absicht der Handelnden? Beispielfrage: Was ist die Absicht der Zentralbank, wenn sie zum Beispiel die Geldmenge reduziert?[9] 2) Nach den Prämissen der rekonstruktiven Sozialforschung gilt Handeln als verstanden, wenn der objektive Sinn einer Handlung ermittelt wurde, welcher in dem die Handlung leitenden Wissen gesehen wird (z. B. Bohnsack et al. 2013). Verstehen meint hier also die Identifikation von *Wissen, das die Handlung leitet*. Die zu beantwortende Frage lautet: Welches Wissen leitet die Handlungen? Aufgrund welcher Wissensbasis reduziert die Zentralbank die Geldmenge?[10] 3) Für die erklärend verstehende Sozialforschung gilt demgegenüber der Sinn einer Handlung als verstanden, wenn die Gründe oder *Motive* identifiziert wurden, warum die Handelnden so handeln wie sie handeln. „Handeln" gilt hier als verstanden, wenn der gesellschaftliche Hintergrund (Sinnzusammenhang) identifiziert wurde, vor dem das Handeln als sinnhaft erscheint. Die zu beantwortende Frage lautet: Warum handeln die Handelnden wie sie handeln? Beispielfrage: Vor welchem gesellschaftlichen Hintergrund kann die Reduzierung der Geldmenge durch die Zentralbank als sinnhaft gedeutet werden?[11] Diese dritte Form des Verstehens wird im Anschluss an Weber „erklärendes Verstehen" genannt. Dabei interessiert sich Weber nicht für das Handeln und seiner Motive eines einzelnen Individuums, sondern es geht ihm um die Identifikation des typisierten Sinnes. Eine solche Typisierung verweist damit immer auf das Soziale, auf das Gesellschaftliche. So schreibt Weber in seinem Werk „Wirtschaft und Gesellschaft" (1972): „Soziologie [...] soll heißen: eine Wissenschaft, welche soziales Handeln deutend verstehen und dadurch in seinem Ablauf und seinen Wirkungen ursächlich erklären will. ‚Handeln' soll dabei ein menschliches Verhalten (einerlei ob äußeres oder inneres Tun, Unterlassen oder Dulden) heißen, wenn und insofern als der oder die Handelnden mit ihm einen subjektiven Sinn verbinden." (Weber 1972: 1)

Soziales Handeln ist für Weber also immer dann erklärend verstanden, wenn die Motive oder Gründe erkannt wurden, warum ein Handeln so ausgeführt wurde wie beobachtet (Weber 1988k: 170 f.).

Wie eingangs beschrieben, lehnt Weber daher die Vorstellungen der Anhänger*innen des zu seiner Zeit verbreiteten positivistischen Denkens ab. Nicht allgemeine Regeln

---

9 Eine mögliche Antwort wäre: Durch die Reduzierung der Geldmenge versucht die Zentralbank, den Wert des Geldes zu erhöhen (Identifikation der Absicht).

10 Eine mögliche Antwort wäre: Die Reduzierung der Geldmenge basiert auf finanzwissenschaftlichen und ökonometrischen Erkenntnissen, die zeigen, dass ein derartiger Eingriff in den Geldkreislauf die gewünschten Effekte erzielt (Identifikation der Wissensgrundlage).

11 Eine mögliche Antwort lautet: Das Handeln der Zentralbank kann vor dem Hintergrund der Vermutung einer drohenden Inflation und der Unterstellung des Motivs der Inflationsabwehr als sinnhaft gedeutet werden.

und Naturgesetze sind für den Lauf der Welt verantwortlich, sondern konkrete Ereignisse und das motivationale Handeln von typisierten Individuen (Weber 1988k: 270). Zu den Gründen des Gewordenseins von historischen Phänomenen gehören auf der einen Seite typisierte subjektive Motive der Handelnden und zum anderen historische Kräfte, nämlich notwendige und günstige Bedingungen, um die Kulturerscheinungen zu erklären. Notwendige Bedingungen sind Motive oder Faktoren, die bei der vergleichenden Analyse von ähnlichen Kulturereignissen, wie z. B. die Entstehung des Kapitalismus in verschiedenen Weltregionen, den entscheidenden Unterschied in der Entwicklung eben jener Ereignisse ausmachen; die also notwendig sind, damit ein Ereignis stattfand.

Derart können nach Weber Handlungsmuster und Faktoren mit kausaler Signifikanz identifiziert werden und andere verworfen werden. Zur Herleitung von Kausalität schlägt er dafür ein gedankliches Experiment vor, in dem die notwendigen, begünstigenden und die hemmenden Bedingungen identifiziert werden (Weber 1988l: 272 ff.; Coser 1971: 225 f.). Günstige bzw. sehr günstige Bedingungen haben eine geringere kausale Kraft, weisen aber in dieselbe Richtung wie die notwendigen Bedingungen. Letztere allerdings sind „notwendig", um das Phänomen kausal hervorzurufen und damit auch, um es zu erklären (Weber 1988b). Dabei war Weber vorsichtig in der Unterstellung von Kausalität. In seinen Schriften spricht er deshalb von „adäquater" Kausalität (Weber 1988l: 286). Und in Bezug auf die notwendigen und günstigen Bedingungen liest es sich bei Weber wie folgt:

> Und es ist streng daran festzuhalten, daß es sich bei diesem Gegensatz niemals um Unterschiede der „objektiven" Kausalität des Ablaufs der historischen Vorgänge und ihrer Kausalbeziehungen, sondern stets lediglich darum handelt, daß wir einen Teil der im „Stoff" des Geschehens vorgefundenen „Bedingungen" abstrahierend isolieren und zum Gegenstande von „Möglichkeitsurteilen" machen, um so an der Hand von Erfahrungen Einsicht in die kausale „Bedeutung" der einzelnen Bestandteile des Geschehens zu gewinnen. Um die wirklichen Kausalzusammenhänge zu durchschauen, konstruieren wir unwirkliche (Weber 1988l: 287).

Weber betont also, dass es sich bei der von ihm durchgeführten kausalen Analyse um eine Abstraktion des empirisch Vorgefundenen handelt (Weber 1988l: 288). Ihm geht es nicht darum, soziale Wirklichkeit in der Gesamtheit des Geschehens zu reproduzieren, sondern jene Bestandteile zu identifizieren, welche „unter gewissen Gesichtspunkten von ‚allgemeiner Bedeutung'" sind (Weber 1988l: 272). Weber geht sogar so weit, dass die Begriffe und Kategorien, nach denen wir die Wirklichkeit ordnen und für uns begreiflich machen, lediglich gedankliche Mittel zum Zweck des Verstehens sind und nicht die empirische Wirklichkeit selbst (Weber 1988l: 208 ff.). Somit ist für Weber „Kausalität" eine Kategorie unseres Denkens und Erkenntnis bezieht sich damit auf die „kategorial geformte Wirklichkeit" und nicht auf eine ontologisch gegebene Wirklichkeit (Weber 1988l: 290). Folglich ist „objektive Gültigkeit" des Erfahrungswissens immer auf die von den Wissenschaftler*innen gesetzten Kategorien gegründet und damit in einer gewissen Hinsicht „subjektiv", so Weber (Weber 1988k: 213).

Was bedeutet dieses generelle Interesse der Weberschen erklärend verstehenden Soziologie – die Identifikation von typisierten Konstellationen von Handlungsmustern und Motiven und die Herleitung adäquater Kausalität sozialer Ereignisse – für die Analyse ökonomischer Phänomene? Die Antwortet lässt sich mit Blick auf Webers Kapitalismusforschung geben: Denn Weber möchte die Einzigartigkeit des westlichen Kapitalismus und seine kausalen Ursachen verstehen. Die Antworten seiner Zeitgenossen, welche demografische Entwicklungen hervorheben, die Bedeutung von wertvollen Gütern, die es nur im Westen gab, der Glaube an die allgemeine Fortschrittlichkeit westlicher Kultur und westlichen Bürgertums oder die Bedeutung des herausragenden Einflusses für den ökonomischen Fortschritt durch unternehmerische Genies wie Carnegie, Rockefeller und Vanderbilt, scheinen Weber nicht erklären zu können, warum sich der moderne Kapitalismus von anderen Varianten und Vorformen unterscheidet (Kalberg 2006: 41). Für Weber ist keine der üblichen Erklärungen ausreichend, um zu begründen, *warum* sich der moderne Kapitalismus und hier insbesondere die formal freie Arbeit und das systematische Gewinnstreben sowie das spezifische Ethos der Vertreter*innen des modernen Kapitalismus von anderen bisherigen Ausprägungen des Kapitalismus unterscheidet (Kalberg 2006: 41; Weber 1988e). Insbesondere gilt das spezifische Ethos für Weber als die charakteristische Eigenart des modernen Kapitalismus, die er als das Wesen dieser Entwicklung ansieht. Als „summum bonum" dieses Ethos gilt für Weber:

> der Erwerb von Geld und immer mehr Geld, unter strengster Vermeidung alles unbefangenen Genießens, so gänzlich aller eudämonistischen oder gar hedonistischen Gesichtspunkte entkleidet, so rein als Selbstzweck gedacht, daß es als etwas gegenüber dem ‚Glück' oder dem ‚Nutzen' des einzelnen Individuums jedenfalls gänzlich Transzendentes und schlechthin Irrationales erscheint (Weber 1988c: 35).

Resultat dieses Ethos ist für Weber die Umkehrung, dass „nicht mehr das Erwerben auf den Menschen als Mittel zum Zweck der Befriedigung seiner materiellen Bedürfnisse bezogen" ist, sondern „Erwerben als Zweck seines Lebens" (Weber 1988c: 36) erscheint. Der Geist des modernen Kapitalismus ist von diesem Leitmotiv durchzogen. Und Weber vertritt die Überzeugung, dass die Ursprünge für Phänomene in der Gegenwart stets weit in die Vergangenheit zurück zu verfolgen sind (Weber 1988k: 175). Ferner, so argumentiert Weber, sind diese historischen Ursprünge von den modernen Gründen zu unterscheiden, die dafür Sorge tragen, dass derartige Prinzipien immer noch gelten. Der Kapitalismus zu Webers Zeit „erzieht und schafft sich im Wege der ökonomischen Auslese die Wirtschaftssubjekte – Unternehmer und Arbeiter – deren er bedarf", es sind aber nicht die damaligen Unternehmer*innen dafür verantwortlich, diese Geisteshaltung hervorgebracht zu haben (Weber 1988c: 37). Der kapitalistische Geist ist vor der kapitalistischen Entwicklung dagewesen und er ist von Gruppen getragen worden (Weber 1988c: 37). „Diese Entstehung" des Geistes, so Weber, „ist also das eigentlich zu Erklärende" (Weber 1988c: 37). Deshalb ging es Weber nicht darum, die Entstehungen des modernen Kapitalismus mit all seinen Bedingungen zu erklären, sondern „nur" hinsichtlich dieser notwendigen Bedingung des Geistes des Kapitalismus. So identifiziert er bislang in den Erklärungen zur Entstehung des modernen Kapitalismus vernachlässigten Werte und Ideen (Weber 1988b: 12).[12] Und gewissermaßen, wie oben erläutert, hebt Weber bei seiner Erklärung jene Aspekte hervor, nämlich insbesondere das Ethos und damit jenen Bestandteil, welcher für ihn mit Blick auf die vorherrschenden Erklärungen seiner Zeit von besonderer Bedeutung ist. Das Ergebnis dieses Vorhabens ist die „Protestantische Ethik", die Weber 1904 schrieb und die weiter unten in dem Beispiel (unter 3.2. c)) ausführlich erläutert wird.

b) Multikausalität

Die in der protestantischen Ethik besonders hervorgehobenen ideellen Gründe, d. h. „der Geist" für die Entstehung des modernen Kapitalismus, können zu der Annahme verleiten, dass Weber ebenso wie seine Zeitgenossen monokausale Erklärungen anstrebte. Dem war ganz und gar nicht so; vielmehr ist das Gegenteil der Fall: für Weber sind alle monokausalen Erklärungen, wie Kalberg schreibt, Ausdruck „für religiöse und quasireligiöse Ideen" wie die Vorstellung eines monotheistischen Gottes oder das von Adam Smith unterstellte „Gesetz des Marktes" oder Karl Marx' Klassenkampf oder Überlegungen einer Fortschritt involvierenden Evolution (Kalberg 2006: 21). Demgegenüber suchte Weber Bedingungen und kausale Faktoren in der empirischen Wirklichkeit, hier vor allem die Handlungen von Personen und deren typisierter subjektiver Sinn (Motive und Überzeugungen). Weber ist überzeugt, dass große gesellschaftliche Veränderungen, seien diese plötzlich herbeigeführt oder über Dekaden entwickelt, zum einen charismatische Führerpersönlichkeiten brauchen, die den Lauf der Welt beeinflussen, zum andern aber größere Gruppen von Personen oder soziale Einheiten wie Organisationen, Verbände, Zünfte oder Stände, die als „Träger" jener Motive und Überzeugungen fungieren und diese weitergeben und reproduzieren, entwickeln oder verändern. Nur also, wenn Ideen von historischen und reellen Individuen in Handlungen umgesetzt worden sind, nur dann können wir nach Weber Kausalität zuschreiben. Auch hier gilt, dass „Ideen" alleine – also ohne in Handlungen umgesetzt zu werden – keine kausale Kraft haben.

Diese Vorstellung von Multikausalität findet sich bei Weber in verschiedenen Untersuchungen wie in seiner Religionssoziologie (Weber 1972: 245 ff.), Herrschaftssoziologie (Weber 1972: 541 ff.) und in den Studien zu Wirtschaftsethiken der Weltreligionen (Weber 1988a, 1988f, 1988h). Wirtschaftssoziologisch wegweisend sind vor allem die Schriften über die „Wirtschaftsethiken der Weltreligionen" (Weber 1988a, 1988g, 1988h). Diese Untersuchungen sind daher das Meisterstück Webers, die „Protestanti-

---

12 Streng genommen verlässt Weber somit bei der Erklärung des Geistes des Kapitalismus seinen sonst in „Die Wirtschaftsethik der Weltreligionen" durchgeführten multikausalen Ansatz und konzentriert sich auf die idealistischen Ursprünge des modernen westlichen Kapitalismus (vgl. Kalberg 2006: 76 ff.; Weber 1988b: 12).

sche Ethik" ist nur ein Teil davon, und zwar der Teil, der zwar am bekanntesten und für die modernen Träger des Kapitalismus vermutlich am interessantesten ist, der aber methodologisch hinter den übrigen Schriften von Webers Religionssoziologie zurücksteht:

Denn in den Schriften über die vergleichende Analyse der Wirtschaftsethiken erweitert Weber seine kausale Analyse. Er nimmt hier den Zusammenhang von religiöser Ethik, Berufsethik, sozialer Schichtung und Praktiken der Lebensführung in den Wirtschaftsethiken des Konfuzianismus, Buddhismus, dem Hinduismus und Islam sowie dem antiken Judentum vergleichend mit der christlichen Ethik in den Blick. Ziel dieses Vergleiches ist ein differenziertes Verständnis des okzidentalen Kapitalismus. Indem man die Einzigartigkeit dieser Entwicklung hervorruft, indem Unterschiede zu anderen Entwicklungen aufgezeigt werden, werden die Konturen des okzidentalen Kapitalismus besonders deutlich. Weber untersucht hier also jene Glaubenssysteme, die „besonders große Mengen von Bekennern um sich zu scharen gewußt haben" (Weber 1988l: 237 f.), wobei die Analyse des Judentums nicht aufgrund der quantitativen Bedeutung der Religionsgemeinschaft erfolgt, sondern aufgrund ihrer Bedeutung für den Islam und für das Christentum. Wie sich Webers Anspruch der Multikausalität in seiner vergleichenden Analyse der Wirtschaftsethiken der Weltreligionen darstellt, soll im Folgenden exemplarisch anhand von Webers Untersuchung des Hinduismus gezeigt werden:

Die Wirtschaftsethik der Weltreligionen: der Hinduismus

Weber betont, dass die Wirtschaftsethik einer Weltreligion nie nur „einfach" Resultat des religiösen Dogmas sei, sondern Ausdruck historischer und kultureller Besonderheiten, zu denen auch die wirtschaftsgeografische Natur gehört (Weber 1988e: 238). Ist es Ziel der Analyse, die Wirtschaftsethik einer Religion zu verstehen, so besteht die Aufgabe der Wissenschaftler*innen darin, „die richtungsgebenden Elemente der Lebensführung derjenigen sozialen Schichten herauszuschälen, welche die praktische Ethik der betreffenden Religion am stärksten bestimmend beeinflußt und ihre charakteristischen – d. h. hier: die sie von anderen unterscheidenden und zugleich für die Wirtschaftsethik wichtigen – Züge aufgeprägt haben" (Weber 1988e: 239).

Durch die Identifikation der richtungsgebenden Elemente der Lebensführung sieht Weber ein wichtiges heuristisches Mittel für die Beantwortung der Frage, warum der moderne Kapitalismus zwar im Okzident entstanden ist, aber nicht so in Indien. Dies ist für ihn fragwürdig, da es in Indien eine Reihe von Voraussetzungen gab, welche die Entstehung einer modernen Form des Kapitalismus begünstigt hätten: So war Indien für ihn stets ein Land des nationalen und internationalen Handels, den auch dominante Schichten wie z. B. die Zarathrustier pflegten und trugen. Auch die Städteentwicklung hatte okzidentale Züge. Indien kannte das rationale Zahlensystem als eine der ersten Zivilisationen, die indische Gesellschaft kannte rationale Wissenschaften wie die Mathematik und sie hatte eine entwickelte Grammatik; es gab eine Toleranz gegenüber verschiedenen philosophischen Lehrmeinungen und das indische

Recht war nach Weber dem kapitalistischen Handeln zuträglich. All diese Faktoren hätten also begünstigend auf die Entstehung einer Form des Kapitalismus, wie sie im Okzident entstanden ist, wirken müssen (Weber 1988g: 2 ff.). Dass dies nicht geschah, ist für Weber untersuchungswürdig. Und im Besonderen interessiert ihn, „in welcher Art an diesem Ausbleiben der kapitalistischen Entwicklung (im occidentalen Sinn) etwa – als ein Moment neben sicher zahlreichen andern—die indische Religiosität beteiligt sein kann" (Weber 1988g: 4). Weber verfolgt in seiner Argumentation zwei Hauptstränge. Ausführlich geht er auf die Bedeutung der Schichtzugehörigkeit in Form der Kastenordnung ein, welche sozialen Aufstieg, Kreditvergabe und die Rekrutierung von Arbeitskräften hemmte, und auf die Bedeutung der orthodoxen und heterodoxen Heilslehren der indischen intellektuellen Führer und Propheten (Weber 1988g). Er untersucht beide Aspekte relativ getrennt voneinander, um dann zu zeigen, dass sie in entscheidenden Aspekten in ihrer Wirkung in die gleiche Richtung wiesen und sich unterstützten (Schluchter 1988: 107).

Zunächst erläutert Weber in seiner Analyse, dass sich der Hinduismus in Indien im 19. Jahrhundert als die Religion mit den meisten Anhänger*innen hat ausbreiten können. Er zeigt ferner, dass die mit dem Hinduismus sich ausbreitende Sozialordnung, die Kastenordnung, trotz der identifizierten Wachstumsdynamik eine Tendenz zur Beständigkeit mit sich bringt. Aufgrund dieses inhärenten Konservatismus konnte der Hinduismus lange Zeit nicht den Traditionalismus innerhalb des Berufswesens und des wirtschaftlichen Wirkens überwinden. Weber rekurriert nun in seiner Erklärung auf die Bedeutung des Sozialsystems in Indien, welches durch die Kastenordnung vorgegeben war. Das Kastensystem war über viele hundert Jahre hinweg die dominierende Sozialordnung in Indien. Die Gründe für die dauerhafte Beständigkeit des Systems sah Weber in der fehlenden Tendenz zur Verbrüderung und Solidarität der Kasten. Diese Besonderheit der Kasten plausibilisiert Weber durch begriffliche und historische Vergleiche, die er zum einen mit anderen Sozialverfassungen wie Stamm, Stand und Sitte durchführt, zum anderen begrifflich und historisch mit den okzidentalen Berufsverbänden der Zünfte und Gilden (Weber 1988g: 31 ff.). Für Weber ähnelt die Kastengesellschaft einer Ständegesellschaft, da durch die Kasten zentrale Regeln der Lebensführung formuliert werden (Weber 1972: 180, 265). Allerdings differenziert Weber Kaste und Geburtsstand, da das Motiv der Schließung bei der Kaste religiös und nicht rechtlich verfasst ist (Schluchter 1988: 109 f.). Die Kaste unterscheidet sich vom Stamm, da sie nicht territorial gedacht ist. Die hinduistischen Kasten sind vielmehr ökonomisch verfasst, d. h. über die Berufsgruppe, in die man hineingeboren wird. Damit unterscheidet sie sich von der Gilde und der Zunft, da ihre Zugehörigkeit erblich bestimmt wird.

Weber differenziert für den Hinduismus Indiens vier Kastengruppen, die hierarchisch gegliedert sind, die aber kein starres System darstellen, da ihre Rangfolge insbesondere in den zahlreichen, hunderten Unterkasten ständig und allerorts, auch lokal bis in die kleinsten Dörfer hineinreichend divergent ausgehandelt wird (Weber 1988g: 46 ff.). Des Weiteren differenziert Weber die unterschiedlichen für die Kasten und den Hinduismus relevanten Träger der religiösen Vorstellungen und Praktiken wie die Magier und die Brahmanen (Weber 1972: 311). Als Träger der anderen Weltreligionen identifiziert Weber Anhänger*innen von Schichten und Berufsgruppen, die er in „Wirtschaft und Gesellschaft" (1972) begrifflich definiert hatte: Für den Konfuzianismus ist es „der weltordnende Bürokrat, für den Hinduismus der weltordnende Magier, für den Buddhismus der weltdurchwandernde Bettelmönch, für den Islam der weltunterwerfende Krieger, für das Judentum der wandelnde Händler, für das Christum aber der wandernde Handwerksbursche" (Weber 1972: 311). Für Weber sind es diese typischen Personengruppen, welche als ideologische Träger der jeweiligen Ethik auftraten, und die sich dann besonders gut mit der sozialen Lage der Trägergruppen verbanden (vgl. Müller 2020: 162 f.; Weber 1972: 311). So kann er für den Hinduismus zeigen, dass seine zunehmende Rezeption und Ausbreitung maßgeblich von materiellen Motiven seitens der Brahmanen geprägt waren, welche die religiöse und soziale Stellung den „neuen" Anhängern quasi ausstellen mussten. Die Brahmanen, zwar nicht organisiert, waren die Trägergruppe des Hinduismus mit dem höchsten religiösen Rang. Als religiöse Experten waren sie mit den weltlichen Mächten, dem König, an der Definition der religiösen und damit auch sozialen Ordnung beteiligt (Weber 1988g: 178 ff.).

Durch die zahlenmäßige Zunahme an Personen, die in den Kreis einzelner Kasten aufgenommen wurden, vergrößerte sich die Zahl derjenigen, die von den Brahmanen Leistungen beanspruchen durften. Da die Brahmanen Gebühren für ihre Leistungen erhielten, war der Zuwachs für sie ökonomisch von Vorteil. Zwar galt, dass ehemalige Nicht-Hinduisten, sogenannte Pariavölker, unrein seien und nicht mit den Brahmanen in Berührung kommen durften, geschweige dass ihnen Hindutempel zugänglich waren (Weber 1988g: 13); jedoch setzten sich Übergangszustände durch, da Fremdvölker oder neu entstandene Berufsgruppen dazu übergingen, Leistungen von den Brahmanen in Anspruch zu nehmen, die auch von anderen unreinen Kasten erhoben wurden wie z. B. die Horoskoperstellung für die Eheschließung (Weber 1988g: 14). Für die Brahmanen bedeutete also eine Hinduisierung eine Zunahme der Erwerbschancen für entrichtete Leistungen und Entlohnung durch den Erhalt von Vieh, Geld und Wertgegenständen sowie von Land (Weber 1988g: 15 f.). All dies waren Leistungen, welche die Brahmanen formal nur Hinduisten anbieten durften; die derart Bedachten wurden dadurch zumindest teilweise in die hinduistische Gemeinschaft eingegliedert und ihre soziale Lage wurde dadurch legitimiert (Weber 1988g: 16). Die höheren Schichten der eigentlichen „Barbarenvölker" wurden so in der Welt des Hinduismus anerkannt und erhielten einen „sozialen Rang" (Weber 1988g: 16), den es durch eine hinduistische Lebensführung zu bewahren galt. Dadurch erhielt die Kastenordnung des Hinduismus eine enorme Assimilationskraft (Schluchter 1988: 113).

Aber dennoch, trotz dieser Kraft zur Dynamisierung und Assimilation von Gesellschaftsschichten, konnte der Hinduismus den Traditionalismus Indiens nicht überwinden helfen und verhinderte eine Ausbreitung des Kapitalismus wie im Westen. Die Gründe für diesen Konservatismus sieht Weber in den Heilslehren der hinduistischen Religion und im „Geist" der Kastenordnung. Entsprechend schreibt er, es müsse doch als der Gipfel der Unwahrscheinlichkeit erscheinen, daß auf dem Boden des Kastensystems die moderne Organisationsform des gewerblichen Kapitalismus jemals entstanden wäre. Ein Ritualgesetz, bei welchem jeder Berufswechsel, jeder Wechsel der Arbeitstechnik rituelle Degradation zur Folge haben konnte, war sicherlich nicht geeignet, aus sich ökonomische und technische Umwälzungen zu gebären oder ihnen auch nur das erstmalige Aufkeimen in seiner Mitte zu ermöglichen. (Weber 1988g: 111)

Da die Kasten für Weber im Kern Berufsgruppen kennzeichnen, führt für ihn jeder mögliche Wechsel zwischen Berufsgruppen oder eine Neujustierung von beruflichen Tätigkeiten innerhalb einer Berufsgruppe (und Kaste) zu der Möglichkeit einer Statusdegradierung. Dieser Konservatismus wurde zudem durch die Heilslehre unterstützt.

Denn auch in der Heilslehre des Hinduismus sieht Weber starke Prämien für einen sozialen Konservatismus. Dabei weiß Weber, dass es eine hinduistische Heilslehre im Sinne eines Dogmas, wie es von westlichen Religionen bekannt ist, nicht gibt; stattdessen gibt es im Hinduismus eine Vielzahl von religiösen, ethischen und philosophischen Lehren.[13] Dennoch, so Weber, lässt sich ein dogmatischer Kern identifizieren, die Samsára- und die Karma-Lehre, denen zufolge nicht die Geburt, sondern jede einzelne Handlung für das Schicksal der Anhänger*innen verantwortlich ist. Den Kern dieser Lehren bildet der Glaube an die Seelenwanderung und Wiedergeburt, deren verschiedene Heilsziele Weber erläutert (Weber 1988g: 23 f.). Genau dieser Glaube an Wiedergeburt und Wiedertod setzt die höchste Prämie im Hinduismus auf eine gewissenhafte und konsequente Befolgung der Ritualspflichten: Denn es galt, dass Berufsgruppen, sofern sie den Regeln ihrer Tradition treu blieben, im Lohn nicht überforderten und in der Qualität ihrer Arbeit nicht betrügen, je nach Heilslehre des Hinduismus die Aussicht hatten, als Edler, König oder gar als Gott wiedergeboren zu werden – aber nur unter der absoluten Bedingung der strengen Befolgung der derzeitigen Kastenpflichten. Und es waren eben diese Heilslehren, welche genauso das Austreten aus einer Kaste als sündhaft verachteten (Weber 1988g: 121). Da die Kasten und Kastenordnung, innerhalb derer sich die verschiedenen Formen der Seelenwanderung im Kreislauf der Wiedergeburt und des Wiedertodes abspielten, im Hinduismus als ewig bestehend angesehen wurden, war ein Versuch des Umsturzes dieser Ordnung nicht im Horizont der Möglichkeiten. Und gerade für die niedrigen Kasten, deren Angehörige aufgrund ihrer niedrigen sozialen Stellung am ehesten ein Motiv für die Änderung der sozialen Ordnung hatten, bot die Kastenordnung das größte Versprechen. Denn für sie galt, dass ihre Angehörigen durch die gewissenhafte Ausführung der Ritualspflichten am meisten durch die Karma-Lehre gewinnen konnten, so dass die Versuchung einer Veränderung am geringsten war (Weber 1988g: 122). Entsprechend folgert Weber: „Die hinduistische Berufstugend war die traditionalistischste Konzeption der Berufspflicht, die überhaupt denkbar war" (Weber 1988g: 122).

---

[13] Zwar gibt es im Hinduismus auch ein heiliges Buch, den Veda, der aber nach Weber nicht tatsächlich Aufschluss über die Religiosität des Hinduismus gibt (Weber 1988g: 30).

Diese Berufspflicht wirkte kraftvoll auf den Erhalt der bestehenden Sozialordnung, da sie religiös begründet war und dem beruflichen Handeln, wie Schluchter schreibt, „Heilsbedeutung" gab (Schluchter 1988: 117).

An diesem Punkt endet Webers Studie der Wirtschaftsethik des Hinduismus nicht. Vielmehr zeigt er im weiteren Verlauf seiner Analyse, wie diese prinzipiell ideale, da gegenseitige Stütze von Heilslehre und Kastenordnung durch heterodoxe Heilslehren wie die des Buddhismus mitunter in Frage gestellt wurde. Zudem wurde die Heilsbedeutung der Berufspflicht auch von innen heraus durch verschiedene Mechanismen in Konflikte eingebunden. Beispielsweise, so Weber, haben die religiösen Massen den Karma-Mechanismus durch Integration von neuen Prinzipien wie Zufall, Gnade und Laune erweitert. Für die virtuosen Brahmanen verhieß auf der anderen Seite der Kreislauf der ewigen Wiedergeburt und des Wiedertodes nicht ein Glückversprechen; vielmehr suchten die religiösen Virtuosen Erlösung, welche in der weiteren Entwicklung in einer über eine tugendhafte Lebensführung hinausgehenden Askese und Kontemplation der brahmanischen Lehre zufolge erreicht werden konnte. Durch diese Umdeutung allerdings artikulierte die brahmanische Lehre eine alternative religiöse Lebensführung (Schluchter 1988: 119). Beide Heilsmeinungen jedoch, Erlösung durch kontemplative Askese auf der einen Seite und Wiedergeburt ohne Erlösung bei Erfüllung der Alltagspflichten auf der anderen Seite, waren nicht mehr miteinander in Deckung zu bringen. Auch der Weg über eine „innere Weltflucht" bei Beibehaltung der notwendigen Ausführungen der Kastenrituale, stellte sich nicht als dauerhafte Lösung der von Weber identifizierten Spannungen heraus (Schluchter 1988: 12 ff.). Dieses Spanungsverhältnis war für Weber der Grund, dass sich heterodoxe Bewegungen wie der Buddhismus und der Janaismus in Indien ausbreiten konnten. Damit handelt es sich um Religionen, die in der Sozialform des Mönchtums eine Abwendung von der Welt implizierten und der Kastenform die Legitimation entzogen (Schluchter 1988: 123).

Im weiteren Verlauf der Studie vergleicht Weber die Entwicklungen mit der Ethik im Protestantismus und stellt bedeutende Unterschiede etwa in Bezug auf den Stufenbau der religiösen Ethik fest, der im Protestantismus weitestgehend aufgehoben ist, nämlich hinsichtlich der Möglichkeit, Erlösung durch eigene Leistung zu erreichen. Es sind diese Unterschiede, welche letztlich eine divergente Lebensführung und damit unterschiedliche Entwicklungen im Gang der Geschichte zur Folge hatten und auch verschiedene Wege in der Entwicklung des Kapitalismus ebneten.

Zusammenfassend kann gesagt werden, dass Webers Multikausalität, wie sie sich vor allem in der vergleichenden Untersuchung der Wirtschaftsethiken darstellt, die Betonung von sozialen Strukturen (Kastenordnung) und ideellen Werten (Heilslehren) beinhaltet; also jene Faktoren, deren möglicher Einfluss auf das Soziale auch heute noch in der Soziologie unter den Begriffen „Ideen" und „Interessen" diskutiert werden. Zudem bedeutet der multikausale Erklärungsansatz die Integration der empirischen Handlungsorientierung von Trägern (hier: zweckrationale Motive der Brahmanen; wertrationale Motive mit dem Ziel, einen sozialen Rang seitens der Anhänger*innen von Fremdvölkern zu erzielen, der wiederum ökonomische Vorteile bietet) in verschiedenen Lebensbereichen wie Herrschaft, Religion, Wirtschaft oder Ehre (Kalberg 2006: 79). Die einzelnen Motivkonstellationen in Indien, die zur Entwicklung einer modernen Variante des Kapitalismus hätten führen können wie die Assimilationskraft des Kastensystems, der Glaube an die methodische Berufspflicht, die Freiheit des Handels und die Praxis mit Geld Handel zu treiben, wurden durch eine Reihe entgegenwirkender Handlungsmuster wie eine fehlende Organisiertheit der Kasten, eine beschränkte Mobilität zwischen Berufsgruppen und dem Glauben an die Karma-Lehre aufgehoben.

c) Ideal-Typen und die vier Typen sozialen Handelns

An dieser Stelle soll noch auf eine Besonderheit in Webers Methodologie hingewiesen werden, nämlich auf die Verwendung von Ideal-Typen. Um zu beantworten, inwiefern einzelne charismatische Propheten, Gläubige, Status-Gruppen, Kongregationen, Sekten und Kirchen, aber auch wichtige Gruppen innerhalb der Wirtschaft, im Herrschaftsapparat oder inwiefern das jeweilige Recht Einfluss auf die Entwicklung der Formen des Kapitalismus nahmen, konstruiert Weber sogenannte Idealtypen. Idealtypen dokumentieren die Regelhaftigkeit sinnhaften Handelns von typisierten Individuen (Kalberg 2006: 37). Zum Beispiel nennt Weber in „Wirtschaft und Gesellschaft" eine Reihe typischer Schichten bzw. Träger der Weltreligionen: den Bürokraten, den Magier, den Bettelmönchen, den Krieger, den Händler und schließlich den Handwerksburschen (Weber 1972: 331). Weber charakterisiert diese Typen hinsichtlich der von ihnen typischerweise ausgeführten Tätigkeiten, wie beispielsweise „den Puritaner" in seiner Ausführung methodischer Arbeit und seinen asketischen Lebensstil (Kalberg 2006: 37).

Dabei geht es Weber nicht um einzelne Personen und deren Motive, sondern er konstruiert Typen, um das konzertierte Handeln von Personengruppen zu verstehen. Die Analyse des subjektiven Sinnes von Personen in gekennzeichneten Gruppen und die Identifikation von Handlungsmustern liegt im Zentrum von Webers historisch vergleichenden, multikausalen und verstehend vorgehenden Analysen. Die Handlungsmuster können sich an Werten orientieren, an Zwecken, Affekten und an der Tradition; das sind die vier idealtypischen Handlungsmuster, die Weber identifiziert hat und die es für ihn prinzipiell in jeder Epoche gegeben hat, die aber historisch unterschiedlich stark vertreten waren (Weber 1972: 3 f.). Idealtypen sind dabei als heuristisches Mittel zu sehen, die aus der Empirie gewonnen werden. Dabei beschreiben diese Typen nicht den Durchschnittsfall, noch stehen sie stellvertretend für alle Fälle, also z. B. alle Puritaner. Idealtypen heben vielmehr jene Elemente hervor, die Weber als besonders wesentlich im Zusammenhang mit der Entwicklung der Wirtschaftsethiken herausstreicht, sei dies nun eine unterstützende oder hemmende Wirkung. Idealtypen, so schreibt Weber, sind dabei oftmals logisch einheitlicher als in der Empirie tatsächlich aufzufinden (Weber 1972: 10; Weber 1988k: 190 ff.). Sie sind für ihn also nicht als Abbild der Wirklichkeit gedacht, sondern eine Art Hilfsmittel, welches die soziologische Analyse unterstützt. Denn indem Idealtypen präzise beschrieben und definiert werden, können andere Fälle und Typen in anderen historischen Situationen durch den Vergleich gut akzentuiert und in ihrer Besonderheit erfasst werden (Weber 1972: 10; Weber 1988k: 190 ff.).

So schreibt Weber in „Die Objektivität sozialwissenschaftlicher und sozialpolitischer Erkenntnis" über den Idealtypus (Weber 1988k: 191):

> Er wird gewonnen durch einseitige Steigerung eines oder einiger Gesichtspunkte und durch Zusammenschluss einer Fülle von diffus und diskret, hier mehr, dort weniger, stellenweise gar nicht, vorhandenen Einzelerscheinungen, die sich jenen einseitig herausgehobenen Gesichtspunkten fügen, zu einem in sich einheitlichen Gedankenbilde. In seiner begrifflichen Reinheit ist dieses Gedankenbild nirgends in der Wirklichkeit empirisch vorfindbar, es ist eine Utopie, und für die historische Arbeit erwächst die Aufgabe, in jedem einzelnen Falle festzustellen, wie nahe oder wie fern die Wirklichkeit jenem Idealbilde steht ... (Weber 1988k: 191).

Die umfangreichste begriffliche Arbeit in Bezug auf die Konstruktion von Idealtypen findet sich in „Wirtschaft und Gesellschaft". In diesem Werk beschreibt Weber mit Hilfe von Idealtypen verschiedene Wirtschaftsformen, Arbeitsorganisationen und Berufsgruppen in ihrer Beziehung zur Gesellschaft. Jede dieser Kategorien lässt sich prinzipiell durch zuzuordnende typische Handlungsmuster beschreiben. Am bekanntesten daraus sind seine idealtypischen Konstruktionen von Herrschaft: bürokratische, traditionale, charismatische Herrschaft; und seine Typen sinnhaften sozialen Handelns: zweckrationales, wertrationales, affektuelles und traditionales Handeln (Weber 1972: 11 ff., 130 ff.).

Die Idealtypen dienen Weber auf vielfältige Weise. Sie ermöglichen exakte Definitionen von Begriffen. Sie gereichen in den Analysen für die Konstruktion von Hypothesen in Bezug auf die Frage nach einer möglichen Wahlverwandtschaft von Idealtypen bzw. nach einem möglichen Spannungsverhältnis zwischen Idealtypen (Kalberg 2006: 61 ff.). Und sie fungieren als eine Art Maßstab, mit dem die empirische Wirklichkeit gemessen bzw. verglichen wird. In diesem Sinne sind sie laut Weber von hohem heuristischem Wert für die Forschung (Weber 1988k: 198 f.).

Beispiel aus den Schriften Webers zur Veranschaulichung der Perspektive der erklärend verstehenden Wirtschaftssoziologie: Die protestantische Ethik und der Geist des Kapitalismus

Die wichtigste Arbeit im Kontext der erklärend verstehenden Wirtschaftssoziologie dürfte ohne Übertreibung „Die Protestantische Ethik und der Geist des Kapitalismus" von Weber sein (Weber 1988c), die er im Jahr 1904 schrieb. Die oftmals verkürzend als „Protestantische Ethik" betitelte Arbeit bildet einen Teil von 200 Seiten seiner „Gesammelten Aufsätze zur Religionssoziologie" mit ca. 1400 Seiten (Weber 1988a, 1988b, 1988c). Diese Arbeit über die Entwicklung des westlichen Kapitalismus löste schon zu Lebzeiten Webers Debatten über die Bedingungen für die Entstehung des Kapitalismus und die Bedingungen gesellschaftlichen „Fortschritts" aus, die auch heute innerhalb der Soziologie noch nicht abgeschlossen sind (siehe z. B. Kalberg 2009). Denn Weber, ganz im Unterschied zu seinen Zeitgenoss(inn)en, lehnte bisherige Argumentationen über die Entstehung des Kapitalismus ab, die einen einzelnen Aspekt hervorheben und entweder die Bedeutung technischer Innovationen, Bevölkerungswachstum, den Fortschrittsgedanken oder den Geiz des Einzelnen herausstellen (Kalberg 2006: 41 f.). Keiner dieser Erklärungen könne erklären, warum sich der moderne Kapitalismus und hier insbesondere die formal freie Arbeit, das systematische Gewinnstreben und ein bestimmtes „Ethos" von anderen bisherigen Ausprägungen des Kapitalismus unterscheidet (Kalberg 2006: 41; Weber 1988c: 35 f.).

Webers „Protestantische Ethik" wurde zum Teil im Sommer 1904 geschrieben. Der andere Teil des Werkes ist das Resultat seiner zehnwöchigen Reise in die USA im Herbst (September und Oktober) 1904, die er gemeinsam mit seiner Frau Marianne Weber und dem Theologen Ernst Troeltsch durchführte. Sie besuchten große Städte wie Chicago und New York, aber auch ländliche Gebiete wie Oklahoma und das „Indianerterritorium", wo Weber das vermehrte Auftreten von Reichtum und Wohlstand unter den Mitgliedern der protestantischen Sekten[14] beobachtete, das er für erklärungsbedürftig hielt.

Unter Berücksichtigung von Berufs-, Bildungs- und Vermögensstatistiken identifiziert Weber einen Zusammenhang zwischen Konfessionszugehörigkeit und sozialer Schicht und untersucht, ob es einen kausalen Zusammenhang zwischen diesen beobachteten Ereignissen gibt. Zu diesem Zweck analysiert Weber die protestantischen Glaubenslehren verschiedener protestantischer Sekten (Weber 1988c: 27 ff., 69 ff., 135 f.): der Quäker, der Mennoniten, der Pietisten und der Lutheraner; er studiert die Westminster Confession von 1647 und ihre weltzugewandte Ethik (Kalberg 2006: 43) sowie die Lehre Calvins aus dem 16. Jahrhundert. Es ist insbesondere die Prädestinationslehre Calvins und ihre Umformulierung durch Richard Baxter, die für den kapitalistischen Geist des modernen Amerikas wichtig wurde und in der Weber „die Pointe" seines Argumentes sieht (Weber 1988c: Fn. 1, 38 ff.).

Die ursprüngliche Lehre Calvins hätte bei den Gläubigen zu Verzweiflung und Starre führen müssen, nicht aber zu Wohlstand und Arbeitsstreben. Denn nach der calvinistischen Doktrin galten nur manche der auf Erden lebenden Menschen als von Gott auserwählt, nach dem sterblichen Leben ins Paradies zu gelangen. Alle anderen waren verdammt und mussten in der Hölle auf Ewigkeit büßen (Weber 1988c: 58). Die Prädestination der Gläubigen war von Gott vorbestimmt. Nach dieser Doktrin war der sterbliche und mitunter sündige Mensch nicht in der Lage zu erkennen und zu wissen, ob er zu den Erwählten gehörte. Die Gründe Gottes galten für den Sterblichen als unergründbar. Und anders als für uns heute, die wir zwischen religiösen Präferenzen wählen können, aber nicht müssen, waren die Gläubigen des 16. Jahrhunderts und des 17. Jahrhunderts in einen religiösen Kosmos hineingeboren. Ein Anders-Denken, ein nichtreligiöses Leben war damals nicht am Horizont der Möglichkeiten. Das gesamte Leben vollzog sich unter dem Heiligen Baldachin der Religion (Berger 1990). Und insofern waren die Prädestinationslehre Calvins und die Vorstellungen von Paradies und Hölle keine Symbole für ein gutes, besseres oder ein schlechtes Leben, sondern sie markierten die tragische Selektion von Tod und Verdammnis bzw. ewiges Leben und Paradies. Diese Vorbestimmung des Gnadenstandes hätte zu Fatalismus, Verzweiflung, Einsamkeit und Angst unter den Gläubigen führen müssen (Kalberg 2006: 43). Die alles beherrschende Frage der Gläubigen war: „Bin ich unter den Erwählten". Dies erkannte auch der anglikanische Geistliche Richard Baxter (1615–1691), der sich zu einer milderen Variante der Prädestinationslehre bekannte, in der er zwar die Erwählung einer begrenzten Anzahl von Menschen annimmt, aber keine prädestinierte Verwerfung. Indem Baxter der Prädestinationslehre Calvins eine weltzugewandte Deutung gab, befreite er die Calvinisten von den Bürden des Nicht-wissen-Könnens des Gnadenstandes. Zwar folgte Baxter der Prädestinationslehre, anders als Calvin aber betonte er, dass das Leben im Diesseits dazu bestimmt sei, Gottes Größe und Königreich zu ehren, indem Güte, Wohlstand und Reichtum gedeihen (Kalberg 2006: 43; Weber 1988c: 109). Der Weg dorthin war geebnet durch methodische, regelhafte Arbeit und eine asketische und enthaltsame Lebensführung. Die Arbeit in einem Beruf wurde somit durch die Interpretation Baxters eine Bedingung, um „Gottes Gemeinschaft auf Erden zu erschaffen" und der Beruf erhielt eine religiöse Bedeutung

---

14 Der Begriff „Sekte" ist im US-amerikanischen Kontext nicht negativ konnotiert wie im deutschsprachigen Raum. „Sekte" meint die Anhänger*innen einer Religionsgemeinschaft.

(Kalberg 2006: 43; Weber 1988c: 69 ff., 81 f., 105 ff.). Für die Mitglieder der Gemeinde erhielt das Leben im Diesseits einen Sinn; das weltliche Leben diente dazu, Gottes Ruhm zu ehren.[15]

Der Weg zur Ehre Gottes, so erkennt Weber, erfolgt durch eine methodische Arbeitsorganisation, eine strenge Askese und durch ein systematisches Streben nach ökonomischem Gewinn. All dies charakterisiert für Weber ein spezifisches *Ethos*. Als Wesen dieses Arbeitsethos identifiziert Weber die „Verpflichtung des Einzelnen gegenüber dem als Selbstzweck vorausgesetzten Interesse an der Vergrößerung seines Kapitals" (Weber 1988c: 33). Diese ethische Seite, was Weber auch als den „Geist" des modernen westeuropäisch-amerikanischen Kapitalismus ansieht, betrachtet er als ursächlich, den Kapitalismus prägenden Gedankenzusammenhang (Weber 1988c: 34 Fn. 1). So beschreibt Weber ausführlich diesen Geist:

> der Erwerb von Geld und immer mehr Geld, unter strengster Vermeidung alles unbefangenen Genießens, so gänzlich aller eudämonistischen oder gar hedonistischen Gesichtspunkte entkleidet, so rein als Selbstzweck gedacht, daß es als etwas gegenüber dem ‚Glück' oder dem ‚Nutzen' des einzelnen Individuums jedenfalls gänzlich Transzendentes und schlechthin Irrationales erscheint (Weber 1988c: 35).

Als Resultat dieser Ethik erfolgt für Weber die Umkehrung, dass „nicht mehr das Erwerben auf den Menschen als Mittel zum Zweck der Befriedigung seiner materiellen Bedürfnisse bezogen" ist, sondern „der Erwerb von Geld und immer mehr Geld ... rein als Selbstzweck gedacht ist" (Weber 1988c: 35).

Der Geist des Kapitalismus ist von diesem Leitmotiv durchzogen. Und Weber ist überzeugt, dass seine Ursprünge „in die Vergangenheit zurück zu verfolgen" seien (Weber 1988c: 36). Ferner, so argumentiert Weber, sind diese historischen Ursprünge von den modernen Gründen zu unterscheiden, die dafür Sorge tragen, dass derartige Prinzipien immer noch gelten (Weber 1988c: 37). Der kapitalistische Geist musste vor der kapitalistischen Entwicklung dagewesen sein und er musste von Gruppen getragen worden sein (Weber 1988c: 37). Die Entstehung des Geistes ist für Weber das eigentlich zu Erklärende (Weber 1988c: 37). Deshalb geht es Weber nicht darum, die Entstehungen des Kapitalismus mit all seinen Bedingungen zu erklären, sondern „nur" hinsichtlich dieser notwendigen Bedingung. Es geht ihm vor allem darum – auch in indirekter Auseinandersetzung mit den Argumenten von Karl Marx (Weber 1988c: 37) –, die bislang in den Erklärungen zur Entstehung des Kapitalismus vernachlässigten Werte und Ideen, die „magischen und religiösen Mächte" zu erforschen (Weber 1988b: 12). Gewissermaßen verlässt Weber somit bei der Erklärung des Geistes des Kapitalismus seinen sonst in „Die Wirtschaftsethik der Weltreligionen" durchgeführten multikausalen Ansatz und analysiert im Wesentlichen die idealistischen Ursprünge des modernen westlichen Kapitalismus (vgl. Kalberg 2006: 76 ff.; Weber 1988b: 12).

---

15 Weber studierte ebenso die Aussagen von Benjamin Franklin aus dem 18. Jahrhundert. Er entdeckte in diesen zentrale Maxime der protestantischen Glaubenslehren, die in Franklins Ethik keinen religiösen Bezug *mehr* hatten, aber immer noch einen wertrationalen Bezug. Sie dienten nicht mehr dazu, die Glaubensstärke sowie die Teilhabe an der religiösen Gemeinschaft zu belegen, sondern Würde, Anstand, Selbstvertrauen eines ehrbaren Geschäftsmannes unter Beweis zu stellen (Kalberg 2009: 31 ff.). Erst im 20. Jahrhundert wurden die einstigen Prinzipien einer protestantischen Ethik von wertrationalen Grundlagen entleert und zu einem zweckrationalen Mittel (Kalberg 2002: XLVIII).

4 Methodologie und Methode

In Webers umfangreichem Werk „Wirtschaft und Gesellschaft" (1972) sind seine soziologischen Grundbegriffe und seine methodologischen und sozialtheoretischen Annahmen definiert und erläutert. Diese hat Weber mit unglaublicher Gewissheit und Genauigkeit niedergeschrieben. Umgekehrt gibt es von Weber kein Standardwerk seiner verwendeten Methoden. Es gibt aber zahlreiche Aufsätze, in denen seine methodologischen Grundlagen, seine methodischen Hilfsmittel und seine Vorgehensweise beschrieben werden (z. B. Weber 1988k, 1988l, 1988m). Webers Interesse zur damaligen Zeit war eher politischer Natur bzw. getrieben von der Sorge, angesichts tiefgreifender gesellschaftlicher Veränderungen, insbesondere der Bürokratisierung zu fragen, ob ein freies Denken möglich bleiben würde. Methodische Rigorosität war für ihn ein Mittel zum Verständnis und es war für ihn eine Bedingung wissenschaftlichen Arbeitens.

Bemerkenswert ist weiter – und vielleicht für Studierende heutzutage verwunderlich –, dass Weber mit der „Protestantischen Ethik" auf den ersten Blick ein theoretisches Werk vorgestellt hat, in dem sein umfassendes Wissen über die amerikanische Gesellschaft eingeflossen ist, sein Wissen über die Werte der einzelnen Sekten in den USA. Es handelt sich also nicht um eine empirische Untersuchung im strengen Sinne, welche die Mitglieder der Sekten befragt, der Forscher bzw. die Forscherin die Antworten wortwörtlich aufschreibt, kodiert und dann mittels hermeneutischer Verfahren für alle nachvollziehbar auswertet, wie es heutzutage innerhalb der Soziologie methodischer Standard ist und von sozialwissenschaftlichen Untersuchungen erwartet wird. Obwohl in Webers Untersuchungen in der Regel eine umfassende Explikation des methodischen Vorgehens fehlt, lassen sich in seinen Arbeiten und auch in der „Protestantischen Ethik" methodische Mittel identifizieren, die Weber immer wieder angewendet hat und die für die erklärend verstehende Wirtschaftssoziologie typisch sind. Das moderne Interesse für ein methodisches Dogma und auch die Bedeutung soziologischer Methoden, wie sie an den heutigen Soziologieinstituten im Curriculum verankert sind, gab es zur Zeit Webers nicht. Dennoch, und das zeichnet Weber auch heute noch aus, war sein eigenes methodisches Vorgehen von einer methodischen Rigorosität gekennzeichnet, die ihres Gleichen sucht.

Zusammenfassend lässt sich sagen, dass zu den Methoden der erklärend verstehende Wirtschaftssoziologie eine historisch vergleichende Perspektive gehört, mittels derer sich das im Interesse stehende Phänomen ursächlich erklären lässt. Für den Vergleich werden aus der Empirie gewonnene Idealtypen gebildet, die eine präzise Beschreibung zulassen und als Messinstrument dienen, so dass auch Grade der Abweichung von den konstruierten Typen identifizierbar sind. Die Erklärung bedarf dabei die Erfassung des subjektiven Sinnes von Handlungen, um nachvollziehen zu können, ob Prozesse sinnhafter Weise so stattgefunden haben können.

5 Zusammenfassung zentraler Begriffe

Erklärendes Verstehen: Das Ziel von Webers Soziologie ist das „Verstehen" des sozialen Handelns von Menschen. Das soziale Handeln gilt als verstanden, wenn die Wissenschaftler*innen den typisierten subjektiven Sinn erkennen, warum die Menschen typischerweise so handeln wie sie handeln. Dabei ist für Weber soziales Handeln immer reflektiertes Handeln, das sich an dem Handeln anderer orientiert. Der subjektive Sinn kann entweder durch kognitives Verstehen erfasst werden oder durch ein einfühlendes Verstehen (Coser 1971: 220). Hat man derart die Motive für das Handeln verstanden, so liegt nach Weber eine kausale Erklärung des Handelns vor.

Subjektiver Sinn: Der subjektive Sinn ist der Sinn, den Individuen typischerweise mit ihrem Handeln (auch bei Weber Verhalten genannt) oder ihrem sozialen Handeln verbinden. Der subjektive Sinn zeigt an, warum sie die Dinge tun, die sie tun.

Idealtypen: Idealtypen sind für Weber methodische Hilfsmittel zur Akzentuierung bestimmter Elemente der empirischen Wirklichkeit, die für Weber das Wesen einer Entwicklung fassen. Idealtypen sind meist reiner als in der Wirklichkeit anzutreffen. Sie stellen keinen Durchschnittstypus und keinen Typus mit der größten Verbreitung dar.

Geist des Kapitalismus: Den Geist des Kapitalismus identifiziert Weber in einer spezifischen Lebensführung bestimmter protestantischer Sekten. Das Wesen dieser Lebensführung bestand in einer methodischen Arbeitsorganisation, einer Verpflichtung des Einzelnen gegenüber dem Selbstzweck Arbeit und dem berufsmäßigen Gewinnstreben bei gleichzeitiger asketischer Lebensführung. Berufsarbeit war religiös motiviert und diente der Verwirklichung von Gottes Wille im Diesseits. Der kapitalistische Geist bezeichnet keine schrankenlose Erwerbsgier, sondern eine rationale Temperierung von Erwerbsgier und eine Askese.

6 Kritik, Weiterentwicklung und Rezeption

6.1 Weiterentwicklungen

Eine Reflektion über die Kritik an der Weberschen Position und über Weiterentwicklungen und Einflüsse der Weberschen Wirtschaftssoziologie in thematischer und methodologischer Hinsicht würde eigene Kapitel, wenn nicht gar Bücher benötigen, um dem Einfluss Webers gerecht zu werden. Die Komplexität wird zudem durch zahlreiche Forschungsstränge erhöht, die sich zwar auf Weber beziehen, aber zum einen nur bestimmte Aspekte herausgreifen oder aber zum anderen eine spezielle Lesart Webers vorschlagen.

So folgten Soziologen wie Georg Simmel und Alfred Schütz, später Peter Berger und Thomas Luckmann ebenso wie Norbert Elias dem Ansatz des methodologischen Individualismus und dem Verstehen als Methode der Sozialwissenschaften. Weber beeinflusste zudem stark den Strukturfunktionalisten Talcott Parsons und den Rational-Choice-Theoretiker James Coleman und sein Modell der rationalen Wahl, obwohl diese Autoren dem Weberschen Paradigma in grundlegenden Aspekten widersprechen. Ähnlich kritisch muss auch der proklamierte Anschluss an Weber der neo-institutionalistischen World-Polity-Forschung gesehen werden (z. B. Meyer 2005), welche die weltweite Durchdringung abstrakter Prinzipien wie Umweltbewusstsein, Menschenrechte und Nationalstaaten identifiziert und dies im Anschluss an Webers Analyse verschiedener Rationalisierungsprozesse und vergleichender Kapitalismusforschungen deutet (z. B. Meyer 2005). Eine solche Position stellt die Webersche Methodologie hingegen auf den Kopf, galt doch für Weber, dass man Kulturen nur von innen heraus verstehen kann und die Unterschiede zwischen Kulturen hervorzuheben sind.

Soziologen wie Stephen Kalberg, Rainer M. Lepsius, Klaus Lichtblau, Hans-Peter Müller, Wolfgang Schluchter oder Johannes Weiß stehen in einer engen Nachfolge der Weberschen Theorie und Methodologie (vgl. Albert 2013: 517). Einerseits haben sie sich über Jahrzehnte in zahlreichen Veröffentlichungen mit der Rekonstruktion und Exegese der Weberschen Texte verdient gemacht; andererseits arbeiten sie selbst mit dem Weberschen Begriffsinstrumentarium bzw. arbeiten mit Webers Methodologie und seiner multikausalen, historisch vergleichenden Methode (Kalberg 2021).

Jüngere Wirtschaftssoziolog*innen wie Klaus Kraemer (2017), Andrea Maurer (2010a) oder Richard Swedberg (2008) haben mit verschiedenen Beiträgen den Einfluss Max Webers auf die Neue Wirtschaftssoziologie nachgezeichnet und dadurch auch fortgeführt. Die Einflüsse Webers erstrecken sich auf die Auseinandersetzung mit der Kapitalismusforschung (Sachweh/Münnich 2017), auf zentrale Konzepte der Wirtschaftssoziologie wie den Markt (Mikl-Horke 2010; Swedberg 2010) und das Unternehmen (Maurer 2010b). Beispielsweise wirbt Maurer (2010b) dafür, den privatkapitalistischen Wirtschaftsbetrieb als eine Spezifikation des Zweckverbandmodells von Max Weber zu lesen. Maurer knüpft damit an die Herrschaftssoziologie Webers an. Andere Wirtschaftssoziolog*innen stützen sich auf das Webersche Programm des Verstehens, ohne aber seine historisch vergleichende multikausale Untersuchungsmethode zu übernehmen. So untersucht Senge (2020), vor welchem gesellschaftlichen Hintergrund das Handeln von Finanzmarktakteuren als sinnhaft verstanden gedeutet werden kann. Demgegenüber geht der Wirtschaftssoziologe Frank Dobbin (2008) historisch vergleichend in seiner Analyse der staatlichen Industriepolitiken im 19. Jahrhundert in den Vereinigten Staaten von Amerika, in Frankreich und in Großbritannien vor. Er zeigt, dass das große Infrastrukturprojekt des Eisenbahnausbaus in den jeweiligen Ländern kulturspezifisch umgesetzt wurde. Dobbin wiederum berücksichtigt die Perspektive des methodologischen Individualismus nicht.

Zudem beeinflussten Webers Texte die Arbeiten moderner Wirtschaftssoziolog*innen auch auf eine indirekte Art und Weise (Swedberg 2008: 46 ff.). So fanden die von Weber formulierte Herrschaftssoziologie, seine Bürokratietheorie und Charismaforschung und sein kultursoziologischer Ansatz Eingang in zahlreiche wirtschaftssoziologische Arbeiten. Bedeutend ist insbesondere die Arbeit von George Ritzer (1995), der Webers Bürokratietheorie ausweitet auf die Rationalisierung moderner Unternehmen wie McDonalds (vgl. Kivisto 2001). Ferner sind diesbezüglich die Arbeiten der US-amerikanischen Wirtschaftssoziologin Vivianne Zelizer zu nennen (1994, 2010), die ähnlich wie Weber einen kultursoziologischen Blick auf die Ökonomie richtet und somit die kulturelle Bedingtheit der Ökonomie sichtbar macht. Klaus Kraemer (2010) adaptiert Webers Charisma-Typen für seine Analyse von Finanzmarktakteuren. Sascha Münnich (2010) übernimmt zentrale methodologische Prämissen der Weberschen Methodologie in seiner vergleichenden Untersuchung der US-amerikanischen und deutschen Arbeitslosenversicherung mit dem Titel „Ideen und Interessen". Ferner basiert Münnichs (2018) Studie über die Legitimität von Finanzregimen auf Webers Bürokratietheorie.

Neben den hier genannten Arbeiten gibt es buchstäblich unzählige Texte, die sich auf Weber beziehen, die aber in diesem Einführungsband nicht alle gewürdigt werden können. Fest steht, dass Webers Einfluss auf die Wirtschaftssoziologie immens ist. Fest steht aber auch, dass die großen Werke, in denen historisch vergleichend vorgegangen wird und eine erklärend verstehende Methode die Untersuchung leitet, wie wir sie aus Webers Religionsstudien kennen, selten sind. Zu den wenigen Arbeiten, in denen Webers umfassende Methode zur Geltung kommt, gehört die aktuelle Studie von Stephen Kalberg (2021) mit dem Titel „Max Weber's Sociology of Civilizations: a Reconstruction". Kalberg wendet Webers Methodologie an und zeigt auf 500 Seiten, inwiefern durch die Interpretation der Weberschen Soziologie Zivilisationen untersucht werden können. Und natürlich spielen wirtschaftliche Aspekte innerhalb der ökonomischen Domäne in Kalbergs Rekonstruktion eine wichtige Rolle (Kalberg 2021: 119 ff.).[16] Auch Liah Greenfelds Arbeit aus dem Jahr 1992 – mit ähnlichem Seitenumfang – über die Entstehung von Nationalismus in England, Frankreich, Russland und Deutschland macht sich Webers Methodologie zu eigen und zeigt u. a., inwiefern ökonomisch bedingte Phänomene wie Wohlstand, soziale Ungleichheit und Klassen für die spezifische Entstehung von Nationalismus relevant waren (z. B. Greenfeld 1992: 150 ff., 320 ff.). Zudem gibt es eine frühe, recht bedeutsame Arbeit von Theda Skocpol, „States and Social Revolutions" (1979), bei der es sich um eine vergleichende Analyse politischer Revolutionen in Russland, Frankreich und China handelt, in der ebenfalls Webers Methodologie angewendet wird, die aber weniger eindeutige wirtschaftssoziologische Bezüge aufweist.

---

16 Kalbergs (2021) Studie ist ähnlich komplex wie Webers Arbeiten und für den Einstieg in Webers und Kalbergs Methodologie anspruchsvoll. Studierendenfreundlicher ist Kalbergs Einführungsband „Max Weber lesen". Auf knapp 140 Seiten gelingt es Kalberg, die zentralen methodologischen und thematischen Aspekte aus Webers Oeuvre anhand der Diskussion zentraler Texte Webers wie „Die protestantische Ethik", „Wirtschaft und Gesellschaft" oder „Die Wirtschaftsethik der Weltreligionen" einem studentischen Publikum zu vermitteln. Kalberg, selbst Soziologie-Professor an der Boston University und einer der versiertesten Weber-Kenner, hat selbst die Protestantische Ethik Webers ins Englische übersetzt (Weber 2002). Kalberg folgt mit dieser Übersetzung Talcott Parsons und konnte damit einige Lesarten der Parsonsschen Deutung von Weber korrigieren. Dies ist nicht unerheblich, war Weber in den USA doch vor allem durch die Übersetzung von Parsons bekannt.

6.2 Theorieimmanente Kritik

So bedeutend Weber war und ist, so umfangreich sind auch Ansätze, Webers Theorie und Methodologie und auch seine inhaltlichen Beschreibungen empirischer Phänomene zu kritisieren. An dieser Stelle kann aber nicht eine sachlich umfangreiche Diskussion der Kritiken durchgeführt werden. Deshalb sei nur kurz auf einige Aspekte in der Auseinandersetzung mit seiner Methodologie und Methode einzugehen und auf einzelne Kritikpunkte seiner Wirtschaftssoziologie.

Webers Methodologie, seine Multikausalität, sein historisch vergleichendes Vorgehen und die damit verbundene Komplexität der Analyse sind Stärke und Schwäche zugleich. Die Stärken wurden oben herausgearbeitet. Die Schwächen beinhalten vor allem eine fehlende methodologische Klarheit: liegt sein Hauptinteresse auf der Identifikation des typisierten subjektiven Sinns, lassen seine Untersuchungen einen Fokus auf strukturelle Aspekte vermissen (Kalberg 2006: 101). Auch scheinen die Parameter für die Identifikation von Idealtypen nur bedingt objektivierbar (Kalberg 2006: 101). Durch Praxistheorien, Narrationsanalysen etc. wird heute implizit grundsätzlich hinterfragt, ob typisierte Motive zur Erklärung sozialer Phänomene hinreichend geeignet sind.

Inhaltlich zentriert sich die Weber-Kritik hauptsächlich um die Kapitalismusthese. Die soziologischen Grundkategorien aus „Wirtschaft und Gesellschaft" (Weber 1972: Kapitel II) stehen relativ selten im Mittelpunkt von Analysen und Kritiken (Müller 2021a: 111 f.). Weber hat hier versucht, begriffliche Grundlagen der kapitalistischen Wirtschaftsweise zu formulieren, die nicht marxistisch geformt sind. Er hat damit der Neuen Wirtschaftssoziologie ein Gerüst für eine spezifische Art von Wirtschaftssoziologie an die Hand gegeben. Inhaltlich wird eine Nähe zu Polanyi (1978) und die konzertierte Verwobenheit von Wirtschaft und Gesellschaft gesehen (Granovetter 1985). Nicht bearbeitet wurde von Weber die für die Neue Wirtschaftssoziologie so wichtige Feststellung der Ungewissheit auf Märkten (Beckert 1996).

Viele Kritiken beziehen sich auf Webers Hauptwerk und seine Protestantismus-These. Wie oben bereits ausgeführt, und dies war Weber bewusst, verlässt Weber in der Protestantischen Ethik den multikausalen Weg, indem er insbesondere die bislang vernachlässigte Bedeutung von Ideen und Werten hervorhebt. Dies wurde von Kritiker(innen)n negativ angemahnt (Bendix 1964). Andere Autor*innen beriefen sich auf Webers ambivalente Zeitdiagnose der Moderne (Habermas 1981; Horkheimer/Adorno 1988) oder übernahmen sein Konzept der Lebensführung (vgl. Müller 2021b: 121)

Webers Wirtschaftsgeschichte wurde insbesondere von Collins (2012) positiv hervorgehoben und als „Last Theory of Capitalism", so der Buchtitel der US-amerikanischen Übersetzung, gewürdigt, während Stinchcombe (2003) die nationalstaatliche Analyseeinheit Webers mit Blick auf wirtschaftliche globale Kräfte hinterfragt (vgl. Müller 2021c: 142). Wallerstein (1974, 1980, 1989) und andere Vertreter*innen der Weltsystem-Theorie deduzieren aus einem allgemeinen Modell eine Weltwirtschaft, die in kultureller Sicht mehr durch ihre Ähnlichkeiten wie Urbanisierung, Kapitalakkumulation und politische Stabilität auffällt als durch Unterschiede (Kalberg 2001: 17). Eine solche Perspektive auf das Soziale unterscheidet sich grundlegend von Webers Ansatz, der die Einzigartigkeit von Kultur hervorhebt sowie das kulturell spezifische Ineinanderverflochtensein von Vergangenheit und Gegenwart.

7 Theorieanwendung: Konflikte um den Hambacher Forst

In diesem Unterkapitel sind die Stärken der erklärend verstehenden Weberschen Perspektive auf Wirtschaft am Beispiel des Konflikts um die Rodung des Hambacher Forstes zur Erweiterung des Braunkohletagebaus des Energiekonzerns RWE AG zu verdeutlichen. Das Argument lautet hier, dass die erklärend verstehende Methodologie Webers durch ihren Fokus auf das sinnhafte Handeln typisierter Akteure dazu geeignet ist, das Handeln der in den Konflikt um die geplante Rodung des Waldstückes involvierten Akteure zu verstehen und in ihrem historisch So-Gewordensein ursächlich zu erklären.

Die Relevanz einer solchen Herangehensweise speist sich aus der Beobachtung, dass die Rodung oder Nichtrodung des Hambacher Forstes sowohl aus ökologischer Sicht der involvierten Umweltschützer*innen als auch aus ökonomischer Perspektive des, das Waldgrundstück besitzenden Braunkohleabbauunternehmens RWE im Verhältnis zu der Dauer und Vehemenz der Proteste, wie bildlich anhand der ungewöhnlichen Art des Aufbegehrens in Abb. II.2 dargestellt, als relativ unerheblich gedeutet werden kann. Schon seit 1977, mit der Gründung der Protestgruppe „Hambacher Gruppe"[17] und der Waldbesetzung 2012[18] finden regelmäßig große und aufwändige Aktionen im Sinne des Umweltschutzes im Hambacher Forst statt. Bei diesen Protesten geht es um den Schutz der letzten übriggeblieben Waldfläche und damit auch um den Schutz der verbliebenen bedrohten Tiere und jahrhundertealten Bäume. Auf der anderen Seite muss der RWE seither um seine Reputation kämpfen und sich vor Gericht verantworten.[19] Zumal wurden seitens des RWE Wiederaufforstungszusagen gemacht[20] und bereits über 1.000 Hektar forstwirtschaftlich rekultiviert, die natürlich nicht in Gänze den Verlust von Altwäldern ökologisch ersetzen können (Jansen 2012). Andererseits gilt mit Blick auf die Braunkohlevorkommen von RWE in dem Tagebau

---

17 https://www.geo.de/natur/nachhaltigkeit/19589-rtkl-faq-das-sollten-sie-ueber-den-hambacher-forst-wissen (letzter Aufruf: 23.05.2024).

18 https://hambacherforst.org/hintergruende/der-wald/die-besetzungen/ (letzter Aufruf: 23.05.2024).

19 https://www.geo.de/natur/nachhaltigkeit/19589-rtkl-faq-das-sollten-sie-ueber-den-hambacher-forst-wissen (letzter Aufruf: 23.05.2024).

20 https://www.rwe.com/der-konzern/laender-und-standorte/tagebau-hambach/ (letzter Aufruf: 23.05.2024).

Abb. II.2: Ein Symbol des Protests: das Baumhaus von Waldschützern im Hambacher Forst. (Kevin McElvaney/Greenpeace 16.09.2018).

Hambach zwischen Bergheim und Jülich[21], dass das unter dem ca. 600 Hektar großen Waldstück des Hambacher Forsts abzubauende Vorkommen geschätzt nur einen kleinen Teil des sonst noch abzubauenden Kohlevorkommens in dem Revier ausmacht.[22] Der Tagebau Hambach umfasste ca. 6.800 Hektar, von denen bis 2021 laut BUND 6.230 Hektar bearbeitet wurden und landschaftlich zerstört sind.[23] Die zusätzliche Rodung der vergleichsweise geringen anvisierten 100 Hektar des Hambacher Forsts fällt ökologisch, stets betrachtet zur bislang zerstörten Fläche, bedingt ins Gewicht, scheint aber unnütz angesichts des für das Jahr 2029 anvisierten Endes des Braunkohleabbaus im Tagebau Hambacher Forst bzw. hinsichtlich des Endes des Braunkohleabbaus in der Bundesrepublik Deutschland bis 2038.[24]

---

21 Vgl. https://www.bund-nrw.de/themen/braunkohle/hintergruende-und-publikationen/braunkohle-und-umwelt/braunkohle-und-landschaftszerstoerung-das-beispiel-hambacher-wald/, (letzter Aufruf: 03.05.2024).

22 Die Schätzungen der jetzt noch vohandenen Größe des Waldes variieren zwischen 200 Hektar und 600 Hektar (Jansen 2012).

23 Vgl. https://www.bund-nrw.de/themen/braunkohle/hintergruende-und-publikationen/braunkohle-und-umwelt/braunkohle-und-landschaftszerstoerung-das-beispiel-hambacher-wald/, (letzter Aufruf: 03.05.2024).

24 https://www.bund-nrw.de/presse/detail/news/braunkohlentagebau-hambach-neue-klage-des-bund/, (letzter Aufruf: 05.06.2024).

Wie Weber einst das Verhalten einer Gruppe von Puritanern als sonderbar ansah, so erweisen sich die vehementen Proteste, welche das Leben einzelner Protestierender gefährdeten und sogar zu dem tragischen Tod eines Journalisten führten, auf den ersten Blick als überraschend und erklärungswürdig.[25] Was also motiviert den Widerstand von RWE, dem Wunsch der Umweltschützer*innen nicht zu entsprechen? Auf der anderen Seite gilt es zu fragen, warum gerade sich Vertreter*innen von Umweltschutzbewegungen dazu entscheiden, den Hambacher Forst zu schützen, und nicht mit ähnlichem Einsatz zum Beispiel das Naturschutzgebiet auf Rügen, wo ein LNG-Terminal mit einer 50 km langen Pipeline gebaut wurde, welche verheerende Umweltschäden nach sich zieht (BUND 2024). Wie viel Fläche von der Zerstörung betroffen sein wird, lässt sich nicht genau festmachen. Die Schäden manifestieren sich in dem Verfall von Biotopen, der Gefährdung von bedrohten Tierarten wie Ostsee-Schweinswalen und Ostseeheringen sowie der Zerstörung von Riffen. Damit werden sich umweltbezogene Schäden weit über viele Jahre hinwegziehen und irreversible Zerstörungen auch in der Tierwelt anrichten.[26] So kann hier zumindest eine ähnliche Katastrophe identifiziert werden, wie sie sich auch aus der Zerstörung des Hambacher Forstes ausmachen lässt.

Zur Beantwortung dieser Fragen sollen in den nächsten Paragraphen, den Prämissen einer erklärend verstehenden Soziologie im Anschluss an Weber folgend, wie oben dargelegt, die nachstehenden methodologischen Aspekte berücksichtigt werden:

a) die Identifikation typisierter Handlungsmotive und das Verstehen des typisierten subjektiven Sinns von Handlungen;

b) um auf dieser Basis Idealtypen zu identifizieren;

c) die Berücksichtigung von Multikausalität bei beeinflussenden und hemmenden Bedingungen;

d) die Entwicklung einer historisch vergleichenden Perspektive.

Das bedeutet, dass einerseits nach der Vielfalt sozialer Handlungsmotive der einzelnen Gruppen, Parteien und Organisationen gefragt werden soll. Die zu identifizierenden Motive können getragen sein von tief in die Vergangenheit weisenden Werten, von zweckrationalen Interessen wie z. B. ökonomische Interessen oder von Emotio-

---

25 Zu den näheren Umständen des Todes des Journalisten und zur Vehemenz und Dauer des Konfliktes siehe:
https://www.sueddeutsche.de/wirtschaft/energie-kerpen-streit-um-raeumung-des-hambacher-forsts-geht-weiter-dpa.urn-newsml-dpa-com-20090101-211028-99-769595 und
https://www.sueddeutsche.de/wirtschaft/energie-kerpen-streit-um-raeumung-des-hambacher-forsts-geht-weiter-dpa.urn-newsml-dpa-com-20090101-211028-99-769595 und
https://www.sueddeutsche.de/politik/landtag-duesseldorf-gruene-wuest-soll-konflikt-um-hambacher-forst-befrieden-dpa.urn-newsml-dpa-com-20090101-211104-99-863044. (letzter Aufruf: 02.05.2024).
26 BUND et al. 16.01.2024: Hintergrundpapier zu den LNG-Planungen vor Rügen: 2. https://www.wwf.de/fileadmin/fm-wwf/Publikationen-PDF/Deutschland/Hintergrundpapier-LNG-Planungen-vor-Ruegen.pdf (letzter Aufruf: 23.05.2024).

nen oder Traditionen. Diese Typisierung von Handlungsmotiven erweist sich als ein starkes methodologisches Hilfsmittel, um die Typen von Handlungen der Konfliktparteien zu differenzieren. So stellt sich dann zum Beispiel die Frage: Welchen Sinn macht das Protesthandeln von Umweltschützer*innen um die Rodung? Vor welchem gesellschaftlichen Hintergrund kann dieses Handeln als rational gedeutet werden? Vergleichbares gelte es im Falle von RWE zu fragen.

Ohne an dieser Stelle eine umfangreiche Untersuchung vorgenommen zu haben, welche den typisierten subjektiven Sinn der Handlungen einzelner Akteure und Gruppen auf der Basis von empirischen Daten analysiert, können hier nur einige Vermutungen geäußert werden, in welche Richtung die empirische Untersuchung zu starten wäre:

So würde man beispielsweise mit den Anwohner*innen in den umliegenden Ortschaften sprechen und die Bedeutung des Hambacher Forstes für ihr Leben herausarbeiten. Viele der Menschen, die in Kerpen-Buir, Kuckum, Unterwestrich, Oberwestrich und Berverath leben, haben seit ihrer Kindheit den Konflikt um den Wald miterlebt.[27] Für sie scheint der Wald ein Teil ihrer Identität zu sein, etwas, wofür ihre Eltern bereits gekämpft haben, so dass sich der Konflikt wie ein roter Faden durch ihr Leben zieht. Den Wald aufzugeben könnte für sie heißen, einen Teil von sich selbst aufzugeben.[28]

Auch müsste der Einfluss von politischen Entscheidungsträger*innen wie der Ministerpräsidenten Armin Laschet und Henrik Wüst in NRW, des Ministeriums für Heimat, Kommunales, Bau und Gleichstellung in NRW, von Stadträten,[29] aber auch die Rolle der Opposition und hier die Frage der Glaubwürdigkeit der Politikerin Mona Naubaur und des Umweltministers Johannes Remmel, beide *Partei Bündnis 90 Die Grünen* untersucht werden. Deren Äußerungen können zum Beispiel spezifische Emotionen wie Zorn oder Wut bei den Umweltschützer*innen hervorrufen, die sich mitunter von den Kompromissen der Vertreter*innen der genannten Partei verraten fühlen[30]. Weiter muss auch die Bedeutung rechtlicher Entscheidungen genauer betrachtet werden. In diesem Fall die des Verwaltungsgerichts in Köln, welches die angeordnete und im Jahr 2018 durchgeführte Räumung von 86 Baumhäusern auf dem Waldstück aufgrund der – so das urteilende Gericht – vorgeschobenen Begründung des Brand-

---

27 https://www.deutschlandfunkkultur.de/hambacher-forst-garzweiler-ii-mensch-oder-baum-forst-oder-100.html, (letzter Aufruf: 05.06.2024).

28 Vgl. https://www.spiegel.de/wirtschaft/hambacher-forst-das-sagen-aktivisten-rwe-mitarbeiter-poli zisten-und-anwohner-a-1228962.html, (letzter Aufruf: 02.05.2024).

29 https://www.sueddeutsche.de/politik/duesseldorf-gruene-wuest-soll-konflikt-um-hambacher-forst-befrieden-dpa.urn-newsml-dpa-com-20090101-211104-99-863044, (letzter Aufruf: 05.06.2024).

30 https://www.deutschlandfunk.de/braunkohle-hambacher-forst-steht-symbolisch-fuer-die-100.html, (letzter Aufruf: 05.06.2024) sowie https://www.ksta.de/politik/hambacher-forst-nrw-gruenenchefin-mona-neubaur-hambach-ruettelt-alle-wach-156125. (letzter Aufruf: 06.06.2024) und https://www.welt.de/regionales/nrw/article182016678/Hambacher-Forst-Die-Scheinheiligkeit-der-Gruenen.html. (letzter Aufruf: 06.06.2024).

schutzes als rechtwidrig einstufte sowie die danach erfolgte Entscheidung des Oberverwaltungsgerichts in Münster im Juni 2023, welches wiederum die Räumung als rechtmäßig bewertete.[31,32]

Auch der Einsatz der Polizei in NRW, das Handeln der Polizist*innen vor Ort zum Beispiel bei der Räumung, dem größten Polizeieinsatz in NRW, muss berücksichtigt werden sowie die Reaktionen der Aktivist*innen darauf (beispielsweise wurden kurz danach neue Baumhäuser gebaut).[33] Es liegt auf der Hand, dass hier zentrale Stellschrauben für eine Eskalation oder Eindämmung des Konfliktes bzw. der Vehemenz der Protestbewegung liegen.

Andererseits und zusätzlich zur Beantwortung der Fragen ist ein intimes Wissen um die Geschichte des Hambacher Forstes, die Bedeutung des Waldes als gesellschaftliches Kulturgut in Deutschland, die tiefe Verankerung der In-Wert-Setzung von Natur, Wald etc. sowie die Diskussion um den Kohleausstieg und die Rolle von Umweltschutzorganisationen und der Presse sowie eine genaue Identifikation einzelner Prominenter wie die Popband Revolverheld oder charismatischer Persönlichkeiten im Kontext der Protestbewegung notwendig. Als charismatische Persönlichkeit wäre in diesem Kontext der Einfluss von Greta Thunberg zu untersuchen, welche den Hambacher Forst besuchte. Ihr Besuch und auch die Stiftung des Preises „Goldene Kamera" an die Aktivist*innen zeigen beispielsweise die Unterstützung Thunbergs der Anliegen der Protestierenden.[34] Hat man genaue Kenntnis relevanter Personen und Gruppen sowie des gesellschaftlichen Hintergrundes, dann kann man ganz im Sinne von Webers Multikausalität jene Faktoren identifizieren, die in ihrer Dynamik in die gleiche Richtung weisen und ursächlich erklären können, warum die Akteurstypen so gehandelt haben, wie sie es taten. Die Aufgabe der Forschenden wäre es dann, jene Faktoren zu identifizieren, die als notwendige Bedingung für die Vehemenz des Konfliktes gedeutet werden können.

Damit verbunden ist der Aspekt, dass der Hambacher Forst, einst 4.100 Hektar groß, zu einem Kulturgut Deutschlands (um)gedeutet wurde, dessen Geschichte laut *BUND* nicht nur bis in das 10. Jahrhundert zurück geht und von Kaiser Otto II urkundlich erwähnt wurde, sondern sogar seit 12.000 Jahren existiert haben soll.[35] Zudem

31 Vgl. https://www.sueddeutsche.de/wirtschaft/kerpen-streit-um-raeumung-des-hambacher-forsts-geht-weiter-dpa.urn-newsml-dpa-com-20090101-211028-99-769595, (letzter Aufruf: 03.05.2024).

32 Vgl. https://www.lto.de/recht/nachrichten/n/ovg-nrw-7a263521-hambach-hambacher-forst-klima-braunkohle-protest-baumhaus-raeumung-polizei/, (letzter Aufruf: 03.05.2024).

33 Vgl. https://www.sueddeutsche.de/politik/duesseldorf-gruene-wuest-soll-konflikt-um-hambacher-forst-befrieden-dpa.urn-newsml-dpa-com-20090101-211104-99-863044, (letzter Aufruf: 03.05.2024).

34 https://www.sueddeutsche.de/politik/hambacher-forst-proteste-1.4599651, (letzter Aufruf: 06.06.2024) und https://www.sueddeutsche.de/panorama/goldene-kamera-zum-heulen-1.4390455. (letzter Aufruf: 06.06.2024).

35 Vgl. https://www.bund-nrw.de/themen/braunkohle/hintergruende-und-publikationen/braunkohle-und-umwelt/braunkohle-und-landschaftszerstoerung-das-beispiel-hambacher-wald/, (letzter Aufruf: 03.05.2024).

beherbergt dieses Waldstück die „mit Abstand größte Eichen-Hainbuchenwaldfläche innerhalb der atlantischen biogeographischen Region Deutschlands" und andere Besonderheiten der Flora und Fauna wie die Reviere des Mittelspechtes und von 2000 Käferarten.[36]

Zudem gelte es idealtypisch das Wesen des Protestes, aus Sicht des Wissenschaftlers bzw. der Wissenschaftlerin, hervorzuheben. Worum ging es also im Wesentlichen, wenn nicht in erster Linie ökonomische oder ökologische Rationalitäten zugrunde gelegt werden können?

Die Entwicklung einer historisch vergleichenden Perspektive würde verlangen, dass man den spezifischen Konflikt um den Hambacher Forst mit anderen Konflikten zum Beispiel um andere Waldstücke oder zu schützende Naturgebiete vergleicht und nach Unterschieden und Gemeinsamkeiten fragt. Derart können dann notwendige Bedingungen für eine Vehemenz von Konflikten um Natur herausgearbeitet werden. Denkbar wäre beispielsweise, dass die Rodung des Hambacher Forstes angesichts des generell beschlossenen Braunkohleausstigs als absurd und unnütz aus Sicht der Umweltschützer*innen erscheinen muss. Und dass es gerade diese Widersprüchlichkeit ist, die zu Protest motiviert. Andere Richtungen, in denen eine Vergleichsperspektive münden kann, sind natürlich denkbar.

8 Übungsfragen

a) Was bedeutet „Verstehen" im Sinne einer erklärend verstehenden Wirtschaftssoziologie und welche Art von Erkenntnissen über die Wirtschaft lassen sich mit dieser Perspektive gewinnen? *(Wiederholungsfrage)*

„Verstehen" im Kontext der Ökonomie im Weberschen Sinne zielt auf die Rekonstruktion des typisierten subjektiven Sinns von Wirtschaftssubjekten. Mit einem derartigen Anspruch lassen sich Handlungsmotive von Akteuren nachzeichnen, deren Ursprung ökonomisch motiviert sein kann, aber auch aus unterschiedlichen und widersprüchlichen Werten und Interessen resultieren kann. „Verstehen" eröffnet damit zum Beispiel die Möglichkeit, auch die auf den ersten Blick nicht ökonomischen Aspekte (z. B. religiöse Werte) ökonomischen Handelns zu analysieren und das Ökonomische nicht allein durch Angebot und Nachfrage, Preis- und Zinsmechanismus etc. zu erklären.

---

36 Vgl. https://www.bund-nrw.de/themen/braunkohle/hintergruende-und-publikationen/braunkohle-und-umwelt/braunkohle-und-landschaftszerstoerung-das-beispiel-hambacher-wald/, (letzter Aufruf: 03.05.2024).

b) Inwiefern können nach Weber religiöse Gründe für die Entstehung des modernen Kapitalismus verantwortlich gemacht werden? *(Wiederholungsfrage)*

Weber identifizierte religiöse Motive, die unter bestimmten Gruppen protestantischer Sekten zu Beginn des 20. Jahrhunderts zur Anhäufung von Vermögen und dem Aufbau von Wohlstand führten. Er sah in der Prädestinationslehre Calvins und deren Weiterentwicklung das zentrale Motiv für den Wohlstand. Denn nach der Prädestinationslehre konnten die religiösen Anhänger*innen nicht wissen, ob sie zu den von Gott Erwählten gehörten. Aber sie zogen den logischen Schluss, dass Gott nur jene mit Reichtum beschenken würde, die von ihm auserwählt wurden. Deshalb galt für sie Reichtum und Wohlstand als eine Art Beweis für Gottes Gunst. Um Reichtum und Wohlstand zu erlangen, bedienten sie sich methodischer Arbeit und eines asketischen Lebensstils. Diese, in religiösen Werten wurzelnde Lebensführung besaß die systematische Eigenschaft und auch die Kraft zur Grundlegung des modernen Kapitalismus.

c) Weber sah in der Heilslehre des Hinduismus eine starke Prämie für einen sozialen Konservatismus. Erläutern sie, inwiefern die gewissenhafte Ausführung der religiösen Heilslehren im Hinduismus tendenziell soziale Mobilität unter den Anhänger*innen verhinderte. *(Wiederholungsfrage)*

Den dogmatischen Kern der hinduistischen Heilslehre bilden die Samsára- und die Karma-Lehre, denen zufolge nicht die Geburt, sondern jede einzelne Handlung für das Schicksal der Anhänger*innen verantwortlich ist (Weber 1988g: 23 f.). Der Glaube an Wiedergeburt und Wiedertod belohnt im Hinduismus eine gewissenhafte und konsequente Befolgung der Ritualspflichten: Denn es galt, dass Angehörige von Berufsgruppen, sofern sie den Regeln ihrer Tradition treu bliebe, das heißt z. B. keinen Wucher ausübten, nicht betrogen, je nach Heilslehre des Hinduismus die Aussicht hatten, in einem höheren Status wiedergeboren zu werden – aber nur unter der absoluten Bedingung der strengen Befolgung der Kastenpflichten. Gleichfalls galt das Austreten aus einer Kaste als sündhaft (Weber 1988g: 121). Da die Kasten und Kastenordnung, innerhalb derer sich die verschiedenen Formen der Seelenwanderung im Kreislauf der Wiedergeburt und des Wiedertodes abspielten, im Hinduismus als ewig bestehend angesehen wurden, war ein Versuch des Umsturzes dieser Ordnung undenkbar. Für Anhänger*innen der niedrigen Kasten, deren Angehörige aufgrund ihrer schlechten sozialen Stellung von einer Veränderung am ehesten hätten profitieren können, bot die Kastenordnung das größte Versprechen. Denn für sie galt, dass ihre Angehörigen durch die gewissenhafte Ausführung der Ritualspflichten am meisten durch die Karma-Lehre gewinnen konnten, so dass die Versuchung einer Veränderung am geringsten war (Weber 1988g: 122). Diese Pflicht förderte den Erhalt der bestehenden Sozialordnung, insbesondere auch da sie religiös begründet war (Schluchter 1988: 117).

d) In der Analyse des sozialen Wandels der Wirtschaft haben Soziolog*innen in ihren Schriften unterschiedliche Aspekte hervorgehoben. Tendenziell differenziert man den Kanon in jene Wissenschaftler*innen, welche die Bedeutung von Interessen hervorheben (z. B. Marx) und jene, welche das Primat von Ideen

neben der Bedeutung von Interessen und strukturellen Veränderungen unter-streichen (z. B. Weber). **Beschreiben Sie die Charakteristika der Erklärungen in der Analyse des sozialen Wandels der Wirtschaft nach Max Weber. Worin sehen Sie die Stärken seines Ansatzes, worin die Schwächen?** *(Diskussionsfrage)*

Zur Beantwortung dieser Frage musss man zunächst hervorheben, dass Max Weber vor allem den Wandel der Gesellschaft als Ganzes im Blick hatte zu Beginn des 20. Jahrhunderts. Um diesen Wandel zu verstehen, analysierte er u. a. die umfassen-den ökonomischen Veränderungen, die er als ursächlich ansah. Die Spezifik der We-berschen Analyse ist nun darin zu sehen, dass er idealtypisch dargestellte außeröko-nomische Werte wie vor allem religiöse Werte und Vorstellungen in der Analyse ökonomischer Prozesse berücksichtigt und zeigen kann, wie wichtig diese für ein um-fassendes Verständnis wirtschaftlicher Veränderungen sind. Weber berücksichtigt aber zusätzlich auch zweckrationale Interessen wie ökonomische Vorteile der Brah-manen und strukturelle Bedingungen wie die Kastenordnung. Eine Schwäche der We-berschen Soziologie und Methode ist sicherlich in ihrer Komplexität zu sehen, was eine einfache Anwendung kaum möglich macht. Methodologisch lässt sich die Kons-truktion von Idealtypen für einen gewissen Anteil an Subjektivität kritisieren – ein Grad an Subjektivität, so würde Weber argumentieren, der für alle soziologischen Ar-beiten und Begriffsbildungen gilt (Weber 1988k: 208).

9 Weiterführende Literatur und Medien

a) Theoretisierende Ausführung
Weber, Max (1988): Die protestantische Ethik und der Geist des Kapitalismus. In: Weber, Max (1988) (Hg.): Max Weber: gesammelte Aufsätze zur Religionssoziologie Bd. I. Tübingen: Mohr Siebeck, 17–206.

Die oftmals mit dem verkürzten Titel „Die Protestantische Ethik" bezeichnete Schrift Webers ist das berühmteste Werk des Autors, in dem exemplarisch die Stärke des Weberschen kultursoziologischen Ansatzes auf die Wirtschaft sichtbar wird und in dem die Spezifik der Weberschen Methodologie nachvollzogen werden kann. Das Hauptargument und die methodologischen Besonderheiten der *Protestantischen Ethik* wurden oben in dem Beispiel erläutert. Es lohnt sich natürlich dennoch die Lektüre, um zu erkennen, was beispielsweise genau gemeint ist, wenn z.B. von Webers intimen Kenntnissen der historischen Umstände die Rede ist. Wirtschaftssoziologisch ist u. a. die Einsicht Webers in die kulturellen Säulen des modernen Kapitalismus interessant, welche in jüngerer Zeit von Boltanski und Chiapello (2006) insofern hinterfragt wer-den, indem sie anders als Weber – der ja in seiner Schrift zeigt, dass der Kapitalismus ursprünglich von religiösen Werten getragen wurde, später von säkularen Werten und zu Webers Zeit letztlich von zweckrationalen Interessen – davon ausgehen, dass ein „neuer Geist des Kapitalismus" und neue, historisch sich wandelnde Werte, die den Kapitalismus stützen, zu identifizieren seien.

b) Anwendung auf ökonomische Phänomene

Weber, Max (1999): Börsenwesen. Schriften und Reden 1893–1898. In: Borchardt, Knut (Hg.): Max-Weber-Gesamtausgabe Band I/5, 2. Tübingen: Mohr Siebeck.

Webers Texte über die Börse und das Börsenwesen sind im Kontext einer Finanzmarktsoziologie nicht nur unter historischen Gesichtspunkten interessant, sondern auch unter soziologischen und methodischen. Angesichts der heutigen Rolle der Börse für die internationalen Finanzplätze, ist es lehrreich, inwiefern und mit welchen Argumenten die Bedeutung der Börse als Institution für eine Modernisierung des Deutsches Reiches zu Webers Zeiten politisch debattiert wurde. Aus soziologischer Perspektive offeriert Weber in seinen Beschreibungen und publizistischen sowie politischen Texten zur Börse detailliertes Wissen über Aufbau, Funktionsweise und wirtschaftliche Konsequenzen des Börsengeschäftes und kann als Resultat einer ethnografischen Studie Webers gelesen werden, auch wenn er selbst in den Texten zur Börse keine Hinweise auf seine Rolle als Beobachter und Ethnograf gibt.

c) Weiterführender Beitrag

Maurer, Andrea (Hg.) (2010a): Wirtschaftssoziologie nach Max Weber. Gesellschaftstheoretische Perspektiven und Analysen der Wirtschaft. Wiesbaden: VS Verlag für Sozialwissenschaften.

In diesem Sammelband werden aktuelle Fragen und Themen der Wirtschaftssoziologie durch Beiträge von nationalen und internationalen Sozialwissenschaftler*innen wie Getraude Mikl-Horke, Jörg Rössel, Anne Koch, Richard Swedberg u. a. unter Rekurs auf Webers Methodologie und theoretische Konzepte diskutiert. Grund für die Selektion des Sammelbandes hier in diesem Kapitel ist insbesondere die mit dem Sammelband gestellte Frage (und die Antworten) nach der Aktualität der Weberschen Wirtschaftssoziologie. Dabei werden auch Webers Prinzipien und Begriffe kritisch reflektiert. Es finden sich wirtschaftssoziologische Beiträge zu den Themen Konsum, Finanzmärkte und Markt, die Webers Begriffe und Texte einbeziehen. Zudem wird eine Meta-Perspektive eingenommen, indem über die Rolle der Wirtschaftssoziologie als Gesellschaftstheorie und die Reichweite der Weberschen Rationalisierungsthese für die Wirtschaftssoziologie diskutiert werden.

d) Weitere mediale Vertiefung

Museum für Frühindustrialisierung in Wuppertal

Unter welchem gesellschaftlichen Einfluss schrieb Max Weber seine Werke und Kapitalismusstudien? Was bewegt die erste Generation Soziologen? Worin bestanden die Probleme der Zeit? Was unterscheidet die damalige Gesellschaft von unserer heutigen Gesellschaft in Hinblick auf Wirtschaft, Politik, Kultur und Leben? Antwort auf diese und verwandte Fragen finden sich im „Museum für Frühindustrialisierung" in

Wuppertal. Das Museum zeigt die Geschichte der Industrialisierung in Wuppertal. Das Museum stellt die Bevölkerungsentwicklung dar, Zuwanderung, Siedlungsformen und gesellschaftlich-religiösen Strukturen ein. Die Lebenskulturen des Bürgertums sowie der Handwerker und Industriearbeiter werden mit zahlreichen Originalexponaten anschaulich dargestellt. Siehe: https://www.mi-wuppertal.de/museum/museum-fuer-fruehindustrialisierung

Literatur

Albert, Gert (2013): Weber-Paradigma. In: Kneer, Georg; Schroer, Markus (Hg.): Handbuch Soziologische Theorien. Wiesbaden: VS Verlag für Sozialwissenschaften, 517–554.

Beckert, Jens (1996): Was ist soziologisch an der Wirtschaftssoziologie? Ungewissheit und die Einbettung wirtschaftlichen Handelns. In: Zeitschrift für Soziologie 25(2), 125–146.

Bendix, Reinhard M. (1964): Max Weber – das Werk. München: Pieper.

Berger, Peter (1990): The Sacred Canopy. New York: Anchor.

Bohnsack, Ralf; Nentwig-Gesemann, Iris; Nohl, Arnd-Michael (Hg.) (2013): Die dokumentarische Methode und ihre Forschungspraxis: Grundlagen qualitativer Sozialforschung Wiesbaden: Springer VS.

Boltanski, Luc; Chiapello, Ève (2006): Der neue Geist des Kapitalismus. Konstanz: UVK.

BUND; Deutsche Umwelthilfe; NABU; WWF Deutschland (2024): Hintergrundpapier zu den LNG-Planungen vor Rügen, 1.

Collins, Randall (2012): Webers Kapitalismustheorie: Eine Systematisierung. In: Collins, Randall: Konflikttheorie. Wiesbaden: VS Verlag für Sozialwissenschaften, 323–354.

Coser, Lewis A. (1971): Max Weber. In: Coser, Lewis A. (Hg.): Masters of Sociological Thought. San Diego, CA: Harcourt, 217–260.

Dobbin, Frank (2008): Forging Industrial Policy. Cambridge: Cambridge University Press.

Durkheim, Emile (1983): Der Selbstmord. Frankfurt am Main: Suhrkamp.

Durkheim, Emile (1992): Über soziale Arbeitsteilung. Frankfurt am Main: Suhrkamp.

Freud, Sigmund (2010): Das Unbehagen in der Kultur. Stuttgart: Reclam.

Granovetter, Marc (1985): Economic Action and Social Structure. The problem of Embeddedness. In: American Journal of Sociology 91(3), 481–510.

Greenfeld, Liah (1992): Nationalism. Cambridge: Harvard University Press.

Habermas, Jürgen (1981): Theorie des kommunikativen Handelns Band I und II. Frankfurt am Main: Suhrkamp.

Hennis, Wilhelm (1987): Die Spuren Nietzsches im Werk Max Webers. Nietzsche Studien 16. Berlin: De Gruyter.

Horkheimer, Max; Adorno, Theodor W. (1988): Dialektik der Aufklärung. Frankfurt am Main: Fischer.

Jansen, Dirk (2012): Energiegewinnung contra Naturerbe – Wie die Braunkohle einganze Region zerstört. BUNDhintergrund. https://www.bund-nrw.de/fileadmin/nrw/dokumente/braunkohle/2012_12_20_BUNDhintergrund_Tagebau_Hambach_Energiegewinnung_contra_Naturerbe_.pdf (letzter Aufruf: 23.05.2024).

Kalberg, Stephen (1980): Max Weber's Types of Rationality: Cornerstones for the Analysis of Rationalization Processes in History. In: American Journal of Sociology 85(5), 1145–1179.

Kalberg, Stephen (1987): The Origin and Expansion of Kulturpessimismus: The Relationship between Public and Private Spheres in Early Twentieth Century Germany. In: Sociological Theory. 5(2), 150–164.

Kalberg, Stephen (2001): Einführung in die historisch-vergleichende Soziologie Max Webers. Wiesbaden: Westdeutscher Verlag.

Kalberg, Stephen (2002): Introduction to The Protestant Ethic. In: Weber, Max: The Protestant Ethics and the Spirit of Capitalism. Los Angeles: Roxbury Publishing Company, XI-LXVII.

Kalberg, Stephen (2006): Max Weber lesen. Bielefeld: transcript.

Kalberg, Stephen (Hg.) (2009): Max Weber: The Protestant Ethic and the Spirit of Capitalism with other Writings of the Rise of the West. Oxford: Oxford University Press.

Kalberg, Stephen (2021): Max Weber's Sociology of Civilizations: A Reconstruction. London: Routledge.

Kivisto, Peter (2001): The Weberian Theory of rationalization and the McDonaldization of Contemporary Society. In: Kivisto, Peter (Hg.): Illuminating Social Life: Thousand Oaks: Pine Forge Press, 47–72.

Kim, Duk-Yung (1999): Nietzsche und die Soziologie: Georg Simmel und Max Weber. In: Klingemann, Carsten; Neumann, Michael; Rehberg, Karl-Siegbert; Srubar, Ilja; Stölting, Erhard: Jahrbuch für Soziologiegeschichte 1995. Opladen: Leske & Budrich, 87–121.

Kraemer, Klaus (2010): Propheten der Finanzmärkte. Zur Rolle charismatischer Ideen im Börsengeschehen. In: Berliner Journal für Soziologie 20(2), 179–201.

Kraemer, Klaus (2017): Gibt es eine Soziologische Kapitalismusforschung? In: Sachweh, Patrick; Münnich, Sascha (Hg.): Kapitalismus als Lebensform? Wiesbaden: Springer VS, 47–77.

Kuhn, Thomas (1996): The Structure of Scientific Revolutions. 3. Auflage. Chicago: University of Chicago Press.

Marx, Karl; Engels, Friedrich (2003): Das kommunistische Manifest. 17. Auflage. Berlin: Karl Dietz.

Maurer, Andrea (Hg.) (2010a): Wirtschaftssoziologie nach Max Weber. Gesellschaftstheoretische Perspektiven und Analysen der Wirtschaft. Wiesbaden: VS Verlag für Sozialwissenschaften.

Maurer, Andrea (2010b): Der privat-kapitalistische Wirtschaftsbetrieb: ein wirtschaftssoziologischer Blick auf Unternehmen? In: Maurer, Andrea (Hg.) (2010): Wirtschaftssoziologie nach Max Weber. Wiesbaden: VS Verlag für Sozialwissenschaften, 118–140.

Mayring, Philipp (2008): Qualitative Inhaltsanalyse. Weinheim: Beltz.

Meyer, John (2005): Weltkultur. Wie die westlichen Prinzipien die Welt durchdringen. Frankfurt am Main: Suhrkamp.

Mikl-Horke, Getraude (2010): Der Markt bei Weber und in der neuen Wirtschaftssoziologie. In: Maurer, Andrea (Hg.) (2010): Wirtschaftssoziologie nach Max Weber. Wiesbaden: VS Verlag für Sozialwissenschaften, 97–116.

Müller, Hans-Peter (2021a): Max Webers Sozialökonomik. 2. Wirtschaft und Gesellschaft. In: Kraemer, Klaus; Brugger, Florian (Hg.): Schlüsselwerke der Wirtschaftssoziologie. Wiesbaden: VS Verlag für Sozialwissenschaften, 99–114.

Müller, Hans-Peter (2021b): Max Webers Sozialökonomik. 3. Wirtschaft und Religion: Die „Protestantismus-These". In: Kraemer, Klaus; Brugger, Florian (Hg.): Schlüsselwerke der Wirtschaftssoziologie. Wiesbaden: Springer VS, 115–125.

Müller, Hans-Peter (2021c): Max Weber Soziökonomik. 4. Wirtschaft und Geschichte: Die Genealogie des kapitalismus. In: Kraemer, Klaus; Brugger, Florian (Hg.): Schlüsselwerke der Wirtschaftssoziologie. Wiesbaden: Springer VS, 127–143.

Müller, Hans Peter; Sigmund, Steffen (Hg.) (2020): Max Weber-Handbuch. Stuttgart: J.B. Metzler. https://doi.org/10.1007/978-3-476-05142-4_55, (letzter Aufruf: 26.04.2024).

Münnich, Sascha (2010): Ideen und Interessen. Die Entstehung der Arbeitslosenversicherung in Deutschland und den USA. Frankfurt am Main: Campus.

Münnich, Sascha (2018): Die Legitimität von Finanzregimen. Ein Weberianischer Blick auf die Spielarten des Finanzmarktkapitalismus in Deutschland und Großbritannien. In: Kölner Zeitschrift für Soziologie und Sozialpsychologie. Wiesbaden: Springer VS: 1–32.

Polanyi, Karl (1978): The Great Transformation. Frankfurt am Main: Suhrkamp.

Pongratz, Hans.J. (2020). Die Lage der Landarbeiter im ostelbischen Deutschland (1892). In: Müller, Hans-Peter, Sigmund, Steffen (Hg.) Max Weber-Handbuch. Stuttgart: J.B. Metzler.

Ritzer, George (1995): The McDonaldization of Society. Thousand Oaks: Pine Forge Press, 1–23.

Sachweh, Patrick; Münnich, Sascha (2017): Kapitalismus als Lebensform. Wiesbaden: Springer VS.

Skocpol, Theda (1979): States and Social Revolutions: A Comparative Analysis of France, Russia, and China. Cambridge: Cambridge University Press.

Schluchter, Wolfgang (1988): Religion und Lebensführung. Band 2. Frankfurt am Main: Suhrkamp.

Senge, Konstanze (2020): How do financial actors decide under conditions of fundamental uncertainty? – The role of emotions as a social mechanism to overcome fundamental uncertainty". In: Journal of US-China Public Administration 17(5), 203–220.

Schmidt, Gert (1980): Max Webers Beitrag zur empirischen Industrieforschung. In: Kölner Zeitschrift für Soziologie und Sozialpsychologie 32, 76–92.

Schmidt, Gert (2014): Zur Psychophysik der industriellen Arbeit. In: Müller, Hans-Peter; Sigmund, Steffen, (Hg.) (2014):Max Weber-Handbuch. Leben – Werk – Wirkung. Stuttgart-Weimar: J. P. Metzler, 198–201.

Simmel, Georg (1968): Das individuelle Gesetz. Frankfurt am Main: Suhrkamp.

Sombart, Werner (1987): Der moderne Kapitalismus. Bd. III, 1. München: Deutscher Taschenbuch Verlag.

Spencer, Herbert (2004): The Principles of Sociology. Volume I-IV. Forest Grove. Oregon: The University of the Pacific Press.

Stern, Fritz (1965): The Politics of Cultural Despair. New York: Anchor Books.

Stinchcombe, Arthur (2003): The Preconditions of World Capitalism. Weber updated. In: The Journal of Political Philosophy 11, 411–436.

Swedberg, Richard (2008): Die Neue Wirtschaftssoziologie und das Erbe Max Webers. In: Maurer, Andrea (Hg.): Handbuch der Wirtschaftssoziologie. Wiesbaden: VS Verlag für Sozialwissenschaften, 45–61.

Swedberg, Richard (2010): Die Bedeutung der Weberschen Kategorien für die Wirtschaftssoziologie. In: Maurer, Andrea (Hg.) (2010): Wirtschaftssoziologie nach Max Weber. Wiesbaden: VS Verlag für Sozialwissenschaften, 21–39.

Tönnies, Ferdinand (2005): Gemeinschaft und Gesellschaft. Grundbegriffe der reinen Soziologie. Darmstadt: Wissenschaftliche Buchgesellschaft.

Wallerstein, Immanuel (1974): The Modern World-System. New York: Academic Press.

Wallerstein, Immanuel (1980): The Modern World-System II. New York: Academic Press.

Wallerstein, Immanuel (1989): The Modern World-System II. New York: Academic Press.

Weber, Max (1926): Politik als Beruf. München: Duncker & Humblot.

Weber, Max (1972): Wirtschaft und Gesellschaft. Tübingen: Mohr Siebeck.

Weber, Max (1981): Wirtschaftsgeschichte. Aus den nachgelassenen Vorlesungen, herausgegeben von Sigmund Hellmann, Melchior Palyi. Berlin: Duncker & Humblot.

Weber, Max (1984): Die Lage der Landarbeiter im ostelbischen Deutschland. Max Weber Gesamtausgabe Band 3. Tübingen: Mohr Siebeck.

Weber, Max (1988a): Gesammelte Aufsätze zur Religionssoziologie Bd. I. Tübingen Mohr.

Weber, Max (1988b) Vorbemerkung. In: Weber, Max (1988a) (Hg.): Max Weber: gesammelte Aufsätze zur Religionssoziologie Bd. I. Tübingen Mohr, 1–16.

Weber, Max (1988c): „Die Protestantische Ethik und der Geist des Kapitalismus": In: Weber, Max (1988a) (Hg.): Max Weber: gesammelte Aufsätze zur Religionssoziologie Bd. I. Tübingen Mohr:, 17–206.

Weber, Max (1988d): Die protestantischen Sekten und der Geist des Kapitalismus. In: Weber, Max (1988a) (Hg.): Max Weber: gesammelte Aufsätze zur Religionssoziologie Bd. I. Tübingen Mohr, 207–236.

Weber, Max (1988e): Die Wirtschaftsethik der Weltreligionen I. In: Weber, Max (1988a) (Hg.): Max Weber: Gesammelte Aufsätze zur Religionssoziologie Bd. I. Tübingen: Mohr Siebeck, 237–573.

Weber, Max (1988f): Gesammelte Aufsätze zur Religionssoziologie Bd. II. Tübingen: Mohr Siebeck.

Weber, Max (1988g): Die Wirtschaftsethik der Weltreligionen II. Hinduismus und Buddhismus. In: Weber, Max (1988): Gesammelte Aufsätze zur Religionssoziologie Bd. II. Tübingen Mohr, 1–378.

Weber, Max (1988h): Gesammelte Aufsätze zur Religionssoziologie Bd. III. Tübingen: Mohr Siebeck.

Weber, Max (1988i): Gesammelte Aufsätze zur Wissenschaftslehre. Tübingen: Mohr Siebeck.

Weber, Max (1988j): Roscher und Knies und die logischen Probleme der historischen Nationalökonomie. In: Weber, Max: Gesammelte Aufsätze zur Wissenschaftslehre. Tübingen: Mohr Siebeck, 1–145.

Weber, Max (1988k): Die Objektivität sozialwissenschaftlicher und sozialpolitischer Erkenntnis. In: Weber, Max: Gesammelte Aufsätze zur Wissenschaftslehre. Tübingen: Mohr Siebeck, 146–214.

Weber, Max (1988l): Kritische Studien auf dem Gebiet der kulturwissenschaftlichen Logik. In: Weber, Max: Gesammelte Aufsätze zur Wissenschaftslehre. Tübingen: Mohr Siebeck, 215–290.

Weber, Max (1988m): Der Sinn der „Wertfreiheit" der soziologischen und ökonomischen Wissenschaften. In: Weber, Max: Gesammelte Aufsätze zur Wissenschaftslehre. Tübingen: Mohr Siebeck, 489–540.

Weber, Max (1988n): Wissenschaft als Beruf. In: Weber, Max: Gesammelte Aufsätze zur Wissenschaftslehre. Tübingen: Mohr Siebeck, 582–613.

Weber, Max (1988p): Gesammelte Aufsätze zur Soziologie und Sozialpolitik. Tübingen: Mohr Siebeck.

Weber, Max (1988q): Methodologische Einleitung für die Erhebungen des Vereins für Sozialpolitik über Auslese und Anpassung (Berufswahl und Berufsschicksal) der Arbeiterschaft der geschlossenen Großindustrie (1908). In: Gesammelte Aufsätze zur Soziologie und Sozialpolitik. Tübingen: Mohr Siebeck, 1–60.

Weber, Max (1988r): Zur Psychophysik der industriellen Arbeit (1908–1909). In: Weber, Max: Gesammelte Aufsätze zur Soziologie und Sozialpolitik. Tübingen: Mohr Siebeck, 61–255.

Weber, Max (1988s): Die Börse. In: Weber, Max: Gesammelte Aufsätze zur Soziologie und Sozialpolitik. Tübingen: Mohr Siebeck, 256–322.

Weber, Max (1988t): Diskussionsreden auf den Tagungen des Vereins für Sozialpolitik (1905, 1907, 1909, 1911). In: Weber, Max: Gesammelte Aufsätze zur Soziologie und Sozialpolitik. Tübingen: Mohr Siebeck, 394–430.

Weber, Max (1988l): Über einige Kategorien der verstehenden Soziologie. In: Weber, Max: Gesammelte Aufsätze zur Wissenschaftslehre. Tübingen: Mohr Siebeck, 427–474.

Weber, Max (1999): Börsenwesen. Schriften und Reden 1893–1898. In Max Weber Gesamtausgabe Band 5, 1. und 2. Halbband. Horst Bsaier, RainerM. Lepsius, Wolfgang J. Mommsen, Wolfgang Schluchter, Johannes Winkelmann (Hg.): Tübingen: Mohr Siebeck.

Weber, Max (2002): The Protestant Ethic & The Spirit of Capitalism. New Translation and Introduction by Stephen Kalberg. Los Angeles: Roxbury Publishing Company.

Zelizer, Vivianne (1994): The Social Meaning of Money: Pin Money, Paychecks, Poor Relief, and Other Currencies. New York: Basic Books.

Zelizer, Vivianne (2010): Economic Lives: How Culture Shapes the Economy. Princeton: Princeton University Press.

Bernadette Hof

III Systemtheoretische Wirtschaftssoziologie nach Niklas Luhmann

Zusammenfassung: Dieser Beitrag befasst sich mit den wirtschaftssoziologischen Arbeiten einer an Niklas Luhmann anschließenden Systemtheorie. Eine eigene systemtheoretische Wirtschaftssoziologie gibt es im strengen Sinne nicht, stattdessen sind die systemtheoretischen Ausführungen zu ökonomischen Phänomenen immer Bestandteil einer universalistischen Sozialtheorie, welche den Anspruch hat, alle sozialen Phänomene erfassen zu können, und welche sich dahingehend auch als eigener theoretischer Ansatz mit eigenen Beobachtungsperspektiven auszeichnet. Während Luhmanns soziologisches Schaffen in den 1960er Jahren begann und damit in einer Hochphase der Systemtheorien insgesamt sowie der Kritik an Parsons Strukturfunktionalismus, sind seine Arbeiten zur Wirtschaft in den 1980er und 1990er Jahren und damit in seinem Spätwerk zu verorten. Dieses ist von der Annahme autopoietischer, selbstreferentieller Systeme zur (Selbst)Identifizierung sozialer Phänomene geprägt sowie von dem Anliegen, eine Theorie der modernen Gesellschaft zu formulieren. Diese Verortung rahmt Luhmanns Perspektive auf die moderne Ökonomie deutlich, wird diese schließlich als eigenständiges, funktional ausdifferenziertes Gesellschaftssystem begriffen. Damit ergeben sich neue Perspektiven auf als zentral erachtete wirtschaftliche Elemente wie Knappheit, (Finanz-)Märkte, ökonomische Risiken und Unternehmen sowie deren Zusammenhänge, in deren Zentrum für Luhmann das Medium des Geldes steht. Die systemtheoretische Diskussion der Wirtschaft wird besonders kontinuierlich und sichtbar von Elena Esposito und Dirk Baecker fortgesetzt.

1 Einleitung

Aktuelles Beispiel zur Veranschaulichung der Systemtheorie nach Niklas Luhmann: Panikkäufe und ihre (Außer)Ordentlichkeit

Nach Luhmann ist die Wirtschaft ein autonomes Funktionssystem, das sich über die Operation der Zahlung und deren rekursive Verkettung reproduziert. Dieses System ist gleichzeitig von einer hohen Reflexivität geprägt: Beobachtungen des Wirtschaftssystems selbst werden zur zentralen Struktur weiteren ökonomischen Operierens. Diese Eigenschaften einer stark ausgeprägten Selbstreferentialität werden häufig am Beispiel des Finanzmarktgeschehens illustriert, lassen sich jedoch auch an viel alltäglicher erscheinenden Märkten beobachten. Ein anschauliches Beispiel sind hier Panikkäufe angesichts von Naturkatastrophen oder Gesundheitskrisen durch Krankheitsausbrüche. Mit Panikkäufen ist dabei das Phänomen bezeichnet, dass Personen unüblich große Mengen an Produkten vor, während oder nach einer beobachteten Katastrophe oder angesichts erwarteter Knappheit oder Preissteigerungen erwerben

---

Danksagung: Neben den Autor*innen dieses Buches möchte ich insbesondere Alberto Cevolini für seine Durchsicht und hilfreichen Anmerkungen zu diesem Kapitel danken.

https://doi.org/10.1515/9783110704884-003

(vgl. Yuen et al. 2020: 1). Ein auffällig großer Absatz bestimmter Verbrauchsgüter trat auch nach Beginn der Covid-19-Pandemie in Deutschland auf. So zeigt Abb. III.1. anhand Berechnungen des statistischen Bundesamtes (Destatis) mit experimentellen Daten, dass zum Beispiel die Nachfrage nach Toilettenpapier in der zwölften Kalenderwoche des Jahres 2020 mehr als drei Mal so hoch lag wie in den sechs Monaten zuvor (+211 Prozent), jene nach Seife sogar mehr als vier Mal so hoch (+337 Prozent) (vgl. Abb. III.1; Statistisches Bundesamt (Destatis) 2023).

Absatzindex von ausgewählten Verbrauchsgütern
Durchschnitt von 32. KW 2019 bis 5. KW 2020 = 100

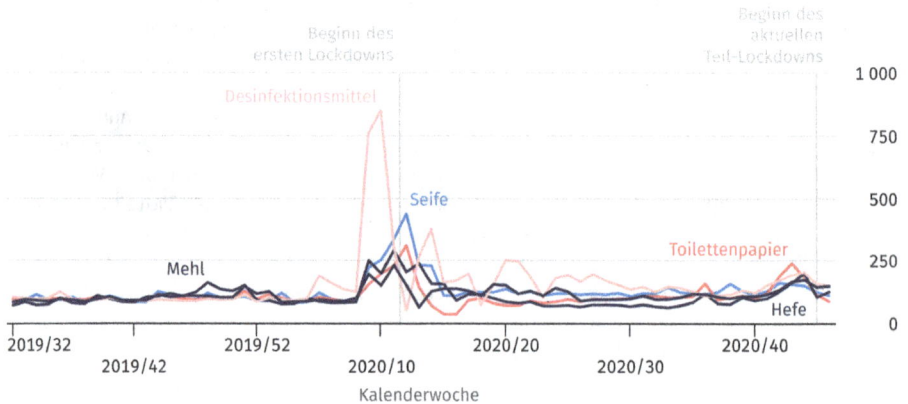

© Statistisches Bundesamt (Destatis), 2025

Abb. III.1: Absatz bestimmter Verbrauchsgüter während der Covid-19-Pandemie. (Statistisches Bundesamt (Destatis) 2025).

An Panikkäufen lässt sich die grundlegende systemtheoretische Betrachtung der Ökonomie gut illustrieren. Panikkäufe sind aus systemtheoretischer Sicht erst einmal normale ökonomische Vorgänge, denn es handelt sich dabei um Zahlungsoperationen. Je nachdem, wie sich diese Zahlungsvorgänge in einem gewissen Zeitraum häufen, können solche Panikkäufe ökonomisches Operieren sowohl beschleunigen als auch blockieren, zum Beispiel indem diese eine erhöhte Produktion und damit erneut erhöhte Zahlungsaktivitäten provozieren oder diese Lieferengpässe erzeugen, die weitere Transaktionen und damit auch Zahlungen verunmöglichen. Panikkäufe bezeichnen also veränderte Zahlungsaktivitäten, die sich dann auf weitere Zahlungsaktivitäten auswirken. Und nichts anderes als die rekursive und damit selbstreferentielle Verkettung von Zahlungsoperationen ist erst einmal mit dem ökonomischen System gemeint.

Aus systemtheoretischer Perspektive stellt sich dann aber auch die Frage, wie es eigentlich zu den (veränderten) Zahlungen, hier Panikkäufen kommt. Die Antwort verdeutlicht weitere Formen der Selbstreferentialität der Wirtschaft. In einem Reviewartikel tragen Yuen et al. die bislang erforschten Gründe für Panikkäufe im Rahmen von Natur- und Gesundheitskatastrophen zusammen. Als prominente Gründe erscheinen hier sowohl die angenommene Knappheit von Produkten als auch die Beobachtung anderer Akteur*innen (vgl. Yuen et al. 2020: 6 f., 9). Mit dem zweiten Punkt ist dann unter anderem das aufgerufen, was in der Ökonomie als „Herdenverhalten" bezeichnet wird: Akteur*innen orientieren ihre ökonomischen Entscheidungen aufgrund von Informationsdefiziten affirmativ an den bereits getroffenen Entscheidungen anderer, wodurch Kaskadeneffekte ausgelöst werden (vgl. Banerjee 1992). Im Fall der Panikkäufe bedeutet dies, dass deren Beobachtung weitere Panikkäufe hervorrufen. Während Panikkäufe Außerordentlichkeit und Diskontinuität benennen sollen, werden von Yuen et al. soziale Zusammenhänge als Ursachen angeführt, die für Luhmann grundsätzlich kennzeichnend für das wirtschaftliche Operieren sind, dessen Ordnung also auch im Regelfall bestimmen. Hierbei handelt es sich um die zentrale Einsicht, dass ökonomisches Operieren, also die Frage, ob es zu einer Zahlung kommt oder nicht, immer auf der Beobachtung der Ökonomie selbst beruht und das heißt auf Beobachtungen und Erwartungen, wie andere die Wirtschaft beobachten. Denn nichts anderes zeigen nach Luhmann Märkte und Preise an. Ökonomisches Operieren ist damit immer schon in hohem Maße reflexiv.

2 Entstehungsgeschichte: Die Systemtheorie zwischen Theorie- und Wachstumskrise

Niklas Luhmann (1927–1998) ist ein deutscher Soziologe, welcher eine allgemeine Theorie sozialer Systeme im Sinne einer soziologisch orientierten Systemtheorie sowie auch eine Theorie der modernen Gesellschaft entwickelt hat, insbesondere im Rahmen seiner Professur an der im Jahr 1969 gegründeten Universität Bielefeld. Nach einem Jurastudium und einer folgenden Tätigkeit in der öffentlichen Verwaltung (vgl. Beyes et al. 2021) studierte Luhmann in den 1960er Jahren bei dem US-amerikanischen Soziologen Talcott Parsons an der Harvard University (vgl. Kap. I.3.). Dessen strukturfunktionalistische und dabei ebenfalls systemtheoretische Perspektive ist schließlich ein zentraler Ausgangspunkt für Luhmanns bald entstehendes ambitioniertes Vorhaben, der sich in einer „Theoriekrise" (Luhmann 2015: 7) befindenden Soziologie eine facheinheitliche, und das heißt hier eine den gesamten soziologischen Gegenstand beschreib- und analysierbarmachende Theorie zu verschaffen:

> Sie [die facheinheitliche Theorie] reklamiert für sich selbst *nie: Widerspiegelung* der kompletten Realität des Gegenstandes. *Auch nicht: Ausschöpfung* aller Möglichkeiten der Erkenntnis des Gegenstandes. Daher *auch nicht: Ausschließlichkeit* des Wahrheitsanspruchs im Verhältnis zu anderen, konkurrierenden Theorieunternehmungen. *Wohl aber: Universalität* der Gegenstandserfassung in dem Sinne, daß sie als soziologische Theorie *alles* Soziale behandelt und nicht nur

Ausschnitte (wie zum Beispiel Schichtung und Mobilität, Besonderheiten der modernen Gesellschaft, Interaktionsmuster etc.). (Luhmann 2015: 9)

Den Anspruch Parsons übernehmend, eine soziologische Universaltheorie zu formulieren, dabei aber den Strukturfunktionalismus aufgebend zu Gunsten einer äquivalenzfunktionalistischen Perspektive, welche nicht mehr nach den notwendigen Bedingungen des Bestandes sozialer Systeme fragt, sondern diese selbst als zu erklärendes Phänomen anvisiert und damit die Komplexität sowie Kontingenz des Sozialen zum Bezugsproblem soziologischer Überlegungen macht[1] (vgl. Luhmann 1991a: 9 ff.; Kneer & Nassehi 2000: 38 ff.), orientiert sich Luhmann bald an der interdisziplinär ausgerichteten allgemeinen Systemtheorie und hier insbesondere an Arbeiten aus der Biologie, konstruktivistischen Einsichten aus der Neurophysiologie sowie an der Mathematik und vor allem der Kybernetik[2] (vgl. Luhmann 2015: 27 f.; Kneer & Nassehi 2000: 17 ff., 47 ff.), um seine grundlegende Theorie sozialer Systeme zu formulieren. Dieser Moment in Luhmanns Schaffen wird auch die „autopoietische Wende" genannt[3]. Nach dieser Wende definiert Luhmann nun auch soziale Systeme als autopoietische, sich selbstreferentiell produzierende und reproduzierende Zusammenhänge aus kommunikativen Ereignissen, welche sich durch ihre spezifische Vernetzung von einer wesentlich komplexeren Umwelt abgrenzen. Diese Selbstreproduktion der Kommunikation und selbstreferentielle Operativität des Sozialen stellt Luhmann ab dato als Modus der Komplexitätsverarbeitung in den Vordergrund seiner Ausführungen. Die Eignung der allgemeinen Systemtheorie als Ausgangspunkt einer Entwicklung einer soziologischen Universaltheorie begründet Luhmann mit den Weiterentwicklungen der allgemeinen Systemtheorie selbst. So hat diese bis zu den 1980er Jahren genug theoretische Eigenkomplexität aufgebaut, um auch für die Erfassung des Sozialen herangezogen werden zu können. Zudem kann die Soziologie von der Komplexität einer systemtheoretischen Theorieanlage profitieren, weil durch diese die Reichweite dessen, was soziologisch beobachtet werden kann, erhöht wird (vgl. Luhmann 2015: 18 ff.,

---

1 Komplexität bezeichnet einen Systemzustand. Ein System ist umso komplexer, je größer die Anzahl seiner Elemente ist und die Anzahl der Verknüpfungsmöglichkeiten dieser Elemente schließlich eine jederzeitige Verknüpfung aller Elemente verunmöglicht (vgl. Luhmann 1980: 1064 f.). Komplexität geht mit Kontingenz einher: Spezifische Selektionen im Sinne von Verknüpfungen sind kontingent insofern, dass sie immer auch anders ausfallen könnten (vgl. Luhmann 2015: 46 f.). Dies gilt dann auch für das beobachtbare Soziale – es könnte immer auch anders sein, ist es in situ aber nicht. Mit dieser Perspektive formuliert Luhmann einen soziologischen Schlüssel zur Aufschließung der sozialen Welt.
2 Zur Übersicht über Schlüsselwerke der Systemtheorie sowie des Konstruktivismus siehe Baecker (2016) und Pörksen (2015).
3 Das Schaffen Luhmanns wird so in der Regel in zwei Perioden eingeteilt, wobei die autopoietische Wende die zweite Periode einleitet. Diese soll im Rahmen dieses Aufsatzes im Zentrum stehen, da sich in dieser Phase auch die zentralen wirtschaftssoziologischen Arbeiten Luhmanns verorten lassen. Luhmanns Arbeiten aus den 1960er und 1970er Jahren enthalten jedoch bereits einige zentrale Konzepte seiner Theorie, die später teilweise reformuliert sowie auch radikalisiert werden. Für einen Überblick über die Entwicklung des Luhmannschen Werks siehe Kneer & Nassehi 2000.

25 ff.). Genau hierin besteht nämlich die zu bearbeitende Theoriekrise nach Luhmann: Es braucht eine neue Theorie, die der inhärenten sozialen Komplexität der modernen Gesellschaft gerecht wird, indem sie sie analysierbar und beschreibbar macht (vgl. August 2021: 302 ff.). Auch wenn Luhmann neben der Gesellschaft noch andere soziale Systeme kennt, so gipfelt sein Theorievorhaben letztlich in der Formulierung einer Gesellschaftstheorie, und zwar in einer Theorie der modernen Gesellschaft („Die Gesellschaft der Gesellschaft", 1997), welche vor allem als differenziert in funktional autonome und operativ geschlossene Teilsysteme beschrieben wird und eben in dieser homologen Grundstruktur, der funktionalen Differenzierung, zum Ausdruck kommt (vgl. Luhmann 1997: 42 f.).

Luhmanns wirtschaftssoziologische Arbeiten, die im Vergleich zu anderen thematischen Schwerpunkten nicht sehr zahlreich sind, sind nach der autopoietischen Wende entstanden. Diese Positionierung im Gesamtwerk zeichnet sich deutlich in der Art der Behandlung des Themas Wirtschaft ab. So ist diese einerseits vor dem Hintergrund des Anliegens der Erarbeitung einer Gesellschaftstheorie zu verstehen (vgl. auch Luhmann 1996: 10):

> Seit den frühen 80er Jahren wurde zunehmend klar, welche Bedeutung die *Vergleichbarkeit* der Funktionssysteme für die Gesellschaftstheorie hat. [...] Andererseits kann es kein Zufall sein, wenn sich zeigen läßt, daß sehr heterogene Funktionsbereiche wie Wissenschaft und Recht, Wirtschaft und Politik, Massenmedien und Intimbeziehungen vergleichbare Strukturen ausweisen [...]. Aber läßt es sich zeigen? [...] Wenn die Ausarbeitung dieses Gedankens nicht überzeugt, bleibt nur die Möglichkeit, Theorien für die einzelnen Funktionssysteme auszuarbeiten und dabei auszuprobieren, ob man bei aller Verschiedenheit der Sachbereiche mit demselben begrifflichen Apparat arbeiten kann [...]. (Luhmann 1997: 12).

Andererseits werden die wirtschaftssoziologischen Arbeiten Luhmanns auch mit einem neu erwachenden soziologischen Interesse an wirtschaftlichen Phänomenen, welches sich beispielsweise auch in den in den 1980er Jahren erscheinenden Arbeiten von Harrison C. White und Mark Granovetter materialisiert, in Verbindung gebracht: So soll geprüft werden, inwiefern sich die theoretischen Entwicklungen der allgemeinen Systemtheorie sowie der Theorie sozialer Systeme auch nutzen lassen, um eine produktive, und das heißt für Luhmann eine weitreichend erfassende soziologische Perspektive auf ökonomische Phänomene zu gewinnen (vgl. Baecker 2012: 219; Luhmann 1996: 8 f.). Hierzu wird ein Ausgangspunkt der Erkenntnisgewinnung eingenommen, der von anderen soziologischen sowie wirtschaftswissenschaftlichen Ansätzen abgegrenzt wird. Zum einen soll keine Trennung zwischen wirtschaftlichen und anderen sozialen Phänomenen reproduziert werden: „Alles wirtschaftliche Handeln ist soziales Handeln, daher ist alle Wirtschaft immer auch Vollzug von Gesellschaft" (vgl. Luhmann 1996: 8). Auch deswegen soll von der Wirtschaft der Gesellschaft gesprochen werden. Zum anderen werden der Wirtschaft aber auch nicht direkt „Repräsentations- und Steuerungsfunktionen der Gesellschaft in der Gesellschaft" (vgl. Luhmann 1996: 11) zugeschrieben, womit entschieden von marxistischen Positionen abgewichen wird. Insgesamt kommt Luhmann zu Aussagen über die Ökonomie, die zwar klassische soziologische wie wirtschaftswissenschaftliche Themen und Gegenstände aufgreifen, diese aber auf andere Weise verbinden sowie in einem neuen Licht erscheinen lassen (vgl. Baecker 2012)[4].

In einer kürzlich vorgelegten Arbeit von August (vgl. 2021: 299 ff.) wird der gesellschaftspolitische Kontext des Luhmannschen Theorievorhabens ausführlich herausgearbeitet. Eine zentrale These lautet dabei, dass Luhmanns Arbeiten insbesondere vor dem Hintergrund der Wachstumskrisen der modernen Gesellschaft zu verstehen sind. Damit sind zuvorderst die Krise des Wohlfahrtsstaates im Sinne seiner beobachteten zunehmenden Überforderung sowie die sich abzeichnende ökologische Krise aufgerufen (vgl. August 2021: 338 ff., 352 f.; hierzu auch Schimank 2007), demnach Themen, die in den politischen Debatten der 1970er sowie 1980er Jahre stark präsent waren. Luhmann kritisierte den politischen Umgang mit diesen Problemen, welche er als natürliche aber auch selbstgefährdende Folgeprobleme einer modernen und das heißt funktional differenzierten Gesellschaft sah, als unwirksam oder gar problemverschärfend. Die gesellschaftspolitische Überforderung, die sich nach Luhmann auch in einer Katastrophenrhetorik materialisierte, führt er vor allem auf ein soziales Wissensproblem – die schon genannte Theoriekrise – zurück. Das gesellschaftlich immer noch dominante „alteuropäische" Wissen mit seinen Beobachtungsschemata und Rationalitäten ist aus seiner Sicht keine angemessene Selbstbeschreibung der Strukturen der modernen Gesellschaft mehr und kann dementsprechend weder die durch sie produzierten Probleme angemessen reflektieren noch als Konsequenz geeignete Modi ihrer Bearbeitung anleiten (vgl. August 2021: 331, 339, 343 ff.). Nicht zuletzt vor diesem Hintergrund begründet Luhmann seine Beobachtungen der Gesellschaft als neue Selbstbeschreibung, als neue Semantik der Gesellschaft (vgl. August 2021: 318 f., 349 f.; Luhmann 1997: 14 ff.). Er bringt sie damit gleichzeitig als (politische) Steuerungstheorie in Anschlag, in deren Zentrum vor allem Überlegungen zu systemischen Selbststeuerungspotenzialen sowie die Forderung nach permanenter systemischer Selbstreflexion, Lernfähigkeit und situativer Flexibilität stehen sollen (vgl. August 2021: 347 ff., 361). Dieses Thema der Selbststeuerung ist nach Baecker letztlich auch ein zentrales und verbindendes Moment in Luhmanns wirtschaftssoziologischen Arbeiten, wird hier doch die Frage gestellt, inwiefern auch eine (preis)instabile Wirtschaft selbstorganisiert und selbstkontrolliert ist (vgl. Baecker 2012: 222).

---

4 Zur Übersicht über die zentralen Themen des Bandes „Die Wirtschaft der Gesellschaft" sowie die zugehörigen Diskurskontexte siehe Baecker (2012). Zu Luhmanns wirtschaftssoziologischen Ausführungen insgesamt siehe Baecker (2017), Pahl (2017) und Boldyrev (2013).

3 Erkenntnisinteresse der Systemtheorie

Im folgenden Abschnitt ist auszuführen, welche wirtschaftssoziologischen Fragen die Systemtheorie stellt und wie sie diese beantwortet. Dazu ist die eigenständige theoretische Perspektive (vgl. Kap. III.3.1.), welche sich nicht nur auf den ökonomischen Phänomenbereich bezieht, in Form von zentralen Begriffen und Konzepten ebenso zu verdeutlichen wie die ökonomischen Themen, welche in den Blick rücken (vgl. Kap. III.3.2.). Insgesamt werden in diesem Kapitel sowohl grundlegende systemtheoretische Arbeiten Erwähnung finden als auch neuere Überlegungen und Diskussionen, die explizit an Luhmanns theoretische Abhandlungen anschließen.

3.1 Zur grundsätzlichen theoretischen Perspektive: Soziale Systeme als selbstreferentielle, autopoietische Kommunikationszusammenhänge

Auch wenn einige theoretische Begriffe erst in der Diskussion des hier interessierenden Gegenstandes aufgeführt werden sollen, so gilt es an dieser Stelle grundlegende Konzepte und Perspektiven vorab zu skizzieren, nicht zuletzt um die Eigenständigkeit sowie die phänomenologische Breite der systemtheoretischen Theorieanalage zu markieren. Dabei kann angesichts des Umfangs der Theorie diese hier natürlich nicht in Gänze reflektiert werden[5], ebenso ist auch die Abfolge der Darlegung dieser komplexen Theorie immer schon eine kontingente Selektion (vgl. Luhmann 2015: 13 f.; Andersen 2003a: 64). Da die Systemtheorie die Ökonomie als eigenständige, differenzierte soziale Sphäre erfasst, bietet es sich an, mit dem Begriff sozialer Systeme und ihrer Perspektivierung als autopoietisch und selbstreferentiell zu beginnen.

Im Vorwort des Buches „Soziale Systeme" benennt Luhmann (2015) den Gegenstandsbereich der zu formulierenden soziologischen Universaltheorie als die „[...] Gesamtwelt, bezogen auf die Systemreferenz sozialer Systeme, das heißt bezogen auf die für soziale Systeme charakteristische Differenz von System und Umwelt" (Luhmann 2015: 10). Das Soziale wird hier demnach anvisiert in Form sozialer Systeme, gleichzeitig weist diese Aussage bereits auf die grundlegende Einsicht hin, was ein soziales System zu einem System macht. Im Anschluss an Entwicklungen der allgemeinen Systemtheorie definiert Luhmann ein soziales System als einen spezifischen, von der Umwelt unterscheidbaren Zusammenhang aus kommunikativen Ereignissen, der sich auf Grundlage dieses Netzwerks eigener Elemente selbst hervorbringt und fortsetzt und

---

5 Zum Überblick über die Theorie siehe das Glossar zu Niklas Luhmann von Baraldi, Corsi und Esposito (2019), das Luhmann Handbuch von Jahraus et al. (2012), die Einführung von Kneer und Nassehi (2000), Schroer (2017) sowie auch von Andersen (2003a). Als Einstieg in die Theorie eignen sich zudem die verschriftlichten Vorlesungen Luhmanns (2009; 2020) sowie auch seine Monografie „Ökologische Kommunikation" (2004).

genau damit von seiner Umwelt als System differenziert. Soziale Systeme sind damit autopoietisch, also sich selbst erzeugend und erhaltend, und zwar durch Selbstreferentialität, folglich durch Selbstbezüglichkeit (vgl. Luhmann 2015: 25; Luhmann 2011: 55; Kneer & Nassehi 2000: 56 ff.). Da in der Soziologie die sozialen Systeme im Vordergrund stehen, gilt es nun diese genauer zu beleuchten[6].

Soziale Systeme werden systemtheoretisch (wie auch psychische Systeme) als sinnkonstituierende Systeme erfasst, welche auf der für sie spezifischen Operation der Kommunikation basieren. Kommunikation wird dabei als Synthese von drei Selektionen verstanden, nämlich Information, Mitteilung und Verstehen (vgl. Luhmann 2015: 193 ff.). Gerade dem Verstehen, der Selektion, die in anderen Kommunikationsmodellen eher ausgeblendet wird, kommt dabei eine tragende Bedeutung zu. Denn erst das Verstehen, begriffen als jene Selektion, die zwischen einer Information (über etwas) und einer damit gleichzeitig kommunizierten Mitteilung (Absicht bei der Aussage) differenziert, macht etwas überhaupt erst zu einer Kommunikation und bestimmt ihre Bedeutung. Kommunikativer Sinn wird in dem systemtheoretischen Kommunikationsmodell also nachträglich erzeugt (vgl. Luhmann 2015: 198; Baraldi 2019: 89 f.). Dieses Verständnis von Kommunikation ist folgenreich: Zum einen bezeichnet der Begriff eines Kommunikationsereignisses nun nicht mehr nur einen (Rede-)Beitrag Alters, sondern schließt auch die folgende Reaktion Egos ein und markiert diese Reaktion sogar als diejenige, die Sinn verleiht. Zum anderen ist mit diesem Verstehen kein psychisches Verstehen gemeint, sondern eines, was sich ebenfalls kommunikativ materialisiert. Mit diesen Bestimmungen wird Kommunikation systemtheoretisch als ausschließlich soziales Phänomen bestimmt, eine Aussage, die immer wieder für Irritation sorgt, stellt sich doch die Frage, wo hier noch der handelnde Mensch zu verorten ist (siehe hierzu das Beispiel zum theoretischen Stellenwert des handelnden Menschen am Ende des Unterkapitels).

Mit dieser Bestimmung von Kommunikation wird ein eindeutig soziologischer Untersuchungsgegenstand präsentiert. Das kleinste Element sozialer Systeme ist nun das Ereignis einer Kommunikation. Ein soziales System ist demnach ein System, welches aus fortlaufender Kommunikation, hervorgebracht auf Basis eigener und dadurch aneinander anschließender Kommunikationen, besteht. Es hört auf zu existieren, wenn nicht mehr kommuniziert wird, demnach keine Anschlusskommunikation erfolgt. Dass auf ein Kommunikationsereignis ein weiteres folgt, wird aber dadurch wahrscheinlich, dass die Selektion des Verstehens, hier materialisiert als sozialer Akt, eine Prüfung auf richtiges Verstehen provoziert sowie ihrerseits neue Selektionen präsentiert, die zum Gegenstand von Verstehen werden können. Damit wird die basale Selbstreferentialität sozialer Systeme deutlich: Kommunikation entsteht auf Basis

---

6 Nicht nur soziale Systeme sind für Luhmann autopoietisch und selbstreferentiell, sondern auch lebende oder psychische Systeme. Allerdings vollzieht sich ihre Autopoiesis in einem anderen Modus, sie operieren demnach anders, wodurch sie auch als differente Systeme unterscheidbar werden (vgl. Kneer & Nassehi 2000: 57 ff.).

bzw. im Kontext vorhergehender Kommunikation. Das meint aber nicht zugleich eine Kommunikation, die thematisch nur um sich selbst kreist. Vorhergehende Operationen stecken den Rahmen für weitere ab, aber es ist prinzipiell offen, ob eher an die Selektion der Information, welche sich fremdreferentiell auf die Umwelt des Systems bezieht, oder selbstreferentiell an die Mitteilungskomponente angeschlossen wird[7]. Demnach sind soziale Systeme zwar operativ geschlossen, aber durch die fremdreferentielle Komponente stets umweltoffen, auch wenn diese Umwelt immer Korrelat des Systems bleibt (vgl. Luhmann 2015: 198 ff.; Baraldi 2019: 90 ff.).

Ausgehend von der systemtheoretischen Frage, auf welche Weise sich die Kommunikation schließlich vollzieht, wie also Sinn selektiert wird und wie sich soziale System davon ausgehend oftmals beständig operativ fortsetzen, obwohl sie aus zeitlich unbeständigen Ereignissen bestehen, lassen sich schließlich verschiedene Typen sozialer Systeme differenzieren: Während Gesellschaft jegliche Kommunikation umfasst, ist die moderne Gesellschaft gekennzeichnet von verschiedenen funktional differenzierten Subsystemen, welche vor allem entlang je eigener Kommunikationscodes und Programme operieren (vgl. Luhmann 1997). Ebenso werden auf Basis von Entscheidungskommunikation operierende Organisationen (vgl. Luhmann 2011) und sich durch physische Anwesenheit von Individuen strukturierende Interaktionen unterschieden (vgl. Kieserling 1999). Während diese Unterscheidungen in den folgenden Ausführungen greifbar zu machen sind, ist an dieser Stelle noch ein weiterer grundsätzlicher Aspekt anzusprechen, der aus der Systemtheorie als Beobachtungstheorie[8] resultiert. Mit der Frage, wie soziale Systeme prozessieren, ist eine zentrale analytische Frage der späteren Systemtheorie nach Luhmann benannt. Geht man wie die Systemtheorie davon aus, dass jeder operativen Selektion immer eine sinnstiftende Beobachtung[9] zugrunde liegt, dann beobachtet die Systemtheorie, wie Systeme beobachten, sie bewegt sich also auf der Ebene der Beobachtung zweiter Ordnung. Während auf der Ebene erster Ordnung etwas mithilfe einer gewählten Unterscheidung beobachtet wird, wird auf der Ebene der Beobachtung zweiter Ordnung dieser Modus des Beobachtens, demnach die zur Beobachtung genutzte Unterscheidung selbst beobachtet (vgl. Luhmann 1990b: 8 f., 15 f.). Beobachtet werden können hier dann verschiedenste Unterscheidungen (vgl. Luhmann 1991c: 23 f.; Andersen 2003a: 67, 87 f.), zum Beispiel Semantiken wie die des homo oeconomicus. Diese gesellschaftlichen Wissensformen werden von den Systemen je nach Situation aktualisiert und inhaltlich zugespitzt, um zu kommunizieren:

---

7 Vgl. zu den verschiedenen Formen der Selbstreferenz Luhmann 2015: 600 ff. sowie Kap. III.3.2.

8 Vgl. zur Darstellung der Systemtheorie ausgehend von dem Konzept der Beobachtung Andersen 2003a: 63 ff.

9 Beobachtungen sind Operationen, welche eine Unterscheidung treffen und innerhalb dieser etwas bezeichnen, wobei Bezeichnen immer ein Unterscheiden voraussetzt (vgl. Andersen 2003a: 64). Kommunikation ist mit den drei zusammenhängenden Selektionen eine Beobachtung des sozialen Systems.

> Die Gesamtheit der für [die Sinngenese] benutzbaren *Formen* einer Gesellschaft (im Unterschied
> zur Gesamtheit der Sinn aktualisierenden *Ereignisse* des Erlebens und Handelns) wollen wir die
> Semantik einer Gesellschaft nennen, ihren semantischen Apparat ihren Vorrat an bereitgehalte-
> nen Sinnverarbeitungsregeln. Unter Semantik verstehen wir demnach einen höherstufig genera-
> lisierten, relativ situationsunabhängig verfügbaren Sinn. (Luhmann 1993: 19)

Aber, und das ist zentral, auch diese Beobachtung höherer Ordnung ist eine Beobachtung, die mithilfe bestimmter Unterscheidungen stattfindet und dies gilt auch für systemtheoretische Beobachtungen, deren Beobachtungsschema die Systemtheorie und
ihre semantischen Unterscheidungen sind. Insofern taucht die Systemtheorie in ihrer
eigenen Theorie auf, sie fällt in ihren eigenen Gegenstandsbereich und ist damit eine
autologische Theorie (vgl. Luhmann 2015: 9 f.; Kneer & Nassehi 2000: 41 f., 44)[10]. Damit
ist zwar gesagt, dass sich die Systemtheorie keine überlegene Erkenntnisposition gegenüber anderen (auch wissenschaftlichen) Beobachter*innen zuschreibt, diese Einsicht ist aber nicht gleichzusetzen mit einem Versuch, sich der Verantwortung für die
getätigten Aussagen zu entziehen oder sich gegen Kritik zu immunisieren. Das
Erkenntnispotenzial einer Theorie wird lediglich anders begründet, nämlich durch
die schon genannte Fähigkeit, soziale Komplexität möglichst gut erfassen zu können
(vgl. hierzu auch Kneer und Nassehi 2000: 107 ff.). Insgesamt lässt sich damit die soziologische Systemtheorie nach Niklas Luhmann als Theorie beschreiben, die beobachtet,
wie sich soziale Systeme beobachtend gegenüber einer Umwelt operativ ausdifferen-
zieren. Dabei ist zu berücksichtigen, dass zu diesen Systembeobachtungen auch die
Selbstbeobachtung[11] gehört, ein zentraler Aspekt in Luhmanns Theorie selbstreferentieller Sozialsysteme. Denn Selbstreferentialität setzt voraus, dass überhaupt zwischen einem Selbst und der Umwelt unterschieden werden kann. Die Beobachtung
zweiter Ordnung korrespondiert hier also mit einer Kybernetik zweiter Ordnung: Es
werden systemtheoretisch sich selbst beobachtende und unterscheidende Systeme in
ihrem Operationsmodus beobachtet (vgl. Luhmann 2015: 25 f.; Luhmann 2004: 53 ff.).
Im nächsten Abschnitt ist darzulegen, welche Erkenntnispotenziale sich mit dieser
Theorieanlage für den Nachvollzug ökonomischer Phänomene ergeben.

---

10 Auch die systemtheoretische Gesellschaftstheorie ist nach Luhmann autologisch, denn auch diese
findet in der Gesellschaft statt und ist somit Teil des zu untersuchenden Gegenstandes, und zwar in
Form der Selbstbeschreibung dieses Gegenstandes. Da die Theorie Gesellschaft mitvollzieht und diese
durch den Vollzug zugleich verändert, weisen Gegenstand und Theorie zudem ein zirkuläres Verhältnis auf (vgl. Luhmann 1997: 15 f., 33, 43). In dieser Perspektivierung finden sich bereits (zum Teil auch
explizit gemachte) Ähnlichkeiten zum poststrukturalistischen Denken, indem die Unterscheidung von
Subjekt und Objekt aufgegeben wird sowie auch wissenschaftliche Erkenntnis sowie Erkenntnisme-
thoden zu einem gewöhnlichen Gegenstand der Forschung werden (vgl. Luhmann 1997: 33, 41).
11 Damit kommt der Selbstbeschreibung sozialer Systeme als Form der Selbstreferentialität („Reflexion") ein zentraler Stellenwert in der Systemtheorie zu (vgl. Luhmann 2015: 601 f.).

„Der Mensch kann nicht kommunizieren; nur die Kommunikation kann kommunizieren" (Luhmann ⚡
1990a: 31) – **wo bleibt der handelnde Mensch?**
Das berühmte Zitat unterstreicht, dass Kommunikation für Luhmann ein rein soziales Ereignis ist. Was
bedeutet das aber für den Stellenwert des Menschen in der Systemtheorie, wenn diesem nun abgesprochen wird, kommunizieren zu können, was aus systemtheoretischer Sicht meint, dass der Mensch nicht
das wichtigste Element des Sozialen hervorbringt? Und was heißt das für den damit zusammenhängenden
Begriff der Handlung, einem weiteren Grundbegriff der Soziologie, der die menschlichen Akteur*innen in
den Mittelpunkt rückt? Auch wenn der Systemtheorie oft vorgeworfen wird, den Menschen in seiner Bedeutung für die soziale Welt zu vernachlässigen, so kommt dieser sogar mehrfach in der Theorie vor. So
lässt sich der Mensch systemtheoretisch erstens als Körper und damit als biologisches, lebendes System
anvisieren, zweitens als Psyche und damit als psychisches, denkendes System, oder drittens als soziale
Semantik, zum Beispiel in Form einer spezifischen Person, die zum Thema einer Kommunikation gemacht
werden kann oder als soziale Adresse fungiert, auf die Kommunikation als Alter zugerechnet wird und die
schließlich mitbeeinflusst, auf welche Weise verstanden wird (vgl. Luhmann 1991b; Fuchs 1997). Der letztgenannte Aspekt eröffnet zugleich, welcher Stellenwert dem*der handelnden Akteur*in in der Systemtheorie zukommt. Auch diese*r wird so zur Semantik, zu einer generalisierten Sinnform, und zwar zu
jener, die die Selektion einer Mitteilung erst ermöglicht. Erst wenn ein*e handelnde*r Akteur*in beobachtet wird, kann auch eine Mitteilung zugeschrieben werden und Kommunikation erfolgen. Damit wird deutlich, dass der Mensch schon allein deswegen nicht kommunizieren kann, weil es ihn als geschlossene Einheit gar nicht gibt (vgl. Kneer und Nassehi 2000: 66 f.). Dennoch ist er für Kommunikation unerlässlich,
braucht es doch Körper, wahrnehmende Psychen und nicht zuletzt soziale Zurechnungspunkte in Form
von Handelnden, damit Kommunikation erfolgen kann. Mit dieser Theoretisierung des*der handelnden
Akteur*in lässt sich dann auch die wirtschaftliche Sozialfigur des homo oeconomicus in der Systemtheorie
verorten, nämlich als Semantik, die als Thema oder soziale Erwartung, wie gehandelt wird, die Kommunikation mitgestaltet und strukturiert (vgl. Krafft & Ulrich 2006: 32).

3.2 Systemtheoretische Thematisierungen der Wirtschaft

Die Wirtschaft gehört nicht zu den zentral behandelten Gegenständen in Luhmanns umfangreichem Werk. Gleichzeitig lässt sich feststellen, dass an Luhmann anschließende
theoretische Perspektiven, Einsichten oder Begriffe in zahlreichen und thematisch sehr
diversen wirtschaftssoziologischen Arbeiten Verwendung finden, wenn auch die Theorie
hier selten als alleiniger oder zentraler Rahmen der Untersuchung anzufinden ist. In diesem Kapitel wird demnach keine vollständige Aufzählung der systemtheoretisch behandelten wirtschaftssoziologischen Themen angestrebt, stattdessen sollen jene benannt werden, an denen sich deutlich eine fachliche Auseinandersetzung konzentriert. Hierbei
handelt es sich um folgende drei Themenkomplexe: Erstens wird es um den Zusammenhang von Wirtschaft und Gesellschaft im Sinne der Kontingenz des Wirtschaftens sowie
der Beschreibung der modernen Wirtschaft als funktional ausdifferenziertes und eigendynamisches soziales System neben anderen Systemen gehen. Zweitens soll die grundlegende Reflexivität ökonomischen Prozessierens und die damit zusammenhängende
Steigerungslogik thematisiert werden. Drittens wird als zentrales Thema der wirtschafts-

soziologischen Systemtheorie der Umgang ökonomischer Organisationen mit steigender Komplexität und Ungewissheit in der modernen Gesellschaft vorgestellt.

Die Wirtschaft als Funktionssystem der modernen Gesellschaft

Der erste Themenkomplex ist ein klassischer und mit dem zentralen wirtschaftssoziologischen Werk Luhmanns, „Die Wirtschaft der Gesellschaft" (1996), welches erstmalig 1988 erschienen ist, bereits angelegt (vgl. auch Luhmann 1983; Luhmann 1984; Luhmann 1991a: 204 ff.; Luhmann 1991c: 187 ff.; Luhmann 2004: 101 ff.; zum Überblick vgl. Pahl 2017; Baecker 2012; Baecker 2017)[12]. Die zentrale Intention dieses Werkes ist, die moderne Wirtschaft als eigenes soziales Funktionssystem darzustellen, demnach als eine eigene soziale Sphäre, die eine bestimmte Funktion erfüllt und dabei auf eine bestimmte Weise eigenlogisch funktioniert, wodurch sie sich von anderen Funktionssystemen wie Politik, Wissenschaft oder Kunst abhebt. Als Bezugsproblem, welches die Wirtschaft bearbeitet, wird dabei das Knappheitsproblem rekonstruiert. Weil Güter als knapp beobachtet werden, ist Knappheit ein auf Dauer gestelltes Problem: Jeder Versuch der Güteraneignung Alters in der Gegenwart, um das Problem der Knappheit auch schon für die Zukunft zu bewältigen, da um ein ebenfalls nach Gütern strebendes Ego gewusst wird, erzeugt wiederum gegenwärtige Knappheit auf Seiten Egos. Das Knappheitsproblem ist damit ein paradoxes Problem. Die Lösungsversuche erzeugen zeitgleich das, was eigentlich durch diese verhindert werden soll (vgl. Luhmann 1996: 179), wobei hier als Grundproblem die doppelte Kontingenz sichtbar wird (vgl. Luhmann 1996: 182 ff.). Genau an dieser Stelle setzt Wirtschaft an: „[...] es muß ein sozialer Mechanismus erfunden werden, der *eine zukunftsstabile Vorsorge mit je gegenwärtigen Verteilungen verknüpft*. Das ist die *Funktion der Wirtschaft*" (Luhmann 1996: 64; vgl. auch Luhmann 1991a: 206).

Sowohl das Moment der Knappheit als auch das der Funktion sind erklärungsbedürftig. Zu dem Problem der Knappheit ist festzuhalten, dass mit dieser von Luhmann „eine soziale Wahrnehmung von Beschränkungen" (Luhmann 1996: 177) gemeint ist, und zwar eine ganz bestimmte:

> Im Unterschied zum allgemeinen Problem der Endlichkeit soll von Knappheit [...] nur gesprochen werden, wenn die Problemlage durch Entscheidungen mitbestimmt ist, die innerhalb der Gesellschaft beobachtet und zur Diskussion gestellt werden können – seien es Zugriffsentscheidungen oder Verteilungsentscheidungen. (Luhmann 1996: 177 f.)

Mit dieser Definition von Knappheit wird der Blick auf die Frage gerichtet, wann und unter welchen Bedingungen Gesellschaften etwas als knapp oder eben nicht knapp beobachten – und damit als etwas, mit dem wirtschaftlich umzugehen ist (vgl. Baecker 2006: 14 ff.; Baecker 2012: 220 f.; Luhmann 1996: 185). Der Umgang mit Knappheit wird

---

12 Luhmann 1983 und Luhmann 1984 wurden in der Monographie „Die Wirtschaft der Gesellschaft" (1996) in überarbeiteter Form erneut veröffentlicht (vgl. Luhmann 1996: 12).

schließlich als zentrales wirtschaftliches Problem erkannt und Knappheit dahingehend als ein wirtschaftliches Kalkül bzw. als wirtschaftliche Semantik rekonstruiert (vgl. Baecker 2006: 20 f.; Luhmann 1991a: 207). Dementsprechend bezeichnet Baecker die Funktion der Wirtschaft auch allgemeiner als „Kommunikation von Knappheit" (Baecker 2006: 12). Die soziale Beobachtung von Knappheit eröffnet demnach erst den Raum des Wirtschaftlichen, wobei es dann weitergehend die Funktion von Wirtschaft ist, mit der dadurch aufgerufenen Paradoxie umzugehen (vgl. Baecker 2006: 13 f., 21 f.)[13]. Aus dieser Perspektive erscheint sowohl das Wirtschaften (vgl. Luhmann 1991a: 206) als auch die „Eingrenzung *und* die Ausgrenzung von Sachverhalten aus dem wirtschaftlichen Kalkül" (Baecker 2006: 16) als kontingent, demnach als abhängig von anderen gesellschaftlichen Merkmalen, und nicht als soziale Notwendigkeit. Wirtschaften wird damit in der Systemtheorie nicht als immer schon existierendes, vorsoziales Phänomen betrachtet. Gleichzeitig ist die Funktion der Wirtschaft hier offensichtlich nicht gleichzusetzen mit „Leistung", welche sich auf die Beziehung zwischen der Wirtschaft und anderen Teilsystemen bezieht, sondern adressiert die Beziehung zwischen der Wirtschaft und der Gesellschaft als gesamten Kommunikationszusammenhang im Sinne einer spezifischen Wirkung ersterer in letzterer, nämlich des Aufrufens und der Bearbeitung von Knappheit (vgl. Luhmann 1996: 63 f.; kritisch Baecker 2017: 173 ff.).

In der modernen Gesellschaft wird die Funktion der Wirtschaft nach Luhmann durch ein ausdifferenziertes, demnach ein eigenlogisches und sich selbst (re)produzierendes Wirtschaftssystem erfüllt, womit zugleich auch dessen Kontingenz angemerkt ist (vgl. Luhmann 1996: 184 ff.). Denn die fortlaufende Selbsthervorbringung, d. h. die Autopoiesis der Wirtschaft, beruht dabei maßgeblich auf der Verbreitung des ebenfalls knappen Kommunikationsmediums Geld und demnach einer monetarisierten Wirtschaft (vgl. Luhmann 1996: 68 ff., 194 f.). Geld gibt sozialen Ereignissen als symbolisch generalisiertes Kommunikationsmedium einen wirtschaftlichen Rahmen (vgl. Luhmann 1996: 14 ff.). So führt Geld vor allem das Beobachtungsschema bzw. den Code Zahlung/Nicht-Zahlung mit sich und verengt Möglichkeiten des Erlebens und Handelns, folglich der Kommunikation, dahingehend, eröffnet also einen spezifischen sozialen Sinnhorizont, nämlich den ökonomischen Raum. Durch den Einsatz von Geld, hier also vergegenwärtigt als Zahlungsmittel, wird demnach das Auftreten ökonomischer Kommunikation wahrscheinlich. Als zentrale Operation des modernen Wirtschaftssystems rekonstruiert Luhmann dann auch konsequent das kommunikative Ereignis der Geldzahlung. Damit ist nicht gemeint, dass alles andere, was mithin als genuin wirtschaftlich verstanden wird, ausgeschlossen wird, wie zum Beispiel der Tausch, die Produktion, Arbeit oder Bedürfnisse. Diese erhalten aber erst dann einen wirtschaftlichen Sinn, so Luhmann, wenn sie mit Geldzahlungen verknüpft bzw. parallelisiert werden (vgl. Luhmann 1996: 15 f., 54 f.). Auch hier handelt es sich wiederum

---

13 Die Operationen des Wirtschaftssystems lassen sich dann auch zusammenfassend beschreiben als „Operationen der Durchsetzung und Ausbeutung von Knappheit" (vgl. Baecker 2017: 169).

nicht um eine normative Einsicht oder die Behauptung einer Notwendigkeit der modernen Wirtschaft als Geldwirtschaft. Stattdessen lautet die Aussage, dass sich wirtschaftliche Operationen selbstreferentiell anhand des Mediums Geld als wirtschaftlich identifizieren, was eine Bedingung für Systembildung darstellt, welche sich zu einem bestimmten Zeitpunkt in der gesellschaftlichen Entwicklung beobachten lässt.

Eine monetarisierte Wirtschaft hat verschiedene Konsequenzen. So ermöglicht Geld einen sehr weiten fremdreferentiellen Ausgriff in die Umwelt des Systems, indem Geld Tauschmöglichkeiten sachlich, zeitlich und sozial generalisiert – die Tauschmöglichkeiten werden also aus konkreten Zusammenhängen herausgelöst und dadurch erweitert (vgl. Luhmann 1996: 15). Zentral ist jedoch, dass Geld nicht zuletzt aufgrund dieser Eigenschaft die Grundlage einer autopoietischen Wirtschaft ist, welche schließlich das Knappheitsproblem auf eine bestimmte Weise bearbeitbar macht. Geld und die in ihm codierte Zahlung, die gleichzeitig anzeigt, dass dem Geld systemtheoretisch kein Eigenwert zugesprochen wird, stellt so den Motor für eine eigenlogische, sich selbst hervorbringende Wirtschaft dar, indem Geld das Knappheitsproblem verdoppelt. Neben Gütern ist nun auch Geld knapp bzw. knapp zu halten (vgl. Luhmann 1996: 46 f., 69 f., 197):

> Daraus ergibt sich der ≫Doppelkreislauf≪ des Wirtschaftssystems. Jede Zahlung erzeugt gleichzeitig Zahlungsfähigkeit beim Empfänger und Zahlungsunfähigkeit beim Zahlenden, der sich darum kümmern muß, durch weitere Operationen in der Wirtschaft die eigene Zahlungsfähigkeit wiederherzustellen. Das zwingt das System zu einer bemerkenswerten Dynamik. Zahlungsfähigkeit und Zahlungsunfähigkeit müssen ständig übermittelt werden und zirkulieren. (Esposito 2019b: 210)

Eine Verringerung der Knappheit an Gütern geht so mit einer Erhöhung der Knappheit an Geld einher und vice versa. Auf diese Weise wird eine unbegrenzte Zukunft des Wirtschaftens geschaffen, denn die gegenwärtige Zahlung ermöglicht sowie erzwingt weitere Zahlungen. Dieses autopoietische System, welches sich aus seinen eigenen Operationen der Zahlung fortschreibt, bearbeitet das Ausgangsproblem der Paradoxie der Knappheit folglich durch Temporalisierung: Es kann zur Akzeptanz gegenwärtiger Güterzugriffe auch durch andere Akteur*innen kommen, da die künftige Bedürfnisbefriedigung durch eine unendliche Zukunft der Ökonomie entproblematisiert wird (vgl. Luhmann 1996, 64 ff., 69). Erst dadurch entstehen dann auch die gegenwärtigen Entscheidungsspielräume, die zum Aufbau wirtschaftlicher Eigenkomplexität genutzt werden können im Sinne einer produktiven Ausnutzung der dadurch gewonnenen Zeit (vgl. Luhmann 1991a: 206 f.).

Diesem Prinzip ist dann alles andere, was sonst der Wirtschaft als zentrale Eigenarten und Prinzipien zugeschrieben wird, aus systemtheoretischer Perspektive nachgeordnet. Sie nehmen unter anderem die Form von Programmen an, d. h. sie vermitteln, wann es überhaupt zu Zahlungen kommt und wann nicht, sie werden also zu

Strukturen des Wirtschaftssystems[14]. Zu nennen sind hier prominent Bedürfnisse (vgl. Luhmann 1996: 226). Damit es überhaupt zur Disposition über Zahlung oder Nichtzahlung kommen kann, braucht es wiederum Preise. So fungieren diese als Scharnier zwischen Geld und Gütern und bringen diese in eine Relation. Damit ist aufgerufen, auf welche Weise es zur Fortsetzung wirtschaftlicher Aktivität kommt. Dass es zu dieser kommt, ist wie oben beschrieben im Geldmedium und seiner Codierung immer schon angelegt – und zwar ohne immanente Stoppregel. Die moderne Wirtschaft ist demnach höchst eigendynamisch (vgl. Nassehi 2012a).

Die Reflexivität ökonomischen Operierens

Ein zweites wirtschaftssoziologisches Thema, welches systemtheoretisch bearbeitet wird und viel Beachtung findet, ist das der Reflexivität ökonomischen Operierens, und zwar sowohl als Problem als auch als Lösung. Mit Reflexivität ist eine zweite Form der Selbstreferentialität der Ökonomie angesprochen. Während im vorhergehenden Abschnitt die „basale Selbstreferenz" im Sinne einer rekursiven Vernetzung ökonomischer Ereignisse thematisiert wurde, meint „Reflexivität" insofern eine Selbstreferentialität, dass ökonomische Beobachtungs- und Kommunikationsprozesse in eben diesen selbst zum Gegenstand werden (vgl. Luhmann 2015: 600 f.). Bereits an klassischen Märkten zeigt sich eine deutliche Reflexivität. So wird der Markt von Luhmann nicht als eigenes System oder gar als Ort der Verteilung, sondern als wirtschaftsinterne Umwelt rekonstruiert, genauer als „Funktion der Selbst- und Fremdbeobachtung von Teilsystemen des Wirtschaftssystems" (vgl. Renner 2013: 224). Auf Märkten beobachten die Teilsysteme der Wirtschaft, vor allem Unternehmen und Haushalte, welche die Wirtschaft mit Zahlungsoperationen versorgen, die Wirtschaft, und zwar durch die Beobachtungen von Preisen. Denn entlang dieser lassen sich sowohl die aktuellen Operationen des Systems im Sinne der Frage beobachten, ob es bei einem Preis zu Zahlung kommt, als auch die Beobachtung des Marktes der anderen Marktteilnehmer*innen (vgl. Luhmann 1996: 94 f., 118 f.). Preise bilden hier demnach nicht (nur) in der Vergangenheit erbrachte Zahlungen für Güter ab, sondern sie werden auch als Informationen über Erwartungen über zukünftige Geldzahlungen verstanden

---

14 So fasst Esposito zu Programmen zusammen: „In einem durch einen binären Code ausdifferenzierten autopoietischen System […] leitet der Code die Eigenheit der Operationen, die das System reproduzieren; er regelt die Produktion von Differenzen und dadurch die Informationsverarbeitung des Systems. Die Operationen verlaufen immer blind […]. Die Selbstregulierung und Selbstkontrolle des Systems ergeben sich dagegen auf der Ebene der Programme, die die Beobachtung der Operationen durch das System selbst leiten (aufgrund anderer Unterscheidungen als denjenigen, an denen diese Operationen sich orientieren). Die Programme stellen die Bedingungen fest, die für die Realisierbarkeit einer bestimmten Operation gegeben sein müssen. Sie bestimmen zum Beispiel, daß die Zuschreibung des positiven Codewertes nur unter gewissen Bedingungen korrekt ist." (Esposito 2019a: 139).

(vgl. Luhmann 1996: 18 f.)[15]. Damit lassen sich Preise auch als Selbstbeschreibungen der Wirtschaft fassen[16]. Sie stellen eine Selbstsimplifizierung des Systems dar und eben keine Informationen über wirtschaftliche Umwelten, und sie bilden dessen Instabilität ab und machen sie für die systemische Eigenkoordination nutzbar (vgl. Luhmann 1996: 33 ff.). Da die Beobachtungen von Preisen wiederum die Funktion haben, die Frage nach Zahlung oder Nichtzahlung mit zu beantworten, werden auf Märkten also vor allem Beobachtungen beobachtet und zum Ausgangspunkt weiterer Zahlungen (vgl. Luhmann 1996: 125 ff.)[17]. Bereits basale wirtschaftliche Prozesse sind damit in höchstem Maße reflexiv.

Mit den sich hier schon ankündigenden Zahlungsproblemen sowie auch Zahlungschancen durch instabile Preise deutet sich dann auch ein zweites Moment der Reflexivität an, welches sich deutlich an bestimmten Märkten, nämlich Finanzmärkten[18], herausstellt. So liegt auf Finanzmärkten die Reflexivität der Wirtschaft in ihrer deutlichsten Fassung vor, geht es hier doch um den Kauf und Verkauf des Mediums selbst. Diese Reflexivität lässt sich dann auch als weitere Komplexitätssteigerung und Dynamisierung des ökonomischen Systems verstehen, und zwar in mehrerlei Hinsicht. Banken zum Beispiel transformieren durch ihre reflexiven Geschäfte in Form des Einlagen- und Kreditgeschäfts „das generelle Problem der Wirtschaft, die Schaffung, Kontinuierung und Erweiterung der Zahlungsfähigkeit in der Zeit, in provisorische und darum befristete Lösungen dieses Problems. Mit diesen befristeten Lösungen handeln sie" (Baecker 1991: 13). (Ausfall)Risiken, die sich durch den Verkauf solch ökonomischer Freiheitsgrade ergeben, lassen sich wiederum ebenfalls reflexiv bearbeiten. Neuere Finanzinstrumente wie Derivate sind Versuche, diese Zukunftsrisiken in der Gegenwart zu binden sowie aus ihnen Profite zu generieren (vgl. Esposito 2010; Esposito 2013). Diese Versuche der Zukunftskontrolle erzeugen jedoch, da sie und die ihnen zugrunde liegenden Techniken und Modelle zur Einschätzung und Bepreisung von Zukunftsrisiken als Zukunftsbeobachtungen im Sinne der Beobachtung zweiter Ordnung von anderen Marktakteuren beobachtet werden, die sie adressierende Zukunft mit – ein Umstand, der durch diese Kontrollformen aber nicht berücksichtigt wird. Dadurch entstehen neue Ungewissheiten mit teilweise erheblichen Konsequenzen (vgl. Esposito 2013: 119 ff.). In eine ähnliche Richtung argumentieren auch Holzer

---

15 An dieser Stelle zeigt sich eine starke Ähnlichkeit zum Marktbegriff von Harrison C. White, auf welchen Luhmann auch explizit Bezug nimmt (vgl. Luhmann 1996: 108 f.).

16 Mit Selbstbeschreibungen ist dann auch die dritte Form der Selbstreferentialität von Systemen, die der Reflexion angesprochen (vgl. Luhmann 2015: 601 f.).

17 In diesen Beschreibungen zeichnet sich eine eher angebotsorientierte Perspektive auf Marktprozesse ab (vgl. Renner 2013: 224).

18 Ein Fokus auf die Finanzsphäre ist angesichts der skizzierten Zentralität des Geldes in Luhmanns Wirtschaftssoziologie immer schon nahegelegt. So ist der Finanzmarkt nach Luhmann mit allen wirtschaftlichen Operationen verknüpft (vgl. Luhmann 1996: 116 ff.). Ebenso sind Banken und insbesondere Zentralbanken zentrale Momente des Wirtschaftssystems, da sie auf das Medium Geld und damit auf Zahlungspotenziale steuernd zugreifen können (vgl. Luhmann 1996: 147).

und Millo, welche Versuche des Risikomanagements auf Finanzmärkten schließlich auch als Quellen neuer Unsicherheiten ausweisen, als „second-order dangers" (vgl. Holzer und Millo 2005).

Interessanterweise setzen neuere Formen der Finanzmarktregulierung ähnlich an. Anschließend an die These einer Wissensökonomie (vgl. Stehr 2001; Willke 2002; Strulik 2007), welche einen zunehmend kognitiven und das heißt enttäuschungssensiblen Erwartungsstil in der wirtschaftlichen Kommunikation beobachtet, der sich auch darin spiegelt, dass das die ökonomischen Operationen anleitende Wissen zunehmend aktiv und systematisch erzeugt, beobachtet und revidiert wird, also selbst zum Gegenstand von Beobachtung und Wissen wird, zeigen sich so auch Formen der Finanzmarktregulierung, welche von normativen auf kognitive Erwartungen umstellen sowie interne Selbstbeobachtungen und –prüfungen in den entsprechenden Organisationen anregen – und damit auf reflexive Selbstregulierung zielen („cognitive governance") (vgl. Kette 2008; Kussin 2009). Was sich hier also insgesamt zeigt, ist eine systemtheoretische Herausarbeitung der Reflexivität des Wirtschaftens, welche eine enorme ökonomische Komplexität freisetzt sowie gleichzeitig antritt, mit dieser produktiv umzugehen, wodurch neue Komplexität produziert wird. Damit ist der modernen Ökonomie aus systemtheoretischer Perspektive nicht nur eine Eigendynamik, sondern auch eine Steigerungslogik interner Komplexität qua Reflexivität inhärent.

Ökonomische Organisationen und ihr Umgang mit Komplexität und Ungewissheit

Die nicht zuletzt aus dieser Reflexivität entstehende Indeterminiertheit und Intransparenz wirtschaftlicher Kommunikation weist dann auch auf ein drittes zentrales Thema der systemtheoretischen Beschäftigung mit wirtschaftssoziologischer Relevanz hin, nämlich jenes der wirtschaftlichen Organisationen und ihren Herausforderungen in der modernen Gesellschaft. Zentral ist an dieser Stelle, dass die Systemtheorie zwischen den ausdifferenzierten Funktionssystemen und Organisationssystemen unterscheidet. Diesbezüglich verfügt sie auch über eine sehr stark ausgearbeitete Organisationssoziologie (vgl. Luhmann 2011; Luhmann 1964; Luhmann 1988; zum Überblick Seidl & Mormann 2014; Bakken & Hernes 2003; Tacke & Drepper 2018; Kühl 2022). Während die Operationsweise der Funktionssysteme durch die oben genannten Begriffe bereits umrissen ist, zeichnen sich Organisationssysteme nach Luhmann durch die Grundoperation der Entscheidungskommunikation aus und reproduzieren sich auf dieser Basis:

> [...] Organisationen entstehen und [...] reproduzieren [sich], wenn es zur *Kommunikation von Entscheidungen* kommt und das System auf dieser Operationsbasis *operativ geschlossen wird*. Alles andere – Ziele, Hierarchien, Rationalitätschancen, weisungsgebundene Mitglieder, oder was sonst als Kriterium von Organisation angesehen worden ist – ist demgegenüber sekundär und kann als Resultat der Entscheidungsoperationen des Systems angesehen werden. Alle Entscheidungen des Systems lassen sich mithin auf Entscheidungen des Systems zurückführen. (Luhmann 2011: 63)

Anschließend an diese Definition stellt sich systemtheoretisch die Frage, wie es eigentlich laufend zu einer rekursiven Entscheidungskommunikation kommen kann, sind doch auch Entscheidungen eigentlich paradox, da nur über Unentscheidbares entschieden werden kann, denn sonst gäbe es überhaupt keinen Anlass für Entscheidungen (vgl. Besio 2009: 152 f.)[19]. Wie können sich Organisationen also dennoch vollziehen (vgl. Groddeck et al. 2015; Luhmann 2011: 222 f.)? Ausgehend von dieser Theoretisierung lässt sich natürlich fragen, wie sich wirtschaftliche Organisationen, d. h. Unternehmen, von nichtwirtschaftlichen unterscheiden, und das heißt hier, wie diese Entscheidungen treffen (vgl. Baecker 1999; Baecker 2003; Baecker 2011; Kette 2012; Mayr & Siri 2010). Gleichzeitig drängt die Systemtheorie die Frage auf, wie Organisationen wirtschaftliche sowie auch durch die weitere Gesellschaft vermittelte Komplexität eigentlich verarbeiten. Diese Frage liegt in der systemtheoretischen Kopplung von Organisationen und den Funktionssystemen begründet. Hier wird der schwierige Begriff der strukturellen Kopplung relevant, welcher die Verkettung und gegenseitige operative Beeinflussung von Systemen durch Systemereignisse in einem anderen System bezeichnet (vgl. Besio 2015). So verfügen Organisationen zwar selbst nicht über Codierungen, aber sie operationalisieren die Codierungen und Programme der Funktionssysteme und lassen diese operativ werden, wodurch Funktionssysteme überhaupt erst mit Zahlungsereignissen versorgt werden. Gleichzeitig werden Organisationen im Rahmen eigener Beobachtungen durch die fremden Systemereignisse zu weiteren Operationen gereizt (vgl. Schimank 2001; Andersen 2003b). Wie also gehen Organisationen mit der aufgezeigten, der Ökonomie inhärenten Komplexität um, wie also treffen sie ökonomische Entscheidungen und gestalten dadurch das ökonomische System mit? Ausgehend von der Interpretation, dass Organisationen und damit auch Unternehmen aber immer mit mehreren Systemen gekoppelt sind, also „polyphon" sind (Andersen 2003b), ist diese Frage dahingehend zu ergänzen, wie Organisationen diese verschiedenen Referenzen zueinander in Beziehung setzen und damit auch gesamtgesellschaftliche Komplexität bearbeiten. Dadurch geraten aus systemtheoretischer Perspektive auch unweigerlich Fragen danach, wie Unternehmen mit den durch Komplexität vermittelten Ungewissheiten und Mehrdeutigkeiten umgehen, in den Blick (vgl. Apelt & Senge 2015; Groddeck 2018; Cevolini 2014a; Besio 2014; Jansen & Vogd 2013; Beyer et al. 2019; Senge & Dabrowski 2024).

Ohne an dieser Stelle die beobachtbaren Varianten einzeln diskutieren zu können, ist festzuhalten, dass die aktuelle Organisationsforschung zu Formen der Paradoxieentfaltung hier eine interessante Verschiebung erkennt (vgl. Groddeck et al. 2015: 174 ff.): Statt Entscheidungskontingenz durch spezifische Prämissen dauerhaft

---

19 Besio erörtert in Anlehnung an den Kybernetiker Heinz von Foerster: „Wenn alles klar wäre und die Operationen deterministisch aufeinander folgen würden oder wenn über jede Verknüpfung rational entschieden werden könnte, wären Entscheidungen [...] überflüssig. [...] Das Paradoxe an Entscheidungen besteht darin, dass nur über faktisch Unentscheidbares entschieden werden kann [...]" (Besio 2009: 152 f.).

zu invisibilisieren, was in Luhmanns Ausführungen noch als der zentrale organisationale Modus erscheint, z. B. durch den Verweis auf Eintrittswahrscheinlichkeiten oder kompetente, glaubhafte Führung, zeigen aktuelle Untersuchungsergebnisse auch andere Formen des Umgangs mit Entscheidungskontingenz. So lässt sich feststellen, dass auch Unternehmen einerseits vermehrt die grundsätzliche Mehrdeutigkeit von Entscheidungen explizieren und andererseits situativ Entscheidungen treffen, ohne die Kontingenz der Entscheidung schließlich dauerhaft einzudämmen. Diese Verschiebungen lassen darauf schließen, dass das Konstrukt komplexer Sozialität nicht mehr nur eine Theoriefigur ist, sondern längst in organisationale Selbstverständnisse Einzug gefunden hat (vgl. Groddeck et al. 2015: 188).

4 Methodologien, Methoden und untersuchte Phänomene: Zur Empirie

Mit den dargelegten theoretischen Perspektivierungen des Sozialen und des Ökonomischen lassen sich verschiedene empirische Phänomene studieren. Da einige dieser Phänomene bereits benannt wurden, soll an dieser Stelle statt einer Aufzählung empirischer Gegenstände ein Versuch der Systematisierung der zentralen empirischen Perspektiven erfolgen, denen (weitere) Untersuchungsgegenstände zugeordnet werden können. Luhmanns Ansprüche an eine Theoretisierung des selbstreferentiellen Systems Wirtschaft, welche mehrere Beschreibungsebenen zu berücksichtigen und zu verknüpfen hat, lässt sich als grobe Systematisierung dessen, was aus systemtheoretischer Perspektive auch empirisch anvisiert werden kann, lesen (vgl. Luhmann 1996: 126). So können auf der Ebene des wirtschaftlichen Funktionssystems natürlich Zahlungsströme, demnach die Operationen des Systems und ihre Verkettungen beobachtet und charakterisiert werden, zum Beispiel mit Blick auf die dadurch entstehenden Risiken (vgl. Luhmann 1991c: 187 ff.; Jöstingmeier 2019), aber auch hinsichtlich der Möglichkeit der Entnetzung, des Ausbleibens kommunikativer Anschlüsse (vgl. Stäheli 2021) sowie der (zum Beispiel räumlichen) (Wieder-)Verdichtung von Kommunikation (vgl. Stichweh 2017). Ebenso, und hier liegt einer der Schwerpunkte der empirischen Forschung, ist zu analysieren, wie es zu diesen Verkettungen von Operationen kommt bzw. wie diese sichergestellt werden, womit der Blick auf die systemische Operativität und ihre Strukturen gerichtet wird. Hier ist vor allem an Fragen rund um wirtschaftliche Programme (vgl. Hellmann 2003), aber auch an (kritische) Fragen zum Geldmedium zu denken (vgl. Esposito 2010; Pahl 2008; Pahl 2017, 208; Paul 2002; Lim 2012). Ein weiterer Schwerpunkt der Analyse liegt wiederum auf den Selbst- und Fremdbeschreibungen des Systems und ihren Funktionen für das Operieren der Wirtschaft, zum Beispiel der Einfluss wirtschaftswissenschaftlicher Theorien (vgl. hier auch schon Luhmann 1996: 75 ff.; Esposito 2013) oder popkultureller Beschreibungen der Ökonomie (vgl. Stäheli 2007). Damit ist auch ein letzter großer analytischer Schwerpunkt angesprochen, nämlich jener der intersystemischen Zusammenhänge und -kopplungen, wie jener zwischen der Wirtschaft und der Wissenschaft (vgl. Heinze 2005), Wirtschaft und Recht (vgl. Luhmann 2019), Wirtschaft und Politik (vgl. Jöstingmeier 2019) oder Wirtschaft und Kunst (vgl. Hutter 2001). Diese zentralen Beobachtungsschneisen empirischer Forschung gelten dabei nicht nur für die Ebene der Funktionssysteme, sondern auch wie in Kapitel 3.2. bereits thematisiert für die der wirtschaftlichen Organisationen (vgl. exemplarisch Kette 2018; Endreß & Matys 2010).

Auch wenn die Systemtheorie oft als empiriefern beschrieben wird, so lässt sie sich einerseits als immer schon methodologisch instruktiv verstehen, andererseits existieren verschiedene methodische Kompatibilitäten und Vorschläge zur konkreten Anleitung systemtheoretisch informierter empirischer Forschung. Als eine bzw. mehrere Methodologien umfassend lässt sich die Systemtheorie insofern verstehen, dass sie sich wie oben ausgeführt als Beobachtungstheorie begreift. Sie beobachtet, wie Systeme beobachten, Sinn produzieren und sich operativ fortsetzen. Die Systemtheorie und ihre Begriffe schließen den Vollzug der sozialen Welt also immer schon auf bestimmte Weisen auf, motivieren dahingehende empirische Untersuchungen und leiten diese an. Gleichzeitig können diese Modi aufgrund des autologischen Moments der Theorie genauso reflektiert werden wie die gesellschaftlichen Aus- und Rückwirkungen systemtheoretisch informierter wissenschaftlicher Aussagen in der Gesellschaft (vgl. John et al. 2010a: 8 f.). Je nachdem, welche Begriffe und damit Momente und Probleme sozialen Operierens ins Zentrum gerückt werden, ergeben sich andere analytische Fragen und Perspektiven (vgl. hier die umfangreichen und systematischen Übersichten von John et al. 2010b; Andersen 2010, 110; Andersen 2003a: 77 ff.; Besio & Pronzini 2011; Sutter 1997; außerdem Nassehi & Saake 2002; Vogd 2007; Vogd 2009).

Mit Blick auf Methoden der empirischen Forschung ist zum einen die funktionale Analyse zu nennen, welche Luhmann auch selbst als die mit seiner Systemtheorie zusammenhängende wissenschaftliche Methode benannt hat (vgl. Luhmann 1991a: 31 ff.). Hier werden soziale Phänomene als Lösungen spezifischer Probleme beobachtet. Diese Relationierung von Problem und Lösung setzt das betrachtete soziale Phänomen einerseits kontingent und ermöglicht andererseits die Suche nach funktionalen Äquivalenten: Wie ist das Problem ebenfalls lösbar? Das Letztproblem, welches schließlich auch die Möglichkeiten eingrenzt, ist dabei das der Komplexitätsreduktion (vgl. Luhmann 2015: 83 ff.). Diese über Vergleiche vorgehende Methode ermöglicht es, soziale Phänomene als Systemereignisse aufzufassen (vgl. Nassehi 2012b: 83) und gleichzeitig folgende Beobachtungen anzustellen, die über die Beobachtungen des anvisierten Systems hinausgehen:

> Zum einen kann die funktionale Analyse über »latente« Strukturen und Funktionen aufklären – das heißt: Relationen behandeln, die für das Objektsystem nicht sichtbar sind und vielleicht auch nicht sichtbar gemacht werden können, weil die Latenz selbst eine Funktion hat. Zum anderen versetzt die funktionale Analyse Bekanntes und Vertrautes, also »manifeste« Funktionen (Zwecke) und Strukturen in den Kontext anderer Möglichkeiten. Das setzt sie dem Vergleich aus,

und behandelt sie als kontingent ohne Rücksicht darauf, ob das Objektsystem selbst einen entsprechenden Umbau ins Auge fassen könnte oder nicht. In beiden Hinsichten – Latenz und Kontingenz – überfordert also die Analyse ihr Objekt, und der systemtheoretische Begriffsapparat macht dies möglich. (Luhmann 2015: 88 f.)

Während Nassehi anmerkt, dass sich diese „methodische Anweisung" als interpretatives Verfahren rekonstruieren lässt (vgl. Nassehi 2012b: 84), wird die Systemtheorie auch mit anderen ausgearbeiteten qualitativen bzw. interpretativ-rekonstruierenden Methoden in Verbindung gebracht, zum Beispiel mit der objektiven Hermeneutik (vgl. Schneider 2009: 171 ff.), der ethnomethodologischen Konversationsanalyse (vgl. Hausendorf 1992) und insbesondere der dokumentarischen Methode (vgl. Mensching 2016; Bohnsack 2010). Im Anschluss an die dokumentarische Methode ist auch die Kontexturanalyse als systemtheoretisch informierte Methode zur Rekonstruktion sozialen, insbesondere organisationalen Operierens zu nennen (vgl. Vogd 2011; Jansen & Vogd 2013), deren Ausarbeitung bzw. Verfeinerung bis heute anhält (vgl. Jansen & Vogd 2022). Das Passungsverhältnis zwischen dokumentarischer Methode und der Kontexturanalyse und einer systemtheoretischen Forschung liegt vor allem darin begründet, dass die Methoden erstens die Strukturierungen sozialen Operierens mithilfe von Beobachtungen zweiter Ordnung erfassen wollen, womit sie ein systemtheoretisches Interesse teilen. Zweitens fragen sie dazu nach den Bezugsproblemen, die als Teile des sozialen Operierens durch eben dieses bearbeitet werden, was der Perspektive der funktionalen Analyse entspricht (vgl. Bohnsack 2010; Vogd 2010; Vogd 2007).

5 Zusammenfassung zentraler Begriffe !

Autopoiesis: Autopoiesis bedeutet Selbstherstellung und Selbsterhaltung. Luhmann verknüpft diesen aus der Biologie stammenden Begriff mit dem Konzept der Selbstreferenz. Soziale Systeme sind für ihn autopoietisch durch Selbstreferenz. Dabei lassen sich verschiedene Formen der Selbstreferenz unterscheiden: basale Selbstreferenz, Reflexivität und Reflexion (vgl. Kneer & Nassehi 2000: 56 f.).

Wirtschaft: Die Wirtschaft ist nach Luhmann ein sozialer Mechanismus, welcher das paradoxe Knappheitsproblem bearbeitet. In der modernen Gesellschaft ist dieser Mechanismus ein ausdifferenziertes, demnach autopoietisches und selbstreferentielles Funktionssystem.

Knappheit: Knappheit ist eine ökonomische Semantik, welche Beschränkungen von Verfügbarkeit kausal mit Entscheidungen in Verbindung setzt. Diese Knappheit ist das Ausgangsproblem des Wirtschaftens, wobei Knappheit als Semantik einen sozialen und damit kontingenten Sachverhalt bezeichnet.

Geld: Geld ist ein symbolisch generalisiertes Kommunikationsmedium und steht im Zentrum der modernen, d. h. funktional ausdifferenzierten Ökonomie. In ihm ist die Unterscheidung Zahlung/Nicht-Zahlung codiert, wodurch ein ökonomischer Sinnhorizont eröffnet wird. Geld doppelt das Knappheitsproblem und macht dieses dadurch bearbeitbar.

Organisationen: Organisationen sind spezifische Sozialsysteme, welche sich dadurch auszeichnen, dass sie durch Entscheidungskommunikation operieren. Mit Blick auf die Wirtschaft heißt das, dass die Wirtschaft und Unternehmen als spezifische Organisationstypen nicht deckungsgleich sind. Es handelt sich um jeweils distinkte, wenn auch verknüpfte Systeme (vgl. hierzu auch Baecker 2012: 221).

6 Kritik, Weiterentwicklung und Rezeption

6.1 Kritik und Weiterentwicklungen der Systemtheorie

In diesem Unterkapitel sollen zentrale Kritikpunkte an der Systemtheorie sowie theoretische Weiterentwicklungen skizziert werden, welche auch für die Wirtschaftssoziologie relevant sind. Dabei sind sowohl kritische Diskussionen zu nennen, die von Vertreter*innen der Systemtheorie selbst geführt werden als auch Kritik, die sich aus dem Vergleich zu anderen wirtschaftssoziologischen Theorien ergibt[20]. Da sich die Kritikpunkte teilweise überschneiden, sollen die Diskussionen hier nicht getrennt aufgeführt werden. Gleichzeitig sollen vor allem aktuelle Kritikpunkte und Diskussionen aufgegriffen werden, wobei auch auf grundsätzliche und klassische Kritik an der Systemtheorie eingegangen wird (vgl. Jahraus et al. 2012; Schroer 2017: 301 ff.).

Eine zentrale Facette der Theorie, die immer wieder für kritische Diskussion sorgt und auch für wirtschaftssoziologische Überlegungen relevant ist, ist die der sozialen Differenzierung und der damit verbundenen operativen Schließung, demnach die Annahme eigenlogisch operierender sozialer Zusammenhänge. Zum einen provoziert dieser Aspekt die Diskussion um das Verhältnis zwischen Wirtschaft und ihrer Umwelt, und zwar insbesondere vor dem Hintergrund wirtschaftssoziologischer Theorien, die die (gegenwärtige) Ökonomie als das die Gesellschaft als Ganzes formierende Prinzip herausstellen. Dazu wird systemtheoretisch oftmals argumentiert, dass funktionale Differenzierung und Ökonomisierungen der Gesellschaft sich nicht widersprechen, letzteres sogar mit systemtheoretischen Mitteln präzise beobachtbar und auch problematisierbar ist, zum Beispiel als Diffusion ökonomischer Semantiken auch in andere systemische Zusammenhänge (vgl. Schimank 2009: 333 ff.). Gleichzeitig wird die Ökonomie als einziges Strukturprinzip und damit als gesellschaftliches Primat zumindest gegenwartsdiagnostisch abgelehnt (vgl. Strulik 2012; Nassehi 2012a). Ebenso wird jedoch auch diskutiert, ob und inwiefern die funktionale Differenzierung (noch) eine angemessene Beschreibung der gegenwärtigen Gesellschaft ist (Nassehi 2011; Lehmann 2015a; Baecker 2007). Zum anderen wird der Systemtheorie (oftmals poststrukturalistisch informiert) vorgeworfen, die Operation des kommunikativen

---

[20] Zum Vergleich der Systemtheorie mit insbesondere Sozial- und Gesellschaftstheorien siehe La Cour & Philippopoulos-Mihalopoulos 2013.

Anschlusses sowie auch die operative Schließung zu entproblematisieren, indem ihre permanente Prekarität unterschätzt wird. Dazu werden Phänomene wie soziale Unordnung, Mehrdeutigkeiten, instabile Systemgrenzen, Systemzusammenbrüche sowie Möglichkeiten des radikalen Wandels diskutiert (vgl. Stäheli 2008; Knudsen 2006; Opitz 2015). Mit Blick auf die Wirtschaftssoziologie stellen sich hier insbesondere Fragen nach den Grenzen sowie Grenzproblemen des Ökonomischen als distinktem sozialen Bereich. So muss diese Grenze zum Beispiel in wirtschaftlichen Selbst- und Fremdbeschreibungen erst hervorgebracht werden und ist dadurch Gegenstand sozialer Verhandlung sowie instabil (vgl. Stäheli 2007). Dies ist nicht zuletzt relevant, da Geld eben nicht nur die ökonomische Zahlung codiert und andere soziale Kontexte nivelliert (vgl. Pahl 2017: 208), was insbesondere die Arbeiten von Zelizer, einer wichtigen Vertreterin der Neuen Wirtschaftssoziologie zeigen können, indem sie zum Beispiel auf verschiedene kulturelle und sozialstrukturelle Formierungen des Geldgebrauchs und seiner Bedeutung hinweisen (vgl. Zelizer 2011: 97 ff.; vgl. Kap. VII.3.3.).

Ein weiterer Strang der Kritik und Diskussion richtet sich schließlich an den durchaus systemtheoretisch betonten Zusammenhang zwischen den operativ geschlossenen Systemen. Einerseits soll dieses Phänomen durch den Begriff der strukturellen Kopplung erfasst werden, allerdings wird kritisiert, dass dieser Begriff sowohl theoretisch schwierig als auch empirisch unterrepräsentiert bleibt, wodurch dieser als ein noch nicht vollständig ausgeschöpftes Potenzial der Systemtheorie bezeichnet wird (vgl. Baecker 2017: 173; Besio 2015: 165). Andererseits nehmen jedoch auch Forschungen zu, welche vor allem den Begriff der Semantik mobilisieren und fragen, wie gesellschaftliche Semantiken in ökonomischen (und anderen) Systemen Anschluss finden und diese modifizieren (vgl. Wendt 2020; Hoof 2015; Nassehi 2012a). Ein Beispiel ist hier eine Studie von Opitz und Tellmann. So argumentieren die Autor*innen, dass die aktuelle gesellschaftliche Semantik einer ungewissen, aber potenziell katastrophischen Zukunft positiv mit der zeitlichen Eigenlogik der Ökonomie resoniert, diese also nicht ausbremst, sondern sogar antreiben kann, lässt sich dieses Zukunftswissen doch in existierende Finanzprodukte und Formen des Risikomanagements einfügen und dahingehend nutzen (vgl. Opitz und Tellmann 2015).

Während damit wissenschaftliche Auseinandersetzungen benannt sind, welche sich auf zentrale Perspektivierungen und Themen der Systemtheorie beziehen, sollen noch zwei weitere Aspekte aufgegriffen werden, welche Diskussionen hervorrufen, weil sie häufig als systemtheoretisch vernachlässigt gelten. Ein Aspekt ist hier die theoretische sowie empirische Reflexion von nichtsprachlichen Formen des Sinns, Materialität und Medialität und ihre Strukturierungen des Sozialen, welche in den grundlegenden Werken von Luhmann eine nur geringe Rolle spielen. Hierzu ist jedoch festzuhalten, dass vor allem in den letzten Jahren einige Publikationen entstanden sind, die sich mit den dahingehenden systemtheoretischen Potenzialen des Aufgriffs sowie der Perspektivierung befassen (vgl. Baecker 2007; Henkel 2017; Farzin et al. 2008; Cevolini 2014b; Dickel 2020a). Ein Beispiel ist hier die Diskussion der sozialen Folgen des Einsatzes moderner digitaler Technologien in ökonomischen Organisationen, zum Beispiel in Form von algorithmischen Voraussagen sowie Entscheidungsfindungen, welche unter anderem Fragen nach der Zukunft organisationalen Entscheidens und damit Organisation an sich oder aber seiner Legitimität stellen (vgl. Cevolini & Esposito 2020; Grothe-Hammer 2019). Diese Weiterentwicklungen sind an dieser Stelle insofern relevant, dass andere wirtschaftssoziologische Perspektiven diese Aspekte des Sozialen sehr prominent mitreflektieren, insbesondere die Social Studies of Finance. Hier stellt sich die Frage, welche neuen Einsichten die Systemtheorie liefern kann.

Ein letzter Punkt der Auseinandersetzung um die Systemtheorie ist die bekannte Frage, inwiefern die Systemtheorie eine kritische Theorie ist bzw. ob sich mit dieser Gesellschaftskritik üben lässt. Immer wieder lautet der Vorwurf, dass dies nicht der Fall ist (vgl. Wagner 2012). Im Anschluss an die Debatte zwischen Luhmann und Habermas, in der es vor allem um Fragen des politischen Gehalts wissenschaftlicher bzw. systemtheoretischer Perspektiven ging und in welcher Luhmann nach dem Vorwurf eines theorieinhärenten Konservatismus darauf hinwies, dass politische und wissenschaftliche Zusammenhänge nicht differenzlos zusammenfallen (vgl. Kneer & Nassehi 2000: 44 ff.; Habermas & Luhmann 1971), sind in jüngster Zeit einige Publikationen entstanden, die sich erneut mit der Frage nach dem kritischen Gehalt und Potenzial der Systemtheorie auseinandersetzen und dieses durchaus erkennen (vgl. Möller & Siri 2016; Amstutz & Fischer-Lescano 2013; Scherr 2020; Esposito 2017; zu Wirtschaft siehe insbesondere Renner 2013; Pahl 2015). So lässt sich mit Luhmann zum Beispiel fragen, was eine kritische Beobachtung sowie eine kritische Theorie überhaupt kennzeichnet, wobei festgehalten wird, dass die Systemtheorie insofern eine kritische Theorie ist, dass sie die Kontingenz des Sozialen, demnach das auch anders möglich sein in Betracht zieht und zu einem analytischen Ausgangspunkt macht (vgl. Lehmann 2015b). Ohne diese neueren Debatten hier nachzeichnen zu können, lässt sich bereits mit Blick auf die wirtschaftssoziologisch relevanten Publikationen Luhmanns festhalten, dass Luhmann die moderne Gesellschaft sowie die moderne Wirtschaft durchaus problematisiert hat: Zwar hat er die moderne und das heißt die funktional differenzierte Gesellschaft einerseits als sehr leistungsfähig ausgewiesen, und zwar dahingehend, dass durch Differenzierung systeminterne Komplexität gesteigert wird, wodurch insgesamt eine sehr hohe gesellschaftliche Komplexitätsverarbeitung im Sinne einer Optionenvervielfachung möglich ist (vgl. August 2021: 309 f.). Andererseits hat er in dieser Gesellschaftsformierung auch ein hohes Selbstgefährdungspotenzial erkannt (vgl. Schimank 2007: 131 ff.). Mit Blick auf die moderne Wirtschaft ist so festzuhalten, dass die Steigerung interner Komplexität insbesondere durch ihre Reflexivität zu Systemkrisen wie zum Beispiel Finanzkrisen führen kann, die dann auf andere Systeme ausstrahlen, welche aber die Leistungsausfälle durch eigene Spezialisierung nicht umfassend kompensieren können (vgl. Nassehi 2012a: 409 ff.; Schimank 2009). Gleichzeitig blendet die Ökonomie laut Luhmann wie beschrieben alles, was nicht eingepreist wird, aus, zum Beispiel durch die interne Steigerungslogik verursachte Umweltschäden, die dem Wirtschaften (sowie auch anderen Systemen) die Existenzgrundlagen entziehen können (Luhmann 2004; August 2021: 352 ff.). Daher resümiert August:

In *Ökologische Kommunikation* betonte Luhmann [...], dass Evolution eben kein Selbstläufer sei. Die Selbstregulation der Gesellschaft kann schiefgehen, die Gesellschaft kann sich selbst zerstören, und dabei ist das Wachstum durch Rationalisierung keine Lösung, sondern das größte Problem der funktional ausdifferenzierten Gesellschaft. (August 2021: 360)

Mit diesem Zitat wird zugleich Luhmanns ambivalente Haltung zur sozialen Selbststeuerung deutlich. Einerseits hält die Selbstregulation der Systeme nach Luhmann ein Selbstzerstörungspotenzial bereit, gleichzeitig ist eine effektive Fremdsteuerung von Systemen nicht möglich[21]. Eine Möglichkeit lautet dennoch: Selbstregulation. So arbeitet vor allem August heraus, dass Luhmann Steuerung nicht grundsätzlich ablehnte, sondern jene Steuerungskonzepte, die aus seiner Perspektive die Funktionsweise der modernen Gesellschaft verkennen. Stattdessen schlug er insbesondere mit dem Konzept der „ökologischen Rationalität" (Luhmann 2004: 247) die Entwicklungen jeweils eigener systemischer Strukturen vor, die die Auswirkungen des Systems auf die Umwelt und deren Rückwirkungen auf sich selbst beobachtbar machen sowie gleichzeitig die Kultivierung eines kognitiven, lernenden Erwartungsstils und operative Experimentierfreude, um Operationsweisen in situ auch ändern zu können (vgl. August 2021: 361 ff.).

6.2 Rezeption innerhalb der Wirtschaftssoziologie

Die Bedeutung und der Einfluss der Systemtheorie in der Wirtschaftssoziologie bezieht sich im Vergleich zu anderen Theorien im Kern auf einige ausgesuchte Bereiche (vgl. zur Diskussion der Bedeutung Baecker 2017: 172 f.; Pahl 2017: 207 ff.). Dies materialisiert sich bereits darin, dass die Systemtheorie in wirtschaftssoziologischen Einführungsbüchern nicht immer oder zumindest nicht prominent berücksichtigt wird (vgl. Vormbusch 2019; Braun et al. 2012; Maurer 2021). So gibt es zwar vereinzelte systemtheoretische Arbeiten, auf welche in der Wirtschaftssoziologie immer wieder stark Bezug genommen wird und welche mitunter sogar wirtschaftssoziologische Diskussionsstränge prägen, wie zum Beispiel Dirk Baeckers Arbeiten zum Verhältnis zwischen Wirtschaft und Gesellschaft (vgl. Baecker 2001; Baecker 2006) sowie Banken (vgl. Baecker 1991) oder Elena Espositos Arbeiten zur Bedeutung von Zeit auf Finanzmärkten sowie zur Performativität wirtschaftswissenschaftlichen Wissens (vgl. Esposito 2018; Esposito 2010). Gleichzeitig ist herauszustellen, dass die Theorie in Form einzelner Theorieausschnitte oder Begriffe zudem in einigen wirtschaftssoziologischen Arbeiten referiert wird oder Anwendung findet, ohne dass es sich hier immer

---

21 Und wie von August herausgearbeitet nach Luhmann auch nicht wünschenswert, sind Versuche des politischen Systems dahingehend doch selbst Teil der Krisendiagnose (vgl. August 2021: 338 ff. & 353 f.).

um systemtheoretische Arbeiten handelt. Zu nennen sind zum Beispiel die Konzeptionen einer selbstreferentiellen Wirtschaft, der Begriff des Risikos, die Fragen nach der Reduktion von Komplexität und Thematisierungen von Ungewissheit oder auch die Perspektive der Beobachtung zweiter Ordnung. Während sich diese Beobachtungen vor allem auf den deutschsprachigen Raum beziehen, wird die Systemtheorie im englischsprachigen Raum kaum rezipiert, was aber nicht nur für ihre wirtschaftssoziologischen Arbeiten gilt. Als besonders sichtbare Ausnahmen sind hier vor allem die Beiträge von Elena Esposito, Alberto Cevolini sowie die Arbeiten der Mitglieder der Copenhagen Business School um Niels Åkerstrøm Andersen oder Morten Knudsen zu nennen. Weitaus bedeutender als jene systemtheoretische Perspektive, die sich mit der Wirtschaft als Funktionssystem befasst, ist die Organisationssoziologie der Systemtheorie nach Luhmann, welche wie gezeigt auch ökonomische Organisationen beforscht.

Während bislang die wirtschaftssoziologische Relevanz der Systemtheorie als ausschließlich wissenschaftliche Perspektive diskutiert wurde, ist an dieser Stelle aber auch zu fragen, inwiefern ein systemtheoretisches Denken auch die beobachteten Gegenstände der Wirtschaftssoziologie formt. Diese Frage liegt schon deshalb nahe, da sich die soziologische Systemtheorie wie in der Entstehungsgeschichte dargelegt auch im Kontext von Steuerungsdebatten entwickelt halt. Instruktiv sind hier zum Beispiel Befunde aus der poststrukturalistischen Sicherheitsforschung. Insbesondere die Sicherheitstechnologie der Resilienz, welche auch aktuelle Kontinuitätsmanagementkonzepten im Finanzwesen informiert, lässt so deutliche Facetten eines allgemeinen systemtheoretischen Denkens erkennen, indem zum Beispiel die Vergegenwärtigungen des zu regulierenden sowie zu schützenden Gegenstandes als systemisches Operieren und Weiteroperieren stark an dieses Denken angelehnt sind (vgl. Folkers 2018; Walker & Cooper 2011). Mit einem engeren Blick auf die Systemtheorie Luhmanns ist wiederum auf die Prominenz systemtheoretischer Konzepte in der Organisationsberatung hinzuweisen, welche jedoch gleichzeitig auch Gegenstand systemtheoretischer Analyse ist (vgl. exemplarisch Kühl 2007; Kühl & Moldaschl 2010; Wimmer 2012; Wendt 2020). Innerhalb der Organisationsberatung werden systemtheoretische Überlegungen zum Beispiel genutzt, um die zu beratenden Unternehmen über Organisationsrealitäten jenseits von Rationalitätsmodellen sowie Probleme der Intervention und Steuerung, also über sich selbst aufzuklären. Bereits durch diese zwei Beobachtungen stellt sich die Frage, inwiefern die Systemtheorie eigentlich selbst schon performativ ist in als wirtschaftlich gekennzeichneten Sozialräumen. Während diese Gedanken auf eine poststrukturalistische Perspektive verweisen, so sind diese doch auch schon bei Luhmann selbst angelegt, wird soziologische Theorie hier klar als Bestandteil, nämlich als Selbstbeschreibung der Gesellschaft verstanden, welche diese demnach immer auch mitgestaltet (vgl. Luhmann 1997: 15; Stäheli 2000: 184 ff.).

7 Theorieanwendung: Konflikte um den Hambacher Forst

In diesem Unterkapitel sind die Stärken der systemtheoretischen Perspektive auf Wirtschaft am Beispiel des Konflikts um die Rodung des Hambacher Forstes zur Erweiterung des Braunkohletagebaus der RWE AG zu verdeutlichen. Das Argument lautet hier, dass die Systemtheorie durch ihren Fokus auf soziale Differenzierung besonders gut dazu geeignet ist, den verschiedene Akteur*innen insbesondere aus Wirtschaft, Politik, Verwaltung und Recht umfassenden Konflikt um die geplante Rodung des Waldstückes durch den Fokus auf verschiedene systemische Perspektiven erstens nachzuvollziehen, dabei zweitens auch die soziale Dynamik des Konflikts durch das Potenzial, systemische Zusammenhänge systematisch beobachten zu können, zu erfassen und drittens trotz der Betonung sozialer Eigenlogiken stets für soziale Transformationen und Modifikationen durch eben diese systemischen Zusammenhänge zu sensibilisieren.

Die Einsicht, dass die Umwelt im Sinne der Natur und damit auch Umweltschäden nur dann gesellschaftlich relevant sind, wenn sie kommunikativ wirksam werden, ist eine zentrale Einsicht Luhmanns, welche er in dem bekannten Werk „Ökologische Kommunikation" von 1986 präsentiert:

> Es mögen Fische sterben oder Menschen, das Baden in Seen oder Flüssen mag Krankheiten erzeugen, es mag kein Öl mehr aus den Pumpen kommen und die Durchschnittstemperaturen mögen sinken oder steigen: solange darüber nicht kommuniziert wird, hat dies keine gesellschaftlichen Auswirkungen. Die Gesellschaft ist ein zwar umweltempfindliches, aber operativ geschlossenes System. Sie beobachtet nur durch Kommunikation. […] Um diesen wichtigen Ausgangspunkt noch einmal in anderer Formulierung festzuhalten, kann man auch sagen, daß die Umwelt des Gesellschaftssystems keine Möglichkeit hat, mit der Gesellschaft zu kommunizieren. […] Die Umwelt kann sich nur durch Irritationen oder Störungen der Kommunikation bemerkbar machen, und diese muß dann auf sich selbst reagieren […]. (Luhmann 2004: 63)

Entsprechend der gesellschaftlichen Differenzierung ist an dieser Stelle dann auch mit erheblichen Unterschieden zu rechnen. Ob und auf welche Weise Natur und ihre Schäden überhaupt systemisch beobachtet werden und mit welchen Folgen, inwiefern diese also „Resonanz" finden (Luhmann 2004: 75), hängt so von den entsprechenden Systemen selbst und ihren Operationsmodi ab. Mit Blick auf die moderne Wirtschaft als funktional differenziertes Teilsystem hält Luhmann fest, dass ökologische Probleme erst dann zum Thema werden, wenn sie sich in der „Sprache des Geldes", also in Preisen niederschlagen (vgl. Luhmann 2004: 113 ff., 122 f.), während ökonomische Programme anschließend steuern, wie sich diese Thematisierungen auf Zahlungsprozesse auswirken und damit behandelt werden. Dementsprechend sieht Luhmann auch bei den Programmen den Ansatzpunkt für einen modifizierten ökonomischen Umgang mit

Umwelt(schäden) (vgl. Luhmann 2004: 91)[22], während ihre Einpreisung mit Blick auf ökonomische Resonanz unvermeidlich erscheint. Dadurch wird der Blick gleichsam auf Organisationen gelenkt und damit auch auf zentrale Konfliktparteien rund um die Rodung im Hambacher Forst. Dass eine politische Organisation wie BUND e.V., einer der Hauptakteure in dem Konflikt um die Rodung, Natur und Naturzerstörung anders beobachtet und entscheidungsrelevant werden lässt als eine Organisation wie RWE AG, wird durch die Systemtheorie insbesondere durch die Unterschiede in ihren zentralen Funktionssystembezügen immer schon nahegelegt, wenn es auch aufgrund der Polyphonie von Organisationen sowie ihrer permanenten operativen Selbstaktualisierung nicht ohne Weiteres vorausgesetzt sowie spezifiziert werden kann. Im Fall der am Konflikt beteiligten Organisationen wäre so der Blick darauf zu richten, wie sich der Hambacher Forst und seine Rodung in den jeweiligen Entscheidungsprozessen semantisch niederschlägt und welche Funktionen diese Thematisierungen dort jeweils einnehmen.

Mit dieser systemspezifischen Rekonstruktion ist allerdings die Auseinandersetzung rund um den Hambacher Forst sowie ihre Dynamik noch nicht beobachtet. Auch dieses Moment kann jedoch durch die Systemtheorie adressiert werden, beobachtet die Systemtheorie Systeme doch immer schon vor dem Hintergrund ihrer Umwelt: Inwiefern werden Ereignisse in den beteiligten Sozialsystemen zum Ausgangspunkt von Ereignissen in den anderen Systemen und wie wird eine Auseinandersetzung bzw. Beteiligung an der Auseinandersetzung so auch erst operativ hergestellt? Hier stellen sich Fragen nach den Möglichkeiten und Formen der gegenseitigen Beobachtung der beteiligten Systeme bedingt durch operative und strukturelle Kopplungen sowie ihre jeweiligen Operationsmodi, wie genau die Ereignisse in den jeweiligen Systemen kommunikativ Anschluss finden und welche Auswirkungen diese Kommunikationen wiederum auf ihre Umwelten haben. Die Systemtheorie kann solche sozialen Dynamiken zudem besonders gut beobachten, da sie die soziale Mehrwertigkeit ein- und desselben Ereignisses sowie die Gleichzeitigkeit sozialer Prozesse, also Komplexität, reflektieren kann. Im Fall der Auseinandersetzung um die Rodung des Hambacher Forstes könnte so zum Beispiel reflektiert und vor allem präzise analysiert werden, wie sich der zentrale Gerichtsbeschluss des Oberverwaltungsgerichts in Münster im Oktober 2018 zur vorläufigen Untersagung der Rodung als spezifisches Ereignis im Rechtssystem in verschiedenen beobachtenden Systemen zeitgleich auswirkt, also zu unterschiedlichen kommunikati-

---

22 So hält Luhmann auch mit Blick auf die politische Steuerung der Wirtschaft fest: „Jedes Funktionssystem orientiert sich an eigenen Unterscheidungen, also an eigenen Realitätskonstruktionen, also auch an einem eigenen Code. Kein Steuerungsversuch kann diese Differenz aufheben […]. Es ist nun diese Unterscheidung von Code und Programm, die wir für unser Problem nutzen können. Codes sind für das System, das sich durch sie identifiziert, invariant. Es kommt dem Wirtschaftssystem nie in den Sinn, daran zu rütteln, daß es einen Unterschied ausmacht, ob gezahlt oder nicht gezahlt wird. Dagegen lassen sich Programme unter der Bedingung, daß der Code invariant bleibt, variieren. […] Die Politik kann daher […] Bedingungen schaffen, die sich auf die Programme und damit auf die Selbststeuerung der Wirtschaft auswirken. Sie kann etwas verbieten, sie kann Kosten schaffen, sie kann Nutzungen unter Bedingungen stellen usw." (Luhmann 1996: 346).

ven Anschlüssen führt. So verfasste die RWE AG laut Spiegel nach dem Urteil eine Ad-Hoc-Meldung an Anleger*innen, um über die nun bestehende Rechtsunsicherheit bezüglich einer zukünftigen Rodung zu informieren. Das Gerichtsurteil hatte also eine organisationale Operation ausgelöst (vgl. Spiegel 2018). In etwa zeitgleich, zumindest am selben Tag des Urteils, wurden auch die hier zitierten Zeitungsartikel veröffentlicht, demnach Operationen im System der Massenmedien ausgelöst. Und nicht zuletzt verlor die RWE Aktie nach Beschluss an Wert, ein Phänomen, welches sich systemtheoretisch als eine Vielzahl von Zahlungsoperationen reformulieren lässt (vgl. Spiegel 2018; Focus 2018). Mithilfe der systemtheoretischen Perspektive muss es bei der Reflexion des Zusammenhangs dieser je systemischen Ereignisse jedoch nicht nur bei einer intuitiven Korrelierung bleiben, sondern es werden theoretische Beobachtungsraster zur Verfügung gestellt, welche eine präzise Analyse dieser Dynamik anleiten können: Welche Strukturen koppeln eigentlich die beteiligten Systeme? Wie, d. h. mithilfe welcher Unterscheidungen werden die Ereignisse in den verschiedenen Systemen schließlich mit Sinn versehen und machen sie damit überhaupt zu kommunikativen Ereignissen? Und was sagen solche empirischen Einsichten sowohl über die Eigenschaften, und das heißt hier Strukturen des Wirtschaftssystems als auch über seine gegenwärtigen Vernetzungen mit anderen Sozialsystemen?

Dieses theoretisch reflektierte Zusammenspiel zwischen systemischen Offenheiten und ihrer Geschlossenheit sensibilisiert nicht zuletzt für die Frage nach sozialem Wandel. Eine aktuelle Semantik, welche eine kommunikative Behandlung von Natur und Naturzerstörung gegenwärtig einflussreich anleitet, ist jene der Nachhaltigkeit (vgl. Henkel 2021; Dickel 2020b; Melde 2012; Corti und Pronzini 2016). Insbesondere soziale Bewegungen konfrontieren Unternehmen seit geraumer Zeit mit der Forderung, nachhaltig zu wirtschaften (vgl. Senge 2015), so auch im Rahmen der Auseinandersetzung um den Hambacher Forst (vgl. NABU 2018). Diese Semantik wird inzwischen auch vielfach von Unternehmen aufgegriffen, wobei aus systemtheoretischer Perspektive an dieser Stelle die Frage gestellt wird, wie diese Semantik organisational respezifiziert wird, welche Funktionen diese in organisationaler Praxis einnimmt und wie Organisationen dadurch auch strukturell modifiziert werden (vgl. Ametowobla et al. 2021; Besio 2016; Melde 2012; Beyer et al. 2019). Ein großer Vorteil der systemtheoretischen Perspektive ist, dass sie auch dort für Möglichkeiten des Wandels sensibilisiert, wo sonst schnell „Fassade", Schauseite oder reine Außendarstellung vermutet wird. Tatsächlich lässt sich feststellen, dass die Nachhaltigkeitssemantik inzwischen Bestandteil vieler organisationaler Selbstbeschreibungen ist, zum Beispiel in Form von Mission Statements oder Berichterstattungen (vgl. Luhmann 2011: 418, 423; Groddeck & Siri 2010). Mit solchen Selbstbeschreibungen ist aus systemtheoretischer Perspektive noch nichts darüber gesagt, ob die sich als nachhaltig beschreibenden Organisationen tatsächlich nachhaltig operieren. Dies bedeutet aber nicht, dass diese Selbstbeschreibungen als operativ irrelevant zu behandeln sind, im Gegenteil. Wie oben schon dargelegt, haben Selbstbeschreibungen systemtheoretisch die Funktion, dem System ein Selbst zu Verfügung zu stellen und kenntlich zu machen, was zum System gehört und was nicht. Selbstbeschreibungen spannen dementsprechend die Systemhorizonte auf und damit auch Möglichkeiten, was im System auch operativ Anschluss finden und wirksam werden kann – aber nicht muss (vgl. für das ökonomische System Stäheli 2010: 233). Ausgehend von dieser starken Sensibilität für Möglichkeiten des sozialen Wandels, bedingt durch die theoretische Betonung permanenter sozialer Instabilität und daraus resultierender situativer Reproduktionserfordernisse, wird der Blick schließlich auch auf die Frage gelenkt, ob und wie die RWE AG sich durch die langanhaltenden Proteste und Auseinandersetzungen insbesondere mit Umweltschützer*innen verändert hat und auch langfristig verändern wird, auch über den Verlust der Rodungserlaubnis hinaus.

🄰 8 Übungsfragen

a) Welches soziologische Ziel verfolgt Niklas Luhmann mit seiner allgemeinen Systemtheorie sozialer Systeme und was bedeutet dies für die Thematisierung von Wirtschaft? *(Wiederholungsfrage)*

Das Ziel Luhmanns ist es, eine soziologische Universaltheorie zu formulieren, welche alles Soziale behandeln kann. Dazu greift er Weiterentwicklungen der allgemeinen Systemtheorie auf, da diese genug Eigenkomplexität versprechen, um die Komplexität des anvisierten Gegenstandes des Sozialen greifbar zu machen. Ein Merkmal von Universaltheorien ist dabei auch ihre Autologie. Das bedeutet, dass die soziologische Systemtheorie in sich als ihr Gegenstand wieder vorkommt, sich selbst also einschließt. Auch die Wirtschaft ist als beobachtbares soziales Phänomen ein Gegenstand der Systemtheorie. Sie ist ein spezifischer Ausschnitt der Komplexität des Sozialen in Form eines erkennbar distinkten Funktionssystems, welches auf Basis aneinander anschließender Zahlungen operiert.

b) Warum ist das Geldmedium der Motor der modernen Wirtschaft? *(Wiederholungsfrage)*

Im Geldmedium ist die Form zahlen/nicht zahlen codiert, es verengt demnach den Kommunikationsraum auf diese Optionen, ohne diesen determinieren zu können. Das damit wahrscheinlich werdende Ereignis der Zahlung stellt nach Luhmann die Grundoperation der modernen Wirtschaft dar. Zahlungen provozieren dadurch, dass Geld die Knappheit von Gütern spiegelt, anschließende Zahlungen. Der Versuch, Knappheit aufzuheben, erzeugt demnach weitere zu bearbeitende Knappheit. Damit gehen Zahlungen aus Zahlungen hervor, was die moderne Wirtschaft als autopoietische, als eine sich selbst reproduzierende, eigendynamische Wirtschaft kennzeichnet.

c) Was ist mit der "Reflexivität" der Ökonomie systemtheoretisch bezeichnet und was wäre für diese ein Beispiel? *(Wiederholungsfrage)*

Mit Reflexivität ist in der Systemtheorie grundsätzlich eine bestimmte Form der Selbstreferentialität gemeint. In Bezug auf die Ökonomie bedeutet diese, dass ökonomische Prozesse selbst zum Gegenstand ökonomischer Kommunikation werden. Ein Beispiel dafür sind Transaktionen auf Finanzmärkten, bei denen erfolgte Zahlungsversprechen gehandelt werden. Durch solche Formen der Reflexivität wird die ökonomische Komplexität erheblich gesteigert.

d) Inwiefern ist eine externe Steuerung sozialer Systeme aus systemtheoretischer Perspektive problematisch, aber auch denkbar? Ergänzen Sie Ihre theoretischen Überlegungen mit Beispielen zur Steuerung ökonomischer Prozesse. *(Diskussionsfrage)*

Eine zentrale Aussage der Systemtheorie nach Luhmann lautet, dass soziale Systeme selbstreferentiell-autopoietisch und damit operativ geschlossen operieren. Dies bedeutet, dass ihr Operieren ausschließlich auf ihren eigenen Operationen basiert, was zugleich heißt, dass eine gezielte Steuerung von außen nicht möglich ist. Dies heißt aber nicht, dass Systeme nicht von außen beeinflusst werden können. Hier sind mehrere Möglichkeiten denkbar: Zum einen sind soziale Systeme zwar operativ geschlossen, aber sie sind dennoch auf eine Umwelt angewiesen. So setzen soziale Systeme andere, nichtsoziale Systeme voraus, gleichzeitig muss es etwas außerhalb des sozialen Systems geben, auf das es sich fremdreferentiell beziehen kann, da sonst die Kommunikationsanlässe und damit das System leerlaufen würden. Diese Abhängigkeit sozialer Systeme von ihrer Umwelt kann genutzt werden. Wird der Kontext eines Systems in irgendeiner Form geändert, sind auch Änderungen des Systems auf Basis seiner basalen Operationen erwartbar. Ein Beispiel wäre hier die Kontextsteuerung ökonomischen Operierens, zum Beispiel durch erzeugte Beschaffungshindernisse für bestimme Materialien oder Güter. Zum anderen, und das wäre ein gezielterer Versuch, könnte versucht werden, die Strukturen eines Systems zu beeinflussen. Insbesondere die operationsbeeinflussenden Selbstbeschreibungen sowie Programme sind variabel und könnten durch semantische Angebote aus der Umwelt modifiziert werden. Dadurch würde der Modus der systemischen Operationen anvisiert werden. Ein Beispiel ist hier die Subventionierung bestimmter Güter, die deren Kauf wahrscheinlicher machen soll, oder Veränderungen in Berichtspflichten für Unternehmen oder damit verbundener ökonomischer Kennzahlen in der Hoffnung, bestimmtes Operieren (langfristig) zu unterbinden. Auf letzteres können auch artikulierte Entwürfe alternativen Wirtschaftens sowie neue Angebote zur Identität wirtschaftlicher Akteur*innen zielen. Auch wenn diese Strategien systemtheoretisch denkbar sind, so erschweren aus dieser Perspektive insbesondere zwei zusammenhängende Aspekte den Erfolg solcher indirekten Steuerungsversuche. So bestimmt das System selbst, was überhaupt seine Umwelt ist und wie es darauf reagiert. Unintendierte Effekte solcher Interventionen sind dementsprechend wahrscheinlich. Zum Beispiel können neue Berichtspflichten zu Modifikationen des ungewünschten Operierens führen statt zu deren Verhinderung, was in neue Bezugsprobleme für Steuerung münden kann, auf Transformation zielende Semantiken können für das zu steuernde System unsichtbar bleiben oder in eine interne Form übersetzt werden, welche bisheriges Operieren nicht verändert, sondern weiter stützt. An dieser Stelle ist dann auch zu berücksichtigen, dass das, was in diesem Szenario steuernd intervenieren will, aus systemtheoretischer Sicht selbst ein System ist. Zwar kann es das zu steuernde System als Beobachter zweiter Ordnung beobachten und damit in seiner Operationsweise rekonstruieren. Dies führt aber neben entsprechenden Operationserfordernissen auch zu einer zeitlichen Desynchronisation: Das zu steuernde System wird immer einen Schritt voraus sein. Aus systemtheoretischer Perspektive ist eine direkte und determinierende äußere Steuerung demnach sowohl aufgrund mangelnder Durchgriffskompetenz als auch aufgrund von Beobachtungsproblemen durch Zeit nicht möglich.

9 Weiterführende Literatur und Medien

a) Theoretisierende Ausführung

Luhmann, Niklas (1996): Die Wirtschaft der Gesellschaft. 2. Auflage. Frankfurt am Main: Suhrkamp.

Dieses erstmalig 1988 erschienene Werk ist das wirtschaftssoziologische Kernstück der Luhmannschen Systemtheorie und schlägt die Konzeption der modernen Wirtschaft als gesellschaftliches Funktionssystem vor. Das Buch wurde nach der autopoietischen Wende verfasst und versucht den bis dahin entwickelten Theorierahmen produktiv auf das Phänomen der Wirtschaft bzw. wirtschaftliche Phänomene anzuwenden, um einen soziologischen Zugang zu diesen zu schaffen. Das Werk ist eher als Aufsatzsammlung denn als Monografie zu verstehen, denn es beinhaltet einige vorab veröffentlichte Aufsätze zur Wirtschaft, wenn auch in überarbeiteter Form (vgl. Luhmann 1996: 12; Baecker 2012: 219).

b) Anwendung auf ökonomische Phänomene

Esposito, Elena (2013): The structures of uncertainty: performativity and unpredictability in economic operations. In: Economy and Society 42(1), 102–129.

Diese Arbeit schließt an die Performativitätsdebatte an und fragt, wie ökonomische Theorien die Wirtschaft in ihrer Funktionsweise performativ gestalten (und nicht erst nachträglich abbilden) und wie sich zuweilen eintretende gegenteilige, von der Theorie abweichende Phänomene in Form einer „Counter-Performativity" erklären lassen, welche zum Beispiel in der Finanzkrise beobachtbar war. Die Ausführungen basieren auf klassischen systemtheoretischen Kategorien, insbesondere der grundlegenden Unterscheidung der systemtheoretischen Beobachtungstheorie zwischen einer Beobachtung erster Ordnung und einer Beobachtung zweiter Ordnung. Hier wird auch deutlich, dass es nicht nur die Alltagspraxis von Wissenschaftler*innen ist, zu beobachten, wie beobachtet wird, sondern auch von ökonomischen Akteur*innen. Solche „second-order observations" dynamisieren die Finanzökonomie erheblich.

c) Weiterführender Beitrag

August, Vincent (2021): Technologisches Regieren. Der Aufstieg des Netzwerk-Denkens in der Krise der Moderne. Foucault, Luhmann und die Kybernetik. Bielefeld: transcript-Verlag.

In dieser Monografie wird der Diskurs um das Regieren von und durch Netzwerke nachgezeichnet, ein Diskurs, in dem sich auch Niklas Luhmanns Schaffen deutlich verorten lässt. Diese Arbeit lässt sich insofern als neue Interpretation der Systemtheorie lesen, dass sie Luhmanns Theorie historisch und gesellschaftspolitisch kontextualisiert und dabei ihre politischen Implikationen als Steuerungstheorie herausarbeitet. Dies kann selbst als poststrukturalistisches Vorhaben gewertet werden, zugleich werden Luhmanns Perspektiven in der Arbeit mit denen des poststrukturalistischen Denkers Michel Foucault kontrastiert.

d) Weitere mediale Vertiefung

Der digitale Zettelkasten Niklas Luhmanns. Unter: www.niklas-luhmann-archiv.de.

Das Projekt "Niklas Luhmann – Theorie als Passion. Wissenschaftliche Erschließung und Edition des Nachlasses" (Laufzeit 2015–2030), welches unter anderem von der Fakultät für Soziologie und dem Archiv und der Bibliothek der Universität Bielefeld durchgeführt wird, zielt darauf ab, den wissenschaftlichen Nachlass von Luhmann zu erschließen. Zu diesem gehört auch Luhmanns berühmter „Zettelkasten", mithilfe dessen Luhmann eigene Aufzeichnungen verwaltete sowie auch Wissensproduktion betrieben hat. In dem online verfügbaren „Niklas Luhmann-Archiv" kann der digitalisierte Zettelkasten eingesehen und genutzt werden. Auch andere Bestandteile des Nachlasses können auf diesem Informationsportal gesichtet werden.

Literatur

Amstutz, Marc; Fischer-Lescano, Andreas (Hg.) (2013): Kritische Systemtheorie. Zur Evolution einer normativen Theorie. Bielefeld: transcript Verlag.

Ametowobla, Dzifa; Arnold, Nadine; Besio, Cristina (2021): Nachhaltigkeit organisieren – Zur Respezifikation von Nachhaltigkeit durch verschiedene Organisationsformen. In: SONA – Netzwerk Soziologie der Nachhaltigkeit: Soziologie der Nachhaltigkeit 1. Bielefeld: transcript Verlag, 355–376.

Andersen, Niels Åkerstrøm (2003a): Discursive analytical strategies. Understanding Foucault, Koselleck, Laclau, Luhmann. Bristol: The Policy Press.

Andersen, Niels Åkerstrøm (2003b): Polyphonic Organisations. In: Bakken, Tore; Hernes, Tor (Hg.): Autopoietic Organization Theory. Drawing on Niklas Luhmann's Social Systems Perspective. Oslo: Copenhagen Business School Press, 151–182.

Andersen, Niels Åkerstrøm (2010): Luhmann as Analytical Strategist. In: John, René; Henkel, Anna; Rückert-John, Jana (Hg.): Die Methodologien des Systems. Wie kommt man zum Fall und wie dahinter? 1. Auflage. Wiesbaden: VS Verlag für Sozialwissenschaften, 97–117.

Apelt, Maja; Senge, Konstanze (Hg.) (2015): Organisation und Unsicherheit. 1. Auflage. Wiesbaden: Springer VS.

August, Vincent (2021): Technologisches Regieren. Der Aufstieg des Netzwerk-Denkens in der Krise der Moderne. Foucault, Luhmann und die Kybernetik. Bielefeld: transcript Verlag.

Bakken, Tore; Hernes, Tor (Hg.) (2003): Autopoietic Organization Theory. Drawing on Niklas Luhmann's Social Systems Perspective. Oslo: Copenhagen Business School Press.

Baraldi, Claudio (2019): Kommunikation. In: Baraldi, Claudio; Corsi, Giancarlo; Esposito, Elena (Hg.): GLU. Glossar zu Niklas Luhmanns Theorie sozialer Systeme. 9. Auflage. Frankfurt am Main: Suhrkamp, 89–93.

Baraldi, Claudio; Corsi, Giancarlo; Esposito, Elena (Hg.) (2019): GLU. Glossar zu Niklas Luhmanns Theorie sozialer Systeme. 9. Auflage. Frankfurt am Main: Suhrkamp.

Baecker, Dirk (1991): Womit handeln Banken? Eine Untersuchung zur Risikoverarbeitung in der Wirtschaft. 1. Auflage. Frankfurt am Main: Suhrkamp.

Baecker, Dirk (1999): Die Form des Unternehmens. 1. Auflage. Frankfurt am Main: Suhrkamp.

Baecker, Dirk (2001): Kapital als strukturelle Kopplung. In: Soziale Systeme 7(2), 313–327.

Baecker, Dirk (2003): Organisation und Management. Aufsätze. Originalausgabe, 1. Auflage Frankfurt am Main: Suhrkamp.

Baecker, Dirk (2006): Wirtschaftssoziologie. Bielefeld: transcript Verlag.

Baecker, Dirk (2007): Studien zur nächsten Gesellschaft. Originalausgabe, 1. Auflage. Frankfurt am Main: Suhrkamp.

Baecker, Dirk (2011): Organisation und Störung. Aufsätze. Originalausgabe, 1. Auflage. Berlin: Suhrkamp.

Baecker, Dirk (2012): Die Wirtschaft der Gesellschaft (1988). In: Jahraus, Oliver; Nassehi, Armin; Grizelj, Mario; Saake, Irmhild; Kirchmeier, Christian; Müller, Julian (Hg.): Luhmann-Handbuch. Leben – Werk – Wirkung. Stuttgart. Weimar: Verlag J.B. Metzler, 219–223.

Baecker, Dirk (Hg.) (2016): Schlüsselwerke der Systemtheorie. 2. Auflage. Wiesbaden: Springer VS.

Baecker, Dirk (2017): Wirtschaft als funktionales Teilsystem. In: Maurer, Andrea (Hg.): Handbuch der Wirtschaftssoziologie. 2. Auflage. Wiesbaden: Springer VS, 163–179.

Banerjee, Abhijit V. (1992): A Simple Model of Herd Behavior. In: The Quarterly Journal of Economics 107(3), 797–817.

Besio, Cristina (2014): Strategien der Balance. Vermittlung zwischen Moral und Profit am Beispiel von Energiekonzernen. In: Sociologia Internationalis 52(1), 93–118.

Besio, Cristina (2015): Organisation und Gesellschaft. Beiträge der Organisationssoziologie zum Verständnis ihrer Wechselwirkung. In: Apelt, Maja; Wilkesmann, Uwe (Hg.): Zur Zukunft der Organisationssoziologie. Wiesbaden: Springer VS, 157–171.

Besio, Cristina (2016): Klimawandel und Energiewirtschaft. In: Besio, Cristina; Romano, Gaetano (Hg.): Zum gesellschaftlichen Umgang mit dem Klimawandel. Kooperationen und Kollisionen. 1. Auflage. Baden-Baden: Nomos, 219–238.

Besio, Cristina; Pronzini, Andrea (2011): Inside organizations and out: methodological tenets for empirical research inspired by systems theory. In: Historical Social Research 36(1), 18–41.

Besio, Cristina (2009): Forschungsprojekte. Zum Organisationswandel in der Wissenschaft. Bielefeld: transcript Verlag.

Beyer, Jürgen; Dabrowski, Simon; Lottermoser, Florian; Senge, Konstanze (2019): Shaping or Shaking Trust in Corporate Responsibility Strategies: The Role of Financialization Practices. In: Management Revue 30(2–3), 192–212.

Beyes, Timon; Hagen, Wolfgang; Pias, Claus; Warnke, Martin (Hg.) (2021): Niklas Luhmann am OVG Lüneburg. Zur Entstehung der Systemtheorie. 1. Auflage. Berlin: Duncker & Humblot.

Bohnsack, Ralf (2010): Dokumentarische Methode und Typenbildung – Bezüge zur Systemtheorie. In: John, René; Henkel, Anna; Rückert-John, Jana (Hg.): Die Methodologien des Systems. Wie kommt man zum Fall und wie dahinter? 1. Auflage. Wiesbaden: VS Verlag für Sozialwissenschaften, 291–320.

Boldyrev, Ivan A. (2013): Economy as a Social System: Niklas Luhmann's Contribution and its Significance for Economics. In: The American Journal of Economics and Sociology 72(2), 265–292.

Braun, Norman; Keuschnigg, Marc; Wolbring, Tobias (2012): Wirtschaftssoziologie I. Grundzüge. München: Oldenbourg Wissenschaftsverlag GmbH.

Cevolini, Alberto; Esposito, Elena (2020): From pool to profile: Social consequences of algorithmic prediction in insurance. In: Big Data & Society 7(2).

Cevolini, Alberto (2014a): Der Preis der Hoffnung. In: Cevolini, Alberto (Hg.): Die Ordnung des Kontingenten. Beiträge zur zahlenmäßigen Selbstbeschreibung der modernen Gesellschaft. Wiesbaden: Springer VS, 177–207.

Cevolini, Alberto (Hg.) (2014b): Die Ordnung des Kontingenten. Beiträge zur zahlenmäßigen Selbstbeschreibung der modernen Gesellschaft. Wiesbaden: Springer VS.

Corti, Alessandra; Pronzini, Andrea (2016): Homogenität und Diversität – Klimawandel als Risiko in der funktional differenzierten Gesellschaft. In: Besio, Cristina; Romano, Gaetano (Hg.): Zum gesellschaftlichen Umgang mit dem Klimawandel. Kooperationen und Kollisionen. 1. Auflage. Baden-Baden: Nomos, 85–116.

Dickel, Sascha (2020a): Postsoziale Gesellschaft. Zur Aktualität der Systemtheorie in Zeiten digitaler Kommunikation. In: Maasen, Sabine; Passoth, Jan-Hendrik (Hg.): Soziologie des Digitalen – Digitale Soziologie? Baden-Baden: Nomos, 46–59.

Dickel, Sascha (2020b): Soziologische Systemtheorie. Nachhaltigkeit als Bewahrung einer offenen Zukunft. In: Barth; Thomas; Henkel; Anna (Hg.): 10 Minuten Soziologie: Nachhaltigkeit. Bielefeld: transcript Verlag, 33–46.

Endreß, Martin; Matys, Thomas (Hg.) (2010): Die Ökonomie der Organisation – die Organisation der Ökonomie. 1. Auflage. Wiesbaden: VS Verlag für Sozialwissenschaften.

Esposito, Elena (2010): Die Zukunft der Futures. Die Zeit des Geldes in Finanzwelt und Gesellschaft. 1. Auflage. Heidelberg: Carl-Auer-Systeme Verlag.

Esposito, Elena (2013): The structures of uncertainty: performativity and unpredictability in economic operations. In: Economy and Society 42(1), 102–129.

Esposito, Elena (2017): Critique without crisis: Systems theory as a critical sociology. In: Thesis Eleven 143(1), 18–27.

Esposito, Elena (2018): Predicted Uncertainty: Volatility Calculus and the Indeterminacy of the Future. In: Beckert, Jens; Bronk, Richard (Hg.): Uncertain Futures. Imaginaries, Narratives, and Calculation in the Economy. 1. Auflage. Oxford: Oxford University Press, 219–235.

Esposito, Elena (2019a): Programm. In: Baraldi, Claudio; Corsi, Giancarlo; Esposito, Elena (Hg.): GLU. Glossar zu Niklas Luhmanns Theorie sozialer Systeme. 9. Auflage. Frankfurt am Main: Suhrkamp, 139–141.

Esposito, Elena (2019b): Wirtschaftssystem. In: Baraldi, Claudio; Corsi, Giancarlo; Esposito, Elena (Hg.): GLU. Glossar zu Niklas Luhmanns Theorie sozialer Systeme. 9. Auflage. Frankfurt am Main: Suhrkamp, 209–211.

Farzin, Sina; Opitz, Sven; Stäheli, Urs (2008): Inklusion/Exklusion: Rhetorik – Körper – Macht. In: Soziale Systeme 14(2), 167–170.

Focus (2018): RWE rutschen ab – OVG Münster stoppt Rodung im Hambacher Forst. Unter: https://www.focus.de/finanzen/boerse/wirtschaftsticker/aktie-im-fokus-rwe-rutschen-ab-ovg-muenster-stoppt-rodung-im-hambacher-forst_id_9710114.html, (letzter Aufruf: 11.02.2023).

Folkers, Andreas (2018): Das Sicherheitsdispositiv der Resilienz. Katastrophische Risiken und die Biopolitik vitaler Systeme. Frankfurt am Main: Campus.

Fuchs, Peter (1997): Adressabilität als Grundbegriff der soziologischen Systemtheorie. In: Soziale Systeme 3(1), 57–79.

Groddeck, Victoria von (2018): From Defuturization to Futurization and Back Again? A System-Theoretical Perspective to Analyse Decision-Making. In: Krämer, Hannes; Wenzel, Matthias (Hg.): How Organizations Manage the Future. Theoretical Perspectives and Empirical Insights. Cham: Palgrave Macmillan, 25–43.

Groddeck, Victoria von; Siri, Jasmin; Mayr, Katharina (2015): Die Entscheidungsvergessenheit der Organisationsforschung. Plädoyer für eine operative Entscheidungsforschung. In: Soziale Systeme 20(1), 167–192.

Groddeck, Victoria von; Siri, Jasmin (2010): Temporalisierte Identitäten – Empirische Beobachtungen organisationaler Identitätskonstruktionen in einer Gesellschaft der Gegenwarten. In: Roth, Steffen; Schreiber, Lukas; Wetzel, Ralf (Hg.): Organisation multimedial. Zum polyphonen Programm der nächsten Organisation. Heidelberg: Carl Auer, 219–244.

Grothe-Hammer, Michael (2019): Die De-Organisation von Organisation? Zu den Konsequenzen des Ersetzens menschlicher Entscheiderinnen und Entscheider durch Algorithmen in Organisationen. [The de-organization of organization? On the consequences of replacing human decision-makers by algorithms in organizations.] In: Burzan, Nicole (Hg.): Komplexe Dynamiken globaler und lokaler Entwicklungen: Verhandlungen des 39. Kongresses der Deutschen Gesellschaft für Soziologie in Göttingen 2018. Online verfügbar unter: https://publikationen.soziologie.de/index.php/kongress band_2018/article/view/1183, (letzter Aufruf: 11.02.2023).

Habermas, Jürgen; Luhmann, Niklas (1971): Theorie der Gesellschaft oder Sozialtechnologie – was leistet die Systemforschung? Frankfurt am Main: Suhrkamp.

Hausendorf, Heiko (1992): Das Gespräch als selbstreferentielles System. Ein Beitrag zum empirischen Konstruktivismus der ethnomethodologischen Konversationsanalyse. In: Zeitschrift für Soziologie 21(2), 83–95.

Heinze, Thomas (2005): Wissensbasierte Technologien, Organisationen und Netzwerke – Eine Analyse der Kopplung von Wissenschaft und Wirtschaft. In: Zeitschrift für Soziologie 34(1), 60–82.

Hellmann, Kai-Uwe (2003): Soziologie der Marke. Originalausgabe, 1. Auflage. Frankfurt am Main: Suhrkamp.

Henkel, Anna (2017): Die Materialität der Gesellschaft. Entwicklung einer gesellschaftstheoretischen Perspektive auf Materialität auf Basis der Luhmannschen Systemtheorie. In: Soziale Welt 68(2–3), 279–299.

Henkel, Anna (2021): Nachhaltigkeit als Gegenstand der Soziologie. In: Genkova, Petia (Hg.): Handbuch Globale Kompetenz. Grundlagen – Herausforderungen – Krisen. Wiesbaden: Springer VS, 1–16.

Holzer, Boris; Millo, Yuval (2005): From Risks to Second-order Dangers in Financial Markets: Unintended Consequences of Risk Management Systems. In: New Political Economy 10(2), 223–245.

Hoof, Florian (2015): Medien managerialer Entscheidung: Decision-making „at a glance". In: Soziale Systeme 20(1), 23–51.

Hutter, Michael (2001): Structural Coupling between Social Systems: Art and the Economy as Mutual Sources of Growth. In: Soziale Systeme 7(2), 290–312.

Jahraus, Oliver; Nassehi, Armin; Grizelj, Mario; Saake, Irmhild; Kirchmeier, Christian; Müller, Julian (Hg.) (2012): Luhmann-Handbuch. Leben – Werk – Wirkung. Stuttgart, Weimar: Verlag J.B. Metzler.

Jansen, Till; Vogd, Werner (2013): Polykontexturale Verhältnisse – disjunkte Rationalitäten am Beispiel von Organisationen. In: Zeitschrift für Theoretische Soziologie 2(1), 82–97.

Jansen, Till; Vogd, Werner (2022): Kontexturanalyse. Theorie und Methode einer systemischen Sozialforschung. 1. Auflage. Wiesbaden: Springer VS.

John, René; Henkel, Anna; Rückert-John, Jana (2010a): Methodologie und Systemtheorie – ein Problemaufriss. In: John, René; Henkel, Anna; Rückert-John, Jana (Hg.): Die Methodologien des Systems. Wie kommt man zum Fall und wie dahinter? 1. Auflage. Wiesbaden: VS Verlag für Sozialwissenschaften, 7–12.

John, René; Henkel, Anna; Rückert-John, Jana (Hg.) (2010b): Die Methodologien des Systems. Wie kommt man zum Fall und wie dahinter? 1. Auflage. Wiesbaden: VS Verlag für Sozialwissenschaften.

Jöstingmeier, Marco (2019): Governance der Finanzmärkte. Zur strukturellen Kopplung von Wirtschaft und Politik. Wiesbaden: Springer VS.

Kette, Sven (2008): Bankenregulierung als Cognitive Governance. Eine Studie zur gesellschaftlichen Verarbeitung von Komplexität und Nichtwissen. 1. Auflage. Wiesbaden: VS Verlag für Sozialwissenschaften.

Kette, Sven (2012): Das Unternehmen als Organisation. In: Apelt, Maja; Tacke, Veronika (Hg.): Handbuch Organisationstypen. Wiesbaden: Springer VS, 21–42.

Kette, Sven (2018): Unternehmen. Eine sehr kurze Einführung. Wiesbaden: Springer VS.

Kieserling, André (1999): Kommunikation unter Anwesenden. Studien über Interaktionssysteme. 1. Auflage. Frankfurt am Main: Suhrkamp.

Kneer, Georg; Nassehi, Armin (2000): Niklas Luhmanns Theorie sozialer Systeme. Eine Einführung. 4., unveränderte. Auflage. Paderborn: Wilhelm Fink.

Knudsen, Morten (2006): Autolysis Within Organizations: A Case Study. In: Soziale Systeme 12(1), 79–99.

Krafft, Alexander; Ulrich, Günter (2006): Kultur und Kontingenz: Der Beitrag der Systemtheorie zur kulturwissenschaftlichen Wende in der Ökonomie. In: Ulrich, Günter; Müller-Doohm, Stefan (Hg.): Theorie und Engagement. Gedenkschrift für Alexander Krafft. Unter Mitarbeit von Alexander Krafft. Oldenburg: BIS-Verlag der Carl von Ossietzky Universität Oldenburg, 17–46.

Kussin, Matthias (2009): Organisation der Regulierung – Regulierung der Organisation. Zum erweiterten Fokus internationaler Bankenaufsicht. 1. Auflage. Wiesbaden: VS Verlag für Sozialwissenschaften.

Kühl, Stefan (2007): Formalität, Informalität und Illegalität in der Organisationsberatung. Systemtheoretische Analyse eines Beratungsprozesses. In: Soziale Welt 58(3), 271–293.

Kühl, Stefan (2022): Systemtheoretische Perspektiven auf Organisationen – Luhmanns bekannte und unbekannte Schriften zur Organisation. In: Soziologische Revue 45(3), 315–333.

Kühl, Stefan; Moldaschl, Manfred (Hg.) (2010): Organisation und Intervention. Ansätze für eine sozialwissenschaftliche Fundierung von Organisationsberatung. 1. Auflage. München & Mering: Rainer Hampp Verlag.

La Cour, Anders; Philippopoulos-Mihalopoulos, Andreas (Hg.) (2013): Luhmann Observed. Radical Theoretical Encounters. Basingstoke: Palgrave Macmillan.

Lehmann, Maren (2015a): Das „Altwerden funktionaler Differenzierung" und die „nächste Gesellschaft". In: Soziale Systeme 20(2), 308–336.

Lehmann, Maren (2015b): Kann man mit Systemtheorie Gesellschaftskritik üben? Eine Lektüre. In: Scherr, Albert (Hg.): Systemtheorie und Differenzierungstheorie als Kritik. Perspektiven in Anschluss an Niklas Luhmann. 1. Auflage. Weinheim, Basel: Beltz Juventa, 104–119.

Lim, Il-Tschung (2012): »Know your Money!« Falschgeldbeobachtung und visuelle Echtheitssicherung von Geld in der US-amerikanischen Ökonomie (18.-20. Jahrhundert). In: Soziale Systeme 18(1–2), 300–322.

Luhmann, Niklas (1964): Funktionen und Folgen formaler Organisation. Berlin: Duncker & Humblot.

Luhmann, Niklas (1980): Komplexität. In: Grochla, Erwin (Hg.): Handwörterbuch der Organisation. 2. Auflage. Stuttgart: Poeschel, 1064–1070.

Luhmann, Niklas (1983): Das sind Preise. Ein soziologisch-systemtheoretischer Klärungsversuch. In: Soziale Welt 34(2), 153–170.

Luhmann, Niklas (1984): Die Wirtschaft der Gesellschaft als autopoietisches System. In: Zeitschrift für Soziologie 13(4), 308–327.

Luhmann, Niklas (1988): Organisation. In: Küpper, Willi; Ortmann, Günther (Hg.): Mikropolitik. Rationalität, Macht und Spiele in Organisationen. Opladen: Westdeutscher Verlag, 165–185.

Luhmann, Niklas (1990a): Die Wissenschaft der Gesellschaft. 1. Auflage. Frankfurt am Main: Suhrkamp.

Luhmann, Niklas (1990b): Soziologische Aufklärung 5. Konstruktivistische Perspektiven. Opladen: Westdeutscher Verlag.

Luhmann, Niklas (1991a): Soziologische Aufklärung 1. Aufsätze zur Theorie sozialer Systeme. 6. Auflage. Opladen: Westdeutscher Verlag.

Luhmann, Niklas (1991b): Die Form „Person". In: Soziale Welt 42(2), 166–175.

Luhmann, Niklas (1991c): Soziologie des Risikos. Berlin, New York: de Gruyter.

Luhmann, Niklas (1993): Gesellschaftsstruktur und Semantik. Studien zur Wissenssoziologie der modernen Gesellschaft. Band 1. 1. Auflage. Frankfurt am Main: Suhrkamp.

Luhmann, Niklas (1996): Die Wirtschaft der Gesellschaft. 2. Auflage. Frankfurt am Main: Suhrkamp.

Luhmann, Niklas (1997): Die Gesellschaft der Gesellschaft. 1. Auflage. Frankfurt am Main: Suhrkamp.

Luhmann, Niklas (2004): Ökologische Kommunikation. Kann die moderne Gesellschaft sich auf ökologische Gefährdungen einstellen? 4. Auflage. Wiesbaden: VS Verlag für Sozialwissenschaften.

Luhmann, Niklas (2009): Einführung in die Theorie der Gesellschaft. Dirk Baecker (Hg.). 2. Auflage. Heidelberg: Carl-Auer-Systeme Verlag.

Luhmann, Niklas (2011): Organisation und Entscheidung. 3. Auflage. Wiesbaden: VS Verlag für Sozialwissenschaften.

Luhmann, Niklas (2015): Soziale Systeme. Grundriß einer allgemeinen Theorie. 16. Auflage. Frankfurt am Main: Suhrkamp.

Luhmann, Niklas (2019): Wirtschaft und Recht: Probleme struktureller Kopplung. In: Soziale Systeme 24(1–2), 121–139.

Luhmann, Niklas (2020): Einführung in die Systemtheorie. Baecker, Dirk (Hg.). 8. Auflage Heidelberg: Carl-Auer-Systeme Verlag.

Maurer, Andrea (Hg.) (2021): Handbook of Economic Sociology for the 21st Century. New Theoretical Approaches, Empirical Studies and Developments. 1. Auflage. Cham: Springer Nature Switzerland AG.

Mayr, Katharina; Siri, Jasmin (2010): Management as a Symbolizing Construction? Re-Arranging the Understanding of Management. In: Forum Qualitative Sozialforschung/Forum: Qualitative Social Research 11(3), Art. 21.

Melde, Thomas (2012): Nachhaltige Entwicklung durch Semantik, Governance und Management. Zur Selbstregulierung des Wirtschaftssystems zwischen Steuerungsillusionen und Moralzumutungen. Wiesbaden: Springer VS.

Mensching, Anja (2016): Rückwärts in die Zukunft. Zur empirischen Rekonstruktion organisationaler Gedächtnispraktiken. In: Leonhard, Nina; Dimbath, Oliver; Haag, Hanna; Sebald, Gerd (Hg.): Organisation und Gedächtnis. Über die Vergangenheit der Organisation und die Organisation der Vergangenheit. Wiesbaden: Springer VS, 63–82.

Möller, Kolja; Siri, Jasmin (Hg.) (2016): Systemtheorie und Gesellschaftskritik. Perspektiven der Kritischen Systemtheorie. Bielefeld: transcript Verlag.

NABU (2018): Absichtliches Foulspiel an Klima und Natur. RWE-Chef Schmitz ist „Dinosaurier des Jahres 2018". Online verfügbar unter: https://www.nabu.de/news/2018/12/25693.html, (letzter Aufruf: 11.02.2023).

Nassehi, Armin (2011): Gesellschaft der Gegenwarten. Studien zur Theorie der modernen Gesellschaft II. Berlin: Suhrkamp.

Nassehi, Armin (2012a): Ökonomisierung als Optionssteigerung. Eine differenzierungstheoretische Perspektive. In: Soziale Welt 63(4), 401–418.

Nassehi, Armin (2012b): Funktionale Analyse. In: Jahraus, Oliver; Nassehi, Armin; Grizelj, Mario; Saake, Irmhild; Kirchmeier, Christian; Müller, Julian (Hg.): Luhmann-Handbuch. Leben – Werk – Wirkung. Stuttgart, Weimar: Verlag J.B. Metzler, 83–84.

Nassehi, Armin; Saake, Irmhild (2002): Kontingenz: Methodisch verhindert oder beobachtet? Ein Beitrag zur Methodologie der qualitativen Sozialforschung. In: Zeitschrift für Soziologie 31(1), 66–86.

Opitz, Sven (2015): Die Vermischung der Gesellschaft: Hybridität und Moral in der Systemtheorie. In: Kron, Thomas (Hg.): Hybride Sozialität – soziale Hybridität. 1. Auflage. Weilerswist: Velbrück Wissenschaft, 247–266.

Opitz, Sven; Tellmann, Ute (2015): Future Emergencies: Temporal Politics in Law and Economy. In: Theory, Culture & Society 32(2), 107–129.

Paul, Axel T. (2002): Money Makes the World Go Round. Über die Dynamik des Geldes und die Grenzen der Systemtheorie. In: Berliner Journal für Soziologie 12(2), 243–262.

Pahl, Hanno (2008): Das Geld in der modernen Wirtschaft. Marx und Luhmann im Vergleich. Frankfurt am Main: Campus.

Pahl, Hanno (2015): Die Komplexität und Dynamik wirtschaftlicher Systeme: Vermittlung, Beobachtung und agentenbasierte Modellierung. In: Scherr, Albert (Hg.): Systemtheorie und Differenzierungstheorie als Kritik. Perspektiven in Anschluss an Niklas Luhmann. 1. Auflage. Weinheim, Basel: Beltz Juventa, 211–231.

Pahl, Hanno (2017): Niklas Luhmann: Die Wirtschaft der Gesellschaft. In: Kraemer, Klaus; Brugger, Florian (Hg.): Schlüsselwerke der Wirtschaftssoziologie. Wiesbaden: Springer VS, 201–211.

Pörksen, Bernhard (Hg.) (2015): Schlüsselwerke des Konstruktivismus. 2. Auflage. Wiesbaden: VS Verlag für Sozialwissenschaften.

Renner, Moritz (2013): Die Wirtschaft der Weltgesellschaft: Möglichkeitsräume für eine systemtheoretische Kritik. In: Amstutz, Marc; Fischer-Lescano, Andreas (Hg.): Kritische Systemtheorie. Zur Evolution einer normativen Theorie. Bielefeld: transcript Verlag, 219–236.

Scherr, Albert (Hg.) (2020): Systemtheorie und Differenzierungstheorie als Kritik. Perspektiven in Anschluss an Niklas Luhmann. 2.Auflage. Weinheim, Basel: Beltz-Juventa.

Schimank, Uwe (2001): Funktionale Differenzierung, Durchorganisierung und Integration der modernen Gesellschaft. In: Tacke, Veronika (Hg.): Organisation und gesellschaftliche Differenzierung. 1. Auflage. Wiesbaden: Westdeutscher Verlag, 19–38.

Schimank, Uwe (2007): Ökologische Gefährdungen, Anspruchsinflationen und Exklusionsverkettungen — Niklas Luhmanns Beobachtung der Folgeprobleme funktionaler Differenzierung. In: Schimank, Uwe; Volkmann, Ute (Hg.): Soziologische Gegenwartsdiagnosen I. Eine Bestandsaufnahme. 2. Auflage. Wiesbaden: VS Verlag für Sozialwissenschaften, 125–142.

Schimank, Uwe (2009): Die Moderne: eine funktional differenzierte kapitalistische Gesellschaft. In: Berliner Journal für Soziologie 19(3), 327–351.

Schneider, Wolfgang Ludwig (2009): Grundlagen der soziologischen Theorie. Band 3: Sinnverstehen und Intersubjektivität – Hermeneutik, funktionale Analyse, Konversationsanalyse und Systemtheorie. 2. Auflage. Wiesbaden: VS Verlag für Sozialwissenschaften.

Schroer, Markus (2017): Soziologische Theorien. Von den Klassikern bis zur Gegenwart. Paderborn: Wilhelm Fink.

Seidl, David; Mormann, Hannah (2014): Niklas Luhmann as Organization Theorist. In: Adler, Paul; Gay, Paul D.; Morgan, Glenn; Reed, Mike (Hg.): The Oxford Handbook of Sociology, Social Theory, and Organization Studies. Contemporary Currents. Oxford: Oxford University Press, 125–157.

Senge, Konstanze; Dabrowski, Simon (2024): Aktiengesellschaften zwischen Kapitalmarktorientierung und Nachhaltigkeit: Zur Multiresonanz und Pluralität in Unternehmen. In: Zeitschrift für Soziologie 53(1), 8–24.

Senge, Konstanze (2015): Zur Translation und Finanzialisierung von Corporate Social Responsibility. In: Graf, Angela; Möller, Christina (Hg.): Bildung, Macht, Eliten. Frankfurt am Main: Campus: 266–286.

Spiegel (2018): Schwarzer Tag für RWE. Online verfügbar unter: https://www.spiegel.de/wirtschaft/sozia les/hambacher-forst-schwarzer-tag-fuer-rwe-a-1231832.html, (letzter Aufruf: 11.02.2023).

Statistisches Bundesamt (Destatis) (2023): Pressemitteilung Nr. 112 vom 25. März 2020. Online verfügbar unter: https://www.destatis.de/DE/Presse/Pressemitteilungen/2020/03/PD20_112_61.html, (letzter Aufruf: 03.03.2023).

Statistisches Bundesamt (Destatis) (2025): Absatzindex von ausgewählten Verbrauchsgütern. Durchschnitt von 32. KW 2019 bis 5. KW 2020 = 100. Online verfügbar unter: https://www.destatis.de/DE/Presse/Pressemitteilungen/Grafiken/Preise/Verbraucherpreise/2020/_Interaktiv/20201119-vpi-absatz-verbrauchsgueter-kw-46-2020.html, (letzter Aufruf: 02.04.2025).

Stäheli, Urs (2000): Sinnzusammenbrüche. Eine dekonstruktive Lektüre von Niklas Luhmanns Systemtheorie. 1. Auflage Weilerswist: Velbrück Wissenschaft.

Stäheli, Urs (2007): Spektakuläre Spekulation. Das Populäre der Ökonomie. Originalausgabe, 1. Auflage. Frankfurt am Main: Suhrkamp.

Stäheli, Urs (2008): System. Unentscheidbarkeit und Differenz. In: Moebius, Stephan; Reckwitz, Andreas (Hg.): Poststrukturalistische Sozialwissenschaften. Originalausgabe, 1. Auflage. Frankfurt am Main: Suhrkamp, 108–123.

Stäheli, Urs (2010): Dekonstruktive Systemtheorie – Analytische Perspektiven. In: John, René; Henkel, Anna; Rückert-John, Jana (Hg.): Die Methodologien des Systems. Wie kommt man zum Fall und wie dahinter? 1. Auflage. Wiesbaden: VS Verlag für Sozialwissenschaften, 225–239.

Stäheli, Urs (2021): Soziologie der Entnetzung. Originalausgabe. Berlin: Suhrkamp.

Stehr, Nico (2001): Wissen und Wirtschaften. Die gesellschaftlichen Grundlagen der modernen Ökonomie. Originalausgabe, 1. Auflage. Frankfurt am Main: Suhrkamp.

Stichweh, Rudolf (2017): Weltgesellschaft. In: Kühnhardt, Ludger; Mayer, Tilman (Hg.): Bonner Enzyklopädie der Globalität. Band 1 und Band 2. Wiesbaden: Springer VS, 549–560.

Strulik, Torsten (2007): Wirtschaft und Wissen. In: Schützeichel, Rainer (Hg.): Handbuch Wissenssoziologie und Wissensforschung. Konstanz: UVK, 713–722.

Strulik, Torsten (2012): Die Gesellschaft der „neuen Wirtschaftssoziologie“. Eine Replik auf Jens Beckerts Artikel „Wirtschaftssoziologie als Gesellschaftstheorie“. In: Zeitschrift für Soziologie 41(1), 58–74.

Sutter, Tilmann (Hg.) (1997): Beobachtung verstehen, Verstehen beobachten. Perspektiven einer konstruktivistischen Hermeneutik. Wiesbaden: Springer Fachmedien.

Tacke, Veronika; Drepper, Thomas (2018): Soziologie der Organisation. Wiesbaden: Springer VS.

Vogd, Werner (2007): Empirie oder Theorie? Systemtheoretische Forschung jenseits einer vermeintlichen Alternative. In: Soziale Welt 58(3), 295–321.

Vogd, Werner (2009): Systemtheorie und Methode? Zum komplexen Verhältnis von Theoriearbeit und Empirie in der Organisationsforschung. In: Soziale Systeme 15(1), 98–137.

Vogd, Werner (2010): Methodologie und Verfahrensweise der dokumentarischen Methode und ihre Kompatibilität zur Systemtheorie. In: John, René; Henkel, Anna; Rückert, Jana -John (Hg.): Die Methodologien des Systems. Wie kommt man zum Fall und wie dahinter? 1. Auflage Wiesbaden: VS Verlag für Sozialwissenschaften., 121–140.

Vogd, Werner (2011): Systemtheorie und rekonstruktive Sozialforschung – eine Brücke. 2. Auflage. Opladen & Farmington Hills: Verlag Barbara Budrich.

Vormbusch, Uwe (2019): Wirtschafts- und Finanzsoziologie. Eine kritische Einführung. Wiesbaden: Springer VS.

Wagner, Elke (2012): Theorie ohne Kritik? In: Jahraus, Oliver; Nassehi, Armin; Grizelj, Mario; Saake, Irmhild; Kirchmeier, Christian; Müller, Julian (Hg.): Luhmann-Handbuch. Leben – Werk – Wirkung. Stuttgart, Weimar: Verlag J.B. Metzler, 428–431.

Walker, Jeremy; Cooper, Melinda (2011): Genealogies of resilience: From systems ecology to the political economy of crisis adaptation. In: Security Dialogue 42(2), 143–160.

Wendt, Thomas (2020): Die nächste Organisation. Management auf dem Weg in die digitale Moderne. Bielefeld: transcript Verlag.

Willke, Helmut (2002): Dystopia. Studien zur Krisis des Wissens in der modernen Gesellschaft. 1. Auflage. Frankfurt am Main: Suhrkamp.

Wimmer, Rudolf (2012): Organisation und Beratung. Systemtheoretische Perspektiven für die Praxis. 2. Auflage. Heidelberg: Carl-Auer Verlag.

Yuen, Kum Fai; Wang, Xueqin; Ma, Fei; Li, Kevin X. (2020): The Psychological Causes of Panic Buying Following a Health Crisis. In: International Journal of Environmental Research and Public Health 17(10).

Zelizer, Viviana A. (2011): Economic lives. How culture shapes the economy. Princeton: Princeton University Press.

Veronika Zink
IV Poststrukturalistische Wirtschaftssoziologie

Zusammenfassung

Die Theorien des Poststrukturalismus haben sich in den 1970er Jahren im Lichte einer strukturellen und kulturellen Transformation der kapitalistischen Wirtschaftsordnung entwickelt. Das poststrukturalistische Denken kann einerseits als Reflexion dieser realökonomischen Umbrüche gelesen werden und andererseits als Versuch, Möglichkeiten der Gesellschaftskritik vor dem Horizont eines sich wandelnden Kapitalismus auszuloten. Im Fokus der Kritik steht der moderne Glaube an den universellen Wahrheitsanspruch und an die Realität der Ökonomie. Dabei stellt sich die für die Wirtschaftssoziologie virulente Frage, wie die Idee ‚Ökonomie' im historischen Verlauf diskursiv konstruiert ist und wie sich diese Vorstellungen von Wirtschaft jeweils im politischen und kulturellen Raum materialisieren. Mithin liefert der Poststrukturalismus eine adäquate und zugleich sozialkritische Heuristik für das Verstehen einer postindustriellen Gesellschaft, im Besonderen für die Analyse neoliberaler Regierungstechniken und den damit in Verbindung stehenden Prozessen der Finanzialisierung der Wirtschaft, der Ökonomisierung des Sozialen und der Ökonomisierung des Selbst. In der Folge finden poststrukturalistische Lesarten der Ökonomie in der jüngeren Zeit Einzug in wirtschaftssoziologische Debatten im Spannungsfeld von Politik, Ökonomie und Subjektivierung.

1 Einleitung

Aktuelles Beispiel zur Veranschaulichung der poststrukturalistischen Perspektivierung von Wirtschaft: Rhetorik des Risikos – Diskursmacht der Federal Reserve

[A]ll of our recent initiatives, especially the strengthening of the payments system and supervision, are critical to a central mission of the Federal Reserve, **to maintain financial stability and reduce and contain systemic risks**. This mission is an **extension of our monetary policy**. Our country can not enjoy the long-run "maximum employment and stable prices" objectives we are given for monetary policy if the financial system is unstable. In this regard, the successes that most please us are not so much the visible problems that we solve, but rather all the **potential crises** that could have happened, but didn't.

Doubtless, the most important defense against such crises is **prevention**. Recent mini-crises have identified the rapidly mushrooming payments system as the most **vulnerable area of potential danger**. We have no tolerance for error in our electronic payment systems. Like a breakdown in an electric power grid, small mishaps create large problems. Consequently, we have endeavored in recent years, as the demands on our system have escalated [...], to build in significant **safety redundancies**. [...] This evening I have tried to put current central banking

Danksagung: Für ihre konstruktive Kritik möchte ich mich bei Aletta Diefenbach und Philipp Kleinmichel bedanken.

https://doi.org/10.1515/9783110704884-004

issues in **historical context**. Monetary arrangements, including central banks, naturally are under **constant scrutiny and criticism**.

Alan Greenspan, *Challenges of Central Banking in Democratic Societies* (1996)

Abb. IV.1: Alan Greenspan im Jahr 2007, damals Chairman der Federal Reseve, bei einer Rede im Rahmen des International Monetary Funds (IMF). (International Monetary Fund Photograph/Stephen Jaffe, https://commons.wikimedia.org/wiki/File:Alan_Greenspan,_IMF_116greenspan2lg.jpg, letzter Aufruf: 25.03.2025.

Risikoabwägung, die Abwehr von systemischen Krisen, der Schutz vulnerabler gesellschaftlicher Infrastrukturen und die Prävention von Gefahren sind, folgt man Michel Foucault (2006a, 2006b), das historisch voraussetzungsvolle Begriffsrepertoire einer neoliberalen Regierungskunst, die er unter dem Konzept des Sicherheitsdispositivs fasst. Am Ende einer nunmehr berühmten Rede umreist Alan Greenspan (vgl. Abb. IV.1) unter Rekurs auf diese ordnungspolitischen Maxime die gegenwartsgesellschaftlichen Aufgaben der Zentralbank. Diese Rede, in welcher Greenspan sich mit dem geschichtlichen Wandel und der gesellschaftlich umstrittenen Funktion der Zentralbanken befasst, liefert ein beispielhaftes Dokument, um einige Annahmen einer poststrukturalistisch informierten Wirtschaftssoziologie zu illustrieren.

Poststrukturalistische Theorien gehen von der sozialtheoretischen Annahme aus, dass unsere soziale und ökonomische Realität inklusive ihrer Subjekte, Institutionen und Organisationen das Produkt von diskursiven Konstruktionen ist, die sich historisch verändern. Alan Greenspan, von 1987 bis 2006 Vorsitzender der amerikanischen Federal Reserve, steht für eine Ära der amerikanischen Geldpolitik und galt international als eine mächtige Diskursfigur des neoliberalen Wirtschaftssystems, dessen Aussagen eine Symbolfunktion für das Handeln von Marktakteuren hatten. Greenspan prägte nicht nur den Diskurs des Finanzwesens nachhaltig, vielmehr betont er in dieser Rede auch die Bedeutung des historischen Diskurses für den Wandel polit-ökonomischer Institutionen der kapitalistischen Gesellschaft. Unter Rekurs auf die Genealogie der Federal Reserve zeigt Greenspan Diskursverschiebungen auf – vom amerikanischen Revolutionskrieg, über die Etablierung der Federal Reserve 1913, die Festlegung des Goldstandards und dessen Aufhebung bis hin zu den Herausforderungen der Technisierung der Finanzmarktwirtschaft. Wenn Greenspan Risikomanagement und Sicherheitsproduktion als Aufgaben der Federal Reserve bestimmt, dann ist er sich der Tatsache bewusst, dass diese Funktionszuschreibung keine Universalie ist, sondern ein Konstrukt, das permanenten Veränderungen und Kritiken unterliegt.

Auch der Gegenstand der Rede, die gesellschaftliche Funktion der Zentralbank, liefert ein anschauliches Beispiel für Zeitdiagnosen einer poststrukturalistischen Wirtschaftssoziologie. Zentralbanken kommt die Aufgabe der monetären Ordnungspolitik zu. An der Schnittstelle von Staat und Ökonomie übersetzen sie prävalente Wertvorstellungen über die Ordnung von Gesellschaft in wirtschaftspolitische Programme, welche, wie Greenspan formuliert, „die Natur und die Entfaltungsmöglichkeiten unserer ökonomischen und sozialen Beziehungen beeinflussen" (Greenspan 1996, Übersetzung V.Z.). Ein Zentralbanker ist für Greenspan weniger Ökonom als vielmehr ein Politiker, der sich in der Kunst der Geldpolitik versteht. Der Zentralbank wird, ihrem Selbstverständnis nach, also die Funktion des Regierens zuteil. Sie übt gesellschaftliche Macht aus und führt die menschlichen Verhältnisse unter ökonomischen Prämissen, mit dem Ziel das Wohl der Bevölkerung zu sichern – wobei Arbeitsplatzsicherung und Preisstabilität als Indikator gelten.

Indem sie regulativen Einfluss auf den ökonomischen Handlungsrahmen nimmt, hat die Zentralbank politische Macht. Diese politische Potenz der Zentralbank gründet in einem historischen Wandel des Regierungshandelns. Folgt man Foucault (2006a) so ist die moderne Mentalität des Regierens (Gouvernementalität) von der Idee geprägt, die gesellschaftlichen Akteur*innen in ihrem Handeln zu regulieren, statt sie zu unterdrücken. Die Regulation als neues Paradigma des Regierens geht mit einer Aufweichung des Machtmonopols des Staates einher. Dabei wird, so Foucault, in der Moderne Macht vorweg unter dem Vorzeichen der Ökonomie ausgeübt. In dieser Hinsicht steht die Institution der Zentralbank für einen neuen Typus der Gouvernementalität, für eine Verlagerung der Macht in Gestalt der ökonomischen Gesellschaftsregulation. Legitimiert wird das regulative Eingreifen der Zentralbank in die Wirtschaft von Greenspan mit der Sorge um Sicherheit. Die Idee der Sicherheit und die mit ihr korrespondierenden Begriffe wie Risiko, Gefahr und Krise sind, so Foucault, Prinzip und Ziel der Gouvernementalität. Entsprechend verleiht die Rhetorik des Risikos Greenspans Proklamation, die Geldpolitik der Zentralbank wie ihre Einflussmöglichkeiten auszuweiten, Handlungslegitimität. Hierin wird auch eine fundamentale Differenz im Selbstverständnis von liberaler und neoliberaler Marktgesellschaft offenbar, auf die Foucault (2006b) hinweist. Die liberale Wirtschaftspolitik des ‚laissez-faire' wird zugunsten einer interventionistischen Politik aufgelöst, die sucht, aktiv die ‚besten' Rahmenbedingungen für eine Wettbewerbswirtschaft zu kreieren. In dieser Hinsicht bedeutet Neoliberalismus, wie das Beispiel der Zentralbank zeigt, kein Rückzug des Staates, sondern die Expansion von Regierungskompetenzen und des Regierungshandelns.

Das poststrukturalistische Denken hat sich im Frankreich der 1960er und 70er Jahre formiert und wird prominent mit Autorennamen wie Jacques Derrida, Michel Foucault, Gilles Deleuze, Felix Guattari, Jean-Francois Lyotard oder Jean Baudrillard in Verbindung gebracht – den Autoren der sogenannten *French Theory*. Der Poststrukturalismus kann als ein übergreifendes kulturtheoretisches Projekt verstanden werden, das sich als eine besondere Variante der Kritik an der Modernisierung von Gesellschaft und als eine kritische Auseinandersetzung mit modernen Denktraditionen versteht, insbesondere mit dem Marxismus, dem Strukturalismus und der humanistischen Subjektphilosophie. Die poststrukturalistische Kritik an der Gegenwart ist von einer Tendenz der Denaturalisierung gesellschaftlicher Glaubens- und Strukturvorstellungen mit den Mitteln der historisierenden Diskursanalyse gekennzeichnet. Das heißt, etablierte Wissensbestände werden in ihrer gesellschaftlich-geschichtlichen Genese aufgebrochen, kulturelle Konventionen und Klassifikationen werden dekonstruiert, verbürgte soziale Ordnungsbemühungen werden deontologisiert und auf ihre Herrschaftseffekte hin analysiert.

Zwar ist der Poststrukturalismus keine genuin wirtschaftssoziologische Theorie, jedoch kann man ihn als Vorschlag zur kritischen Perspektivierung der modernen Ökonomie, ihrer Episteme und ihrer Effekte, lesen. Allerdings gestaltet sich der Versuch einer genauen Ortsbestimmung des Ökonomischen innerhalb des Poststrukturalismus zunächst schwierig. Wirft man einen Blick auf die nunmehr klassischen Schriften des Poststrukturalismus sowie deren frühe Rezeption in den *Cultural Studies*, so waren zunächst kulturpolitische Problemstellungen leitend, etwa die Auseinandersetzung mit Konzepten der Identität, der Alterität und dem Subalternen wie auch die Frage nach den Möglichkeiten neuer politischer Subjektbildung und nach herrschaftssubversiven Potenzialen der Gegenwart (u. a. Butler 1991). Im Vergleich dazu erscheint das Diskursfeld der Ökonomie auf den ersten Blick als eine „vernachlässigte Kategorie", wie Urs Stäheli (2018: 297) kommentiert. Der vermeintlichen Vernachlässigung der Wirtschaft zum Trotz, sind diese Arbeiten aber durchzogen von einem Denken in Begriffen des Ökonomischen – die Begrifflichkeit selbst scheint unbegrenzt, da nahezu alles unter dem Vorzeichen einer Ökonomie denotiert wird: Es gibt eine Ökonomie der Zeichen, der Diskurse, der Macht, der Körper, des Begehrens, der Affekte. Der Begriff der Wirtschaft wird nicht auf ein spezifisches Feld, wie etwa die Märkte, begrenzt, sondern ist in den Theorien allgegenwärtig und erfährt so eine extreme Ausweitung, flottiert[1] und wird entdifferenziert.

---

1 Flottieren hier verstanden als in Bewegung sein. Lévi-Strauss (2010) verstand unter einem „flottierenden Signifikanten" ein unbestimmtes und beliebiges Zeichen, dass keine klare Bedeutung hat, sondern mit unterschiedlichem Sinn beladen werden kann. Während Lévi-Strauss davon ausging, dass diesem eine Bedeutung zugeschrieben werden muss, interessieren sich poststrukturalistische Autoren für die Bewegung des Flottierens (vgl. u. a. Baudrillard 2011; Derrida 2004b).

2 Entstehungsgeschichte: Krise des Marxismus – Transformationen des Kapitalismus

Die ambivalente Stellung, die der Ökonomie innerhalb des poststrukturalistischen Projekts zuteil wird, lässt sich verstehen, vergegenwärtigt man sich den sozialhistorischen und ideengeschichtlichen Entstehungskontext dieser Theorien. Im Lichte des Pariser Mai schien es – und dies trifft besonders auf die genannten Autoren zu, die als Universitätsmitglieder alle auf ihre Weise in die politischen Unruhen 1968 involviert waren – notwendig, etablierte Fragen der Gesellschaftstheorie und der Gesellschaftskritik neu zu stellen.

Wenn ganz allgemein von einem Scheitern der Studierendenbewegung gesprochen wird, dann meint dies keineswegs, dass die kulturtransformativen Vorstellungen dieser Bewegung spurlos versiegt wären. Vielmehr bedeutet dies im Gegenteil, dass diese recht erfolgreich in die kapitalistische Gesellschaftsordnung integriert wurden. Bereits in den 1970er Jahren zeichnet sich ab, dass statt des erhofften Systemsturzes, die Kritik der 68er, wenn auch ungewollt, zu einer Revitalisierung des Kapitalismus beitrug. Die Forderungen nach Gleichberechtigung, wie von Seiten des Feminismus formuliert, wurden zugunsten einer Integration der Frauen als Arbeitskräfte und Konsumsubjekte aufgelöst (Baudrillard 2012). „Staatsphobie" (Foucault 2006b: 112) und Kritik am paternalistisch-protektiven Nationalstaat schienen vereinbar mit Globalisierungsbestrebungen auf der einen und dem Abbau des Wohlfahrtstaates auf der anderen Seite. Und der Skandierung der entfremdeten Arbeit wurde mit der Strategie des „job enrichment" (Baudrillard 2011: 31) begegnet; also dem Versuch der vollen Integration der Persönlichkeit in die Arbeitsprozesse unter dem Vorzeichen der Selbstverwirklichung (vgl. Foucault 2006b).

Damit reagiert das poststrukturalistische Denken auf eine häufig beschworene „Krise der Kritik", die im Nachgang an 1968 reflektiert wurde. Die scheinbar reibungslose Implementation der Kritik lies zwar die Innovationsfähigkeit und das gesellschaftstransformative Potenzial der kapitalistischen Unternehmung offenbar werden (vgl. Deleuze & Guattari 1977a). Dies bedeutet aber auch, dass die Vorstellung, die Kritik könne als Opponent auftreten, zentrale Konflikte des Kapitalismus sichtbar machen und so zu einem Desintegrationsprozess des Kapitalismus führen, augenscheinlich eine kaum noch haltbare Annahme über die Potenziale der Kritik und ein unzutreffendes Selbstverständnis der kritischen Sozialwissenschaft beschreiben.

Zeitgleich manifestiert sich in den 1970er Jahren eine, wie Louis Althusser (1978) bemerkt, „Krise des Marxismus", die im Westen auf organisationaler Ebene ihren Ausdruck in einem Bedeutungsverlust der kommunistischen Parteien als gegenhegemoniale Kraft fand, sich jedoch bereits im Nachgang an die „Hypermarxisierung" (Foucault)[2] der Studentenbewegung als eine Krise des akademischen Marxismus und der

---

2 Zitiert nach Eribon (2017: 277).

Marxistischen Theorie bemerkbar machte. Zur Disposition stand die beinahe religiöse Überhöhung der Ökonomie als *die* determinierende Objektivität und *die* reelle Basis der Gesellschaft inklusive ihres quasi ontologischen Wahrheitsanspruchs (u. a. Baudrillard 2011; Lyotard 2007). Der Poststrukturalismus versteht sich als Kritik an jedweder Realitätsgläubigkeit, womit auch die Vorstellung einer alles fundierenden Wahrheit und einhergehend das politische Primat der Wirtschaft als Ideologie der modernen politischen Ökonomie sichtbar zu machen sind (Foucault 2006a, 2006b; Laclau & Mouffe 1991).[3]

Der Wahrheitsanspruch einer orthodoxen Auslegung des Marxistischen Theorie schien gerade im Angesicht eines sich abzeichnenden Strukturwandels des Kapitalismus hin zu einer postindustriellen Finanzmarktökonomie sozialdiagnostisch an Erklärungskraft zu verlieren. Ein besonderer historischer Marker dieser sich formierenden Ära eines „Hyperkapitalismus" (Baudrillard 2010: 24) war zweifelsohne die Aufhebung des Bretton Woods Systems (1973). Die Ablösung des Geldes vom Goldstandard wird gemeinhin als ein wesentlicher Wendepunkt in der jüngeren Ökonomiegeschichte interpretiert, der den Weg für eine sich fortschreibende Finanzialisierung der Wirtschaft bereitete, in deren Resultat die Finanzmarktökonomie als zentraler Treiber wirtschaftlichen Wachstums formiert wird.[4] Die Abkopplung des Zeichens ‚Geld ‘ von seinem Referenten ‚Gold' ermöglicht es, die Ökonomie als selbstreferenzielles Zeichenspiel, des Transfers von Finanzkapitalien, zu fassen, das zwar Reales produziert, jedoch von der realökonomischen Produktion und der materiellen Grundlage des ökonomischen Handelns entkoppelt wird.

Der Versuch einer genauen Ortsbestimmung des Ökonomischen in den Theorien des Poststrukturalismus gestaltet sich also deshalb schwierig, weil sie sich in der Gegenwartsgesellschaft der Autoren zusehends schwieriger gestaltet: Weder kann die Wirtschaft mit dem angestammten Platz der Realökonomie identifiziert werden, noch lässt sich das Feld des Ökonomischen klar begrenzen. So wird mit der Durchsetzung einer neoliberalen Wirtschaftspolitik eine, wie Foucault attestiert, stetige Ökonomisierung der Gesellschaft spürbar. Versteht man darunter die „grenzenlose Verallgemeinerung" (Foucault 2006b: 336) ökonomischer Deutungsmuster auf einstmals nicht-ökonomische Bereiche (Familie, Liebe, Bildung dgl.), dann beschreibt Ökonomisierung

---

3 Dies ist nicht auf den Marxismus beschränkt, sondern gilt auch für liberale ökonomische Theorien. Der Marxismus als Theorie und Praxis der Kritik ist hier relevant, weil die poststrukturalistischen Autoren in dieser Tradition stehen und suchen, sich kritisch mit den theoretischen „Mucken" des Marxismus auseinanderzusetzen.
4 Vgl. u. a. Baudrillard: „Economically, this process culminates in the virtual international autonomy of finance capital, in the uncontrollable play of floating capital. Once currencies are extracted from all productive cautions, and even from all reference to the gold standard, general equivalence becomes the strategic place of the manipulation. Real production is everywhere subordinated to it." (Baudrillard 1975: 129)

eine Entgrenzung der Wirtschaft und ihrer Codes. Die Allgegenwart des Ökonomiebegriffs und damit das Flottieren des Signifikanten ,Ökonomie' innerhalb der poststrukturalistischen Schriften kann daher auf der Ebene der Terminologie als konsequente Fortführung einer übergreifenden gesellschaftlichen Tendenz der Ökonomisierung, einer entdifferenzierenden Ausdehnung der Prinzipien der Ökonomie, gelesen werden.

Vor diesem historischen Hintergrund scheint die essenzialisierende Vorrangstellung der realökonomischen Produktion sowohl in gesellschaftsanalytischer Hinsicht als Motor der sozialen Strukturbildung wie auch als Ort der praktischen Kritik, also des Klassenkampfes, wie vom Marxismus imaginiert, obsolet. Der Poststrukturalismus ist ein Postmarxismus. Wobei die Vorsilbe ,post' keinen radikalen Bruch, sondern eine kritische Auseinandersetzung mit dem Marxschen Erbe und der Figur Karl Marx markiert.[5] Fragen der politischen Ökonomie sollten im Lichte der Transformationsprozesse des Kapitalismus rekalibriert werden. Dies bedeutet, die Frage nach dem Ökonomischen grundsätzlich neu zu stellen. Das heißt: Wie ist der Diskurs über die Ökonomie historisch formiert, dass sie als Substanz des gesellschaftlichen Seins und als Realfiktion der modernen politischen Ökonomie erscheinen konnte. „Es gilt,", so fasst Stäheli die theoretische Aufgabe des Poststrukturalismus zusammen,

> den Realitätseffekt und die Naturalisierungsstrategien, welche dem Ökonomischen einen nahezu undekonstruierbaren Platz einzuräumen scheinen, auf ihre Funktionsweise hin zu untersuchen. [...]. Auf dem Spiel stehen damit also auch die Bestimmungen dessen, was überhaupt als ,ökonomisch' gelten kann, das heißt, wo die Grenzen des Ökonomischen verlaufen, sowie die kulturellen und politischen Formen, die zur Wirkmächtigkeit dieser Grenzen führen (Stäheli 2018: 299).

Beim Versuch der Erneuerung des Marxismus, der linken Kultur und ihrer Gesellschaftskritik, darf der Einfluss Louis Althussers auf Autoren wie Foucault, Deleuze und Derrida – die sogenannte „Althusser-Bande" (Lasowski 2018: 13) – nicht unterschätzt werden (Eribon 2017: 258).[6] Ausgenommen von Baudrillard, der Schüler Henri Lefebvres war, standen die anderen Autoren in engem Kontakt oder waren Schüler Althussers, der als Lehrkraft an der *École normale superiéure* in Paris mit der Ausbildung der intellektuellen Elite Frankreichs betraut war. Lefebvre und Althusser sind zwei zentrale Persönlichkeiten des sozialwissenschaftlichen Diskurses dieser Zeit, die sich jeweils aus gegensätzlichen Perspektiven um eine Renovierung der Marxistischen Theorie bemüht haben. Lefebvre war 1968 Professor an der Universität Nanterre, stand Guy Debord und der *Situationistischen Internationale* nahe und gilt als wichtige Figur des Pariser Mai, auch weil sein Buch „Recht auf Stadt" (2016) zu einem Slogan

---

5 Besondere Prägnanz erfährt dies etwa in Derridas (2005) Schrift „Marx' Gespenster" oder in Lyotards Essay „Der Wunsch namens Marx" (2007).
6 Prägend war ein viel rezipiertes Seminar von Althusser mit dem Titel „Das Kapital lesen" (Althusser et al. 2018).

der Studenten werden sollte.[7] Theoretisch erarbeitete er eine lebensweltnahe Deutung des Marxismus, die sich abseits der ‚offiziellen' Pädagogik des ökonomischen Determinismus bewegt (Lefebvre 1965: 15 ff.), indem sie auf die passivierenden Effekte des technokratisch organisierten Alltagslebens aufmerksam macht und hierin nach Möglichkeiten der „Verfremdung" (Lefebvre 1987: 31) der Entfremdung sucht.[8]

Während Lefebvres gesellschaftskritische Bemühungen einem humanistischen Ideal verschrieben sind, da er den Topos der Entfremdung als zentrales Skandalon der spätkapitalistischen Gesellschaft perspektiviert, verfolgt Althusser eine dezidiert anti-humanistische Lesart des Marxismus. Der Humanismus scheint ihm als bürgerliche Ideologie, die einen Kult der Persönlichkeit feiert, indem sie glauben macht, das Individuum sei handlungsmächtig und potenziell frei. Demgegenüber prononciert Althusser eine strukturalistische Auslegung des Marxismus, die das Subjekt als Reflexionspunkt der sozialen Produktions- und Reproduktionsverhältnisse ansieht. Die Subjektivität und die vermeintlich individuelle Art zu denken, zu handeln und zu fühlen, sind demnach das Produkt ideologischer Operationen, also Folge der „Anrufungen" (*interpellation*) des Subjekts als Subjekt durch die sogenannten ideologischen Staatsapparate, wie Schule, Religion oder Fernsehen. Dabei handelt es sich um Institutionen, die nicht repressiv vorgehen, sondern die das Subjekt unterwerfen, indem sie es kulturieren (vgl. Althusser 2010).

3 Erkenntnisinteresse der Theorie: Politische Ökonomie als Spiel der Zeichen

3.1 Theoretische Prämissen: Erben des Strukturalismus

Grundlage des theoretischen Vorhabens des Poststrukturalismus bilden einige kultursemiotische Annahmen, die sich aus einer kritischen Relektüre des Strukturalismus ergeben (vgl. Barthes 1966; Derrida 2004b; Deleuze 1992). Im akademischen Frankreich der 1960er erfuhr der Strukturalismus, auch aufgrund der Adaption der struktu-

---

7 Hier formuliert Lefebvre eine Kritik an der durch die kapitalistische Produktion bedingten, funktionalistischen und daher entfremdenden Form der Verstädterung. Ausgehend von der Annahme, dass die Stadt in der Moderne das Zentrum der politischen und der ökonomischen Macht der Gesellschaft bildet, beschreibt Lefebvre die Notwendigkeit einer Revolution des Urbanen, d. h. einer ökologischen wie gemeinwesenorientierten Produktion des städtischen Raums.
8 Auch Lefebvre (1987) diagnostizierte eine Krise des Marxismus, deren Ursache er in einer dogmatischen Auslegung des Marxismus vermutete. Beispiele für einen lebendigeren Marxismus, wie er diesen einforderte, finden sich in seiner Kritik des Alltagslebens und in seinen raumsoziologischen Arbeiten. Verfremdung meint in Anlehnung an Brecht keine Rückkehr zu einem ‚wahren', authentischen Leben, sondern fragt nach lebensweltlichen Taktiken der Umgehung und Überformung der Entfremdung.

ralen Linguistik von Ferdiand de Sausurre wie von Roman Jakobson innerhalb der Anthropologie durch Claude Lévi-Strauss, eine wissenschaftliche Konjunktur. Der Strukturalismus betrachtet die soziale Wirklichkeit als ein symbolisches System bzw. als ein Zeichensystem, das – wie es der Begriff des Systems nahelegt – eine analysierbare Struktur aufweist, die die Zeichen in eine differenzielle Beziehung, in einen Funktionszusammenhang, setzt. Jedes sprachliche Zeichen und damit jedes kulturelle Objekt, wie ‚Mann‘, ‚Mensch‘, ‚Wohlstand‘, ‚Produktion‘, gewinnt Bedeutung – Geltung und Wert, wie Saussure (2001) schreibt – durch seine Position, seine Fixierung, innerhalb dieser Struktur; das heißt in Relation bzw. in Differenz zu anderen Zeichen, wie ‚Frau‘, ‚Maschine/Tier‘, ‚Mangel‘, ‚Konsum‘. Für die Betrachtung der Wirtschaft bedeutet dies, die Ökonomie als ein solches kulturelles Symbolsystem zu begreifen.[9]

Die kulturtheoretische Annahme einer Semiotisierung der Wirklichkeit bildet den Ausgangspunkt des poststrukturalistischen Denkens, sie wird fortgeführt und durch eine Kritik am Strukturalismus radikalisiert. Geht man davon aus, dass die kulturellen Erscheinungen dieser Struktur quasi auf der Oberfläche unsere soziale Wirklichkeit bilden, dann stellt sich die Frage, wie diese Struktur entsteht, die hier als die formierende Kraft des sozialen und des wirtschaftlichen Lebens imaginiert wird? Folgt man Lévi-Strauss, so handelt es sich um zeitlose „Strukturgesetze" (1967: 223), die durch ein transhistorisches, kollektives Unbewusstes ausgedeutet werden, welche die vorgefundene empirische Realität „gemäß seine[r] Gesetze[] formt und eine Rede daraus macht" (Lévi-Strauss 1967: 224); eine bedeutungsvolle Rede (frz. *discours*), die zwar historisch anders ausgeformt sein mag, jedoch immer denselben Strukturgesetzen folgt. So wird verständlich, was Lévi-Strauss meint, wenn er schreibt: „Die Wirtschaftsgeschichte ist weitgehend die Geschichte unbewußter Handlungen" (Lévi-Strauss 1967: 38).[10]

Der Struktur einen epistemischen Vorrang zuzuerkennen bedeutet, zugleich mit dem kulturellen Status des Subjekts als Agens der Geschichte zu brechen. Das Subjekt erscheint hier als Effekt dieser Strukturen – eine Annahme, die vom Poststrukturalismus dezidiert geteilt wird. Poststrukturalistische Autoren gehen davon aus, dass die

---

9 Vgl. Lévi-Strauss: „Aber seit zahlreiche Formen des sozialen – wirtschaftlichen, sprachlichen und so weiter – Lebens sich als miteinander verzahnt erwiesen haben, öffnet sich der Weg für eine Anthropologie, die als allgemeine Theorie der Beziehungen begriffen wird, und für eine Analyse der Gesellschaften aufgrund der differenziellen Merkmale, die den Beziehungssystemen eigen sind, welche die einen wie die anderen definieren" (1967: 111). Interessanterweise führt Lévi-Strauss Marx als Gewährsmann an, um zu zeigen, dass der Strukturalismus kein Idealismus sei. Er referiert hier auf eine Ausführung von Marx, der zufolge das Gold als Symbol gesellschaftlicher Produktionsverhältnisse zu verstehen ist, welches diesen Rang durch ein kulturelles Netz von Bedeutungen erhalten hat.

10 Zweifellos erinnert diese Interpretation an Adam Smith These vom Markt als ‚unsichtbare Hand‘. Auch dieser setzt einen transhistorischen Geist als strukturierende Größe, die durch den Markt verwirklicht wird. Entgegen eines solchen Denkens steht das poststrukturalistische Projekt für eine nachmetaphysische Wende in den Geistes- und Sozialwissenschaften oder, wie Kittler (1992) proklamierte, für die „Austreibung des Geistes aus den Geisteswissenschaften".

Idee des rational handelnden, menschlichen Subjekts, das als sinnstiftende und wirklich-keitskonstruierende Ordnungsmacht im Angesicht einer kontingenten Welt auftritt, das historische Produkt der Moderne ist. Demgegenüber gibt sich der Poststrukturalismus als eine subjektlose Theorie. Was auch sprachlich in den Texten in Erscheinung tritt, denn hier tun die Dinge etwas: der Kapitalismus tut etwas, das Kapital macht Sachen und die Kritik ebenso; alles Formulierungen, die etwa aus der Perspektive einer sinnver-stehenden Soziologie im Nachgang an Weber absurd erscheinen müssen, die jedoch den Zeichencharakter des Sozialen und das Eigenleben der Zeichen sprachlich in den Vor-dergrund rücken. Diese Betrachtung scheint für ein Verstehen der Gegenwartsgesell-schaft nicht uninteressant, da sie eine zeitdiagnostische Perspektive auf die sogenannte Wissensgesellschaft erprobt; also auf eine Gesellschaft, die sich im Resultat der Informa-tisierung des Sozialen, vor allem als eine medientechnologische Welt der algorithmisch prozessierten Zeichen zu verstehen gibt. Dies betrifft nicht minder die Wirtschaft. Denkt man an das Beispiel des automatisierten Hochfrequenzhandels, dann scheint das Imagi-när einer potenziell subjektlosen Generierung von (Zeichen)Werten im Bereich der Öko-nomie anschlussfähig.

Gleichwohl birgt das strukturalistische Denken die Gefahr einer „Metaphysik der Struktur" (Reichertz 1988). Ähnlich einer göttlichen Instanz wird die Struktur als das absolute Organisationsprinzip der gesellschaftlichen Wirklichkeit präfiguriert, da sie ordnend zwischen kulturellem Zeichen und empirischer Realität, zwischen Signifi-kant und Signifikat, vermittelt. Die Verabsolutierung der Struktur führt zu einigen problematischen theoretischen Implikationen, mit denen der Poststrukturalismus bricht. Dies betrifft, erstens, das metaphysische Denken, das dem Strukturalismus zu-grunde liegt (Derrida 2004b). Dieses unterliegt nicht nur dem Glauben an ein letztbe-gründendes Ordnungsprinzip, das den Dingen Sinn verleiht, vielmehr setzt dieses auf der anderen Seite einen ebenso göttlichen Interpreten der Geschichte, den hermeneu-tischen Leser, der mit den Mitteln der Ratio, die Strukturen der Wirklichkeit begreifen will. Der Strukturalismus entpuppt sich so nicht nur als ein Glaubenssystem, auch der Strukturalist täuscht sich über seine eigene Deutungsarbeit hinweg: Wenn er glaubt, er bilde die gegebene Strukturen als distanzierter Beobachter ab, vergisst er um die Tatsache, dass er diese Strukturen mit bildet, indem er als vernunftbegabte Instanz auftritt, Wissensstrukturen (re)produziert und so willentlich oder nicht zentrale Kate-gorien von Kultur und Gesellschaft als geltend und werthaft formt (Barthes 1966). In Gestalt des strukturalistischen Wissenschaftlers betritt somit der moderne Glaube an das rationale Subjekt und mit ihm der logozentrische Versuch der Beherrschung einer potenziell kontingenten Welt quasi durch die Hintertür erneut die kulturelle Bühne.[11]

---

[11] Was hier für die Frage des Subjekts gilt, gilt auch für die Methodik, die ebenso Ausdruck eines logozentrischen Weltbildes ist. Vgl. Derrida (2004b: 124): „Lévi-Strauss wird dieser doppelten Intention stets treu bleiben: als Instrument zu bewahren, was er in seinem Wahrheitswert beanstandet hat."

Die wissenschaftliche Analyse ist jedoch, so eine Annahme des Poststrukturalismus, kein unschuldiges Unterfangen (u. a. Foucault & Deleuze 2005). Denn die Untersuchung der differenziellen Logik der Struktur, und dies zeigen insbesondere die anthropologischen Studien Lévi-Strauss', setzen bei der Rekonstruktion binärer Oppositionen des kulturellen Signifikationssystems an (Mann/Frau, rein/unrein, gekocht/roh, reich/arm etc.), die immer einer Hierarchisierung unterworfen werden: Einer dieser Pole erscheint als „zentral", der andere als „peripher", der eine markiert das „Innen", der andere steht für das „Außen" (Levi-Strauss 1967: 153). Es handelt sich nie nur um eine Abbildung von kulturellen Wissenssystemen, sondern um eine Feststellung von Machtstrukturen, in die der wissenschaftliche Autor aufgrund seiner eigenen Perspektivität mit verwoben ist. In der Konsequenz dieser Kritik am Strukturalismus betonen poststrukturalistische Analysen, die enge Kopplung von Wissensproduktion und Machttechnologien (u. a. Foucault 2005a). Denn gerade die Wissenschaft und damit auch die klassischen wie die kritischen Wirtschaftswissenschaften müssen als Versuche des Wahrsprechens analysiert werden,[12] mittels derer Zeichen als real fixiert werden, Wert und Geltung erfahren, während andere als wertlos und ungültig demarkiert werden. Gefragt werden muss also: Auf welche Binaritäten stützt sich ein Wissensproduzent beim Versuch der Rekonstruktion einer Struktur? Wie wird dieses Signifikationssystem als sinnhaft gestaltet? Welche Referenz wird als privilegiert erachtet? Und welche Herrschaftseffekte sind dieser Struktur eingeschrieben?

Ein zweiter zentraler Kritikpunkt am Strukturalismus, der von Seiten der poststrukturalistischen Autoren erhoben wird, richtet sich auf die Möglichkeit der Veränderbarkeit dieser Struktur. Mit dem Glauben an eine zeitlose, fixierte Struktur, die der empirischen Wirklichkeit kulturellen Sinn verleiht, gibt sich der Strukturalismus als ein Strukturdeterminismus. Alle Dinge der Wirklichkeit und damit auch gesellschaftliche Transformationsprozesse werden als Effekte dieser starren, ahistorischen Strukturgesetze gelesen. Dies betrifft auch die Gesellschaftskritik und damit jeden theoretischen wie praktischen Versuch der Veränderung von Gesellschaft.

Poststrukturalistischen Autoren, allen voran Derrida (1983; 2004a), positionieren ihr Denken gegen den Glauben an eine stabile Struktur-Beziehung zwischen Realem und Zeichen, zwischen Signifikat und Signifikant, und entgegen der These eines fixierten Systems kultureller Zeichen, das durch eine definierbaren Beziehungszusammenhang der Zeichen untereinander charakterisiert sei. Einerseits wird die Aufmerksamkeit allein auf die Ebene der Zeichen gelegt, wobei die Frage nach dem Realen und nach der Verbindung von Zeichen und realem Ding als irrelevant abgewiesen wird. Und andererseits wird dem strukturalistischen Denken eines geschlossenen Zeichensystems, in dem ein Zeichen klar auf ein anderes verweist, mit der Vorstellung eines

---

12 Gleiches gilt freilich auch für die poststrukturalistische Wissensproduktion selbst, vgl. die Ausführungen im Abschnitt zu „Kritik und Weiterentwicklung".

„Spiels der Zeichen" begegnet, das im Wesentlichen den Ereignischarakter der Sprache betont (u. a. Derrida 2004a). Was meint das? Betrachtet man die Sprache als das vornehmliche Zeichensystem, dann lässt sich zeigen, dass die Sprache eine gewisse Autonomie aufweist: Begriffe sind mehrdeutig, ambivalent und durchaus bedeutungsoffen, ihr Sinn kann von Kontext zu Kontext variieren, je nachdem mit welchen anderen Wörtern sie in Verbindung gebracht werden.[13] Wörter sind, wie man sagt, bedeutungsschwanger, denn sie tragen (eigentlich sind sie) die „Spuren" aller jemals kontextuell etablierten Bedeutungen. Zeichen ‚besitzen' also nicht eine Bedeutung, die in Äquivalenzrelation zu den realen Dingen etabliert wurde. Demgegenüber stehen Zeichen in einem unablässigen, sich wandelnden und daher offenen Verhältnis mit anderen Zeichen. Damit betont Derrida die grundsätzliche Unabschließbarkeit von Bedeutung. Die Bedeutung, der Wert und die Geltung, eines Wortes, eines Zeichens, eines Objekts, wird hier als eine Bewegung interpretiert, die durch einen kontinuierlichen Prozess der Differenzierung und Verschiebung hervorgebracht wird (die Bewegung der *différance*, vgl. Derrida 2004a). Bedeutung flottiert.

3.2 Ökonomie als bewegtes Zeichensystem: Das Flottieren ökonomischer Identitäten und der Semiokapitalismus

Was kann dies – übertragen auf Gesellschaft – nun für ein soziologisches Nachdenken über Wirtschaft heißen? Zum einen eröffnet dies neue Analysemöglichkeiten. Was für den Zeichencharakter von kulturellen Objekten im Allgemeinen gilt, gilt auch für Objekte der Wirtschaft. Wenn kulturelle Identitäten nicht als fixe Konstruktionen erscheinen, sondern in Form situativer Feststellungen begrifflich werden, dann bedeutet dies, dass auch wirtschaftliche Identitäten als solche zu begreifen sind. Verbürgte Vorstellungen wie ‚der Arbeiter', ‚das Kapital', ‚die Konsumentin', ‚der Markt', ‚der homo oeconomicus', ‚das Wachstum' können folglich in ihrer diskursiven Genese betrachtet und Deutungsverschiebungen dekonstruiert werden, indem sie als Elemente sich ständig reformierender Signifikationsketten analysiert werden. Dieser dekonstruktive Blick auf kulturelle Identitäten der Wirtschaft ist gegenwartsdiagnostisch anschlussfähig, da der Glaube an einigermaßen stabile binäre Oppositionen zusehends erodiert: klassische Sphärentrennungen wie ‚Arbeit' und ‚Freizeit' scheinen sich aufzulösen und vermeintlich klare Identitätszuweisungen wie ‚Produzent' oder ‚Konsument' werden durch hybride Subjektivitäten ergänzt, wie dem ‚Prosumer'.

Weiterhin liefern die kultursemiotischen Setzungen des Poststrukturalismus eine adäquate Heuristik für das Verstehen gegenwärtiger Ökonomien. Ein erneuter Blick

---

13 Wer den Duden aufschlägt und nach fixen Bedeutungen sucht, wird in der Regel enttäuscht, weil er immer mehrere findet, die je nach Kontext adäquat erscheinen. Die Bedeutung von Zeichen ist gestreut (Derrida 1983). Unklarheiten, Missverständnisse, Ironie etc. erklären sich hieraus.

auf den Zusammenbruch von Bretton Woods und die heutige Finanzökonomie mag helfen, die sozialtheoretischen Annahmen des Poststrukturalismus in ihrer politischen Tragweite deutlich zu machen.[14] Wenn das Geld seine Funktion der Repräsentation des Goldes und als Äquivalent der Realökonomie einbüßt, beginnt es als Zeichen in seinem Wert zu flottieren. Neues Kapital wird durch die Bewegung der Differenzierung und Verschiebung seiner selbst, durch die Volatilität der Preisbewegungen, generiert:

> Einer Eigenlogik des ‚flottierenden' Signifikanten folgend, nicht im Sinne von Lévi-Strauss, nach dem er noch keinen Signifikat gefunden hätte, sondern in dem Sinn, dass es sich jedes Signifikats (der Äquivalenz im Realen) als eines Hemmnisses für eine Vermehrung und sein grenzenloses Spiel entledigt hat. Das Geld kann so sich selbst in einem einfachen Spiel von Transfers und Überschreibungen, in einer unaufhörlichen Verdopplung und Entdopplung seiner eigenen abstrakten Substanz reproduzieren (Baudrillard 2011: 48).

In der Folge erfährt auch die Idee des Wachstums eine andere Nuancierung. Wirtschaftliches Wachstum ist dann vor allem das Produkt innovativer Finanzinstrumente, die auf der Idee der Selbstreferenzialität des Geldes basieren, und damit weniger das Resultat der Produktion und des Austauschs von Waren.[15]

Während dem Finanzmarktkapitalismus im Speziellen diese poststrukturalistische Vorstellung eines selbstbezüglichen Spiels der Zeichen eingeschrieben ist, ja, die Kapitalakkumulation gerade auf dieser Idee basiert, da gilt es auch, den Gegenwartskapitalismus im Allgemeinen als semiotische Produktionsmaschine zu betrachten. Gerade für ein Verstehen der zeitgenössischen Konsumgesellschaft erweist sich das poststrukturalistische Denken als produktiv:[16] Wenn wir ein Produkt, etwa ein Auto, kaufen, dann kaufen wir es nicht ausschließlich aufgrund seines Gebrauchswertes, sondern weil es einen Zeichenwert kommuniziert, also etwa weil es ein Elektroauto von Volkswagen ist und somit andere kulturelle Wertvorstellungen mit kommuniziert, wie der Glaube an Nachhaltigkeit, an Zukunftstechnologien etc. (vgl. Baudrillard 2015). Der konsumierte Zeichenwert ermöglicht soziale Klassifizierungen wie Differenzierungen und strukturiert in dieser Weise unsere Begehrensökonomie als Konsumsubjekte. In der Folge bedeutet dies nicht nur, dass der konsumierte Zeichenwert ausgestellt, etwa via Social Media geteilt und so mit anderen Lifestyle-Zeichen vernetzt werden kann, sondern vor allem dass der Zeichenwert als solcher auch produziert werden muss. Das heißt, neben die klassische industrielle Produktion, wo das Auto am Fließband produziert wird, tritt eine nicht minder relevante Kulturindustrie,

---

14 Zum semiotischen Charakter der Ökonomie etwa Baudrillard: „Die politische Ökonomie ist eine Sprache, und die gleiche Veränderung, die die Sprachzeichen betrifft, wenn sie ihren referenziellen Status verlieren, betrifft auch die Kategorien der politischen Ökonomie" (Baudrillard 2011: 46).

15 Beispielhaft für diese Logik sind freilich auch Phänomene wie der Handel mit Cryptowährungen.

16 Mit dem Versuch die Finanzmärkte für die breite Masse zu öffnen, folgen auch die Finanzmärkte einer kulturindustriellen Konsumlogik, da Finanzprodukte etwa mithilfe diverser Marketingmethoden in einer konsumentenfreundlichen Weise umworben werden (u. a. Shiller 2004).

die *Creative Industries*, deren Arbeitsaufgabe es ist, etwa über *brandmaking*, unverkennbare Zeichen zu produzieren, indem auf andere kulturell produzierte Zeichenwelten Bezug genommen wird: Man platziert das Auto in einem Computerspiel, wirbt mit einem Hollywoodstar, befestigt Surfbretter auf dem Dach des Autos und untermalt die Werbebotschaft mit einem Hiphop-Song. Was für den Konsum zutrifft, trifft spiegelbildlich auch auf die Arbeit zu. Mit dem Aufstieg des „Semiokapitalismus" (Berardi 2009) lässt sich der Aufstieg einer neuen Arbeiterklasse ausmachen, deren Tätigkeit als „immaterielle Arbeit" (Negri et al 1998) beschrieben wird und deren Aufgabe es ist, affektiv wirksame Symbole zu produzieren, zu kommunizieren und zu vernetzen. Auch wenn innerhalb der Wirtschaftssoziologie der Untersuchung der Logiken der Konsumgesellschaft und dem Produktionsfeld der Kulturindustrie kaum Beachtung geschenkt wird, dann erlaubt es der Poststrukturalismus, diesen „signifikanten" Produktionszweig in seiner Bedeutung als gesellschaftsformierende Kraft des postindustriellen Kapitalismus zu perspektivieren.

Unabhängig davon, ob man das poststrukturalistische Denken als ideellen Ausdruck der Transformationen des Kapitalismus oder den Strukturwandel der Ökonomie als paradigmatische Materialisierung einer poststrukturalen Logik betrachtet (Jameson 1991), der Poststrukturalismus kann als Reflexion realökonomischer Umbrüche gelesen werden und liefert eine gegenwartsadäquate Heuristik für die Analyse zeitgenössischer Formationen des Ökonomischen. Denkt man in dieser Weise über die kapitalistische Wirtschaft nach, dann hat dies Konsequenzen für die (soziologische) Kritik ebendieser ökonomischen Ordnung. Kritik an der kapitalistischen Gesellschaft muss, um angemessen zu sein, jeden Anspruch auf eine letztbegründende Wahrheit aufgeben. Das Potenzial von Kritik liegt demnach nicht in einem entschleiernden Gestus, der den trügerischen Schein der kapitalistischen Ökonomie zu entkleiden sucht, wie man es etwa von der Kritischen Theorie kennt. Vielmehr wird die Kritik selbst als ein produktives Element des Spiels der Zeichen angesehen, die zu Deutungsverschiebungen auf der Ebene der Ökonomie beiträgt (Foucault 2006b: 60 ff.). Dabei ist der Poststrukturalismus von der Annahme geleitet, dass die Theorie, etwa die kritischen Theorien der Sozialwissenschaften, eine Praxis ist (Foucault & Deleuze 2005), deren Potenzial in der intervenierenden Destabilisierung semiotischer Setzungen begründet ist.

3.3 Analyseebenen und empirische Phänomene: Diskurs, Macht, Subjektivierung

Jenseits von ‚Akteur' und ‚Gesellschaft' ist das Soziale gemäß den Theorien des Poststrukturalismus in seinem semiotischen Prozesscharakter zu verstehen. Teilt man die zeitdiagnostische Annahme, die Gegenwart erscheine als „Zeitalter der Simulation" (Baudrillard 2011: 92), dann bedeutet dies eine Absage an Realismus und Strukturdeterminismus. Dies eröffnet neue Forschungsstrategien: Wenn der Glauben an das

Reale ebenso wie an unverbrüchliche Strukturgesetze unter den Bedingungen des Spätkapitalismus aufzugeben ist, dann kann die Aufgabe der Sozialdiagnose nicht darin bestehen, das Reale möglichst exakt mittels empirischer Messverfahren zu reproduzieren. Entgegen der positivistischen Haltung gilt es, den Anspruch der Sozialforschung auf den Kopf zu stellen und zu fragen, wie wird das Reale gesellschaftlich und mit den Mitteln des Wissens bzw. mithilfe der modernen Wissenschaften produziert?

Ziel eines kritischen poststrukturalistischen Studiums ist es, die Rigidität der kulturellen Ordnungsbemühungen zu destabilisieren und zu fragen: Wie werden Diskurse mittels semiotischer Setzungen konstruiert? Welche Strukturlogik wird diesen zugrunde gelegt und welche kulturelle Ordnung wird so erzeugt? Was wird damit ausgeschlossen? Wie werden welche Wahrheiten produziert und institutionalisiert? Wie konstituiert, realisiert und wirkt Macht durch diese Zeichensetzungen? Und welche Effekte hat dies auf die Bildung von Subjektivitäten? Dabei sollte man den Poststrukturalismus nicht als reine Symbolpolitik oder Relativierung der Wirklichkeit misinterpretieren, denn es geht den Autoren gerade darum, die (mitunter schmerzlichen) Realitätseffekte dieser Politik des Symbolischen ausfindig zu machen (vgl. Foucault 2001).

Grob lassen sich drei relationale Analyseebenen ausfindig machen, die zentrale epistemologische Foki des poststrukturalistischen Denkens widerspiegeln und produktiv ein soziologisches Studium der Wirtschaft anleiten. Die folgende Gliederung orientiert sich vorweg an der Heuristik, der Begrifflichkeit und den Analysen Foucaults, da dieser am ausdrücklichsten eine Forschungsprogrammatik formuliert.

Analyse semiotischer Prozesse als Diskursordnungen: Das Wissen der politischen Ökonomie

Im Zentrum poststrukturalistischer Studien stehen Praktiken der Semiotisierung, also kulturelle Versuche, Sinn und Bedeutung zu fixieren und damit eine potenziell kontingente Welt zu strukturieren. Einen besonderen Stellenwert erfährt die Analyse von Wissen, da dieses nicht nur als eine veritable Praxis der Signifikation insinuiert ist, sondern gesellschaftlich als zentrale Instanz der Veridiktion, des Wahrsprechens, legitimiert ist.

Entsprechend fasst Foucault sein gesellschaftskritisches Anliegen wie folgt zusammen:

> Die Kritik, die ich Ihnen vorschlage, besteht darin zu bestimmen, unter welchen Bedingungen und mit welchen Auswirkungen sich eine Veridiktion vollzieht [...]. Das Problem besteht darin, die Bedingungen sichtbar zu machen, die erfüllt sein mußten, damit man [...] Diskurse halten kann, die wahr oder falsch sein können. [...]. Was, denke ich, eine aktuelle politische Bedeutung hat, ist die genaue Bestimmung des Systems der Veridiktion [...] (Foucault 2006b: 61 f.).

Aus historischer und kulturvergleichender Perspektive muss zunächst gefragt werden, welches Wissenssystem anerkannterweise dieses Anrecht auf Wahrheit geltend machen kann? In modernen Gesellschaften sind es primär die Wissenschaften vom Menschen (Foucault 2016). Jedes Wissen wird durch eigenspezifische Techniken hervorgebracht, die dieses Wissen als wahr rechtfertigen. Wobei die Autorität des Wissens der modernen Humanwissenschaften – anders als etwa in religiösen Wissenssystemen, die auf eine transzendente Autorität Bezug nehmen – unter Rekurs auf kleinteilige empirische Beobachtungs-, Registrierungs- und Analysetechniken hergestellt wird, die den immanenten Anspruch formulieren, die Realität detailgenau abzubilden (Foucault 2016).

Diese Verfahren konstituieren Vorstellungen darüber, was Wirklichkeit ist. Realität wird mittels versierter Wissenstechnologien (von der demografischen Erfassung bis hin zu mathematischen Modellierungen) simuliert; eine Simulation der Realität, die als Wahrheit konfiguriert, Einfluss auf die Formation weiterer Wissensdiskurse hat. Wenn Baudrillard (u. a. 2010, 2012) von Hyperrealität spricht, dann versucht er diesem Umstand, einer technologischen und mithin artifiziellen Produktion von etwas, das realer wirkt als die Realität, Rechnung zu tragen. Zur Veranschaulichung: Denkt man beispielsweise an die sogenannten ‚Hirnbilder', die mithilfe von fMRT-Scannern erzeugt werden, dann haben diese den Anschein von Echtzeit-Fotografien des denkenden Gehirns. Es handelt sich jedoch um künstlich erzeugte Laborprodukte, die das Resultat eines bio-physikalisch modellierten Bild*gebung*sverfahrens sind. Wobei diese artifiziellen Verfahren ihrerseits, prominent etwa im Bereich der Neuroökonomie, als veritable Wissensquellen für ein Verstehen von wirtschaftlichen Prozessen fungieren.

In Auseinandersetzung mit der Genese moderner Wissensdiskurse, wie etwa den Festschreibungen des modernen medizinischen Wissens, des Wissens der Psychiatrie, des juridischen Wissens und des Wissens der politischen Ökonomie, zeigt Foucault, dass der akademische Diskurs und die ihm entsprechenden Institutionen (Kliniken, Bildungsstätten, Gefängnisse, der Markt, etc.) nichts Gegebenes sind, sondern eine voraussetzungsvolle diskursive Fabrikation. Wissen ist, folgt man Foucault (2015), das Produkt von Diskursen. Diskurse wiederrum lassen sich als Summe der (Sprach)Praktiken begreifen, die Bedeutung als gültig und werthaft setzen und Wirklichkeit konstituieren. Soziale Transformationen erscheinen als diskursive Akzentverschiebungen, die mit dem Aufkommen neuer Problemstellungen und den dazugehörigen Techniken, in und mittels derer, die Diskurse materialisieren, verbunden sind. Dabei entfalten sich Diskurse als ein „Netz" (Foucault 2015: 82), das unterschiedliche, auch konfligierende Diskurspositionen miteinander verknüpft, die Anteil an den diskursiv relevanten „Wahrheitsspielen" (Foucault 1989: 13) haben. Sie legen die Regeln fest, nach denen bestimmte Dinge als wahr, andere als falsch erscheinen, sie verifizieren Kriterien des (un)gültigen Wissens, entscheiden über das Sagbare und das zu exkludierende Nicht-Sagbare. Aus wirtschaftssoziologischer Perspektive sind diese Analysewerkzeuge gewinnbringend, da so das Wissen der Ökonomie in seiner diskursiven Formierung untersucht werden kann. Zentrale Episteme der politischen Ökonomie der Moderne, wie der Glaube an die Vorrangstellung des Ökonomischen, die Vorstellung vom Markt als zentrale soziale Regulationsinstanz, die Idee der kalkulierenden Rationalität, deren Idealtypus der *homo oeconomicus* ist, lassen sich als kulturelle Konstruktionsleistungen begreifen, auf ihre Funktion hin befragen und als Teil einer Analyse der Geschichte der Wissenskulturen fassen.

Eine prominente Quelle hierfür bilden die beiden Vorlesungsreihen zur „Geschichte der Gouvernementalität", die Foucault am *Collège de France* 1977–1979 abgehalten hat. Indem er das Wissen der politischen Ökonomie einem genealogischen Studium unterzieht, will er den Diskurs nachvollziehen, der die Ökonomie zu der bestimmenden Kategorie der modernen Politik machte. Folgt man Foucault, so lässt sich die „Geburt der politischen Ökonomie" (Foucault 2006a: 159) als Wissenschaft am Übergang von Kameralistik und Merkantilismus hin zum Denken der Physiokraten, also grob auf das 18. Jahrhundert, datieren. Mit den Physiokraten betritt ein radikaler Empirismus als prävalentes Wissensregime die kulturelle Bühne. Galt es für Kameralisten und Merkantilisten, die Bevölkerung gemäß dem Willen des Souveräns zu formen, da wird diese Bevölkerung nun als etwas Natürliches betrachtet, das in Entsprechung verwaltet werden muss (Foucault 2006a: 107 ff.). Grundlage bilden eine detaillierte Vermessung und eine rationale Analyse der Bevölkerung wie auch eine Kenntnis der diversen Variablen, die Einfluss auf das Handeln der Individuen und ihre ‚natürlichen‘ Begierden nehmen, mit dem Ziel, diese in ihren Willensbewegungen zu bestimmen und Regelmäßigkeiten zu identifizieren.[17]

Auf Basis dieses Denksystems verändert sich die Vorstellung von Wirtschaft. Denn Ökonomie bezeichnet von nun an „eine Realitätsebene" (Foucault 2006a: 145), deren Wirkungen die Gestalt von Naturgesetzen annehmen. Zentraler Kulminationspunkt dieses Denkens wird der Markt, der selbst seine ideelle Gestalt ändert und als „Ort der Veridiktion" (Foucault 2006b: 57) begrifflich wird: Ging es zuvor darum, den Markttausch nach Maßgaben der Gerechtigkeit zu reglementieren (Foucault 2006b: 53 ff.), geht es nun darum, den „natürlichen Mechanismen über den Markt[...] freien Lauf zu lassen" (Foucault 2006b: 54), in dem Glauben, der Markt artikuliere so eine gesellschaftliche Wahrheit, dem das Regierungshandeln zu folgen hat. Die Institution der Wirtschaft und mit ihr die Wahrheit des Marktes werden zur Legitimationsquelle des politischen Handelns.

Dieses Wissensregime des Liberalismus stellt die Weichen für die Entwicklung einer neoliberalen Logik. In seinem detailreichen Studium zweier Spielarten des neoliberalen Kapitalismus, nämlich des Wissenssystems des deutschen Ordoliberalismus im Vergleich zum Wahrheitsregime des amerikanischen Anarchokapitalismus, spürt Foucault zeitlichen und räumlichen Differenzen in der Deutung des Ökonomischen nach. In Auseinandersetzung mit dem deutschen Neoliberalismus, den er im Denken

---

17 Der Begriff der Bevölkerung entsteht hier, wie Foucault zeigt. Als Element der Bevölkerung wird der Mensch mit seinen Begierden das Objekt des Wissens, er avanciert zur Wahrheitsformel der politischen Ökonomie und fungiert als veritable Grundlage des Liberalismus. Vgl. hierzu auch Hirschman (1987).

der ordoliberalen Freiburger-Schule ausmacht und aufzeigt, wie dieses Wissen unter dem Eindruck von Webers Kapitalismusanalysen und der Phänomenologie Husserls entstand, macht Foucault auf eine wirkmächtige Reformierung der Idee des Marktes aufmerksam. Zentrales Organisationsprinzip des Marktes ist aus Perspektive der Ordoliberalen der Wettbewerb (und nicht der Tausch), der hier aber keine natürliche Gegebenheit mehr darstellt. Vielmehr ist der Wettbewerb als ein „Wesen" zu begreifen, das sich uns in einer formalen Struktur darstellt. Diese Struktur des Wettbewerbs tritt nur dann in ihren Wirkungen in Erscheinung, so die Annahme der Ordoliberalen, wenn sie (künstlich) hergestellt wird. Einerseits wird so die Idee des Laissez-faire durch eine „wachsame" Politik der aktiven Intervention ersetzt (Foucault 2006b: 188), die ausgehend von der Kenntnis der Mechanismen des Wettbewerbs, die jeweils historisch sinnvollen Bedingungen für eine Verwirklichung dieser Struktur schafft. Andererseits wird offensichtlich, dass die politische Ökonomie des Neoliberalismus, auf einem grundsätzlich anderen Verständnis der Wissensproduktion basiert. Entgegen einem einfachen Empirismus soll die Wissenschaft die formalen Strukturen und Mechanismen hinter den empirisch auswechselbaren, evidenten Phänomenen ausfindig machen.[18]

Für den amerikanischen Neoliberalismus, wie er sich unter dem Einfluss der Chicago School ausgebildet hat, ist weiterhin eine Verschiebung in der Vorstellung des *homo oeconomicus* wesentlich, die durch die Humankapitaltheorie etwa von Gary Becker in Gang gesetzt wurde. In den Theorien des Liberalismus taucht der *homo oeconomicus* als ein nutzenorientierter Tauschpartner auf, der mit anderen Individuen auf dem Markt Waren handelt. Das Verstehen seines Handelns setzte ein Wissen um seine Bedürfnisstrukturen und seine Interessen voraus. Mit der Humankapitaltheorie wird das Wissen vom ökonomischen Menschen umgeschrieben. Fokussiert wird die Wirtschaftsaktivität des Subjekts: Um marktförmig handeln zu können, muss der Mensch seine Arbeitstätigkeit herstellen. Als Produzent und Reproduzent seiner Arbeit muss er aber – und hierin kommt eine wesentliche Neudeutung zum Ausdruck – auf diverse Ressourcen, soziale Kompetenzen, kulturelles Wissen dgl., also auf unterschiedliche Kapitalien, zurückgreifen. Diese Perspektivverschiebung muss als eine grundlegende Reformierung des Wissens über das handelnde Wirtschaftssubjekt verstanden werden: statt als eigeninteressierter Tauschpartner tritt der *homo oeconomicus* nun in Gestalt eines kalkulierenden und bilanzierenden Unternehmers auf, der unablässig, etwa in der Freizeit, wenn er konsumiert, in die Produktion seiner Wirtschaftsaktivität, also in sein Humankapital, investiert. Die Analyse der Interessen kann so durch eine Untersuchung von Kapitalien ersetzt werden. Statt subjektiver Be-

---

18 Während die Wirtschaftswissenschaften diese formalen Strukturprinzipien beschreiben und in ihren punktuellen sozialen Effekten erscheinen lassen sollen, liefern die (historischen) Gesellschaftswissenschaften den sozialgeschichtlichen Rahmen für eine solche wirtschaftstheoretische Analyse, indem sie ein Wissen um den ökonomisch-institutionellen Möglichkeitsraum des Kapitalismus bereitstellen.

dürfnisstruktur kann eine bestimmbare, rationale Investitionskalkulation fokussiert werden. Damit ändert sich auch grundlegend die Vorstellung des Sozialen: Jedes Handeln wird als eine Investition begreifbar, jedes Individuum lässt sich als ein „Unternehmer seiner selbst" (Foucault 2006b: 314) fassen, Gesellschaft erscheint als eine Arena konkurrierender Unternehmenseinheiten, gesellschaftliche Entwicklungen können als Prozesse von Investitionen und Reinvestitionen beschrieben werden und soziale Problemalgen lassen sich in „Begriffen der unzureichenden Investition in Humankapital" (Foucault 2006b.: 323) erklären. Kurzum: Die mit der Humankapitaltheorie prononcierte Diskursverschiebung im Feld der politischen Ökonomie ist zentral für ein Verstehen gegenwärtiger Ökonomisierungstendenzen und die Ausbreitung des Marktprinzips auf einstmals nicht-ökonomische Bereiche wie Familie, Bildung, Liebe, Wohlfahrt, Natur.

Eine Genealogie des ökonomischen Wissens[19] dient daher keineswegs nur der wissenschaftsimmanenten Selbstverständigung, ihre Aufgabe ist es vielmehr zu zeigen, wie die Diskurse der politischen Ökonomie als gesellschaftlich anerkannte Wahrheitsregime, unsere Vorstellungen von Wirklichkeit prägen.

Diskursanalyse als Machtanalyse: Zur neoliberalen Gouvernementalität

Versteht man Denksysteme als Regime der Wahrheit, dann bedeutet dies, die soziale und kulturelle Ordnungsmacht der Diskurse sichtbar zu machen. Insbesondere das Werk Foucaults ist von der Annahme einer engen Kopplung von Wissen und Macht geprägt. Eine poststrukturalistische Analyse der historischen Formierung des gesellschaftlich verbürgten Wissens setzt sich die Aufgabe, die wechselseitigen Bezugnahmen und die reziproke Genese von Wissenssystemen und Machtkonfigurationen kenntlich zu machen.

Versteht man Wissensproduktion als Modus des Wahrsprechens, indem temporär Sinn und Bedeutung fixiert wird, Richtiges als geltend gesetzt und Falsches als ungültig ausgeschlossen wird, dann meint dies auf der einen Seite, dass Diskurse eminent sozialstrukturierend wirken, da sie kulturelle Wertgefüge und Geltungsordnungen formieren (z. B. das ‚Normale' vs. das ‚Infame', vgl. Foucault 1973, 2001) wie auch spezifische Technologien der Macht hervorbringen (z. B. Kontroll- und Registrierungsverfahren, Foucault 2016). Auf der anderen Seite reflektieren bestehende Wissensregime etablierte Machtformationen und sind das Resultat von Machtkämpfen, wobei jede Position für sich in Anspruch nimmt, Wahrheit zu sprechen (Foucault 2006a: 15). In modernen Gesellschaften ist die Wahrheitsproduktion „ständigen ökonomischen und

---

19 Natürlich können auch moderne Lesarten anderer ökonomischer Ordnungen analysiert werden. Dies ist dort spannend, wo diese als Kritik an der kapitalistischen Ökonomie in Stellung gebracht werden. Hier sei auf Derridas Betrachtung der Gabe verwiesen, an seine Dekonstruktion von Mauss' Interpretation des Potlatsch (Derrida. 1991) oder von Batailles Konzept der allgemeinen Ökonomie (Derrida 1976).

politischen Anforderungen ausgesetzt (Wahrheitsbedürfnis sowohl der ökonomi-schem Produktion als auch der politischen Macht)" (Foucault 1978a: 52). Wissen wird so in seiner politischen Dimension sichtbar, da mit dem Glauben an einen nicht-involvierten Forscher oder an einen unabhängigen Diskurs, die sich frei machen kön-nen von den Spielen der Macht, gebrochen wird.

Für die Untersuchung der strategischen Verknüpfungen von Wissen und Macht schlägt Foucault das Konzept des Dispositivs vor (Foucault 1978b: 119). Dispositive er-füllen eine Steuerungsfunktion, indem sie das Wissen der Diskurse in praktisches Wissen übersetzen und *vice versa*. Rechtliche Regeln, moralische Lehrsätze, Institutio-nen, Infrastrukturen, administrative Abläufe, politische Maßnahmen, Bildungspro-gramme etc. bilden die analysierbaren Elemente bzw. die Materialisierungen eines Dispositivs. Das Dispositiv bildet die relationale Struktur dieser Elemente; eine Struk-tur, die durch ihre strategische Funktion, „auf einen Notstand (*urgence*) zu antwor-ten" (Foucault 1978b: 120), historisch formiert ist.

Aber was meint Macht konkret? Foucault geht es nicht darum zu sagen, was Macht ist. Sein Fokus liegt auf dem ‚Wie' der Macht: „wie wird Macht ausgeübt" (Foucault 2005b: 251)? Macht ist also nicht etwas, das in seiner Form definiert wäre, die man mit dem Staat und seinem Herrschaftsapparat identifizieren könnte. Dagegen stellt sich für Foucault die Frage, welche Praxis des Regierens für eine Epoche bestimmend ist, auf welcher Ratio diese Praxis gründet, durch welche Akteur*innen und Institutionen sie wirkt und mittels welcher Techniken und Prozeduren Macht materialisiert? Die Macht nimmt so historisch andere Formen an. Im Vergleich zum zentralistischen Herrschafts-system des mittelalterlichen Souveräns wird Macht in modernen Gesellschaften als mikrophysischer Prozess vorgestellt (Foucault 2016: 38 ff.), der netzwerkartig funktio-niert und alle sozialen Körper durchzieht bzw. durch diese wirkt. Macht wird also nicht mehr mit einer reglementierenden und sanktionierenden Autorität gleichgesetzt, die die Macht ähnlich eines Besitzes inne hat. Vielmehr gilt es, die Macht als ein vielfältiges und „produktives" Prinzip (Foucault 2016: 249 f.) zu begreifen, das Wissensformen, Be-gehrlichkeit und auch Subjektideale hervorbringt und ermöglicht, denn genau hierin, also in den Strategien des *empowerment*, wie man heute sagen würde, begründet sich gegenwärtig das Wirken der Macht (Foucault 1978a: 35, 2005a: 221 ff.).

Da die Lebenskräfte jedes Einzelnen nicht unterdrückt, sondern im Sinne ihrer ökonomischen Nützlichkeit zu steigern sind (Foucault 1987, 2016), setzt diese Form der Macht ein Wissen über den biologischen und psychologischen Körper der Subjekte vo-raus (Foucault 2005a: 230). Avisiert wird die Bevölkerung als die zentrale politische Figur der modernen Machttechnologien und als das Objekt des Wissens. Die Bevölke-rung ist die „Produktionsmaschine zur Erzeugung von Reichtum, Gütern und weite-ren Individuen" (Foucault 2005a: 231) und weist eine eigens zu analysierende Biologie auf (Geburtenraten, Sterblichkeitsrate, Alterskurven etc.). Leben tritt hier in Form der in den Statistiken modulierten Bevölkerungscharakteristika in Erscheinung. Materia-listische Machttechnologien, die sich auf die Steigerung des Lebens, die Produktion des Körpers und den Schutz wie die Vitalisierung der Bevölkerung richten, subsummiert Foucault unter dem Vorzeichen der Biopolitik (Foucault 2006b). Bezogen auf die gegenwärtige Wirtschafts- und Arbeitswelt lassen sich beispielsweise Strategien der Emotionalisierung und Affekt-Mobilisierung, die Steigerung kreativer Leistungsfähigkeit (Kreativmanagement), Programme zur Förderung der *work-life-balance* oder auch gesundheitspolitische Maßnahmen in ihrer biopolitischen Organisationsfunktion betrachten.

In diesem Zusammenhang erfährt Foucaults Konzept der Gouvernementalität Bedeutung. Als analytischer Oberbegriff beschreibt Gouvernementalität den für die Moderne spezifischen Machttypus des Regierens. Diese Praxis des Regierens beschränkt sich keineswegs nur auf Formen der staatlichen Steuerung, der Disziplinierung und der Fremdführung. Sie ist konzeptionell breiter angelegt und schließt diverse Institutionen und Techniken der Selbststeuerung und der Selbstoptimierung mit ein (2006a: 135). Als zeitdiagnostischer Machttypus ist die Gouvernementalität an das politische Projekt des Liberalismus gekoppelt. Die Potenz der gouvernementalen Programme gründet demnach in der Ermöglichung der Freiheiten und der Begrenzung der staatlichen Reglementierung (vgl. Rose 1999).

Ziel der Gouvernementalität ist die Menschenführung. Politisches Objekt bzw. Subjekt des Regierens bildet die demografisch definierbare Bevölkerung (Foucault 2006a: 162 ff.). Die politische Ökonomie liefert das Wissen, das die Rationalität der gouvernementalen Vernunft formt und die Regierungspraxis begrenzt.[20] Aufgabe der Regierung ist es, den Markt zu ermöglichen und mithin marktförmige Handlungsräume und Subjektivitäten zu erzeugen. Während die gouvernementale Vernunft im Liberalismus die Interessen der Wirtschaftssubjekte fokussierte, da diese die „einzig mögliche Angriffsfläche der Regierung" (Foucault 2006a: 76) darstellen, da dreht sich die neoliberale Gouvernementalität um die unablässige Förderung der Investitionen in die Humankapitalien, in die physischen, emotionalen und sozialen Lebenskräfte der unternehmerischen Subjekte. Der gouvernementalen Vernunft des Neoliberalismus folgend, meint Ökonomisierung sowohl die fremdkontrollierte wie die selbstmobilisierende Ausschöpfung des individuellen Lebens als Ressource. Gefühle, Wissen, soziale Beziehungen, Fürsorge dgl. werden als optimierbare Zukunftsinvestitionen begrifflich, deren Aktivierung und Steigerung strategisch etwa durch politische Maßnahmen oder die Organisation der Arbeitswelt insinuiert werden. Mit Blick auf die staatliche Machtausübung bedeutet der Neoliberalismus somit eine „aktive Politik ohne Dirigismus" (Foucault 2006b: 188), die den Ordnungsrahmen für eine Wettbewerbspolitik gewährleistet, indem sie mittels permanenter (biopolitischer) Interventionen einen Möglichkeitsraum für individuelle In-

---

20 Die Begrenzung des Regierungshandelns durch die Prinzipien der Ökonomie fungiert, diesem Denken folgend, zugleich als dessen Ermöglichung, da das Funktionieren der Wirtschaft politisches Handeln legitimiert. Die diskursive Zentralisierung der ‚Wirtschaft' als Ort der Wahrheit macht also eine spezifische Regierungsstrategie sichtbar: „Die Wirtschaft erzeugt Zeichen, politische Zeichen. Sie erzeugt politische Zeichen, die es gestatten, die Strukturen, Mechanismen und Rechtfertigungen der Macht aufrechtzuerhalten" (Foucault 2006b: 125 f.).

vestitionen in Humankapital schafft. Dies gilt im Besonderen auch für die staatliche Wohlfahrt. Wenn von einer Ökonomisierung des Sozialen die Rede ist, dann ist damit eine Sozialpolitik angesprochen, die soziale Sicherung unter dem Vorzeichen der Eigenaktivierung und der unternehmerischen Praxis verhandelt.

In diesem Zuge vollzieht Foucault die Entstehung eines neuen Dispositivs nach, das Sicherheitsdispositiv, welches das Organisationsprinzip und Regulierungsinstrument der Gouvernementalität bildet (Foucault: 2006a: 162). Statt die Subjekte einer Norm im Sinne einer Verhaltensvorschrift zu unterwerfen und als gehorsame Untertanen zu disziplinieren, handelt es sich um eine Politik der Freiheit, die regulierend auf die Bevölkerung zugreift.[21] Regierungspraktiken des Sicherheitsdispositivs sind folglich dadurch gekennzeichnet, dass sie unter Kenntnis des statistisch normalen Falls als normalisierende Strategien der Risikoanalyse, der Gefahrenabwehr und der Versicherheitlichung auftreten. Risiko, Gefahr und Krise bilden zentrale, wenn auch technisch voraussetzungsvolle Kategorien der Menschenführung.[22] Obgleich damit eine Vielzahl von politischen Interventionsbereichen angesprochen ist, von der Terrorbekämpfung bis hin zur Einhegung einer Pandemie, erscheinen Praktiken der Versicherheitlichung und der Risikoberechnung gerade für ein Verstehen gegenwärtiger Techniken der Wirtschaftslenkung aufschlussreich: Das Risikomanagement ist Teil der Unternehmensführung. Risiken sind das *movens* spekulativer Geschäfte auf den Finanzmärkten. Kreditrisiken lassen sich durch ein Instrument wie die Verbriefung (*securitization*) in handelbare Wertpapiere umwandeln. Der gesamte Bereich der Versicherungswirtschaft ist organisational auf Risikobeherrschung abgestellt. Und politische Regulierungen (z. B. Solvency II) formulieren wiederum den Ordnungsrahmen für eine marktförmige Risikoabwägung etwa von Versicherungsunternehmen. Kurzum: die Ökonomie steht beispielhaft für das Dispositiv der Sicherheit und eine Machtmethode des *governing through risk*.

---

21 Die Geltung von Machtpraktiken bemisst sich am Erfolg oder Misserfolg bei der Herstellung des empirisch berechenbaren Normalzustands (Foucault 2006b: 34, 2006a: 94). Im Gegensatz zu einer vorab als gültig erachtete Norm (Normation) wird hier das Normale zur gesellschaftlichen Norm (Normalisierung). Es handelt sich um eine Machtmethode, die „gleichermaßen deskriptiv wie präskriptiv" ist (Bröckling & Krasmann 2010: 24).

22 Rankings liefern ein Beispiel für diese Logik: Sie bilden Rangordnungen in Form einer Normalitätsverteilung ab bzw. bilden Differenzial-Normalitäten, wie Foucault schreibt (Foucault 2006a: 97), wobei jede Position als Abweichung vom Durchschnitt, als ein statistischer Fall, begrifflich wird. Auf Basis dieser normalisierenden Fallverteilung lassen sich Risikoberechnungen anstellen, die Aussagen über die Möglichkeit einer problematischen Abweichung erlauben (z. B. das Risiko mit einem bestimmten Bildungsabschluss arbeitslos zu werden). Diese wiederum erlauben es, gesellschaftliche Gefahren zu detektieren, also soziale Zonen mit hohem Risiko zu lokalisieren (z. B. sozialräumliche Milieus oder Problembezirke). Die Gefahrenberechnung liefert Aussagen über das Potenzial einer Krise, also einer systemischen Überlastung durch die Potenzierung riskanter Fälle (z. B. ab welcher Arbeitslosenquote eine soziale Ordnungskrise droht). Die Kategorien Fall, Risiko, Gefahr und Krise sind zentral für ein Denken in Begriffen des Sicherheitsdispositivs.

Materialsierungen des Semiotischen: Produktion von Subjektivitäten

Semiotisch hergestellte Ordnungen von Wirklichkeit schaffen Handlungsräume inklusive ihrer Grenzen, kreieren Privilegien ebenso wie soziale Ausschließungen, trennen das Werthafte vom Infamen. Diskurse materialisieren so auf vielfältige Weise. Sie prägen nicht nur maßgeblich unser Denken, Handeln und Fühlen, sondern unsere Idee von uns selbst und damit kulturell verbürgte Vorstellungen vom Menschen.

Das poststrukturalistische Projekt versteht sich als eine Kritik an neuzeitlichen Subjektvorstellungen, die von einem rational erkennenden und autonomen Wesen ausgehen, das der Welt der Objekte gegenübersteht und ordnend in diese eingreift. Dementgegen wird das Subjekt als eine empirische Formation begriffen, die diskursiv modelliert und dispositiv gebildet wird (u. a. Lyotard 2019). Das Erkenntnisinteresse liegt auf einer kritischen Betrachtung der Erfindung moderner Subjektivitäten und der Analyse jener Verfahren, vermittels derer „in unserer Kultur Menschen zu Subjekten gemacht werden" (Foucault 2005b: 240), also, subjektiviert werden. Subjektivierung wird hier im doppelten Wortsinn verstanden: Einerseits im Sinne der modernen Subjektvorstellung, als Prozess, durch den ein Wesen Kenntnis (Wissen) von sich selbst und somit eine Identität ausbildet. Andererseits im ursprünglichen Wortsinn des *subiectum*, als ein Unterworfenes, dessen Wesen sich durch Herrschaftsbeziehungen ausbildet. Das Subjekt bildet den Knotenpunkt von Wissen und Macht. Es tritt als Effekt der Diskurse und Wirkung der Macht in Erscheinung. Moderne Praktiken der Subjektivierung, die in Techniken der Identifikation seiner Selbst, der reflexiven Herstellung von Wissen über sich selbst wie im Versprechen auf Selbstbildung begründet sind, werden so als Modi des Regiertwerdens kenntlich gemacht.

Ein Fokus liegt auf der kritischen Auseinandersetzung mit jenen gesellschaftlichen Institutionen (Wissenschaft, Politik, Medien, Bildungsprogramme etc.), die anerkanntes Wissen über Subjekte produzieren und Techniken der Selbstbildung bereitstellen, die also die Identitätskonstruktionen anleiten, indem sie sie ermöglichen. Besondere Aufmerksamkeit erfahren in diesem Zusammenhang die Diskurse der Humanwissenschaften (Psychologie, Medizin, Genetik, Pädagogik etc.), da diese, wie Foucault zeigt, in der Moderne das Wissen vom Menschen als eine lebende Existenz diskursiv konstruieren und damit die Konstitutionsbedingungen des modernen Subjekts als ein sich entwickelnder, biologischer Körper, der mit einer Psyche ausgestattet ist, vergegenständlichen. Dieses Wissen wirkt regulativ, indem die Wissenschaften zugleich die Methoden und Verfahren der Erkennung des Menschen, der Identifikation und Bildung des Subjekts, bereitstellen.[23] Das Wissen der politischen Ökonomie liefert die Regierungsrationalität, entlang derer das Wissen vom Subjekt als Lebewesen in eine Lebenspolitik übersetzt wird, die die psychischen und physischen Kräfte des Kör-

---

23 „Der erkennbare Mensch (Seele, Individualität, Bewußtsein, Gewissen, Verhalten …) ist Effekt/Objekt dieser analytischen Erfassung, dieser Beherrschung/Beobachtung" (Foucault 2016: 393 f.).

pers im Sinne einer Erhöhung seiner Produktivität zu steigern weiß. Individuelle Lebensführung wird zu einem zentralen Instrument der Menschenführung.

Ein poststrukturalistisches Studium moderner Subjektivierungsweisen beschränkt sich nicht auf die Untersuchung institutionalisierter Vorstellungen von Subjektivität. Vielmehr soll gezeigt werden, wie diese semiotischen Produktionen „mitten in der menschlichen Subjektivität, nicht nur in ihrer Erinnerung, ihrem Verstand, sondern auch in ihrer Sensibilität, ihren Affekten und ihren unbewussten Fantasien" (Guattari 2014: 10 f.) wirken. Poststrukturalistische Subjekttheorien sind also nicht nur darum bemüht, klassische Identitätsklassifikationen (gender, race, class) in ihrer Konstruktion aufzubrechen, sondern wollen verstehen, wie diese im und durch das Subjekt wirken, wie diese in Begehrensstrukturen materialisieren und vermittels unserer Sinnlichkeit prozessiert werden.

Durch Praktiken konstituieren sich Subjekte als Subjekte. Hierzu zählen Identifikations- und Normierungspraktiken, die von außen auf den Menschen einwirken. Hierzu zählen aber auch Selbst-Technologien (Foucault 1993), die Mittel zur Selbstbeobachtung und zur Arbeit am Selbst, an Körper und Psyche, offerieren. Prominentes Beispiel ist die christliche Beichtpraxis, deren säkularisierte Ausläufer heute etwa das Tagebuch, die Psychotherapie oder das Mitarbeitergespräch bilden. Praktiken der Selbstführung beschränken sich nicht nur auf das Erkennen der eigenen, vermeintlich ‚wahren‘ und zu befreienden Innerlichkeit, vielmehr handelt es sich um leib-körperliche Prozeduren und Trainingsprogramme mittels derer herrschende Subjektvorstellungen in den sinnlichen Menschen eingraviert werden. Beim Versuch, die „inneren Fasern des Selbst" (Braidotti 2015: 156) kritisch infrage zu stellen, erfährt der Körper, insbesondere in den Arbeiten Foucaults, eine analytische Vorrangstellung. Die semiotische Ordnung der Wirklichkeit wird über Körper und ihre Festschreibungen vollzogen. Der Körper ist *die* Zugriffsfläche und *das* Zurichtungsinstrument für Machttechniken. Regieren heißt Einschreibung in Körper. Wobei das Subjekt, das Selbst, sein Denken und Fühlen, und die Idee eines ‚inneren Wesenskerns‘ des Menschen das Produkt von spezifischen Körperpraktiken ist.

Wirtschaftssoziologisch sind Analysen gegenwärtiger Modi der Subjektivierung aufschlussreich, da sie es erlauben, die Ökonomie als einen integralen Bestanteil der Subjektivität und Subjektivität als integralen Bestandteil der Ökonomie zu begreifen.

> Die Produktion von Subjektivitäten, von Lebensformen und Existenzweisen verweisen nicht auf den Überbau, sie sind Teil der ökonomischen Infrastruktur. Darüber hinaus erweist sich, dass die Produktion von Subjektivität in der zeitgenössischen Ökonomie die erste und wichtigste Form der Produktion ist, die ‚Ware‘, die in die Produktion aller anderen Waren eindringt (Lazzarato 2012: 45).

Aus einer historisierenden Perspektive lässt sich einerseits die moderne Anthropologie eines rationalen und sich fortschrittlich entwickelnden Mangelwesens ‚Mensch‘ als eine diskursive Konstruktion infrage stellen. Versteht man weiterhin den *homo oeconomicus* als die ideelle „Schnittstelle zwischen der Regierung und dem Individuum" (Foucault 2006b: 349), dann kann andererseits gefragt werden, welche Identität dieses wirtschaftliche Subjektmodell jeweils historisch annimmt. Tritt uns dieses etwa in Gestalt eines Unternehmers (Foucault 2006b), eines Konsumenten (Baudrillard 2015, Bennett 2010), eines Spekulanten (Stäheli 2007) oder eines Schuldners (Lazzarato 2012) entgegen, durch welche Praktiken wird diese Subjektfiguration produziert und mit welchen Affektdispositionen wird sie ausgestattet?

Wenn Subjektvierung Ausdruck einer neoliberalen Gouvernementalität ist, dann lenkt dies den gegenwartsdiagnostischen Blick auf individualisierende und selbstmobilisierende Praktiken der systemgerechten Integration der Menschen in moderne Marktgesellschaften. Besondere Virulenz erfahren solche Studien vor dem Horizont der „Unternehmensgesellschaft", in welcher, folgt man Foucault, Subjektivierung als forcierte Selbst-Ökonomisierung des Lebens begrifflich wird. Ökonomisierung geht hier mit der Ausbildung eines spezifischen Menschenbildes einher, welches alle seine Handlungen, unabhängig davon, ob diese im Bereich der Arbeit oder in anderen gesellschaftlichen Sphären vollzogen werden, sei es etwa in der Liebe, im Sport, in der Bildung oder der Erziehung der Kinder, als ökonomische Investitionen begreift. Bei der Analyse zeitgenössischer Politiken der Subjektermächtigung gilt es, auch jene vitalisierenden Praktiken zu perspektiveren, „deren Funktion es ist, einen Ausgleich zu bieten für alles Kalte, Gefühlslose, Berechnende, Rationale, Mechanische" (Foucault 2006b: 335) und zu prüfen, inwiefern das damit artikulierte Versprechen auf affektive Selbststeigerung unter dem Vorzeichen einer gesteigerten Selbstvermarktung vollzogen wird.

Das Studium der Subjektivierung bedeutet, die infinitesimalen Auswirkung des Ökonomischen sichtbar zu machen. Zentrales Anliegen einer poststrukturalistischen Subjektforschung ist es, subversive Potenziale und Wege der Kritik ausfindig zu machen, das heißt, nach Möglichkeiten der Dis-identifikation (Muñoz 1999) und des Widerstands gegen gouvernementale Imperative zu fragen. Wenn Foucault Kritik als „Kunst, nicht dermaßen regiert zu werden" (Foucault 1992: 12) versteht, dann bedeutet das, nach Lebensformen zu suchen, die sich den zeigemäßen Selbsttechniken entziehen, denen zum Beispiel gesellschaftliche Anerkennung versagt bleibt und die in ihrer Infamität Bruchstellen der soziosymbolischen Ordnung von Gesellschaft anzeigen (vgl. u. a. Butler 1991; Foucault 2001; Deleuze & Guattari 1977a).

Beispiel aus den Schriften Foucaults zur Veranschaulichung der poststrukturalistischen Perspektive: Das deutsche Wirtschaftswunder – Grundzüge einer neoliberalen Gouvernementalität

„Es sind aber weder die Anarchie noch der Termitenstaat als menschliche Lebensformen geeignet. Nur wo Freiheit und Bindung zum verpflichtenden Gesetz werden, findet der Staat die sittliche Rechtfertigung, im Namen des Volkes zu sprechen und zu handeln."

Ludwig Erhard, Rede vor der 14. Vollversammlung des Wirtschaftsrats des Vereinigten Wirtschaftsgebietes am 21. April 1948

Ludwig Erhard, von 1949 bis 1963 erster Bundeminister für Wirtschaft der Bundesrepublik Deutschland, gilt als Wegbereiter der sozialen Marktwirtschaft und als Symbolfigur der Wirtschaftswunderjahre. Aus heutiger Sicht mag es verwundern, dass Michel Foucault die Politik der sozialen Marktwirtschaft von Erhard und Alfred Müller-Armack unter dem Einfluss der ordoliberalen Freiburger-Schule um Wilhelm Röpke, Walter Eucken und Alexander Rüstow als neoliberal beschreibt. Denn wenn heute von Neoliberalismus die Rede ist, dann wird damit häufig in kritischer Absicht die Vorstellung einer ungezügelten Wirtschaft artikuliert, die auf der Deregulierung ökonomischer Prozesse basiert und einen Abbau des Sozialstaates einläutet. Dementgegen arbeitet Foucault am Beispiel des deutschen Ordoliberalismus und exemplarisch an dieser Rede von Erhard Grundzüge des europäischen Neoliberalismus heraus und zeigt, dass dieser nicht auf der Annahme gründet, dass der Markt ein Naturgeschehen sei, dem man in anarchistischer Manier seinen Lauf lassen müsse, sondern im Gegenteil, dass dieser etwas Künstliches sei, dass wirtschaftspolitisch ermöglicht und reguliert werden müsse. Regulation meint hier, wie Erhard in dieser Rede verdeutlicht, weder die „Rückkehr zu [...] einem verantwortungslosen Freibeutertum einer vergangenen Zeit" noch die Planung der Ökonomie unter staatlicher Autorität. Vielmehr solle der Staat den Rahmen zur „Gesundung", so Erhard, der deutschen Wirtschaft aufbauen, d. h. eine funktionierende Wettbewerbslogik steuern und die Freiheit der Preisbildung kontrollieren. Der Staat solle zugleich Polizei des Marktes, wie Rüstow formulierte, und „Manager der Freiheit" sein (Foucault 2006b: 97). Diese Annahme wird zu einem Grundpfeiler der prosperierenden Nachkriegswirtschaft und mit ihr, so Foucault, erscheint einer der „Grundzüge der deutschen zeitgenössischen Gouvernementalität" (Foucault 2006b.: 123). Denn welche Funktion hat eine solche Wirtschaftsordnung? Freilich nicht nur die Sicherung des Wohlstands aller, so Foucault, sondern ihr kommt eine eminent politische Aufgabe zu, wie die Rede von Erhard zeigt: Ihm geht es um die Integration der Individuen in eine staatliche Ordnung vermittels einer Wirtschaftspolitik, welche den Staat „sittlich" berechtigt, „im Namen des Volkes zu sprechen und zu handeln". „Die Wirtschaft", so Foucault, „erzeugt Legitimität für den Staat, der ihr Garant ist" (Foucault 2006b: 124). Die neoliberale Wirtschaftspolitik antwortet demnach auf die Krisen der Gouvernementalität (Foucault 2006b: 113) des Autoritarismus wie des Liberalismus. Aber mehr noch, sie ist zentral für die Begründung der Rechtsgültigkeit der Bundesrepublik Deutschland: „das ist das Wunder Deutschlands", wie Foucault (2006b: 138) meint. Die staatliche Konstruktion des Marktliberalismus schien als Lösung für das Legitimationsproblem der westdeutschen Regierung, also für einen Staat, der aufgrund der Naziverbrechen jedwede Legitimität von Rechts wegen eingebüßt hatte. Im Resultat ist die Bundesrepublik Deutschland das, was man einen „radikal ökonomischen Staat nennen kann, wenn man ‚radikal' im strengen Sinne des Begriffs versteht: Seine Wurzel ist vollkommen ökonomisch" (Foucault 2006b: 126).

4 Methodologie, Methode und empirische Erforschung: Dekonstruktion

Zentrales methodisches Werkzeug poststrukturalistischer Studien bildet die Dekonstruktion der symbolischen Ordnungen von Wirklichkeit. Damit verbunden ist die Fokussierung auf die Schrift als Ort gesellschaftlicher Sinnstiftung und auf das Archiv als historische Sinnquelle (Derrida 1997). Schrift ist hier im weiteren Sinne zu verstehen. Auch wenn eine Vielzahl von Untersuchungen sich vorrangig solchen Diskursen widmen, die die Gestalt des geschriebenen Wortes annehmen, so meint Schrift jedwedes kulturelle Notationssystem, das Bedeutung fixiert. Architekturale Zeichnungen,

Stadtpläne, Körper- und Bewegungsrituale, materielle Arrangements oder politische Situationen sind semiotische Schreibpraktiken. Sie bilden kulturelle Texte und können einer dekonstruktiven Analyse unterzogen werden.

Ziel der Dekonstruktion[24] ist es, gesellschaftliche Denksysteme und verbürgte Kategorien der Wahrheit in ihrer kulturellen Gemachtheit zu entschlüsseln (Derrida 1983). Das heißt, ähnlich wie es auch andere Methoden der interpretativ-rekonstruktiven Sozialforschung fordern, geht es in einem ersten Schritt darum, die Konstruktion des Wissens offen zu Tage treten zu lassen. Jenseits der einfachen Rekonstruktion kultureller Bedeutungsfixierungen, zielt die Dekonstruktion in einem zweiten Schritt auf die „Erforschung der Instabilitäten" (Lyotard 2019: 131) des Denkens. Es geht darum, das Denken eines Diskurses an seine Grenzen zu treiben, indem innere Widersprüche, Paradoxien, Ausklammerungen analytisch fokussiert werden, um selbstdestruktive Potenzen eines Wissenssystems kenntlich zu machen. Eine dekonstruktivistische Lesart fragt, wie Objekte/Subjekte in kulturellen Texten produziert und als Gegenstände eines Differenzsystems in Erscheinung treten. Mittels welcher begrifflicher Oppositionen wird operiert? Inwiefern repräsentieren diese Differenzierungen im Sinne von Ordnungsbegriffen Pole einer hierarchischen Wertordnung? Versteht man Signifikationssysteme als Versuche, soziale und kulturelle Ordnung zu fixieren, dann gilt es nach den Bruchstellen, Mehrdeutigkeiten und kategorialen „Zwischenlagen" (Giesen 2010) zu fragen, nach dem Scheitern von Signifikationsoperationen und nach dem, worüber in einem Diskurs nicht gesprochen wird. Je nach Erkenntnisinteresse kann die dekonstruktive Analyse stärker diskursanalytisch ausgeflaggt sein (Keller 2011), also deutlicher an einer kritischen Untersuchung der Formation des gültigen Wissens ausgerichtet sein, oder stärker gouvernementalitätstheoretisch nuanciert sein (Bröckling & Krasmann 2010), also etwa mit den Mitteln der Dispositivanalyse nach den materialen Wirkweisen der Diskurse, ihren Machteffekten und Subjektregimen fragen.

Die Dekonstruktion versteht sich als eine subversive Relektüre von kulturellen Selbstbeschreibungen, die in ihrer diskursiven Logik historisiert werden. Historisierung bedeutet eine Sensibilität für situative Eigenheiten und punktuelle Sinnarrangements auszubilden, um feine Rekalibrierungen der symbolischen Ordnung in ihrer kulturhistorisch einzigartigen Gestalt wie in ihrem sozio-institutionellen Rahmen sichtbar und in ihrer Bedeutung für die Gegenwart kenntlich zu machen (Foucault 2006b: 187). Da poststrukturalistische Theorien Gesellschaft und ihr kulturelles Deutungsrepertoire als

---

24 Versteht man unter Methode eine widerholbare Lektüretechnik der sozialen Welt, deren Ziel die Verallgemeinerung ist, dann handelt es sich bei der Dekonstruktion nicht um eine Methode. Entsprechend verwehrt sich Derrida dagegen die Dekonstruktion als Methode zu begreifen. „Derridas Ziel, mit der Dekonstruktion eine Möglichkeit zu finden, den totalisierenden Reduktionismus, der im Begriff der Methode steckt, zu vermeiden […]. Das bedeutet, er muss die Besonderheit eines Gegenstands und seinen Kontext möglichst weit zur Geltung bringen" (Engelmann 2004: 21). Es handelt sich um ein Lektüreverfahren, dass eben diese Besonderheit herausarbeiten will, ob man dies nun Methode nennt oder nicht.

einen unabgeschlossenen Prozess begreifen, offerieren gerade gesellschaftliche „Szenen des Dissenses", wie Bröckling formuliert, aufschlussreiche empirische Settings für die Analyse von diskursiven Ordnungen. Gemeint sind damit „jene[...] Ereignisse[..] der Ver-unordnung, welche die bestehende Ordnung, auch die Ordnung sozialwissenschaftlicher Klassifizierungen und Erklärungsmodelle, verrücken, verwirren und destabilisieren" (Bröckling 2013: 319). Für ein soziologisches Studium der Wirtschaft eignen sich diese Szenen der Verunordnung besonders: Wirtschaftliche Krisen ebenso wie Kritiken am Kapitalismus können auf diese Weise perspektiviert werden. Indem Diskurse auf ihre Praktiken der Ausschließung studiert, Rekonfigurationen von Deutungen und historische Neubeschreibungen von Ordnungsbegriffen kontextuell analysiert und feine Differenzierungen innerhalb von Diskursen untersucht werden, können – und hierin gründet die Kritikabilität des Poststrukturalismus – Destabilisierungspotenziale, die den Diskursen inhärent sind, frei gelegt werden.

5 Zusammenfassung zentraler Begriffe

Différance: zentraler Begriff der poststrukturalistischen Zeichentheorie bei Derrida, mit der die Vor-rangigkeit des Zeichensystems bei der Realitätsaneignung akzentuiert wird. Im Gegensatz zu struktu-ralistischen Theorien, denen zu Folge ein Zeichen als Stellvertreter eines realen Dings fungiert, wird die Selbstreferenzialität der Zeichen analytisch betont. Demnach stehen Zeichen in einer sich unabläs-sig reformierenden Relation zueinander. Bedeutung ist nicht fixiert, sondern wird im Spiel der Signifi-kanten generiert und ist Teil einer unabschließbaren Bewegung der Differenzierung und Verschiebung (*se différer*: sich unterscheiden, sich aufschieben).

Hyperrealität: gegenwartsdiagnostische Annahme des Poststrukturalismus bei Baudrillard. Dieser un-terscheidet drei historische Ordnungen der Simulakren: 1. Die Ordnung der Imitation (Zeichen bilden Realität nach), die Ordnung der Produktion (Zeichen mit eigener Bedeutung werden produziert) und die Ordnung der Simulation (Zeichen simulieren Realität). In der Ordnung der Simulation erodieren einstmalige Unterscheidungen wie Abbild und Original, Fiktion und Realität. Die Zeichen verlieren ihre Referenz- und Repräsentationsfunktion. Hyperrealität meint dann die zeichenhafte Erzeugung bzw. Si-mulation einer Realität, die realer wirkt als die Wirklichkeit. Der Zustand der Hyperrealität ist kenn-zeichnend für hochtechnologisierte, postindustrielle Gesellschaften

Diskurs und Dispositiv: analytische Oberbegriffe bei Foucault. Gesellschaftliches Wissen wird in Dis-kursen produziert. Diskurse lassen sich als Summe aller (Sprach)Praktiken begreifen, die in einer Ge-sellschaft zirkulieren. Diskurse folgen einer Ordnung, d. h. einem Set an Regeln darüber, wie geredet, gedacht oder geschrieben werden kann, was als wahr oder falsch gilt. Diskurse konstituieren daher Wirklichkeit: Sie bilden „die Gegenstände [...], von denen sie sprechen" (Foucault 2015: 74). Dispositive übersetzen das Wissen der Diskurse in praktisches Wissen und damit in ein Instrumentarium der Macht, *vice versa*. Sie erfüllen eine Steuerungsfunktion, da sie Strategien zur Bearbeitung gesellschaftli-cher Problemlagen formulieren.

Gouvernementalität: gesellschaftsdiagnostischer Begriff bei Foucault. Die Gouvernementalität be-schreibt die Rationalität der neuzeitlichen Regierung von Menschen und damit einen historisch spezifischen Machttypus, dessen Formierung an den Liberalismus gekoppelt ist. Hierunter fallen Institutionen, Analyse- und Registrierungstechniken, Verfahren und Instrumente der Fremd- wie auch der Selbstführung. Getragen wird dieser Machttypus vom Wissen der politischen Ökonomie. Avisiert wird die Bevölkerung als das politische Subjekt. Das Dispositiv der Sicherheit bildet das Organisationsprinzip und Regulierungsinstrument der Gouvernementalität. Gouvernementalisierung des Staates meint eine Ausweitung von Regierungskompetenzen auf diverse gesellschaftliche Akteur*innen, die zugleich die Möglichkeitsbedingung für den modernen Staat ist.

Das unternehmerische Selbst: gegenwartsdiagnostischer Begriff bei Foucault. Das unternehmerische Selbst bildet das Menschenbild einer neoliberalen Gouvernementalität, das mit der Tendenz einer forcierten Selbst-Ökonomisierung des Lebens einhergeht. Es handelt sich um ein Subjekt, welches all seine Handlungen, auch außerökonomische Handlungen, unter ökonomischen Prämissen und als Investition in sein Humankapital begreift. In diesem Subjektideal kommt eine den Neoliberalismus kennzeichnende Reformierung der Idee des *homo oeconomicus* zum Ausdruck. Dieser tritt nicht mehr als eigeninteressierter Tauschpartner, sondern als bilanzierender Unternehmer auf.

6 Kritik, Weiterentwicklung und Rezeption

6.1 Stellungskämpfe und kritische Weiterentwicklung

Wenn hier vom Poststrukturalismus im Singular die Rede ist, dann täuscht dies über die Tatsache hinweg, dass das Feld des Poststrukturalismus durch differente theoretische Positionen, widerstreitende gesellschaftskritische Haltungen und interne Stellungskämpfe charakterisiert ist. Eines der prominentesten Dokumente hierfür ist Baudrillards Essay (2007).[25] Im Fokus dieser Kritik[26] an Foucault steht die universalisierende Referenz auf die mysteriöse Kraft „Macht", die bei ihm als Letztbegründung und Beweggrund des Sozialen fungiert: „As economic reference loses its strength, either the reference of desire or that of power becomes preponderant" (Baudrillard 2007: 49). Wurde die moderne politische Ökonomie sowohl in ihrer Marxistischen Spielart wie in den neoklassischen Theorien von Foucault noch dafür kritisiert, dass die Ökonomie als reelle Basis imaginiert wird, da vollzieht Foucault, so Baudrillard, denselben realitätskonstituierenden ‚Trick'. Bei Foucault rückt die Macht an die Stelle der Ökonomie, die er einzig unter dem Paradigma der Produktivität begreift.[27] Das

---

25 Nicht nur Foucaults Denken, sondern auch die theoretischen Projekte u. a. von Deleuze und Lyotard werden hier einer kritischen Lesart unterzogen (vgl. Noys 2012; Lotringer 2007).

26 Entsprechend pointiert Baudrillard seinen dekonstruktiven Anspruch: „what interests me is the mysterious point where he stops and finds nothing more to say" (Baudrillard 2007: 76).

27 Baudrillard (2012) bringt dagegen eine andere Form der Macht in Anschlag, namentlich die Verführung, die die Zeichen ins Spiel bringt. Es handelt sich hier nicht um eine produktive Form der Macht, die nach Eindeutigkeit strebt, ihre Potenz begründet sich, so Baudrillard, darin, dass sie eine reversible Form ist.

Primat des Ökonomischen wird nahtlos durch das Primat des Politischen ersetzt – eine Kritik an Foucault, die jüngst auch von Ute Tellmann (2009) prononciert wurde. Da die Macht bei Foucault als ein transhistorisches Strukturgesetz erscheint, das eine „perfekte Genealogie" (Baudrillard 2007: 49, Übersetzung V.Z.) aufweist, die „zu schön ist, um wahr zu sein" (Baudrillard 2007: 30, Übersetzung V.Z.), und die trotz ihrer Molekularisierung in der Spätmoderne durch eine polare Differenzstruktur charakterisiert ist (Regiert-Werden vs. Nicht-dermaßen-regiert-werden) bleibt Foucault einem strukturalistischen Glauben verhaftet, so Baudrillard.

Der Vorwurf des Strukturalismus findet sich auch bei Deleuze. In seinem Aufsatz „Woran erkennt man den Strukturalismus" (1992) führt er Foucault als Beispiel für einen strukturalistischen Autoren an. Denn für Foucault erscheinen die „Subjekte" als nichts anderes als struktural formierte Standorte, die einer topologischen Ordnung von Gesellschaft folgen, ganz unabhängig davon, durch wen, was oder wie sie bewohnt werden. Der Determinismus-Verdacht, den Deleuze gegenüber Foucault äußert, gründet auf einer grundsätzlich anderen Perspektive auf Macht (vgl. Kelly 2015). Während Foucault nicht müde wird, die produktiven und emanzipativen Aspekte der Macht zu betonen, da wohnt für Deleuze der Macht immer ein repressives Moment inne. Dementgegen erscheint ihm, ähnlich wie Lyotard (1978: 98), die Idee des Begehrens, der Affektströme und der Intensitäten als ein subversiver Fluchtpunkt innerhalb der polit-ökonomischen Ordnung des Spätkapitalismus. Diesem Denken steht sowohl Foucault kritisch gegenüber, da für ihn das Begehren ein *movens* der produktiven Seite der Macht ist, wie auch Baudrillard, für den die Rede vom Begehren eine naturalisierende Glaubensformel ist, die die Gesetze der Ökonomie reproduziere.[28]

Diese übergreifenden, theorieimmanenten Kritiken sind das Resultat von Positionenkämpfen um die Grenzen und Möglichkeiten der Gesellschaftskritik, die sich aus einem jeweils anderen Umgang mit dem Erbe des Strukturalismus und des Marxismus ergeben (vgl. Stäheli 2018).[29] Jenseits dieser internen Kritiken, lassen sich aus gegenwartsdiagnostischer Perspektive drei weitere Kritikaspekte anführen, die für

---

[28] Während für Baudrillard das Begehren die leibhaftige „Erscheinungsform des Kapitals auf der Ebene des Körpers" (Baudrillard 2012: 48) ist, da entgegnet ihm Lyotard, dass sein Denken letztlich in den Begriffen des Subjekts verhaftet ist, während er ebenso wie Deleuze und Guattari dieses strikt aufhebe. Ihnen gehe es darum, so will er richtigstellen, „ökonomische Kategorien mit rebellischem Charakter zu produzieren, die jedes Denken des Begehrens […] verlassen, die dagegen rebellieren, daß dieses Denken (das selbst noch Begehren ist, nämlich Begehren des Begehrens) auf eine signifikante Ordnung herangezogen wird" (Lyotard 1978: 124). Zur Begehrensökonomie von Deleuze und Guattari siehe auch Govrin (2020).

[29] In der Aufschau meinen daher auch Boltanksi und Chiapello (2001) einen inhärenten Widerspruch des kritischen Projekts des Poststrukturalismus auszumachen. Denn dieser, so die Autoren, laufe einerseits aufgrund seiner Akteursvergessenheit Gefahr, einem Strukturdeterminismus anheim zu fallen, der sich wahlweise in einer Überbetonung der Macht oder des Kapitals äußere. Wobei die poststrukturalistischen Autoren andererseits zugleich in Nähe zu gesellschaftskritischen sozialen Bewegungen stehen, welche an die Transformierbarkeit des Sozialen glauben.

eine Analyse von zeitgenössischen Wissenssystemen, Machtformationen und Subjekt-figurationen relevant sind:

Bei der Untersuchung des Wissens erfahren die Diskurse der Wissenschaften eine analytische Überbetonung. Zwar fungieren die Wissenschaften in der Moderne als legitime Quelle der Veridiktion, jedoch verkennt eine solche Perspektive nicht nur, wie Lyotard (2019) deutlich macht, dass sich mit der gegenwärtigen Informatisierung der Gesellschaft die Vollzugsformen von Wissen und die Kriterien der Wahrheit grundlegend verändert haben, sondern auch die konstitutive Situiertheit des Wissens, wie Donna Haraway (1995) zeigt.[30] Für eine gegenwartsadäquate Analyse von Diskursen bedeutet dies, die Narrativität und Technizität, die Affektivität, Korporalität und Medialität der semiotischen Wahrheitsproduktion mit einzubeziehen (vgl. Alexander 2011; Knorr-Cetina 2002; Stäheli 2018; Thrift 2007).

Bezogen auf das Themenfeld der Macht machen etwa Bröckling und Krasmann (2010) deutlich, dass, im Resultat der Foucaultschen Untersuchung der neoliberalen Gouvernementalität, die Auseinandersetzung mit den selbstgesteuerten, sanften Praktiken des Regierens ein Übergewicht erfahren. Kontrollierende, sanktionierende und disziplinierende Machttechniken, die auch in unseren Gesellschaften Geltung haben, werden dagegen kaum in ihrem Funktionsverhältnis zu Machtechniken des Sicherheitsdispositivs diskutiert. Unterbelichtet bleibt so, wie und mit welchen Effekten im Neoliberalismus das Arrangement von Staatsmacht, Disziplinarmacht und Bio-Macht konkret organisiert ist (vgl. Baud & Chiapello 2017; Lazzarato 2012: 89). Mit der Überbetonung von selbstregulierenden Techniken verhärtet sich auch der Eindruck, dass der klassische Industriearbeiter, der als Schichtarbeiter dem Takt des Fließbands untergeordnet ist, über mehr Freiheitsgrade verfügt, als der sich selbst disziplinierende Kreativarbeiter, der 24/7 alle seine Aktivitäten der Produktivitätssteigerung unterordnet. Für eine Klärung dieser Fragen, ist der Schulterschluss mit der politischen Soziologie, der Sicherheitsforschung wie der Arbeits- und Industriesoziologie unabdingbar.

Weiterhin wurde im Bereich der postkolonialen, queeren und feministischen Theorien für eine differenzierende Perspektive auf die unterschiedlichen sozialstrukturellen Materialisierungen des Diskursiven plädiert. Während die klassischen Studien des Poststrukturalismus übergreifende Diskurse auf ihre subjektivierenden Effekte hin analysieren, bleibt offen, wie diese diskursiven Setzungen bei den so subjektivierten Subjekten konkret ankommen? In Ergänzung wird vorgeschlagen, die unterschiedlichen Praktiken der Prozessierung von Subjektivität in Augenschein zu

---

30 Wissen ist fragmentiert und Wissensproduktion lässt sich nicht auf das Arbeitsfeld der wissenschaftlichen Autoritäten reduzieren. Wissen legitimiert sich (gerade in populären Diskursen) über ihre narrative bzw. performative Denotation. Als Wahrheit erscheint dann, was mit Blick auf ihre erzählerische Funktion anschlussfähig, also „sellable" ist (Lyotard 2019). Nicht zuletzt habe sich, so Lyotard unter Bezug auf Luhmann, das Verhältnis von Wissenschaft und Technik umgekehrt, wobei die Optimierung des aufgebrachten technischen Repositoriums (Methoden, Messverfahren etc.) als Wahrheitskriterium gilt.

nehmen. Gefragt wird, wie Subjektivierung durch die jeweils einzigartige Subjektposition, ihre sozialstrukturelle Verortung, ihren kulturellen Status, ihre Geschichtlichkeit und das sie umgebende soziomaterielle Arrangement, materialisiert (u. a. Ahmed 2005; Gandhi 2006; Gutiérrez Rodriguez 2010; Spivak 2008). Der Kritik, der Poststrukturalismus sei eine lebensweltferne Theorie, weil sie das Akteur-Subjekt dezentriert, begegnen diese Theorien, indem sie fragen, wie der Diskurs durch die konkreten weiblichen, queeren und/oder migrantischen Körper ausgeformt wird. Ins Zentrum rücken damit die Subjekte als in ihrer Kulturalität und Historizität divergierende und sich situational (re)formierende Spuren des Diskursiven. Hier liegen Anschlusspotenziale an die Praxistheorie wie auch an die soziologische Emotions- und Affektforschung.

Eine fruchtbare Weiterentwicklung hat das poststrukturalistische Denken daher in jenen Untersuchungen gefunden, die der diskursiven Konstruktion von subalternen Subjekten, z. B. des weiblichen oder des migrantischen Subjekts, nachspüren und die invektiven Wirkweisen der Diskurse auf die so kolonialisierten Körper erforschen. Für die Wirtschaftssoziologie sind Studien interessant, die sich mit der Produktion und Valorisierung sexueller wie kultureller Differenz als Triebkraft der kapitalistischen Unternehmung befassen (Braidotti 2015; Irigaray 1976; Frederici 2017). Hierzu zählen Analysen, die zeigen, dass das subalterne Subjekt wahlweise als Konsumsubjekt, als tauschbare Ware oder als Reproduktionsarbeiter diskursiv formiert wird. Ebenso anschlussreich sind Forschungen, die sich mit der Aufhebung etablierter Körper-Dualismen wie Mensch/Maschine oder Mann/Frau im Zuge der technologischen Revolution befassen (Haraway 1995) und Arbeiten, die fragen, welche Konsequenzen die Ökonomie der kolonialen Ausbeutung für eine kritische, akademische Wissensproduktion hat (Spivak 2008).

Besondere Rezeption erfuhr der Poststrukturalismus weiterhin in der britischen Kulturtheorie, den *Cultural Studies*, allen voran im Forschungsprofil des sogenannten Birmingham *Center for Contemporary Cultural Studies*. Autoren wir Stuart Hall (2002), Raymond Williams (1980) oder Angela McRobbie (2014) arbeiten in ihren Untersuchungen die kulturökonomischen Folgen der neoliberalen Wirtschaftspolitik des Thatcherismus heraus, indem sie ihren Fokus auf populäre Konsumpraktiken der Working-Class und auf die Problemlagen einer sich abzeichnenden Kreativökonomie richten. Diese Studien sind wirtschaftssoziologisch interessant, weil sie das Diskursfeld der Ökonomie um die Praktiken des Massenkonsums erweitern, die semiotische Produktion des Populären als Element und Fluchtlinie der kapitalistischen Gesellschaften in Augenschein nehmen und den Aufstieg des Kreativen als prekäre unternehmerische Praxis perspektiveren.

Eine einflussreiche gesellschaftskritische Weiterentwicklung hat der Poststrukturalismus im Postoperaismus gefunden, der in Tradition der italienischen Arbeiterbewegung steht und mit Autoren wie Antonio Negri, Michael Hardt oder Maurizio Lazzarato assoziiert ist. Wirtschaftssoziologische Anschlusspotenziale liefern diese Theorien, da sie Konzepte des Poststrukturalismus für eine postmarxistische Analyse des Gegenwartskapitalismus fruchtbar machen, der durch flache Hierarchien, Flexibilisierung und globale Vernetzung gekennzeichnet ist (Hardt & Negri 2002). Speziell die Idee der immateriellen Arbeit, verstanden als Produktion von Symbolen und Affekten, erfährt hier eine konzeptionelle Profilierung (Negri et al. 1998). Die Foucaultsche Annahme der neoliberalen Gouvernementalität ernst nehmend, suchen die Autoren nach subversiven Potenzialen bzw. nach Sabotagemöglichkeiten, die dieser Form der kapitalistischen Produktion eigen sind. Eine interessante Neuinterpretation des Konzepts des unternehmerischen Selbst findet sich zudem bei Lazzarato (2012), der im Nachgang an die Finanzkrise und in Auseinandersetzung mit den Arbeiten von Foucault, Deleuze und Guattari zeigt, dass die Formation des Unternehmersubjekts derzeit weniger durch die Idee der Investition, sondern vorweg durch das Konzept der Schulden als zentrale gouvernementale Technik geprägt ist.

6.2 Rezeption innerhalb der Wirtschaftssoziologie

Im Nachgang an den *cultural turn* in der anglo-amerikanische Wirtschaftssoziologie (vgl. Jessop & Oosterlynck 2008) erfuhren poststrukturalistische Annahmen innerhalb der Wirtschaftssoziologie verstärkt an Bedeutung. Besonders produktiv erweist sich das poststrukturalistische Denken für herrschaftskritische Betrachtungen am Nexus Kultur und Ökonomie wie auch für Studien, die sich mit der symbolischen und technologischen Produktion des Finanzmarktkapitalismus beschäftigen.

In Auseinandersetzung mit neoliberalen Subjektformationen wurde vor allem Foucaults Konzept des unternehmerischen Selbst bzw. der Gouvernementalität einem erweiterten Studium unterzogen. Man denke beispielsweise an die Untersuchungen von Nikolas Rose (2007) oder Monika Greco (2016), die sich mit psychotherapeutischen und pharmakologischen Technologien der Selbstformation als integralem Bestandteil der zeitgenössischen Ökonomie befassen. Einschlägig für den deutschsprachigen Raum sind die Arbeiten von Thomas Lemke (2013), der sich mit gegenwärtigen Diskursfeldern der Biopolitik befasst (z. B. Genetik) und diese einer soziologischen Lesart unterzieht (z. B. Produktion sozialer Ungleichheiten), oder von Ulrich Bröckling (2007), der die Handlungsmaxime der Selbststeuerung, wie Kreativität, Empowerment oder Projektarbeit, in ihrer diskursiven Formation beleuchtet und zeigt wie diese praktisch die gegenwärtige Arbeits- und Unternehmenskultur informieren. Das poststrukturalistische Denken liefert so Werkzeuge für ein Verstehen des Wandels der Arbeitsgesellschaft, sei es in Auseinandersetzung mit Prozessen der Emotionalisierung der Arbeitswelt (Penz & Sauer 2016), in kritischer Betrachtungen von Praktiken der Selbst-Prekarisierung (Lorey 2006) wie auch für Debatten um die sogenannte Plattformökonomie inklusive der ihr eingeschriebenen Techniken des Ratings und der Qualitätssicherung (Vogl 2021). Für die Wirtschaftssoziologie sind diese Studien aufschlussreich, da sie virulente Spielarten der Ökonomisierung von Gesellschaft und ihrer Subjekte in ihrer Breite beleuchten (vgl. u. a. Diaz-Bone & Hartz 2017). Instruktiv sind in diesen Zusammenhang auch die Studien von François Ewald (2015) zur Genese des sogenannten „Vorsorgestaates". Am Beispiel des Haftungsrechts für Arbeitsunfälle macht er auf Rekonfigurationen des Wohlfahrstaates aufmerksam und zeigt was es bedeutet, wenn der Arbeitsunfall nicht als juridisches Problem der Verantwortung diskursiviert wird, sondern als ein individuelles Risiko konzipiert ist, dem man präventiv über Versicherheitlichungsmaßnahmen begegnen muss (vgl. auch Gilbert & Gilbert 1989).

Annahmen des Poststrukturalismus wurden weiterhin in der neueren Finanzmarktsoziologie rezipiert. Neben Arbeiten, die sich mit der Genealogie des zeitgenössischen Finanz- und Kreditwesens (De Goede 2005) und den Subjektfigurationen des Finanzmarkts (Stäheli 2007) befassen, setzen sich vermehrt Studien mit den vielfältigen semiotischen Produktionsweisen der Finanzmärkte auseinander. Hierzu zählen Studien, die sich etwa im Nachgang an Deleuze mit dem sozio-materiellen und affektiven Arrangements des Finanzmarktgeschehens befassen (u. a. Seyfert 2018) wie auch Arbeiten, in denen gefragt wird, inwiefern die operativen Logiken der Finanzmärkte prismatisch für eine neue Ordnung des Sozialen, ihre politische Ökonomie und Kultur, sind (u. a. Langley 2016; Martin 2015). Anklang findet im Besondern die Simulations- und Zeichentheorie von Baudrillard. Adaptionen der Simulationstheorie finden sich beispielsweise bei McGoun (1997), der die hyperreale Vollzugsform der Finanzmärkte perspektiviert, oder bei Schinckus (2008), der mit dem Konzept der „financial simulacra" den diversen Modi der Semiotisierung und Technologisierung der Finanzmarktrealität Ausdruck verleiht. In der Zusammenschau zeigen diese Studien, dass die Praktiken der Finanzmärkte gegenwärtig durch vielfältige wissenschaftliche Diskurse informiert sind: Das Wissen der Ökonomie schöpft sich aus mathematisch formalisierten Modellen der Physik (z. B. Ökonophysik) ebenso wie aus den Annahmen der Sozialwissenschaften, etwa über die sozio-materielle Kuliertheit der Wirtschaft. Es entlehnt seine Technologien der Neurobiologie (z. B. die Idee der *Artificial Neural Networks*) und implementiert die Erkenntnisse der Neurowissenschaften wie der *Behavioral Finance.* All diese Wissenskulturen haben Anteil an der semiotischen Produktion der Ökonomie. Indem diese Diskurse materialisieren, etwa indem sie Einzug in die Unternehmensführung halten, als Realität des Börsenhandels institutionalisiert werden oder als Anschauung die Wirtschaftspolitik leiten, sind sie konstitutiv für die gegebene Realität der Wirtschaft. Vor diesem Horizont ist eine differenzierte Untersuchung der prävalenten Wissenskulturen der Ökonomie, des Einflusses interdisziplinärer Wahrheitsregime auf die Wirtschaftswissenschaften und der Formen der Institutionalisierung dieser Wissensmodelle in einzelne Wirtschaftsbereiche für eine zeitgenössische, poststrukturalistisch informierte Wirtschaftssoziologie relevant (vgl. Diaz-Bone & Krell 2015).

Da mit diesen Wissenschaften gleichwohl Vorstellungen von Dynamik und Adaptivität, Prozessualität und Kontingenz, Korporalität und Kulturalität, Einzug in die Wirtschaft halten, gilt es auch zu fragen, inwiefern diese Reformierungen des ökonomischen Wissens als Reaktion auf die (auch poststrukturalistisch geprägten) Kritiken an klassischen Vorstellungen der Ökonomie zu verstehen sind, etwa an der etablierten Idee der Rationalität oder an der Vorstellung stabiler Strukturen. Wenn Roland Barthes in 1960er Jahren schreibt, dass die Ökonomie, neben der Linguistik, „gegenwärtig *die* Wissenschaft von der Struktur ist" (Barthes 1966: 190), dann kann aus zeitgenössischer Perspektive gefragt werden, ob die Wirtschaft, neben der Linguistik, heute nicht längst *die* Wissenschaft der Poststruktur bildet?

7 Theorieanwendung: Konflikte um die Rodung des Hambacher Forst – Diskurs der Biodiversität und die Rekultivierung des Hambacher Forstes

Mit dem Ausstieg aus der Kohlestromversorgung hat sich RWE vertraglich bereit erklärt, ein umfassendes Rekultivierungsprogramm zur schrittweisen Naturierung des Hambacher Forst umzusetzen (vgl. Abb. IV.2).[31] Neben einer Verkleinerung des Kohleabbaugebiets, ist die Errichtung diverser Naturräume im Bereich des bereits abgetragenen Bergbaugebiets vorgesehen. Hierzu zählen ein Tagebausee, Wiesen und Weiden, wechselfeuchte Areale sowie landwirtschaftliche und forstliche Flächen. Um den durch den weiteren Abbau zerstörten Biotopenverbund des Waldes zu reproduzieren, sollen zudem Trittsteine und Korridore angelegt werden, die die Wiedervernetzung der Wälder und den Artenschutz sicherstellen. Im Dialog mit der lokalen Politik konzipiert, legt der RWE-Konzern eine Vision für den Hambacher Forst vor, die auf die anhaltende Kritik an der industriegesellschaftlichen Ausbeutung der Natur antwortet.

1994 wurde von RWE die *Forschungsstelle Rekultivierung* ins Leben gerufen, die im Schulterschluss mit den Wissenschaften, begleitet von Forschungsprojekten und unter Bezug auf das Wissen von Naturschutzorganisationen ökologische Nachhaltigkeitsstrategien für das Rheinische Revier erarbeitet. Geeint werden diese Rekultivierungsstrategien durch das Leitbild der Biodiversität, welches in einem kurzen Konzernvideo wie folgt umrissen wird:

> Intakte Ökosysteme sind eine notwendige Voraussetzung für unser Leben. Doch die biologische Vielfalt, Biodiversität genannt, geht zurück. Zum Beispiel durch menschliche Eingriffe in die Natur. Rund 1700 Tier- und Pflanzenarten sind vom Aussterben bedroht, in Deutschland fast jede dritte Tier- und Pflanzenart. Um dem entgegenzuwirken hat die EU-Kommission 2020 eine Biodiversitätsstrategie vorgelegt. Der Plan sieht unter anderem die Schaffung von Schutzzonen, die Sanierung von Böden, die Wiederherstellung von Feuchtgebieten und eine umfassende Wiederaufforstung vor. [...] Das Engagement von Unternehmen spielt dabei eine wichtige Rolle. Beim

---

31 Siehe https://www.rwe.com/-/media/RWE/documents/01-der-konzern/betriebsstandorte/tagebau-hambach/neue-landschaft-tagebausee.pdf, (letzter Aufruf: 17.06.2024).

Abb. IV.2: 3D-Modell für die Rekultivierung des Tagebau Hambach durch den RWE-Konzern. Südliche Ansicht. Stand 15.09.2022. (Quelle: RWE Power/Stand 2021).

> Energieunternehmen RWE ist Nachhaltigkeit in allen Bereichen fest verankert. Ein Beispiel dafür, ist die vorbildliche Rekultivierung, die dazu beiträgt, die Artenvielfalt zu erhöhen. Die Re-kultivierung bei uns hier im Rheinischen Revier ist fester Bestandteil der Braunkohlegewinnung und schreitet mit dieser kontinuierlich voran. Was auf der einen Seite des Tagebaus an Löß, Kies und Sand gewonnen wird, bildet rund eine halbe Stunde später auf der anderen Seite des Tage-baus den Boden für eine neue Landschaft. [...] Diese vielfältige Wiedernutzbarmachung ist also das, was nach der Kohlegewinnung für die Zukunft verbleibt. [...] Von daher ist es Ziel unserer Biodiversitätsstrategie, abwechslungsreiche ökologisch wertvolle Areale zu schaffen, die vielen Arten einen Lebensraum bieten. Dabei arbeitet RWE eng mit der Wissenschaft zusammen.[32]

Unter dem Vorzeichen des Lebensschutzes legitimiert die Politik der Biodiversität nicht nur ex post den industriellen Raubbau wie auch den weiteren Abbau im Ham-bacher Forst, sondern ist vor allem Bürge für eine diskursive Neuerfindung der Natur. Diskurse um Nachhaltigkeit und insbesondere um Biodiversität liefern ein-drückliche Materialien für poststrukturalistische Analysen. Nachhaltigkeit ist zwei-felsfrei ein wirkmächtiger, sozialstrukturierender Leitbegriff des politischen, wirt-schaftlichen und kulturellen Lebens. Unter Bezug auf die Foucaultsche Terminologie, erscheint Nachhaltigkeit im gegenwärtigen Diskurs als die Rationalität des Regie-rungshandelns. Entsprechend verwundert es nicht, dass die poststrukturalistisch in-formierte Nachhaltigkeitsforschung, insbesondere im Bereich der Political Ecology, derzeit einen neuen Modus der Gouvernementalität ausmacht, die Ökogouvernemen-talität (u. a. Fletcher 2010; Luke 1995; Valdivia 2015), die in Form von „biodiversity" als

---

[32] https://www.rwe.com/verantwortung-und-nachhaltigkeit/umweltschutz/rekultivierung, (letzter Aufruf: 17.06.2024).

eine biopolitische Strategie der Versicherheitlichung des Lebens erscheint. Nachhaltigkeit und Biodiversität lassen sich als ein Dispositiv begreifen, das am Nexus von Politik, Ökonomie und Ökologie auf einen proklamierten Notstand, etwa die Klimakrise, antwortet.

Dabei kann zunächst gefragt werden, wie konkret auf den Notstand der Natur geantwortet wird? Unter dem Label der Biodiversität wird Natur nicht nur beherrschbar gemacht, vielmehr wird sie mit den Mitteln der wissenschaftlichen Expertise und unter dem Anschein ihrer Konservierung neu kreiert. Naturierung meint hier nämlich in der Tat Kultivierung: Kein Zurück zu einem Urwald, sondern die Herstellung einer bio- und geotechnologischen Simulation von Natur als Wirklichkeit (vgl. Lemke 2013). Die von RWE geschaffene Natur ist sowohl das recycelte Produkt der industriellen Abschöpfung der natürlichen Ressourcen wie auch das Artefakt von Wissensdiskursen über die Umwelt, wie sie von Geologen, Biologen und Naturschützern formiert werden. In Gestalt „neuer Landschaften" materialisiert dieser Diskurs in einer hyperrealen Natur. Dergestalt betrachtet, scheint die 3-D Modellierung paradigmatischer Ausdruck der diskursiven Transformation unserer materiellen Welt. Mit ihr bewahrheitet sich eine These, die Baudrillard bereits 1970 formulierte: „Ob man es Landschaftsplanung oder -schutzgebiete nennt oder Umwelt: Immer geht es um das Recyceln einer Natur, die in ihrer originären Form todgeweiht ist" (Baudrillard 2015: 147).

Welche Aussagen über die Ordnung von Wirtschaft und Gesellschaft lassen sich aus dieser semiotischen Neuerfindung der Natur ableiten? Ein eindrucksvolles Beispiel für eine poststrukturalistische Lesart der politischen Ökologie liefert Arturo Escobar (1996). Folgt man Escobar, dann markiert der Siegeszug des Konzepts der „nachhaltigen Entwicklung" eine wichtige Diskursverschiebung im Verhältnis von Natur und kapitalistischer Ökonomie, die eine neue Form der Kapitalisierung der Natur ermöglicht. War die industrielle Logik von der Vorstellung der Ausbeutung der Natur als externe Ressource der Mehrwertgenerierung gekennzeichnet, ist die postindustrielle Gesellschaft vom Paradigma der technischen Inkorporierung der Natur als Umwelt geprägt. Biodiversitätsprojekte stehen beispielhaft, so Escobar, für den Versuch der planerisch rationalen und biotechnologischen Konservierung der knappen Ressource Natur als Reservoir künftiger Werte. In beiden Fällen wird das gesellschaftliche Verhältnis zur Natur, so Escobar, unter den jeweils prävalenten Prämissen der politischen Ökonomie, ihren Vorstellungen von Entwicklung und Wachstum, von Wert und Nutzen, und unter Rekurs auf das Wissen der Technowissenschaften formiert. Als Topos vereint der Hambacher Forst diese beiden Logiken der kapitalistischen Inwertsetzung der Natur, die Nutzbarmachung und „Wiedernutzbarmachung" der Natur durch den RWE-Konzern: Der Tagebau ist Prototyp einer ausbeuterischen Naturbeherrschung und die Rekultivierung ist geotechnisch geplante Produktion von „wertvollen Arealen", also von einer Umwelt, die natürlich Werte entwickeln kann.

Verständlich ist so, warum die Kritik lokaler sozialer Bewegungen, prominent etwa des BUND NRW, der Bürgerinitiative „Buirer für Buir" oder der Aktivisten von „Hambi bleibt", in Anbetracht des Rekultivierungsprogramms von RWE nicht versiegte. Und in der Tat können diese kritischen Lebensformen und ihr Widerstand gegen die ökonomische (Wieder)Nutzbarmachung der Natur, mit Foucault gesprochen, als Versuche verstanden werden, „nicht dermaßen regiert zu werden". Geeint werden diese kritischen Gegenstimmen von der Hoffnung auf den konservierenden Erhalt der verbleibenden Natur und der lokalen Lebensgrundlagen. Damit widersetzen sie sich dem „Regime der Bio-Sozialität", dessen gesellschaftstransformatives Potenzial, wie Escobar unter Rekurs auf Haraway notiert, jedoch gerade in der technischen Auflösung der symbolischen Differenz von Natur und Kultur gründet: „A new regime of bio-sociality is upon us, implying that ‚nature' will be modeled on culture understood as practice. Nature will be known and remade through technique and will finally become artificial, just as culture becomes natural. This might bring the dissolution of modern society and of the nature/culture split, marking also the end of the ideologies of naturalism – of an organic nature existing outside of history – and even the possibility that the organic might be improved on by artificial means." (Escobar 1996: 337 f.)

❓ 8 Übungsfragen

a) Was kann man unter der poststrukturalistischen Annahme verstehen, die Wirklichkeit stelle sich als ein symbolischer Prozess dar und was bedeutet dies für ein Verstehen der Wirtschaft? (*Wiederholungsfrage*)

Poststrukturalistische Theorien gehen davon aus, dass Diskurse konstitutiv für die materielle Gestalt und Ordnung der gesellschaftlichen und damit auch ökonomischen Wirklichkeit sind. Diskurse lassen sich als Summe der (Sprach)Praktiken begreifen, die Bedeutung als gültig und werthaft setzen. Aus dieser Perspektive erscheint die Welt zuvorderst in ihrem Zeichencharakter: Spezifische Zeichen werden in Beziehung zueinander gesetzt, sie werden hierarchisiert, wobei einigen diskursiv eine zentrale Bedeutung beigemessen wird. Diese diskursive Konstruktionsleistungen gilt es nachzuvollziehen. Wichtig ist, dass diese Diskursordnungen in ihrem Prozesscharakter verstanden und in ihren historischen Transformationen analysiert werden. Für die Auseinandersetzung mit der Wirtschaft bedeutet dies, diese zunächst als ein kulturelles Symbolsystem zu verstehen. Gefragt wird, wie hat sich der Diskurs der Ökonomie entwickelt, dass sie uns in der gegebenen Gestalt erscheint. Mit welchen Signifikanten wird im Diskurs der Ökonomie operiert (z. B. Tausch, Mangel, Wachstum etc.) und inwiefern, verschiebt sich deren Bedeutung historisch?

b) Die Humankapitaltheorie eröffnet, so Foucault, einen neuen Wissensdiskurs. In welcher Weise wirkt sich diese Theorie der politischen Ökonomie auf die Vorstellung vom *homo oeconomicus* aus und welche Bedeutung wird ihr mit Blick auf die These der Ökonomisierung zuteil? (*Wiederholungsfrage*)

Mit der Humankapitaltheorie wird das Wissen vom ökonomischen Menschen umgeschrieben. In den Theorien des Wirtschaftsliberalismus taucht der *homo oeconomicus* als ein nutzenorientierter Tauschpartner auf. Das Verstehen seines Handelns setzte ein Wissen um seine Bedürfnisstrukturen und seine Interessen voraus. Die Humankapitaltheorie betrachtet den Menschen hingegen als aktiven Produzenten seiner Arbeitskraft, der auf diverse Kapitalien zur Verbesserung seiner Arbeitstätigkeit zurückgreifen und in diese investieren kann (Bildung, Familie, Partnerschaft, Körper, Konsum etc.). Die Analyse der Interessen kann so durch eine Untersuchung von Kapitalien ersetzt werden. Mit der Humankapitaltheorie erscheint der *homo oeconomicus*, so Foucault, in Gestalt eines kalkulierenden und bilanzierenden Unternehmers, der unablässig in sein Selbst „investiert", um im Wettbewerb bestehen zu können. Dies geht mit der Tendenz einer forcierten Selbst-Ökonomisierung des Lebens einher. Ökonomisierung basiert folglich auf der Ausbildung eines spezifischen Menschenbildes, welches alle seine Handlungen, unabhängig davon, ob diese im Bereich der Arbeit oder in anderen gesellschaftlichen Sphären vollzogen werden, als ökonomische Zukunftsinvestitionen begreift.

c) Folgt man Foucault, dann ist der Neoliberalismus keine einfache Rückkehr der liberalen Wirtschaftspolitik. Vielmehr lässt sich eine konstitutive Differenz zwischen liberaler und neoliberaler Gouvernementalität ausfindig machen. Welche ist das und welche Denksysteme liegen dieser zugrunde? (*Wiederholungsfrage*)

Die liberale ebenso wie die neoliberale politische Ökonomie basieren beide auf dem Primat der Wirtschaft. Das politische Handeln richtet sich am Funktionieren der Ökonomie aus. Dieses dient wiederum als Legitimation der politischen Macht. Während liberale Wirtschaftstheorien davon ausgehen, die Wirtschaft funktioniere quasi natürlich über den Markt, da gehen neoliberale Wirtschaftstheorien, folgt man Foucault, davon aus, dass die formalen Strukturen für ein Funktionieren von Markt und Wettbewerb hervorzubringen sind. Folglich müssen die Rahmenbedingungen für das wirtschaftliche Handeln künstlich hergestellt werden. Dies geht mit einer Veränderung der Vorstellungen vom Regierungshandeln einher. Wurde der Staat im Liberalismus in seinem Eingreifen in die Ökonomie auf die Beobachterrolle begrenzt, ist die gouvernementale Vernunft des Neoliberalismus von der Idee einer aktiven und wachsamen Politik der permanenten Intervention in das Wirtschaftsleben geprägt.

d) In modernen Industriegesellschaften galt die Arbeit als zentraler Signifikant für die Integration in Gesellschaft. Im Angesicht eines prosperierenden Finanz-marktkapitalismus und im Einklang mit poststrukturalistischen Deutungen des Verschwindens der Realökonomie lässt sich für postindustrielle Gesellschaften at-testieren, dass wirtschaftliches Wachstum nicht mehr vorrangig durch die Pro-duktion von Waren generiert wird, sondern durch innovative Finanzinstrumente, die auf der Idee der Selbstreferenzialität des Geldes basieren. Welche sozialstruk-turellen Implikationen hat diese Diskursverschiebung? Was bedeutet dies für den gegenwärtigen Stellenwert der Arbeit? Und unter welchen Vorzeichen kann hier gesellschaftliche Integration vollzogen werden? (*Diskussionsfrage*)

Geht man davon aus, dass die Wirtschaft in modernen Gesellschaften, diskursiv als die Grundlage des politischen Seins der Gesellschaft erhoben wird, dann bedeutet dies auch, dass sozialer Zusammenhalt und soziale Ungleichheiten, dass Integration in wie auch der Ausschluss aus Gesellschaft auf der Basis der Ökonomie entschieden werden. Zu fragen ist dann, unter welchen Vorzeichen die Ökonomie im modernen Diskurs perspektiviert wird. Die Industriegesellschaften waren vorrangig von der Idee der realökonomischen Produktion von Waren und Dienstleistungen für den marktförmigen Tausch geprägt. Die Produktion bildete die Basis für den gesellschaftli-chen Wohlstand. Dies bedeutete auch, dass die Arbeit, verstanden als Teilhabe an der industriegesellschaftlichen Produktion, als zentraler Signifikant der Integration in Ge-sellschaft, angesehen wurde. Die Arbeit markiert die soziale Stellung und erlaubt es (durch den Lohn), an der Konsumgesellschaft teilzuhaben. In der postindustriellen Gesellschaft des Finanzkapitalismus wird der Finanzsektor zusehends von der Realö-konomie entkoppelt. Wobei der Handel mit innovativen Finanzinstrumenten als Motor des wirtschaftlichen Wachstums imaginiert wird. Wenn Wirtschaftswachstum aber nicht mehr primär auf der Produktion von Waren basiert, dann verliert die tra-ditionelle Diskursordnung der Industriegesellschaft an Geltung, die in der Gleichung „Wachstum = Arbeitsplätze = Wohlstand" ihren Ausdruck fand. Diese Diskursverschie-bung hat immense sozialstrukturelle Implikationen, denn mit ihr verliert die Arbeit ihre Bedeutung als zentraler Signifikant der Integration. Integration in den Wirtschaft-sprozess wird dann über die Teilhabe am finanzdominierten Kapitalismus entschie-den. Ein Beispiel hierfür sind etwa Bemühungen zur Finanzialisierung der Massen, also Versuche, Finanzmarktgeschäfte für die Mittelschichten attraktiv zu machen. Dies bedeutet, dass Arbeit und Leistung zusehends ihre Rolle als Grundlage der gesell-schaftlichen Integration verlieren können. Integration in die Wirtschaft der Gesell-schaft kann dann über *assets* vollzogen werden, über die die Akteur*innen entweder verfügen oder die über (auf den Marktplätzen handelbare) Schulden finanziert werden.

9 Weiterführende Literatur und Medien

a) Theoretisierende Ausführung

Baudrillard, Jean (2011): Der symbolische Tausch und der Tod. Berlin: Matthes & Seitz, 16–90.

In dem Kapitel mit dem Titel „Das Ende der Produktion" übersetzt Baudrillard die kultursemiotischen Annahmen der Linguistik auf das Feld der politischen Ökonomie. In Analogie legt er dar, dass beide Bereiche nunmehr durch eine Ordnung der Simulation gekennzeichnet sind. Diese Annahme wird auf den folgenden Seiten auf zentrale Institutionen der politischen Ökonomie übertragen (Produktion, Arbeit, Lohn, Geld, ebenso Gegen-Institutionen wie Streik und Gewerkschaften) und auf ihre soziokulturellen Implikationen hin diskutiert. Da Baudrillard hier eingängig die gesellschaftliche Relevanz der zeichentheoretischen Annahmen des Poststrukturalismus herausarbeitet, kann dieser Text auch als eine Einführung in die poststrukturalistische Perspektive auf Wirtschaft gelesen werden.

b) Anwendung auf ökonomische Phänomene

Foucault, Michel (2006): Die Geburt der Biopolitik. Geschichte der Gouvernementalität II. Frankfurt am Main: Suhrkamp, 300–331.

In dieser Vorlesung befasst sich Foucault mit der Besonderheit des amerikanischen Neoliberalismus in Abgrenzung zum deutschen Ordoliberalismus. Im Fokus steht die Humankapitaltheorie und ihre Bedeutung für die Vorstellung vom *homo oeconomicus*, welcher nun als Unternehmer seiner selbst diskursiv in Erscheinung tritt. Mit der Analyse dieser Diskursverschiebung liefert Foucault einen relevanten Baustein für ein Verstehen gegenwärtiger Ökonomisierungstendenzen.

c) Weiterführender Beitrag

Stäheli, Urs (2018): Ökonomie. Die Grenzen des Ökonomischen. In: Moebius, Stephan; Reckwitz, Andreas (Hg.): Poststrukturalistische Sozialwissenschaften. Frankfurt am Main: Suhrkamp, 295–311.

In diesem Essay gibt Urs Stäheli einen pointierten Ein- und Überblick in poststrukturalistische Betrachtungsweisen der Wirtschaft. Gefragt wird, wie der Gegenstand der „Ökonomie" in den poststrukturalistischen Diskursen auftritt, wie dieser insbesondere in seinem Verhältnis zum Politischen informiert wird und welches Verständnis der Ökonomie damit jeweils prononciert ist. Empfehlenswert ist dieser Beitrag, weil er bei der Darstellung eine andere Relevanzsetzung vornimmt als der vorliegende Beitrag und so eine differenzierte Betrachtung der poststrukturalistischen Vorstellungen von Wirtschaft ermöglicht. Ausgangspunkt bildet die Differenz zwischen einem formalem und einem substanziellen Wirtschaftsverständnis. Darauf aufbauend wird gefragt, inwiefern der Poststrukturalismus jeweils durch eine postformale bzw. eine postsubstanzielle Analytik der Wirtschaft gekennzeichnet ist und welche Potenziale bzw. Grenzen mit diesen Perspektivierungen einhergehen.

d) Weitere mediale Vertiefung
Die Kunstauktion

Auf den ersten Blick geht es bei einer Kunstauktion, wie bei allen Auktionen, um nichts anderes als darum, den höchsten Preis für ein Kunstwerk zu erzielen, indem Bieter in einem Steigerungswettkampf um das angebotene Gut eintreten. Die Auktion generiere den ökonomischen Wert der Kunst, wobei die Preisfindung freilich nicht im luftleeren Raum stattfindet, sondern – und so argumentieren Jens Beckert und die Neue Wirtschaftssoziologie ebenso wie die Auktionshäuser selbst – indem soziale, kulturelle und auch materielle Wertmaßstäbe bei der Bieterentscheidung herangezogen werden (wie die Reputation des Künstlers, die Größe des Kunstwerks etc.). In *For a Critique of the Political Economy of the Sign* (2019) schlägt Baudrillard eine radikal konträre Lesart vor. Laut Baudrillard dreht sich das soziale Geschehen der Auktion um die Produktion eines Spektakels und um die kollektive Arbeit am Zeichenwert. Der ökonomische Wert, also der erzielte Preis, ist dieser Lesart folgend nicht das Ziel der Auktion, sondern er erfüllt selbst eine Funktion: Er zeigt die Potenz zur exzessiven Verausgabung von Geld an. Der verausgabte Preis wird zum Zeichen für Reichtum. Der ökonomische Tauschwert, so die These, wird in Zeichenwert verwandelt. Die Funktion der Auktion ist es also, semiotische Privilegien zu erzeugen.

Historisch gesehen haben die herrschenden Klassen ihre Herrschaft über Zeichenwerte (in archaischen und traditionalen Gesellschaften) abgesichert oder sie bemühen sich, wie in der bürgerlich-kapitalistischen Ordnung, ihr ökonomisches Privileg in ein semiotisches Privileg einzusegnen. Die Kunstauktion ist, so Baudrillard, beispielhafter Ausdruck dieser ideologischen Operation. Diese Klassenlogik ist nicht mehr nur durch den Besitz an Produktionsmitteln definiert, sondern durch die Kontrolle über den Prozess der Signifikation. In der Kunstauktion scheint sich alles um das Kunstwerk zu drehen, um seinen symbolischen Wert innerhalb unserer Kultur und um die Aushandlung seines ökonomischen Werts. Beide Wertsphären sind jedoch nur ein Alibi und verschleiern, um was es eigentlich geht: Die Kunstauktion ist eine bürgerliche Zeremonie der Machtsteigerung. Die Auktion ist demnach kein Markt im wirtschaftswissenschaftliche Sinne, sondern er erfüllt eine liturgische Funktion. Diesen rituellen Feiern des Reichtums kann man online beiwohnen. Die großen Auktionshäuser wie Sotheby' und Chrstie's haben eigene Youtube-Kanäle und präsentieren stolz Rekordpreise und spektakuläre Auktionen als *happenings* auf ihren Webseiten: Sehenswerte Beispiele sind etwa der Auktionsrekord um Leonardo Da Vinci's *Salvator Mundi* (https://www.youtube.com/watch?v=3orkmMlSpmI), der Verkauf von Vivienne Westwoods Sammlung (https://www.youtube.com/watch?v=vapMqeEwzA) oder natürlich das geschredderte *Girl with Ballon* von Banksy (https://www.youtube.com/watch?v=eXKE0nAMmg4). Beim Anblick dieser und vergleichbarer Auktionsvideos wird deutlich, dass es hier um Performanzen und Showeffekte geht, um die aufregende und ehrfurchtseinflösende Inszenierung des Faszinosum der Geldverschwendung, die von einem Showmaster dirigiert wird und die uns vor Augen führen soll, dass es dahinter eine unsichtbare Herrschaftsklasse gibt, die sich dieses außerordentliche Spektakel, welches einen normalsterblichen Menschen sprachlos macht, leisten kann.

Literatur

Ahmed, Sara (2005): The Cultural Politics of Emotion. New York: Routledge.

Alexander, Jeffrey (2011): Market as Narrative and Character: For a Cultural Sociology of Economic Life. In: Journal of Cultural Economy, 4(4), 477–488.

Althusser, Louis (1978): The Crisis of Marxism. Marxism Today, July, 215–227.

Althusser, Louis (2010): Ideologie und ideologische Staatsapparate. Hamburg: VSA-Verlag.

Althusser, Louis; Balibar, Étienne; Establet, Roger;Macharey, Pierre; Rancière, Jacques (2018): Das Kapital lesen. Münster: Verlag Westfälisches Dampfboot.

Barthes, Roland (1966): Die strukturalistische Tätigkeit. Kursbuch 5, 190–196.

Baud, Céline; Chiapello, Eve (2017): Understanding the disciplinary aspects of neoliberal regulations: The case of credit-risk regulation under the Basel Accords. In: Critical Perspectives on Accounting 46, 3–23.

Baudrillard, Jean (1975): The Mirror of Production. St. Louis: Telos Press.

Baudrillard, Jean (1991): Die fatalen Strategien. Berlin: Matthes & Seitz.

Baudrillard, Jean (2007): Forget Foucault. Los Angeles: Semiotexte.

Baudrillard, Jean (2010): Kool Killer oder Der Aufstand der Zeichen. Berlin: Merve Verlag.

Baudrillard, Jean (2011): Der symbolische Tausch und der Tod. Berlin: Matthes & Seitz.

Baudrillard, Jean (2012): Von der Verführung. Berlin: Matthes & Seitz.

Baudrillard, Jean (2015): Die Konsumgesellschaft. Ihre Mythen, ihre Strukturen. Berlin: Springer VS.

Baudrillard, Jean (2019): For a Critique of the Political Economy of the Sign. London, New York: Verso Books.

Bennett, David (2010): Libidinal Economy, Prostitution and Consumer Culture. Textual Practice, 24(1), 93–121.

Berardi, Franco "Bifo" (2009): Precarious Rhapsody. Semiocapitalism and the pathologies of the post-alpha generation. London: Minor Composition.

Boltanski, Luc; Chiapello, Eve (2001): Die Rolle der Kritik in der Dynamik des Kapitalismus und der normative Wandel. In: Berliner Journal für Soziologie 4, 459–477.

Butler, Judith (1991): Das Unbehagen der Geschlechter. Frankfurt am Main: Suhrkamp.

Braidotti, Rosi (2015). Nomadische Subjekte. In: Witzgall Susanne; Stakemaier, Kerstin (Hg.): Fragile Identitäten. Zürich: Diaphanes, 147–156.

Bröckling, Ulrich (2007): Das unternehmerische Selbst. Soziologie einer Subjektivierungsform. Frankfurt am Main: Suhrkamp.

Bröckling, Ulrich (2013): Der Kopf der Leidenschaft. Soziologie und Kritik. In: Leviathan, 41(2): 309–323.

Bröckling, Ulrich; Krasmann, Susanne (2010): Ni méthode, ni approche. Zur Forschungsperspektive der Gouvernementalitätsstudien – mit einem Seitenblick auf Konvergenzen und Divergenzen zur Diskursforschung. In: Angermüller, Johannes; Dyk, Silke van (Hg.): Diskursanalyse meets Gouvernementalitätsforschung. Perspektiven auf das Verhältnis von Subjekt, Sprache, Macht und Wissen. Frankfurt am Main: Campus, 23–42.

De Goede, Marieke (2005): Virtue, fortune and faith: a genealogy of finance. Minneapolis: University of Minnesota Press.

Diaz-Bone, Rainer; Krell, Gertraude (Hg.) (2015): Diskurs und Ökonomie. Diskursanalytische Perspektiven auf Märkte und Organisationen. Wiesbaden: Springer VS.

Diaz-Bone, Rainer; Hartz, Ronald (2017): Dispositiv und Ökonomie. Diskurs- und dispositivanalytische Perspektiven auf Märkte und Organisationen. Berlin: Springer VS.

Deleuze, Gilles (1992): Woran erkennt man den Strukturalismus. Berlin: Merve.

Deleuze, Gilles; Guattari, Felix (1977a): Anti-Ödipus. Schizophrenie und Kapitalismus I. Frankfurt am Main: Suhrkamp.

Deleuze, Gilles; Guattari, Felix (1977b): Rhizom. Berlin: Merve.

Derrida, Jacques (1976): Von der beschränkten zur allgemeinen Ökonomie. Ein rückhaltloser Hegelianismus. In Derrida, Jacques: Die Schrift und die Differenz. Frankfurt am Main: Suhrkamp, 380–421.

Derrida, Jacques (1983): Grammatologie. Frankfurt am Main: Suhrkamp.

Derrida, Jacques (1991): Falschgeld. Zeit geben I. München: Wilhelm Fink.

Derrida, Jacques (1997): Dem Archiv verschrieben. Eine Freudsche Impression. Berlin: Brinkmann & Bose.

Derrida, Jacques (2004a): Die différance. In: Engelmann, Peter (Hg.): Postmoderne und Dekonstruktion. Texte französischer Philosophen der Gegenwart. Stuttgart: Reclam, 76–113.

Derrida, Jacques (2004b): Die Struktur, das Zeichen und das Spiel im Diskurs der Wissenschaften vom Menschen, In: Engelmann, Peter (Hg.): Postmoderne und Dekonstruktion. Texte französischer Philosophen der Gegenwart. Stuttgart: Reclam, 114–139.

Derrida, Jacques (2005): Marx′ „Gespenster“. Der Staat der Schuld, die Trauerarbeit und die neue Internationale. Frankfurt am Main: Suhrkamp.

Engelmann, Peter (2004): Einführung: Postmoderne und Dekonstruktion. Zwei Stichwörter der zeitgenössischen Philosophie, In: Engelmann, Peter (Hg.): Postmoderne und Dekonstruktion. Texte französischer Philosophen der Gegenwart. Stuttgart: Reclam, 5–32.

Eribon, Didier (2017): Michel Foucault. Eine Biographie. Berlin: Suhrkamp.

Escobar, Arturo (1996): Construction nature. Elements for a post-structuralist political ecology. In: Futures 28(4), 325–343.

Ewald, François (2015): Der Vorsorgestaat. Berlin: edition Suhrkamp.

Fletcher, Rob (2010): Neoliberal environmentality: towards a poststructuralist political ecology of the conservation debate. In: Conservation and Society 8, 171–181.

Foucault, Michel (1973): Wahnsinn und Gesellschaft. Frankfurt am Main: Suhrkamp.

Foucault, Michel (1978a): Wahrheit und Macht. Interview mit Michel Foucault von Alessandro Fontana und Pasquela Pasquino. In: Foucault, Michel: Dispositive der Macht. Michel Foucault über Sexualität, Wissen und Wahrheit. Berlin: Merve, 21–54.

Foucault, Michel (1978b): Ein Spiel um die Psychoanalyse. Gespräch mit Angehörigen des Département de Pyschanalyse der Universität Paris VIII in Vincennes. In: Foucault, Michel (Hg.): Dispositive der Macht. Michel Foucault über Sexualität, Wissen und Wahrheit. Berlin: Merve, 118–175.

Foucault, Michel (1987): Der Wille zum Wissen. Sexualität und Wahrheit I. Frankfurt am Main: Suhrkamp.

Foucault, Michel (1989): Der Gebrauch der Lüste. Sexualität und Wahrheit II. Frankfurt am Main: Suhrkamp.

Foucault, Michel (1992a): Was ist Kritik? Berlin: Merve Verlag.

Foucault, Michel (1992b): Andere Räume. In: Barck, Karlheinz; Gente, Peter; Paris, Heidi (Hg.): Aisthesis. Wahrnehmung heute oder Perspektiven einer anderen Ästhetik. Leipzig: Reclam, 34–46.

Foucault, Michel (1993): Technologien des Selbst. In: Martin, Luther H.; Gutman, Huck; Hutton, Patrick H. (Hg.): Technologien des Selbst. Frankfurt am Main: Fischer, 24–62.

Foucault, Michel (2001): Das Leben der infamen Menschen. Berlin: Merve Verlag.

Foucault, Michel (2005a): Die Maschen der Macht. In: Foucault, Michel. Analytik der Macht. Frankfurt am Main: Suhrkamp, 220–239.

Foucault, Michel (2005b): Subjekt und Macht. In: Foucault, Michel. Analytik der Macht. Frankfurt am Main: Suhrkamp, 240–263.

Foucault, Michel (2006a): Sicherheit, Territorium, Bevölkerung. Geschichte der Gouvernementalität I. Frankfurt am Main: Suhrkamp.

Foucault, Michel (2006b): Die Geburt der Biopolitik. Geschichte der Gouvernementalität II. Frankfurt am Main: Suhrkamp.

Foucault, Michel (2015): Archäologie des Wissens. Frankfurt am Main: Suhrkamp.

Foucault, Michel (2016): Überwachen und Strafen. Die Geburt des Gefängnisses. Frankfurt am Main: Suhrkamp.

Foucault, Michel; Deleuze, Gilles (2005): Die Intellektuellen und die Macht (Gespräch). In: Foucault, Michel. Analytik der Macht. Frankfurt am Main: Suhrkamp, 52–63.

Frederici, Siliva (2017): Caliban und die Hexe. Frauen, der Körper und die ursprüngliche Akkumulation. Wien: Mandelbaum Verlag.

Gandhi, Leela (2006): Affective Communities. Anticolonial Thought, Fin-de-Siècle Radicalism, and the Politics of Friendship. Durham: Duke University Press.

Giesen, Bernhard (2010): Zwischenlagen. Das Außerordentliche als Grund der sozialen Wirklichkeit. Weilerswist: Velbrück.

Gilbert, Neil; Gilbert, Barbara (1989): The Enabling State. Modern Welfare Capitalism in America. Oxford: Oxford University Press.

Greco, Monica (2016): Neurotic Citizenship und das Problem der Somatisierung. In: Mixa; Elisabeth; Pritz, Sarah M.; Tumeltshammer Markus; Greco Monica (Hg.): Un-Wohl-Gefühle: Eine Kulturanalyse gegenwärtiger Befindlichkeiten. Bielefeld: Transcript Verlag, 69–94.

Greenspan, Alan (1996): Challenges of Central Banking in Democratic Societies. Remarks at the Annual Dinner and Francis Boyer Lecture of The American Enterprise Institute for Public Policy Research, Washington, D.C., https://www.federalreserve.gov/boarddocs/speeches/1996/19961205.htm, (letzter Aufruf: 25.01.2022).

Govrin, Jule (2020): Begehren und Ökonomie. Eine sozialphilosophische Studie. Berlin: De Gruyter.

Guattari, Félix (2014): Chaosmose. Wien: Turia & Kant.

Gutiérrez Rodríguez, Encarnación (2010): Migration, Domestic Work, Affect – A Decolonial Perspective on Value and the Feminization of Labor. New York, London: Routledge.

Hall, Stuart (2002): Notes on Deconstructing the 'Popular'. In: Duncombe, Stephen (Hg.): Cultural Resistance Reader. London, New York: Verso Books, 185–192.

Haraway, Donna (1995): Die Neuerfindung der Natur. Primaten, Cyborgs und Frauen. Frankfurt am Main: Campus.

Hardt, Micheal; Negri, Toni (2002): Empire – Die neue Weltordnung. Frankfurt am Main: Campus.

Hirschman, Albert O. (1987): Leidenschaften und Interessen. Politische Begründung des Kapitalismus vor seinem Sieg. Frankfurt am Main: Suhrkamp.

Irigaray, Luce (1976): Waren, Körper, Sprache. Der ver-rückte Diskurs der Frauen. Berlin: Merve Verlag.

Jameson, Frederic (1991): Postmodernism, or, The Cultural Logic of Late Capitalism. Durham: Duke University Press.

Jessop, Bob; Oosterlynck, Stijn (2008): Cultural Political Economy: on Making the Cultural Turn without Falling into Soft Economic Sociology. In: Geoforum 39(3), 1155–1169.

Keller, Rainer (2011): Wissenssoziologische Diskursanalyse. Grundlegung eines Forschungsprogramms. Wiesbaden: Springer VS.

Kelly, Mark E.G. (2015): Discipline is Control: Foucault contra Deleuze. In: New Formations 84/85, 148–162.

Kittler, Friedrich (Hg.) (1992): Austreibung des Geistes aus den Geisteswissenschaften. Programme des Poststrukturalismus. Schönigh u. a.: UTB.

Knorr-Cetina, Karin (2002): Die Fabrikation von Erkenntnis. Zur Anthropologie der Naturwissenschaft, Frankfurt am Main: Suhrkamp.

Laclau, Ernesto; Mouffe, Chantal (1991): Hegemonie und radikale Demokratie. Zur Dekonstruktion des Marxismus. Wien: Passagen.

Langley, Paul (2016): The folds of social finance: Making markets, remaking the social. Environment and Planning A 52(1), 130–147.

Lasowski, Aloicha Wals (2018): Althusser und wir. Wien: Passagen.

Lazzarato, Maurizio (2012): Die Fabrik des verschuldeten Menschen. Ein Essay über das neoliberale Leben. Berlin: b_books.

Lefebvre, Henri (1965): Probleme des Marxismus, heute. Frankfurt am Main: Suhrkamp.

Lefebvre, Henri (1987): Kritik des Alltagslebens. Grundrisse einer Soziologie der Alltäglichkeit. Neuausgabe. Frankfurt am Main: Fischer Verlag.

Lefebvre, Henri (2016): Das Recht auf Stadt. Hamburg: Nautilus Flugschrift.

Lévi-Strauss, Claude (1967). Strukturale Anthropologie. Frankfurt am Main: Suhrkamp.

Lévi-Strauss, Claude (2010): Einleitung in das Werk von Marcel Mauss. In: Mauss, Marcel. Soziologie und Anthropologie. Band I. Wiesbaden: VS Verlag für Sozialwissenschaften, 7–41.

Lemke, Thomas (2013). Die Natur in der Soziologie. Gesellschaftliche Voraussetzungen und Folgen biotechnologischen Wissens. Frankfurt am Main, New York: Campus.

Lotringer, Sylvère (2007): Exterminating Angel. Introduction to Forget Foucault. In: Baudrillard, Jean. Forget Foucault. Los Angeles: Semiotexte, 7–26.

Lorey, Isabell (2006): Gouvernementalität und Selbst-Prekarisierung. Zur Normalisierung von KulturproduzentInnen. In: Transversal „Machines and Subjectivation" 11. Online verfügbar unter: https://translate.eipcp.net/transversal/1106/lorey/de.html (letzter Aufruf: 13.03.2023).

Luke, TimothyW. (1995): On environmentality: geo-power and eco-knowledge in the discourses of contemporary environmentalism. In: Cultural Critique 31, 57–81.

Lyotard, Jean-François (1978): Intensitäten. Berlin: Merve Verlag.

Lyotard, Jean-François (2007): Libidinöse Ökonomie. Zürich: Diaphanes.

Lyotard, Jean-François (2019): Das postmoderne Wissen- Ein Bericht. Wien: Passagen.

Martin, Randy (2015): Knowledge LTD: Toward a Social Logic of the Derivative. Philadelphia: Temple University Press.

McGoun, Elton (1997): Hyperreal Finance. Critical Perspectives on Accounting 8(1–2), 97–122.

McRobbie, Angela (2014): Be creative making a living in the new culture industries. Cambridge: Polity Press.

Muñoz, José Esteban (1999): Disidentifications: Queers of Color and the Performance of Politics. Minneapolis: University of Minnesota Press.

Negri, Toni; Lazzarato, Murizio; Virno, Paolo (1998): Umherschweifende Produzenten. Immaterielle Arbeit und Subversion. Berlin: ID Verlag.

Noys, Benjamin (2012): Forget Neoliberalism? Baudrillard, Foucault, and the Fate of Political Critique. In: International Journal of Baudrillard Studies 9(3). Online verfügbar unter: https://baudrillardstudies. ubishops.ca/forget-neoliberalism-baudrillard-foucault-and-the-fate-of-political-critique/ (letzter Aufruf: 13.03.2023).

Penz, Otto; Sauer, Brigit (2016): Affektives Kapital. Die Ökonomisierung der Gefühle im Arbeitsleben. Frankfurt am Main: Campus.

Rose, Nikolas (1999): Powers of freedom: reframing political thought. Cambridge: Cambridge University Press.

Rose, Nikolas (2007): The Politics of Life Itself. Biomedicine, Power, and Subjectivity in the Twenty-First Century. Princeton: Princeton University Press.

Saussure, Ferdinand de (2001): Grundfragen der allgemeinen Sprachwissenschaft. Berlin: de Gruyter.

Schinckus, Christophe (2008): The financial simulacrum: The consequences of the symbolization and the computerization of the financial market. In: The Journal of Socio-Economics 47, 1076–1089.

Seyfert, Robert (2018): Automation and Affect. A Study of Algorithmic Trading. In: Röttger-Rössler, Birgitt; Slaby Jan (Hg.): Affect in Relation – Families, Places, Technologies. Essays on Affectivity and Subject Formation in the 21st Century. New York: Routledge, 197–218.

Shiller, Robert (2004): The New Financial Order. Risk in the 21st century. Princeton: Princeton University Press.

Spivak, Gayatri Chakravorty (2008): Can the subaltern speak? Postkolonialität und subaltern Artikulation. Wien: Turia & Kant.

Stäheli, Urs (2018): Ökonomie. Die Grenzen des Ökonomischen. In: Moebius, Stephan; Reckwitz, Andreas (Hg.): Poststrukturalistische Sozialwissenschaften. Frankfurt am Main: Suhrkamp.

Stäheli, Urs (2007): Spektakuläre Spekulationen. Das Populäre der Ökonomie. Frankfurt am Main: Suhrkamp.

Reichertz, Jo (1988): Verstehende Soziologie ohne Subjekt? Die objektive Hermeneutik als Metaphysik der Strukturen. In: Kölner Zeitschrift für Soziologie und Sozialpsychologie 40(2), 207–222.

Thrift, Nigel (2007): Non-representational theory: Space, politics, affect. London, New York: Routledge.

Tellmann, Ute (2009): Foucault and the invisible economy. In: Foucault Studies 6, 5–24.

Williams, Raymond (1980): Base and Superstructure in Marxist Cultural Theory. In: Williams, Raymond (Hg.). Problems in Materialism and Culture: Selected Essays. London: Verso Books, 3–16.

Valdivia, Gabriela (2015): Eco-governmentality. In: Perreault, Tom; Bridge, Gavin; McCarthy, James (Hg.) The Routledge Handbook of Political Ecology. London, New York: Routledge, 467–480.

Vogl, Joseph (2021): Finanzregime und Plattformökonomie. In: Behemoth A Journal on Civilisation 14(1), 5–21.

Christian Helge Peters

V Praxistheoretische Wirtschaftssoziologie

Zusammenfassung: In Abgrenzung zu Positionen aus der Wirtschaftswissenschaft, die von einem *homo oeconomicus*, also von einem autonomen, zweck-rationalen und interessengeleiteten Menschen ausgehen, als auch gegenüber Ansätzen aus der Soziologie, wie dem Marxismus, die strukturdeterministisch argumentieren oder gegenteilig wie interaktionistische Ansätze, die Machtverhältnisse ausblenden, setzen sich praxeologische Forschungsprogramme ab. Praxistheorien wie von Pierre Bourdieu und Bruno Latour nehmen wirtschaftliche Akteur*innen nicht als gegeben an, sondern untersuchen, wie sich wirtschaftlich-handelnde Akteur*innen überhaupt erst herausbilden, welcher Logik ihre wirtschaftlichen Praktiken folgen und welche unterschiedlichen sozialen Einflüsse ihre Praxis dabei prägen. Zum Verständnis ökonomischer Praktiken beziehen sie oftmals als unökonomisch verstandene Faktoren wie Werte, Emotionen oder Gewohnheiten ein und denken wirtschaftliche Akteur*innen nicht losgelöst von sozialen Strukturen und ihren technologischen Bedingungen.

1 Einleitung

Aktuelles Beispiel zur Veranschaulichung der Theorie: Viele der herkömmlichen Wirtschaftsweisen und insbesondere ökonomische Modelle zeichnen sich dadurch aus, dass sie wenig Rücksicht auf ihre Effekte für die Umwelt, natürliche Ressourcen oder Ökosysteme sowie soziale Folgen nehmen. Diese herkömmliche Form des Wirtschaftens steht gegenwertig aber immer mehr in der Kritik und wird von zivilgesellschaftlichen Akteur*innen und Stiftungen immer stärker mit ihren Konsequenzen konfrontiert, seien es der Anstieg der regionalen und weltweiten Durchschnittstemperatur, Umweltkatastrophen oder der Kollaps ganzer Ökosysteme. Als Antwort auf diese Probleme sind verschiedene Strategien im Wirtschaftssystem entwickelt worden, die von Corporate-Social-Responsibility-Maßnahmen in Unternehmen bis hin zu alternativen Wirtschaftsformen und -praktiken reichen.

Shove und Walker (2010) konzentrieren sich auf alternative Wirtschaftspraktiken und zeigen auf, wie Nachhaltigkeitspraktiken zu einer Transformation der Wirtschaft beitragen. Eine wesentliche Strategie, ökologische und nachhaltige Belange in wirtschaftlichen Praktiken zu berücksichtigen, ist der Konsum von Waren, wie auch die Abb. V.1 verdeutlicht (siehe auch Spaargaren 2003). Dieser Konsum wird von den Autor*innen als eine Form der wirtschaftlichen Praxis verstanden, in der die natürlichen Ressourcen der Welt und die Lebensgrundlage von Menschen in der Herstellung, dem Vertrieb und dem Ver- und Einkauf von Waren mitberücksichtig werden (weiterführend siehe auch Shove/Spurling 2014). Praxis meint hier in einer ersten Annäherung eine wahrnehmbare körperliche Bewegung von Subjekten, die andere Subjekte beeinflusst und zu daran anschließenden Praktiken antreibt (vgl. Hillebrandt

https://doi.org/10.1515/9783110704884-005

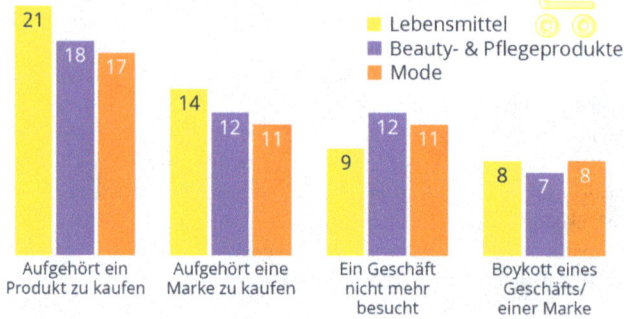

Wie (fehlende) Nachhaltigkeit Kaufentscheidungen beeinflusst

Anteil der Befragten, die Folgendes aus Nachhaltigkeitsgründen getan haben (in %)*

Legende:
- Lebensmittel
- Beauty- & Pflegeprodukte
- Mode

Werte:
- Aufgehört ein Produkt zu kaufen: 21 / 18 / 17
- Aufgehört eine Marke zu kaufen: 14 / 12 / 11
- Ein Geschäft nicht mehr besucht: 9 / 12 / 11
- Boykott eines Geschäfts/ einer Marke: 8 / 7 / 8

* in den letzten 12 bzw. 3 Monaten (Lebensmittel)
Basis: 1.016 Befragte (16 - 88 Jahre) in Deutschland;
Mehrfachantworten möglich; Juni 2023
Quelle: Statista Consumer Insights

statista

Abb. V.1: Nachhaltiger Einkauf. (Statista, https://de.statista.com/infografik/24476/negative-folgen-fehlen der-nachhaltigkeit-fuer-geschaefte-marken-und-produkte/, letzter Aufruf: 05.03.2025).

2014: 53 ff.). Ein Konsum, der sich auf Waren konzentriert, die einen schonenderen und rücksichtsvolleren Umgang mit den natürlichen Ressourcen und den Arbeitsbedingungen der Produzent*innen umfassen, fördert durch das ausgegebene Geld ebenjene Wirtschaftsweisen und beeinflusst zugleich andere Marktteilnehmer*innen ebenfalls ihre Waren ökologisch-nachhaltigen Standards anzupassen.

Die Arbeiten von Johnston et al. (2011) und Starr (2009) unterstreichen den Effekt ethischen Konsums auf gesellschaftliche und ökologische Transformationen. Baumann et al. (2019) arbeiten heraus, dass der (ethische) Konsum sich in Gruppen je nach sozio-ökonomischem Status unterscheidet und dadurch nicht gleichmäßig in der Gesellschaft verbreitet ist (auch Huddart Kennedy et al. 2019). Präferenzen und Geschmack sind an die sozialen Positionen von Personen, ihrem Einkommen oder Bildungsabschluss gebunden und damit ein Merkmal sozialer Ungleichheit (eine Statistik liefert Huddart Kennedy et al. 2019).

Aber warum ist das so? Die Praxistheorie leistet einen eigenständigen Beitrag zum Verständnis der Wirtschaft, indem sie sich insbesondere auf soziale Ungleichheiten, Praktiken und Gewohnheiten konzentriert. Der Einsatzpunkt der Praxistheorie besteht darin, mit ihren Konzepten von Praxis, Habitus, Feld und Netzwerk erklären zu können, wie sich einerseits diese Konsumentscheidungen und Präferenzen genauer erklären und beschreiben lassen, die wiederum mit vielfältigen anderen Praktiken einhergehen und andererseits, wie diese Praktiken durch soziale Strukturen und Machtverhältnisse geprägt sind und sie verstärken.

2 Entstehungsgeschichte

Es sind praxeologische Wirtschaftstheorien, die insbesondere den Zusammenhang von Praktiken, Habitus und sozialer Ungleichheit in der Wirtschaft untersuchen und insofern mit der Neuen Wirtschaftssoziologie übereinstimmen, die sich nach Andrea Mauerer (2015: 137) auf die Analyse von Akteur*innen und ihren Praxen konzentriert, die wiederum in sozialen Kontexten stattfinden und deshalb von diesen nicht losgelöst verstanden werden können.

2.1 Bourdieu und Latour und die Wirtschaftssoziologie

Die Praxistheorie ist in ihrer Entstehung von einer großen Vielfalt von unterschiedlichen Autoren geprägt (siehe Fröhlich/Rehbein 2014: 1–65; Hillebrandt 2014). Auf die Hintergründe der Praxistheorie in den Tauschtheorien von Leach und Leach (1983), Malinowski (2001), Boas (1969) oder Mauss (1968) (siehe hierzu Schroeter 2008) oder der Sprachphilosophie von und nach Wittgenstein (siehe hierzu Schatzki 1996, Hillebrandt 2014: 36 ff.) kann im weiteren Verlauf nicht eingegangen werden.

Pierre Bourdieu (1930–2002) ist ein zentraler Autor für die Begründung der soziologischen Praxistheorie (zu seinem Leben, siehe Jurt 2014; eine Übersicht zur Praxistheorie bietet Schäfer 2016), der deshalb im Zentrum des Kapitels stehen wird (zur Vielfalt praxeologischer Positionen, siehe Schatzki et al. 2005). Mit seinen beiden Büchern „Entwurf einer Theorie der Praxis" (2009) und „Die feinen Unterschiede" (1987a) legt er den Grundstein für die Praxistheorie und entwickelt zentrale Begriffe wie Praxis oder Habitus und untersucht ihre Bedeutung für soziale Ungleichheit. Neben ihm nimmt Bruno Latour (1947–2022) in neueren Diskussionen der Praxistheorie eine bedeutende Position ein, weil er die Rolle von Dingen und Techniken für das Verständnis des Sozialen hervorhebt (Latour 2010) und dadurch zu einem der Begründer der Akteur-Netzwerk-Theorie wird (Gertenbach/Laux 2018).

2.2 Theoretische Verortung zwischen Objektivismus und Subjektivismus

Die Praxistheorie soll in der theoretischen Auseinandersetzung seiner Zeit – zwischen einem Objektivismus und einem Subjektivismus – verortet werden, weil diese für das

Forschungsprogramm der Praxistheorie, wie es von der Wirtschaftssoziologie aufgegriffen wird, bedeutsam ist. Von beiden Positionen grenzt sich Bourdieu (1987b: 75 ff.; 2009: 146 ff.) und mit ihm die Praxistheorie ab, sie übernehmen aber auch Argumente.

Objektivistische Argumente kritisiert Bourdieu in den Schriften von Durkheim (Durkheim 1988, 2011), dem er teilweise ziemlich nahesteht (Schmidt-Wellenbug 2018: 9 ff.) und darüber hinaus am französischen Strukturalismus nach Saussure (2001). Diese Ansätze verstehen soziale Strukturen wie die Wirtschaft als emergent, das heißt, dass sie losgelöst von individuellen Praxen und Erfahrungen ist (siehe auch Hillebrandt 2014: 103). Demgegenüber drehen subjektivistische Positionen diese Perspektive um: Sie beziehen sich auf ein gegebenes und autonomes Subjekt und seine Handlungen und Motive, das unabhängig von sozialen Strukturen und Machtbeziehungen zu sein scheint, wodurch wirtschaftliche Praktiken vornehmlich zu einer freien Entscheidung seitens der Subjekte werden. Für Bourdieu lassen sich *interaktionistische Ansätze* wie von Strauss (1974), Garfinkel (1967) oder eingeschränkt auch Goffmann (1969, nicht 1980) zu dieser Kategorie zählen oder auch *Rational Choice Ansätze* wie von Coleman (1995) oder Becker (1993) (weiterführend zur Überwindung von Dualismen in der Praxistheorie auch Schatzki 1996: 1 ff., 2005: 10 ff.).

Bourdieu (1976:147) geht es um die Vermittlung von subjektiven und objektiven Faktoren in der Wirtschaft: Subjektive Wirtschaftspraktiken werden in ihrem Verhältnis zu objektiven Wirtschaftsstrukturen verstanden und umgekehrt – hier liegt der Einsatzpunkt des Praxisbegriff. Bevor der Praxisbegriff weitere Konturen erhält, kann er hier bereits als ein mikrosozialer Vollzug verstanden werden, der sich auf sich und andere richtet und materielle Effekte hat. Bourdieu nimmt mikrosoziale Praktiken als Ausgangspunkt, die erst (Makro-)Strukturen hervorbringen und die wiederum Praktiken beeinflussen (Schatzki 2005: 15; auch Miebach 2014: 476).

2.3 Latour und die Akteur-Netzwerk-Theorie

Neuere Darstellungen der Praxistheorie zählen auch Latour und die Akteur-Netzwerk-Theorie hinzu (Hillebrandt 2014; Schatzki et al. 2005; Miebach 2014; Reckwitz 2003); und dass, obwohl Latour maßgeblich von Tarde geprägt ist, einem Kontrahenten von Durkheim (siehe Latour/Lépinay 2009; Latour 2010), dem Bourdieu deutlich nähersteht (Schmidt-Wellenburg/Lebaron 2018: 9 ff.). Latour entwickelt die Praxistheorie weiter, da er eine Perspektive des Neuen Materialismus und Posthumanismus (einführend siehe Hoppe/Lemke 2021) einbringt, um insbesondere die Rolle von Techniken, Dingen und Artefakten neu zu denken. Er wendet sich gegen die „moderne" Idee (Latour 2005), dass Dinge, Techniken oder die Natur nur passive und nicht soziale Objekte sind, die den Intentionen von menschlichen Subjekten unterworfen sind. Stattdessen stellt er die konstitutive und aktive Rolle von Dingen und Artefakten in Praktiken heraus (Latour 2006).[1]

3 Erkenntnisinteresse

Die Praxistheorie ist mit ihrem theoretischen Instrumentarium offen genug, um eigentlich alle Bereiche der Wirtschaft mit den eigenen Begriffen in den Blick zu nehmen und zu analysieren (siehe für einen ersten Überblick über diese Vielfalt Florian/Hillebrandt 2006). Ihr Blick richtet sich dabei immer auf die Praxis von Akteur*innen in Strukturen der Wirtschaft und wie ökonomische Praktiken diese Strukturen zugleich hervorbringen und reproduzieren. Auf diese Weise verschränken sie eine Mikro- mit einer Makroperspektive (Maurer 2015: 200).

3.1 Praxis vs. Handlung

Der Unterschied zwischen *Handlung* und *Praxis* zeigt sich an dieser Stelle: Praxis ist immer strukturiert und zugleich strukturierend, während im Handlungsbegriff die konstitutive Strukturiertheit einer Handlung nicht gleichermaßen berücksichtigt wird, weil beispielsweise das autonome Individuum als Ausgang für Prozesse und Interaktionen gesetzt wird (siehe z. B. Becker 1993; Coleman 1995).[2] Für das Verständnis von Praxis folgt daraus, dass wirtschaftliche Praktiken nicht unabhängig von ihrer Beeinflussung in der Wirtschaft sind und dadurch einer bestimmten Regelmäßigkeit und Gleichförmigkeit folgen. Eine Kaufentscheidung für ein bestimmtes Produkt ist demnach keine freie Entscheidung, die eine Person unabhängig nur mit sich selbst ausmacht, sondern Personen mit der gleichen sozio-ökonomischen Ausgangslage tendieren dazu (unbewusst) die gleichen Produkte zu kaufen und zu mögen. In seiner Studie „Die feinen Unterschiede" zeigt Bourdieu beispielsweise auf, dass der Kauf und Genuss von Fisch eher in den oberen Klassen vorkommt und die unteren eher zum Fleisch tendieren (Bourdieu 1987a: 288 ff.). Das Verhältnis von ökonomischer Praxis

---

1 Im weiteren Verlauf des Kapitels wird die Akteur-Netzwerk-Theorie eine untergeordnete Rolle einnehmen, weil sie besonders für das Kapitel „Social Studies of Finance" relevant ist. Auf die Akteur-Netzwerk-Theorie wird aber insofern an verschiedenen Stellen eingegangen, wie es für das Verständnis von wirtschaftlichen Praktiken in Netzwerken wichtig ist.

2 Nochmal anders zur Unterscheidung zwischen Praxis und Handlung liegt der Interaktionsbegriff, den Goffman (Goffman 1980) in seiner Frameanalyse in seiner späteren Schaffensperiode vorlegt: Hier verortet er Interaktionen in unterschiedliche Rahmen, die als Strukturierungen dieser Interaktionen verstanden werden können. Darüber hinaus sind auch Rollen in seiner Interaktionstheorie von Regeln strukturiert, hier aber noch nicht über einen analogen Begriff zu Struktur verfügt (Goffman 1969).

und Struktur ist wechselseitig, das heißt, die genannten (Kauf-)Praktiken bringen Strukturen hervor, die wiederum Praktiken so beeinflussen, dass sie anderen in der gleichen sozio-ökonomischen Lage ähnlich sind (Bourdieu 2009: 146 ff.; vgl. auch Hillebrandt 2014).

Praktiken kennzeichnen darüber hinaus folgende Merkmale: 1. sind Praktiken mikrosoziale sowie „materielle Ereignisse" (Hillebrandt 2014: 58). Sie sind materiell, weil sie Einflüsse auf andere Subjekte oder ihre Umgebung haben und diese verändern; sie sind Ereignisse, weil sie prozessual auf ihrem Vollzug ausgerichtet sind und sich ein Praxisvollzug auf den anderen folgt. Eine Kaufentscheidung hat nur dann einen Einfluss auf die Wirtschaft, wenn sie auch umgesetzt wird oder wenn ihr Ausbleiben Konsequenzen für andere Marktteilnehmer-/innen hat. Praktiken sind deshalb sowohl Effekte als auch Bedingungen anderer Praktiken. 2. Körper sind konstitutiv in die Praxis eingespannt, weil eine Praxis rein formal eine wahrnehmbare körperliche Bewegung ist. Körper werden in Praktiken geformt und sind zugleich materielle Bedingungen von Praktiken, indem sie Nahrungsmittel konsumieren und Wissen und Erfahrungen vergangener, erfolgreicher oder gescheiterter ökonomischer Praktiken inkorporieren. 3. In praktische Vollzüge sind neben Körpern auch Dinge oder Artefakte eingebunden, die Praktiken beeinflussen, aber in der Perspektive von Bourdieu selbst keine Praxis ausführen können, das bleibt Menschen vorenthalten. Anders in der Perspektive von Latour, für den auch Techniken und Dinge Handlungsmacht haben (Schinkel 2007: 718 ff.). So können beispielsweise nur mit Geld Produkte gekauft oder mit einem entsprechenden Device Online Banking durchgeführt werden. Umstritten bleibt dabei die Frage, ob Geld oder Apps nur Praktiken beeinflussen oder selbst aktiv praktisch diese Vollzüge durchführen. 4. Zudem ist eine ökonomische Praxis sinnhaft, insofern sie an Sinn und Symbole gebunden ist. Für die Praxistheorie ist Sinn zugleich immer „sozialer Sinn" (Bourdieu 1987b), die Praxis folgt also intersubjektiv geteilten Gründen eine bestimmte ökonomische Praxis auszuführen oder dieses und nicht jenes Produkt zu begehren. 5. sind Praktiken strukturiert und folgen deshalb bestimmten Regelmäßigkeiten und Routinen, wodurch ihre Wiederholungen über Zeit und Raum hinweg relativ gleichbleibend sind (Schatzki 2002: XI; vgl. zu den Merkmalen von Praxis Hillebrandt 2014: 53 ff.; so ähnlich auch in Miebach 2014: 446 ff.). So ist der Kauf von einem eigenen Auto und einer eigenen Immobilie in der Gesellschaft weiterhin sehr verbreitet als Wohlstandssymbol und Ausdruck finanzieller Sicherheit.

3.2 Ökonomischer Habitus und ökonomische Praxis

Mit dem *Habitusbegriff* lässt sich die Strukturiertheit von ökonomischen Praktiken weitergehend verstehen, weil dieser ein Erklärungsprinzip für *Genese und die Logiken der Praktiken des ökonomischen Subjekts* ist und Aufschluss darüber gibt, wie ein Subjekt lernt, wirtschaftlich zu handeln (Bourdieu 2000) und welche Einflüsse es auf die

Wirtschaft sowie die Wirtschaft auf das Subjekt hat (Bourdieu 2005, 2002). Anders als im Alltagsverständnis bezeichnet der Habitus nicht einen Lebensstil, ein äußeres Erscheinungsbild oder eine Gewohnheit. Der Habitus oder „Habitusformen" sind

> Systeme dauerhafter *Dispositionen*, strukturierte Strukturen, die geeignet sind, als strukturierende Strukturen zu wirken, mit anderen Worten: als Erzeugungs- und Strukturierungsprinzip von Praxisformen und Repräsentationen, die objektiv „geregelt" und „regelmäßig" sein können, ohne im geringsten das Resultat einer gehorsamen Erfüllung von Regeln zu sein; die objektiv ihrem Zweck angepaßt sein können, ohne das unbewußte Anvisieren der Ziele und Zwecke und die explizite Beherrschung der zu ihrem Erreichen notwendigen Operationen vorauszusetzen, und die, dies alle gesetzt, kollektiv abgestimmt sein können, ohne das Werk der planenden Tätigkeit eine „Dirigenten" zu sein. (Bourdieu 1976: 165)

Der Habitus ist in anderen Worten ein „Erzeugungsprinzip" (Bourdieu 1976: 164) von ökonomischen Praktiken, das wiederum erst durch ökonomische Strukturen und in letzter Instanz durch die ökonomischen Praktiken von Subjekten hervorgebracht wird. Der Habitus manifestiert sich in „Wahrnehmungs-, Denk- und Handlungsschemata" (Bourdieu 1987b: 101), er bestimmt, was Subjekte denken, fühlen, warum und wie sie ökonomisch handeln oder was ihnen gefällt (auch Fley 2006: 186). Der Habitus ist zugleich ein Erklärungsprinzip für die Strukturierung und Regelmäßigkeit wirtschaftlicher Praktiken.

Eine *ökonomische Praxis* ist das Ergebnis langwieriger und vielfältiger Praktiken die einen ökonomischen Habitus mit bestimmten Denkweisen, Gewohnheiten, Erfahrungen und Routinen hervorbringen und keine quasi natürliche, ahistorische oder universelle Tatsache (Bourdieu 2002: 25, 29, 189) wie die Annahme eines homo oeconomicus in der Wirtschaftstheorie (Bourdieu 2002: 213 ff.).

Bourdieu (2000) konnte aufzeigen, dass beispielsweise der vorkapitalistische Habitus der Bauern in Algerien mit einer mystischen und emotionalen Beziehung zu ihrem Land verbunden ist und eine andere wirtschaftliche Praxis umfasst, die in kapitalistischen Gesellschaften mit Lohnarbeit und Kapital nicht dominant ist. „Arbeit ist in Algerien nicht direkt mit Produktivität verbunden, stattdessen versucht man, ständig beschäftigt zu wirken." (Swedberg 2009: 79) Eine direkte Beziehung zwischen Arbeit und Produktivität war in Algerien lange Zeit nicht gegeben, wodurch das wirtschaftliche und rational-kalkulatorische Interesse verborgen blieb.

Ein ökonomischer Habitus ist die Bedingung für eine ökonomische Praxis und damit dafür, dass Akteur*innen auf eine Weise rational und interessengeleitet handeln können, wie es in gegenwärtigen kapitalistischen Gesellschaften üblich ist (Fley 2008: 168). Gegenwärtige ökonomisch-kapitalistische Praktiken zeichnen sich im Gegensatz zu vorkapitalistischen dadurch aus, dass sie einem Primat der Lohnarbeit und einem Zweck-Mittel-Prinzip folgen, um permanent ihren Profit und Erfolg zu steigern. Letztere sind wiederum vielfach von der Produktivität in der Arbeit und gewinnbringenden Investitionen abhängig, die auf der Praxis der Kalkulation aufbauen (Vollmert 2003; Kalthoff 2005). „Die grundlegendsten ökonomischen Dispositionen, Bedürfnisse, Präferenzen, Neigungen – zur Arbeit, zum Sparen, zum Investieren usw. – sind nicht exogen, d. h. von einer allgemein menschlichen Natur abhängig, sondern *endogen* und abhängig von einer Geschichte, nämlich von jener des ökonomischen Kosmos, worin sie gefordert sind und belohnt werden." (Bourdieu 2002: 191 f.)

Das jeweilige Ziel einer ökonomischen Praxis hängt ebenso vom Habitus ab. In seiner Studie zum Häusermarkt legt Bourdieu (Bourdieu 2002: 37 ff.) dar, wie die Anreizstrukturen des Staats sowie die unbewussten habituellen „Übernahmen von Wertvorstellungen und Konsumwünschen" (Maurer 2015: 203) zum Kauf von Eigentum führen. Subjekte folgen aber nicht mechanisch ihrem Habitus; Subjekte haben im Rahmen ihres Habitus einen gewissen „Spielraum" (Bourdieu 2002: 217) für andere und abweichende Praktiken, die in den Untersuchungen von Bourdieu jedoch nicht berücksichtigt werden.

3.3 Kapitalien, Klassen und soziale Ungleichheiten

Die zentrale Stärke der Praxistheorien besteht darin, einen Erklärungsansatz für soziale Ungleichheit zu liefern, der den meisten anderen Wirtschaftssoziologien fehlt (siehe auch Suckert 2017: 411, 427). Der Habitus reproduziert soziale Ungleichheiten, da er sich je nach Klasse unterscheidet und Subjekten damit unterschiedliche Stellungen in der Gesellschaft vorgibt (vgl. Bourdieu 1976: 170, 177). Dadurch erklärt der Habitus, warum Praktiken einer bestimmten Klassenstellung folgen und sich dahingehend unterscheiden (Bourdieu/Wacquant 1996). Daraus folgt, dass wirtschaftliche Praktiken sich je nach Klassenposition unterscheiden. So sind auch die Konsumwünsche nach einem Haus, einem Kunstwerk oder Nahrung und das Vorgehen diese zu verwirklichen klassenspezifisch. Bspw. besteht besonders in den Mittelschichten ein starker Wunsch nach Haus- und Wohneigentum.

Um die soziale Ungleichheit durch den Habitus genauer zu verstehen, führt Bourdieu den *Kapitalbegriff* ein. Jedes Subjekt verfügt je nach Klassenposition über eine bestimmte Ausstattung mit unterschiedlichen Kapitalien, die seine Praxis vorstrukturieren (Bourdieu 1987b). Als Kapitalien werden unterschiedliche Ressourcen und die Möglichkeiten über sie zu verfügen bezeichnet. Bestimmte Kapitalsorten und ihre Häufungen bestimmen die Möglichkeiten von Profit und Macht von Subjekten (vgl. Bourdieu 1985: 9 ff.) und dadurch ihre ökonomischen Praktiken. Da die Verteilung unterschiedlicher Kapitalien die Bedingung von unterschiedlichen Klassen ist, erweitert Bourdieu das Kapitalverständnis von Marx, um den Kapitalbegriff nicht auf den Bereich der Ökonomie und des warenförmigen Tauschs zu beschränken (vgl. Bourdieu 1985: 9 ff.). Bourdieu weitet den Kapitalbegriff aus. Neben ökonomischem unterscheidet Bourdieu zwischen sozialem, kulturellem und symbolischem Kapital. Den unterschiedlichen Kapitalsorten ist gemeinsam, dass sie einem Eigennutz unterliegen, sie können miteinander korrelieren, zwischen ihnen kann es vielfältige Umwandlungsprozesse geben und sie können angeeignet und gesteigert werden.

Das *ökonomische Kapital* ist „unmittelbar und direkt in Geld konvertierbar" (Bourdieu 1992: 52). Es ist das, was landläufig unter Kapital verstanden wird und sich in materiellem Reichtum oder Armut ausdrückt. Im Vergleich zu den anderen Kapitalformen ist es in letzter Konsequenz dominant und insofern am bedeutsamsten, weil die anderen Kapitalien mittelbar in ökonomisches Kapital umwandelbar sind (vgl. Bourdieu 1985: 11). Unter dem *kulturellen Kapital* subsumiert er drei unterschiedliche Formen: Das inkorporierte kulturelle Kapital umfasst verinnerlichtes Kapitel, das dauerhaft im Körper einverleibt ist wie Bildung oder Wissen; in objektivierter Form ist es in Objekten wie Bildern, Büchern oder Maschinen materialisiert; und in seiner institutionalisierten Form ist es in Titeln, Urkunden oder Abschlüssen objektiviert (vgl. Bourdieu 1992: 52 ff.). Das kulturelle Kapitel lässt sich in ökonomisches umwandeln, indem das inkorporierte und institutionalisierte besser bezahlte Beschäftigungen ermöglichen und das objektivierte verkauft werden kann. Mit dem *sozialen Kapital* werden soziale Beziehungen bezeichnet, die Subjekte bei Bedarf untereinander eingehen, eingegangen sind oder eingehen können, um bestimmte Ziele zu verfolgen. Dieses beruht auf der „Zugehörigkeit zu einer Gruppe" (Bourdieu 1992: 63). Je größer das eigene Netzwerk ist, desto größer die Möglichkeiten das ökonomische Kapital zu steigern, in dem sich über persönliche Netzwerke Aufstiegschancen oder Aufträge ergeben. Die anderen Kapitalien erhalten durch das *symbolische Kapital* ein „Prestige, Renomee" (Bourdieu 1985:11) oder eine Anerkennung (Bourdieu 1989: 42), also eine Form des Ansehens, der Legitimation und des Status. Es Je höher es bewertet wird, desto höher die Möglichkeiten neuer ökonomischen Profite.

Gesellschaftliche Strukturen *verkörpern* sich durch den Habitus mit seiner Kapitalverteilung plastisch in den Subjekten, ihren Körpern und Praktiken. Sie verkörpern sich im Geschmack von Essen oder Kunstwerken, den Wünschen nach einer Tasche oder Schuhen sowie den Bedürfnissen der Subjekte nach finanzieller Anerkennung ihrer Tätigkeiten und ökonomischer Sicherheit. Als „Inkorporierung von sozialen Strukturen" (Bourdieu/Wacquant 1992: 173) und inkorporiertes Wissen (vgl. auch Hillebrandt 2014: 65 ff.) sind ökonomische Praktiken meistens un- oder wenig bewusst, Kaufentscheidungen folgen deshalb mehr Gewohnheiten, Routinen und Bedürfnissen als reflexiven und rationalen Abwägungen.

Eine ökonomische Praxis ist nicht ausschließlich zweck-rational oder interessengeleitet, sondern umfasst ebenso außer-ökonomische Faktoren (Bourdieu 2002: 190) wie kulturelle und symbolische Werte oder Emotionen (Lenger 2013). Durch die Körperlichkeit des Habitus nehmen Affekte (Reckwitz 2015) oder Gefühle (Neckel 1991; Dunkel/Weihreich 2018: 209 ff.) eine zentrale Rolle in ökonomischen Praktiken ein. Erst durch das Zusammenspiel dieser unterschiedlichen Prozesse werden ökonomische Praktiken und die Reproduktion von sozialer Ungleichheit verstehbar.

3.4 Der Habitus als „zweite Natur"

Aufgrund seiner inkorporierten Effekte spricht Bourdieu vom Habitus auch als „Natur gewordene Geschichte" oder der „zweite[n] Natur" (Bourdieu 1976: 171), weil er als natürlich und immer schon gegeben angenommen wird. Für das Verständnis wirtschaftlicher Praktiken folgt daraus, dass sie erstens, meistens unhinterfragt und nicht reflexiv ablaufen. Besonders Gewohnheiten und regelgeleitete Routinen nehmen eine entscheidende Rolle für wirtschaftlicher Praktiken ein, seien es das Verleihen von Krediten, Gewinnstreben oder die Arbeitsmoral. Die Macht des Habitus besteht darüber hinaus zweitens darin, die Praxis der Subjekte so stark zu strukturieren und vorzugeben, dass sie sich nur schwer von ihm lossagen, noch ihn hinterfragen können (Bourdieu 1987b: 278). Zudem sind die (neo-klassischen) Wirtschaftswissenschaften in ihren Deutungen wirtschaftlichen Handelns sehr einflussreich, weshalb ihre Prämissen von autonomen und interessengeleiteten Subjekten, der Legitimität von Zinsen und privatem Eigentum sowie Preisbildungen anhand von Angebot und Nachfrage oder Konkurrenz oftmals unhinterfragt angenommen und nicht weiter reflektiert werden (Bourdieu 2002: 185 ff., 223 ff.; siehe auch Schmidt-Wellenburg/Lebaron 2018: 16 ff.). Bourdieu verwendet den Begriff der „Doxa" (Bourdieu 1987a: 734 f.), während Latour von einer „Black Box" (Latour/Woolgar 1986) spricht, um diese unhinterfragten Strukturen zu bezeichnen.

3.5 Das ökonomische Feld

Um die Entstehung und Unterschiede im Habitus zu verstehen, verwendet Bourdieu neben dem Kapital- auch den Feldbegriff. Subjekte sind je nach Klassenstellung auf unterschiedliche Art und Weise in Feldern positioniert. Soziale Felder sind für Bourdieu relative autonome Bereiche, die wie ein „Kraftfeld[...]" (Bourdieu 1985: 74) oder eine Machtformation von unterschiedlichen Kräften geprägt sind. Während der Habitus quasi „von innen" Subjekte beeinflusst, tut dies das Feld „von außen". Jedes Feld umfasst eine spezifische „Verteilungsstruktur" (Bourdieu 2010: 10) der Kapitale. Die Verfügungsmöglichkeiten und die Verwendung der Kapitalien, die ein Feld zur Verfügung stellt, prägen den Habitus und auf diese Weise Praktiken und Denkweisen (vgl. Bourdieu 1987b: 171 ff.). Die jeweilige Stellung im Feld bestimmt den Handlungsspielraum der Subjekte.

Es lassen sich in der Praxistheorie eine Vielzahl von Feldern wie der Politik, Religion, Bildung, Sport oder Kunst unterscheiden, die jeweils eine bestimmte Verteilung der Kapitalsorten aufweisen. Relevant ist für dieses Kapitel das *„ökonomische Feld"* (Bourdieu 2002, Herv. C.H.P.), welches die Grundannahmen des ökonomischen Denkens wie das Verhältnis von Angebot und Nachfrage, den Markt und Konkurrenzsituationen um Kund*innen und Gewinne, die Vorstellung von einem homo oeconomicus und die Idee durch Arbeit zu Wohlstand zu kommen und sich selbstverwirklichen zu können, als natürlich und allgemeingültig erscheinen lässt und dadurch zugleich ökonomische Praktiken und ökonomische Habitus hervorbringt (Bourdieu 2010, weiterführend zum Habitus, siehe Lenger et al. 2013). Die Feldidee lässt sich auf viele Bereiche der Wirtschaft wie Industrien und Firmen ausdehnen (Swedberg 2009: 80; weiterführende Studien finden sich bei Dederichs/Florian 2002; Hofbauer 2010). Dabei wird angenommen, dass insbesondere die Ökonomie Einfluss auf die anderen Felder nimmt und dazu tendiert diese zu dominieren, also ihre Prinzipien und Mechanismen auch hier durchzusetzen wie in der Gesellschaft insgesamt (Volkmann/Schimank 2006).

Im ökonomischen Feld verfügen Subjekte aufgrund der ungleichen und klassenspezifischen Verteilung der Kapitalien über ungleiche Machtpositionen in der Konkurrenz über bestimmte Kapitalien und versuchen sich im Konkurrenzkampf um die beschränkten Kapitalien durchzusetzen (Maurer 2015: 201). Durch die ungleiche Ausgangssituation der Subjekte ist die Vorstellung von einer „Chancengleichheit" (Bourdieu & Passeron 1971) in der Konkurrenz und im Wettbewerb untereinander im ökonomischen Feld illusorisch, weil nicht alle Subjekte die gleichen Möglichkeiten zur Umsetzung bestimmter Praktiken und zur Verwirklichung ihrer Ziele haben.

Ohne dass sich Bourdieu und Latour aufeinander beziehen würden, kann die Idee des *Akteur-Netzwerks* von Latour (2010) als eine Weiterentwicklung der Feldidee verstanden werden. Ein Netzwerk versammelt neben menschlichen Akteur*innen auch nicht menschliche Akteure wie Dinge, Artefakte, Technologien aber auch Tiere oder Pflanzen, die sich gegenseitig beeinflussen. Alle diese unterschiedlichen Entitäten haben dabei eine aktive Wirkungsmacht im Netzwerk, die Latour als „Agency" bezeichnet und die alle zusammen die Praktiken eines Netzwerkes wie der Wirtschaft bilden (Latour 2006). Neue Techniken haben beispielsweise einen großen Einfluss auf die Transformation wirtschaftlicher Praktiken in Unternehmen ein (Pentland/Feldmann 2007, 2008) und beschränken und ermöglichen gleichermaßen wirtschaftliche Praktiken in Organisationen (Orlikowski 2000). Ein anschauliches Beispiel für diese Prozesse ist die Verbreitung digitaler Technologien in der Arbeitswelt, die nur vereinzelt Berufe ersetzt (Autor 2015), aber einen größeren Einfluss auf die Tätigkeiten und Anforderungen in der Arbeit hat. So lässt sich beobachten, dass die reinen Routinearbeiten immer weiter zurückgehen und die Arbeiten wichtiger werden, die keiner klaren Routine folgen (Rothe 2019: 246 f.), weshalb auch Arbeiten mit hohen Anforderungen gegenüber Arbeiten mit niedrigeren Anforderungen zunehmen und kontinuierliche Fortbildungen ebenfalls wichtiger werden (Bonekamp/Sure 2015).

Es wurde bereits darauf verwiesen, dass in sozialen Feldern unterschiedliche Machtpositionen bestehen und es eine Konkurrenz um Kapitalien in einem Feld gibt. Die Praxistheorie verfügt daher auch über eine *Konflikttheorie*: Das „ökonomische Feld" ist ein „Kampffeld" (Bourdieu 2002: 201; auch Fley 2008: 164 f.). Eine Arena der Konkurrenz im Feld der Wirtschaft sind *Märkte*, die die Austauschbeziehungen zwischen konkurrierenden *Unternehmen* umfassen. Unternehmen sind zentrale Akteure im ökonomischen Feld, die in Konkurrenz zueinanderstehen (Bourdieu 2002: 94 ff.,

209 ff.). Das ökonomische Feld beeinflusst die Operationen des Marktes und umge-kehrt bringen Märkte das ökonomische Feld hervor. Auch der Markt ist also kein na-türliches und ahistorisches Phänomen wie Bourdieu beispielsweise am Häusermarkt aufzeigt (Bourdieu 2002: 187, auch 38).

Das Marketing ist ein Mittel Märkte herzustellen und wird dadurch zu einem Mit-tel der Konkurrenz von Unternehmen, indem beispielsweise Werbung ein Angebot und eine Nachfrage für eine bestimmte Ware herstellt (Araujo/Finch/Kjellberg 2010). So kann Bourdieu (Bourdieu 2002: 156 ff., 164 ff.) aufzeigen, wie die Nachfrage nach Wohnungseigentum sich auf immer weitere Personenkreise ausgedehnt hat, weil nicht nur der Staat dieses großflächig fördert, auch die Präferenzen der Subjekte haben sich mit einer veränderten Kapitalstruktur der Einzelnen geändert.

⚡ Klassisches Beispiel: Die Auswahl von Topmanagern in Deutschland

Ausgangspunkt der Untersuchungen des Elitenforschers Hartmann ist die Frage, „aufgrund welcher Aus-wahlkriterien und -mechanismen sich der Nachwuchs des gehobenen Bürgertums [in Deutschland] bei der Besetzung von Topmanagementpositionen dennoch ebenso erfolgreich durchsetzen kann wie in den beiden anderen Ländern [USA, Großbritannien]." (Hartmann 1997: 30, auch weiterführend zum Vergleich der Länder Hartmann 1997) Anders als in den beiden Ländern zeigt Hartmann auf, dass die Praxis der Rekrutierung von deutschen Topmanager*innen nicht über exklusive Bildungseinrichtungen (Privatschu-len und Elite-Universitäten) funktioniert, da sie in Deutschland eine weniger relevante Funktion für die Re-produktion von Topmanger*innen und damit von sozialer Ungleichheit einnehmen. Stattdessen funktioniert die Rekrutierung von Topmanger*innen, wie Hartmann zusammenfassend schreibt anders:

> Entscheidend für den Erfolg der Kinder aus den „besseren Kreisen" ist die Tatsache, daß sie aufgrund ihrer schichtspezifischen familiären Erfahrungen in Kindheit und Jugend in weit größerem Maße als der Nachwuchs aus den anderen Klassen und Schichten der Gesellschaft über jene Persönlichkeits-merkmale verfügen, die in den Besetzungsverfahren für Spitzenpositionen im Management großer deutscher Unternehmen von ausschlaggebender Bedeutung sind: souveränes Auftreten, angemes-sene Umgangsformen, gute Allgemeinbildung, optimistische Lebenseinstellung und unternehmeri-sches Denken. (Hartmann 1997: 31)

Hartmann wendet sich auf diese Weise gegen die Idee, dass die Rekrutierung von Topmanager*innen vor allem aufgrund von Leistung und fachlichen Qualifikationen der Bewerber*innen erfolgt. Stattdessen ist für den Aufstieg in eine Spitzenposition eines Unternehmens ein bestimmter klassenspezifischer Habitus und seiner klassenspezifischen Praktiken zentral, der vor allem auf einem bestimmten kulturellen Kapital aufbaut. Dieser klassenspezifische Habitus ergibt sich aus der Klassenstruktur der Gesellschaft und ent-spricht dem des gehobenen Bürgertums, dem nach Hartmann „Familien von größeren Unternehmern, leitenden Angestellten, höheren Beamten und akademischen Freiberuflern" (Hartmann 1997: 6 f.) zugehö-rig sind. Es sind besonders Personen aus diesen Familien, die überhaupt die Möglichkeit haben, eine Spit-zenposition in Deutschland zu bekommen.

Wie das vorangegangene Zitat bereits andeutet, umfasst der für den Aufstieg notwendige Habitus nach Einschätzung seiner Interviewpartner aus dem Top-Management und der Personalberatung die folgenden Praktiken: Eine*r Topmanager*in kennt die spezifischen Umgangsformen (wie die Begrüßung mit einem festen Händedruck, höfliche und ruhige Gesprächsformen mit Augenkontakt, allgemeine und fachliche Gesprächsthemen) und die expliziten und impliziten Regeln (wie eine seriöse Kleidung, korrespondierende Getränke- und Essenswahl), die in diesen Kreisen vorherrschen. Topmanager*innen müssen in ihrem Auftreten souverän und selbstbewusst sein, um auf diese Weise auszudrücken, dass sie den Herausforderungen des Unternehmens genügen, eigenständig aktiv sowie entscheidungsfreudig sind und die Initiative ergreifen, um das Unternehmen nach ihren Vorstellungen weiterzuentwickeln. Zudem verfügen sie über eine breite Allgemeinbildung mit eigenen Schwerpunkten beispielsweise in den Themenfeldern Kunst, Musik, Literatur oder Zeitgeschichte, die sie in Gespräche einbringen können und die ihre offene und interessierte Art hervorheben. Sie verfügen aber auch über eine optimistische Haltung zum Leben, die sich darin widerspiegelt, für den wirtschaftlichen Erfolg eines Unternehmens einstehen und eigene Ideen entwickeln zu können. Besonders wichtig ist darüber hinaus ein „hohes Maß an unternehmerischem Denken" (Hartmann 1995:456), welches sich u. a. durch eine umfassende ökonomische Rationalität für die Organisation der Prozesse eines Unternehmens, Zukunftsorientierung sowie Entscheidungsfreudigkeit und Flexibilität und weniger durch Fachwissen auszeichnet (weiterführend zu den Merkmalen auch Hartmann 1995: 455 ff.; Hartmann 1996). Diese Praktiken zusammen bilden den klassenspezifischen Habitus von Topmanager*innen und damit die Voraussetzung überhaupt eine solche Stellung einnehmen zu können. Dieser klassenspezifische Habitus erklärt nicht nur Ähnlichkeiten zwischen Topmanager*innen, sondern auch die Stabilität ihres Auswahlprozesses (Hartmann 1997: 33).

4 Methodologie und Methode

In der Praxistheorie werden dabei *Theorie* und *Empirie* direkt miteinander verbunden: Theoretische Begriffe werden auf der Grundlage von empirischen Forschungen entwickelt und nicht ausschließlich in der Auseinandersetzung mit anderen Theorien. In der Auseinandersetzung mit der Empirie können sich die Begriffe zugleich bewähren. Aus diesem Grund hat die Praxistheorie ein vielfältiges methodisches Instrumentarium für die empirische Sozialforschung entwickelt. Die präferierte Methodologie und Methode der Praxistheorie ist die qualitative Sozialforschung und insbesondere unterschiedliche Interviewformen (Flick 2011; Przyborski/Wohlrab-Sahr 2014; Kruse 2015; Misoch 2015; Schmidt-Wellenburg/Lebaron 2018: 21 ff.) und die Ethnografie mit teilnehmenden Beobachtungen (Hammersley/Martyn/Atkinson 2007; Murchison 2010; zum Einsatz von quantitativen Methoden siehe darüber hinaus Schmidt-Wellenburg/Lebaron 2018: 26 ff.).

Sowohl Bourdieu als auch Latour haben vor allem ethnografische Forschungen mit Interviews gemacht und von diesen aus Theorien entwickelt (Bourdieu 2000; Latour 2002, 2012). Die ethnografische Methode ermöglicht es, Praktiken zu beobachten und begleitet von Interviews oder Statistiken Einstellungs- und Verhaltensweisen zu untersuchen und ihre Entstehungsprozesse nachzuvollziehen. Besonders das Diktum Latours „folge den Akteuren" (Latour 2010) macht deutlich, dass es ihm darum geht nachzuvollziehen, wie unterschiedliche Akteur*innen ein Netzwerk bilden.

Mit diesen Erhebungsmethoden können Interviewtranskripte (Helferich 2011) und Feldprotokolle (Emerson et al. 2011) erstellt und ausgewertet werden. Die Auswertung kann mit vielfältigen Methoden vorgenommen werden (Bohnsack 2010; Rosenthal 2015). Es haben sich in der Forschung die Methoden der qualitativen Datenanalyse, insbesondere die Dokumentarische Methode bewährt (Bohnsack et al. 2007; Bohnsack 2013; Nohl 2017). Die dokumentarische Methode zielt auf die Systematisierung, Typisierung und Exploration dieser Daten.

❗ 5 Zusammenfassung zentraler Begriffe

Ökonomische Praxis: Eine ökonomische Praxis ist ein mikrosoziales und körperliches Ereignis, das an andere Praktiken gekettet ist. Praktiken sind sinnhaft und folgen subjektiv geteilten ökonomischen Gründen.

Ökonomischer Habitus: Ein Habitus ist eine strukturierte und strukturierende Struktur, die ein Set an Denkweisen, Erfahrungen und Gewohnheiten umfasst, die die ökonomische Praxis von Subjekten vorgeben und klassenspezifisch ist.

Ökonomisches Feld: Ökonomische Praktiken bringen ökonomische Felder hervor und werden gleichzeitig von diesen beeinflusst. Es sind die Orte ökonomischer Praktiken und Habitus. Jedes Feld verfügt über eine bestimmte Verteilung von Kapitalien zwischen Klassen und wird von Prinzipien bestimmt wie dem Verhältnis von Angebot und Nachfrage sowie dem Kampf um knappe Ressourcen und ihrer Verteilung.

Kapital: Im ökonomischen Feld verfügen Subjekte über unterschiedliche Ressourcen – Kapitalien –, die die Bedingungen ihrer Praxis darstellen. Es werden ökonomisches (Geld, Eigentum), kulturelles (Bildungstitel, Auszeichnungen, Kunst) und soziales Kapital (Beziehungen) unterschieden.

6 Kritik, Weiterentwicklung und Rezeption

Die Praxistheorie bietet für das Verständnis der Wirtschaft vielfältige Erklärungsansätze, zugleich zeigen sich aber auch einige Probleme, die im Folgenden angesprochen werden sollen: eine Unterbestimmtheit von Wandel und Differenz sowie der Komplexität des Sozialen.

6.1 Das Verhältnis von Stabilität und Differenz

Die Praxistheorie ist trotz vielfältiger Abgrenzungen stark von Durkheim geprägt und ähnelt insofern auch dem Strukturalismus, indem sie die Wirkung des Habitus und sozialer Strukturen sehr stabil denkt und den Fokus auf die Reproduktion von sozialen Strukturen legt (Lash 1993; Fligstein/Adams 2012) und eben nicht auf die Prozessualität des Sozialen (Bouveresse 1993). Eine praxeologische Perspektive ist vor allem auf Regelmäßigkeiten und stabile Handlungsfolgen sozialer und wirtschaftlicher Praxis gerichtet und weniger auf die individuellen Möglichkeiten oder die Kreativität in der Praxis (Knorr Cetina 2005: 193 f.), weil der Habitus meist nicht bewusst funktioniert (Maurer 2015: 204). Autoren wie Reckwitz nehmen dieses Problem als Ausgang für eine Weiterentwicklung, indem er Bourdieu mit poststrukturalistischen Positionen wie von Butler zusammenbringt (Reckwitz 2006). Gemäß Butlers Idee von Performativität kann es keine Wiederholung von Praktiken ohne eine Differenz geben, es gibt also keine identischen und gleichbleibenden Praxisabfolgen. Daher sind für Reckwitz (2003) besonders das Spannungsfeld von Routine und Unberechenbarkeit in Praktiken zentral (siehe auch Schäfer 2013 zur Instabilität der Praxis) und als Gegenstand die Kreativität interessant (Reckwitz 2012).

6.2 Die Relationalität und Wandelbarkeit des Feldes

Die Praxistheorie wird darüber hinaus auch dafür kritisiert, dass sie die Relationalität des Sozialen nicht weitgenug denkt. Gerade Felder werden noch sehr einheitlich und geschlossen gegenüber anderen Feldern gedacht, was ebenfalls dazu führt, dass sie sehr stabil erscheinen (für einen Vergleich zwischen Bourdieu und Fligstein, siehe Suckert 2017). Es ist besonders die Feldtheorie von Fligstein, die auf die Konstitution von Feldern durch andere Felder verweist und dadurch die Geschlossenheit und das reibungslose Funktionieren von Routinen in Feldern hinterfragt (Fligstein/McAdam 2012: 11 f.). So kann Fligstein die Interdependenz unterschiedlicher Felder aufzeigen, weil der Markt als nicht staatliches, ökonomisches Feld insbesondere durch das politische Feld des Staates konstituiert wird (Fligstein 2001).

6.3 Intersektionalität: Die Verschränkungen von Machteffekten

Eine weitere Kritik lässt sich aus einer intersektionalen Perspektive (Winker/Degele 2010; Ganz/Hausotter 2020) formulieren, weil sich die Praxistheorie vor allem auf den Einfluss der Klasse konzentriert und nur am Rande das Geschlechterverhältnis (Bourdieu 2012) thematisiert. Wichtige Einflüsse auf wirtschaftliches Handeln haben aber neben Klasse auch Alter, race oder ability. Erst in ihren Verschränkungen lassen sich soziale Ungleichheiten in der Wirtschaft und in wirtschaftlichen Praktiken verstehen. Verschiedene Arbeiten antworten auf dieses Problem und wenden insbesondere die Begriffe Habitus, Kapital und Feld auf die Analyse von Geschlechterverhältnissen (Lovell 2004; McCall 1992), race (Dolby 2000; Weiß 2013; Smaje 1997; Reiter 2020) oder auf die Kategorie Behinderung (Edwards/Imrie 2003; Wright/Burrows 2006; Waldschmidt 2011) an, ohne sich aber dezidiert dem ökonomischen Feld zuzuwenden.

6.4 Rezeption innerhalb der Wirtschaftssoziologie

Swedberg unterstreicht die zentrale Rolle Bourdieus für die Wirtschaftssoziologie, der „[v]on allen bedeutenden europäischen Soziologen" wie Habermas oder Luhmann „das größte Interesse an Wirtschaft gezeigt" (beide Swedberg 2009: 78) hat. Seine Bedeutung besteht darin, dass er „die einzige bis dato existierende Theoriealternative in der Wirtschaftssoziologie zum Konzept der Einbettung entwickelt hat, nämlich das Verständnis der Wirtschaft als Feld, mit allem, was dieser Begriff impliziert" (Swedberg 2009: 79) – also vor allem Praxis und Habitus (weiterführend zum allgemeinen Beitrag Bourdieus zur Wirtschaftssoziologie, siehe Smelser 2005; Florian/Hillebrandt 2006; Lenger 2013).

Für praxeologische Wirtschaftssoziologien stehen – wie für keine anderen – soziale Ungleichheiten und Klassendifferenzen im Mittelpunkt der Forschungen. Mit den Begriffen von Habitus und Feld untersuchen sie nicht nur, wie soziale Ungleichheiten in der Wirtschaft entstehen und sich reproduzieren, sondern zugleich, wie sich Ungleichheiten in ökonomischen Praktiken ausdrücken, sich in das Denken, die Erfahrungen und Präferenzen von Subjekten einschreiben, es beeinflussen und wie diese Praktiken zugleich Ungleichheiten immer wieder neu reproduzieren.

Aufgrund ihrer sozialen Bedingtheit ist eine ökonomische Praxis keine freie Entscheidung eines autonomen Subjekts, noch wird das Subjekt in seiner Praxis von emergenten Strukturen quasi determiniert. Diese Analyse teilen Praxistheorien mit vielen Ansätzen der Neuen Wirtschaftssoziologie. In inhaltlicher Nähe zu marxistischen Positionen müssen für das Verständnis der Wirtschaft unterschiedliche materielle Ebenen berücksichtigt werden: Das ökonomische Feld, ökonomischer Habitus und die ökonomische Praxis bringen sich gegenseitig hervor und bestehen nicht unabhängig voneinander. Dadurch argumentiert die Praxistheorie gegen das Einbettungskonzept und die Netzwerkforschung, „diese auf persönliche soziale Beziehungen beschränkt blieben [...] [und Bourdieu] die Wirkungen vorgängiger sozialer Strukturen in den Blick nimmt" (Maurer 2015: 201). In Konkurrenzsituationen gibt es immer eine ungleiche Verteilung der Kapitalien, von Macht und Profit und dadurch resultieren ungleiche Handlungsmöglichkeiten und Wahrnehmungsweisen.

Mit dem Habitusbegriff können nicht nur die materiellen Bedingungen ökonomischer Praktiken verstanden werden, dieser Begriff weitet zugleich die Perspektive auf die nicht im strengeren Sinne ökonomischen Bedingungen der Wirtschaft aus. Die Praxistheorie bezieht immer auch kulturelle Faktoren wie Gefühle, Werte, Bildung, Prestige und soziale Beziehungen zum Verständnis ökonomischer Praktiken ein. Darüber hinaus liegt ein weiteres Potential des Habitusbegriffs darin, dass er zugleich die zentrale Bedeutung des Körpers mitberücksichtigt. Einerseits weil Praktiken ein körperlicher Ausdruck sind und andererseits, weil der Habitus Denken, Erfahrungen oder Geschmäcker prägt und dadurch Subjekte direkt in ihrer Körperlichkeit beeinflusst. Es sind gerade die Arbeiten der Feldtheorie im Anschluss an Fligstein und McAdam (Fligstein 2011, 2012), die einerseits die stabile Reproduktion von Feldern hinterfragen und sozialen Wandel verstehen können aus der Interdependenz unterschiedlicher Felder. Sozialer Wandel von Feldern wird auch im Neo-Institutionalismus untersucht (DiMaggio/Powell 1983).

Der zentrale Beitrag der Akteur-Netzwerk-Theorie für die Praxistheorie sowie für die Wirtschaftssoziologie insgesamt besteht darin, die Bedeutung von Materialitäten wie Dingen, Techniken oder ökologischen Prozessen für ökonomische Praktiken einerseits hervorzuheben und andererseits diesen selbst eine Agency zuzuschreiben. Soziale Prozesse finden immer in Netzwerken von menschlichen und nicht menschlichen Akteuren statt. Insbesondere anhand vom High-frequency Trading werden „technologische Umwelten" (Knorr Cetina/Bruegger 2002) wirtschaftlicher Praktiken einbezogen. Diese Praxen beruhen teilweise auf automatischen Prozessen von Computern, in denen Subjekte nur noch die Abläufe überwachen (Lange et al. 2016; Borch/Lange 2017). Ein stärkerer Einbezug von Technik erfolgt auch in die Kapitaltheorie von Bourdieu. So entwickelt Romele ein Verständnis von „technischem Kapital" (Romele 2021), dass objektiviert, institutionalisiert und verkörpert auftritt.

7 Theorieanwendung: Konflikte um den Hambacher Forst – Habituskonstellationen

Die Praxistheorie bietet einen eigenständigen Blick auf die Geschehnisse im Hambacher Forst, der insbesondere die Frage nach den materiellen Bedingungen ökonomischer und ökologischer Transformationen aufwirft. Besonders aus der Perspektive der Akteur-Netzwerk Theorie sind nicht menschliche Akteure wie die Natur oder ökologische Prozesse aller Art konstitutiver Teil des Sozialen. Der Hambacher Forst bildet für die Akteur*innen des ökonomischen Feldes unterschiedliche Bedingungen: Für die Energiewirtschaft und den Konzern RWE auf der einen Seite ist der Wald eine Ressource für den Abbau von Kohle, die für die Energiegewinnung und zur Steigerung des Profits genutzt werden kann und auf der anderen Seite stehen Akteur*innen, die sich zum Schutz des Ökosystems für dessen Erhalt einsetzen, indem sie ihn seiner ökonomischen Nutzbarmachung entziehen wollen. Verschiedene Akteur*innen versammeln sich im Hambacher Forst mit ihren unterschiedlichen Interessen, politischen Praktiken und Habitus. Dadurch bilden sie ein eigenes politisches Feld (weiterführend Swartz 2012), welches wiederum als „Kampffeld" (Schmitt 2015: 34) betrachtet werden kann. Als Feld verfügt es über „eigene Regeln, Gewinne (wahrscheinlich andere als rein ökonomische) und Einsätze, eigene Habituskonstellationen" (Schmitt 2015: 34).

Um einen Bogen zum Anfang des Kapitels zu spannen, sollen vor allem die Praktiken der Besetzer*innen und nicht von RWE untersucht werden. Nur die Praktiken der Besetzer*innen können als eine nachhaltige und ökologisch-transformative Praxis verstanden werden, weil sie darauf abzielen, den Wald vor seiner Abholzung zu bewahren, die sein Ökosystem zerstören würden. Mit dem praxeologischen Begriff des Habitus kann einerseits den Motiven der Besetzer*innen soziologisch nachgegangen werden und andererseits verstanden werden, wie Subjekte überhaupt zu Besetzer*innen mit einer nachhaltigen Praxis werden.

Die Besetzer*innen teilen einen bestimmten „Protesthabitus" (Pabst 2007: 96 ff.) oder genauer gesagt einen „radical ecological habitus" (Alam et al. 2019), der durch spezifische Sozialisation und Organisationen, vielfältige Lernprozesse (Ollis/Hamel-Greens 2015) und durch die Möglichkeiten und Beschränkungen der sozialen Felder, in denen sie eingebunden sind, entstanden ist (Ancelovici 2021). Wie die Praxistheorie aufzeigen kann, ist auch die Praxis der Besetzer*innen mit ihren Erfahrungen, Denkweisen und Wissen nicht autonom und frei, sondern in soziale Strukturen mit ihren jeweiligen Kapitalverteilungen eingebunden. Ohne eine eigene Untersuchung durchgeführt zu haben, sind die Besetzer*innen wahrscheinlich aus den Mittelschichten, denn dass „größte »Potenzial für nachhaltige Lebensführung« [liegt] im aufstiegsorientierten Sozialmilieu der gesellschaftlichen Mittellage identifiziert" (Neckel 2018: 61), wie Neckel mit Bezug auf die Ergebnisse von John et al. (John 2014:64 ff.) festhält. Dieses Milieu verfügt über ein „monatliches Haushaltsnettoeinkommen von ca. 3000 Euro", ist „häufig Eigentümer von Wohnungen oder Eigenheimen" und gehört zu jenen, „die regelmäßig Bio-Produkte kaufen, sich von der Idee fair gehandelter Produkte überzeugt zeigen" (Neckel 2018: 61). Wahrscheinlich sind die Besetzer*innen vor allem familiär diesem Milieu zuordenbar, weil sie sich durch die Besetzung nicht legale Aktionsformen wählen, deren strafrechtliche Ahndung ihre Lebensplanung negativ beeinflussen könnte und durch längere Aufenthalte im Wald können sie keiner weiteren schulischen oder arbeitstechnischen Beschäftigung nachgehen (zum Beitrag von Bourdieu für politische Bewegungen, siehe auch Crossley 2002).

Der ökologische Habitus der Besetzer*innen umfasst vor allem eine besondere Sensibilität für die vielfältigen Dimensionen der ökologischen Krise wie Waldsterben, Artensterben oder Klimawandel, den negativen Beitrag der kapitalistischen Wirtschaft und ökonomischer Praktiken hierzu sowie ein Verständnis für die Dringlichkeit dieses Problems[3] und die Bereitschaft sich aktiv für eine ökologisch-nachhaltige Transformation der Wirtschaft einzusetzen.[4] Die Besetzer*innen entwickeln alternative Gemeinschaften (Carolan 2015) und bringen neue alltägliche Praktiken hervor, in denen nachhaltige und ökologisch-transformative Praktiken im Umgang mit dem Wald in der Produktion von Baumhäusern aus den Materialien des Waldes selbst, in Renaturalisierumgsmaßnahmen von bereits beschädigten Flächen[5], als auch im soli-

---

3 Vgl. https://hambacherforst.org/hintergruende/ (letzter Aufruf: 08.09.2022).
4 Vgl. https://hambacherforst.org/besetzung/selbstverstaendnis/ (letzter Aufruf: 08.09.2022).
5 Vgl. https://hambacherforst.org/blog/category/renaturierung/ (letzter Aufruf: 08.09.2022), https://hambacherforst.org/blog/2019/09/18/pflanzen-statt-baggern-am-sonntag-13-10-2019/ (letzter Aufruf: 08.09.2022).

darischen Umgang miteinander bereits hervorscheinen.[6] Diese Praktiken zielen unmittelbar auf den Erhalt des Waldes und auf ein Leben im Einklang mit dem Wald und eröffnen dadurch zugleich eine Perspektive auf eine gesamtgesellschaftliche Transformation des Wirtschaftens selbst hin zu einer ökologisch-nachhaltigen Wirtschaft, die die Ressourcen der Natur nicht ausbeutet und unter das Primat des Profits stellt.[7]

Die Stärke der Praxistheorie liegt nun wiederum darin, auch den Ambivalenzen einer ökologischen Praxis nachzugehen, denn diese Praktiken können wiederum neue und nicht intendierte soziale Ungleichheiten entstehen lassen. So zeigt beispielsweise Neckel auf, wie Subjekte in ihren nachhaltigen Praktiken symbolische Grenzziehungen gegen untere Schichten mit ihrem gewöhnlichen Geschmack und den Luxuskonsum der reichen Oberschichten vornehmen, denen sich jeweils einen ökologisch-schädlichen Lebensstil vorwerfen (Neckel 2018: 67).

8 Übungsfragen

a) Was versteht die Praxistheorie unter einem Habitus und inwiefern prägt er wirtschaftliche Praxis? *(Wiederholungsfrage)*

Der Habitus wird allgemein als eine strukturierte und strukturierende Struktur verstanden. Strukturierend ist der Habitus, weil er wirtschaftliche Praktiken überhaupt erst hervorbringt. Wirtschaftliche Praktiken wie rationales, reflexives und zweck-mittel-abwägendes Verhalten können nicht vorausgesetzt, sondern müssen in der Sozialisation erst erlernt werden.

b) Für Bourdieu sind Subjekte in Felder eingebunden. Auf welche Weise beeinflusst das wirtschaftliche Feld die ökonomische Praxis? *(Wiederholungsfrage)*

Strukturiert ist der Habitus darüber hinaus, weil seine konkrete Ausprägung von Feldern mit ihren spezifischen Kapitalverteilungen bestimmt wird und in Praktiken hervorgebracht wird. Die Verteilung der ökonomischen, kulturellen und sozialen Kapitalien im ökonomischen Feld bildet ein Machtverhältnis, das den Habitus und mit ihm die ökonomischen Praktiken von Subjekten prägt und auf diese Weise soziale Ungleichheit reproduziert. Indem unterschiedliche Kapitalien für das Verständnis von ökonomischen Praktiken berücksichtigt werden, werden neben den im engeren Sinne ökonomischen Faktoren, auch kulturelle wie Emotionen oder Werte und soziale wie Freundschafts- und Verwandtschaftsstrukturen einbezogen.

---

6 Vgl. https://hambacherforst.org/blog/2018/09/22/wir-brauchen-entspannung/ (letzter Aufruf: 08.09.2022), https://hambacherforst.org/blog/2020/11/22/resiliency-weapon-of-the-rebel-trauma-weapon-of-the-oppressor/ (letzter Aufruf: 08.09.2022).

7 Vgl. https://hambacherforst.org/besetzung/selbstverstaendnis/ (letzter Aufruf: 08.09.2022).

c) Im Anschluss an die Akteur-Netzwerk-Theorie finden Praktiken immer in Netzwerken statt. Was ist ein Netzwerk und aus welchen Teilen besteht es? Welchen Einfluss haben sie auf die wirtschaftlichen Praktiken von Subjekten? Und welche Vorstellungen von Subjektivität und Materialität kritisiert die Akteur-Netzwerk-Theorie zugleich damit? *(Wiederholungsfrage)*

Gemäß der Akteur-Netzwerk-Theorie bestehen Netzwerke aus Relationen zwischen menschlichen und nicht menschlichen Akteuren. Für das Verständnis von wirtschaftlichen Praktiken müssen deshalb neben Subjekten auch Dinge, Technologien oder natürliche Prozesse miteinbezogen werden. Alle Elemente eines Netzwerkes zusammen und nicht nur ein einzelnes Subjekt bringen eine wirtschaftliche Praxis hervor. Die Akteur-Netzwerk-Theorie kritisiert auf diese Weise die Vorstellungen eines aktiven und autonomen Subjekts, das sich frei von sozialen Bedingungen entscheidet und von Materie als einer passiven Entität, die dem Willen von Subjekten unterworfen ist. Stattdessen wird allen unterschiedlichen Akteuren eine Agency (Handlungsfähigkeit) zugeschrieben.

d) Mit Blick auf nachhaltige Praktiken: Welche unterschiedlichen Perspektiven eröffnet die Praxistheorie mit ihrem Habitusbegriff und ihrem Netzwerkbegriff auf das Thema „ökologischer Konsum"? *(Diskussionsfrage)*

Aus Sicht der Praxistheorie ist die Präferenz von ökologischem Konsum durch den individuellen Habitus und das ökonomische Feld, in das ein Subjekt verortet ist, vorgegeben. Dieser Konsum ist damit an eine bestimmte Verteilung von Kapitalien gebunden. Es sind gerade Subjekte mit einem hohen kulturellen Kapital an Bildung und einem überdurchschnittlichen ökonomischen Kapital, die einen ökologischen Konsum zeigen. Dieser Konsum entspricht damit dem Habitus und dadurch den körperlichen Präferenzen und Geschmäckern dieser Subjekte, ihren Erfahrungen und Denkweisen. Aufgrund der Körperlichkeit des Habitus ist dieser Konsums schwer zu verändern. Zugleich dient dieser Konsum als Distinktionsmerkmal im Konkurrenzkampf, nicht nur im ökonomischen Feld.

Aus Sicht der Akteur-Netzwerk-Theorie ist ökologischer Konsum wie jede Praxis in ein Netzwerk aus menschlichen und nicht menschlichen Akteuren eingebunden. Die Besonderheit dieser Theorie besteht nun darin, nicht menschlichen Akteuren eine eigene Agency zuzuschreiben, das heißt, sie bestimmen ökologischen aktiv mit. Konsumobjekte wie Essen, Dinge, Kleidung oder Techniken bestimmen selbst die Praxis des Konsums mit. Dadurch eignet sich nicht jedes Akteur-Netzwerk gleichermaßen für einen ökologischen Konsum. Die Stärke der Akteur-Netzwerk-Theorie besteht nun darin, ein einzelnes ökologisches Konsumobjekt in seinem Netzwerk zu untersuchen. Streng genommen kann kein einzelnes Objekt, sondern nur ein Netzwerk ökologisch sein. Ein ökologisches Netzwerk umfasst beispielsweise eine ökologische Energiegewinnung, Rohstoffgewinnung und -verbrauch, nachhaltige Arbeitsbedingungen und Distributionswege sowie entsprechende Entsorgungs- und Recyclingmöglichkeiten.

9 Weiterführende Literatur und Medien

a) Theoretisierende Ausführung

Bourdieu, Pierre (2009 [1972]): Entwurf einer Theorie der Praxis. Frankfurt am Main: Suhrkamp.

Grundlagentext, in der der theoretische Hintergrund von Bourdieu und viele seiner wichtigsten Konzepte wie Praxis, Struktur, Habitus, Kapital und Körper relativ knapp dargestellt werden.

b) Anwendung auf ökonomische Phänomene

Bourdieu, Pierre (2002): Der Einzige und sein Eigenheim. 2. Auflage. Hamburg: VSA-Verlag.

Der vielleicht wirtschaftssoziologischste Text von Bourdieu. Hier werden seine Begriffe und Konzepte auf den Häusermarkt angewendet und mit vielfältigem empirischem Material in Form von Statistiken und Interviewsequenzen erläutert.

c) Weiterführender Beitrag

Neckel, Sighard (2018): Ökologische Distinktion: Soziale Grenzziehung im Zeichen von Nachhaltigkeit. In: Neckel, Sighard; Besedovsky, Natalia; Boddenberg, Moritz; Hasenfratz, Martina; Pritz, Sarah M.; Wiegand, Timo (Hg.): Die Gesellschaft der Nachhaltigkeit. Umrisse eines Forschungsprogramms. Bielefeld: transcript, 59–76.

Der Beitrag vertieft die Habitustheorie von Bourdieu, indem er sie auf das Feld der ökologischen Nachhaltigkeit anwendet. Dadurch gelingt es einen spezifischen (nicht-)ökologischen Habitus und zugleich aus einer machtkritischen Perspektive neue Exklusionen zu identifizieren.

d) Weitere mediale Vertiefung

Spielfilm: „The Boss of it all" von Lars von Trier (2006), Filmconfect Home Entertainment GmbH (Rough Trade).

Was macht einen guten Chef aus und wie verhält er sich gerade in schwierigen Situationen wie der geplanten Übernahme des eigenen Unternehmens durch ein anderes? Dieser Frage geht die Komödie von Lars von Trier nach und bietet einen guten Einblick in verschiedene Klassenhabitus und fragt nach der Verantwortung des Einzelnen für ökonomische Prozesse. Im Zentrum steht dabei ein fiktiver Chef, der die Umstrukturierungen übernimmt und mit den Zwängen der eigenen Position hadert.

Literatur

Alam, Meredian, Nilan, Pam; Leahy, Terry (2019): Learning from Greenpeace: Activist Habitus in a Local Struggle. In: Electronic Green Journal 1(42). https://doi.org/10.5070/G314237888.

Ancelovici, Marcos (2021): Bourdieu in Movement: Toward a Field Theory of Contentious Politics. In: Social Movement Studies 20(2), 155–173. https://doi.org/10.1080/14742837.2019.1637727.

Araujo, Luis; Finch, John; Kjellberg, John (2010): Reconnecting Marketing to Markets. An Introduction. In: Araujo, Luis; Finch, John; Kjellberg, Hans (Hg.): Reconnecting Marketing to Markets. Oxford: Oxford University Press.

Autor, David H. (2015): Why Are There Still So Many Jobs? The History and Future of Workplace Automation. In: Journal of Economic Perspectives 29(3), 3–30. https://doi.org/10.1257/jep.29.3.3.

Baumann, Shyon; Szabo, Michelle; Jonston, Josée (2019): Understanding the food preferences of people of low socioeconomic status. In: Journal of Consumer Culture 19(3), 316–339. https://doi.org/10/ggd595.

Becker, Gary S. (1993): Der ökonomische Ansatz zur Erklärung menschlichen Verhaltens. Die Einheit der Gesellschaftswissenschaften. Tübingen: Mohr Siebeck.

Boas, Franz (1969): Contributions to the ethnology of the Kwakiutl. Repr. [d. Ausg.] 1925. AMS Press. Columbia: Columbia University.

Bohnsack, Ralf (2010): Rekonstruktive Sozialforschung. Einführung in qualitative Methoden. Opladen/ Farmington Hills: Verlag Barbara Budrich.

Bohnsack, Ralf (2013): Dokumentarische Methode und die Logik der Praxis. In: Lenger, Alexander; Schneickert, Christian; Schumacher, Florian (Hg.): Pierre Bourdieus Konzeption des Habitus. Wiesbaden: Springer Fachmedien, 175–200. https://doi.org/10.1007/978-3-531-18669-6_10.

Bohnsack, Ralf; Nentwig-Gesemann, Iris; Nohl, Arnd-Michael (Hg.) (2007): Die dokumentarische Methode und ihre Forschungspraxis. Grundlagen qualitativer Sozialforschung. Wiesbaden: VS Verlag für Sozialwissenschaften.

Bonekamp, Linda; Sure, Matthias (2015): Consequences of Industry 4.0 on Human Labour and Work Organisation. In: Journal of Business and Media Psychology 6(1), 33–40.

Borch, Christian; Lange, Ann-Christina (2017): High-Frequency Trader Subjectivity: Emotional Attachment and Discipline in an Era of Algorithms. In: Socio-Economic Review 15(2), 283–306. https://doi.org/10.1093/ser/mww013.

Bourdieu, Pierre (1985): Sozialer Raum und „Klassen". Zwei Vorlesungen. Frankfurt am Main: Suhrkamp.

Bourdieu, Pierre (1987a): Die feinen Unterschiede. Kritik der gesellschaftlichen Urteilskraft. Frankfurt am Main: Suhrkamp.

Bourdieu, Pierre (1987b): Sozialer Sinn. Kritik der theoretischen Vernunft. Frankfurt am Main: Suhrkamp.

Bourdieu, Pierre (1989): Satz und Gegensatz: über die Verantwortung des Intellektuellen. Berlin: Wagenbach.

Bourdieu, Pierre (1992): Die verborgenen Mechanismen der Macht. Schriften zu Politik & Kultur 1. Hamburg: VSA-Verlag.

Bourdieu, Pierre (2000): Die zwei Gesichter der Arbeit: Interdependenzen von Zeit- und Wirtschaftsstrukturen am Beispiel einer Ethnologie der algerischen Übergangsgesellschaft. Konstanz: UVK Konstanz.

Bourdieu, Pierre (2002): Der Einzige und sein Eigenheim. 2. Auflage. Hamburg: VSA-Verlag.

Bourdieu, Pierre (2005): The social structures of the economy. Cambridge, Malden: Polity Press. https://doi.org/10.1163/146544609X12562798328297.

Bourdieu, Pierre (2009): Entwurf einer Theorie der Praxis auf der ethnologischen Grundlage der kabylischen Gesellschaft. Frankfurt am Main: Suhrkamp.

Bourdieu, Pierre. 2010. 4. Principles of an Economic Anthropology. In The Handbook of Economic Sociology, herausgegeben von Neil J. Smelser und Richard Swedberg, 2. Auflage. Princeton: Princeton University Press, 75–89. https://doi.org/10.1515/9781400835584.75.

Bourdieu, Pierre (2012): Die männliche Herrschaft. Jürgen Bolder (Hg.). Suhrkamp-Taschenbuch Wissenschaft 2031. Frankfurt am Main: Suhrkamp.

Bourdieu, Pierre ; Passeron, Jean-Claude (1971): Die Illusion der Chancengleichheit. Untersuchungen zur Soziologie des Bildungswesens am Beispiel Frankreichs. Stuttgart: Klett.

Bourdieu, Pierre ; Wacquant, Loïc (1996): Reflexive Anthropologie. Frankfurt am Main: Suhrkamp.

Bouveresse, Jacques (1993): Was ist eine Regel? In: Gebauer, Gunter; Wulf, Christoph (Hg.): Praxis und Ästhetik. Neue Perspektiven im Denken Pierre Bourdieus, Frankfurt am Main: Suhrkamp, 41–56.

Carolan, Michael (2015): Affective Sustainable Landscapes and Care Ecologies: Getting a Real Feel for Alternative Food Communities. In: Sustainability Science 10(2), 317–329. https://doi.org/10.1007/s11625-014-0280-6.

Coleman, James S. (1995): Handlungen und Handlungssysteme. Grundlagen der Sozialtheorie Bd 1. München: Oldenbourg.

Crossley, Nick (2002): Pierre Bourdieu (1930–2002). In : Social Movement Studies 1(2), 187–191. https://doi.org/10.1080/1474283022000010673.

Dederichs, Andrea Maria, und Michael Florian (2002): Felder, Organisationen und Akteure — eine organisationssoziologische Skizze. In: Ebrecht, Jörg; Hillebrandt, Frank. Bourdieus (Hg.): Theorie der Praxis: Erklärungskraft — Anwendung — Perspektiven. Wiesbaden: VS Verlag für Sozialwissenschaften. https://doi.org/10.1007/978-3-322-99803-3_4.

DiMaggio, Paul J.; Powell, Walter W. (1983): The Iron Cage Revisited: Institutional Isomorphism and Collective Rationality in Organizational Fields. In: American Sociological Review 48(2), 147–160. https://doi.org/10.2307/2095101.

Dolby, Nadine (2000): The Shifting Ground of Race: The Role of Taste in Youth's Production of Identities. Race Ethnicity and Education 3(1): 7–23. https://doi.org/10.1080/713693014.

Dunkel, Wolfgang; Weihrich, Margit (2018): Arbeit als Interaktion. In Böhle, Fritz; Voß, Günter G.; Wachtler, Günther (Hg.): Handbuch Arbeitssoziologie. Wiesbaden: Springer Fachmedien, 201–230. https://doi.org/10.1007/978-3-658-14458-6_6.

Durkheim, Émile (1988): Über soziale Arbeitsteilung: Studie über die Organisation höherer Gesellschaften. Frankfurt am Main: Suhrkamp.

Durkheim, Émile (2011): Die Regeln der soziologischen Methode. Suhrkamp-Taschenbuch Wissenschaft. Frankfurt am Main: Suhrkamp.

Edwards, Claire; Imrie, Rob (2003): Disability and Bodies as Bearers of Value. In: Sociology 37(2), 239–256. https://doi.org/10.1177/0038038503037002002.

Emerson, Robert M.; Fretz, Rachel I.; Shaw, Linda L. (2011): Writing ethnographic fieldnotes. Chicago, London: The University of Chicago Press.

Fley, Bettina (2006): Konkurrenz oder Distinktion? Wettbewerb und Marktkonzentration im deutschen Transportmarkt. In: Florian, Michael; Hillebrandt, Florian (Hg.): Pierre Bourdieu: Neue Perspektiven für die Soziologie der Wirtschaft. Wiesbaden: VS Verlag, 167–195.

Fley, Bettina (2008): Wirtschaft und wirtschaftliches Handeln als Ökonomie der Praxis. In: Maurer, Andrea; Schimank, Uwe (Hg.): Handbuch der Wirtschaftssoziologie. Wiesbaden: VS Verlag für Sozialwissenschaften, 161–184.

Flick, Uwe (2011): Qualitative Sozialforschung: Eine Einführung. Hamburg: Rowohlt-Taschenbuch-Verlag.

Fligstein, Neil (2001): The Architecture of Markets. Princeton: Princeton University Press.

Fligstein, Neil; McAdam, Doug (2011): Toward a General Theory of Strategic Action Fields. In: Sociological Theory 29(1), 1–26. https://doi.org/10.1111/j.1467-9558.2010.01385.x.

Fligstein, Neil; McAdam, Doug (2012): A Theory of Fields. Oxford, New York: Oxford University Press. https://doi.org/10.1093/acprof:oso/9780199859948.001.0001.

Florian, Michael; Hillebrandt, Frank (Hg.) (2006): Pierre Bourdieu: Neue Perspektiven für die Soziologie der Wirtschaft. Wiesbaden: VS Verlag.

Fröhlich, Gerhard; Rehbein, Boike, (Hg.) (2014): Bourdieu-Handbuch: Leben Werk Wirkung. Sonderausgabe. Stuttgart: Verlag J.B: Metzler.

Ganz, Kathrin; Hausotter, Jette (2020): Intersektionale Sozialforschung. Bielefeld: transcript.

Garfinkel, Harold (1967): Studies in Ethnomethodology. Cambridge: Polity Press.

Gertenbach, Lars; Laux, Henning. (2018): Zur Aktualität von Bruno Latour: Einleitung in sein Werk. Wiesbaden: VS Verlag für Sozialwissenschaften.

Goffman, Erving (1969): Wir alle spielen Theater: Die Selbstdarstellung im Alltag. München: Piper.

Goffman, Erving (1980): Rahmen-Analyse. Ein Versuch über die Organisation von Alltagserfahrungen. Frankfurt am Main: Suhrkamp.

Hammersley, Martyn; Atkinson, Paul (2007): Ethnography. Principles in practice. London, New York: Routledge.

Hartmann, Michael (1995): Deutsche Topmanager: Klassenspezifischer Habitus als Karrierebasis. In: Soziale Welt 46(4), 440–468.

Hartmann, Michael (1996): Topmanager: Die Rekrutierung einer Elite. Frankfurt am Main [u. a.]: Campus.

Hartmann, Michael (1997): Die Rekrutierung von Topmanagern in Europa. In: European Journal of Sociology 38(1), 3–37. https://doi.org/10.1017/S0003975600007700.

Hillebrandt, Frank (2014): Soziologische Praxistheorien. Eine Einführung. Wiesbaden: VS Verlag. https://doi.org/10.1017/CBO9781107415324.004.

Hofbauer, Johanna (2010): Soziale Homogenität und kulturelle Hegemonie. Ausschließung und Organisation aus Bourdieuscher Perspektive. In: Feministische Studien 28(1), 25–39. https://doi.org/10.1515/fs-2010-0104.

Hoppe, Katharina; Lemke, Thomas (2021): Neue Materialismen zur Einführung. Hamburg: Junius.

Huddart Kennedy, Emily; Baumann, Shyon; Johnston, Josée (2019): Eating for Taste and Eating for Change: Ethical Consumption as a High-Status Practice. In: Social Forces 98(1), 381–402. https://doi.org/10/ggd59n.

John, René; Bormann, Inka; Philipps-Universität Marburg; Rückert-John, Jana (2014): Repräsentativumfrage zum Umweltbewusstsein und Umweltverhalten im Jahr 2012 einschließlich sozialwissenschaftlicher Analysen. Umweltbundesamt.

Johnston, Josee; Szabo, Michelle; Rodney, Alexandra (2011): Good food, good people: Understanding the cultural repertoire of ethical eating. In: Journal of Consumer Culture 11(3), 293–318. https://doi.org/10.1177/1469540511417996.

Jurt, Joseph (2014): Leben und Zeit. In Bourdieu-Handbuch: Leben Werk Wirkung, herausgegeben von Gerhard Fröhlich und Boike Rebhein, 1–9. Stuttgart: Verlag J.B Metzler.

Kalthoff, Herbert (2005): Practices of Calculation: Economic Representations and Risk Management. In: Theory, Culture & Society 22(2), 69–97. https://doi.org/10/ffpctv.

Knorr Cetina, Karin (2005): Objectual practice In: Theodore R., Schatzki; Cetina, Karin K.; Savigny, Eike Von (Hg.): The practice turn in contemporary theory. The Practice Turn in Contemporary Theory. London, New York: Routledge, 184–197. https://doi.org/10.4324/9780203977453.

Knorr Cetina, Karin; Bruegger, Urs (2002): Traders' Engagement with Markets. In: Theory, Culture & Society 19(5–6): 161–185. https://doi.org/10.1177/026327602761899200.

Kruse, Jan (2015): Qualitative Interviewforschung: Ein integrativer Ansatz. Weinheim/Basel: Beltz Juventa.

Lange, Ann-Christina; Lenglet, Marc; Seyfert, Robert (2016): Cultures of high-frequency trading: mapping the landscape of algorithmic developments in contemporary financial markets. In: Economy and Society 45(2), 149–165. https://doi.org/10.1080/03085147.2016.1213986.

Lash, Scott (1993): Pierre Bourdieu: Cultural ecnomy and social change. In: Calhoun, Craig J.; LiPuma, Edward; Postone, Moishe(Hg.): Bourdieu: Critical Perspective. Cambridge: Polity Press, 193–211.

Latour, Bruno (2002): Pasteur und Pouchet. Die Heterogenese der Wissenschaftsgeschichte. In: Serres, Michel (Hg.): Elemente einer Geschichte der Wissenschaften. Frankfurt am Main: Suhrkamp, 749–789.

Latour, Bruno (2005): Wir sind nie modern gewesen. Versuch einer symmetrischen Anthopologie. Berlin: Akademie-Verlag.

Latour, Bruno (2006): Die Macht der Assoziationen. In: Belliger, Andréa; Krieger, David J. (Hg.): ANThology. Ein einführendes Handbuch zur Akteur-Netzwerk-Theorie. Bielefeld: transcript, 195–212.

Latour, Bruno (2010): Eine neue Soziologie für eine neue Gesellschaft. Einführung in die Akteur-Netzwerk-Theorie. Frankfurt am Main: Suhrkamp.

Latour, Bruno (2012): Die Hoffnung der Pandora: Untersuchungen zur Wirklichkeit der Wissenschaft. Frankfurt am Main: Suhrkamp.

Latour, Bruno; Lépinay, Vincent A. (2009): The Science of Passionate Interests: An Introduction to Gabriel Tarde's Economic Anthropology. In: Paradigm 37. Chicago: Prickly Paradigm Press.

Latour, Bruno; Woolgar, Steve (1986): Laboratory Life: The Construction of scientific Facts. Princeton: Princeton University Press.

Leach, Jerry W.; Leach, Edmund R., (Hg.) (1983): The Kula: new perspectives on Massim exchange. Cambridge: Cambridge University Press.

Lenger, Alexander (2013): Ökonomie der Praxis, ökonomische Anthropologie und ökonomisches Feld: Bedeutung und Potenziale des Habituskonzepts in den Wirtschaftswissenschaften. In: Lenger, Alexander; Schneickert, Christian; Schumacher, Florian (Hg.): Pierre Bourdieus Konzeption des Habitus. Wiesbaden: Springer Fachmedien, 221–246. https://doi.org/10.1007/978-3-531-18669-6_12.

Lenger, Alexander; Schneickert, Christian; Schumacher, Florian (Hg.) (2013): Pierre Bourdieus Konzeption des Habitus: Grundlagen, Zugänge, Forschungsperspektiven. Wiesbaden: Springer VS.

Lovell, Terry (2004): Bourdieu, Class and Gender: 'The Return of the Living Dead'?" The Sociological Review 52(2), 37–56. https://doi.org/10.1111/j.1467-954X.2005.00523.x.

Malinowski, Bronislaw (2001): Argonauten des westlichen Pazifik: ein Bericht über Unternehmungen und Abenteuer der Eingeborenen in den Inselwelten von Melanesisch-Neuguinea. Eschborn bei Frankfurt am Main: Klotz.

Maurer, Andrea (2015): Wirtschaftssoziologie. SoziologieStudienkurs Soziologie. Baden-Baden: Nomos.

Mauss, Marcel (1968): Die Gabe. Form und Funktion des Austauschs in archaischen Gesellschaften. Frankfurt am Main: Suhrkamp.

McCall, Leslie (1992): Does Gender Fit? Bourdieu, Feminism, and Conceptions of Social Order. In: Theory and Society 21(6), 837–867. https://doi.org/10.1007/BF00992814.

Miebach, Bernhard (2014): Soziologische Handlungstheorie: Eine Einführung. 4. Auflage. Wiesbaden: VS Verlag.

Misoch, Sabina (2015): Qualitative Interviews. 2. Auflage. Berlin, Boston: De Gruyter.

Murchison, Julian M (2010): Ethnography Essentials. Designing, Conduction, and Presentating your Research. San Francisco: Jossey-Bass. https://doi.org/10.1017/CBO9781107415324.004.

Neckel, Sighard (1991): Status und Scham: Zur symbolischen Reproduktion sozialer Ungleichheit. Frankfurt am Main, New York: Campus.

Neckel, Sighard (2018): Ökologische Distinktion: Soziale Grenzziehung im Zeichen von Nachhaltigkeit. In: Neckel, Sighard; Besedovsky, Natalia; Boddenberg, Moritz; Hasenfratz, Martina; Pritz, Sarah M.; Wiegand, Timo (Hg.): Die Gesellschaft der Nachhaltigkeit. Umrisse eines Forschungsprogramms. Bielefeld: transcript, 59–76.

Nohl, Arnd-Michael (2017): Interview und Dokumentarische Methode: Anleitungen für die Forschungspraxis. Wiesbaden: Springer Fachmedien. https://doi.org/10.1007/978-3-658-16080-7.

Ollis, Tracey; Hamel-Green, Michael (2015): Adult education and radical habitus in an environmental campaign : Learning in the coal seam gas protests in Australia. In: Australian Journal of Adult Learning 55(2), 202–219. https://doi.org/10.3316/aeipt.209714.

Orlikowski, Wanda J. (2000): Using Technology and Constituting Structures: A Practice Lens for Studying Technology in Organizations. In: Organization Science 11 (4), 404–428. https://doi.org/10/cc937v.

Pabst, Andrea (2007): Body Politics. Körper und Straßenprotest. In: Forschungsjournal Soziale Bewegungen 20(1), 94–98. https://doi.org/10/gnr4s6.

Pentland, Brian T.; Feldman, Martha S. (2007): Narrative Networks: Patterns of Technology and Organization.In: Organization Science 18(5), 781–795. https://doi.org/10/bctbqz.

Pentland, Brian T.; Feldman, Martha S. (2008): Designing Routines: On the Folly of Designing Artifacts, While Hoping for Patterns of Action. Information and Organization 18(4), 235–250. https://doi.org/10/d9pk72.

Przyborski, Aglaja; Wohlrab-Sahr, Monika (2014): Qualitative Sozialforschung. Ein Arbeitsbuch. München: Oldenbourg Verlag. https://katalog.ub.uni-leipzig.de/Record/0007242627/Holdings.

Reckwitz, Andreas (2003): Grundelemente einer Theorie sozialer Praktiken. In: Zeitschrift für Soziologie 32(4), 282–301. https://doi.org/10.1515/zfsoz-2003-0401.

Reckwitz, Andreas (2006): Die Transformation der Kulturtheorien: Zur Entwicklung eines Theorieprogramms. Weilerswist: Velbrück Wissenschaft.

Reckwitz, Andreas (2012): Die Erfindung der Kreativität. Zum Prozess gesellschaftlicher Ästhetisierung. Suhrkamp-Taschenbuch Wissenschaft. Berlin: Suhrkamp.

Reckwitz, Andreas (2015): Praktiken und ihre Affekte. Mittelweg 36 24(1–2), 27–45.

Reiter, Bernd (2020): A Theory of Whiteness as Symbolic Racial Capital: Bourdieu 2.0. In: International Journal of Humanities and Social Science Research 6(5), 111–117.

Romele, Alberto (2021): Technological Capital: Bourdieu, Postphenomenology, and the Philosophy of Technology Beyond the Empirical Turn. In: Philosophy & Technology 34(3), 483–505. https://doi.org/10.1007/s13347-020-00398-4.

Rosenthal, Gabriele (2015): Interpretative Sozialforschung Eine Einführung. Hamburg: Beltz Juventa.

Rothe, Isabel; Wischniewski, Sascha; Tegtmeier, Patricia, Tisch, Anita (2019): Arbeiten in der digitalen Transformation – Chancen und Risiken für die menschengerechte Arbeitsgestaltung. In: Zeitschrift für Arbeitswissenschaft 73(3), 246–251. https://doi.org/10.1007/s41449-019-00162-1.

Saussure, Ferdinand de (2001): Grundlagen der allgemeinen Sprachwissenschaft. Berlin: Walter de Gruyter.

Schäfer, Hilmar (2013): Die Instabilität der Praxis: Reproduktion und Transformation des Sozialen in der Praxistheorie. Velbrück Wissenschaft. Weilerswist: Velbrück Wissenschaft.

Schäfer, Hilmar (Hg.) (2016): Praxistheorie: Ein soziologisches Forschungsprogramm. Sozialtheorie. Bielefeld: Transcript.

Schatzki, Theodore R. (1996): Social practices: A Wittgensteinian approach to human activity and the social. New York: Cambridge University Press.

Schatzki, Theodore R. (2002): The site of the social: a philosophical account of the constitution of social life and change. University Park: Pennsylvania State University Press.

Schatzki, Theodore R. (2005): Introduction: practice theory. In: Schatzki, Theodore R., Cetina, Karin K.; Savigny, Eike Von (Hg.): The site of the social: a philosophical account of the constitution of social life and change. University Park: Pennsylvania State University Press, 10–24.

Schatzki, Theodore R., Cetina, Karin K.; Savigny, Eike Von (Hg.) (2005): The practice turn in contemporary theory. The Practice Turn in Contemporary Theory. London, New York: Routledge. https://doi.org/10.4324/9780203977453.

Schinkel, Willem (2007): Sociological Discourse of the Relational: The Cases of Bourdieu & Latour. In: The Sociological Review 55(4), 707–729. https://doi.org/10.1111/j.1467-954X.2007.00749.x.

Schmidt-Wellenburg, Christian; Lebaron, Frédéric (2018): There Is No Such Thing as "the Economy". Economic Phenomena Analysed from a Field-Theoretical Perspective. In: Historical Social Research 43(3), 7–38. https://doi.org/10.12759/HSR.43.2018.3.7-38.

Schmitt, Lars (2015): Soziale Bewegungen kontextsensibel analysieren: Das Konzept der Habitus-Struktur-Reflexivität. In: Engels, Bettina; Müller, Melanie; Öhlschläger, Rainer (Hg.): Globale Krisen – Lokale Konflikte? Baden-Baden: Nomos, 27–40. https://doi.org/10.5771/9783845263427-27.

Schroeter, Klaus R. (2008): Sozialer Tausch. In: Willems, Herbert (Hg.): Lehr(er)buch Soziologie. Für die pädagogischen und soziologischen Studiengänge. Band 1. Wiesbaden: VS Verlag für Sozialwissenschaften, 351–373.

Shove, Elizabeth; Spurling, Nicola, (Hg.) (2014): Sustainable practices: Social theory and climate change. London, New York: Routledge.

Shove, Elizabeth; Walker, Gordon (2010): Governing transitions in the sustainability of everyday life. In: Research Policy 39(4), 471–476. https://doi.org/10.1016/j.respol.2010.01.019.

Smaje, Chris (1997): Not just a Social Construct: Theorising Race and Ethnicity. In: Sociology 31(2), 307–327. https://doi.org/10.1177/0038038597031002007.

Smelser, Neil J.; Swedberg, Richard, (Hg.) (2005): The handbook of economic sociology. 2. Auflage. Princeton: Princeton University Press.

Spaargaren, Gert (2003): Sustainable Consumption: A Theoretical and Environmental Policy Perspective. In: Society & Natural Resources 16(8), 687–701. https://doi.org/10.1080/08941920309192.

Starr, Martha A. (2009): The Social Economics of Ethical Consumption: Theoretical Considerations and Empirical Evidence. In: The Journal of Socio-Economics 38(6), 916–925. https://doi.org/10.1016/j.socec.2009.07.006.

Strauss, Anselm L. (1974): Spiegel und Masken: Die Suche nach Identität. Suhrkamp-Taschenbuch Wissenschaft : Stw. Frankfurt am Main: Suhrkamp. https://kataloge.uni-hamburg.de/DB=1/SET=3/TTL=31/SHW?FRST=35.

Suckert, Lisa. (2017): Same same but different. Die Feldtheorien Fligsteins und Bourdieus und das Potenzial einer wechselseitig informierten Perspektive für die Wirtschaftssoziologie. In: Berliner Journal für Soziologie 27(3–4), 405–430. https://doi.org/10/gfrjh6.

Swartz, David L. (2012): Grundzüge einer Feldanalyse der Politik nach Bourdieu. In: Bernhard, Stefan; Schmidt-Wellenburg, Christian (Hg.): Feldanalyse als Forschungsprogramm 2. Wiesbaden: VS Verlag für Sozialwissenschaften, 163–194. https://doi.org/10.1007/978-3-531-94263-6_7.

Swedberg, Richard (2009): Grundlagen der Wirtschaftssoziologie. Wirtschaft und Gesellschaft. Wiesbaden: VS Verlag für Sozialwissenschaften.

Volkmann, Ute; Schimank, Uwe (2006): Kapitalistische Gesellschaft: Denkfiguren bei Pierre Bourdieu. In: Florian, Michael; Hillebrandt, Frank (Hg.): Pierre Bourdieu: Neue Perspektiven für die Soziologie der Wirtschaft. Wiesbaden: VS Verlag, 221–242.

Vollmert, Hendrik (2003): Bookkeeping, Accounting, Calculative Practice: The Sociological Suspense of Calculation. In: Critical Perspectives on Accounting 3, 353–381. https://doi.org/10.1006/cpac.2002.0528.

Waldschmidt, Anne (2011): Symbolische Gewalt, Normalisierungsdispositiv und/oder Stigma? Soziologie der Behinderung im Anschluss an Goffman, Foucault und Bourdieu. In: Österreichische Zeitschrift für Soziologie 36, 89–101.

Wallace, Derron (2017): Reading 'Race' in Bourdieu? Examining Black Cultural Capital Among Black Caribbean Youth in South London. In: Sociology 51(5), 907–923. https://doi.org/10.1177/0038038516643478.

Weiß, Anja (2013): Rassismus wider Willen. 2. Auflage. Wiesbaden: Springer Fachmedien. https://doi.org/10.1007/978-3-531-93342-9.

Winker, Gabriele; Degele, Nina (2010): Intersektionalität: zur Analyse sozialer Ungleichheiten. 2., Unveränderte Auflage. Sozialtheorie : Intro. Bielefeld: transcript.

Wright, Jan; Burrows, Lisette (2006): Re-conceiving ability in physical education: a social analysis. In: Sport, Education and Society 11(3), 275–291. https://doi.org/10.1080/13573320600813440.

Simon Dabrowski

VI Wirtschaftssoziologische Netzwerkforschung

Zusammenfassung

Die „klassische" wirtschaftssoziologische Netzwerkforschung hebt die Bedeutung sozialer Beziehungen sowie komplexer Muster sozialer Beziehungen zwischen Akteur*innen (Netzwerke) hervor: Diese prägen ökonomisches Handeln bzw. ermöglichen dieses erst. Prozesse, Ereignisse und Strukturen ökonomischen Handelns können durch soziale Netzwerke und Beziehungen erklärt werden. Dabei sollte die soziologische Analyse nicht von abstrakten, vorab theoretisch festgelegten Attributen, Kategorien oder Eigenschaften (wie Rationalität oder Normenorientierung) ausgehen. Vielmehr können Handlungsorientierungen, Attribute, ökonomische Phänomene und ganze soziale Strukturen wie Märkte erst durch die Analyse der empirisch beobachtbaren und konkreten, tatsächlichen wie potenziellen sozialen Beziehungen zwischen sozialen Einheiten erklärt und rekonstruiert werden. Trotz ihrer Bedeutung für die Soziologie ist die Netzwerkforschung eine inter- wie transdisziplinäre Perspektive auf soziale Phänomene, die ab den 1960er Jahren aus der Kombination methodischer und theoretischer Erkenntnisse aus der Anthropologie, Soziologie, Ökonomie, Psychologie, Mathematik und Physik an mehreren Universitäten in den USA hervorgegangen ist.

Mit Bezug diese Grundlagen wandten sich frühe Vertreter der Perspektive gegen die seinerzeit dominanten atomistischen und strukturfunktionalistischen Theorien sowohl in den Wirtschaftswissenschaften als auch in der Soziologie. Sie belebten damit eine von den Wirtschaftswissenschaften eigenständige wirtschaftssoziologische Perspektive auf ökonomische Phänomene. Zentrale methodische wie theoretisch-konzeptionelle Weiterentwicklungen für diese „Neue Wirtschaftssoziologie" kamen vor allem von Harrison White, Mark Granovetter und Ronald Burt. Einflussreich für eine davon zu unterscheidende kultur- und techniksoziologisch informierte wirtschaftssoziologische Forschung waren unter anderen Bruno Latour und Michel Callon mit ihrer Betonung der Prozessualität und Materialität sozialer Netzwerke. Entsprechende Arbeiten können den Feldern der Akteur-Netzwerk-Theorie, der Science and Technology Studies oder der Social Studies of Finance zugeordnet werden. Gemeinsam ist diesen Perspektiven, dass sie den analytischen Blick auf die Netzwerke von menschlichen und nichtmenschlichen Akteuren wie Objekten, Dingen oder auf ganze sozio-technische Arrangements erweitern. In einem anderen Ansatz werden Netzwerke als Koordinations- oder Governanceformen im Unterschied zu Markt oder Hierarchie in ihren ökonomischen und sozialen Funktionen analysiert. Die Netzwerkforschung ist damit von einer methodischen wie theoretisch-konzeptionellen Vielfalt geprägt; ihre Ansätze teilen jedoch mehr oder weniger ähnliche Grundannahmen. Entsprechend breit sind auch ihre Anwendungsmöglichkeiten: Wirtschaftssoziologische Netzwerkperspektiven eignen sich sowohl für die Analyse des Handelns von Individuen als auch für die größerer sozialer Strukturen wie Märkte, Organisationen wie Unternehmen oder Kooperationsbeziehungen zwischen Organisationen.

https://doi.org/10.1515/9783110704884-006

1 Einleitung

⚡ Aktuelles Beispiel zur Veranschaulichung der Netzwerkforschung

Am 21.03.2021 geriet das Containerschiff „Ever Given" auf dem Weg von Yangshan, China, nach Rotterdam im Suezkanal bei starkem Wind an die Uferböschung, lief auf Grund und stellte sich schräg. Es blockierte den Kanal sechs Tage lang mit der Folge, dass andere Schiffe nicht passieren konnten und sich stauten. Dieser Vorfall und seine Bilder wurden tagelang zum Thema medialer Diskussionen (vgl. Abb. VI.1). Teil des medialen Interesses waren auch die enormen (ökonomischen) Auswirkungen: Dadurch, dass der Schiffsverkehr zwischen Europa und Asien zeitweise ruhte, fielen pro Tag Ladungsgüter im Wert von über neun Milliarden US-Dollar aus. Doch nicht nur die Schifffahrtsbranche war betroffen, sondern weltweit zahlreiche Branchen, Unternehmen und deren Abnehmer bzw. Kunden (u. a. Russon 2021). Diese sind in der Gegenwartsökonomie abhängig von globalen Lieferketten, über die Güter und (Vor-) Produkte etwa von Asien nach Europa oder umgekehrt – vor allem über den Suezkanal – transportiert werden. Hinzukommt, dass das Jahr 2021 von der weltweiten Covid-19-Pandemie geprägt war, die infolge der politischen Maßnahmen der Kontaktbeschränkung (Lockdown) ohnehin schon gewohnte und fraglos vorausgesetzte Versorgungswege und Lieferketten unterbrochen hatte. Engpässe in der Versorgung etwa mit Hygieneprodukten, Lebensmitteln oder Medikamenten waren ebenso Alltag wie tiefgreifende Veränderungen für Unternehmen und ihre Beschäftigen (u. a. Glückler 2020).

Abb. VI.1: Satellitenbild des Containerschiffs „Ever Given" im Suezkanal am 24.03.2021. (P. Markuse, https://www.flickr.com/photos/pierre_markuse/51070311183/, letzter Aufruf: 13.10.2024).

Die Suezkanal-Blockade lenkte die öffentliche Aufmerksamkeit noch einmal verstärkt auf die bereits seit Beginn der Covid-19-Pandemie thematisierten globalen ökonomischen Interdependenzen, die zudem Gegenstand geopolitischer Diskurse wurden: Ereignisse und Entscheidungen an einem Ort durch eine*n Akteur*in können weit entfernt Folgen zeitigen und dies ist nur möglich durch die soziale Verbundenheit dieser Akteure über Netzwerke. Als zentrale Figuren dieser globalisierten Ökonomie gelten u. a. das (Container-) Schiff und die von ihnen transportierten standardisierten Container (u. a. Schober & Leivestad 2022). An diesem Fall wird jedoch vor allem die Bedeutung von Netzwerken für die Gegenwartsgesellschaft, einschließlich ihrer Ökonomie, deutlich. Das Netzwerk steht als Imagination, Visualisierung, Symbol, Wissensform, wissenschaftliche Perspektive und politische Technologie für die (globale) Verbundenheit von Personen, Organisationen und Dingen, aber auch Staaten und Märkten. Die – auch visualisierte – Vernetzung der Ökonomie und Gesellschaft ist ein zentrales Imaginäres der Gegenwart (u. a. Gießmann 2016; Friedrich 2016). Die kommerzielle Seeschifffahrt, zu deren bedeutendsten Routen der Suezkanal zählt, ist nicht nur eine wirtschaftliche Branche, sondern ist ein zentrales Element und Triebkraft der Vernetzung der Ökonomie (vgl. Abb. VI.2).

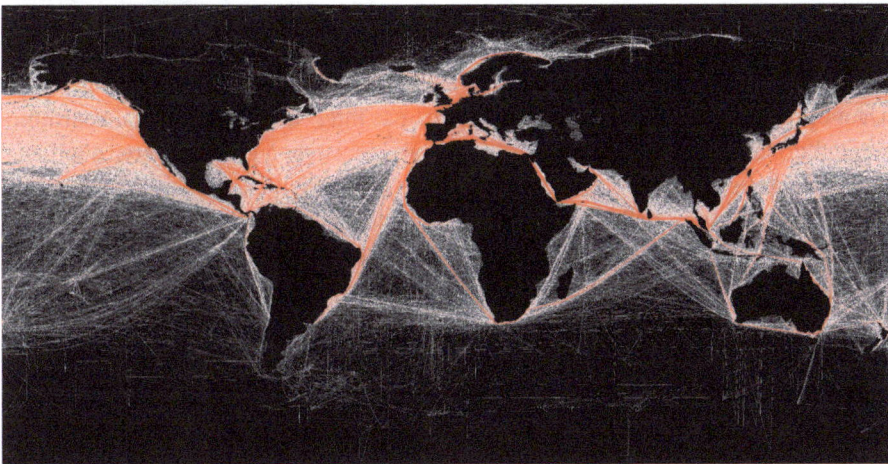

Abb. VI.2: Die Routen der globalen kommerziellen Seeschifffahrt und ihre Dichte. (B.S. Halpern (T. Hengl; D. Groll), https://commons.wikimedia.org/w/index.php?title=File:Shipping_routes_red_black.png, letzter Aufruf: 05.03.2025).

Die wirtschaftssoziologische Netzwerkforschung hat einen großen Beitrag zur Erforschung, begrifflichen Bestimmung und Analyse von Netzwerken geleistet. Dabei hat sich eine Pluralität von Perspektiven herausgebildet. Zum einen lassen sich die Verbindungen und Abhängigkeiten durch die wirtschaftssoziologische Netzwerkforschung analysieren und abbilden. So können etwa die Auswirkungen der Suez-Kanal-Blockade auf das soziale und speziell ökonomische Handeln von Personen und Organisationen entlang der Knoten und Kanten des Netzwerks rekonstruiert werden. Es sind nicht soziale Beziehungen im Sinne von Dyaden zwischen Unternehmen oder Person A und B, die primär in den Blick kommen, sondern ganze Zusammenhänge sozialer Beziehungen, in die A und B jeweils eingebettet sind: Der Ausfall einer Lieferung von Unternehmen A an Unternehmen B etwa hat nicht nur Auswirkungen für A und B, sondern z. B. auch für die Zulieferer von A oder die Kunden von B usw. Die jeweiligen Handlungen und Entscheidungen von A und B können nur in Zusammenhang mit ihren weiteren sozialen Beziehungen verstanden werden (u. a. Granovetter 1985). Dieselbe Logik ließe sich auch z. B. auf Kund*innen oder staatliche Akteur*innen anwenden.

Generell wird an dem Beispiel die Disruption ökonomischer Netzwerke während der Covid-19-Pandemie deutlich (u. a. Glückler 2020). Eine Analyse könnte daher auch den betrachteten Handlungskontext vergrößern und die allgemeinen Handlungsbedingungen der Covid-19-Pandemie als soziale Netzwerke einbeziehen: So könnte etwa auf die betroffenen interpersonalen Beziehungen oder die veränderten Arbeitsbedingungen mit ihrem Zugriff auf digitale Netze geblickt werden (u. a. Stegbauer & Clemens, 2020). Analysen könnten etwa untersuchen, wie Unternehmen oder Personen Netzwerke nutzen oder ausbauen, um ausgefallene Güter alternativ zu beschaffen. Darüber hinaus können Netzwerke wirtschaftssoziologisch als gegenwärtig einflussreiche Koordinationsform der Ökonomie analysiert werden (u. a. Powell 1990): Die sog. globalen Lieferketten erscheinen in dieser Perspektive z. B. als Netzwerke zwischen Unternehmen, die ihre Produktionsprozesse inter- und transnational koordinieren und organisieren (u. a. Castells 2017). Dadurch entstehen globale Wertschöpfungs- oder Lieferketten, in die an unterschiedlichen Orten der Welt wiederum verdichtete netzwerkartige industrielle Cluster mit unterschiedlichen Spezialisierungen (u. a. De Marchi et al. 2018) oder urbane ökonomische Zentren (Global Cities) eingebunden sind (u. a. Sassen 2018; Taylor & Derudder 2015). Am Beispiel des Suezkanal-Blockade können so die übergreifenden globalen Netzwerke, die die ökonomischen und sozialen Bedingungen von Personen, Organisationen und Staaten an unterschiedlichen Stationen der Lieferkette prägen, thematisiert werden. In einer anderen Perspektive wiederum könnten die Ereignisse im Suezkanal als Ausgangspunkt für eine Analyse der Wirkmächtigkeit der Vorstellungen von Netzwerk, Konnektivität und Vernetzung dienen. Diese werden als politische Wissensformen bzw. Diskurse betrachtet, die die Praktiken politischer und ökonomischer Akteur*innen beeinflussen. Am Fall des Suezkanals wird die Herstellung und Aufrechterhaltung von Konnektivität zwischen Knotenpunkten wie Häfen und Unternehmen als Gegenstand diskursiver und materieller (geo-) politischer Strategien deutlich. Diese richten sich auf die Sicherung und Regulation der globalen Zirkulation von Gütern und versuchen zugleich durch Techniken des Risikomanagements, „Disruptionen" oder „Friktionen" – dafür stehen die Ereignisse im Suezkanal und die Pandemie, aber auch die Wahrnehmung von „Piraten" oder Arbeiter*innen exemplarisch – vorzubeugen oder auszunutzen (u. a. Cowen 2014; Lobo-Guerrero 2008; Tsing 2005).

2 Entstehungsgeschichte

In ihrer Selbstbeschreibung beruft sich die Netzwerkforschung u. a. auf Traditionen relationalen Denkens in der Sozialtheorie und der empirischen Sozialforschung (u. a. Emirbayer 1997), d. h. auf solche Theorien und Methoden, die soziale Beziehungen, Wechselwirkungen und deren Dynamiken fokussieren (u. a. Freeman 2004; Stegbauer & Häußling 2010). Zahlreiche historische Darstellungen stellen sich meist in die Tradition Georg Simmels: In seiner formalen Soziologie sozialer Kreise untersucht er die Geometrie sozialer Beziehungen im Sinne der Formierung sozialer Gebilde und die Wirkungen formaler struktureller Eigenschaften auf Individuen– ohne allerdings den Begriff des „Netzwerks" zu verwenden. Dennoch lässt sich Simmels Denken als eine grundlegende Grundlage für das moderne Netzwerkparadigma verstehen, da es die Wechselwirkungen und Strukturen sozialer Verbindungen in einer Art und Weise analysiert, die später von der Netzwerkforschung weiterentwickelt wurde (Freeman-man 2004).

Weiterhin wird auf den maßgeblichen Einfluss anthropologischer Arbeiten zu den Strukturen des Gabentauschs verwiesen (Freeman 2004; Raab 2010). Das strukturalistische Denken Marcel Mauss' und Claude Lévi-Strauss' machte die Bedeutung der sozialen Strukturen von Familien und indigenen „Stämmen" bzw. traditionaler Gesellschaften für die Konstruktion und Reproduktion von Tauschverhältnissen sichtbar: Diese beeinflussen „ökonomische" Rationalitäten und Interessen, Handlungsmöglichkeiten von Akteur*innen, deren Zugang zu Ressourcen und Machtpotenziale. Zur Etablierung des Begriffs des Netzwerks in der Sozialwissenschaft haben britische Anthropolog*innen um Radcliffe-Brown sowie die „Manchester Anthropologen" mit beigetragen: Diese griffen Metaphern wie „fabric", „web", „interweaving" oder „interlocking" auf, um diese weiter zu formalisieren (Bögenhold & Marschall 2010: 390). Weiter entwickelt wurde der Begriff durch erste Theoretisierungs- und Formalisierungsbemühungen durch Anthropologen wie John A. Barnes: „The image I have is a set of points some of which are joined by lines. The points of the image are people, or sometimes groups, and the lines indicate which people interact with each other" (Barnes 1954: 40, zit. nach Bögenhold & Marschall 2010: 391). Bereits vor und unabhängig von der Formulierung des Begriffs des Netzwerks als sozialwissenschaftliches Konzept zur Beschreibung sozialer Beziehungen wurden makrotechnologische Verbindungen, etwa Verkehrswegen (Flüsse, Kanäle, Seewege, Eisenbahnen) oder andere Infrastrukturen (etwa Telefon, Lieferketten), als Netze visualisiert und beschrieben (Gießmann 2016).

Breitere gesellschaftliche Relevanz erhielt das Netzwerk-Denken erst ab den 1960er Jahren, als es in gesellschaftlichen Diskursen zunehmend mit Fragen der Ordnung und Regierung des Sozialen verbunden wurde. Beeinflusst vor allem durch die Kybernetik etablierte sich ein Denken von (auch sozialer) Ordnung und Regelung, welches diese als komplexe, beschreibbare Relationen und Interdependenzen zwischen Elementen und deren Muster als Systeme oder eben Netzwerke interpretiert

(u. a. August 2021). Statt linearer kausaler, meist hierarchischer Verbindungen betont dieses Denken die interdependenten, dynamischen Prozesse der Selbstorganisation und -reproduktion, die sich in den konkreten Verbindungen zwischen Elementen eines Netzwerks bzw. Systems in Abhängigkeit von Dynamiken ihrer jeweiligen Umwelten vollziehen. Nur auf diese Weise könne jeweils situational Stabilität hergestellt und reproduziert werden. Dieses kybernetische Wissen wurde ab den 1970er Jahren vielfältig, kombiniert mit z. T. widerstreitenden Wissensformen und Ideologien, aufgegriffen, sowohl zur Kritik und Problematisierung bestehender Strukturen als auch als Vorschläge zur Bearbeitung der identifizierten Probleme gesellschaftspolitischer Ordnung und Regelung. So wurden zum einen in damals stattfindenden Diskursen der „Krisen" der Steuer- und Regierbarkeit moderner Gesellschaften kybernetische Modelle zur Kritik an vorherrschenden, auf Rationalität, Hierarchie und Linearität setzenden Ordnungskonzepten verwendet. Auf diese Weise sollte den Herausforderungen einer Pluralisierung, Ausdifferenzierung, Individualisierung und Demokratisierung als Phänomenen einer „zweiten Moderne" oder „Spätmoderne" begegnet werden (u. a. Reckwitz 2017). Diese manifestierten sich zeitgenössisch in den Wahrnehmungen ökonomischer Krisen (u. a. Ölpreisschock, Stagflation) und gesellschaftlicher Protestbewegungen wie der Studierendenbewegung oder gewerkschaftlicher Mobilisierung sowie Gewaltphänomenen wie dem Terrorismus.

Diese Ereignisse und ihre Problematisierungen lassen sich also als Ausdruck eines gesellschaftlichen Wandels interpretieren, der von unterschiedlichen gesellschaftlichen Gruppen wie politischen Akteur*innen, Intellektuellen oder Wissenschaftler*innen geprägt wurde. Doch auch die Studierendenbewegung und Akteur*innen der Gegenkultur richteten ihre nachträglich z. T. als „Künstlerkritik" rubrizierten Formen der Kritik und des Widerstands gegen Strukturen der kapitalistischen Disziplinierung, Konformität und Kommodifizierung, welche – als normative Bezugspunkte – individuelle Autonomie, Singularität und Authentizität verhinderten. Netzwerke würden dagegen den Zugang und die Verbreitung von Information und Wissen dezentral und „demokratisch" ermöglichen und wurden darum mit Vorstellungen der Horizontalität, Dynamik, Offenheit, Flexibilität und Innovationsfähigkeit verknüpft (Boltanski & Chiapello 2006). Damit konnte das Netzwerkdenken den Modellen des Markts, der Hierarchie und einer vom Souveränitätsparadigma geprägten repräsentativen Politik ein alternatives politisches Ordnungsmodell entgegensetzen (August 2021).

Wissenschaftlich wie auch politisch einflussreich für die Etablierung des Netzwerkdenkens waren sowohl die poststrukturalistischen Ansätze Michel Foucaults oder Gilles Deleuzes als auch die soziologische Systemtheorie Niklas Luhmanns (August 2021). Elemente eines netzwerkbezogenen, kybernetischen Denkens materialisierten sich im Laufe der Zeit als z. B. projektförmige oder flache Organisationsformen und Managementtechniken (Boltanski & Chiapello 2006), aber auch in politischen Regulierungsformen der sektorspezifischen lokalen, regionalen oder auch supranationalen dezentralen Governance (u. a. Bevir 2013; Benz et al. 2007). Darüber hinaus beeinflussten kybernetische Ideen mit ihren Versprechen emanzipatorischer Potenziale die sich formierenden sozialen Bewegungen und Gegenkulturen der 1970er in ihren Organisationsformen und Selbstverständnissen (Turner 2010). Die Konzepte informierten auch die frühen, häufig utopischen Imaginationen des Internets und digitaler Öffentlichkeiten, die die freie Zirkulation von und Zugang zu Information unter gleichen, vernetzten „Usern" hervorhoben (Turner 2010).

Ebenfalls seit den späten 1960er Jahren arbeitete u. a. an der Harvard University eine Gruppe um Harrison White die für die Entstehung der New Economic Sociology als maßgeblich erachtete US-amerikanische Social Network Analysis aus (u. a. Raab 2010). Diese versuchte sich theoriepolitisch von dem seinerzeit kritisierten strukturfunktionalistischen Paradigma abzusetzen und mikrosoziologische Alternativen (Handlungstheorien, Theorien mittlerer Reichweite) zu solchen holistischen Ansätzen zu entwerfen. Zur weiteren Institutionalisierung der Netzwerkforschung als zentraler analytischer Perspektive und Kennzeichen der „frühen" Neuen Wirtschaftssoziologie trugen vor allem auch die theoretisierenden Arbeiten Mark Granovetters zur „strength of weak ties" (1973) und zur Einbettung wirtschaftlichen Handelns (1985) bei. Besonders wandten sie sich gegen die seinerzeit weit verbreitete Ansicht, wirtschaftliche Phänomene nur wirtschaftswissenschaftlich erklären zu können. Damit positionierten sich klar gegen die damals in den Wirtschaftswissenschaften dominante Neue Institutionenökonomik (Transaktionskostenansatz) wie auch gegen den soziologischen Strukturfunktionalismus im Anschluss an Talcott Parsons. Granovetter und andere entwickelten ein Modell, das ökonomisches Handeln als eingebettet in soziale Beziehungen versteht, die sie auch – wenn auch zunächst nicht systematisch – als Netzwerke bezeichnen.

Als weiterer relevanter soziohistorischer Entstehungskontext sind auch medientechnische Entwicklungen zu berücksichtigen (Freeman 2004: 139 ff.; Gießmann 2016): Nach der von Moreno in den 1930ern entwickelten Soziometrie sowie der Graphentheorie ermöglichten Entwicklungen der Computer- und Informationstechnologie die Arbeit mit größeren Datensätzen und eine Mathematisierung (Gießmann 2016: 223 ff.). Letztere ermöglichte die Messung, Modellierung und Visualisierung sozialer Beziehungen, was wiederum eine Annäherung an naturwissenschaftliche Wissenschaftsideale begünstigte. In diesem Kontext entstanden auch forschungstechnisch-methodische Innovationen wie insbesondere die Blockmodellanalyse durch Harrison White und Kollegen. Parallel zu Granovetter und Ronald Burt trugen diese zur weiteren konzeptionellen Formierung, Weiterentwicklung, aber auch Ausdifferenzierung und Heterogenität der Netzwerkforschung in der Wirtschaftssoziologie – als genuin soziologisch beschriebener Perspektive auf Wirtschaft – bei (Mützel 2017).

Ab den 1990er Jahren sorgten wiederum White und Kolleg*innen für eine Weiterentwicklung der Netzwerkforschung, indem sie diese ins Gespräch mit kulturellen und konstruktivistischen Gedanken brachten (Cultural Turn) (White 1992; 2002; 2008). Sozialtheoretisch weiter zugespitzt und theoriepolitisch positioniert im Sinne eines Paradigmas wurde die die Netzwerkforschung kennzeichnende Perspektive durch die Formulierung einer „relationalen Soziologie". Das „Manifesto for a Relational Sociology", grenzt sich scharf gegen sog. substanzialistische Soziologien ab, also solche An-

sätze, die soziales Handeln und Strukturen ausgehend von den Attributen von Akteur*innen oder Systemen – etwa: Rationalität, Rollenkonformität, Kapitalismus, Kultur –
zu erklären versuchen (Emirbayer 1997; Fuhse & Mützel 2010). Auch klassische soziologische Positionen wie die von Simmel oder Elias werden in dieser Konzeption
nachträglich als relational bezeichnet: Wie schon in ihren Arbeiten praktiziert, sollen
soziale Ordnung und Handlungsergebnisse mit Bezug auf soziale Beziehungen, (Netz-
werk-) Strukturen und Positionen in solchen Strukturen erklärt werden. Ungefähr zeitgleich, aber weitgehend unabhängig von diesen Ansätzen etablierten sich mit Rückgriff
auf die Wissenschaftssoziologie, die Akteur-Netzwerk-Theorie und die Science and
Technology Studies (Schlechtriemen 2014; Gießmann 2016) die Social Studies of Finance und andere soziomaterielle oder soziotechnische Ansätze als Perspektiven in
der Wirtschaftssoziologie. Diese konzeptualisieren Verbindungen zwischen menschlichen und nicht-menschlichen Akteuren analytisch als Netzwerke, verstanden als Assoziationen und Translationen zwischen diesen (Latour 2007).

Insgesamt wird vor allem den frühen Arbeiten der Netzwerkforschung ein maß-
geblicher, ja entscheidender Einfluss auf die (Re-) Formulierung einer eigenständigen,
soziologisch informierten Perspektive auf das Ökonomische zugeschrieben. Der Anschluss an die erwähnten Arbeiten erlaubte vor allem die Entstehung derjenigen heterogenen Perspektiven auf Wirtschaft, die später unter dem Begriff der „Neuen
Wirtschaftssoziologie" zusammengefasst wurden (u. a. Beckert 1996; Sparsam 2015).

Parallel zu diesem Etablierungsprozess der Netzwerkforschung als Forschungsprogramm in den Sozialwissenschaften verbreitete sich seit den 1980er und 1990er Jahren
der Netzwerkbegriff als Imagination und Repräsentation von Gesellschaft und damit
auch des Ökonomischen (Kaufmann 2004; De Goede 2012; Stäheli 2021: 23 ff.): Sowohl in
alltagsweltlicher, institutioneller und organisationaler Kommunikation wird die Kategorie des Netzwerks zur Beobachtung, Beschreibung und Visualisierung einer Vielzahl gesellschaftlicher Phänomene (Praktiken, Strukturen etc.) verwendet. „Netzwerk" wird
zum allgegenwärtigen „absoluten Begriff" (Schüttpelz 2007) und zur „Signatur der Gegenwart" (Wolf 2000). Als Konzept wie Metapher repräsentiert das Netzwerk die potenzi-
elle sowie tatsächliche globale Verbundenheit, Erreichbarkeit und Interdependenz von
Personen, Organisationen und Dingen – etwa in Form der „small world-Hypothesis"
(Watts 1999) oder bei der Produktion von Gütern und der „Ströme" des Finanzkapitals
(Castells 2017). Das Netzwerk und Vernetzung wird so Teil einer Imagination des transnational verbundenen Globalen und des Prozesses der „Globalisierung" (Schüttpelz
2007; Gießmann 2016). In diesem Kontext wird der Netzwerkbegriff oft normativ mit
Versprechen von Flexibilität, Mobilität, Verbundenheit und Offenheit, aber auch Verfügbarkeit verknüpft. Die soziologische Diagnose einer „Netzwerkgesellschaft" hob 1996
und in den folgenden Jahren die Entstehung und strategische Hervorbringung weltweiter netzwerkförmiger Strukturen in Ökonomie, Politik und persönlichen Beziehungen
sowie deren Auswirkungen als zentrales Merkmal der Gegenwartsgesellschaft hervor
(u. a. Castells 2017). Doch auch jüngste Diagnosen, die globale ökonomische und technolo-

gische Vernetzung und Konnektivität als Gegenstand (geo-) politischer Konflikte darstellen, erregten durchaus Aufmerksamkeit (u. a. Khanna 2016).

Die kulturelle Verankerung des Netzwerkdenkens zeigt überdies der Begriff des „Netzwerkens" bzw. „Networking" an: Als stark durch Ratgeberliteratur und „soziale Medien" beeinflusste Praxis des reflexiven und strategischen Aufbaus und der Pflege von „Beziehungen" zu instrumentellen Zwecken insbesondere der beruflichen Karriere prägt sie das Selbst- und Sozialitätsverständnis gegenwärtiger Akteur*innen (u. a. Grabher & König 2017). Dieses Phänomen wurde früh soziologisch als Ausdruck einer spezifischen, zumal medial vermittelten „Netzwerk-Sozialität" im Gegensatz zu „Gemeinschaft" gedeutet (Wittel 2006). Ein weiteres Kennzeichen der Fokussierung nicht nur wissenschaftlicher Diskurse auf das Netzwerkkonzept im frühen 21. Jahrhundert kann auch die Beobachtung einer Durchsetzung von Konzepten projektförmiger Netzwerke und Vernetzungsformen von Unternehmen als „neuem Geist des Kapitalismus" d. h. dessen Rechtfertigungsform gelten (Boltanski & Chiapello 2006). Durch den Aufstieg „sozialer Medien" wie Facebook, LinkedIn, Twitter o. ä. als „Plattformen" für die vernetzenden wie vernetzten Aktivitäten ihrer User*innen wurden „Netzwerk-Effekte" zudem zu einem Gegenstand kapitalistischer Wertschöpfung (u. a. Zuboff 2019; Vogl 2021).

Zugleich formierte sich aber auch eine Kritik und Problematisierung einer „Übervernetzung" oder „Hyperkonnektivität" in populären (und populärwissenschaftlichen) Diskursen und Zeitdiagnosen. Diese heben die dysfunktionalen Effekte von Vernetzung insbesondere auf Subjekte (Burnout), aber auch auf soziale Beziehungen, die Privatsphäre und informationelle Selbstbestimmung von Bürger*innen durch Überwachung im Internet sowie auf die Sicherheit aufgrund einer erhöhten Vulnerabilität zentraler gesellschaftlicher Systeme und kritischer Infrastrukturen (z. B. Finanzmärkte, Lieferketten, Stromnetze, Verkehrsnetze) hervor (z. B. Stäheli 2021: 31 ff.; Van Dijck 2013).

Zusammenfassend lässt sich festhalten, dass die verschiedenen Diskurse über Netzwerke zunächst nur punktuell in Austausch traten. Die technisch-wissenschaftlichen und die politischen Diskurse beeinflussten sich bereits ab den 1960er Jahren; mit der Etablierung der sozialwissenschaftlichen Netzwerkforschung kam ein paralleler Strang hinzu. Zu vielfältigen Überkreuzungen und gegenseitigen Beeinflussungen kommt es seit den 1970er Jahren. Mit der Popularisierung und Institutionalisierung des Netzwerkdenkens ab den 1990er Jahren beginnen die diskursiven Stränge und Versionen einander zu stützen (u. a. Boltanski & Chiapello 2006; Schüttpelz 2007: 29 f.; Friedrich 2016). Der Aufstieg der Netzwerksemantik – auch in der soziologischen Theoriebildung – kann als Reflektion, Ausdruck und Leitbild eines gesellschaftlichen Wandels von hierarchischen, disziplinierenden Institutionen hin zu einer Flexibilität, Mobilität und Selbstorganisation prämierenden institutionellen Ordnung interpretiert werden (u. a. Friedrich 2016; Boltanski & Chiapello 2006). Weiterhin wird die Diversität in der gesellschaftlichen und wissenschaftlichen Verwendung des Netzwerkbegriffs deutlich: Dieser kann sich sowohl auf Fragen der sozialen Regulierung und Ord-

nung, auf theoretische-konzeptionelle Fragen der analytischen Perspektive auf das Soziale, auf Selbstbeschreibungen digitaler Plattformunternehmen, aber auch auf Phänomene alltagsweltlicher Beziehungen und Praktiken von deren Herstellung beziehen.

3 Erkenntnisinteresse

Die folgenden Kapitel gehen auf das Erkenntnisinteresse der wirtschaftssoziologischen Netzwerkforschung ein, indem sie zentrale Themen, Konzepte, Forschungsgegenstände und methodische Zugänge vorstellen.

3.1 Zentrale Themen

Die Netzwerkforschung ermöglicht die Perspektivierung zentraler Gegenstände der
Wirtschaftssoziologie wie insbesondere Märkte (Finanz- wie Produktmärkte), Unternehmen, Innovation, etc. als geprägt durch (konkrete) soziale Beziehungsmuster. Da
die Netzwerkforschung nie eine einheitliche und kohärente Sozialtheorie entwickelt
hat, unterscheiden sich die Konzeptualisierungen von sozialen Beziehungen und
Akteur*innen zum Teil sehr stark. Dies wiederum beeinflusst auch die Thematisierung ökonomischer Gegenstände.

Die („klassische") Netzwerkforschung macht auf die Verbundenheit sozialer Ein-
heiten (Individuen, Organisationen) aufmerksam, die sie als Zusammenhänge und
Muster konkreter sozialer Beziehungen beschreibt. Wirtschaftliches Handeln wird
durch diese erst ermöglicht oder modifiziert. Dabei steht oft die Untersuchung der
Funktionalität und des Nutzens von Netzwerken für darin positionierte ökonomische
Akteur*innen im Vordergrund. Zudem wird die Zentralität von Netzwerken für den
Zugang von darin positionierten Akteur*innen zu (gesellschaftlich) wertvollen Ressourcen aufgezeigt. Konzepte zur Analyse und Erklärung dieser Phänomene werden
in engem Zusammenspiel mit einer ausgedehnten empirischen Forschung und methodischen Verfahren nah an den je interessierenden Gegenständen entwickelt. Ein anderes Thema ist die (sozial-) theoretische Ausarbeitung von Netzwerkkonzepten als
grundlegende Perspektive auf das Soziale und speziell Ökonomische. Gemäß diesem
vor allem von Harrison White geprägten Forschungsprogramms wird die Genese ökonomischer Strukturen wie Märkte und Wettbewerb aus Netzwerken der wechselseitigen Beobachtung erklärt. Später betrachtet White kultursoziologisch beeinflusst
zudem den Beitrag von „Stories", die Identitäten und Beziehungen prägen und so die
Ausbildung spezifischer Marktformationen beeinflussen (White 1981; 2008).

Andere Ansätze und Forschungen erweitern in Anlehnung an die Akteur-
Netzwerk-Theorie den Blick auf die Assoziationen zwischen Menschen und nicht-

menschlichen Akteuren in den Blick, in dem sie diese als prozessuale Verkettungen begreift, die ökonomische Handlungsfähigkeit und Phänomene erst herstellt (Latour 2007). So können dann die dynamischen Anordnungen von soziotechnischen Elementen freigelegt werden, die Phänomene wie kalkulative und ökonomische Orientierungen, Finanzmärkte, Lieferketten oder Energienetze in ihrer Funktionsweise hervorbringen und stabilisieren (Çalışkan & Callon 2009, 2010; Callon et al. 2007).

Weiterhin wird der Netzwerkbegriff als sozialwissenschaftliche Kategorie zur Beschreibung und Identifikation neuerer institutioneller Koordinationsformen in der Wirtschaft (innerhalb wie zwischen Organisationen) verwendet und als z. B. relationale und horizontale Form der Steuerung (Governance) alternativ zu Hierarchie oder Markt diskutiert. Dabei werden seitens der Wirtschaftswissenschaften nicht selten die ökonomischen Vorteile der Koordination hervorgehoben, während soziologische Ansätze eher die Funktionen und Folgen von Netzwerkkoordination fokussieren (u. a. Powell 1990; Kraft 2012; Jungmann 2020).

Andere Studien wiederum widmen sich historisierend dem prägenden Einfluss des Netzwerks- und Vernetzungsdenkens in der Gesellschaft (u. a. Boltanski & Chiapello 2006; August 2021). Gemeinsamer Untersuchungsgegenstand dieser Perspektiven auf Netzwerke sind die Wirkungen netzwerkbezogener gesellschaftlicher Diskurse und Wissensordnungen auf Management, Regierungs- und Subjektformen. Schließlich nimmt auch die Zahl von Studien zu, die in kritischer Auseinandersetzung mit dem relationalen Denken der meisten Sozialtheorien theoretische Konzeptionen der Entnetzung als Praktiken des (temporären) Entzugs oder Reduktion von Verbindungen innerhalb von Netzwerkstrukturen erarbeiten und entsprechende empirische Phänomene untersuchen (Stäheli 2021; Karppi et al., 2021).

3.2 Zentrale Theoreme und Konzepte der wirtschaftssoziologischen Netzwerkforschung

Netzwerke werden (wirtschafts-) soziologisch auf unterschiedliche Art und Weise konzeptualisiert. Zu beachten ist, dass es sich bei Netzwerkansätzen in der Wirtschaftssoziologie um keine lineare, kohärente und konsistente Theorie handelt, sondern vielmehr um ein Forschungsprogramm. In diesem wurden nah an den untersuchten Gegenständen entwickelt, d. h. Theorien mittlerer Reichweite und Konzepte, die „in engem Zusammenhang mit empirisch-methodischen Fragestellungen stehen" (Stegbauer & Häußling 2010: 57). Dies resultierte in einer Pluralität mehr oder weniger ausformulierter, ko-existierender Ansätze und Konzepte zur Analyse sozialer Beziehungen und ihre Muster sowie darauf bezogenen, überwiegend quantitativen methodischen Verfahren. Meist firmieren diese Ansätze unter dem Begriff der Netzwerkanalyse (Social Network Analysis). Darüber hinaus sind aber Perspektiven auf Netzwerke entwickelt worden, die sich nicht auf die Prämissen der Netzwerkanalyse berufen. Eine derart fragmentierte Netzwerkforschung, in der Netzwerke äußerst verschieden perspektiviert werden, erscheint damit ironischerweise nur wenig vernetzt, mit entsprechenden Konsequenzen für die Theoriebildung (Knox et al. 2006).

Netzwerke können verstanden werden als Zusammenhänge oder Geflechte sozialer Beziehungen. Stärker formalisiert werden Netzwerke in der (quantitativ orientierten) Netzwerkanalyse als „abgegrenzte Menge von Knoten oder Elementen und der Menge der zwischen ihnen verlaufenden sogenannten Kanten" (Jansen 2006: 58) definiert. Dabei gelten als Knoten oder Elemente soziale Akteur*innen wie Individuen, Organisationen oder auch Staaten, also solche soziale Entitäten, denen gemeinhin Handlungen bzw. Handlungsfähigkeit zugeschrieben wird (u. a. Fuhse 2018: 16); in anderen, meist an Latour (2007) anschließenden Ansätzen, wird der Akteursbegriff erweitert auf nicht-menschliche Einheiten (s. u.). Kanten oder Verbindungen lassen soziologisch als soziale Beziehungen beschreiben, die durch „bestimmte Regelmäßigkeiten der Interaktion zwischen Akteuren" (Fuhse 2018: 16) zustande kommen. Gegenstand der Analyse von Netzwerken sind damit nicht isolierte dyadische Beziehungen zwischen Einheiten, sondern die *Zusammenhänge* von (weiteren) Beziehungen, in die z. B. Dyaden und deren Akteur*innen eingebettet sind (u. a. Windeler 2001: 36; Holzer 2009: 260).

Viele Ansätze der Netzwerkforschung berufen sich damit implizit oder explizit auf die „Relationalität" des Sozialen (Emirbayer 1997; Emirbayer & Goodwin 1994). Sie postulieren also den (ontologischen wie analytischen) Primat des Netzwerkes, d. h. der Verbindungen über den Akteur*innen. Jedoch bleiben die (sozial-) theoretischen Prämissen bei den meisten wirtschaftssoziologischen Netzwerkansätzen häufig wenig ausformuliert. Es kann von einer vielen Netzwerkanalysen gemeinsamen „strukturellen Intuition" gesprochen werden, die auf den folgenden Annahmen basiert (Holzer 2009: 260 f.; Sparsam 2015 mit Bezug auf u. a. Wellman 1988; Wasserman & Faust 1994): Erstens werden Akteur*innen und ihre Handlungen als interdependent betrachtet: Individuum und Gesellschaft werden nicht als Gegensätze, sondern als sich wechselseitig bedingend verstanden. Dadurch wird angestrebt, die Trennung zwischen Mikro- und Makroebene zu überwinden. Wirtschaftliches Handeln wird als bezogen auf und ermöglicht durch soziale Beziehungen und deren Eigenschaften analysiert, ohne entweder a priori auf Akteur*innen mit zugeschriebenen Eigenschaften wie Interessen, nutzenmaximierenden Orientierungen etc. oder auf determinierende gesellschaftliche Strukturen abzustellen. Zweitens interessieren in der Netzwerkforschung, wie bereits erläutert, nicht einzelne Akteur*innen oder Dyaden, „sondern deren Einbettung in ein Netz weiterer Beziehungen" (Holzer 2009: 260). Drittens werden die Verbindungen zwischen Knoten in der Regel gedacht als Kanäle des Austauschs, über die bestimmte Ressourcen und Informationen zirkulieren; die strukturelle Position von Akteur*innen – Individuen oder Organisationen – in Netzwerken beeinflusst deren Zugang zu solchen Ressourcen und Informationen und damit ihre Handlungsmöglichkeiten und Einstellungen. Im Kontrast zur Wirtschaftswissenschaft wird Information nicht als auf dem Markt allgemein zugängliches Gut behandelt, sondern als knappes, privates und lokales Gut, dessen Zugänglichkeit und Qualität mit der Netzwerkposition oder Art von Beziehungen variiert (Kuchler 2019: 216; Zuckerman 2010).

Bezüglich der Theoretisierung des Sozialen können in der Netzwerkforschung generell zwei ko-existierende Ansätze unterschieden werden (Jansen 2006: 25). *„Instrumentell-relationistische"* Ansätze denken Netzwerke bzw. soziale Beziehungen als Opportunitätsstrukturen, die die Handlungsentscheidungen von – zumeist als rational handelnd vorgestellten – Akteur*innen beeinflussen. Die Interessen werden zumeist mit den Opportunitäten gleichgesetzt, ohne deren relationale Hervorbringung zu thematisieren (Sparsam 2015: 121). *„Relational-konstruktivistische"* Ansätze dagegen zeichnen sich dadurch aus, dass sie jeglichen Essenzialismus konsequent ablehnen und demgegenüber von der relationalen Konstruktion von Akteur*innen, Handlungsträgerschaft bzw. Agency oder allgemein sozialem Sinn in Netzwerken ausgehen. Zu letzteren zählen insbesondere die Arbeiten Harrison Whites, der „relationalen Soziologie" sowie die Akteur-Netzwerk-Theorie.

Im Folgenden sollen die wirtschaftssoziologisch – aufgrund ihrer Sichtbarkeit und Bedeutung – relevantesten Konzepte hinsichtlich ihrer zentralen Annahmen, Gemeinsamkeiten und Unterschiede nachgezeichnet werden. Die Ansätze und Konzepte können dann als Werkzeuge für eine wirtschaftssoziologische Annäherung an ökonomische Phänomene verstanden werden.

Ausgangspunkt vieler wirtschaftssoziologischer Netzwerkansätze ist die Argumentation Mark Granovetters. Eine soziologische Analyse habe die „concrete, ongoing systems of social relations" (Granovetter 1985: 487), zu berücksichtigen, in die ökonomisches Handeln eingebettet ist und dieses erst ermöglichen. Weder die wirtschaftswissenschaftlichen Erklärungsmodelle mit ihren Annahmen einer rationalen Nutzenmaximierung noch die funktionalistischen soziologischen Modelle des rollenkonformen, übersozialisierten homo sociologicus könnten eine realistische Beschreibung ökonomischen Handelns entwickeln. Statt wie diese Modelle ökonomisches Handeln von seinen konkreten Handlungsbedingungen zu isolieren und Akteur*innen atomistisch zu betrachten, müsse eine adäquate soziologische Perspektive die empirisch beobachtbaren sozialen Beziehungen in ihrer Wirkung auf ökonomisches Handeln analysieren. Im Vordergrund stehen bei Granovetter insbesondere die persönlichen, informellen Beziehungen, über die Ressourcen fließen. Dabei spielen die strukturellen Eigenschaften solcher Netzwerke eine entscheidende Rolle für den Zugang zu diesen Ressourcen. Besondere Bedeutung für die wirtschaftssoziologische Perspektive Granovetters kommt dabei der Unterscheidung von *schwachen und starken Verbindungen (weak and strong ties)* zu (Granovetter 1973). Die „Stärke" sozialer Beziehungen bestimmt er als eine Kombination der Ausprägungen des Zeitaufwands, der emotionalen Intensität, Intimität, d. h. gegenseitiges Vertrauen und reziproke Leistungen in Beziehungen. Diese verknüpft er mit dem Zugang zu Informationen und deren Qualität, welche er durch deren Verteilung charakterisiert. Schwache Verbindungen zwischen Personen zeichnen sich aus durch sporadische, lose Kontakte, etwa Bekanntschaften, in denen Ego sich nicht regelmäßig bewegt, die aber möglicherweise relevante, nicht-redundante Informationen bereithalten. Starke Verbindungen hingegen sind enge, durch dichte Interaktionen strukturierte Beziehungen, etwa Freundschaften und Verwandtschaften, in denen bekannte Informationen zirkulieren. Anders als in den genannten atomistischen Handlungsmodellen hängt die Handlungsfähigkeit ökonomischer Akteur*innen also ab von ihrer Position in Netzwerken, deren strukturelle Eigenschaften wiederum den Zugang zu Handlungsressourcen, insbesondere Informationen, strukturieren.

Weiterentwickelt und modifiziert wurden diese Gedanken durch Ronald Burt. Dieser untersucht mithilfe seines Theorems der *strukturellen Löcher* die „social structure of competition" (Burt 1992). Auf der Grundlage empirischer Forschungen entwickelt er das Argument, dass sich die Möglichkeiten und Restriktionen ökonomischen, unternehmerischen Handelns vor allem aus den spezifischen Beziehungsstrukturen von Akteur*innen ergeben. Wettbewerbsvorteile sind das Resultat der erfolgreichen Überbrückung (*brokerage*) unterschiedlicher Netzwerke bzw. Gruppen (*network closure*). Die Annahme hierbei ist, dass über die direkten Beziehungen innerhalb solcher geschlossenen Netzwerke redundantes Wissen zirkuliert, zwischen diesen Netzwerken jedoch für die jeweiligen Netzwerke neues Wissen verbreitet wird. Die Berührungsareale der Netzwerke sind sogenannte „strukturelle Löcher", also lose oder indirekte Beziehungen zwischen einander unähnlichen, wenig verbundenen Netzwerkclustern, wie etwa Gruppen. Akteur*innen mit unterschiedlichen Netzwerkzugehörigkeiten – etwa Unternehmen –, die aufgrund ihrer Position in der Lage sind, diese strukturellen Löcher zu schließen, verfügen über einen Zugang zu nichtredundantem Wissen aus der jeweils anderen Gruppe und haben damit einen Informationsvorsprung gegenüber anderen Akteur*innen. Strukturelle Löcher bieten damit Gelegenheiten, durch Überbrückung Informationen zwischen unterschiedlichen Gruppen zu vermitteln (*brokerage*), so aber auch den Informationsfluss zu kontrollieren (*control*). Akteur*innen, die diese Löcher strategisch als Zugang zu wertvollen Informationen nutzen, sind damit profitierende „lachende Dritte" (*tertium gaudens*), die unternehmerisch Wert schaffen. Nicht die Beziehungsintensität wie bei Granovetter ist damit Ursache eines ökonomischen Vorteils, sondern die Fähigkeit, strukturelle Löcher, die zwischen schwachen und starken Beziehungen bestehen können, zu überbrücken. Burt verknüpft diese Annahmen hier auch mit dem Konzept des *Sozialkapitals.* Dieses bestehe vor allem in den relativen (Wettbewerbs-) Vorteilen, die Akteur*innen aus ihrer Position in sozialen Netzwerken, vor allem durch die Überbrückung struktureller Löcher, gewinnen könnten (Burt 2005; Lin 2002).

Insgesamt sind Einsichten der Netzwerkforschung häufig über das Konzept des **Sozialkapitals** in wirtschaftssoziologisch relevante Ansätze integriert worden. Soziales Kapital verweist auf die tatsächlichen und potenziellen Ressourcen, auf die Akteur*innen aufgrund ihrer jeweiligen sozialen Position in Netzwerken zurückgreifen können. Akteur*innen können somit über mehr oder weniger Sozialkapital verfügen. Außerdem können Akteur*innen durch Knüpfen von (bestimmten, sozial als wertvoll definierten) Kontakten ihr Sozialkapital, also den Wert sozialer Beziehungen vermehren oder maximieren (Lin 2002). Netzwerke können damit sowohl als Ziel von Handlungsentscheidungen im Sinne von „Investitionen" in Beziehungen oder als Mittel zur Erreichung anderer Ziele fungieren (Fuhse 2018: 179 f.). Sozialkapital wurde unterschiedlich konzeptualisiert. Einflussreich war vor allem Burts Konzeption (s. o.) sowie die von Bourdieu, der das Konzept in seine Feld- und Praxistheorie einbaut. Sozialkapital wird hier verstanden als eine in andere Kapitalsorten (ökonomisch oder kulturell) konvertierbare Ressource, die sich aus den Beziehungen zu Anderen und der Zugänglichkeit von deren Ressourcen ergibt (Bourdieu 1983).

Eine weitere wichtige Weiterentwicklung des Einbettungs-Konzepts leistete anhand empirischer Studien Brian Uzzi (1996; 1997). Dabei konnte er wichtige Differenzierungen hinsichtlich der Netzwerkbeziehungen (ties) zwischen Unternehmen auf Märkten als Arten der Einbettung herausarbeiten. So sind *„arms' lengths ties"* kurzfristige Marktbeziehungen, die durch eigennützige und kalkulierende Orientierungen der Akteur*innen gekennzeichnet sind. *„Embedded ties"* hingegen sind dauerhafte, kooperative und vertrauensvolle Beziehungen, die Unsicherheiten reduzieren und Anpassung an die Umwelt ermöglichten. Uzzi argumentiert dann, dass eine Kombination beider Orientierungen vorteilhaft sei: Denn dieselben funktionalen Einbettungsbeziehungen könnten bei zu starken embedded ties (Übereinbettung) die Adaptivität von Unternehmen behindern (Paradoxie der Einbettung).

Joel Podolny (1993, 2001) zeigt außerdem anhand empirischer Studien auf, dass vorhandene Netzwerk-Beziehungen nicht nur als *„Pipes"* (Kanäle) des Austauschs von Ressourcen dienen, sondern auch als *„prisms"* („Linsen") die Statusposition der jeweiligen vernetzten Marktakteur*innen für Beobachtende sichtbar machten. Der Status eines Akteurs werde wiederum als Signal für Qualität und in Relation zu konkurrierenden Marktakteur*innen beobachtet.

David Stark (2009; Vedres & Stark 2010) entwickelt Burts Argument der strukturellen Löcher weiter, indem er auf die Relevanz der Herstellung von *Dissonanz* (als Form der Heterarchie) in Organisationen für Innovation und Kreativität verweist: Diese Dissonanz besteht in den Konflikten und Unsicherheiten in Organisationen, die wiederum Ergebnis der heterogenen Zusammensetzung von Netzwerken aus Mitgliedern mit pluralen Bewertungsstandards und Erfahrungen sind. Das Konzept des *„structural fold"* verweist auf diese Gleichzeitigkeit der Einbettung eines Akteurs in kohäsive Netzwerke des Vertrauens (etwa Teams) einerseits *und* seiner/ihrer Zugehörigkeit zu mehreren solcher Arbeitsgruppen, die den Zugang zu deren jeweiligen kognitiven Ressourcen ermöglicht. Es ist somit die Überlappung pluraler, intern kohäsiver Netzwerkstrukturen (Interkohäsion), die durch ihre Erzeugung von Dissonanzen wirtschaftlichen Erfolg und Unternehmertum befördert.

Einen anderen, sozialtheoretisch ambitionierten Blick auf Märkte als Netzwerke entwickelte Harrison White. Anders als die stärker strukturalistisch argumentierenden Arbeiten von Granovetter oder Burt legt Whites Sozialtheorie den Fokus stärker auf die relationale Konstruktion von Märkten aus Netzwerkbeziehungen: Ausgangspunkt sind nicht konkrete soziale Beziehungen, sondern abstrakte Muster sozialer Beziehungen. Wichtig hier ist Whites Konzept der *strukturellen Äquivalenz* (Lorrain & White 1971), das gleichartige oder ähnliche Beziehungen zwischen Positionen in einem Netzwerk beschreibt, die aber nicht notwendig direkt miteinander verbunden sein müssen. Vielmehr können aus den äquivalenten Beziehungen Rollenstrukturen rekonstruiert werden, also Beziehungen zwischen sozial definierten (Rollen-) Kategorien, z. B. Beziehungen zwischen Managern, Untergeordneten und Kunden, die Netzwerkmitglieder beeinflussen.

Diese Idee hat White v. a. in seinen Studien zur Entstehung von Märkten angewandt (White 1981; White & Godard 2007). Es sind nämlich die *wechselseitigen Beobachtungen* strukturell äquivalenter Produzenten gegenüber Käufern, die den Markt hervorbringen. Erst die wechselseitigen Beobachtungen – White (1981: 543) verwendet hierzu die Metapher eines Spiegels – ermöglichen es einer Gruppe von Produzenten sich als Akteur*innen einer Kategorie wahrzunehmen und vergleichbar zu machen. Produzenten sind strukturell äquivalent, weil sie ähnliche Beziehungen zu zwei anderen Rollenkategorien unterhalten: Lieferanten und Käufer. Aus den jeweils durch Lieferungen bestimmter Mengen von (Vor-) Produkten realisierten Beziehungen zu bestimmten Lieferanten (Upstream) und Käufern (Downstream) entstehen Produkte, die in einer unter den Produzenten geteilten Qualitätsordnung eingeordnet werden. Parallel zur Herstellung von Vergleichbarkeit versuchen Produzenten damit, sich durch Besetzung einer Qualitätsnische im Markt zu positionieren, um so direkte Konkurrenz zu vermeiden. Die Qualitätsordnung ergibt sich indirekt durch die Beobachtung der von den jeweils anderen Produzenten gesendeten Signale über produzierte Mengen und erzielte Preise. Erst die Beobachtung der jeweils anderen Produzenten gibt damit Anhaltspunkte für die eigenen Produktionsentscheidungen. Ein Markt ist damit ein sozialer Raum wechselseitiger Beobachtungen von Produzenten, die ähnliche Netzwerkbeziehungen zu Lieferanten und Kunden unterhalten, sich aber durch Bezug auf eine geteilte Qualitätsordnung in einer den Wettbewerb reduzierenden Nische positionieren. Sowohl Beobachtung als auch Nischenbesetzung erzeugen Handlungsorientierungen und reduzieren Unsicherheit bezüglich künftiger Marktentwicklungen (White & Godard 2007).

Die Bedeutung kognitiver und kultureller Prozesse (wie Beobachtungen oder Kategorien) hat White in späteren Arbeiten weiter sozialtheoretisch ausgearbeitet. So sind es in „Identity and Control" (1992; 2008) *Stories (*oder auch *Diskurse)*, also zwischen Akteur*innen kommunizierte, relativ abstrahierte Geschichten über sich selbst und andere, die sozialen Beziehungen – etwa Freundschaften oder Marktbeziehungen wie Konkurrenz – Bedeutung zuschreiben und sie so erst herstellen. Zugleich bringen diese Narrationen auch die *Identitäten* der je Beteiligten – etwa Organisationen oder Personen – hervor. Indem Stories zu Erwartungsstrukturen kondensieren, die auch die Erwartungen der anderen berücksichtigen, können Identitäten diese nutzen oder aufgreifen für Versuche der Ausübung von *Kontrolle* (*Control*): Durch diese können temporär Situations- oder Beziehungsdefinitionen stabilisiert und so Unsicherheit reduziert werden. Das Streben von Identitäten nach Kontrolle wird damit für White zur sozialtheoretischen Prämisse, nach der sich Kultur und Sozialstrukturen wechselseitig konstituieren: Die beobachteten Kontrollversuche von Identitäten verdichten sich zu Stories über Beziehungen, die wiederum Beziehungen strukturieren – und so Unsicherheit absorbieren. Um größere Zusammenhänge und Ordnungen von Identitäten und kulturell formierten Relationen zu fassen, führt White verschiedene nach Reichweite, Verbreitung und Funktionsweise unterschiedene Konzepte ein, wie das Konzept der Netdoms („Net" für „Netzwerk", „Dom" für sinnkonstituierte „Domänen") ein. (Produktions-) Märkte fasst White hier als prozessuale „Disziplinen" des Subtyps „Interface": Diese formieren sich durch Werturteile als Kontrollversuche von Identitäten (kultureller Aspekt), die Beziehungsmuster prägen (struktureller Aspekt). Märkte sind damit relativ stabile und sich selbst reproduzierende, durch Werturteile von Identitäten hervorgebrachte Beziehungsmuster in Form qualitätsbezogener Statusordnungen; zugleich vollziehen Märkte auf diese Weise ihre Einbettung in größere äußere soziale Umwelten wie vor- oder nachgelagerte Märkte (Upstream/Downstream). Besonders auf diese Konzepte bezieht sich auch die deutschsprachige Diskussion einer „relationalen Soziologie" (Fuhse & Mützel 2010).

Ein unterschiedliches Erkenntnisinteresse als die „klassisch" strukturalistischen, der „Neuen Wirtschaftssoziologie" zugeordneten Netzwerkansätze verfolgt die Akteur-Netzwerk-Theorie (ANT). Diese denkt die Elemente von Netzwerken nicht-essenzialistisch, d. h. Akteur*innen und ihre Agency[1] werden erst im konkreten Netzwerk hervorgebracht. Die ANT erweitert ihren analytischen Blick auch auf nicht-menschliche Entitäten, Dinge und Objekte: Gemäß dieser symmetrischen Perspektive kann solchen „Aktanten" in konkreten Verbindungen bzw. Assoziationen durchaus soziale Relevanz als Akteur*innen zukommen. Über die Science and Technology Studies etablierten sich insbesondere in der Finanzmarktsoziologie sowie der Marktsoziologie Forschungen zu „calculative devices" (Callon et al. 2007), also den Materialitäten und technischen Infrastrukturen (z. B. Telefone, Excel-Sheets, Bildschirme), denen in ökonomischen Zusammenhängen Agency zugeschrieben wird. Weiterentwickelt wurde dieser Ansatz in den programmatischen Schriften zur „Ökonomisierung" (Çalışkan & Callon 2009): „Ökonomisierung" meint hier die Hervorbringung ökonomischer Phänomene wie Märkte in hybriden, aus heterogenen Aktanten zusammengesetzten sozio-technischen „Assemblagen" oder „Agencements", d. h. netzförmigen Arrangements von Elementen, die aufgrund ihrer jeweiligen Anordnung oder Konfiguration mit Handlungsfähigkeit ausgestattet sind (Çalışkan & Callon 2010).

Von den bisherigen Ansätzen ist die Perspektive auf Netzwerke als Koordinationsform oder Ordnungsprinzip zu unterscheiden, die von institutionen- und steuerungstheoretischen Ansätzen geprägt ist. Damit stehen vor allem die Analyse der Folgen und Funktionen von Netzwerken als neuere institutionelle Formen der Koordination

---

[1] Unter „Agency" versteht man die Fähigkeit, eine beobachtbare Wirkung hervorzubringen.

von Handlungen in Gesellschaft und Wirtschaft im Fokus (u. a. Powell 1990; Windeler 2001; Überblick: Jungmann 2020). In dieser zumeist als Governance (u. a. Mayntz 2009; Benz et al. 2007) bezeichneten Perspektive auf funktional äquivalente Formen der Regelung und Koordination sozialer Zusammenhänge werden Netzwerke *idealtypisch* von gleichzeitig möglichen Formen wie Hierarchie oder Markt unterschieden. „Hierarchie" bedeutet hier die oft formalisierte, bürokratische und machtförmige Koordination durch Über- und Unterordnungsverhältnisse, traditionell vor allem „Herrschaft" durch souveräne staatliche Akteur*innen (u. a. August 2020); zudem kann Hierarchie sich aber auch auf Koordination und Ordnung innerhalb öffentlicher oder privater Organisationen in Form von Organisationsmitgliedschaft beziehen (u. a. Powell 1990). „Markt" wiederum verweist auf die Koordination durch eine über Preise sowie Wettbewerb erzeugte Präferenzordnung auf der Grundlage individueller Interessen und bestimmter Regeln, auf die Akteur*innen sich einigen (u. a. August 2020). Netzwerke zeichnen sich gegenüber diesen durch Prinzipien der Dezentralität, Komplementarität, Relationalität und Reziprozität, Prozessualität und Unabgeschlossenheit sowie Kooperation aus. Ordnung wird demnach nicht linear, statisch und normativ vorausgesetzt, sondern muss ständig neu zwischen den dezentral im Netzwerk verteilten Akteur*innen in Prozessen der Selbstorganisation hergestellt werden (u. a. August 2020). Dies impliziert, dass Netzwerke auch eigene mehr oder weniger formalisierte oder informelle Regeln ausbilden und verbreiten können, die sie zur Stabilisierung nutzen (u. a. Windeler 2001).

Netzwerke als Governance-Ansatz, so die Annahme, könnten aufgrund dieser Eigenschaften die Komplexität moderner Gesellschaften besser als staatszentrierte, hierarchische oder marktförmige Koordinationsmechanismen verarbeiten. Sie ermöglichen nicht nur Flexibilität gegenüber unvorhersehbaren Problemen und Veränderungen, sondern auch Diversität, Kreativität und eine stärkere Partizipation gesellschaftlicher Akteur*innen (u. a. Powell 1990; August 2020). Mit Netzwerken wird daher eine stärkere Lern- und Innovationsfähigkeit verknüpft, was vielfach empirisch untersucht wurde (u. a. Smith-Doerr & Powell 2005; Jungmann 2020). In dieser Perspektive interessieren Netzwerke zwischen Individuen allgemein weniger als Netzwerke von bzw. zwischen Organisationen wie Unternehmen, Verwaltungen, Interessensvertretungen oder zivilgesellschaftlichen Organisationen (u. a. Windeler 2001; Kraft 2012; Jungmann 2020). Ein Beispiel dafür sind sog. Public-Private-Partnerships (u. a. Mayntz 2009). Insgesamt besteht oft kaum Dialog mit den sozialtheoretisch informierten Netzwerkansätzen; hingegen gibt es in wirtschaftssoziologischen Ansätzen eine stärkere Orientierung an der allgemeinen Sozialtheorie, etwa der Strukturationstheorie nach Giddens (u. a. Windeler 2001) oder Institutionentheorien (u. a. Powell 2001). Jedoch grenzt sich auch diese wirtschaftssoziologische Perspektive auf Netzwerke dezidiert von wirtschaftswissenschaftlichen Ansätzen wie dem Ansatz der Transaktionskostenökonomie ab, der anhand funktionalistischer und ökonomischer Kriterien wie Effizienz die Vorteile von Netzwerken gegenüber Markt und Hierarchie hervorhebt (u. a. Powell 1990).

3.3 Empirische Forschungsgegenstände

Die empirische Netzwerkforschung befasste sich seit ihrem Entstehen mit der Bedeutung sozialer Netzwerke und Einbettung für Arbeitsmärkte, Finanzmärkte, Produktmärkte oder Organisationen, insbesondere Unternehmen. Wie erwähnt stehen dabei empirische Forschung und konzeptionelle Weiterentwicklung in engem Zusammenhang. Der Fokus dieser Arbeiten liegt häufig auf dem Zusammenhang von Beziehungsstrukturen auf Netzwerken, den Handlungen und Entscheidungen von Akteur*innen – Individuen (häufig Unternehmensmitglieder) und Unternehmen – und dem Zugang zu handlungsermöglichenden Ressourcen, die ökonomischen oder generell sozialen Erfolg und Vorteile ermöglichen. So interessieren sich zahlreiche Studien etwa dafür, wie informale Netzwerke in Märkten soziales Handeln einbetten, indem sie den Fluss von Informationen und Ressourcen sowie das Entstehen von Vertrauen erst ermöglichen. Dies konnten etwa die Studien Granovetters zu Arbeitsmärkten (1973) oder auch zu Innovation im Silicon Valley (Ferrary & Granovetter 2009) zeigen. Weitere wichtige Studien konnten dies für die Bekleidungsindustrie weiter differenzieren (Uzzi 1996; 1997). Weiterhin wurde die Bedeutung von Status und Reputation in Netzwerken herausgearbeitet (Podolny 1993; 2001; 2010). Die Studien von Burt beschäftigen sich mit der Ermöglichung von unternehmerischem Handeln durch Netzwerkstrukturen, v. a. der Bedeutung struktureller Löcher und Sozialkapital (Burt 2000; 2004; 2005). Der Einfluss migrantischer Netzwerke auf unternehmerisches Handeln wurde ebenso mehrfach erforscht (u. a. Portes 1995). Die Netzwerkforschung konnte zudem den Zusammenhang von Unternehmensgründungen bzw. Start-ups mit Strukturen des Vertrauens, persönlicher Interaktion, Kooperation, Wissensaustausch und (Risiko-) Kapital aufzeigen (u. a. Owen-Smith & Powell 2003; Whittington et al. 2009; Powell et al. 2005). Andere wiesen auf die Bedeutung kognitiver Diversität in Netzwerken für unternehmerisches Handeln hin (u. a. Vedres & Stark 2010). Ein weiteres Forschungsthema sind etwa vertraglich formalisierte wie informelle interorganisationale Netzwerke. So werden etwa Projektnetzwerke, z. B. in der Film-, Musik- oder Werbeindustrie untersucht (u. a. Grabher 2001; Faulkner 1983). Dabei interessieren vor allem die Rolle von Reputation und Status in Netzwerken und deren Einfluss auf Kooperation und Erfolg. Innerorganisatorische Netzwerke etwa zwischen Managern, Mitgliedern oder Abteilungen wurden vor allem auf ihre Macht- und Kontrollbeziehungen hin beforscht (u. a. Mizruchi 1992; Heinze 2002).

Die netzwerkförmige Marktkonstitution durch wechselseitige Beobachtung, Signalisierung und kulturelle kognitive Strukturen wie Stories oder Narrationen oder Kategorien wurde im Anschluss an Arbeiten Whites (1981; 2008) erforscht (Mützel 2010; Kennedy 2008). Weiterhin, aber deutlich seltener werden illegale Märkte (Beckert & Wehinger 2013) und Praktiken wie Korruption, Drogenhandel, Menschenhandel oder Raubkunsthandel, die durch das über Vernetzung entstehende Vertrauen, Kooperation und wechselseitige Abhängigkeiten erst funktionieren können, untersucht (u. a. Kenney 2007; Mackenzie & Davis 2014; Baker & Faulkner 1993).

Eine Reihe von Studien beschäftigt sich weiterhin mit Netzwerken als Koordinationsmodus zwischen Unternehmen und anderen Organisationen (vgl. Jungmann 2020). Unter diesem Gesichtspunkt wird etwa die Ermöglichung von Innovation untersucht (u. a. Powell et al. 1996; 2005; Sydow et al. 2012) sowie die Koordination von Arbeit in Netzwerken, wie beispielsweise in Projektnetzwerken der Medienindustrie (u. a. Windeler & Wirth 2018).Daneben widmet sich Forschung den Beziehungsstrukturen auf Finanzmärkten, welche Informationsaustausch und Vertrauen ermöglichen (u. a. Abolafia 1996; Beunza & Stark 2004). Nach Größe und Dichte unterschiedene Netzwerke beeinflussen zudem zentrale Parameter des Optionsbörsenhandels wie Volatilität von Preisen und Effizienz, aber auch deren Strukturen der Konkurrenz und Abstimmung von Personen und Information (u. a. Baker 1984). Andere Studien zeigen die Kapital- und Personalverflechtungen zwischen Unternehmen und deren Wandel im Rahmen von Finanzialisierungsprozessen auf (u. a. Höpner & Streeck 2003; Höpner 2003; Höpner & Krempel 2004). Die Genese und Folgen der disruptiven Finanzmarktkrisen ab 2008 wurden wiederum als komplexe globale Netzwerke von Beteiligungs- und Eigentumsstrukturen analysiert, die bestimmte Machtbeziehungen, Ansteckungsdynamiken und Adaptionsfähigkeit begünstigen (u. a. Schweitzer et al. 2009; Vitali et al. 2011; Summer 2013).

Ein weiterer Schwerpunkt der Forschung liegt auf den räumlichen Konfigurationen, die sich durch oft globale Netzwerke ergeben. Ein wichtiger Fokus liegt hier einmal auf der globalen inter- und transnationalen Koordination von Produktions- und Wertschöpfungsprozessen in globalen Lieferketten und Wertschöpfungsketten. Diese beschäftigen sich etwa mit deren Entstehung, den einhergehenden Regulationsprozessen und wie diese die ökonomischen und sozialen Dynamiken von Branchen und Staaten oder Arbeitsverhältnisse prägen (u. a. De Marchi et al. 2018; Ponte et al. 2019). Darüber hinaus werden die Netzwerke des globalen (Finanz-) Kapitals, die sich räumlich zwischen Global Cities spannen, untersucht als Strukturen der Macht und Dominanz, die bestimmte Regionen privilegieren und andere marginalisieren (u. a. Sassen 2018). Andere Arbeiten fokussieren analytisch allgemeiner die sich herausbildenden Muster des Flusses und der Konzentration von Information, Wissen oder Kapital zwischen Global Cities (u. a. Taylor & Derudder 2015).

Neuere Forschung beschäftigte sich mit den Netzwerken, die ungleichen Erfolg auf flexiblen Arbeitsmärkten der Kreativwirtschaft erklären (Lutter 2015; 2012). Angeregt u. a. durch die Akteur-Netzwerk-Theorie gerieten ab den 2000er Jahren soziotechnische Netze v. a. auf Finanzmärkten (u. a. Callon et al. 2007; Beunza & Stark 2004) und andere Infrastrukturen wie Energie- und digitale Netze oder Lieferketten in den Blick (u. a. Mitchell 2008, 2011; Tsing 2005, 2015). Verstärkt untersuchen Studien und Ansätze auch Praktiken und Ereignisse eines (temporären wie permanenten) strategischen oder taktischen Reduzierens oder Auflösens von Verbindungen innerhalb von Netzwerken, deren Folgen sowie den Umgang damit. Diese materialisieren sich etwa in der Reorganisation von Verbindungen in Unternehmen in Form der Reduktion von Meetings oder auch der Einrichtung von „Hiding Spaces" statt „Open Offices", in Techniken der Analogisierung als Rückzug aus digitalen „sozialen Medien", sowie in der Kommodifizierung von Entnetzung etwa im Tourismus oder Wellnessbereich (u. a. Stäheli 2021; Karppi et al. 2021).

Klassisches Beispiel der Theorie: Stellensuche und die Stärke schwacher Beziehungen (Granovetter)

Im Jahr 1974 veröffentlichte Mark Granovetter seine Dissertationsschrift „Getting A Job. A Study of Contacts and Careers" (Granovetter 1995), die er als Doktorand von Harrison White in Harvard verfasst hatte. Mit der darin veröffentlichten empirischen Studie legte er die Grundlage für konzeptionelle Überlegungen, die heute als einer der zentralen Gründungsmomente der „Neuen Wirtschaftssoziologie" gelten. Die Studie stellt die Frage, wie sich Informationen über offene Stellen unter Personen, Arbeitskräften und Stellensuchenden, durch persönliche Kontakte verbreiten. Die leitende These ist dabei, dass das Verhalten bei der Stellensuche nicht durch rein ökonomisch rationale Orientierungen erklärt werden kann, sondern maßgeblich von sozialen Bedingungen beeinflusst wird. Das methodische Design ist denkbar einfach: Granovetter befragte Arbeitskräfte, die ihren Job gewechselt hatten, anhand mündlicher Interviews und postalisch verschickter Fragebögen. Die erhobenen Daten wurden, anders als in der üblichen Netzwerkanalyse, in Form von Kreuztabellen und Interviewauszügen ausgewertet. Wichtiger sind die Ergebnisse bzw. die theoretischen Schlussfolgerungen, die Granovetter daraus zieht. Die Ergebnisse zeigen: Die spezifische Ausprägung sozialer Kontakte spielt eine zentrale Rolle bei der Informationsweitergabe im Kontext der Stellensuche. Zunächst zeigt Granovetter, dass persönliche Kontakte weit mehr als formale Ausschreibungen oder Direktbewerbungen als erfolgreicher Weg bei der Stellensuche angegeben wurden und außerdem zu Stellen mit höherem Einkommen und größerer Zufriedenheit führten. Zentral ist aber die Erkenntnis, dass die relevanten, kritischen Stelleninformationen im Falle von persönlichen Kontakten viel mehr durch die „schwachen Beziehungen" (weak ties) als durch „enge Beziehungen" (strong ties) vermittelt wurden. Schwache Beziehungen bestimmt Granovetter über eine geringe Ausprägung von Kontakthäufigkeit, Zeitaufwand und Intimität: Konkret können damit gelegentliche Kontakte wie Kolleg*innen, Bekannte oder Freunde von Freunde gemeint sein. In solchen Beziehungen fließen noch unbekannte, nichtredundante und daher potenziell jobrelevante Informationen aus unterschiedlichen sozialen Kreisen vermittelt über Brückenpersonen. In engen Beziehungen wie Freundschaften oder Verwandtschaft zirkulieren hingegen überwiegend bekannte Informationen, da die Beteiligten meist dieselben Kanäle nutzen. Die anschließenden Überlegungen, die die vorangehenden Ergebnisse konzeptionell-theoretisch einordnen, wurden besonders einflussreich. Bereits ein Jahr zuvor, 1973, veröffentlichte Granovetter seinen Aufsatz „The Strength of Weak Ties", der sich stark auf die Erkenntnisse der Studie stützt und in dem er eine Theorie der „Stärke schwacher Beziehungen" („Strength of weak ties") entwickelt (s. u.).

In den nächsten Jahren entwickelte Granovetter diese Ansätze weiter in Richtung einer generellen Betrachtung der sozialstrukturellen Einbettung ökonomischen Handelns (Granovetter 1985). In seinen Aufsätzen entwickelte Granovetter die für die Wirtschaftssoziologie bis heute hochrelevante Erkenntnis, dass ökonomisches Handeln und Strukturen nicht als bloßes Ergebnis von Kosten-Nutzen-Kalkülen oder dem Talent isolierter, vereinzelter Individuen interpretiert werden sollten.Vielmehr ist ökonomisches Handeln durch die konkreten sozialstrukturellen Bedingungen ermöglicht, in die Akteur*innen eingebettet sind.

Bis heute (Mai 2024) zählt allein der Artikel zur „Stärke schwacher Beziehungen" 73.000 Zitationen (Google Scholar) und ist eine Standardreferenz sowohl für die allgemeine Soziologie als auch für die („Neue") Wirtschaftssoziologie. Die aus der Studie abgeleiteten Erkenntnisse wurden über die Rezeption und die Weiterentwicklungen Anderer zu fundierenden Momenten, Referenzen und Beispielen der „Neuen Wirtschaftssoziologie", die sich anfangs scharf von den Wirtschaftswissenschaften abgrenzte. Doch die Rezeption der Konzepte Granovetters geht weit darüber hinaus und kann z. B. in die sozialwissenschaftliche Netzwerkforschung etwa der Sozialgeografie, die Wirtschaftswissenschaften oder in die Bildungs- und Migrationsforschung verfolgt werden. „Klassisch" ist Granovetters Studie als Beispiel weiterhin, da sich in der „Netzwerkgesellschaft" und speziell ihren virtuellen Medien und Plattformen – wie etwa „LinkedIn" – im Alltag und in Karriereratgebern Diskurse und Narrative entwickelt haben, die Granovetters Argumentation auf den ersten Blick ähneln. Sie heben die Nützlichkeit informeller und loser Beziehungen für die Jobsuche und die Karriere hervor und versuchen aus dieser Erkenntnis Techniken des strategischen Netzwerkens zu entwickeln (Grabher & König 2017). Allerdings blenden diese meist Granovetters Erkenntnis aus, dass soziale Kontaktstrukturen und Netzwerkpositionen bestimmte Möglichkeiten strategischen Handelns im Netzwerk eröffnen, aber auch beschränken. Granovetters Beispiel bleibt daher bis heute in vielfältiger Weise aktuell.

4 Methodologie und Methode

Für die Analyse von Netzwerken ist die Erhebung und Analyse empirischer Daten zentral. Viele der bestehenden Netzwerkkonzepte wurden in empirischen Forschungen und für diese (weiter-) entwickelt. Die Netzwerkanalyse (Social Network Analysis) entstand seit den 1970er Jahren und kombiniert Verfahren und Annahmen aus Physik, Psychologie, Soziologie, Anthropologie und Mathematik (Wasserman & Faust 1994; Freeman 2004; Jansen 2006). Als quantitatives Verfahren verarbeitet die Netzwerkanalyse nicht linear Variablen verarbeiten, sondern sie ist „im Kern algebraischer Natur", denn sie analysiert Elemente als „nicht voneinander unabhängig" (Mützel 2017: 475). Es kommt hier wieder die Hauptprämisse der Netzwerkforschung zum Ausdruck: Nicht Eigenschaften individueller Akteur*innen stehen im Vordergrund, sondern die „formale Analyse von beobachtbaren bzw. abfragbaren Beziehungen zwischen mindestens zwei Akteuren" (Mützel 2017: 475). In quantitativen Netzwerkanalysen gibt es grundlegend zwei Herangehensweisen zur Erhebung von Netzwerken. Zum einen können Gesamtnetzwerke erhoben werden durch die Abfrage der Beziehungen möglichst aller Netzwerkteilnehmer (Gesamtpopulation) oder zumindest eines großen Teils (etwa Wirtschaftssektoren, Organisationsnetzwerke). In einer anderen, auf die Analyse egozentrierter Netzwerke zielenden Herangehensweise werden ausgehend von einem Akteur (Ego) dessen Beziehungen zu Anderen (Alteri) sowie deren Beziehungen untereinander erhoben. Weiterhin unterscheidet die Literatur zwei Arten der Grenzziehung, durch die Netzwerkanalysen ihren analytischen Fokus definieren können (Laumann et al. 1989): In der realistischen Grenzziehung ziehen die befragten Personen die Grenze ihrer Netzwerke selbst; die forschungspragmatisch meist vorgenommene nominalistische Grenzziehung erfolgt nach den thematischen und konzeptionellen Interessen des*der Forscher*in.

Als Erhebungsmethoden kommen sowohl quantitative als auch qualitative Methoden zum Einsatz (Jansen 2006). Netzwerkgeneratoren sind Messinstrumente, die Beziehungspersonen befragter Personen und die Merkmale dieser Beziehungen (Beziehungsdimensionen) in Massenumfragen abfragen. Dabei wird von Ego als Auskunftsperson oder von allen Teilnehmer*innen eines Netzwerks ausgegangen. Weiterhin werden große statistische Datensätze oder Umfragedaten ebenso netzwerkanalytisch ausgewertet wie Big Data im Sinne großer Datenmengen aus Archivdaten und aus sozialen Netzwerkplattformen wie Facebook. Statistische Analysen egozentrierter Netzwerke beziehen individuelle Eigenschaften auf die sie einbettenden Beziehungsstrukturen. Bei der Analyse von Gesamtnetzwerken wiederum werden beispielsweise kausale Zusammenhänge zwischen den ermittelten Beziehungsstrukturen und ökonomischer Leistung betrachtet. Zur Beschreibung der Beziehungsmuster verwendet die Netzwerkanalyse verschiedene Maße, die meist aus dem Verhältnis von Knoten und Kanten ermittelt werden. Wichtig sind etwa Maße zur Dichte („Density"), Zentralität von Netzwerken, Erreichbarkeit einzelner Akteur*innen oder Clusterung (Jansen 2006). Visualisiert werden Netzwerke in der Netzwerkanalyse vor allem durch Netzwerkdiagramme, die Akteur*innen als Punkte bzw. Knoten und Beziehungen (Kanten) als Verbindungslinien zwischen diesen abbilden (Freeman 2004).

Inzwischen haben sich jedoch auch qualitative Erhebungsmethoden wie (teilnehmende) Beobachtung, Ethnografien, Interviews oder Textmaterial etabliert (Hollstein 2019; Hollstein 2011; Hollstein & Straus 2006): Diese qualitative Netzwerkanalyse erlaubt vor allem auch die Erfassung von Sinn- und Bedeutungsstrukturen in Netzwerken, welche durch kultur- und wissenssoziologische Ansätze (wie etwa durch diejenigen von White und die relationale Soziologie) analysiert werden können. Aus der Perspektive des Symbolischen Interaktionismus sowie der Situationsanalyse kann dann die situierte, interaktiv ausgehandelte und symbolisch vermittelte Konstruktion von sozialen Netzwerken untersucht werden. Dies lenkt den analytischen Fokus auf die Art und Weise, wie Netzwerke sowohl als Handlungsbedingung als auch als Handlungsergebnis auf (anschließendes) soziales Handeln oder Praktiken wirken (Töpfer & Behrmann 2021). Bei der Erhebung kommen häufig – auch in Kombination mit qualitativen Interviews – Netzwerkkarten zum Einsatz, durch die die Befragten ihre Netzwerke aufzeichnen und visualisieren können (u. a. Hollstein 2019; Straus 2024). Die qualitativen Daten lassen sich dann quantifizieren und formal analysieren (Fuhse & Mützel 2011) oder für weiterführende quantitative Analysen verwenden. Insgesamt kommen vermehrt auch Mixed-Methods zum Einsatz (Domínguez & Hollstein 2014). Eine weitere qualitativ orientierte Methode schließt an die Akteur-Netzwerk-Theorie an, die Netzwerke ex post durch Zusammenfügen verschiedener Daten wie Artefakten, Bildern, Texten oder Interviews rekonstruiert. Diese beschreibt die Assoziationen von Aktanten meist ausgehend von einem Aktanten und dessen Verbindungen, die wiederum zu weiteren und größeren Zusammenhängen führen („follow the actors", Latour 2007). Sinn wird hier als kollektiv produziert in den Verbindungen von menschlichen wie nicht-menschlichen Akteuren verstanden (Mützel 2009; Callon 2006).

! 5 Zusammenfassung zentraler Begriffe

Netzwerk: Als ein Netzwerk bezeichnet man die Zusammenhänge von sozialen Beziehungen zwischen sozialen Einheiten bzw. Akteur*innen. Formal können diese als Menge von Knoten und der Verbindungen zwischen ihnen beschrieben werden.

Sozialkapital: Die Ressourcen, die Akteur*innen aufgrund ihrer jeweiligen sozialen Position in Netzwerken für ihr Handeln mobilisieren können. Akteur*innen können somit über mehr oder weniger Sozialkapital verfügen.

Assoziationen, Aktanten, Agencements: Die Akteur-Netzwerk-Theorie versteht Netzwerke als dynamische Verbindungen, Assoziationen, von menschlichen und nicht-menschlichen Einheiten, d. h. Objekten oder Dingen. Latour bezeichnet Menschen und Dinge als Aktanten, deren Handlungsfähigkeit bzw. Agency sich erst in konkreten Verbindungen ergibt. Die größeren, stabilisierten Handlungszusammenhänge oder Arrangements von Menschen und Dingen werden z. T. als Aggregat, Agencements oder Assemblagen bezeichnet.

Netzwerke als Governanceform: Netzwerke werden als Regelungs- und Koordinationsform bzw. als Ordnungsprinzip von sozialen Zusammenhängen zwischen Akteur*innen wie Organisationen verstanden. Dabei lassen sie sich hinsichtlich ihrer Funktionslogik idealtypisch von Markt und Hierarchie unterscheiden.

6 Kritik, Weiterentwicklung und Rezeption

Nach der Vorstellung des Erkenntnisinteresses stellt dieses Kapitel zentrale Linien der Kritik an den vorherrschenden Ansätzen der wirtschaftssoziologischen Netzwerkforschung dar. Danach werden die darauf antwortenden konzeptionellen Weitentwicklungen sowie reflexive Perspektiven auf Netzwerke und die Netzwerkforschung als Möglichkeiten für künftige wirtschaftssoziologische Forschung skizziert.

6.1 Theorieimmanente Kritik

Die Netzwerkforschung war von Beginn an von einer inneren Dynamik geprägt, die in der Wirtschaftssoziologie zahlreiche Impulse von verschiedenen sich formierenden Ansätzen aufgriff. So wurde der lange Zeit vorherrschende methodologische Individualismus kritisiert, der trotz der Betonung des postulierten Primats der Beziehungsmustern über den Eigenschaften einzelner Einheiten (wie Individuen oder Unternehmen) insbesondere in den instrumentell-relationistischen Ansätzen (wie von Granovetter oder Burt) Analyseeinheiten wie Individuen voraussetzt: Diesen würden, zumindest als Arbeitshypothese, Handlungsorientierungen wie Rationalität, Interessen oder Nutzenmaximierung bei der Ausnutzung von in sozialen Beziehungen und Netzwerken sich bietenden Gelegenheiten unterstellt. Mit dieser Auflösung der Frage nach dem Primat der Analyse in eine Richtung werde auch eine konstruktivistische Theorie-Option einer „wechselseitige[n] Konstitution von Relationen und Elementen" (Holzer 2009: 265) wenig beachtet.

Ein weiterer, damit zusammenhängender Aspekt der Kritik ist, die Netzwerkforschung vernachlässige mit ihrem Fokus auf konkrete Beziehungen tendenziell analytische Kategorien wie Sinn, Kultur oder Institutionen (Emirbayer & Goodwin 1994; Fligstein 1996). Diese Kritik betrifft wiederum vor allem die „instrumentell-relationistischen" Ansätze der Netzwerkforschung. Diese verfügten nicht über die analytischen Konzepte, die Konstitution der Knoten (etwa ihrer Handlungsorientierungen) oder der über die Kanten fließenden Informationen bzw. Ressourcen in ihrer gesellschaftlichen Bedeutung zu erklären. Netzwerkverbindungen (ties) werden damit häufig objektiviert und verdinglicht zu „gleichsam fossilierte[n] Austauschkanäle[n], die unabhängig von einem Beobachter existieren" (Holzer 2009: 266). Auch Fragen der Genese ökonomischer Institutionen und Strukturen wie Märkte können auf diese Weise nicht zufriedenstellend beantwortet werden: Vielmehr setzen viele Ansätze Märkte vielfach als Umwelt der Bildung von Netzwerken und des Handelns von Individuen voraus. Es besteht damit ein sozial- und gesellschaftstheoretisches Defizit (u. a. Kuchler 2019: 187 ff.; Sparsam 2015: 117 ff.; Holzer 2010). Dieses wurde vor allem durch White und die an ihn anschließende relationale Soziologie bearbeitet (s. o.).

Ein weiterer Kritikpunkt betrifft in methodischer Hinsicht die Dominanz quantitativer Forschung in der Netzwerkforschung, deren Variablenkonstruktionen und Messwerte auch zur Vernachlässigung institutioneller bzw. kultureller Dimensionen neigen; auch seien die gemessenen Eigenschaften von Beziehungen zu eindimensional. Zudem würden häufig nur Querschnittsdaten erhoben, die die Dynamik des Netzwerkgeschehens nicht abbilden könnten (Mützel 2017: 487).

6.2 Kritik im Vergleich zu anderen Theorien der Wirtschaftssoziologie

Im Vergleich mit der Systemtheorie, konventionensoziologischen und institutionalistischen Ansätzen wird die Wirkmächtigkeit analytisch abstrakter, aus Sicht der Netzwerkforschung „aggregierter" Kontexte wie Institutionen, Konventionen, Kapitalismus, Imperialismus, Märkten, Staaten etc. weitgehend vernachlässigt (u. a. Kuchler 2019: 211 ff.). Dies ist der analytischen Präferenz der Netzwerkforschung für die konkreten Verbindungen zwischen Akteur*innen zuzuschreiben. Auch lassen sich sozial generalisierte Phänomene, also solche, deren Wirksamkeit sich gerade durch ihre öffentliche, in Netzwerken ausgeschlossenen Dritten ermöglichte Beobachtbarkeit und Zugänglichkeit auszeichnen mit den Mitteln der Netzwerkforschung nur schwerlich analysieren. Die Netzwerkforschung thematisiert Relationen und Verknüpfungen zwischen Teilnehmenden eines Netzwerks überwiegend als geheimen, nicht-öffentlichen, partikularen oder auch privaten „Fluss" von Informationen oder anderen „Ressourcen", während (wirtschaftssoziologisch) ebenso relevante Dimensionen öffentlich geteilten und als allgemein bekannt unterstellten Wissens, Diskursen oder Institutionen in ihrer Spezifik tendenziell ausgeblendet bleiben (Werron 2010; Zuckerman 2010; Kuchler 2019: 211 ff.). Konkret sind damit abstrakte, generalisierte und öffentliche Phänomene wie Preise, Standards, ökonomische Theorien, öffentliche Messungen und Bewertungen oder Geld gemeint, die, wie häufig durch die Wirtschaftssoziologie gezeigt, eine strukturierende oder konstitutive Rolle in sozialen Beziehungen einnehmen (Kuchler 2019: 211 ff.). Kritiker*innen merken an, dass solche Phänomene durch die Netzwerkforschung in den von ihr untersuchten konkreten sozialen Beziehungen analytisch „gewissermaßen weg-punktualisiert" werden (Kuchler 2019: 212). Allgemein kann damit nach der sozialen Herstellung der Knoten, der Verbindungen (Kanten) und der über diese zirkulierenden Informationen und Ressourcen gefragt werden: Im Vergleich zu institutionalistischen, praxistheoretischen, poststrukturalistischen, systemtheoretischen oder konventionensoziologischen Ansätzen kommt die Prägekraft von (historischen) gesellschaftlichen Rahmenbedingungen wie Wissensordnungen, Diskursen, Institutionen und politischen Prozessen für Subjektivitäten, ökonomische Orientierungen oder Interessen nur selten in den Fokus. Diese werden oft schlicht vorausgesetzt und als Kontexte der Bildung von Netzwerken analytisch unhinterfragt reproduziert (Kuchler 2019: 218 ff.; Sparsam 2015: 111 ff.; 163 ff.).

Diese Kritik gilt auch für Whites Ansatz. Aufgrund seiner theoretischen Vorentscheidungen werden Produktmärkte als selbsttragende, essenzialisierte Phänomene begriffen, deren Genese und historisch spezifische Funktionsweise sein Ansatz trotz der späteren Erweiterung um kulturalistische Elemente nicht hinreichend erklären könne: Seine Theorie „schafft lediglich eine begriffliche Ordnung, in welcher die beobachteten Phänomene arrangiert werden können" (Sparsam 2015: 195). Auffällig ist zudem das Postulat einer Dominanz von Produktionsmärkten, auf die seine theoretischen Konzepte zugeschnitten sind; der Spezifik der gegenwärtig hochrelevanten, bei White aber vernachlässigten Finanzmärkte könne die Theorie daher nicht gerecht werden (Knorr Cetina 2004). Auch die strukturierende Qualität des Geldes als sozial generalisiertes Medium moderner sozialer Beziehungen, die Gegenstand zahlreicher Theorien der Wirtschaftssoziologie ist, berücksichtigt Whites Ansatz – wie insgesamt die Netzwerkforschung – nicht; stattdessen setzen Netzwerkansätze die soziale Funktionsweise des Geldes zumeist implizit voraus (Sparsam 2015: 195; Kuchler 2019: 211 ff.).

Ein weiterer Kritikpunkt ist der Umgang mit dem Gegenstand des Netzwerks. Der Begriff des Netzwerkes werde theoretisch-analytisch auf eine Vielzahl sozialer Phänomene angewendet und so übergeneralisiert und universalisiert (Sparsam 2015: 121), sodass ein Außen von Netzwerken nicht mehr vorstellbar ist (Stäheli 2021: 23). Es stellt sich damit die Frage der Gegenstandsadäquanz der Ansätze (Sparsam 2015: 121 ff.). Dieses Problem stellt sich umso nachdrücklicher, wenn der enorme Erfolg der Netzwerksemantiken als Selbstbeschreibung von zeitgenössischen Gesellschaften, Organisationen und Subjekten bzw. deren Praktiken („Netzwerken") und die parallele, davon vermutlich nicht unabhängige Etablierung der einflussreichen sozialwissen-schaftlichen Netzwerkforschung berücksichtigt werden. Dies hat zur Folge, dass sozio-logische Analytik und deren selbst zum Teil gesellschaftlicher Wirklichkeit geronne-ner Gegenstand zusammenfallen, sodass eine analytisch notwendige kritische Distanz verloren zu gehen droht (De Goede 2012; Sparsam 2015: 121; Stäheli 2021). Überdies wird insbesondere in den Ansätzen zur Untersuchung der Koordinationsform des Netzwerks, aber auch in anderen Ansätzen wie denen von Granovetter oder Burt ein gewisses Bias erkennbar: Oft wird normativ-präskriptiv von den (ökonomischen, so-zialen) Vorteilen möglichst breiter Vernetzung, vor allem loser Verbindungen (loose ties, strukturelle Löcher) ausgegangen (Sparsam 2015: 124 ff.; Kuchler 2019: 209 f.; 226). Dies trifft auch auf Governanceansätze zu, die häufig über das Analytische hinausge-hen und normativ-präskriptiv die positiven Funktionen und den Nutzen von Netzwer-ken hervorheben (u. a. Sparsam 2015: 122 ff.). Dabei blenden viele Arbeiten zudem die (Governance-) Netzwerken inhärenten Tendenzen zur (Re-) Produktion von Asymmetrien, Intransparenz, Ausbeutung oder Vermarktlichung aus (u. a. Davies & Spicer 2015). Insgesamt würden die dysfunktionalen und problematischen Effekte von Netzwerken wie z. B. Marginalisierung, Partikularismus oder Exklusion in der wirtschaftssoziologischen Netzwerkforschung nur wenig systematisch untersucht (Kuchler 2019: 209 ff.).

Sozialtheoretisch kann zudem der analytische Primat des Netzwerks bzw. der Praxis der Vernetzung kritisiert werden. Die meisten Netzwerkansätze gehen von einer Steigerungslogik der Vernetzung und der Vermehrung von Verbindungen aus – ein Außen und die Grenzen von Netzwerken bleiben meist unbeachtet(u. a. Stäheli 2021: 203 ff.): Die meisten Ansätze konzeptualisieren Praktiken und Objekte/Subjekte als relational geprägt, soziale Beziehungen verweisen immer auf weitere Beziehungen und können nur in dieser Relationalität gedacht werden. In Ansätzen wie der Akteur-Netzwerk-Theorie kommt Elementen nur qua ihrer Vernetzung oder Relationalität eine soziale Existenz zu (Stäheli 2021: 94 ff.). Instrumentell-relationistische Ansätze hingegen besetzen Beziehungen oft einseitig positiv im Sinne einer Nützlichkeit für Akteur*innen. Somit können Negatives wie nicht bestehende Verbindungen (z. B. Kuchler 2019: 206 ff.) und Phänomene und Praktiken der Entnetzung, der Verbin-dungslosigkeit und des Nichtrelationalen (Stäheli 2021), also das – strategisch und tak-tisch praktizierte – Fehlen, Auflösen oder auch Scheitern von Verknüpfungen innerhalb von Netzwerken, nicht analysiert werden. Wie Urs Stäheli (2021) zeigt, liegen die theore-tischen Ressourcen zur Untersuchung solcher Phänomene oft nicht vor– allerdings trifft dies auch auf andere soziologische Ansätze zu.

6.3 Weiterentwicklungen und Perspektiven

In Reaktion auf die Kritik an Netzwerkansätzen entwickelten sich sozialkonstruktivis-tische (und poststrukturalistische) Perspektiven auf Netzwerke seit den 1980er Jahren, vor allem repräsentiert durch die Akteur-Netzwerk-Theorie (u. a. Latour 2007; Çalış-kan & Callon 2009) und durch Harrison White (1992; 2008). Diese ko-existieren aber neben den etablierten methodologisch-individualistischen: So erweitert White den Blick auf die kulturelle Konstruktion von Netzwerken und Identitäten/Knoten durch Erzählungen, geht aber weiterhin von der Prämisse aus, das Soziale sei grundlegend und essenziell netzwerkförmig hergestellt. Die relationale Soziologie (Fuhse 2021; Fuhse & Mützel 2010) schließt daran an und greift Konzepte der Institution oder des Feldes auf, um den sozialen Kontext, der die Formierung von Netzwerken prägt, ana-lytisch zu berücksichtigen. Weitere, zumindest in der deutschsprachigen Soziologie einflussreiche, Vorschläge zur Verknüpfung von Netzwerkforschung und einer sozial- wie gesellschaftstheoretischen Perspektive wurden mit Mitteln der soziologischen Sys-temtheorie entwickelt: Diese fokussieren etwa die jeweiligen Beziehungen zwischen Netzwerken und Systemformen wie Interaktionen, Organisationen und Gesellschaft bzw. Funktionssystemen (u. a. Bommes & Tacke 2010; Holzer 2010).

Eine weitere Möglichkeit der Weiterentwicklung ergibt sich aus der Annahme, dass Netzwerkbegriffe nicht nur als Teil von Sozialtheorien und sozialwissenschaftlichen Konzeptualisierungen des Sozialen soziale Wirklichkeit abbilden oder analysierbar ma-chen. Vielmehr wird die Diagnose einer gesellschaftsweiten Proliferation der Netzwerk-semantik für die soziologische Analyse nutzbar gemacht und in reflexiv-kritischer Hal-tung gefragt, wie das *Netzwerkdenken als politische und praktische Rationalität* die soziale Wirklichkeit von gesellschaftlichen Feldern und Subjekten strukturiert (u. a. Stä-heli 2021: 23 ff.; August 2021; Bollmer 2016). Die Netzwerksemantik entwickelt sich zu einer politischen und praktischen Rationalität, indem sie zu einer sozialen Wissensord-nung wird, die soziale Wirklichkeit nicht bloß repräsentiert, sondern diese auf be-stimmte Weise bearbeitet; diese Rationalität kann verschiedene Technologien und Tech-niken anleiten, welche in sozialen Praktiken, etwa (machtförmigen) des Regierens eingesetzt werden (u. a. Stäheli 2021: 25; mit Bezug auf Foucault 2006; Lemke 2000: 32 f.). Sie bezieht sich auf heterogene, zum Teil feldspezifische Diskurse und Wissensordnun-gen, etwa die sozialwissenschaftliche Netzwerkanalyse, politische Steuerungsdiskurse, Managementliteratur und -beratung, populäre Ratgeberliteratur oder digitale soziale Medien und Plattformen.

Zur Untersuchung der Frage nach der gesellschaftlichen Wirksamkeit von Semanti-ken, Diskursen und Rationalitäten des Netzwerks und der durch sie mobilisierten Tech-nologien, Programme und Praktiken bieten sich mehrere auch in der Wirtschafts-soziologie etablierte Ansätze an. So können Netzwerke und die auf diese bezogenen Konventionen als neue *Rechtfertigungsordnung* des Kapitalismus beschrieben werden (u. a. Boltanski & Chiapello 2006; Wagner & Hessinger 2008): Auf der Grundlage der Lek-türe und Analyse von Managementtexten wird die Entstehung einer neuen Konvention der Netzwerkpolis bzw. Projektpolis postuliert. Es bildet sich eine neuer, „konnexionis-tischer" Geist, ein Ethos, des Kapitalismus heraus, der gekennzeichnet ist durch die An-forderung an Subjekte, Projekte einzugehen, Netzwerke zu bilden und zu pflegen, mobil, flexibel, innovativ und kreativ zu sein. Die Wertigkeit von Personen ergibt sich durch die Begründung von Aktivitäten durch Verweis auf diese Fähigkeiten. Ihre Herabsetzung bzw. Entwertung besteht vor allem in der Ausgrenzung aus Netzwerken. Damit entsteht auch die Sozialfigur der „Netzwerker*in".

Weiterhin kann die Referenz auf Netzwerke als Formel der Selbstbeschreibung analysiert werden, die vor allem der Legitimation gegenüber institutionalisierten Umwelten dienen kann, während tatsächliche organisationale Strukturen davon auch entkoppelt sein können. Netzwerke erscheinen dann als Rationalitätsmythos der *World Polity* (Krücken & Meier 2003).

Im Anschluss an Foucault (u. a. 2006) sowie Deleuzes (1993) Überlegungen zu Kontrollgesellschaften diskutieren verschiedene Autor*innen (u. a. Larsson 2020; Friedrich 2016; Kaufmann 2004) Netzwerke als zentrale *Regierungstechnologien* oder auch *Dispositive*, die zentralisierte souveräne Machtzusammenhänge wie Staaten und Institutionen der Disziplinierung ablösen oder zumindest relativieren. Das Aufkommen solcher Machtformen wird häufig mit Entwicklungen von Informationstechnologien in Verbindung gebracht (u. a. Deleuze 1993; Munro 2000). Die etablierte Disziplinarmacht versucht mittels normierender und beurteilender Techniken gefügige, „produktive" und „disziplinierte" Subjekte hervorzubringen. „Post-disziplinäre" Regime setzen demgegenüber auf stärker anpassungsfähige und modulierbare Techniken, die u. a. Flexibilität, Dynamik und Aktivität fördern, d. h. eine Korrekturfähigkeit gegenüber wandelnden Bedingungen. Im Zentrum dieser häufig als Biopolitik beschriebenen Regierungsrationalitäten steht damit die Regulation ganzer Populationen und des „Lebens selbst", d. h. von Zirkulationen und „flows" von Gütern, Informationen und Menschen (u. a. Foucault 2006; Munro 2000). Netzwerke stellen in diesen Regimen eine zentrale Rationalität und Technologie dar, die Konnektivität und den Fluss oder Strom von Ressourcen zwischen vernetzten Subjekten und Organisationen zugleich ermöglichen und regulieren sollen. Die in Netzwerken situierten Subjekte werden als zugleich hyperproduktive, kompetitive und kooperative, mobile und individualisierte, d. h. sich selbst steuernde und regulierende sowie unternehmerische Instanzen adressiert, die strategisch Netzwerke zu knüpfen vermögen (u. a. Weiskopf & Loacker 2006). Das Netzwerkdenken, verstanden als ein in der Kybernetik verwurzeltes „technologisches" Regierungswissen, stellt damit eine Alternative zum souverän-hierarchischen Denken dar, das den Staat und die Politik als zentrale Steuerungsinstanzen der Gesellschaft betrachtet. Dieses Denken relativiert damit die Bedeutung des Staats zu einem unter vielen anderen, heterogenen und relationalen Elementen (wie Unternehmen oder zivilgesellschaftlichen Akteur*innen) in einem Netzwerk (u. a. August 2021). Zumindest genealogisch lassen sich somit netzwerkbezogene Rationalitäten von einem (neo-) liberalen Denken abgrenzen, das die Gesellschaft als Markt und Staaten als durch Märkte zu regulierende Entitäten konzipiert (u. a. Bevir 2013; August 2020). Andere Autor*innen dagegen postulieren Affinitäten zwischen dem neoliberalen und dem Netzwerkdenken (u. a. Brown 2015; Reid 2009).

Einen anderen Zugang bieten Studien, die Netzwerkansätze in ihrer *Performativität* untersuchen (u. a. Healy 2015; Grabher & König 2017, in Anschluss an Mackenzie & Millo 2003; Callon 1998): Diese argumentieren, dass wissenschaftliche Theorien wie sozialwissenschaftliche Netzwerkansätze als Kommunikationsakte soziale Realität nicht nur beschreiben oder abbilden, sondern, im Zusammenspiel mit anderen Praktiken, diese auch verändern und ihren Annahmen annähern. Im Fall der Netzwerkansätze und -modelle materialisiert sich dies etwa in Form von Erwartungen der Reziprozität, Konnektivität und der Peer-Production, wie sie sich etwa in digitalen sozialen Netzwerkplattformen beobachten lassen (Healy 2015). Auch die Selbstverständnisse und Praktiken von Individuen sind geprägt von den in Ratgeberliteratur und soziale Plattformen (wie LinkedIn oder Facebook) eingelassenen Vorstellungen sozialer Netzwerke: „Netzwerken" wird als strategische und instrumentelle Praxis des Aufbaus, der Pflege und „Optimierung" interpersonaler sozialer Beziehungen als „Kapital" und „Asset" verstanden (u. a. Grabher & König 2017). Daraus ließen sich zum Beispiel Thesen ableiten, wie das Verständnis interpersonaler sozialer Beziehungen sich allgemein wandelt. Die reflexiven Perspektiven auf Netzwerkdenken als politische und praktische Rationalität untersuchen mithin, wie das Zusammenspiel diskursiver und materieller Elemente Netzwerke als Gegenstand erst hervorbringt und wie Imaginationen des Netzwerk(en)s oder einer global vernetzten Ökonomie soziale Praktiken von Staaten, Organisationen oder Subjekten beeinflussen und prägen (u. a. Stäheli 2021: 24 ff.; Bollmer 2016).

Andere Konzepte hingegen behandeln Netzwerke und Netzwerkeffekte sowie Praktiken der Vernetzung als Teile des Geschäftsmodells und der Wertschöpfung von z. B. Plattformunternehmen, die Aktivitäten der Vernetzung von User*innen zum Gegenstand von Kapitalisierungspraktiken machen. Hier schließen etwa Studien an, die digitale Vernetzungspraktiken und deren Verwertung bzw. In-Wert-Setzen durch Extraktion, Sammlung und Weiterverarbeitung von Daten als Elemente eines Macht-Dispositivs analysieren (u. a. Maschewski & Nosthoff 2019; Vogl 2021). Gedeutet werden solche Entwicklungen häufig als Ausdruck eines finanzialisierten digitalen Kapitalismus, Plattform- oder Überwachungskapitalismus (u. a. Langley & Leyshon 2017; Zuboff 2019).

Als Teil der beschriebenen Verschiebung der Perspektive auf Netzwerke kann auch die Formulierung und Konzeptualisierung von *Entnetzung* als analytischer Kategorie begriffen werden (Stäheli 2021; Karppi et al. 2021; Hesselberth 2018). Ansatzpunkt der Kritik ist die Beobachtung eines epistemischen (z. T. auch normativ abgesicherten) Primats der Verbundenheit und der Vernetzung in dominanten Sozialtheorien, die mit der theoretischen Vernachlässigung von Momenten und Praktiken der Nicht-Relationalität und Entnetzung einhergehe. Stäheli (2021) entwickelt unter Bezug auf die Akteur-Netzwerktheorie, die soziologische Systemtheorie, die poststrukturalistischen Theorien von Gilles Deleuze, Ernesto Laclau und Chantal

Mouffe sowie Konzepte von Georg Simmel ein analytisches Instrumentarium zur Beschreibung von Phänomenen und Praktiken der Entnetzung. Entnetzung als soziale Praxis artikuliert einerseits Problematisierungen von Zuständen der Übervernetzung. Andererseits entwerfen Entnetzungspraktiken Imaginationen eines zukünftig herzustellenden (temporären) Zustands der Entnetzung im Sinne einer Reduktion von Beziehungen oder der Anschlussunfähigkeit innerhalb von Netzwerken. Die imaginäre Gerichtetheit der Praxis der Entnetzung fasst Stäheli mit der Unterscheidung von Taktik und Strategie. Taktiken nutzen situativ Momente des teilweisen Scheiterns oder Schwachstellen von Netzwerkverbindungen aus, um einen temporären Zustand der Auflösung oder Reduktion von Verbindungen, des Rückzugs herbeizuführen – etwa durch das Unsichtbarwerden oder Verschwinden von Personen in der Büroarchitektur oder in digitalen Interaktionen im Falle von Netzausfällen. Strategien operieren dagegen häufig mithilfe einer Zweck-Mittel-Rationalität souverän von einem eigenen Ort aus und intervenieren gezielt in Umwelten, um Zustände der Entnetzung herzustellen. Sie sind daher häufig hegemoniale Imaginationen und Praktiken, also z. B. staatliche Maßnahmen, Technologien der ökonomischen Aneignung und Inwertsetzung, die Entnetzung kommodifizieren oder sie zur Erhaltung und Steigerung der Produktivität von Arbeitskräften nutzen, z. B. „Retreats" oder „Digital Detox". Auch infrastrukturpolitische Konzepte wie der „Kill Switch" zur Abschaltung des Internets kommen dann als Strategien der Entnetzung in den Blick. In der von Stäheli entwickelten Perspektive werden jedoch auch Taktiken oder Strategien des Widerstands gegen inzwischen dominante, Erschöpfung, Überwachung oder Ausbeutung begünstigende Praktiken der Vernetzung und Konnektivität denkbar, etwa eines zeitweisen Verschwindens und Rückzugs aus sozialen Medien oder Anonymisierung (Stäheli 2021).

6.4 Rezeption innerhalb der Wirtschaftssoziologie

Die Netzwerkforschung in ihren verschiedenen Ausprägungen war für die Entwicklung und Institutionalisierung einer eigenständigen soziologischen Perspektive auf das Ökonomische maßgeblich und einflussreich. So trug diese vor allem zur Entwicklung der „Neuen Wirtschaftssoziologie" in der amerikanischen wie in der europäischen Diskussion bei (u. a. Convert & Heilbron 2007). Ihre Fokussetzung auf die Einbettung wirtschaftlichen Handelns in konkrete soziale Beziehungen und Netzwerke, die dieses Handeln erst ermöglichen, etablierte, belebte und inspirierte aber auch darüber hinaus insgesamt die soziologische Forschung ökonomischer Phänomene. Konkret richtete sich die Netzwerkforschung gegen die vorherrschende soziologische Rollentheorie (over-socialized), Theorien ökonomisch-rationaler, atomisierter Akteur*innen (under-socialized) sowie gegen systemisch (etwa marxistisch) argumentierende Ansätze, die allesamt mit ihren vorempirischen Attributionen von Eigenschaften die Untersuchung ökonomischer Phänomene als konkrete, empirische Strukturen sozialer Beziehungen einschränkten oder gar verunmöglichten. In diesem Sinne war die Netzwerkforschung äußerst produktiv für die Entwicklung einer Reihe unterschiedlicher soziologischer Ansätze. Auch erhöhte die Netzwerkforschung die Sichtbarkeit soziologischer Forschung interdisziplinär wie gesamtgesellschaftlich. So wurden Ansätze, die die Bedeutung sozialer Beziehungen, Netzwerke oder sozialen Kapitals hervorheben, etwa auch in den Wirtschaftswissenschaften, Politikwissenschaften und anderen Sozialwissenschaften rezipiert und weiterentwickelt. Darüber hinaus können mittels der technologisch unterstützten Methoden der Berechnung und Visualisierung, wie sie der Netzwerkforschung zur Verfügung stehen, komplexe soziale Beziehungen und Strukturen sichtbar und vorstellbar gemacht und gesellschaftlich anschlussfähig kommuniziert werden: Zum Beispiel als Verflechtungen ökonomischer Akteur*innen an Kapital- und Finanzmärkten, Unternehmenskooperationen oder Lieferketten und als kriminelle, illegale Netze der Korruption oder des Drogenhandels.

Bestimmte Aspekte und Strömungen der Netzwerkforschung bleiben in der aktuellen Wirtschaftssoziologie einflussreich und wurden in fast alle relevanten Ansätze integriert. So sind Netzwerkkonzepte auch in der Systemtheorie, dem Institutionalismus oder der (Bourdieuschen) Feldtheorie aufgenommen und weiterentwickelt worden. Aktuell sind es Einsichten der Akteur-Netzwerk-Theorie, die insbesondere in den Social Studies of Finance, der Praxistheorie oder auch der Soziologie der Konventionen rezipiert werden. Auch Forschungen zur Wirksamkeit und Performativität wissenschaftlicher Disziplinen wie der Wirtschaftswissenschaften greifen netzwerkanalytische Einsichten auf, genauso wie Forschung zur Verflechtung an Finanzmärkten oder Wertschöpfungsnetzen. Angesichts der Verbreitung und Verankerung des Netzwerkkonzepts in der gesellschaftlichen Wirklichkeit stellen sich aber auch Fragen der Gegenstandsadäquanz. Um diesem Umstand Rechnung zu tragen, sind teilweise Umstellungen des soziologischen Instrumentariums nötig. So wird die Perspektive reflexiv umgekehrt und die Wirksamkeit bzw. Performativität der Netzwerksemantik als politische und praktische Rationalität untersucht, wie sie sich etwa in Phänomenen der Plattformunternehmen oder gegenwärtigen Regierungsrationalitäten manifestiert. Auch ein Instrumentarium zur Analyse von Praktiken des Auflösens und Reduzierens von Verbindungen – auch als Antwort auf die Ubiquität und Dominanz des Netzwerkdenkens – fehlte lange in der Soziologie. Derzeit entstehen aber sozialtheoretisch informierte Entwürfe einer „Soziologie der Entnetzung".

7 Theorieanwendung: Konflikte um den Hambacher Forst

Im Folgenden werden schlaglichtartig Möglichkeiten der Analyse ausgewählter Prozesse und Aspekte der Ereignisse um den Hambacher Forst mithilfe der zuvor vorgestellten Netzwerkansätze skizziert.

Abb. VI.3: Proteste am Hambacher Forst im Oktober 2018. (Nick Jaussi/BUND, https://www.flickr.com/pho tos/bund_bundesverband/31288683028, letzter Aufruf: 13.10.2024).

7.1 Ausgangskonstellation: Ermöglichung extraktiver Tätigkeiten durch etablierte, machtvolle Netzwerke

Zunächst kann der Einfluss des Unternehmens RWE auf die Entscheidungen zur Rodung des Forsts seit den 1970er Jahren durch die Position des Unternehmens in den Verflechtungen zwischen staatlichen, d. h. Landes- und kommunalen Organisationen einerseits und Unternehmen andererseits (mit) erklärt werden. So sind vor allem zahlreiche Gemeinden und Gemeindeverbände in Nordrhein-Westfalen bis heute Großaktionäre der RWE, d. h. die genannten Akteur*innen sind – als regionale Reflektion und Residuum der „Deutschland AG" (u. a. Streeck & Höpner 2003) – personell, informationell wie finanziell-monetär miteinander vernetzt und in ihren organisatorischen Entscheidungen interdependent. Bestimmte Akteur*innen können sich aber auch aufgrund ihrer Position als besonders einflussreich erweisen, d. h. es ergeben sich Möglichkeiten, bestimmte Interessen und Orientierungen durchzusetzen. Allgemein lässt sich argumentiert, dass die dominanten, für „Carbon Democracies" charakteristischen Orientierungen an grenzenlosem Wachstum auf fossiler Grundlage in globalen Netzwerken von politischen, gewerkschaftlichen und ökonomischen Akteure*innen soziotechnisch, politisch und symbolisch stabilisiert und reproduziert werden konnten und können (u. a. Haas et al. 2022; Mitchell 2011). Speziell stützte der Verkauf der Grundstücke am Hambacher Forst und die sukzessive Übertragung der Nutzungsrechte auf RWE die machtvolle Stellung des Unternehmens; die Kommunen waren als Aktionäre der RWE aufgrund dieser Verflechtung nicht nur an der Entscheidung zur Rodung beteiligt, sondern hatten auch ein Interesse an deren Fortsetzung und Absicherung gegen aufkommende Bürger*innenproteste in den später 1970er Jahren. Doch auch entstehende soziale Bewegungen bzw. temporäre Proteste der Zeit bezogen lediglich moderate, Entschädigungen fordernde Positionen. Netzwerkanalytisch lässt sich dies einerseits zurückführen auf die historisch vorherrschenden beruflichen, privaten und politischen Einbettungen und Interdependenzen in lokalen-regionalen Netzwerken, die ein Interesse an dem Erhalt und der Schaffung von Arbeitsplätzen „vor Ort" förderten und damit moderate politische Positionen begünstigten. Andererseits erscheint es nicht unplausibel, dass das Fehlen von Vernetzungen zwischen zentralen kritischen Individuen, Organisationen und Netzwerken einen effektiven, mobilisierenden Fluss neuer politischer Ideen, praktischen Wissens und materieller Ressourcen erschwerte. Aufgrund dieser Ausgangskonstellation konnten 1978 die Rodungen durch RWE beginnen und der Tagebau um den Hambacher Forst erweitert werden.

7.2 Entstehung der widerständigen Netzwerke und Mobilisierung

Erst mit der Ankündigung von Plänen zur Umsiedlung und von Abriss kam es zur Bildung widerständiger Netzwerke, die zunächst aber eher als lokale, ortsgebundene, voneinander separierte Cluster und Gruppen auftraten, die selbst durch die Nutzung bestehender lokaler weak und strong ties entstanden. Die „strukturellen Löcher" zwischen den Clustern (Burt 1992) wurden genutzt durch das Aufkommen vermittelnder Akteur*innen mit starkem sozialem Kapital vor allem aus den Kirchen, der Politik und überregionalen sozialen Bewegungen, welche erst die Grundlage für stärkere Vernetzungen zwischen den lokalen Clustern schufen. So sind etwa NGOs wie Greenpeace oder BUND zu nennen, die durch Protestaktionen gegen weitere Rodungen und Klagen gegen RWE nach und nach ein öffentliches Bewusstsein und eine Situationsdeutung für Mobilisierungen schufen (vgl. Abb. VI.3).

Erst ermöglicht sowie verstärkt wurden diese Tendenzen hin zu einer Stabilisierung und Mobilisierung in Netzwerken durch sich verändernde Kontextbedingungen und Ereignisse: So wird etwa das Scheitern des Klimakonferenz 2009 in Kopenhagen als Wendepunkt von einer Fokussierung des Protests und der ihn tragenden NGOs auf institutionalisierte Politik „hin zu lokalen Kämpfen und Klimaschutz von unten" (Bosse 2015, zit. nach Pfeifer et al. 2017: 1) – etwa in der Organisation von Klimacamps auch im Rheinland – gedeutet. Dies geht auch einher mit einer Aufwertung der Netzwerksemantik auf Seiten der Aktivist*innen, die möglichst breite Vernetzung zu einem zentralen Mittel politischer Aktivität machte (Pfeifer et al. 2017). Auch die zu dieser Zeit sich verbreitenden digitalen sozialen Medien schufen mutmaßlich günstige Bedingungen für eine stärkere translokale Vernetzung unter vormals räumlich und sozial verstreuten Akteur*innen. Mit White (2008) lässt sich etwa die Frage aufwerfen, wie auf diese Weise zwischen den Akteur*innen im Netzwerk Stories über die

Ereignisse erzählt und verdichtet werden, die für die Netzwerkbeziehungen sinnstiftend wirken. Dabei formieren sich geteilte Deutungen von Problemen und darauf antwortende Strategien und Zielsetzungen, die als soziale Erwartungen das Netzwerk stabilisieren sowie Kontrollmöglichkeiten schaffen. Es stellt sich auch die Frage, wie die Identitäten der Beteiligten als etwa Aktivist*innen und Widerständige im Netzwerk entstehen und sich stabilisieren.

Interessant ist aus der Netzwerkperspektive auch die Heterogenität des entstehenden Netzwerks, das aus Bürger*inneninitiativen und -vereinen, NGOs und Aktivist*innenkollektiven unterschiedlicher politischer Ausrichtung und lebensweltlicher Herkunft zusammensetzt (Kaiser 2020: 56). Hier wäre eine relevante Frage, wie es zur Herstellung und Stabilisierung von Netzwerkbeziehungen zwischen den Beteiligten kommen kann. Hierzu bieten sich einerseits die o. g. Konzepte von Stories, Identitäten und Kontrolle im Sinne von White an. Passend erscheint aber auch die Akteur-Netzwerk-Theorie (Latour 2007), welche etwa die Übersetzungsprozesse zwischen menschlichen wie nichtmenschlichen Aktanten – etwa gemeinsame Aktivitäten wie Austauschtreffen oder Waldführungen, Baumhäuser oder digitale Kommunikationstechnologien – untersuchen würde, die die Versammlung und Verbindung dieser Akteur*innen in einem Netzwerk erst ermöglichen (Kaiser 2020). Untersuchenswert erscheint aus Netzwerkperspektive auch, inwieweit die Diversität und Heterogenität des Netzwerks zu Kohäsion und Robustheit der Konstellationen, andererseits zu politischer wie strategischer Innovation beitragen konnte oder wie Konflikte in Netzwerken entstehen und bearbeitet werden (u. a. Stark 2009). Aussichtsreich wäre es aber auch, die politisch-praktischen Rationalitäten und Wissensordnungen des Netzwerk(en)s auch in den z. B. widerständigen Praktiken des Protests zu untersuchen, etwa mit Blick auf ihre Bedeutungen oder Potenziale und Grenzen für widerständige Praktiken, Kollektivitäten oder Subjektivitäten. Dies schließt auch Taktiken und Strategien der gezielten Entnetzung oder Disruption von Infrastrukturen ein (u. a. Stäheli 2021; Mitchell 2011).

7.3 Reaktionen der etablierten Akteur*innen als Ergebnis ihrer Einbettung in Netzwerke

Ab 2012 gelangen wiederholt Waldbesetzungen durch Aktivist*innen und es kam zu teilweise gewaltsamen Auseinandersetzungen zwischen diesen und der Polizei. Es kann vermutet werden, dass die anhaltende mediale Präsenz sowohl zur Rekrutierung der widerständigen Netzwerke als auch zur Verfestigung der Allianzen auf der Seite der Rodungsbefürworter*innen gesorgt hat. Mehrere Entscheidungen durch politisch unterschiedlich besetzte Landes- und Bezirksregierungen sowie die Abweisung einer Verbandsklage der Aktivist*innen bestärkten die Rodungsvorhaben von RWE. Die bestehenden sozialen Beziehungen bzw. Netzwerke aus Akteur*innen der Bundes-, Landes-, und Kommunalpolitik, der Polizei, der Gerichte und wirtschaftlichen Akteur*innen wie Verbänden und dem Unternehmen RWE stützten und reproduzierten ihre jeweiligen (machtvollen) Positionen durch die Mobilisierung von Ressourcen wie soziales Kapital, formale Macht, Recht (Rechtsprechung und Rechtsdurchsetzung), Geld, Wissen und Reputation. Manifestationen dessen sind etwa die Phänomene des Lobbyismus, der Pflege von Beziehungen mit zentralen Politiker*innen im Netzwerk, das Sponsoring lokaler Events, die Gründung unterstützender politischen Gruppierungen, die Entwicklung von Erholungsinfrastrukturen oder die Öffentlichkeitsarbeit mit Stakeholdern – jedoch auch der Einsatz rechtlicher Mittel gegen die Aktivist*innen oder den Einsatz physischer Gewalt durch Sicherheitskräfte (Brock & Dunlap 2018). Konkret stellt sich die Frage, wie und durch welche im Netzwerk angelegten Voraussetzungen das Interesse der Akteur*innen am Fortbestand der Abbauarbeiten nicht nur im Hambacher Forst, sondern global, hergestellt, stabilisiert bzw. reproduziert werden konnte.

Dies lenkt auch den Blick auf die Kohäsion oder Schließung des hegemonialen Netzwerks insgesamt als Allianz durchaus heterogener politischer und ökonomischer Orientierungen und Interessen. Diese Fragen erscheinen gerade in Bezug auf die sich abzeichnenden diskursiven Verschiebungen hin zu „Nachhaltigkeit" und der Problematisierung der sozialen und ökologischen Folgen des fossilen Kapitalismus als virulent. Es zeichnet sich die Tendenz ab, dass einerseits eine politische Agenda der sozial-ökologischen Transformation vorangetrieben wird, andererseits aber fossilbasierte und extraktivistische Praktiken in Gesellschaft und Ökonomie weiterverfolgt und unterstützt werden, z. T. externalisiert in den „Globalen Süden". Eine Analyse könnte etwa die in Netzwerken ermöglichte relative Stabilität oder Verschiebungen von Kräfteverhältnissen und (hegemonialer) Orientierungen – etwa zwischen Unternehmen, Finanzwesen und staatlichen Akteur*innen – in den Blick nehmen, welche sich in politischen Entscheidungen zur Energiewende, zum Atomausstieg oder anderer Vorhaben der sozial-ökologischen Transformation andeuten (u. a. Haas et al. 2022).

In diesem Zusammenhang wären dann die multiplen Netzwerk-Einbettungen (u. a. Stark 2009), etwa von Landes- oder Kommunalpolitiker*innen oder Unternehmen zu betrachten, die die Beziehungen zu NGOs, Medien, Verbänden, Gewerkschaften und Bürger*innen bzw. Stakeholder*innen oder anderen ökonomischen Akteur*innen wie Investor*innen umfassen und etwa Macht-Positionen im Netzwerk oder Entscheidungen beeinflussen können. Bei der Analyse dieser Konstellation könnten wiederum die nicht-menschlichen Akteure wie die sowie Technologien der Produktion und Kommunikation berücksichtigt werden. Diese bringen die Infrastrukturen mit hervor, die die Handlungsmöglichkeiten etwa politischer oder ökonomischer Akteur*innen mit definieren und Abhängigkeiten (re-) produzieren.

7.4 Aktuelle gesellschaftspolitische Entwicklungen in der Netzwerkperspektive

Hinsichtlich der aktuellen „Energiekrise" und „Energiewende" lohnt es sich, einerseits aus netzwerkanalytischer Sicht die Interdependenzen und Betroffenheiten bestimmter Knoten und Verbindungen im Netzwerk infrastruktureller und ökonomischer Verflechtungen zu betrachten. Andererseits wird auch in den gesellschaftlichen Reaktionen darauf das Netzwerkdenken als politische Rationalität insofern wirksam, als es die Maßnahmen verschiedener Institutionen und Organisationen, etwa zur „Energiesicherheit", zur Verringerung von „Vulnerabilität" oder zur Steigerung von „Resilienz" von Infrastrukturen oder Industriezweigen, beeinflusst. Diese können z. T. auch interpretiert als Elemente einer techno- und geopolitischen Strategie der partiellen „Entnetzung" werden (Stäheli 2021: 442 ff.). Die Netzwerkforschung kann damit nicht nur Beiträge zur Erklärung von Stabilisierung und Schließung von Netzwerken leisten, sondern auch Potenziale der Veränderung, des Entstehens von Brüchen oder des Auflösens dominanter Netzwerke aufzeigen.

8 Übungsfragen

a) Wie grenzt sich die Netzwerkforschung historisch von den etablierten wirtschaftswissenschaftlichen und soziologischen Ansätzen zur Untersuchung wirtschaftlicher Phänomene ab? *(Wiederholungsfrage)*

Die Netzwerkforschung leistete einen entscheidenden Beitrag zur (Re-) Formulierung einer eigenständigen, soziologisch informierten Perspektive auf das Ökonomische. Hierbei lassen sich vor allem drei Perspektivierungen hervorheben a) Statt wie viele wirtschaftswissenschaftliche oder soziologische Ansätze soziales (ökonomisches) Handeln auf abstrakte Handlungsmodelle zu reduzieren, heben Netzwerkkonzepte die konkreten sozialen Handlungsbedingungen hervor. Das Interesse der Netzwerkforschung liegt damit auf Zusammenhängen von Beziehungen, in die Akteur*innen eingebettet sind. b) Zudem wird in einer anderen Perspektive der Netzwerkbegriff als neuere institutionelle Koordinationsformen betont: Eine durch Relationalität und/oder Reziprozität definierte Form der Governance kann als Alternative zu Organisation/Hierarchie und Markt betrachtet werden. c) Die Akteur-Netzwerk-Theorie untersucht hingegen die dynamischen Arrangements zwischen menschlichen und nicht-menschlichen Akteuren, die Handlungsmöglichkeiten erst hervorbringen. Die Unterscheidung von Mikro- und Makro-Ebenen lässt sich so durchbrechen, indem soziale Strukturen und soziale Entitäten als sich gegenseitig bedingend betrachtet werden.

b) Welche soziologisch relevanten Aspekte wirtschaftlicher Phänomene lassen sich durch wirtschaftssoziologische Netzwerkperspektiven sichtbar machen? Gehen Sie hierbei auf folgende Perspektiven ein: a) Ronald Burt, b) Harrison White, c) Bruno Latour und d) Netzwerke als politische und praktische Rationalität. *(Wiederholungsfrage)*

a) Nach Ronald Burt ergeben sich die Möglichkeiten und Begrenzungen ökonomischen, unternehmerischen Handelns in erster Linie aus den spezifischen Beziehungsstrukturen von Akteur*innen. Strukturelle Löcher sind indirekte oder fehlende Beziehungen zwischen einander unähnlichen, wenig verbundenen Gruppen oder Akteur*innen. Akteur*innen, die es aufgrund ihrer Position schaffen diese strukturellen Löcher zu schließen, haben Zugang zu nichtredundantem Wissen und Informationen aus der jeweils anderen Gruppe. Dadurch haben sie einen Vorteil anderen Gruppen gegenüber und können durch Überbrückung der Information vermitteln (brokerage), aber auch Kontrolle über den Informationsfluss ausüben (control). Diese Annahme verknüpfte Burt mit dem Konzept des Sozialkapitals. b) Bei Harrison White werden ökonomische Strukturen wie Markt oder Wettbewerb durch Netzwerke wechselseitiger Beobachtung erklärt. Kultursoziologisch wird später auch der Beitrag von Stories und Narrativen auf Identitäten und Beziehungen betrachtet. Dieser Ansatz findet Anwendung in der Modellierung von Märkten als soziale Netzwerke. c) Die Akteur-Netzwerk-Theorie von Latour fokussiert die Assoziationen menschlicher und nicht-menschlicher Akteure. Die Assoziationen werden als prozessuale Verkettungen betrachtet, durch die ökonomische Phänomene und Handlungsfähigkeit erst hergestellt werden. Phänomene wie Finanzmärkte oder Lieferketten können so als soziotechnische Arrangements analysiert werden. d) Netzwerkbegriffe können jedoch nicht nur als Teil wissenschaftlicher Theorien oder Konzepte, die soziale Wirklichkeit abbilden oder analysierbar machen, gedacht werden. Eine reflexiv-kritische Perspektive verschiebt die Perspektive auf Netzwerke: Sie betrachtet Netzwerk z. B. als politische bzw. praktische Rationalität, die die soziale Wirklichkeit in Form von Diskursen oder Wissensbeständen und darauf bezogener Techniken beeinflusst. Diese prägen die Praktiken, Strategien, Habitus oder Selbstverständnisse politischer, ökonomischer oder alltagsweltlicher Felder und Akteur*innen.

c) Wie können Netzwerke methodisch erhoben und analysiert werden? *(Wiederholungsfrage)*

Die Netzwerkforschung arbeitet sowohl mit quantitativen als auch qualitativen Methoden. Quantitativ werden Merkmale von Beziehungen zwischen Personen in Massenumfragen abgefragt. Dabei wird von Ego als Auskunftsperson oder von allen Teilnehmer*innen eines Netzwerks ausgegangen. Dabei können Gesamtnetzwerke, Teilnetzwerke, andererseits egozentrierte Netzwerke erhoben werden. Zur Beschreibung der Beziehungsmuster werden verschiedene Maße angewandt, die meist aus dem Verhältnis von Knoten und Kanten ermittelt werden. Wichtig sind etwa Maße zur Dichte („Density"), Zentralität von Netzwerken, Erreichbarkeit einzelner Akteur*innen oder Clusterung (Jansen 2006). Dargestellt werden Netzwerke in der Netzwerkanalyse vor allem durch Netzwerkdiagramme, die Akteur*innen als Punkte bzw. Knoten und Beziehungen (Kanten) als Verbindungslinien zwischen diesen abbilden. Die qualitative Netzwerkforschung nutzt vor allem Methoden wie (teilnehmende) Beobachtung und Ethnografien, Netzwerkkarten, Interviews oder Textmaterial. Dabei geht es vor allem um die Rekonstruktion von Sinn- und Bedeutungsstrukturen, die die Formierung und Reproduktion von Netzwerken erst ermöglichen und sowohl als Handlungsbedingung wie als Handlungsergebnis relevant und wirksam für soziales Handeln oder Praktiken werden. Häufig kombiniert die Forschungspraxis qualitative mit quantitativen Methoden, sodass qualitative Daten quantifiziert und dann formal analysiert werden. Eine weitere qualitativ orientierte Methode ist die der Akteur-Netzwerk-Theorie, die Netzwerke ex post durch Zusammenfügen verschiedener Daten wie Artefakte, Bilder, Texte oder Interviews ermittelt. Diese beschreibt die Assoziationen von Aktanten meist ausgehend von einem Aktanten und dessen Verbindungen, die wiederum zu weiteren und größeren Zusammenhängen führen („follow the actors").

d) Welche Vor- und Nachteile hat die gesellschaftliche Ubiquität von Netzwerken für die wirtschaftssoziologische Analyse? *(Diskussionsfrage)*

Insgesamt wird die Vielfalt in der sozialen Verwendung von Netzwerkbegriffen deutlich. Fragen der sozialen Regulierung und Ordnung, die Analyse sozialer Phänomene, die Selbstbeschreibungen digitaler Plattformunternehmen und auch Phänomene alltagsweltlicher Beziehungen und Praktiken der Herstellung können mit Bezug auf Netzwerke adressiert werden. Der Vorteil für die wirtschaftssoziologische Analyse liegt damit in der Anwendungsvielfalt und der Aktualität des Netzwerkphänomens (Globalisierung, Soziale Medien). Netzwerkforschung kann komplexe soziale Phänomene der Interdependenz darstellen, analysieren und erklären. Aufgrund der gesellschaftlichen Verbreitung von Netzwerksemantiken und der analytischen Privilegierung des Netzwerkbegriffs in der Wirtschaftssoziologie droht jedoch eine analytisch notwendige kritische Distanz verloren zu gehen. Ein Außen von Netzwerken ist so soziologisch bzw. sozialtheoretisch nicht mehr vorstellbar. Durch die Vorannahme ökonomischer und sozialer Vorteile durch Vernetzung entgehen der Analyse zudem tendenziell dysfunktionale oder negative Effekte sowie Phänomene der Entnetzung. Mit Bezug auf aktuelle Kritiken der Netzwerkforschung kann auch die in den meisten Ansätzen angenommene immanente Steigerungslogik von Netzwerken und die konstitutive Relationalität des Sozialen hinterfragt werden, wodurch ein Außen oder mögliche Grenzen von Netzwerken analytisch unberücksichtigt bleiben.

9 Weiterführende Literatur und Medien

a) Theoretisierende Ausführung
White, Harrison C. (2008): Identity and Control. How Social Formations Emerge. Princeton: Princeton University Press.

White legt einen anspruchsvollen wie anregenden Entwurf einer Sozialtheorie von Netzwerken vor. Dabei bezieht er nicht nur seine einflussreichen Arbeiten zur relationalen Soziologie und Netzwerkforschung mit ein, sondern erweitert die dominanten strukturalistischen Konzepte um kulturelle Aspekte, indem er Konzeptionen von Sprache, Diskurs oder Stories als analytische, netzwerkkonstitutive Momente einbezieht. Diese können etwa zur Erklärung der Entstehung und Reproduktion von Märkten herangezogen werden.

b) Anwendung auf ökonomische Phänomene
Powell, Walter W.; White, Douglas R. White; Koput, Kenneth W.; Owen-Smith, Jason (2005): Network dynamics and field evolution: The growth of interorganizational collaboration in the life sciences. In: American Journal of Sociology, 110(4), 1132–1205.

Die Studie untersucht die Entstehung und Dynamiken des Feldes der Biotechnologie in den USA im Zeitraum von 1988 bis 1999. Dabei legt sie den Fokus auf die interorganisationalen Netzwerke unter anderem zwischen Universitäten, Forschungsinstituten, Risikokapital und (kleineren) Unternehmen. Die Studie testet vier unterschiedliche Logiken der Verbindung, die diese interorganisationale Kooperation prägen, empirisch unter Verwendung quantitativer Methoden der Netzwerkanalyse. Hiermit leisten die Autor*innen einen einflussreichen Beitrag zur Analyse der Genese und Entwicklung komplexer ökonomischer Felder.

c) Weiterführender Beitrag
Stäheli, Urs (2021): Soziologie der Entnetzung. Berlin: Suhrkamp.

Stäheli entwirft unter Bezug auf zentrale relational angelegte Sozialtheorien ein Konzept zur Analyse von Praktiken des zumindest temporären Unterbrechens und Auflösens von Verbindungen innerhalb von Netzwerken und wendet dieses Instrumentarium auf eine Vielzahl empirischer Phänomene wie Organisationen, digitale Netzwerke oder Infrastrukturen an. Damit bietet er Anregungen, sozialtheoretisch informiert Momente des Nichtrelationalen in Netzwerken zu denken und Potenziale wie Probleme gegenwärtiger populärer Diskurse der digitalen Entnetzung zu analysieren.

d) Weitere mediale Vertiefung
Gephi: Software zur Analyse und Visualisierung von Netzwerken (https://gephi.org/)

Zur Verarbeitung von Netzwerkdaten wird häufig die Software Gephi eingesetzt, die kostenlos und quelloffen verfügbar ist. Ursprünglich von Studierenden entwickelt, wird sie inzwischen sowohl in der Wissenschaft als auch im Journalismus genutzt.

Gephi bietet gängige Analysetools zur Berechnung von Maßen wie Dichte, Zentralität und Clusterung. Zudem verfügt die Software über eine Vielzahl an Visualisierungsfunktionen, darunter interaktive Darstellungen, Kartografie von Netzwerken sowie die Anzeige von Netzwerkmetriken und zeitlichen Veränderungen, um Netzwerke anschaulich zu analysieren.

Literatur

Abolafia, Mitchel Y. (1996): Making Markets: Opportunism and Restraint on Wall Street. Cambridge: Harvard University Press.

August, Vincent (2020): Hierarchie, Markt, Netzwerk. Stabilitätsmodelle spätmoderner Demokratien. In: Leviathan 48, 36, 96–119.

August, Vincent (2021): Technologisches Regieren: Der Aufstieg des Netzwerk-Denkens in der Krise der Moderne. Foucault, Luhmann und die Kybernetik. Bielefeld: Transcript Verlag.

Baker, Wayne E. (1984): The social structure of a national securities market. In: American Journal of Sociology 89(4), 775–811.

Baker, Wayne E.; Faulkner, Robert R. (1993): The social organization of conspiracy: Illegal networks in the heavy electrical equipment industry. American Sociological Review, 837–860.

Barnes, John A. (1954): Class and Committees in a Norwegian Island Parish. In: Human Relations 7, 39–58.

Beckert, Jens (1996): Was ist soziologisch an der Wirtschaftssoziologie? Ungewißheit und die Einbettung wirtschaftlichen Handelns. In: Zeitschrift für Soziologie, 25(2), 125–146.

Beckert, Jens; Wehinger, Frank (2013): In the shadow: Illegal markets and economic sociology. In: Socio-Economic Review 11(1), 5–30.

Benz, Arthur; Lütz, Susanne; Schimank, Uwe; Simonis, Georg (2007): Handbuch Governance. Wiesbaden: VS Verlag für Sozialwissenschaften.

Beunza, Daniel; Stark, David (2004): Tools of the trade: the socio-technology of arbitrage in a Wall Street trading room. In: Industrial and Corporate Change 13(2), 369–400.

Bevir, Mark (2013). A Theory of Governance. Berkeley: University of California Press.

Bögenhold, Dieter; Marschall, Jörg (2010): Weder Methode noch Metapher. Zum Theorieanspruch der Netzwerkanalyse bis in die 1980er Jahre. In: Stegbauer, Christian; Häußling Roger (Hg.): Handbuch Netzwerkforschung. Wiesbaden: VS Verlag für Sozialwissenschaften, 281–289.

Bollmer, Grant (2016): Inhuman networks: Social media and the archaeology of connection. Oxford: Bloomsbury Publishing USA.

Boltanski, Luc;,Chiapello, Ève (2006): Der neue Geist des Kapitalismus Konstanz: UVK Verlagsgesellschaft.

Bommes, Michael; Tacke, Veronika (Hg.). (2010): Netzwerke in der funktional differenzierten Gesellschaft. Wiesbaden: VS Verlag für Sozialwissenschaften.

Bourdieu, Pierre (1983). Ökonomisches Kapital, kulturelles Kapital, soziales Kapital. In: Kreckel, Reinhard (Hg.): Soziale Ungleichheiten. Göttingen: Schwartz, 183–198.

Brock, Andrea; Dunlap, Alexander (2018): Normalising corporate counterinsurgency: Engineering consent, managing resistance and greening destruction around the Hambach coal mine and beyond. In: Political Geography 62, 33–47.

Brown, Wendy (2015): Undoing the Demos: Neoliberalism's Stealth Revolution. Princeton: Princeton University Press.

Burt, Ronald S. (1992): Structural Holes: The Social Structures of Competition. Cambridge: Harvard University Press.

Burt, Ronald S. (2000): The network structure of social capital. In: Research in organizational behavior 22, 345–423.

Burt, Ronald S. (2004): Structural holes and good ideas. In: American journal of sociology, 110(2), 349–399.

Burt, Ronald S. (2005): Brokerage and Closure. An Introduction to Social Capital. Oxford: Oxford University Press.

Çalışkan, Koray; Callon, Michel (2009): Economization, part 1: shifting attention from the economy towards processes of economization. In: Economy and Society 38(3), 369–398.

Çalışkan, Koray, & Callon, Michel (2010): Economization, part 2: a research programme for the study of markets. In: Economy and Society, 39(1), 1–32.

Callon, Michel (1998): Introduction: The Embeddedness of Economic Markets in Economics. In: Callon, Michel (Hg.): The Laws of the Markets. Oxford: Blackwell, 1–57.

Callon, Michel (2006): Can methods for analysing large numbers organize a productive dialogue with the actors they study? In: European Management Review, 3(1), 7–16.

Callon, Michel, Millo, Yuval, & Muniesa, Fabian (Hg.) (2007): Market Devices. Oxford: Blackwell.

Castells, Manuel (2017): Der Aufstieg der Netzwerkgesellschaft: Das Informationszeitalter. Wirtschaft. Gesellschaft. Kultur. Band 1. Wiesbaden: Springer Fachmedien.

Convert, Bernard; Heilbron, Johan (2007): Where did the new economic sociology come from? In: Theory and Society, 36, 31–54.

Cowen, Deborah (2014): The Deadly Life of Logistics: Mapping Violence in Global Trade. Minnesota: University of Minnesota Press.

Davies, Jonathan S.; Spicer, André (2015): Interrogating networks: Towards an agnostic perspective on governance research. In: Environment and Planning C: Government and policy 33(2), 223–238.

De Goede, Marieke (2012): Fighting the network: a critique of the network as a security technology. In: Distinktion: Scandinavian Journal of Social Theory 13(3), 215–232.

Deleuze, Gilles (1993): Postskriptum über die Kontrollgesellschaft. In: Deleuze, Gilles: Unterhandlungen. 1972–1990. Berlin: Suhrkamp, 254–262.

De Marchi, Valentina; Di Maria, Eleonora; Gereffi, Gary (2018): Local clusters in global value chains: Linking actors and territories through manufacturing and innovation. London: Routledge.

Domínguez, Silvia; Hollstein, Betina (Hg.). (2014): Mixed methods social networks research: Design and applications. Cambridge: Cambridge University Press.

Emirbayer, Mustafa (1997): Manifesto for a relational sociology. In: American Journal of Sociology 103(2), 281–317.

Emirbayer, Mustafa; Goodwin, Jeff (1994): Network analysis, culture, and the problem of agency. In: American Journal of Sociology 99(6), 1411–1454.

Faulkner, Robert R. (1983): Hollywood studio musicians: Their work and careers in the recording industry. London: Routledge.

Ferrary, Michel; Granovetter, Mark (2009): The role of venture capital firms in Silicon Valley's complex innovation network. In: Economy and Society 38(2), 326–359.

Fligstein, Neil (1996): Markets as Politics. A Political-Cultural Approach to Market Institutions. In: American Sociological Review 61, 656–673.

Foucault, Michel (2006): Die Geburt der Biopolitik: Vorlesung am Collège de France 1978–1979. Geschichte der Gouvernementalität II. Berlin: Suhrkamp.

Freeman, Linton C., (2004): The Development of Social Network Analysis: A Study in the Sociology of Science. Vancouver: Empirical Press.

Friedrich, Alexander (2016): Vernetzung als Modell gesellschaftlichen Wandels. In: Leendertz, Ariane; Meteling, Wencke (Hg.): Die neue Wirklichkeit. Semantische Neuvermessungen und Politik seit den 1970er-Jahren. Frankfurt am Main, New York: Campus, 35–62.

Fuhse, Jan A. (2018): Soziale Netzwerke: Konzepte und Forschungsmethoden. 2. Auflage. utb GmbH.

Fuhse, Jan (2021): Social networks of meaning and communication. Oxford: Oxford University Press.

Fuhse, Jan; Mützel, Sophie (2011): Tackling connections, structure, and meaning in networks: quantitative and qualitative methods in sociological network research. In: Quality & quantity 45, 1067–1089.

Fuhse, Jan; Mützel, Sophie (Hg.). (2010): Relationale Soziologie. Wiesbaden: VS Verlag für Sozialwissenschaften.

Gießmann, Sebastian (2016): Die Verbundenheit der Dinge. Eine Kulturgeschichte der Netze und Netzwerke. Kadmos.

Glückler, Johannes (2020): Disruption ökonomischer Netze. In: Stegbauer, Christian; Clemens, Iris (Hg.): Corona-Netzwerke – Gesellschaft im Zeichen des Virus. Wiesbaden: Springer Fachmedien, 89–96.

Grabher, Gernot (2001): Locating economic action: projects, networks, localities, institutions. In: Environment and Planning A 33(8), 1329–1331.

Grabher, Gernot; König, Jonas (2017): Performing Network Theory? Reflexive Relationship Management on Social Network Sites. In: Hollstein, Betina; Matiaske, Wenzel; Schnapp, Kai-Uwe (Hg.): Networked Governance: New Research Perspectives. Springer International Publishing, 121–140.

Granovetter, Mark (1973): The Strength of Weak Ties. In: American Journal of Sociology 78, 1360–1380.

Granovetter, Mark (1985): Economic action and social structure: The problem of embeddedness. In: American Journal of Sociology 91(3), 481–510.

Granovetter, Mark (1995): Getting a Job. A Study of Contacts and Careers. 2. Auflage. Chicago: University of Chicago Press.

Haas, Tobias, Herberg, Jeremias; Löw-Beer, David (2022): From carbon democracy to post-fossil capitalism? The German coal phase-out as a crossroads of sustainability politics. Sustainability. In: Science, Practice and Policy 18(1), 384–399.

Healy, Kieran (2015): The performativity of networks. In: European Journal of Sociology/Archives Européennes de Sociologie 56(2), 175–205.

Heinze, Thomas (2002): Die Struktur der Personalverflechtung großer deutscher Aktiengesellschaften zwischen 1989 und 2001. In: Zeitschrift für Soziologie, 31(5), 391–410.

Hesselberth, Pepita (2018): Discourses on disconnectivity and the right to disconnect. In: New Media & Society 20(5), 1994–2010.

Hollstein, Betina (2011): Qualitative Approaches. In: Scott, John; Carrington, Peter J. (Hg.): The SAGE Handbook of Social Network Analysis. London, New Dehli: SAGE, 404–416.

Hollstein, Betina (2019): Qualitative Netzwerkdaten. In: Baur, Nina; Blasius, Jörg (Hg.): Handbuch Methoden der empirischen Sozialforschung. Wiesbaden: Springer Fachmedien, 1301–1312.

Hollstein, Betina; Straus, Florian (Hg.) (2006): Qualitative Netzwerkanalyse. Wiesbaden: VS Verlag für Sozialwissenschaften.

Holzer, Boris (2009): Netzwerkanalyse. In: Kühl, Stefan; Strodtholz, Petra; Taffertshofer, Andreas (Hg.): Handbuch Methoden der Organisationsforschung. Wiesbaden: VS Verlag für Sozialwissenschaften, 668–695.

Holzer, Boris (2010): Netzwerke. 2. Auflage. Bielefeld: Transcript Verlag.

Höpner, Martin (2003): Wer beherrscht die Unternehmen? Shareholder Value, Managerherrschaft und Mitbestimmung in Deutschland. Frankfurt am Main: Campus.

Höpner, Martin; Krempel, Lothar (2004): The Politics of the German Company network. In: Competition and Change 8(4), 339–356.

Jansen, Dorothea (2006): Einführung in die Netzwerkanalyse. Wiesbaden: VS Verlag für Sozialwissenschaften.

Jungmann, Robert (2020): Netzwerke zwischen Organisationen. Theoretische Perspektiven der Governanceforschung. In: Apelt, Maja; Bode, Ingo; Hasse, Raimund; Meyer, Uli; Groddeck Victoria v.; Wilkesmann, Maximiliane; Windeler, Arnold (Hg.): Handbuch Organisationssoziologie. Wiesbaden: Springer Fachmedien. 1–23.

Kaiser, Ruben (2020): Bäume, die die Welt bedeuten. Der Hambacher Forst als Symbol der deutschen Klimabewegung. In: Soziologiemagazin 13(2) 51–67.

Karppi, Tero; Stäheli, Urs; Wieghorst, Clara; Zierott, Lea P. (2021): Undoing Networks. Lüneburg: meson press.

Kaufmann, Stefan (2004): Netzwerk. In: Bröckling, Ulrich; Krasmann, Susanne; Lemke, Thomas (Hg.): Glossar der Gegenwart. Frankfurt am Main: Suhrkamp, 182–189.

Kennedy, Mark T. (2008): Getting counted: Markets, media, and reality. In: American Sociological Review 73(2), 270–295.

Kenney, Michael (2007): The Architecture of Drug Trafficking: Network Forms of Organisation in the Colombian Cocaine Trade. In: Global Crime 8(3), 233–259.

Khanna, Parag (2016): Connectography: Mapping the future of global civilization. Gütersloh: Random House.

Knorr Cetina, Karin (2004): Capturing markets? A review essay on Harrison White on producer markets. In: Socio-Economic Review 2(1), 137–147.

Knox, Hannah; Savage, Mike; Harvey, Penny (2006): Social networks and the study of relations: networks as method, metaphor and form. In: Economy and Society 35(1), 113–140.

Kraft, David (2012): Netzwerkorganisation. In: Apelt, Maja; Tacke, Veronika (Hg.): Handbuch Organisationstypen. Wiesbaden: Springer VS. 359–380.

Krücken, Georg; Meier, Frank (2003): „Wir sind alle überzeugte Netzwerktäter" Netzwerke als Formalstruktur und Mythos der Innovationsgesellschaft. In: Soziale Welt 54, 71–91.

Kuchler, Barbara (2019): Die soziale Seite an Wirtschaft und Wissenschaft: Eine kritische Betrachtung zweier Spezialsoziologien. Wiesbaden: Springer Fachmedien.

Langley, Paul; Leyshon, Andrew (2017): Platform capitalism: The intermediation and capitalisation of digital economic circulation. In: Finance and Society 3(1), 11–31.

Larsson, Oscar L. (2020): The governmentality of network governance: Collaboration as a new facet of the liberal art of governing. In: Constellations 27(1), 111–126.

Latour, Bruno (2007): Eine neue Soziologie für eine neue Gesellschaft. Einführung in die Akteur-Netzwerk-Theorie. Frankfurt am Main: Suhrkamp.

Laumann, Edward O.; Marsden, Peter V.; Prensky, David (1989): The boundary specification problem in network analysis. In: Freeman, Linton C.; White, Douglas R.; Romney, Antone K. (Hg.): Methods in social network analysis. New Brunswick, NJ: Transaction Publishers, 61–87.

Lemke, Thomas (2000): Neoliberalismus, Staat und Selbsttechnologien. Ein kritischer Überblick über die governmentality studies. In: Politische Vierteljahresschrift 41(1), 31–47.

Lin, Nan (2002): Social capital: A theory of social structure and action. Cambridge: Cambridge University Press.

Lobo-Guerrero, Luis (2008): "Pirates," Stewards, and the Securitization of Global Circulation. In: International Political Sociology 2(3), 219–235.

Lorrain, Francois; White, Harrison C. (1971): Structural equivalence of individuals in social networks. In: The Journal of Mathematical Sociology 1(1), 49–80.

Lutter, Mark (2012): Anstieg oder Ausgleich? Die multiplikative Wirkung sozialer Ungleichheiten auf dem Arbeitsmarkt für Filmschauspieler. In: Zeitschrift für Soziologie 41(6), 435–457.

Lutter, Mark, (2015): Do Women Suffer from Network Closure? The Moderating Effect of Social Capital on Gender Inequality in a Project-Based Labor Market, 1929 to 2010. In: American Sociological Review 80: 329–358.

Mackenzie, Simon; Davis, Tess (2014): Temple looting in Cambodia: Anatomy of a statue trafficking network. In: British Journal of Criminology 54(5), 722–740.

MacKenzie, Donald; Millo, Yuval (2003): Constructing a market, performing theory: The historical sociology of a financial derivatives exchange. In: American Journal of Sociology 109(1), 107–145.

Maschewski, Felix; Nosthoff, Anna-Verena (2019): Netzwerkaffekte: Über Facebook als kybernetische Regierungsmaschine und das Verschwinden des Subjekts. In: Mühlhoff, Rainer; Breljak, Anja; Slaby, Jan (Hg.): Affekt Macht Netz: Auf dem Weg zu einer Sozialtheorie der Digitalen Gesellschaft. Bielefeld: Transcript Verlag, 55–80.

Mayntz, Renate (2009): Über Governance: Institutionen und Prozesse politischer Regelung. Frankfurt am Main: Campus.

Mitchell, Timothy (2008): Rethinking economy. In: Geoforum 39(3), 1116–1121.

Mitchell, Timothy (2011): Carbon Democracy: Political Power in the Age of Oil. Verso.

Mizruchi, Mark S. (1992): The structure of corporate political action: Interfirm relations and their consequences. Harvard: Harvard University Press.

Munro, Lain (2000): Non-disciplinary power and the network society. In: Organization 7(4), 679–695.

Mützel, Sophie (2007): Marktkonstitution durch narrativen Wettbewerb. In: Berliner Journal für Soziologie 17, 451–464.

Mützel, Sophie (2009): Networks as culturally constituted processes: a comparison of relational sociology and actor-network theory. In: Current Sociology, 57(6), 871–887.

Mützel, Sophie (2010): Koordinierung von Märkten durch narrativen Wettbewerb. In: Beckert, Jens; Deutschmann, Christoph (Hg.): Wirtschaftssoziologie. Kölner Zeitschrift für Soziologie und Sozialpsychologie, Sonderheft 49. Wiesbaden: VS Verlag für Sozialwissenschaften, 87–106.

Mützel, Sophie (2017): Netzwerkperspektiven in der Wirtschaftssoziologie. In: Maurer, Andrea (Hg.): Handbuch der Wirtschaftssoziologie. Wiesbaden: Springer Fachmedien, 473–499.

Owen-Smith, Jason; Powell, Walter W. (2003). The expanding role of university patenting in the life sciences: assessing the importance of experience and connectivity. In: Research Policy 32(9), 1695–1711.

Pfeifer, Thomas; Schneider, Tim; Stadtmann, Mats (2017): Aktivismus im Hambacher Forst–Alltag als politisches Mittel. Geographisches Institut der Rheinischen Friedrich-Wilhelms-Universität Bonn.

Podolny, Joel M. (1993): A Status-Based Model of Market Competition. In: American Journal of Sociology 98, 829–872.

Podolny, Joel M. (2001): Networks as the Pipes and Prisms of the Market. In: American Journal of Sociology 107, 33–60.

Podolny, Joel M. (2010): Status signals: A sociological study of market competition. Princeton: Princeton University Press.

Ponte, Stefano; Gereffi, Gary; Raj-Reichert, Gale (Hg.) (2019): Handbook on Global Value Chains. Northampton: Edward Elgar Publishing.

Portes, Alejandro (1995): The Economic Sociology of Immigration: Essays on Networks, Ethnicity, and Entrepreneurship. New York: Russell Sage.

Powell, Walter W. (1990): Neither Market nor Hierarchy: Network Forms of Organization. Researching Organizational Behavior 12, 295–336.

Powell, Walter W. (2001): The capitalist firm in the twenty-first century: Emerging patterns in Western enterprise. In: DiMaggio, Paul (Hg.): The twenty-first-century firm. Princeton: Princeton University Press, 33–68.

Powell, Walter W.; Koput, Kenneth W.; Smith-Doerr, Laurel (1996): Interorganizational collaboration and the locus of innovation: Networks of learning in biotechnology. In: Administrative Science Quarterly, 116–145.

Powell, Walter W.; White, Douglas R.; Koput, Kenneth W.; Owen-Smith, Jason (2005): Network dynamics and field evolution: The growth of interorganizational collaboration in the life sciences. In: American Journal of Sociology 110(4), 1132–1205.

Powell, Walter W.; Grodal, Stine (2005): Networks of Innovators.In: Fagerberg, Jan; Mowery, David C.; Nelson, Richard R. (Hg.): The Oxford Handbook of Innovation. Oxford: Oxford University Press, 56–87.

Raab, Jörg (2010): Der „Harvard Breakthrough ". In: Stegbauer Christian; Häußling Roger (Hg.): Handbuch Netzwerkforschung. Wiesbaden: Springer VS, 29–37.

Reckwitz, Andreas (2017): Die Gesellschaft der Singularitäten. Zum Strukturwandel der Moderne. Berlin: Suhrkamp.

Reid, Julian (2009): Politicizing connectivity: beyond the biopolitics of information technology in international relations. In: Cambridge Review of International Affairs 22(4), 607–623.

Russon, Mary-Ann (2021): The cost of the Suez Canal blockage. BBC News, 29.03.2021. https://www.bbc.com/news/business-56559073 (letzter Aufruf: 29.05.2024).

Sassen, Saskia (2018). Cities in a world economy. Princeton: Sage Publications.

Schlechtriemen, Tobias (2014): Bilder des Sozialen: das Netzwerk in der soziologischen Theorie. Paderborn: Fink Verlag.

Schober, Elisabeth; Leivestad, Hege Høyer (2022): Past the canal: An anthropology of maritime passages. In: History and Anthropology 33(2), 183–187.

Schüttpelz, Erhard (2007): Ein absoluter Begriff. Zur Genealogie und Karriere des Netzwerkbegriffs. In: Kaufmann, Stefan (Hg.): Vernetzte Steuerung: Soziale Prozesse im Zeitalter technischer Netzwerke. Zürich: Chronos Verlag. 25–46.

Schweitzer, Frank; Fagiolo, Giorgio; Sornette, Didier; Vega-Redondo, Fernando; Vespignani, Alesandro; White, Douglas R. (2009): Economic Networks: The New Challenges. In: Science 325(5939), 422–425.

Smith-Doerr, Laurel; Powell, Walter W. (2005): Networks and economic life. In: Smelser, Neil J.; Swedberg, Richard (Hg.): The Handbook of Economic Sociology. 2. Auflage. Princeton: Sage Publications. 379–402.

Sparsam, Jan (2015): Wirtschaft in der New Economic Sociology: Eine Systematisierung und Kritik. Wiesbaden: Springer Fachmedien.

Stäheli, Urs (2021): Soziologie der Entnetzung. Berlin: Suhrkamp.

Stark, David (2009): The Sense of Dissonance: Accounts of worth in economic life. Princeton: Princeton University Press.

Stegbauer, Christian; Clemens, Iris (Hg.) (2020): Corona-Netzwerke – Gesellschaft im Zeichen des Virus. Wiesbaden: Springer Fachmedien.

Stegbauer, Christian; Häussling, Roger (Hg.) (2010): Handbuch Netzwerkforschung. Wiesbaden: VS Verlag für Sozialwissenschaften.

Stegbauer, Christian; Häußling, Roger (2010): Einleitung: Selbstverständnis der Netzwerkforschung. In Stegbauer, Christian, Roger, Häußling (Hg.): Handbuch Netzwerkforschung. Wiesbaden: VS Verlag für Sozialwissenschaften, 57–60.

Straus, Florian (2024): Netzwerkkarten – Netzwerke sichtbar machen. In Stegbauer, Christian; Häußling, Roger (Hg.): Handbuch Netzwerkforschung. Wiesbaden: Springer VS.

Streeck, Wolfgang; Höpner, Martin (2003): Alle Macht dem Markt? Fallstudien zur Abwicklung der Deutschland AG. Frankfurt am Main: Campus.

Summer, Martin (2013): Financial Contagion and Network Analysis. In: Annual Review of Financial Economics 5(1), 277–297.

Sydow, Jörg, (2001): Management von Netzwerkorganisationen – Zum Stand der Forschung. In: Sydow, Jörg (Hg.): Management von Netzwerkorganisationen. Wiesbaden: Gabler, 293–354.

Sydow, Jörg; Windeler, Arnold; Müller-Seitz, Gordon; Lange, Knut (2012): Path constitution analysis: A methodology for understanding path dependence and path creation. In: Business Research 5, 155–176.

Taylor, Peter; Derudder, Ben (2015): World City Network: A global urban analysis. 2. Auflage. London: Routledge.

Töpfer, Tom; Behrmann, Laura (2021): Symbolischer Interaktionismus und qualitative Netzwerkforschung – Theoretische und method(olog)ische Implikationen zur Analyse sozialer Netzwerke. In: Forum Qualitative Sozialforschung/Forum: Qualitative Social Research 22(1).

Tsing, Anna Lowenhaupt (2005): Friction. Princeton: Princeton University Press.

Tsing, Anna Lowenhaupt (2015): The mushroom at the end of the world: On the possibility of life in capitalist ruins. Princeton: Princeton University Press.

Turner, Fred (2010): From Counterculture to Cyberculture. Stewart Brand, the Whole Earth Network, and the Rise of Digital Utopianism. Chicago: University of Chicago Press.

Uzzi, Brian, (1996): The Sources and Consequences of Embeddedness for the Economic Performance of Organizations. The Network Effect. In: American Sociological Review 61, 674–698.

Uzzi, Brian, (1997): Social Structure and Competition in Interfirm Networks. The Paradox of Embeddedness. In: Administrative Science Quarterly 42, 35–67.

Van Dijck, José (2013): The Culture of Connectivity: A Critical History of Social Media. Oxford: Oxford University Press.

Vedres, Balazs; Stark, David (2010): Structural Folds: Generative Disruption in Overlapping Groups. In: American Journal of Sociology 115(4), 1150–1190.

Vitali, Stefania, Glattfelder, James B., & Battiston, Stefano (2011): The Network of Global Corporate Control. In: PLoS ONE 6(10): e25995.

Vogl, Joseph (2021): Kapital und Ressentiment. Eine kurze Theorie der Gegenwart. München: C.H. Beck.

Wagner, Gabriele; Hessinger, Philipp (Hg.). (2008): Ein neuer Geist des Kapitalismus? Wiesbaden: VS Verlag für Sozialwissenschaften.

Wasserman, Stanley; Faust, Katherine (1994): Social Network Analysis. Methods and Applications. Cambridge: Cambridge University Press.

Watts, Duncan J. (1999): Networks, Dynamics, and the Small-World Phenomenon. In: American Journal of Sociology 105(2), 493–527.

Weiskopf, Richard; Loacker, Bernadette (2006): "A snake's coils are even more intricate than a mole's burrow." Individualisation and Subjectification in Post-disciplinary Regimes of Work. Management Revue, 395–419.

Wellman, Barry (1988): Structural analysis: From method and metaphor to theory and substance. In: Wellman, Barry; Berkowitz, Stephen D. (Hg.): Social structures: A network approach . Cambridge: Cambridge University Press, 19–61.

Werron, Tobias (2010): Versteckte Netze. Netzwerke im Licht der Unterscheidung öffentlich/geheim. In: Bommes, Michael; Tacke, Veronika (Hg.): Netzwerke in der funktional differenzierten Gesellschaft. Wiesbaden: VS Verlag für Sozialwissenschaften, 213–240.

White, Harrison C.; Boorman, Scott; Breiger, Ronald L. (1976): Social Structure from Multiple Networks. I. Blockmodels of Roles and Positions. In: American Journal of Sociology 81, 730–779.

White, Harrison C. (1981): Where Do Markets Come From? In: American Journal of Sociology, 87(3), 517–547.

White, Harrison C. (1992): Identity and Control. A Structural Theory of Social Action. Princeton: Princeton University Press.

White, Harrison C. (2002): Markets from Networks. Socioeconomic Models of Production. Princeton: Princeton University Press.

White, Harrison C.; Godart, Frédéric (2007): Märkte als soziale Formationen. In: Beckert, Jens; Diaz-Bone, Rainer; Ganßmann, Heiner (Hg.): Märkte als soziale Strukturen. Frankfurt am Main: Campus, 197–215.

White, Harrison C. (2008): Identity and Control. How Social Formations Emerge. Princeton: Princeton University Press

Whittington, Kjersten B.; Owen-Smith, Jason; Powell, Walter W. (2009): Networks, propinquity, and innovation in knowledge-intensive industries. In: Administrative Science Quarterly, 54(1), 90–122.

Windeler, Arnold (2001): Unternehmungsnetzwerke. Konstitution und Strukturation. Wiesbaden: VS Verlag für Sozialwissenschaften.

Windeler, Arnold; Wirth, Carsten (2018): Netzwerke und Arbeit. In: Böhle, Fritz, Voß, Günter G.; Wachtler, Günther (Hg.): Handbuch Arbeitssoziologie: Band 2: Akteure und Institutionen. Wiesbaden: Springer Fachmedien. 237–275.

Wittel, Andreas (2006): Auf dem Weg zu einer Netzwerk-Sozialität. In Hepp, Andreas; Krotz, Friedrich; Moores, Shaun; Winter, Carsten (Hg.): Konnektivität, Netzwerk und Fluss: Konzepte gegenwärtiger Medien-, Kommunikations- und Kulturtheorie. Wiesbaden: VS Verlag für Sozialwissenschaften: 163–188.

Wolf, Harald (2000): Das Netzwerk als Signatur der Epoche? Anmerkungen zu einigen neueren Beiträgen zur soziologischen Gegenwartsdiagnose. In: Arbeit 9(2), 95–104.

Zuboff, Shoshana (2019): The Age of Surveillance Capitalism: The Fight for a Human Future at the New Frontier of Power. New York: Public Affairs.

Zuckerman, Ezra W. (2010): Why social networks are overrated: Downsides of the commensuration that underlies social network analysis. In: Perspectives: Newsletter of the ASA Theory Section 32(1), 3–5.

Max Weigelin
VII Neue Wirtschaftssoziologie

Zusammenfassung

Die Neue Wirtschaftssoziologie steht für eine Reihe von Forschungsprogrammen, die sich dadurch aus-zeichnen, dass sie das Thema „Markt" wieder in das Zentrum soziologischer Aufmerksamkeit rücken. Netzwerktheoretische Ansätze fragen nach der Einbettung von Märkten in soziale Beziehungsge-flechte. Vom organisationstheoretischen Neo-Institutionalismus inspirierte Ansätze fragen nach der kulturellen und politischen Einbettung von Märkten. Wechselseitige Bezüge zwischen diesen Ansätzen werden insbesondere über die Diskussion der Theoreme der „Einbettung" und der „sozialen Konstruk-tion von Märkten" hergestellt. Darüber hinaus zeigt sich das Feld der Neuen Wirtschaftssoziologie offen für verschiedene Anregungen aus der neueren wirtschaftssoziologischen Forschung. Eine zent-rale Rolle spielt dabei die kultursoziologische Forschung zur Wirtschaft. Der Beitrag geht außerdem auf Kernthemen der Neuen Wirtschaftssoziologie ein. Darunter: Märkte, Finanzmärkte, Geld, Konsum- und Bewertungspraktiken und Netzwerke.

1 Einleitung

Der Begriff Neue Wirtschaftssoziologie (New Economic Sociology) wurde in den 1980er Jahren von Mark Granovetter geprägt (vgl. Granovetter 1985). Nachdem Fragen der Wirtschaft für die Soziologie bei den Klassikern der ersten Generation (Weber, Simmel, usw.) noch eine zentrale Rolle gespielt hatten, war diese in der Nachkriegsso-ziologie (Ausnahme insb. Polanyi) randständig geworden. Im Gegensatz zur „alten" (Nachkriegs-)Wirtschaftssoziologie der 1960er Jahre, die also „Märkte" und andere zentrale Institutionen der Wirtschaft als exklusives Forschungsfeld der Wirtschafts-wissenschaften betrachtete und deren soziologische Untersuchung ausklammerte, nimmt die Neue Wirtschaftssoziologie zentrale ökonomische Institutionen wie Unter-nehmen, Geld und Märkte in den Blick (vgl. Granovetter 1990). Ausgangspunkt ist die Überzeugung, dass der neoklassische Mainstream der Wirtschaftswissenschaften ein idealisiertes und unterkomplexes Bild der Wirtschaft zeichnet, dem durch eine stär-kere empirische Fundierung und den Einsatz soziologischer Analyse eine realitäts-nähere Perspektive gegenübergestellt werden sollte.

Über diese grundlegende Gemeinsamkeit hinaus stehen die verschiedenen Ansätze der Neuen Wirtschaftssoziologie jedoch in einem eher losen Ähnlichkeitsverhältnis. Zum harten Kern der Neuen Wirtschaftssoziologie werden zumeist die soziologische Netz-werkforschung, die Organisationssoziologie (insbesondere neo-institutionalistischer Prä-gung) und die kultursoziologische Perspektive auf Wirtschaft gezählt. Über diesen bereits in sich heterogenen Kern hinaus werden jedoch fallweise verschiedene weitere Ansätze wie die Rational-Choice-Theorie, der Performativitätsansatz, die Ökonomie der Konven-tionen oder die politische Ökonomie hinzugezogen.

https://doi.org/10.1515/9783110704884-007

Der folgende Beitrag erschließt dieses Forschungsfeld, indem er sich einigen zentralen Konzepten und Gegenständen der Neuen Wirtschaftssoziologie widmet. Er führt in die beiden Hauptströmungen der Neuen Wirtschaftssoziologie ein, die auf soziale Beziehungen fokussierte Netzwerkforschung und den auf Fragen der organisatorischen und politischen Steuerung von Märkten ausgerichteten Neo-Institutionalismus. Ein weiterer Schwerpunkt liegt auf der Kultursoziologie der Wirtschaft, die sich mit der Frage der sozialen Konstruktion und Wirkung von Wissensordnungen beschäftigt. Dazu werden die beiden theoretischen Leitbegriffe „Einbettung" und „soziale Konstruktion" erläutert, deren Diskussion die drei Stränge verbindet. Es wird gezeigt, wie das Zusammenspiel dieser drei Strömungen dazu beigetragen hat, die wirtschaftssoziologischen Themen Märkte, persönliche Bekanntschaftsnetzwerke, Konsum, Geld und Finanzialisierung auf neue Weise soziologisch zu erschließen. Die Unterschiede und auch Spannungen zwischen den verschiedenen Strömungen werden unter anderem in den Abschnitten sichtbar, die sich mit den unterschiedlichen methodologischen und methodischen Präferenzen der Ansätze sowie den verschiedenen Fluchtpunkten der gegenwärtigen Entwicklung der Neuen Wirtschaftssoziologie befassen.[1]

⚡ Aktuelles Beispiel: Transferrekorde im Profifußball

Abb. VII.1: Es ist nicht die „unsichtbare Hand des Marktes" (Adam Smith), die die Preise beim Spielertransfer im Profifußball steuert. (Pixabay, https://pixabay.com/de/photos/magie-fantasie-finale-end spiel-3535628/, letzter Aufruf: 14.04.2025).

---

1 Damit ist aber auch gesagt, dass dieser Beitrag zwar versucht, einen möglichst guten Überblick über das Feld der Neuen Wirtschaftssoziologie zu geben, ob der Breite und Heterogenität der dort versammelten Forschung aber nicht ohne eigene Schwerpunktsetzungen auskommt. Kritisch anzumerken ist daher, dass Leser, die sich speziell für die Rolle der Rational-Choice-Theorie in der Neuen Wirtschaftssoziologie interessieren, an dieser Stelle nicht fündig werden.

Transfers von Fußballspielern (von einem Verein zum anderen) sind mit gewaltigen Summen verbunden. Die Rekordablösesumme für einen Spieler liegt bei 222 Millionen Euro. Selten orientiert sich die Einkaufsstrategie eines Vereins dabei ausschließlich an „harten Zahlen". Kontaktnetzwerke, Bekanntschaften und andere Beziehungsformen spielen ebenfalls eine Rolle. Wenn ein Transfer vollzogen wird, wird das oft als großes Medienereignis inszeniert. Auf diese Weise mobilisieren Transfers starke Emotionen bei den Zuschauern, etwa Euphorie über den Zugang eines Topspielers. Aufgrund der hohen Summen werden Transfers aber auch oft als Sinnbild für die überbordende „Kommerzialisierung" des Fußballs kritisiert. Denn auf den ersten Blick erscheint ein Markt, auf dem Unternehmen pro Jahr hohe zweistellige oder sogar dreistellige Summen in die Akquise einer kleinen Zahl von Angestellten investieren, als irrational. Viele Fußballvereine ähneln „permanently failing organizations", die Jahr für Jahr große finanzielle Wetten eingehen, die zu geringem sportlichen Erfolg führen (vgl. Kuper/Szymanski 2022). Die Vereine beklagen, dass der Konkurrenzdruck sie zu derart riskanten Geschäftspraktiken zwinge. So stiegen die durchschnittlichen Personalkosten (nur Spieler) eines englischen Vereins etwa von circa 27 Millionen Pfund auf 200 Millionen Pfund im Jahr 2020 (vgl. Sports Innovation Institute 2021). Damit widerspricht die empirische Beschaffenheit dieses Marktes dem idealtypischen Bild anonymer, rein durch Angebot und Nachfrage gesteuerter Märkte, wie es in der ökonomischen Theorie oft angenommen wird. Die drei Hauptströmungen der NES werfen drei unterschiedliche Schlaglichter auf die sich hier andeutende soziale Komplexität des Marktes: im Hinblick auf Bekanntschaftsnetzwerke, auf die politische Regulierung und zuletzt auf die Emotionen.

(a) Netzwerktheorie: Wie Beziehungen Transfers ermöglichen
Im Jahr 2024 haben Profifußballvereine knapp elf Milliarden Euro für Transfers aufgewendet (Statista 2024). Überraschend hoch ist dabei der Anteil von 682,5 Millionen Euro, der allein auf Beraterhonorare entfällt (Kicker 2024). Und obwohl darin die Hauptverdienstquelle der Berater, Honorare, die ihnen die Spieler zahlen, noch nicht einmal eingeschlossen sind, deutet sich hier doch ein großes Marktsegment an. Doch wie können Berater einen derart großen Anteil des zirkulierenden Kapitals für sich beanspruchen?

Die Netzwerkanalyse rückt die sozialen Beziehungen zwischen den Marktakteuren in den Vordergrund. Märkte sind demnach keine anonymen Aggregationen von Käufern und Verkäufern, sondern Geflechte von Beziehungen, die Handlungsoptionen strukturieren. Auf dem Fußballtransfermarkt sind solche Netzwerke besonders deutlich sichtbar. Entscheidend ist nicht allein der abstrakte „Marktpreis" für einen Spieler, sondern auch, wer wen kennt und wem man vertraut. Persönliche Beziehungen zwischen Vereinsmanagern, Sportdirektoren, Spielerberatern und Scouts beeinflussen maßgeblich, ob und zu welchen Bedingungen ein Transfer stattfindet.

(b) Neoinstitutionalismus: Politische Institutionen des Fußballmarkts
In der neoinstitutionalistischen Wirtschaftssoziologie wird die Bedeutung von Regeln, Normen und kulturellen Skripten betont, die Märkte strukturieren und legitimieren. Gut

erkennbar werden diese oft, wenn man ähnliche Märkte miteinander vergleicht. Welche Gestalt hätte der Markt unter leicht anderen historischen Bedingungen auch annehmen können? Einen solchen instruktiven Kontrast zum europäischen Vereinsfußball bieten die amerikanischen Sportmärkte (Basketball, Baseball usw.). Historisch-institutionentheoretisch betrachtet stellen deren unterschiedlichen institutionellen Marktarchitekturen Ergebnisse verschiedener politischer, kultureller und ökonomischer Kraftverhältnisse dar.

Die starke Berücksichtigung von Investoreninteressen im amerikanischen Sportsystem hat z. B. dazu geführt, dass sich Sportunternehmen mit einem „salary cap" vor einem überbordenden Wachstum der Spielergehälter schützen können. Spielerwechsel werden hier rechtlich als „Trades" organisiert. Der derart regulierte Markt wächst und schützt sich vor unternehmerischen „Rat Races" (vgl. Kuper/Szymanski 2022). Zugleich wirkt manches an diesem Sportmodell auf Europäer kulturell befremdlich. Die Mannschaften sind hier nicht Teil einer Vereinsstruktur mit Mitgliederbestimmung und lokaler Verwurzelung, sondern können als „Franchise" auch einfach die „Heimat" wechseln. Ein Vorgang wie die Umwandlung von Bayern München zu Preußen Berlin aus marktwirtschaftlichen Erwägungen erscheint im europäischen Fußball dagegen undenkbar. Derartiges unternehmerisches Handeln hätte im Deutschen Fußball keine Legitimität. Wieso eigentlich?

Der europäische Vereinsfußball hat seine Wurzeln im britischen Amateur- und Breitensport. Seine Marktarchitektur ist daher durch die Kompromissbildung zwischen kommerziellen Stake-Holdern, Verbänden, die sich in Teilen den Interessen aller Mitgliedervereine (nicht nur der großen Profivereine) verpflichtet fühlen, und den Basismitgliedern der Vereine bestimmt. Diese kulturelle Einbettung des Fußballs führt zu einem Modus wirtschaftlichen Regulation der Kommerzialisierung und Sport latent als Gegensätze platziert. Als sich der Fußball in der zweiten Hälfte des 19. Jahrhunderts in England als Verbandssport mit überregionalen Pokalwettbewerben etablierte, orientierte er sich stark an den Idealen des „Amateursports". Diese untersagten die offizielle Entwicklung eines Arbeitsmarktes für Spieler strikt (vgl. Werron 2009). Die Spieler sollten ihre sportliche Tätigkeit als „Amateure" niemals hauptberuflich ausüben und daher auch nicht im engeren Sinne „entlohnt", sondern nur mit (in ihrer Höhe regulatorisch begrenzten) Prämien „bezahlt" werden. Dieses Ideal und die gelebte Praxis eines Fußballbetriebs, der Ruhm, mediale Aufmerksamkeit und damit Einkommens- und Karrierechancen für Fußballspieler generiert, klaffen jedoch immer weiter auseinander. So nehmen beispielsweise Praktiken der „schwarzen" Bezahlung von Spielern zu. Die idealistische Norm des Amateursports wird deshalb immer wieder teilweise an das florierende Geschäft des Leistungssports angepasst. Ein wichtiger Meilenstein im deutschen Fußball war die Einführung des sogenannten Lizenzspielerstatuts im Jahr 1963, wodurch sich der Status der Spieler veränderte. Die Figur des Spielers entwickelt sich dabei vom Vereinsmitglied zum „Lizenzspieler", der nur noch Angestellter eines Vereins ist und damit ein „Gehalt" beziehen kann (vgl. Schilhaneck 2008: 12 ff.). Andererseits wird der Berufsspieler aber auch nur sehr eingeschränkt als Marktteilnehmer verstanden, da er keine Vertragsfreiheit genießt. Kann er sich nach Ablauf seines Vertrages mit seinem Verein nicht auf eine Verlängerung seines Engagements einigen, ist es ihm nicht möglich, bei einem anderen Verein unter Vertrag zu treten. Der neue Verein muss darauf hoffen ihn beim alten durch Zahlung einer Ablöse freikaufen zu können. Damit bleibt das Ideal des Amateurs, der für einen Verein und nicht für seine Karriere spielt, teilweise erhalten. Ein Wechsel soll die Ausnahme bleiben. Berater etablieren sich auch, weil Spieler und Vereine so indirekt miteinander in Kontakt treten können. Denn Teil der Maßnahmen zur Unterdrückung der Transfertätigkeiten war es, den direkten Kontakt zwischen einem Spieler und einem anderen Verein rechtlich zu erschweren. In der Realität sieht es jedoch anders aus und die Zahlung von Ablösesummen wird zur Konvention. Erst in den 1990er Jahren wird Profifußballern vom Europäischen Gerichtshof (EuGH) die volle Arbeitnehmerfreizügigkeit, die auch die freie Berufswahl einschließt, zugesprochen. Die Rolle der Berater und die Konvention der Ablösezahlung bestehen jedoch fort und gewinnen sogar noch an Relevanz.

(c) Kultursoziologie: Ist ein Transfer sportlich oder wirtschaftlich?
Der Transfermarkt kann aber noch aus einer dritten Perspektive zu einem anregenden Gegenstand wirtschaftssoziologischer Forschung werden. Ein interessantes Charakteristikum des Transfermarktes sind die moralischen Kontroversen, die sich um seine Gesamtgestalt und die Modalitäten einzelner Spielerwechsel ranken. Fußballfans empören sich regelmäßig über den Abgang eines Lokalhelden und werfen ihm „Verrat" vor. Der Reiz des schnöden Mammons überwiege – so die Logik des Vorwurfs – die im Sport doch so wichtige Vereinstreue. Markt und Sport werden hier also als „hostile worlds" (Zelizer 1994) begriffen, die zunehmende Kommerzialisierung höhle den Sport aus. Aber stimmt das wirklich? Wie kann es sein, dass der Fußballsport trotz (oder vielleicht gerade wegen?) seiner zunehmenden Kommerzialisierung an öffentlicher Attraktivität gewonnen hat?

Zelizer betont, dass es an den Schnittstellen von Markt- und Nichtmarktlogiken (man denke über den Sport hinaus an Liebe, Familie, Kunst usw.) immer wieder zu produktiven und kulturell legitimierten Vermischungen kommt. Kann es also sein, so könnte man mit Zelizer fragen, dass der Transfermarkt nicht nur „unsportlicher Kommerz", sondern auch „sportförmige Ökonomie" ist? Zeigt sich nicht beispielsweise in der Euphorie der Vereinsfans über den „Neueinkauf", im Interesse der gesamten Sportöffentlichkeit an der „Gerüchteküche" über möglicherweise bevorstehende Spielertransfers und in der spielerischen Rollenübernahme der Fans gegenüber dem Vereinsmanager – im Spielen von Fußballmanagementsimulationen als Videospiel, in der Diskussion über „gute" und „schlechte" Transfers an Stammtischen und in Onlineforen –, dass das Geschehen auf dem Transfermarkt Teil der Faszination des Sports geworden ist? Kultursoziologische Studien könnten einer solchen These nachgehen, indem sie die Diskurse und Praktiken rund um den Fußball vor allem mit qualitativ-verstehenden Methoden untersuchen.

2 Entstehungsgeschichte

Entstehungshintergrund der Neuen Wirtschaftssoziologie ist die Aufkündigung der erkenntnistheoretisch begründeten und forschungspraktisch verankerten Arbeitsteilung zwischen Soziologie und Ökonomie, die gelegentlich als „Parsonscher Pakt" (Stark 2000) bezeichnet wird. Dieser Pakt steht für einen Modus der Arbeitsteilung, in dem sich die Wirtschaftswissenschaften ausschließlich mit Fragen des Marktes, der Preisbildung und der effizienten Produktion befassen. Die Soziologie beschäftigt sich in dieser Phase der Disziplingeschichte nur noch mit den „Resten" (Beckert 1996) des Wirtschaftlichen, die ihr die Wirtschaftswissenschaft übrig lässt: etwa mit den Folgen ungleicher Verteilung finanzieller Ressourcen (in der Ungleichheitsforschung), mit dem (widerständig-informellen) Umgang mit ökonomisch orientiertem Management in den Betrieben (durch die Industrie- und Gewerkschaftssoziologie), mit dem symbolischen Gehalt des Konsums (in der Kultursoziologie) oder mit den moralischen Grundlagen der modernen kapitalistischen Wirtschaftsweise (in der Wirtschaftssoziologie, wie sie Parsons skizziert). Die Soziologie hatte sich diese Selbstbeschränkung durch die Popularisierung der Überzeugung schmackhaft gemacht, dass „die Wirtschaft" zwar eine gesellschaftlich erzeugte Handlungssphäre sei – ein „Subsystem" (Parsons), das für den Fortbestand des gesamten „Gesellschaftssystems" notwendig sei –, dass sie aber primär nicht-sozialen Regeln folge. Sie sei vielmehr das Werk einer reinen Mittel-Zweck-Logik, in der primär Mensch-Ding-Beziehungen und nicht Mensch-Mensch-Beziehungen vorherrschen (vgl. Kraemer/Brugger 2016: 4).[2] Die Wirtschaftswissenschaften ihrerseits hatten sich lange mit einer komplementären Selbstbeschränkung begnügt: Die „marginalistische Wende" hatte psychologische Fragen der Wert- und Entscheidungstheorie umgangen, das Interesse an historisch-ökonomischer Forschung zu sozialen Institutionen war stark zurückgegangen und die Popularisierung der Neoklassik hatte das Erkenntnisziel einer realistischen Beschreibung der empirischen Vielfalt ökonomischer Phänomene in den Schatten eines idealen Marktmodells gestellt (vgl. Beckert 1996).

Vor diesem Hintergrund kann die Entstehung der Neuen Wirtschaftssoziologie auf zwei sich unterstützende Ursachen zurückgeführt werden. Erstens etablierten sich seit den 1960er Jahren, vor allem im Umfeld von Harrison White, Ansätze in der

---

2 Der Marxismus, der auch in dieser Phase der Entwicklung der Wirtschaftssoziologie eine nicht unbedeutende Rolle spielt, verhält sich zunächst konträr zu diesem soziologischen Desinteresse an der Wirtschaft. Im Gegenteil: Die Stoßrichtung des Marxismus ist eine „ökonomistische", d. h. es wird angenommen, dass alle gesellschaftlichen Verhältnisse tendenziell von der Machtdynamik des Kapitalismus beherrscht werden. Der Marxismus erwies sich jedoch aus mehreren Gründen als ungeeignet, die durch die Selbstbeschränkung der Parsonsschen Wirtschaftssoziologie entstandene Lücke mit Revitalisierungsimpulsen zu füllen. Zum einen erwies sich die marxistische Theorie gerade in jenen Bereichen als fehlerhaft, in denen sie sich selbst offensiv verortet hatte, nämlich in der Theorie der Konjunkturkrisen. Zum anderen teilt sie in weiten Teilen die Parsons'sche Annahme, dass wirtschaftliches Handeln weitgehend durch die strukturellen Bedingungen des Marktes determiniert ist (vgl. Granovetter 1990: 93).

Disziplin, die die klassischen wirtschaftswissenschaftlichen Themen rund um Märkte soziologisch erschlossen. Zweitens wurde der „Pakt" zunehmend auch von Seiten der Wirtschaftswissenschaften „gebrochen". Neue, zunehmend relevante Ansätze in den Wirtschaftswissenschaften dieser Zeit fragen nicht nur nach nicht-marktförmigen Koordinationsmechanismen in der Wirtschaft (wie in der Neuen Institutionenökonomik), sondern entwerfen zunehmend eine Vision der Wirtschaftswissenschaften als einer universellen Sozialwissenschaft, die alle sozialen Phänomene nach dem Marktmodell konzipiert (wie in der Spieltheorie und im Humankapitalansatz). Zunächst geht es der „neuen" Wirtschaftssoziologie also darum, die überkommene Tradition einer „alten" Wirtschaftssoziologie und deren Zurückhaltung gegenüber ökonomischen Phänomenen aufzubrechen. Die Entstehung der Neuen Wirtschaftssoziologie steht hier also für einen Aufbruch in eine neue Forschungslandschaft: Märkte, Preise, Wirtschaftspolitik und andere ökonomische Phänomene werden nun mit neuartigen empirischen Methoden der Netzwerkforschung, aber auch mit den bewährten Mitteln der historischen Institutionenanalyse und der qualitativen Forschung neu erschlossen, und neue – diesen neuen Methoden und Erkenntniszielen angemessene – Theoreme haben nun Konjunktur. Zweitens ist die Neue Wirtschaftssoziologie aber auch eine Reaktion auf Tendenzen der wirtschaftswissenschaftlichen Erschließung nicht-„klassischer" wirtschaftswissenschaftlicher Themenfelder (vgl. Sparsam 2014: 53–86; Swedberg 1997; Maurer 2017; Granovetter 1990). Hier tut sich eine neue interdisziplinäre Forschungslandschaft auf. Einerseits versuchen Soziologen hier, Innovationen aus den Wirtschaftswissenschaften für die Soziologie nutzbar zu machen, andererseits versuchen sie in diesem interdisziplinären Konzert eine eigenständige soziologische Stimme zu profilieren.[3]

Neben diesen erkenntnistheoretischen und wissenschaftspolitischen Hintergründen gibt es aber auch gesellschaftliche Gründe für diese neue „Durchmischung" der Forschungslandschaften von Ökonomie und Soziologie. In einschlägigen Beschreibungen herrscht Einigkeit darüber, dass die Brüchigkeit des Parsonsschen Paktes und die Entstehung der Neuen Wirtschaftssoziologie auch auf die „Krise des gezähmten Kapitalismus der Nachkriegszeit" (Münnich 2017: 108) zurückzuführen sind. Bei Sparsam, der eine der wenigen deutschen Monografien vorgelegt hat, die versucht, die ver-

---

3 Man kann dies auch als eine Art Abwehrreaktion gegen den wirtschaftswissenschaftlichen „Kolonialismus" verstehen (als Beispiel für eine solche Reaktion vgl. z. B. sehr lesenswert Hirsch et al. 1987), aber die Produktivität und im amerikanischen Raum enorm schnelle Ausbreitung der Neuen Wirtschaftssoziologie ist vielleicht eher auf eine Art Aufbruchstimmung als auf ein Bedrohungsgefühl zurückzuführen. Dieser Eindruck deckt sich nicht nur mit den Erfahrungen der Protagonisten selbst, sondern auch mit der Tatsache, dass große Teile der Neuen Wirtschaftssoziologie (einschließlich des vielzitierten Granovetter) eine fruchtbare Zusammenarbeit zwischen Wirtschaftswissenschaft und Wirtschaftssoziologie im Sinn haben. Dies hängt auch mit der starken methodischen Präferenz der meisten Vertreter der Neuen Wirtschaftssoziologie für quantitative Methoden zusammen (vgl. Maurer 2017: 4 f.).

schiedenen Theoriemodelle der Neuen Wirtschaftssoziologie herauszuarbeiten und systematisch aufeinander zu beziehen, heißt es dazu:

> Die Gewissheit über die Grenzziehungen zwischen Wirtschaft und Gesellschaft, sowohl im substantiellen als auch im akademischen Sinne, geriet in den ökonomischen und sozialen Krisen der späten 1960er und frühen 1970er Jahre ins Wanken. [...] Die gesellschaftliche Renaissance des freien Marktes war der Kontext, in dem auch die akademische Grenze zwischen Soziologie und Ökonomie durchlässig und zunehmend in Frage gestellt wurde. Die Ökonomen entdeckten die über die Wirtschaft hinausgehende gesellschaftliche (und auch sozialphilosophische) Kraft des Marktes neu, und die Soziologen interessierten sich für den Markt als eine gesellschaftlich wichtiger werdende Arena. (Sparsam 2014: 108)

Während vormals das politisch-kulturelle Leitmodell der „Sozialen Marktwirtschaft" Wirtschaft und andere gesellschaftliche Sphären scharf voneinander trennte und entsprechend unterschiedliche politische Logiken für Wirtschaft und Gesellschaft hervorbrachte, wird nun der „entfesselte" Markt nicht nur zum Versprechen wirtschaftlichen Wachstums, sondern zum Leitbild für die Lösung gesellschaftlicher Gestaltungsprobleme insgesamt. Das neue dominante Politik- und Managementprogramm begreift Staaten und alle anderen Organisationsformen als Quasi-Unternehmen, die primär nach ihrer ökonomischen Performance (oder Ersatzkennzahlen) zu bewerten sind (vgl. einführend zu dieser Methode des New Public Management Schedler 2007).

Letztlich entsteht ein Forschungsfeld aber immer aus den vernetzten Aktivitäten der Mitglieder einer Scientific Community. Im Folgenden sollen daher in groben Zügen die wichtigsten Etappen und Protagonisten, der nunmehr über 40-jährigen Geschichte der Neuen Wirtschaftssoziologie skizziert werden. Die Konsolidierung der Neuen Wirtschaftssoziologie in den 1980er Jahren, die gelegentlich auch als „Neustart der Wirtschaftssoziologie" (Maurer 2017: 3) bezeichnet wird, geht vor allem auf Impulse aus der soziologischen Netzwerkforschung zurück. Diese formiert sich bereits in den 1960er Jahren. Diese Studien entstanden vor allem im Umfeld von Harrison White. White war ein Quereinsteiger in die Soziologie, der sich zuvor vor allem der Mathematik und den Wirtschaftswissenschaften gewidmet hatte. Er etabliert wegweisende mathematische Methoden zur Netzwerkanalyse und bildet wichtige Pioniere der Netzwerkforschung aus (vgl. Sparsam 2014: 114 ff.). Die in diesem Umfeld entstandenen Arbeiten beschäftigen sich zunächst mit spezifischen Formen des Sozialkapitals. So geht es beispielsweise um die Rolle der sozial exklusiven und ökonomisch höchst nützlichen Kontaktnetzwerke von Top-Managern (vgl. für einen Überblick Stearns/Mizruchi 1988). Eine weitere wichtige thematische Verschiebung und theoretische Öffnung kann an Whites Papier „Where do Markets come from?" (1981) und Granovetters (ein White Schüler) „Getting a Job" (1995) festgemacht werden. Während White die Frage nach der Entstehung und Stabilität von Märkten im Allgemeinen aufwirft, zeigt Granovetter, dass für den Zugang zu begehrten Stellen auf dem Arbeitsmarkt weniger die anonyme Teilnahme am allgemeinen Stellenmarkt oder enge familiäre Bindungen (strong ties) als vielmehr die Vermittlung über lose Bekanntschaften (weak ties) von entscheidender Bedeutung sind (eine ausführliche Zusammenfassung dieser Studie findet sich im Beitrag von Grabowski).

Als eigentliche „Geburtsstunde" der Neuen Wirtschaftssoziologie geben die Vertreter dieses Forschungsfeldes jedoch übereinstimmend das Jahr 1985 an. In diesem Jahr hatte Granovetter mit „Economic Action and Social Structure: The Problem of Embeddedness" (Granovetter 1985) einen bahnbrechenden theoretischen Aufsatz veröffentlicht, der auch erstmals das Label „New Economic Sociology" enthält und den fortan zentralen Begriff der „Einbettung" einführte. Dieser Begriff ist das Ergebnis von Granovetters Versuch, die kollektiven Anstrengungen und Fortschritte der wirtschaftssoziologischen Netzwerkforschung in einem Theorieentwurf zu bündeln. In dieser Phase öffnet sich die Netzwerkforschung bereits für eine Vielzahl von Phänomenen (wie Unternehmensnetzwerke, Preisbildungsmechanismen oder die Bedeutung von Wirtschaftsstandorten) und tritt in Kontakt mit anderen soziologischen Ansätzen, insbesondere der neo-institutionalistischen Organisationstheorie und der Kultursoziologie (vgl. z. B. den Sammelband von Zukin/DiMaggio 1991 für dieses "Aufeinandertreffen"). Und es sind vor allem die Konzepte Granovetters, die diese Entwicklung theoretisch bündeln, mit ansteckender Aufbruchstimmung versehen (vgl. Swedberg 1997: 163) und damit programmatisch ein weites Feld für neue wirtschaftssoziologische Forschung eröffnen. Die Neue Wirtschaftssoziologie stellt sich in dieser Phase als ein noch unerschlossenes Forschungsfeld dar, das theoretisch eine Neubeschreibung ökonomischer Kernphänomene mit einem bestimmten Set von Methoden und Theorien aus der Netzwerkanalyse und dem Neo-Institutionalismus ermöglicht. Außerdem tritt zu dieser Zeit auch ein weiteres Merkmal dieser neuen soziologischen „Schule" mit zwei (recht unterschiedlichen) Lehrplänen auf. Das Feld zeigt sich von Anfang an sehr offen für Anregungen aus verwandten Forschungsfeldern wie dem Rational-Choice-Ansatz in der Soziologie (vgl. Colemann 2005) und vor allem auch für kulturanthropologische (vgl. z. B. Geertz 1983) und die erwähnten kultursoziologische Untersuchungen zur Wirtschaft (vgl. Zelizer 1981 und Biggart 1989).

Diese Mischung aus methodisch-theoretischer Stringenz und Offenheit für Anregungen aus anderen Ansätzen führte zum Beispiel zu einer äußerst dynamischen Weiterentwicklung der netzwerkanalytischen Methoden und Theorieansätze durch Autoren wie Ronald Burt, Brian Uzzi und Joel Podolny. Parallel dazu entwickelt der neo-institutionalistische Strang die Repertoires der Wirtschaftssoziologie weiter, welche die politische Einbettung der Wirtschaft durch Recht und Staatswesen untersuchen. Hier sind Autoren wie Frank Dobbin oder Neil Fligstein federführend. Insgesamt ist in dieser Phase der späten 80er und frühen 90er Jahre eine große Zahl von „klassischen" Studien entstanden. Einen guten Überblick bietet die Tabelle von Swedberg (2017: 64).

Die 2000er Jahre sind einerseits durch die Erschließung neuer Forschungsfelder sowie den Austausch mit neuen wirtschaftssoziologischen Paradigmen und andererseits durch theoretische Integrationsversuche gekennzeichnet. Letzteres lässt sich an der vermehrten Produktion theoretischer Publikationen ablesen. Einflussreich ist in diesem Zusammenhang Harrison Whites Versuch einer kulturtheoretisch fundierten Reformulierung der Netzwerktheorie (2001, 2008), ähnliche Bemühungen finden sich bei Granovetter (2002; 2005; 2017), der Entwurf einer Theorie ökonomischer Felder bei Fligstein (2001; Fligstein/McAdam 2015) oder auch Jens Beckerts – über eine Reihe von Aufsätzen verfolgter–- Versuch, eine integrative und mikrosoziologisch fundierte Theorie der Neuen Wirtschaftssoziologie zu formulieren (1996, 1997, 2003, 2007, 2009, 2010, 2013; Beckert/Besedowsky 2010; vgl. allgemein Sparsam 2014).

In dieser Phase werden auch andere wirtschaftssoziologische Paradigmen für die Neue Wirtschaftssoziologie relevant. Der Austausch mit den mikrosoziologisch orientierten Ansätzen der Social Studies of Finance führt beispielsweise zur Ausbreitung der Idee der performativen Funktion ökonomischer Theorien und Darstellungstechniken (Buchführung, Visualisierung etc.) für die Konstruktion von Märkten (vgl. MacKenzie et al. 2008). Auch die Neue Wirtschaftssoziologie beschäftigt sich seit den 1990er Jahren verstärkt mit dem Finanzmarkt (vgl. Abolafia 1996; Uzzi 1999) und dem Prozess der Finanzialisierung, d. h. der Ausrichtung der Gesamtwirtschaft am Geschehen auf den Finanzmärkten (Krippner 2005, van der Zwan 2014). Durch die, auf das Platzen von Spekulationsblasen an Finanzmärkten zurückgehende Wirtschaftskrise nach 2007, hat sich nochmal eine Zunahme des Interesses an Finanzmärkten ergeben (vgl. Aspers/Beckert 2017: 235). Eine weitere wichtige Anregung ergibt sich aus dem Austausch zwischen der französischen Soziologie der Konventionen (vgl. Boltanski/Ciapello 2006) und der Neuen Wirtschaftssoziologie. Insbesondere die starke Resonanz auf die Arbeiten von Lucien Karpik (2011) zur Logik von Qualitätsurteilen auf Märkten führt dazu, dass Fragen der Bewertung auf Märkten an Relevanz gewinnen (Beckert/Aspers 2011).

Deutlich schwieriger ist es, aktuelle Forschungstrends der Neuen Wirtschaftssoziologie zu skizzieren. Im Folgenden sollen daher nur kurz – und ohne Anspruch auf Vollständigkeit – wichtige aktuelle Entwicklungen in der deutschsprachigen Neuen Wirtschaftssoziologie skizziert werden.[4] Zentral ist hier zunächst das Kölner Max Planck Institut für Gesellschaftsforschung unter der Leitung von Jens Beckert. Beckert und andere Wissenschaftler haben großen Einfluss auf die deutsche und internationale Wirtschaftssoziologie und decken mit ihren Arbeiten so unterschiedliche Themen wie das Glücksspiel (Lutter 2010), Wein (Beckert et al. 2017), illegale Märkte (Dewey et al. 2019) oder die Rolle von Zukunftserwartungen für die Wirtschaft ab (Beckert 2018). Bei diesen Arbeiten ist eine starke Bezugnahme auf den Diskurs der Neuen Wirtschaftssoziologie ausgeprägt, gleichzeitig ordnen sich die Autoren oft anderen Ansätzen der Wirtschaftssoziologie zu. Aus dem Kontext der Ökonomie der Konventionen heraus setzt sich Diaz-Bone mit der Neuen Wirtschaftssoziologie ausei-

---

4 Generell lässt sich dazu festhalten, dass die Neue Wirtschaftssoziologie zunächst vollständig und auch später vor allem in den USA betrieben wird. Die Adaption der Ansätze in Deutschland erfolgt zum einen zeitversetzt und zum anderen aus einer spezifisch deutschen Perspektive, die unter anderem auf einer besseren Pflege der Ansätze der wirtschaftssoziologischen Klassiker (wie Weber) profitiert (Wilkinson 2019).

nander (2018). Rund um das Thema des Finanzmarkts und der Finanzialisierung haben Windolf (2005) und Beyer (2009) eine Reihe wichtiger Arbeiten vorgelegt (Beyer/Senge 2018). Große Schnittmengen gibt es hier, wie bei anderen Autoren, außerdem mit der Tradition der politischen Ökonomie (vgl. Streeck 2024). Eine Erweiterung der Neuen Wirtschaftssoziologie im Hinblick auf die Rolle von Konsum und Verbraucherorganisationen hat Nessel unternommen (2016). Stefanie Hiß forscht zu Finanzmarkt und Nachhaltigkeitsthemen (Hiß et al. 2020). Gegenwärtig erfährt überdies die Soziologie der Bewertung in Deutschland eine starke Konjunktur (vgl. Heintz 2021; Krüger et al. 2025).[5]

3 Erkenntnisinteresse der Neuen Wirtschaftssoziologie: Zur sozialen Einbettung und Konstruktion wirtschaftlichen Handelns

Die Folgenden Kapitel gehen auf die Erkenntnisinteressen und -strategien der Neuen Wirtschaftssoziologie ein, indem sie zentrale Themen, Theoreme, Forschungsfelder und methodische Zugänge vorstellen.

3.1 Themen

Unter dem Label der „Neuen Wirtschaftssoziologie" werden so unterschiedliche Strömungen wie die Netzwerkforschung, der Neo-Institutionalismus und die neuere Kultursoziologie der Wirtschaft zusammengefasst. Aufgrund dieser Uneinheitlichkeit des Ansatzes lässt sich die gemeinsame theoretische Stoßrichtung dieser Bewegung zunächst gut durch die Auflistung einiger wichtiger und weithin akzeptierter Argumentationsstrukturen und Claims darstellen, die ein gemeinsamer thematischer Fokus eint: die Kritik an der Unzulänglichkeit wirtschaftswissenschaftlicher Modellierung und Erklärung wirtschaftlichen Handelns. Im Anschluss daran werde ich kurz auf vier zentrale Themen der Neuen Wirtschaftssoziologie eingehen: Märkte, Netzwerke, Kultur und politische Regulierung.

---

5 Diese Liste ist natürlich offen und nicht repräsentativ. Dem interessierten Leser, der sich zum Beispiel orientiert an der Frage, an welchem Ort in Deutschland sich das Interesse an der Wirtschaftssoziologie im Studium besonders gut vertiefen lässt, sei hier außerdem noch die Seite der Sektion für Wirtschaftssoziologie in der Deutschen Gesellschaft für Soziologie empfohlen. https://soziologie.de/sek tionen/wirtschaftssoziologie/ressourcen

Kritik der Wirtschaftswissenschaft

Allen Strömungen der Neuen Wirtschaftssoziologie ist gemein, dass sie sich theoretisch vor allem vom idealistischen Marktmodell der Neoklassik, also der vorherrschenden Theorie in den Wirtschaftswissenschaften, abgrenzen. Rhetorisch kommt daher eigentlich keine bedeutende Arbeit des Netzwerkansatzes, des Neo-Institutionalismus oder der Neuen Kultursoziologie der Ökonomie „ohne eine partielle oder fundamentale Kritik an ökonomischen Modellen aus" (Sparsam 2014: 274). Diese Kritik bezieht sich auf unterschiedlichste Aspekte des wirtschaftswissenschaftlichen Theoriemodells. Insbesondere die Netzwerkanalyse stellt gegen die neoklassische Vorstellung von Marktakteuren als isolierten Einzelkämpfern heraus, dass persönliche Beziehungen, die auf Bekanntschaft und Vertrauen beruhen, von elementarer Bedeutung für wirtschaftliche Prozesse sind (Granovetter 1985). Die Rolle solcher Bekanntschaftsnetzwerke für wirtschaftliche Prozesse herauszuarbeiten und genauer in Beziehung zu anderen Erklärungsfaktoren wirtschaftlicher Prozesse (Marktkräfte, politische Institutionen etc.) zu setzen, stellt ein zentrales Erkenntnisinteresse der Neuen Wirtschaftssoziologie dar.

Weiterhin stützt sich die neoklassische Wirtschaftswissenschaft mal mehr mal weniger stark auf die Annahme, dass das „freie Spiel der Marktkräfte" zu „perfekten Märkten" mit einem Gleichgewicht aus Angebot und Nachfrage, sowie einer „pareto optimalen", d. h. in einer im formal-mathematischen Sinn „fairen" (vgl. Kap. I.1.) Verteilung der Güter, führt. Solche Fälle werden von der Neuen Ökonomischen Soziologie als empirisch unwahrscheinliche Ausnahmeerscheinungen betrachtet, die nur durch politisch-ökonomische Formierung turbulenzfreier Märkte zu stabilen Konstellationen mit hoher Marktmachtkonzentration (z. B. Oligopole) erklärt werden können (Fligstein 1996; 2001). Eine vollkommene Konkurrenz bedeutet in der Regel eine Annäherung der Profitrate gen Null und ist daher nicht nur mit politischen, sondern auch mit unternehmerischen Interessen unvereinbar (White 1981; 2001). Der größte thematische Schwerpunkt der Neuen Wirtschaftssoziologie ist die Soziologie des Marktes. Hier wird gefragt, wie Märkte entstehen, wie sie sich stabilisieren und wie sie sich unterscheiden. Auch Preisbildungsmechanismen, die traditionell als Domäne der Wirtschaftswissenschaften galten, können und sollen der neuen Marktsoziologie zufolge mit soziologischen Methoden erschlossen werden (ein Überblick bei: Aspers/ Beckert 2017).

Ein weiterer Eckpfeiler des neoklassischen Modells ist die Annahme von Marktakteuren als vollständig informierten, kühl kalkulierenden und moralisch desinteressierten Gewinnmaximierern. Der Umgang mit diesem Theorem ist in der Neuen Wirtschaftssoziologie umstritten (vgl. z. B. Fligstein 2001; Zelizer 2001; Sparsam 2014: 67 ff., 87–110). Starke Kritik an dieser Annahme kommt vor allem von neo-institutionalistischen (z. B. Fligstein) und kulturtheoretischen Ansätzen (z. B. Zelizer). So wird z. B. argumentiert, dass „Rationalität" in der Praxis häufig nicht – wie im neoklassischen Theoriemodell annimmt – zu „Effizienz", sondern zu bloßer „Effektivität" führt. Das heißt, dass es den Marktteilnehmern häufig nicht um Gewinnmaximierung, sondern schlicht um das Überleben ihres Unternehmens geht (Fligstein 1999). Ein weitergehendes Argument des Neo-

Institutionalismus lautet, dass es keine universelle und abstrakte Rationalität gibt, sondern lokal unterschiedliche Rationalitäten (Zukin/DiMaggio 1991). Einige Autoren des Neo-Institutionalismus machen auch auf die Emotionen aufmerksam, die von den Ökonomen lange Zeit ignoriert wurden. Diese seien insbesondere für die Analyse von Risiko und Unsicherheit zentral (Senge 2012, 2015; Beckert 2007). Weiterhin gilt Kultur nicht einfach als eine Nutzenfunktion, die in Modelle eingefügt werden kann, sondern als ein Weg, um zu untersuchen, wie geteilte symbolische Ordnungen wirtschaftliches Handeln möglich machen und prägen (Zukin/DiMaggio 1991; Zelizer 1981 2002). Insbesondere in weiten Teilen der netzwerktheoretischen Strömungen wird eine derart weitreichende Kritik an der Neoklassik jedoch nicht geteilt. Man ist sich, so lässt sich für das Feld der Neuen Wirtschaftssoziologie insgesamt festhalten, darin einig, dass die rein ökonomische Perspektive auf ökonomische Phänomene durch die Mobilisierung soziologischer Beobachtungsinstrumente korrigiert werden muss. Die Forschungsstrategien unterscheiden sich jedoch im Hinblick auf die Frage, wo der Fluchtpunkt dieser Bemühungen liegt. Ob die Neue Wirtschaftssoziologie auf eine korrigierende Ergänzung oder Soziologisierung der ökonomischen Perspektive hinausläuft oder auf einen radikal anderen, durch und durch soziologischen Entwurf einer Theorie der Wirtschaft, wird daher von verschiedenen Vertretern der Neuen Wirtschaftssoziologie unterschiedlich bewertet.[6]

Über diesen eher schwachen theoretischen Arbeitskonsens hinaus sind die Ansätze der Neuen Wirtschaftssoziologie vor allem durch gemeinsame thematische Foki miteinander verbunden. So zeichnet sich die Neue Wirtschaftssoziologie durch die Erschließung einer Reihe von Themen aus, die zuvor nicht soziologisch oder als Domäne der Wirtschaftswissenschaften betrachtet wurden.

Märkte

Zentraler Fluchtpunkt der soziologischen Erschließung ökonomischer Phänomene seit den 1980er Jahren ist die Übertragung soziologischer Erklärungsmodelle auf den Kern des Gegenstandsbereichs der Ökonomen: den Markt. Entscheidend ist dafür die Empirisierung des Marktbegriffs. Dadurch verliert „der Markt" der neoklassischen Ökonomie seinen abstrakt-idealistischen und auch normativ aufgeladenen Charakter.

---

6 An dieser Stelle sei darauf hingewiesen, dass die Kritik an der Wirtschaftswissenschaft – aufgrund ihrer Funktion für das Selbstverständnis der Disziplin – bisweilen ritualisierte und schematische Züge annimmt. So ist relativierend anzumerken, dass in der Wirtschaftswissenschaft ein teilweise durchaus naiver Glaube an Marktmodelle als Abbilder der Realität besteht, dass aber andererseits viele Fachvertreter den Modellcharakter, also auch die empirische Unzulänglichkeit und den instrumentellen Charakter, ihrer Annahmen anspruchsvoll reflektieren. Zudem entwickelt sich innerhalb der Wirtschaftswissenschaften – etwa in der Behavioral Economics (vgl. Weber/Dawes 2006) – eine ähnliche, allerdings psychologische Anreicherung ökonomischer Modelle mit empirischer Realität, wie sie die Neue Wirtschaftssoziologie unternimmt. Vgl. zum Verhältnis von Wirtschaftswissenschaften und empirischeren Sozialwissenschaften Fourcade (2018).

Anstelle abstrakter Nutzenfunktionen und komplexer mathematisch modellierter Gleichgewichte stehen in der Neuen Wirtschaftssoziologie die sozialen Beziehungen innerhalb real existierender Märkte in ihrer jeweiligen sozial und historisch kontingenten Form im Vordergrund (vgl. Aspers/Beckert 2017: 225 ff.; Swedberg 2003: 133 f.). An die Stelle des wirtschaftswissenschaftlichen „Ein-Fall-Denkens" tritt die Formenvielfalt konkreter empirischer Märkte (vgl. auch Sparsam 2014: 72).

Netzwerke

Der Netzwerkbegriff spielt in der Neuen Wirtschaftssoziologie eine erkenntnistheoretische Doppelrolle. Zum einen dient der Netzwerkbegriff der Netzwerkforschung als zentrale und den beiden anderen Strömungen der Neuen Wirtschaftssoziologie als wichtige theoretische Metapher. Insofern sind Marktstudien in der Neuen Wirtschaftssoziologie fast immer auch Netzwerkstudien. Andererseits hat das „Netzwerk" auch als empirisches Phänomen eigenen Rechts und als wichtiges Element wirtschaftlicher Sozialordnung die Aufmerksamkeit der Neuen Wirtschaftssoziologie auf sich gezogen. So lassen sich einige grundlegende Befunde zu den Eigenschaften und ökonomisch-sozialen Wirkungsweisen von Netzwerken zusammenfassen, die zum Common Sense der Neuen Wirtschaftssoziologie gehören. In diesem Sinne kann wirtschaftliches Handeln, wie bereits erwähnt, durch die Stellung des Akteurs in einem Beziehungsnetzwerk erleichtert oder eingeschränkt werden.

Kultur

Die Neue Wirtschaftssoziologie geht in Teilen davon aus, dass wirtschaftliches Handeln immer geteilte kulturelle Bedeutungsordnungen voraussetzt, die den Akteuren überhaupt erst verständlich machen, was in einer gegebenen Situation rationales (Markt-)Verhalten darstellen könnte. Erst vermittelt über sozio-kulturelle Wissensordnungen wissen Akteure also in etwa, was sie von anderen Akteuren erwarten können, was von ihnen erwartet wird und wie ein rationales Risikokalkül angesichts der Ungewissheit realer Handlungsbedingungen aussehen kann (vgl. Beckert 1997). Kulturelle Wissensordnungen stehen insofern im Zentrum wirtschaftlichen Handelns, weil sie erwartbar machen, wie sich andere verhalten können und damit auch unübersichtliche Situationen interpretierbar machen (vgl. Zelizer 2001b; Granovetter 2002; White 2001; Fligstein 2001).

Politische Regulation

Die Etablierung von Marktordnungen stellt sich aber auch als politischer Prozess dar. Moderne kapitalistische Märkte sind immer miterzeugt durch politische Gestaltung und Regulation. Voraussetzungen für fast alle Märkte sind z. B. gesicherte Eigentumsformen, gesicherte Handelswege und oft auch verbindliche Produktstandards (vgl. Fligstein 1996: 658). Oft wird die Konstruktion neuer Märkte aber auch durch die Freigabe eines bestimmten Tätigkeitsfeldes für wirtschaftliche Aktivitäten ermöglicht (wie z. B. der Fernsehmarkt in der Nachkriegszeit), durch die Privatisierung ehemals staatlicher Unternehmen (z. B. der osteuropäischen Staatsbetriebe in der post-sowjetischen Ära, vgl. King/Szelenyi 2006) oder auch durch technische Innovationen, die stark von staatlich geförderter Forschung abhängen (wie z. B. das Internet und die darauf aufbauenden Industrien). Neu entstehende Märkte sind häufig durch hohe Risiken für Marktteilnehmer gekennzeichnet, die sich aus einem offen ausgetragenen Preiswettbewerb ergeben. Dies ist für die Unternehmen ruinös und nicht wünschenswert („cutthroat competition"). Die Tatsache, dass diese dysfunktionalen Tendenzen der Marktsozialität einschränkenden staatlichen Regulierungen immer wieder durch unternehmerische Innovationen herausgefordert werden, die sie umgehen und herausfordern, verstellt leicht den Blick darauf, dass Regulierung fast immer ein Ko-Produkt unternehmerischer und staatlich-administrativer Anstrengungen ist (Fligstein 1996).

3.2 Zentrale Theoreme und Konzepte

Nach diesem skizzenhaften Überblick über die Neue Wirtschaftssoziologie anhand der Darstellung ihrer zentralen Erkenntnisinteressen soll nun eine ausführlichere Darstellung der theoretischen Ausgangspunkte der Neuen Wirtschaftssoziologie folgen. Dabei erscheint es mit Blick auf die Selbstbeschreibung der Neuen Wirtschaftssoziologie in einschlägigen Überblicksdarstellungen deutlich, dass hierfür zunächst zwei Themen zu behandeln sind: das Konzept der „Einbettung" und das Konzept der sozialen Konstruktion von Märkten.

Erstes theoretisches Leitmotiv: Die soziale Einbettung der Wirtschaft

Der Begriff der Einbettung ist so etwas wie die Leitmetapher der Neuen Wirtschaftssoziologie. Wo eine Studie ihren Beitrag zur Weiterentwicklung der Neuen Wirtschaftssoziologie darstellen soll, wird dies oft getan durch Kritik und/oder Weiterentwicklung dieses Begriffs. So kommt es, dass der Begriff der Einbettung mittlerweile in sehr unterschiedlichen Formen – etwa unterschieden nach sozialer, kultureller, kognitiver und politischer Einbettung – kursiert. Um den Gehalt des Begriffs zu verstehen, erscheint es daher ratsam, zunächst mal auf die wichtigste Referenz zum Einbettungsbegriff in der Neuen Wirtschaftssoziologie einzugehen. In einem Text von 1985, der immer wieder als Gründungsmanifest der Neuen Wirtschaftssoziologie insgesamt bezeichnet wird, führt der Netzwerktheoretiker Granovetter den Begriff ein, um das genuin Soziologische an der Perspektive der Neuen Wirtschaftssoziologie auf wirtschaftliche Phänomene darzustellen.

Granovetter (1985) argumentiert in diesem Aufsatz, dass wirtschaftliches Verhalten und andere ökonomische Phänomene sowohl von den „Gesetzen des Marktes" als auch von Faktoren der sozialen Einbettung, worunter er konkrete Bekanntschaftsnetzwerke von Akteuren versteht, beeinflusst werden (176). Ökonomisches Verhalten wird demnach nicht durch Entkopplung von sozialen Bedingungen, sondern im Gegenteil durch Einbettung, also die aktive Nutzung sozialer Bedingungen, effizient. Er schlägt also vor, das Marktverhalten nicht einfach allein durch die, von der Neoklassik berücksichtigte Konstellation aus abstrakt und anonym konzipierten Käufer, Verkäufer und Markt zu erklären, sondern auch durch Rückgriff auf soziale Netzwerke, die sich aus einer Vielzahl konkreter, mehr oder weniger miteinander bekannter Akteure zusammensetzen. Dies ist eine radikale These, denn die Funktionsweise sozialer Netzwerke ist nach Granovetter nicht so sehr durch das Prinzip der Nutzenmaximierung, sondern durch die Zufälligkeit von Begegnungen, Probleme der Informationsbeschaffung und die Logik des Vertrauens geprägt. Wirtschaftliches Handeln folgt demnach nicht einfach den direkten und mathematisch sauber berechenbaren Bahnen der Gewinnmaximierung, wie Ökonomen behaupten, sondern den verschlungenen und von sozialen Faktoren durchzogenen Pfaden der Netzwerke.

Wie Netzwerke wirtschaftliches Handeln einbetten

Mit diesem Hinweis auf die Relevanz der Einbettung wirtschaftlichen Verhaltens in Netzwerke verweist Granovetter zunächst auf ein empirisch beobachtbares und Laien wie Kennern der Wirtschaft vertrautes Phänomen. Er schreibt:

> Ich behaupte [...], daß der anonyme Markt neoklassischer Modelle in der Wirtschaft praktisch überhaupt nicht vorkommt und daß sämtliche Transaktionen in vielfaltiger Weise durch [...] soziale Kontakte geprägt sind. [...] Wir brauchen uns eigentlich nur umzusehen, um genug Belege dafür zu finden, wie sehr Geschäftsbeziehungen mit sozialen Beziehungen verwoben sind. [...] Es ist bekannt, dass viele Firmen – kleine wie große – durch Schachtelaufsichtsräte miteinander verbunden sind, wodurch zwischen den verschiedenen Aufsichtsraten mannigfache und enge Kontakte bestehen. Daß Geschäftsbeziehungen, vor allem auf der Ebene der Wirtschaftselite, in soziale Beziehungen hineinreichen und vice versa, ist eine der am besten dokumentierten Tatsachen im Rahmen soziologischer Untersuchungen des Wirtschaftslebens. (Granovetter 2000: 191)

Aus dieser empirischen Ubiquität sozialer Netzwerke im Kontext wirtschaftlicher Phänomene, folgt nun aber noch nicht zwingend die Feststellung, dass diese Einbettung in Netzwerke auch eine Relevanz für den strukturellen Kern dieser Phänomene haben.[7] Wie kann Granovetter also den Einfluss dieser Netzwerke auf wirtschaftliche Phänomene nachweisen? Dazu rekonstruiert Granovetter die beiden in Soziologie und Ökonomie dominierenden Handlungsmodelle des homo sociologicus einerseits und des homo oeconomicus andererseits (177 ff.). Dem soziologischen Modell der „alten Wirtschaftssoziologie" von Parsons wirft er vor, ein „übersozialisiertes" Bild des Handelns zu erzeugen, weil

---

7 Bloß weil z. B. Obstkörbe und Keksschalen immer wieder in Besprechungen von Unternehmen auftauchen (sie „ubiquitär" sind), stellen sie sich noch nicht als soziologisch relevante Untersuchungsgröße für die Erklärung des Ausgangs solcher Meetings heraus (These von der Obstkorb und Keksschalenabhängigkeit der Entscheidungsfindung).

hier einzig die Orientierung an überindividuell geteilten Normen die Handlungsergebnisse erklären soll. Komplementär dazu entwirft die Ökonomie ein Handlungsmodell, das
an einer „Untersozialisierung" des Handelns krankt, insofern hier einzig die Orientierung
an Marktbedingungen (Preise etc.) Handlungen erklären soll. In der Folge blieben sowohl
die positiven als auch die negativen Auswirkungen sozialer Beziehungen auf wirtschaftliches Handeln unerkannt. Letztlich erkennbar macht Granovetter diese analytischen Schwächen der Wirtschaftswissenschaft unter anderem am Problem der
Erklärung von der Regel- und Vertrauensorientiertheit realen wirtschaftlichen Handelns. Denn das Modell der rein opportunistisch-ökonomischen (untersozialisierten)
Nutzenmaximierung sagt theoretisch eine Omnipräsenz von List, Tücke und Betrug
voraus, die sich mit der beobachtbaren Realität nicht deckt (182). Aber warum
genau nicht? Granovetter argumentiert hier, dass die Einbettung in Netzwerke wirtschaftliche Handlungen auf sehr unterschiedliche Weise beeinflusst. Der offensicht-
lichste Fall sind direkte Bekanntschaftsbeziehungen zwischen wenigen Akteuren. Er
spricht in diesem Fall von „relationaler Einbettung" (Granovetter 1990: 99). Hier lassen sich sehr direkte Kausalbeziehungen erkennen. Die Art und Weise, wie ein Arbeitnehmer und ein Vorgesetzter miteinander umgehen, wird zum Beispiel nicht
bloß durch die Bedeutung dieser Rollen in der Arbeitsteilung bestimmt. Relevanz
kann hier auch die persönliche Beziehung der Akteure, ihre geteilte Geschichte und
Erfahrung haben. Je länger die Beziehung zwischen zwei Akteuren besteht, desto
klarer wird in der Regel für beide Seiten, was sie voneinander erwarten können. So
wird mit der Zeit auch die Erwartung einer gegenseitig „fairen" Behandlung immer
stabiler und immer klarer, was beide Seiten unter „Fairness" verstehen. Die Dauer-
haftigkeit von Beziehungen erzeugt also über den Mechanismus der Vertrauensbil-
dung einen immer höheren Preis der Unfairness, der radikal opportunistische Gewinnmaximierung immer weniger rational erscheinen lässt.

Derartige Wirkweisen von Netzwerken finden sich aber auch auf der Ebene größerer Netzwerkzusammenhänge. Dafür benutzt Granovetter den Begriff „struktureller Einbettung":

> [Diese] hat in der Regel subtilere und weniger direkte Auswirkungen auf wirtschaftliches Han-
> deln. Ein Arbeitnehmer kann leichter ein gutes Verhältnis zu einem Vorgesetzten pflegen, der
> gute Beziehungen zu den meisten anderen Arbeitnehmern unterhält. [...] Man denke auch an die
> Auswirkungen der strukturellen Einbettung darauf, ob ich meinen Freund betrüge. Meine Krän-
> kung, dies zu tun, kann selbst dann erheblich sein, wenn sie unentdeckt bleibt. Sie kann sich
> verstärken, wenn der Freund davon erfährt. Aber am unerträglichsten kann es werden, wenn
> unsere gemeinsamen Freunde den Betrug aufdecken und sich gegenseitig davon erzählen.
> (Granovetter 1990: 99, eigene Übersetzung)

Insofern wird der Käufer in einer langjährigen Geschäftsbeziehung – empirische Untersuchungen bestätigen dies – auch dann weiterhin Produkte von seinem „Geschäfts-
partner" beziehen, wenn er weiß, dass dieser aktuell nicht den niedrigsten Marktpreis
anbieten kann. Die netzwerkbasierte Analyse der sozialen Einbettung wirtschaftli-

chen Handelns zeigt also, dass Rationalität in realwirtschaftlichen Kontexten andere Formen annimmt als die des nutzenmaximierenden Opportunisten.

Zur Bedeutung des Konzepts der Einbettung für die Neue Wirtschaftssoziologie

Fassen wir das Gesagte noch einmal kurz zusammen und fragen uns, welche Rolle diese Argumente für die Entwicklung der Neuen Wirtschaftssoziologie gespielt haben. Granovetters Grundüberzeugung ist, dass die Wirtschaftswissenschaften falsch liegen, wenn sie das Verhalten von Marktakteuren als isolierte Einzelentscheidungen betrachten. Umgekehrt wendet er sich gegen das Modell der strukturfunktionalistischen alten Wirtschaftssoziologie: Abstrakte Rollenanforderungen allein reichen nicht aus, um wirtschaftliches Handeln zu erklären.

Vorgeschlagen wird deshalb aber keine radikale Ablehnung von Erklärungsansätzen, die der Logik von Angebot und Nachfrage folgen. Vielmehr soll der wirtschaftswissenschaftliche Ansatz ergänzt werden durch einen Blick für die sozialen Kontakte dieser Akteure. Der Erfolg des Konzepts liegt daher zunächst auch darin begründet, dass es sowohl eine Ablehnung der wirtschaftswissenschaftlichen Theorie als auch eine produktive Auseinandersetzung mit wirtschaftswissenschaftlichen Methoden und Begriffen ermöglicht. Zum geflügelten Wort ist das Konzept der Einbettung aber auch aus einem zweiten Grund geworden: Während Granovetter mit seinem Konzept der Einbettung zunächst nur Kontaktnetzwerke im Blick hatte, konnten sowohl neo-institutionalistische als auch kulturtheoretische Ansätze kritisch an das Konzept anknüpfen. In der Folge hat es sich eingebürgert, die von Granovetter eingeführte Idee der Einbettung in soziale Netzwerke mit zusätzlichen Varianten von Einbettung zu ergänzen. So unterscheiden Zukin und DiMaggio (1991) die kognitive Einbettung wirtschaftlicher Handlungen in Begrenztheiten der menschlichen Informationsverarbeitung (z. B. Vorurteile), die politische Einbettung in Konfliktfelder und deren Strukturierung durch Macht und kulturelle Einbettung, die wirtschaftliches Handeln an Überzeugungen (z. B. Framings) und unhinterfragte Gewohnheiten (Routinen) bindet (vgl. auch Beckert 2007: 12 f., sowie ausführlich in Beckert 1997). Umgekehrt hat das aber auch zur berechtigten Kritik am Begriff der Einbettung geführt, denn er droht zu einem etwas beliebigen Universalbegriff zu werden. Weiterhin ist aber auch eine theoretische Implikation des Begriffs stark kritisiert worden. Demnach fügt die Einbettungsmetapher dem Konzept des Marktes – als Sphäre der Logik von Angebot und Nachfrage – etwas Soziales hinzu, fragt aber nicht seinerseits nach dem Markt als einem sozialen Phänomen (vgl. v. a. Krippner 2001).

Zweites theoretisches Leitmotiv: Die soziale Konstruktion von Märkten

Diese Kritik an Granovetters Variante des Einbettungsarguments weist auf Schwächen einer Wirtschaftssoziologie hin, die nur nach den Effekten von sozialen Netzwerken fragt. Einer solchen Perspektive entgehen nicht nur kognitive, kulturelle und politische Formen der Einbettung, sie beschränkt sich auch darauf zu fragen, wie Information verteilt wird, kriegt aber nicht in den Blick, wie Information erzeugt wird (vgl. Fligstein/Mara-Drita 1996; Fligstein 2002). Granovetter selbst hat diese Beschränktheit einer reinen Netzwerktheorie der Wirtschaft genauso erkannt wie der zweite wichtigste Theoretiker des netzwerktheoretischen Strangs der Neuen Wirtschaftssoziologie, Harrison White. Sowohl White (1981, 2001) als auch Granovetter (1990, 2017) haben daher immer wieder versucht das Theorem der sozialen Konstruktion von Märkten in ihre Arbeiten zu integrieren. Bekannt und anschlussfähig gemacht wurde dieses Konzept innerhalb der Neuen Wirtschaftssoziologie vor allem durch ein Paper von White (1981), welches ebenfalls zu den meistzitierten Papers der Neuen Wirtschaftssoziologie zählt. Um einen Zugriff auf dieses theoretische Problem zu kriegen, lohnt eine eingehendere Betrachtung dieser Arbeit.

Woher stammen Märkte?

Vor der Veröffentlichung von Whites Papier mit dem prägnanten Titel „Where do markets come from?" hatten sich die Soziologen der Nachkriegszeit kaum mit dem Markt beschäftigt (vgl. Aspers 2006: 428; Brugger 2021: 252). Was also macht Whites Perspektive auf Märkte so instruktiv für die Soziologie des Marktes? Zunächst macht White auf Leerstellen in der Neoklassik aufmerksam. Die Entstehung von Märkten, ihre Struktur und ihr Wandel, die Beziehungen der Unternehmen untereinander sowie das Unternehmen selbst würden in der neoklassischen Wirtschaftstheorie ausgeklammert (White 1981a: 518). Whites Perspektive relativiert weiterhin die Rolle von Angebot und Nachfrage und ordnet sie dem Problem der wechselseitigen Beobachtung produzierender Unternehmen unter (518). Dabei, so postuliert White theoretisch, müssen sich Unternehmen, wenn sie sich an Marktbewegungen orientieren sollen, zwingend an ihren Konkurrenten orientieren, denn nur durch die Beobachtung von deren Absätzen und Profitraten sei es ihnen möglich, auf das Nachfrageverhalten der Kunden selbst zu schließen (520 f.).

Wie kann man sich nun die Entstehung und Reproduktion von Märkten durch eine solche gegenseitige Beobachtung von Unternehmen vorstellen? Stabile Produktionsmärkte (Handelsmärkte klammert White in seinen theoretischen Überlegungen aus) werden von ihm durch die Beobachtung von Marktmachtkonzentrationen bestimmt, in der Regel durch Oligopole mit einer einstelligen oder allenfalls niedrigen zweistelligen Zahl von Unternehmen. Er bagatellisiert diese Marktmachtkonzentration also nicht (wie die Neoklassik) als Abweichung vom Ideal, sondern nimmt sie als konstitutives Strukturmerkmal von Märkten ernst. Diese geringe Anzahl von Marktteilnehmern verweist nämlich auf einen für White zentralen Gesichtspunkt. Damit sich Märkte überhaupt stabilisieren können, muss es den Marktteilnehmern gelingen, auf der Angebotsseite zu verhindern, dass zu viel Konkurrenz und damit zu viel Preisdruck entsteht. Dies gelingt White zufolge dadurch, dass sich die Unternehmen wechselseitig aneinander orientieren und so spezifische Rollen im Markt entwickeln, die sie sich als exklusive Marktnische einrichten. Geschehen könne dies, weil alle Unter-

nehmen die angebotenen Mengen und die erzielten Renditen aller anderen Unternehmen beobachten können. White bezeichnet dies als „market schedule". Daraus ergibt
sich eine Rolle des Unternehmens in Bezug auf einen bestimmten Markt, die durch
die Spezialisierung des Unternehmens auf bestimmte Preise und Produktqualitäten
spezifiziert wird (vgl. auch White 1981b). Ausgehend von diesem Modell, das eine begrenzte Anzahl von Anbietern auf einem Produktionsmarkt vorsieht und deren Pro-
duktionsquantität, -qualität und Verkaufspreis vom Faktor der gegenseitigen Beobachtung dieser Anbieter untereinander abhängig macht, entwickelt White ein
mathematisches Modell, das die Qualität-Quantität Trade-off-Kombinationen der Anbieter als zentrale Variable zur Unterscheidung von stabilen und instabilen Märkten
identifiziert.

Vertiefung des Ansatzes im Neo-Institutionalismus

Whites Modell ist vor allem von der quantitativen Netzwerkanalyse und der Absicht
der Mathematisierung theoretischer Aussagen geprägt. Meinem Eindruck nach haben
Whites Überlegungen für die Neue Wirtschaftssoziologie zweierlei, in seiner Wirkung
sehr Unterschiedliches, geleistet. Erstens hat er eindrucksvoll gezeigt, dass eine alternative mathematische Modellierung des Marktes aus der Soziologie heraus möglich
ist. Dies hatte vor allem auf die quantitative Netzwerkanalyse eine stimulierende Wirkung, auch wenn Whites mathematisches Modell nie zur Anwendung kam (vgl. Brugger 2021: 274). Zweitens legte er den Grundstein für eine sozialkonstruktivistische
Theoretisierung des Marktes und prägte damit das zweite theoretische Leitmotiv der
Neuen Wirtschaftssoziologie: die Frage nach der sozialen Konstruktion von Märkten.
Anders als die Neoklassik sieht White nicht die „unsichtbare Hand" von Angebot und
Nachfrage bei der Regulierung von Marktkonstellationen am Werk, sondern die empi-
risch konkret verortbare wechselseitige Beobachtung der Produzenten. Diese soziale
Aktivität der wechselseitigen Beobachtung ist für White also der Ort der sozialen Kon-
struktion des Marktes.

Gleichsam ist Whites Darstellung sehr sperrig und vor allem soziologisch unortho-
dox gebaut. Die üblichen Themen der Soziologie wie Wissen, Normen, Macht, Konflikte,
politische Regulation oder Organisationslogik spielen keine Rolle. White selbst hat diese
Anbindung seiner Konzepte an die reichhaltigen Traditionen soziologischen Denkens
später vorangetrieben. Aufschlussreicher als dies hier zu verfolgen, ist an dieser Stelle
aber ein Blick auf das andere zentrale Theorieangebot der Neuen Wirtschaftssoziologie.
Der Neo-Institutionalismus ist eine im Kontext der Organisationsforschung entstandene
soziologische Theorieströmung, die die Bedeutung verschiedener Typen von Institutionen betont, die als kulturelle Modelle dessen, was eine Organisation sein soll, verstanden werden. Konstitutiv ist die Skepsis gegenüber der Annahme, dass sich Organisationsstrukturen primär aus der effizienten Anpassung der Organisation an ihre Umwelt
(Märkte, Politik etc.) und an technische Probleme (z. B. der Produktion) ergeben. Demgegenüber betont der Neo-Institutionalismus die Rolle von Rationalitätsmythen und die

wechselseitige Nachahmung von Organisationen (Isomorphie) (vgl. allgemein Senge 2011 und für die Ökonomie Hasse/Krücken 2009). Erst durch institutionelle Mechanismen, die die Etablierung geteilter Wissensbestände im Feld (Kognition) ebenso betreffen wie die staatliche Setzung bestimmter Rechtsnormen, kann die Unsicherheit der Wirtschaft in „stabile Welten" überführt werden.

Insbesondere Fligstein hat sich um eine theoretische Adaption dieser Perspektive im Kontext der Neuen Wirtschaftssoziologie bemüht und dabei die Rolle von staatlicher Regulierung unterstrichen (Fligstein 1996). Die Stabilität von Märkten gilt ihm grundsätzlich als ein spezifisch modernes Merkmal von Märkten. Politische und unternehmerische Akteure moderner Gesellschaften haben eine Aversivität gegen volatile Preise und ruinöse Konkurrenz institutionalisiert. Sie entwickeln Strategien, um stabile und überraschungsarme Märkte zu etablieren. Aus seiner Perspektive stellen sich Märkte als soziale Arenen dar, in denen sich Unternehmen, Arbeitnehmer und Käufer begegnen und auf der Basis eines geteilten Bedeutungsrahmens interagieren. Anders als White mit seinem Blick auf die Ausdifferenzierung unterschiedlicher Produzentenrollen interessiert sich Fligstein stark für die Herausbildung der markt- oder zumindest wettbewerbsspezifischen Rollendifferenz von Herausforderern und Marktbeherrschern (vgl. Fligstein 2002). Die Entstehung und Transformation von Märkten resultiert aus seiner Sicht vor allem aus den Veränderungen der sozialen und politischen Rahmenbedingungen (insbesondere durch Krisen) von Märkten (Fligstein 1996). Die für moderne kapitalistische Märkte relevantesten Institutionen sind für Fligstein: Eigentumsrechte, Governance-Strukturen, Handelsregeln und so genannte Kontrollkonzepte. Fluchtpunkt des theoretischen Programms des Neo-Institutionalismus in der Neuen Wirtschaftssoziologie ist somit ein historisch-vergleichendes Forschungsprogramm, das die „den Markt umgebenden" Institutionen (Fligstein 2001: 170) aus einer Makroperspektive untersucht.

Ungewissheit als Ausgangsproblem der sozialen Konstruktion von Märkten

Der Boom an Studien zur sozialen Konstruktion von Märkten hat der Wirtschaftssoziologie nicht nur mit einem breitem empirischen Erkenntnisstand über die Vielfalt unterschiedlichster Märkte beschert, sondern auch eine theoretische Vielfalt in der Beschreibung marktkonstituierender Mechanismen hervorgebracht. Diese wäre allerdings mit groben Unterscheidungen wie kognitiver, sozialer, politischer und kultureller Einbettung theoretisch nur unzureichend erfasst. Was bedeutet „Einbettung" eigentlich, wenn damit so Unterschiedliches bezeichnet wird? Und suggeriert die Metapher der Einbettung nicht, dass etwas bereits Gegebenes nur sekundär angepasst wird? Hat man damit nicht eigentlich die Frage nach der Konstruktion des Gegebenen (nämlich des Marktes) aufgegeben (vgl. Krippner 2001)? Jens Beckert hat daher vorgeschlagen, das gemeinsame theoretische Bezugsproblem der verschiedenen Formen der sozialen Konstruktion von Märkten im Anschluss an die allgemeine Soziologie im

Problem der Ordnungsbildung zu verorten (vgl. Reckwitz 2006: 91–106), das er in Bezug auf die Wirtschaft als Problem der Ungewissheit spezifiziert. „Ungewissheit" grenzt er im Anschluss an den Ökonomen Knight von „Risiko" ab, weil die Perspektive des Risikos annimmt, Probleme der Offenheit der Zukunft durch kalkulative Strategien beherrschbar machen zu können. Unter den Strategien der Rationalisierung von Handlungsoptionen als mehr oder weniger riskante Entscheidungen bleibt jedoch eine irreduzible Ungewissheit verborgen. Keine Risikokalkulation kann alle bekannten Unwägbarkeiten der Zukunft einpreisen, noch kann zum Zeitpunkt einer Entscheidung bekannt sein, welche unabsehbaren Einflüsse in der Zukunft liegen. Und gerade im Kapitalismus nimmt die Ungewissheit zu, weil die Dynamik der Märkte ständig Umbrüche produziert (z. B. durch technische Innovationen) (Beckert 2007: 18 ff.). Dennoch verbreitet sich unter diesen Bedingungen die Vorstellung vom nutzenmaximierenden Akteur. Wie kann das sein?

Eine soziologische Antwort auf dieses Problem der Gleichzeitigkeit von Dynamik und Stabilität im Kapitalismus muss daher tiefer ansetzen und fragen, wie rationales Handeln überhaupt sozial ermöglicht wird (vgl. Beckert 1996: 125). Beckert fragt also, wie Akteure, die die Absicht haben, rational zu handeln („intentionale Rationalität"), sich auf soziale Marktkonstruktionen stützen können, die ihre Alternativenwahl auf ein handhabbares Maß beschränken. „Beckerts zentrales Argument ist nun, dass Akteure zu diesem Zweck nicht versuchen, ihre kognitiv-kalkulatorischen Fähigkeiten zur Bestimmung von Wahrscheinlichkeiten zu steigern – was unter Unsicherheitsbedingungen ohnehin nicht sinnvoll wäre –, sondern sich auf soziale Mechanismen stützen, die ihre Flexibilität einschränken und zu rigiden Reaktionen auf Veränderungen in einer unsicheren Umwelt führen" (Sachweh 2017: 305). Wie lässt sich der Wert eines Produktes hinreichend genau bestimmen (Beckert 2007: 13 ff.)? Mit welchen Mitteln darf man den „Tauschkampf" (Weber) auf dem Markt führen und mit welchen nicht (16)? Woher kommt das (für Markthandeln notwendige) Vertrauen, das sich die Mehrheit der Marktteilnehmer an die Marktregeln halten wird, dass also z. B. Vertragsbruch und Bestechung nicht plötzlich ein wichtiges Mittel werden, um am Markt zu bestehen, dass die Gewinne weiter wachsen, so dass die Schulden bedient werden können etc. (17)? Noch vor der Lösung von Marktproblemen durch Einbettung (13), so Beckert, muss also gefragt werden, wie z. B. kollektives Wissen und formale Institutionen Fragen der Qualitätsbewertung beantworten, was außer Geld überhaupt für den Eintritt in einen Markt notwendig ist oder dass ein soziales Klima und Kontroll- und Unterstützungsmechanismen vorherrschen, die allzu extreme Devianz demotivieren und Markteinbrüche abfedern.

Zur Bedeutung des Konzepts der sozialen Konstruktion von Märkten für die Neue Wirtschaftssoziologie

Das Konzept der sozialen Konstruktion von Märkten hat sich als theoretisches Leitmotiv der Neuen Wirtschaftssoziologie etabliert. Es verortet die Erklärung von Marktstrukturen nicht idealistisch in der „unsichtbaren Hand des Marktes", sondern in kon-kreten empirischen Prozessen, nämlich der sozialen Konstruktion von Wissen. Dabei kann der Unterschied zwischen dem eher analytisch-scharfen Modell Whites und dem eher holistischen Forschungsprogramm Fligsteins die Bandbreite der Forschung in der Neuen Wirtschaftssoziologie gut illustrieren. Während White im Bemühen um mathematische Modellbildung die Theoretisierung des Marktes bewusst auf wenige Faktoren beschränkt, findet sich bei Fligstein das Bemühen, das Konzept in histo-risch-empirischer Forschung zu erden, indem die unterschiedlichen für Marktbil-dungsprozesse relevanten Institutionen in den Blick genommen werden. Zu ergänzen wäre dieses Bild vielleicht noch durch kulturtheoretische Studien, die insbesondere durch den Rückgriff auf qualitative Methoden (wie die Ethnografie) kleinere Gegen-standsbereiche (wie den konkreten Finanzmarkt in New York (Abolafia 1996)) sehr viel detaillierter beschreiben können als groß angelegte Institutionenanalysen.

Grundsätzlich bedingt dabei der Blick für die soziale Konstruktion des Marktes, dass der Status Quo eines Marktes als kontingentes, letztlich durch politische und öko-nomische Macht geprägtes Ergebnis eines Aushandlungsprozess rekonstruierbar wird. Die in der Neuen Institutionenökonomik wissenschaftlich geadelte Annahme, ein bestimmtes Marktarrangement habe sich herausgebildet, weil es eine ideale Lö-sung für die Probleme des jeweiligen Marktes darstelle, erweist sich damit als primi-tiv-funktionalistischer Kurzschluss (vgl. Granovetter 1990: 104 ff.). Vor allem aber lässt sich aus dieser Betrachtung folgern, dass es mit diesen Mitteln empirisch möglich wird, die Rolle von Netzwerken, politischem Lobbying und rechtlichen Entscheidun-gen für die Entstehung einer bestimmten Marktform zu rekonstruieren (vgl. Swedberg 2003b: 131 ff.). Die Tatsache, dass erfolgreiche Unternehmensstrategien nicht nur auf Produktinnovation, Preispolitik und Corporate Governance, sondern ganz zentral auch auf der Beteiligung am politischen Machtkampf um Produktregulierung, Arbeit-nehmerrechte etc. beruhen, wird dann nicht mehr als bloße empirische Abweichung vom Ideal des freien Marktes bagatellisiert, sondern als inhärenter Bestandteil realer Märkte und eine ihrer wesentlichen Funktionsbedingungen ernst genommen. Die Fruchtbarkeit dieser theoretischen Impulse aus den Debatten um den Begriff der Ein-bettung und das Konzept der sozialen Konstruktion zeigt sich aber am besten im Blick auf die empirische Forschung.

3.3 Zentrale Forschungsfelder der Neuen Wirtschaftssoziologie

Der folgende Abschnitt gibt einen Überblick über einige wichtige Stränge der empiri-schen Forschung in der Neuen Wirtschaftssoziologie. Zunächst beschreibe ich, wie das zentrale Forschungsthema „Märkte" in der empirischen Forschung auf unter-schiedliche Weise entfaltet wird, um damit auch noch einmal die unterschiedlichen Perspektiven der Neuen Wirtschaftssoziologie zu verdeutlichen. Anschließend gehe ich auf weitere zentrale Forschungsthemen ein: Netzwerke, Geld und Finanzmärkte sowie Konsum.[8]

Märkte

Das zentrale empirische Forschungsthema der Neuen Wirtschaftssoziologie sind die Märkte. Gerade weil dieser Gegenstand so zentral ist, lassen sich an ihm die unterschiedlichen Positionen innerhalb der Neuen Wirtschaftssoziologie gut verdeutlichen. Grundsätzlich werden Märkte als kontingente soziale Konstellationen betrachtet, die funktionale Äquivalente zum Tausch und zur politischen Verteilung von Gütern darstellen (vgl. Polanyi 1957).

Mainstream I: Märkte als Netzwerke

Anknüpfend an die Impulse von White und Granovetter hat sich die Netzwerkanalyse zum wichtigsten Forschungsstil der Neuen Wirtschaftssoziologie entwickelt. Sie steht für ein etabliertes Set eigenständiger, insbesondere quantitativer Methoden, hat eine verbindende theoretische Leitmetapher (eben das „Netzwerk") und einen instruktiven Ausgangspunkt, um Fragen rund um ökonomische Phänomene wie Märkte zu adressieren: soziale Beziehungen und ihre Vernetzungen. Ausgangspunkt wirtschaftssoziologischer Netzwerkanalysen ist daher das Nachzeichnen von Beziehungsnetzwerken und die Erklärung von Phänomenen mit Hilfe von Hypothesen über die sozial einbettende Wirkung dieser Netzwerke auf ökonomische Phänomene.

Untersucht werden Verbindungen zwischen Akteuren (ties), wobei die Akteure Knotenpunkte (knots) bilden. Von Interesse sind Variablen wie die Kontaktdichte zwischen den Knoten, die Kohärenz des Netzwerks, die Qualität der Verbindungen (z. B. bridging ties) oder auch die Position eines Akteurs (im Sinne eines hierarchischen Status) in einem Netzwerk. Viele Wirtschaftssoziologen greifen auf das Konzept des Sozialkapitals zurück, um diesen Sachverhalt zu modellieren. Dieses Konzept hilft zu erklären, warum einige Akteure erfolgreicher bei der Mobilisierung von Ressourcen oder der Erreichung ihrer Ziele sind als andere (Coleman 1988). Wirtschaftssoziologen haben auch darauf hingewiesen, dass die Akkumulation von Sozialkapital bei einem Akteur zur sozialen Ausgrenzung eines anderen führen kann (Portes/Mooney 2002). Prominente Studien befassen sich mit der Rolle von informellen Bekanntschaften bei der Arbeitssuche (Granovetter 1995), mit der Rolle von Unternehmern als „Brückenbauern" zwischen unverbundenen Netzwerken (Burt 2004) oder auch mit den Statussignalen, die von der Ranghöhe der Netzwerkposition eines Akteurs in einem Netzwerk auf die Bewertung seiner Güter ausgehen (Podolny 2001).

---

8 Aus Platzgründen musste das Thema „Unternehmen" ausgespart werden. Für einen ersten Einblick siehe Davis 2005.

Mainstream II: Märkte als Institutionen

Der Neo-Institutionalismus untersucht demgegenüber Märkte prononcierter als sinnhafte Ordnungen. Auf der Ebene des allgemeinen Marktbegriffs wird dies durch einige Blickverschiebungen gegenüber der Wirtschaftswissenschaft ermöglicht. Die Neue Wirtschaftssoziologie fragt in klassischer soziologischer Tradition zunächst nach der Logik der Ausdifferenzierung von Marktrollen, wobei hier Rollengefüge wie das zwischen Produzenten und Konsumenten (White 1981) oder auch innerhalb der Angebotsseite zwischen Herausforderern und Platzhirschen (Fligstein 1996) in den Blick genommen werden.

Untersucht wird, wie sich solche Rollengefüge selbst stabilisieren, etwa indem über Netzwerke zwischen Produzenten eine kooperative soziale Ordnung etabliert wird, die Außenseiter (Kartelle) ausschließt und so einen – für alle Produzenten – potenziell ruinösen Preiswettbewerb verhindert. Neben den Beziehungsgeflechten zwischen den Marktakteuren, die vor allem die Aufteilung in Marktsegmente nach Produktqualität und Preis betreffen, steht die politische Regulierung der Märkte durch rechtliche und organisatorische Institutionen im Vordergrund (Fligstein 2001). Damit ist die Neue Wirtschaftssoziologie in der Lage, unterschiedliche Markttypen hinsichtlich ihrer spezifischen Merkmale zu vergleichen. Dies geschieht vor allem in Form empirischer Studien, die sich zumeist auf die Struktur eines bestimmten Marktes beschränken oder wenige Märkte gezielt vergleichen. Solche Studien reichen von Märkten und Wirtschaftsfeldern, die durch große Infrastrukturprojekte geprägt sind, wie z. B. die Eisenbahn (Dobbin 1994), über Märkte, die die Gestalt des gegenwärtigen Kapitalismus stark prägen, wie z. B. die Finanzmärkte (Carruthers 1999) oder auch das Branchendickicht um das Silicon Valley (Castilla et al. 2000), bis hin zu Arbeitsmärkten, Statusmärkten wie Mode- und Kunstmärkte, auf denen vor allem komplexe Bewertungspraktiken auffallen (Aspers 2010), aber auch z. B. illegale Märkte (Beckert/ Dewey 2017) oder der Markt für Glücksspiele (Beckert/Lutter 2007), um hier abschließend nur zwei Beispiele zu nennen, die die empirische Offenheit dieser Forschung für die Vielfalt ökonomischer Phänomene demonstrieren helfen.

Studien zur politischen Regulierung und Transformation von Märkten in der Neuen Wirtschaftssoziologie beschäftigen sich mit Themen wie der Etablierung von sog. Kontrollkonzepten (Fligstein 1993; vgl. für eine ausführliche Erläuterung das klassische Beispiel unter Kap. VII.3.3.), dem Versuch der Schaffung eines einheitlichen europäischen Binnenmarktes (Fligstein/Stone Sweet 2002), der Expansion der Finanzmärkte im Frühkapitalismus (Carruthers 1999), der Reform der Finanzmärkte in den 1970er Jahren als Reaktion auf die Krise des Bretton-Woods-Systems (MacKenzie/Millo 2003) oder der Durchsetzung der Unternehmensform (Davis et al. 1994; Roy 1997).

Weitere Positionen: Nationalökonomische Gefüge, relational Work und performative Konstruktion von Märkten

Neben diesen beiden zentralen Perspektiven auf Märkte finden sich in der Neuen Neuen Wirtschaftssoziologie eine Reihe eher randständiger Positionen, die zum Teil auch anderen Fachkulturen (etwa der Politikwissenschaft oder der Ökonomie) zuzuordnen sind, aber durchaus nennenswerten Eingang in den Forschungsstil der Neuen Wirtschaftssoziologie gefunden haben und deren Forschungsergebnisse erheblichen Einfluss auf theoretische Argumentationen in der Neuen Wirtschaftssoziologie haben. Ein Beispiel hierfür ist die politische Ökonomie, insbesondere der „Varieties of Capitalism"-Ansatz (Hall/Soskice 2001). Wie der Name schon andeutet, geht es hier um die vergleichende Beschreibung unterschiedlicher nationalstaatlicher Ausprägungen des institutionellen Gefüges von Volkswirtschaften hinsichtlich solcher Variablen wie Ausbildungsformen, Formen der Unternehmensfinanzierung, staatliche Marktkontrolle oder Kompromissbildung zwischen Arbeitgebern und Gewerkschaften. Im Zusammenhang mit der Beschreibung von Märkten institutionellen Gefügen gewinnt die theoretische Ausarbeitung des neo-institutionalistischen Konzepts des institutionellen Feldes (als gemeinsame Umwelt mehrerer Organisationen) unter Rückgriff auf Bourdieus Theorie sozialer Felder zunehmend an Bedeutung (vgl. Kap. V.3.5.).

Eine interessante Vertiefung der Überlegungen zu Märkten als Netzwerken hat sich auch aus der qualitativ-kultursoziologischen Forschung in der Neuen Wirtschaftssoziologie ergeben. Dieser Ansatz verbindet in gewisser Weise den Fokus auf Netzwerke mit der wissenssoziologischen Perspektive, indem er die sozialen Qualitäten von Beziehungsformen konsequenter thematisiert, etwa indem er berücksichtigt, welchen kulturellen Kategorien (Ethnie, Geschlecht etc.) die Beteiligten in der Beziehung angehören oder wie sie sich gleichzeitig auf die Logiken unterschiedlicher kultureller Sphären (z. B. Arbeit und Familie) beziehen (vgl. Biggart et al. 2001; Zelizer 2001b; Bandelji 2020).

Eine spezifisch wissenschaftssoziologische Variante des Arguments der sozialen Konstruktion von Märkten hat sich zudem unter dem Titel der performativen Konstruktion von Märkten durch die Wirtschaftswissenschaften etabliert. Mit dem Begriff der Performativität ist gemeint, dass eine soziale Konstruktion (z. B. eine bestimmte Vorstellung vom idealen Markt) die Realität nicht nur beobachtet, sondern auch herstellt (für eine ausführliche Darstellung vgl. Kap. VIII). Damit ist gemeint, dass durch die Verbreitung und Anwendung neoklassischer Markttheorien der Markt neoklassischer Prägung nicht beobachtet, sondern konstruiert wird. Ökonomen sind aus dieser Perspektive für den Markt das, was Architekten und Ingenieure für Gebäude und Anlagen sind: Konstrukteure (vgl. dazu den Beitrag von Lange). Schließlich stellt sich die reale soziale Praxis in der Regel allenfalls in Grenzfällen als Eins-zu-eins-Übersetzung eines idealistischen Plans oder einer Theorie in reale Praxis dar. MacKenzie unterscheidet daher zwischen Performativitätseffekten, die zu einer Anpassung der Realität an ökonomische Modelle führen, und der Gegenperformativität, bei der sich die Praxis gewissermaßen gegen die Pläne der Wirtschaftswissenschaft sträubt (vgl. MacKenzie 2006: 17 ff.).

Netzwerke

Der Netzwerkbegriff bezeichnet, wie gesagt, nicht nur ein theoretisches Instrument der Neuen Wirtschaftssoziologie, sondern auch einen eigenständigen Gegenstand. Eine verbreitete Verwendung des Netzwerkbegriffs lässt sich in der Verschiebung des Interesses „from firms to networks" (Carruthers/Uzzi 2000: 486) verorten. Ein wichtiger Netzwerktyp zwischen Unternehmen ist das „interlocking directorate", also personelle Verflechtungen im Top-Management. Solche Netzwerkstrukturen waren für die Marktstruktur in der Nachkriegs-Bundesrepublik von erheblicher Bedeutung. Eine Beobachtung, die in der Bezeichnung „Deutschland AG" gipfelte (vgl. Höpner/Streeck 2003). In der Forschung werden darüber hinaus Projektnetzwerke, informelle Netzwerke oder regionale Verbünde, an denen mehrere Organisationen beteiligt sind, untersucht (vgl. für einen Überblick z. B. Mützel 2010). Damit wird eine Entwicklung hin zu einer zunehmenden Netzwerkstruktur der Wirtschaft insgesamt verbunden (Powell 1990: 314; vgl. auch kritisch Sparsam 2014: 214 ff.).

Geld und Finanzwirtschaft

Geld

Moderne kapitalistische Wirtschaftssysteme sind ohne das Zahlungsmittel Geld nicht denkbar. Und obwohl sich auch die Klassiker der Soziologie (insbesondere Simmel) intensiv mit Geld beschäftigt haben, hatte die Soziologie der Nachkriegszeit das Thema lange ausgespart. Gefragt wurde nach den Logiken der Ungleichverteilung des Geldes und deren Folgen, nicht aber nach den Formen, Funktionen und Wirkungsweisen des Geldes selbst. Ingham argumentiert, dass die Soziologie damit implizit die wirtschaftswissenschaftliche Vorstellung von Geld als neutralem Tauschmittel übernommen hat (vgl. Ingham 1998). Was wäre daran falsch? Unter anderem kann es als widerlegt gelten, dass Geld – wie die ökonomische Theorie annimmt – zunächst als Mittel zur Vereinfachung des Tausches entstanden ist. Alltagsgüter wurden in vormonetären Gemeinschaften eher geliehen oder verschenkt als getauscht. Der Ursprung des Geldes wird daher beispielsweise von Ingham in Praktiken der Verschuldung und Rückzahlung vermutet (Ingham 2004). Geld macht damit, schon an seinem historischen Ursprung, nicht bloß einfach den Handel reibungsloser, sondern führt zur Ausbreitung bestimmter Formen des Handelns (wie der Verschuldung). Ingham zeigt weiterhin, dass die ersten Geldmedien nicht, wie die Neoklassik annimmt, zunächst die Form von wertvollen Gütern wie Gold oder Silber hatten, sondern als Rechengeld („money of account") in Form von Tonmünzen, die zur Begleichung von Schulden verwendet wurden. Deshalb argumentiert er, dass die wichtigste Eigenschaft des Geldes nicht seine Eigenschaft als Tauschmittel ist, sondern seine Funktion als Maß abstrakten Wertes und als Mittel zur Aufbewahrung und zum Transport dieses abstrakten Wertes. Dies ermöglicht die zentrale Wirkung des Gelds, dass es nämlich immer Kredit-Schuld-Verhältnisse mit hervorbringt. Der Geldbesitzer hat einen Anspruch auf Waren, aber das Geld ist zugleich ein Kredit für den Benutzer, mit dem er alle Schulden aus Transaktionen innerhalb des Währungsraumes, in dem das Geld gesetzliches Zahlungsmittel ist, begleichen kann. Ausgehend von dieser Bestimmung betont Ingham die Rolle des Staates: Nicht Netzwerke privater Tauschakte, sondern nur politisch mächtige Akteure können seiner Ansicht nach eine solche Struktur ermöglichen, weil nur sie über die Mittel verfügen, für die zuverlässige Durchsetzung von Schuldansprüchen einzustehen. Zentraler Schauplatz der sozialen Konstruktion des Geldes ist für ihn daher der politische Kampf um die Geldwertstabilität zwischen Staat, Schuldnern und Gläubigern. So hat Ingham Arbeiten zu Währungs- und Finanzkrisen oder zur Schaffung neuer Währungsräume vorgelegt (Ingham 2004). Empirische Arbeiten zu Makro- und Mesophänomenen befassen sich mit der Rolle von Banken, Zentralbanken, Finanzmärkten (für einen Überblick Carruthers 2010).

Unklar ist in der theoretischen Debatte um Geld in der Neuen Wirtschaftssoziologie, ob man nach universellen Eigenschaften des Geldes fragt oder – wie z. B. Dodd (vgl. Dodd 2014: 48) – eher dafür plädiert, verschiedene Formen des Geldes in ihrer Heterogenität zu erschließen. Solche Positionen werden vor allem in kulturtheoretischen Ansätzen entwickelt und verfolgt. Die einflussreichste Autorin ist hier zweifellos Vivianna Zelizer. Sie hat seit den 1980er Jahren eine Reihe höchst origineller und anspruchsvoller Studien zu verschiedenen Formen des Geldes vorgelegt und damit auch viele Nachfolgearbeiten angeregt (vgl. Bandelj 2020). Die Idee der „multiple monies" wird mit Hilfe einer kultursoziologisch informierten empirischen Kartierung unterschiedlicher Umgangsweisen mit Geld umgesetzt. „Geld" ist für Zelizer also ein Sammelbegriff für unterschiedliche Formen eines mehr oder weniger generalisierbaren Tauschmediums. Sie denkt dabei konsequent an so unterschiedliche empirische Phänomene wie internationale Währungen, national emittierte gesetzliche Zahlungsmittel, elektronisches Geld, Bankkonten und andere hochgradig „liquide" Formen des Geldes auf der einen – sozusagen klassisch-ökonomischen Seite – und in der ökonomischen Theorie eher marginalisierte Formen wie eng begrenzte Kreisläufe von Regionalwährungen, Casino-Jetons, Anlagediamanten und auch ganz spezifisch zweckgebundene Organisationsbudgets oder sogar das Taschengeld von Kindern und Guthaben in Babysitter-Pools. „Geld" ist dabei immer ein Amalgam aus einem solchen Medium, einem Transferprozess und den sozialen Beziehungen der daran Beteiligten (kurz dargestellt in: Zelizer 2001).

In ihren empirischen Studien geht es ihr immer darum zu zeigen, wie ein bestimmtes Geld in Abhängigkeit von diesen Variablen (Medium, Quelle, Beziehungskontext) unterschiedliche symbolische Qualitäten annehmen kann. So wird z. B. Geld, das aus einer regelmäßigen Einkommensquelle stammt, also etwa im Beruf verdient wurde, anders behandelt als geschenktes, geliehenes oder einmalig gewonnenes Geld. Noch deutlicher sind die Unterschiede bei den Beziehungskontexten. In einer sich anbahnenden Intimbeziehung hätte die direkte Zahlung von Geld im Tausch gegen Intimitäten etwas moralisch Verwerfliches und wird daher selbst in "Sugar Daddy"-Beziehungen durch die Bevorzugung von Geschenken transformiert, sodass sich die Assoziation von Lohnzahlung vermeiden lässt (vgl. Mongrain 2024). Diese Beispiele zeigen, dass Geld oft in einem komplexen Verhältnis zur Moral steht. Der Fall des

Schutzes persönlicher Intimbeziehungen vor Tauschakten mit Bargeld zeigt, dass Geld auf symbolischer Ebene manchmal so behandelt wird, als könne es kulturelle Strukturen verunreinigen. Durch eine unangemessene Art der Bezahlung wird aus einer Verabredung plötzlich eine prostitutive Beziehung. Auch die Herkunft des Geldes kann so wirken. So „wäscht" der Staat häufig Einnahmen aus der Besteuerung „sündiger" Praktiken (Alkohol, Tabak, Glücksspiel usw.) durch eine besonders wohltätige Zweckbindung (Carruthers 2010: 358). Eine verbreitete kulturelle Überzeugung ist nun, dass diese symbolische Brisanz des Geldes mit der Trennung zweier sich feindlich gegenüberstehender Welten („hostile worlds") zusammenhängt: Wer etwa im familiären Kontext Zahlungslogiken folgt, zerstört demnach den familiären Charakter der Beziehungen. Es gehört zu den besonders innovativen Einsichten Zelizers, diese Annahme zurückzuweisen. So zeigt sie am Beispiel der umstrittenen Einführung von Lebensversicherungen für Kinder, dass sich die Praxis des Abschlusses solcher Versicherungen durch die Eltern nur etablieren konnte, weil sie kulturell nicht als zynisch kalkulierte Wette (auf den frühen Tod des eigenen Kindes), sondern als Akt der familiären Fürsorge verstanden wurde (vgl. Zelizer 1981). Z.B. weil das Geld dann genutzt werden konnte, um im Fall des (damals sehr wahrscheinlichen) frühen Ablebens des Kindes, eine würdevolle Beerdigung zu finanzieren.

Finanzmärkte und Finanzialisierung

Von besonderer wirtschaftssoziologischer Relevanz ist darüber hinaus die Finanzmarktforschung. Die relative Bedeutung des Finanzmarktes für die Gesamtwirtschaft wird dabei mit dem Begriff der Finanzialisierung erfasst. Finanzialisierung meint erstens eine Verschiebung in der Wirtschaftsstruktur, so dass die Wertschöpfung infolge des Finanzialisierungsprozesses zunehmend über Finanzströme und nicht mehr über die Produktion von Gütern erfolgt (vgl. Krippner 2005: 174). Zweitens bedeutet Finanzialisierung eine Neuausrichtung unternehmerischer Strategien bzw. Steuerungskonzepte. Unternehmerische Strategien werden zunehmend durch die Orientierung an den Normen und Anforderungen der Finanzmärkte geprägt (Krippner 2005; Kädtler 2018: 305). Finanzialisierte Muster der Unternehmenssteuerung prägen heute die meisten entwickelten Volkswirtschaften, wobei Staaten wie die USA als hoch finanzialisiert gelten und die Bundesrepublik Deutschland als Hybrid zwischen dem Modell der sozialen Marktwirtschaft und einer finanzialisierten Ökonomie (Kädtler 2018). Die Finanzialisierungsforschung beschäftigt sich mit einer Reihe unterschiedlicher Phänomene, von der Ausbreitung und Etablierung der gegenwärtigen Form des Finanzmarktes über die Logik der Shareholder-Value-Unternehmenssteuerung bis hin zu Fragen der Finanzialisierung des Alltags (vgl. van der Zwaan 2014).

Konsum

Die Konsumsoziologie hat sich im Wesentlichen abseits der Neuen Wirtschaftssoziologie entwickelt.[9] Jedoch zeigt sich in jüngerer Zeit eine Aufweichung des Fokus der Neuen Wirtschaftssoziologie auf Fragen der Güter-Allokation und teilweise Orientierung hin zu Fragen der Konsumption.

Eine kanonische und dennoch frühe Arbeit zu Konsumthemen ist die von Biggart zur Organisationsstruktur von „Direct Selling Organizations" (Biggart 1989). Derartige Unternehmen, die dem deutschen Verbraucher nicht gänzlich unbekannt sind (z. B. durch Vorwerk und Tupperware), aber in den USA deutlich weiter verbreitet sind, zeichnen sich durch das Prinzip des aufsuchenden Verkaufs und des losen Zusammenschlusses von Verkäufern in Netzwerkstrukturen aus. Flexible Arbeitszeiten und Entlohnung über Verkaufsprämien ersetzen hier das klassische Lohnarbeitsverhältnis. Anders als spätestens seit Weber idealtypisch angenommen, generieren diese Organisationen ihre Effizienz nicht mit Hilfe bürokratisch-unpersönlicher, sondern charismatisch-personengebundenen Sozialformen. Empirisch stellen sich diese Unternehmen nämlich durchweg als Organisationen, die stark hierarchisch auf charismatischen Führungsfiguren ausgerichtet sind, dar. Außerdem verschwimmt in ihnen die kommerzielle Welt des Verkaufs und die familiäre Welt des Haushalts. Gerade für Frauen, die überwiegend aus der unteren Mittelschicht stammen, bieten Direktvermarktungsorganisationen eine praktikable Erwerbsalternative zu klassisch bürokratisch strukturierten Organisationen, insofern sie z. B. durch das Prinzip der losen Assoziation („Partnerschaft" statt „Lohnarbeit") die Vereinbarkeit von Familie und Beruf erleichtern können. Ausgehend von solchen Beispielen formuliert Zelizer in einem programmatischen Aufsatz zur Konsumsoziologie (2006) die These, dass sich die Neue Wirtschaftssoziologie vor allem dann für konsumsoziologische Themen zu öffnen lernt, wenn sie Verbindungen zwischen im engeren Sinne ökonomischen Themen wie Unternehmensstruktur einerseits und gemeinhin als unökonomisch wahrgenommenen Sphären wie Haushalt oder Geschlechterordnung andererseits herstellt.

Bewertungssoziologie

Eine weitere Hinwendung zu Konsumfragen ergibt sich aus dem Interesse am Bewertungsproblem als einem allgemeinen Koordinationsproblem von Märkten (Beckert 2007: 14 f.). Damit rückt zunächst ein bestimmter Typus von Märkten in den Blick, der in der Literatur als „Statusmärkte" bezeichnet wird (Aspers 2009, Beckert/Aspers 2011: 15 ff.). Solche Märkte unterscheiden sich aus zwei Gründen von „Standardmärkten": Erstens, weil der Konsum mit Bewertungsunsicherheiten behaftet ist, d. h. es gibt keine allgemein als „objektiv" anerkannten Standardkriterien zur Bewertung von Pro-

---

9 Der wohl einschlägigste Reader zur Neuen Wirtschaftssoziologie (Granovetter/Swedberg 2001), in den 22 versammelten Texten nur zwei Mal. Und umgekehrt finden sich in Readern zur Konsumsoziologie keine Texte aus der Neuen Wirtschaftssoziologie.

duktqualitäten, und zweitens, weil darüber hinaus Produktqualitäten so beschaffen sind, dass sie von vornherein als Geschmacks- oder Stilfragen wahrgenommen werden (wie z. B. bei Kunst und Mode). Der Kauf eines Autos z. B. kann sowohl an objektiven Kriterien als auch an Stilfragen orientiert sein, so dass man schnell erkennen kann, dass auch industrielle Produktmärkte nicht per se reine Standardmärkte sind. So ergibt sich der Wert von Konsumprodukten zu einem großen Teil aus symbolischen Qualitäten, die den Produkten aufgrund von Interpretationen zugeschrieben werden, wobei die Aushandlung darüber, welche Qualitäten wie zu bewerten sind, gesellschaftliche Deutungskämpfe mit zum Teil massiven ökonomischen Implikationen darstellen. Dabei öffnet die soziale Konstruktion der Bewertung diese nicht einer interpretativen Beliebigkeit, sondern bleibt an allgemeine kulturelle Logiken und interaktive Prozesse gebunden, die die materiellen Eigenschaften der Objekte artikulieren. Wie genau solche Bewertungsprozesse beschaffen sind, ist die Leitfrage einer Vielzahl von wirtschaftssoziologischen Beiträgen zum Feld der allgemeinen „Soziologie der Bewertung" (vgl. Krüger 2022) in den letzten Jahren (vgl. für einen Überblick Beckert/ Aspers 2011). Besonders einflussreich und aufschlussreich ist in diesem Zusammenhang die Studie von Karpik (2011) zur Struktur von Märkten mit singulären Produkten. Beispiele hierfür sind Märkte für künstlerische Produkte wie Gemälde, Musik und Filme, für Luxusgüter wie Kleidung, Schmuck und Wein, aber auch beispielsweise für Dienstleistungen von Nachhilfelehrern, Ärzten und Rechtsanwälten. „Singulär" werden diese Produkte dadurch, dass die kulturellen Bewertungspraktiken dieser Produkte die Schwierigkeit ihrer Bewertung betonen: Sie gelten mehr oder weniger als letztlich nicht vergleichbar mit Gütern derselben Produktkategorie. Jedes Exemplar (z. B. ein Kunstwerk) ist einzigartig. Das Problem der Bewertung von Gütern erschöpft sich daher nicht in der Beschaffung von Informationen für eine rationale Auswahl, sondern stellt sich als Notwendigkeit dar, eine Meinung zu entwickeln und ein „Urteil" zu fällen. Karpik spricht von „Instanzen der Urteilsbildung", die z. B. einflussreiche Ratgeber, Reiseführer, Rankings, Gütesiegel, Auszeichnungen, Bestenlisten, Expertenbewertungen, aber auch meinungsbildende Kunst- oder Literaturkritiker und persönliche Netzwerke umfassen (Karpik 2011: 61 ff) und die Konsumenten als Orientierungshilfen für die Urteilsbildung dienen.

Neuere Themen: Verbraucherorganisationen, Onlinekonsum und kulturalisierter Konsum

Drei weitere Aspekte sollen hier noch kurz erwähnt werden, auch im Hinblick auf ihre Relevanz für die Zukunft. Nessel hat aus der Neuen Wirtschaftssoziologie heraus auf die interessante Rolle von Verbraucherorganisationen („Stiftung Warentest", „Verbraucherzentrale", „Food Watch" usw.) aufmerksam gemacht. Verbraucherorganisationen agieren häufig als „Marktwächter", deren Funktion darin besteht, Verbraucherinteressen in eine marktrelevante Form zu transformieren. Insofern üben sie nicht nur durch Skandalisierungskampagnen, rechtliche Abmahnungen oder kritische

Qualitätsurteile Druck auf Unternehmen aus, sondern fungieren auch als „Linse", mit deren Hilfe Unternehmen Verbraucheranliegen beobachten und in ihre Unternehmensstrategien integrieren können, weshalb Unternehmen häufig mit Verbraucherorganisationen kooperieren (Nessel 2016: 271 f.). Mit der Frage, wie Märkte „sehen" und insbesondere wie sie ihre Konsumenten sehen, hat sich in den letzten Jahren auch Marion Fourcade einflussreich auseinandergesetzt (Fourcade/Healy 2017). So untersucht sie gemeinsam mit ihrem Kollegen Kieran Healey, welche Rolle der Strukturwandel der Marktforschung und Risikoeinschätzung durch „Big Data" und „AI", also die massenhafte Erfassung und Auswertung digitaler Konsumspuren, spielt (vgl. Fourcade/Healey 2017). Am Beispiel des US-amerikanischen Kreditratings untersucht sie die impliziten moralischen Kategorisierungen, die den aus diesen Beobachtungspraktiken resultierenden Konsumentenbildern inhärent sind. Von besonderer Relevanz dürfte auch die empirische Erforschung von Online-Konsumpraktiken sein (vgl. Zelizer 2006: 346 ff.; Bachmann/Siegert 2021.).

Ähnlich wie das zunehmende Interesse der Neuen Wirtschaftssoziologie an Finanzmärkten im Kontext der Finanzialisierung, kann auch das zunehmende Interesse der Neuen Wirtschaftssoziologie an Konsumthemen seit den 2000er Jahren ein Stück weit als Beobachtung zentraler gesellschaftlicher Transformationen von Märkten verstanden werden. In diesem Sinne lässt sich das wirtschaftssoziologische Interesse an Märkten für singuläre Produkte (wie Gemälde, Wein etc.) (Karpik 2011) nicht nur als Erschließung eines weiteren ökonomischen Feldes verstehen, sondern auch als Interesse an einer kulturellen Logik der Wertgenerierung, die in den letzten Jahrzehnten auf verschiedene Felder der Produktvermarktung ausstrahlt und damit beispielsweise auch bestimmte Bereiche der landwirtschaftlichen Produktion (wie den Weinbau) mit zunehmender ökonomischer Relevanz ausgestattet hat (vgl. Boltanski/Esquerre 2018; allgemein Reckwitz 2017). Zum anderen reagiert die Zunahme konsumsoziologischer Studien in der Neuen Wirtschaftssoziologie sicherlich auch auf die zunehmende Reflexivität des Konsums selbst. Seit den 1980er Jahren wird in Deutschland und anderen Industrienationen das allgemeine Rollenverständnis von Konsumenten zunehmend mit moralischen und politischen Ansprüchen versehen (vgl. z. B. Nessel 2016: 270). Dabei dominiert in der wirtschaftssoziologischen Reflexion der Potenziale dieser Politisierung der Konsumenten eher Skepsis. Erklärungsversuche für die Trägheit des Konsumverhaltens, etwa im Hinblick auf Nachhaltigkeitskriterien, haben vor diesem Hintergrund Konjunktur (vgl. für einen Überblick z. B. Beckert 2024: 111 ff.).

4 Methodologie und Methode

Die Neue Wirtschaftssoziologie gewinnt, wie erwähnt, ihre Identität stark aus der kritischen Auseinandersetzung mit den Wirtschaftswissenschaften. Dies gilt insbesondere in methodologischer und methodischer Hinsicht. Selbst stark auf Mathematisierung und formale Theoretisierung ausgerichtete Forschungsrichtungen wie die Netzwerkforschung sind durchzogen von Vorwürfen der Empirieferne in Richtung Wirtschaftswissenschaften. So betont etwa Granovetter, dass sein Ansatz einer Wirtschaftssoziologie der Einbettung ökonomischer Phänomene in soziale Netzwerke nicht von abstrakten Modellen, sondern von konkreten empirischen Phänomenen ausgeht (vgl. Granovetter 1985). Und gerade Granovetter ist ein gutes Beispiel für Strategien der Fundierung konzeptioneller Arbeit in empirischer Forschung. Seine Arbeit zu „Strength of Weak Ties", die zu einem interdisziplinären Meilenstein der Netzwerkforschung geworden ist, demonstriert eine große methodische Vielfalt (Umfragen, qualitative Interviews, Auswertung von Verwaltungsdaten etc.) und damit die methodologische Haltung einer flexiblen Anpassung des Forschungsdesigns an die Herausforderungen des Gegenstandes (vgl. auch die Darstellung dieser Studie im Beitrag von Gabrowski).

Eine sehr zugespitzte Kontrastierung von neoklasissch wirtschaftswissenschaftlichen und allgemein soziologischen Erkenntnisstil haben Hirsch et.al. (1990) herausgearbeitet. Sie schreiben:

> [C]ontemporary economics exemplifies a highly abstract, deductive approach to social science. Its style is characterized by the development of models based on deliberately, vigorously, and rigidly simplified assumptions. The *elegance* of the models, especially their "parsimony," is prized and the intent is that they be predictive. The individual level of analysis is taken to be real, and higher (macro) levels of analysis are derived and built from the individual level via aggregation. A series of heuristic assumptions about human nature, taking the existence and pre-eminence of markets as a given, and other related principles such as fixed preferences are assumed and generally unquestioned. The claim that these are all exogenously determined factors lying outside the realm of economics has a certain disingenuous quality. (Hirsch et al.: 40)

Und weiter:

> Sociology on the other hand tends to value description or explanation over prediction. [...] There are few if any fundamental notions, such as rational action, that cut across and deeply into the discipline. Indeed, sociology often takes these very assumptions as problematic. Since there is no single widely accepted paradigm in sociology either theoretically or methodologically, there is much fiercer debate about conceptual frameworks, theories, and concepts. Sociology tends to be much more "data-driven." While there are traditions and schools of "grand theory," most sociologists spend their time developing original data and interpretations of data. Instead of neat theory, they tend to be more involved in the complexities of the phenomenon under scrutiny. (Hirsch et al.: 40)

So arbeitet die Ökonomie mit hochaggregierten Daten, wenigen Variablen, eher eleganten als komplexen Modellen und unterstellt sich eine Omnipotenz bei der Vorhersage, während die Soziologie viele Variablen in die Modelle einführt, um sie komplexer zu machen, mit dem Ziel, realistische Beschreibungen und Erklärungen zu liefern. „In sum: Clean models vs. dirty Hands". Und weiter:

> For most sociologists, research even more than theory is where the action is. They are most likely to gather data first and then build their theories from the data. Often the results are too contin-

gent to fit into neat formulas. They are also messy and tentative. But *many sociologists genuinely revel in the intellectual ferment this produces;* for where the answers are not assumed already, there are always more questions to be asked. Methodological issues also become crucial here for sociologists since *the truth-value of these theories depends on empirical support, not logical connections* with core assumptions. (Hirsch et al.: 45)

Mit Blick auf den Mainstream der Forschungslandschaft zeigen sich jedoch weniger Berührungsängste mit den Wirtschaftswissenschaften und ihren methodischen Prinzipien. So heißt es etwa bei Maurer, die Neue Wirtschaftssoziologie zeichne sich dadurch aus, dass sie in einer „Balance zwischen Abstraktion und Realismus zugunsten möglichst realistischer Thesen" (Maurer 2017: 4) arbeitet. Man arbeitet also überwiegend mit abstrakten Modellen und quantitativer Methodik, aber nicht im Rahmen einer starren Orthodoxie, die aus immer gleichen Axiomen ein immer komplizierteres Modellsystem entwickelt, sondern im Rahmen einer theoretischen Flexibilität, die konkrete Hypothesen mit konkreten empirischen Tests konfrontiert. Eine einflussreiche Formulierung zentraler methodologischer Postulate der Neuen Wirtschaftssoziologie findet sich bei Guillén et al. (2002), die drei Prinzipien für zentral halten: 1) Die scharfe Trennung zwischen dem Sozialen und der Ökonomie als qualitativ unterschiedlichen Gegenstandsbereichen müsse aufgegeben werden. Damit meinen sie die Berücksichtigung des sozialen Gehalts wirtschaftlichen Handelns (Guillén et al.: 9). 2) Die Präferenzen der Akteure und ihre Handlungen sollen auf vielfältige endogene und exogene Ursachen zurückgeführt werden und nicht auf ein isolierbares Prinzip (Nutzenmaximierung). Sie positionieren die Neue Wirtschaftssoziologie damit in Ablehnung des ökonomischen Modells eines reinen Nutzenmaximierers mit festen Präferenzordnungen. Und 3) dass die Neue Wirtschaftssoziologie sich nicht auf Erklärungen beschränkt, die dem Postulat des methodologischen Individualismus folgen. Sie schreiben: „Economic sociologists seek to improve our understanding of economic behavior at levels of analysis higher than that of the individual or the group" (Guillén et al. 2002: 6 f.). In diesem letzten Punkt zeigt sich vor allem das „strukturtheoretische Selbstverständnis der Neuen Wirtschaftssoziologie" (Sparsam 2014: 71).

Eine konkrete Auflistung von Methoden ist schwieriger, da die Neue Wirtschaftssoziologie sehr unterschiedliche Strömungen vereint. Besonders zentral und methodisch sehr eigenständig und ausdifferenziert sind die quantitativen Methoden der Netzwerkforschung (vgl. den Beitrag von Dabrowski). Der Neo-Institutionalismus hingegen arbeitet vor allem mit vergleichenden und historischen Institutionenanalysen, in denen Dokumente und Diskursdaten untersucht werden. Dies kann die Untersuchung bestimmter Gesetzestexte oder Archive spezifischer Organisationen umfassen. Es kann aber auch darin bestehen, Debattenverläufe in journalistischen Medien zu rekonstruieren oder beispielsweise Managementmoden in organisationstheoretischen Lehr- und Handbüchern als Quellen zu erschließen. Neben diesen Methoden finden sowohl in der Kultursoziologie als auch im Neo-Institutionalismus verschiedene qualitative Methoden wie Interviews und teilnehmende Beobachtung breite Anwendung.

Klassisches Beispiel der Theorie: Die historische Transformation von Kontrollkonzepten (Fligstein)

In „The Transformation of Corporate Control" (1993) liefert Neil Fligstein eine institutionalistische Analyse der Rolle der größten amerikanischen Unternehmen bei der Umgestaltung der US-Wirtschaft im letzten Jahrhundert. Der Übergang vom regionalen „business" zur überregionalen Form der „corporations", der die wirtschaftliche Entwicklung der USA zu Beginn des 20. Jahrhunderts nachhaltig prägte, erklärt sich für ihn nicht aus dem Fortschreiten der Effizienz der Produktion, die immer größere Organisationsstrukturen verlangt, sondern aus dem Expansions- und Machtstreben der Managementeliten. Diese verbreiten mit Kontrollkonzepten bestimmte Vorstellungen davon, was effizientes Wirtschaften ausmacht.

Diese Konzepte entstehen an der Schnittstelle von unternehmerischen Handeln, politischer Regulation und rechtlicher Rahmung. In Anschluss an den Neo-Institutionalismus greift Fligstein dabei das Konzept der „organisatorischen Felder" auf (6–12, 295 ff.). Damit erklärt er die Ausbreitung von Kontrollkonzepten über verschiedene Unternehmen hinweg. Ein organisatorisches Feld besteht aus einer Gruppe von Wettbewerbern, Lieferanten und Kunden. Da Kontrollkonzepte in den mächtigsten Unternehmen eines Organisationsfeldes immer erfolgreicher werden, neigen andere Unternehmen in diesem Feld diese Strategien kopieren, auch wenn das oft gar nicht effizienter für sie ist (Isomorphie). So verbreiten sich diese Konzepte innerhalb der Organisationsfelder weiter und werden – auch im Zusammenspiel mit politischer Gesetzgebung – sukzessive institutionalisiert. Sind solche institutionellen Arrangements erst einmal etabliert, kommt es nur noch durch externe Krisen (wie z. B. die „Great Depression") zu grundlegenden Veränderungen.

Funktional betrachtet sind Steuerungskonzepte Entwürfe von Unternehmenskultur, mit denen Unternehmer versuchen, bestimmte Marktregeln zu etablieren. Empirisch liegen Steuerungskonzepte als Narrative und Formen von Unternehmenskultur vor, mit denen sich Unternehmen ein Bild davon machen, was ein Unternehmen ausmacht und welche Handlungen von Konkurrenten zu erwarten sind. Das übergreifende Leitmotiv dieser Narrative ist jedoch, so Fligstein gegen den Mainstream der Wirtschaftswissenschaft, nicht das Kriterium der Gewinnmaximierung (Effizienz), sondern das der Herstellung von Kontrolle und Bestandssicherung (Effektivität) (Fligstein 1993: 2, 295 ff.). Wie White sieht er Mechanismen der Wettbewerbsbeschränkung als zentral an. Die empirische Untersuchung (Fligstein 1993: 33–294) rekonstruiert nun die historische Abfolge der wichtigsten Steuerungskonzepte der US-Wirtschaft. Von 1870 bis 1900 dominierte demnach das Konzept der direkten Kontrolle (Fligstein 1993: 13 f., 33 ff.). Ziel der Unternehmen war es, durch die Bildung von Kartellen Oligopolstellungen zu erlangen. Staatliche Regulierung zur Verhinderung von Kartellbildung und neue Problemfelder in der Produktion führten dann zur Etablierung des produktionsorientierten Steuerungskonzepts von 1900 bis 1925. Ein Mittel zur Stabilisierung großer Märkte mit wenigen Anbietern war hier die Fusion von Unternehmen. Ab den 1930er Jahren gewann der Wachstumsaspekt an Bedeutung. Während das produktionsorientierte Steuerungskonzept gut geeignet war, Preisstabilität zu gewährleisten, erwies sich das zwischen 1925 und 1955 etablierte Absatz- und Marketingkonzept (Fligstein 1993: 14 f., 116 ff.) als wachstumsfördernder. Die wichtigste Strategie war nun die Produktdiversifikation durch Qualitätsdifferenzierung und Diversifikation, also die Expansion in verschiedene Märkte. Grund dafür war das Aufkommen einer Gesetzgebung zur Eindämmung von Marktkonzentrationen (Kartellgesetzgebung), die jedoch auf Marktmacht in einzelnen Märkten abzielte und durch Diversifikation umgangen werden konnte. Ab 1950 setzte sich wieder das finanzorientierte Kontrollkonzept durch (Fligstein 1993: 15 f., 226 ff.). Ziel ist nun vor allem die Steigerung der Wachstumsraten. Als Mittel treten verstärkt Verschuldungsstrategien sowie Unternehmensrestrukturierungen durch den Verkauf nicht wachsender (aber möglicherweise profitabler) Unternehmenssparten und der Kauf wachstumsstarker Unternehmen auf. Fligstein positioniert sich in seinem Buch auch kritisch zur Wirtschaftspolitik seiner Zeit. Er fragt, wie es dazu kommen konnte, dass finanzmarktorientiertes Management Unternehmen und Politik dominiert und weist auf die Nachteile einer nur auf kurzfristigen Gewinn ausgerichteten Unternehmensstrategie hin.

5 Zusammenfassung zentraler Begriffe ❗

Einbettung: Der von Mark Granovetter eingeführte Begriff weist darauf hin, dass die Rationalität des Markthandelns zumeist aus der Kombination von Marktprinzipien und sozialen Beziehungslogiken resultiert. Der nutzenmaximierende homo oeconomicus der Wirtschaftswissenschaften ist also „eingebettet" in sozialisierende Bekanntschaftsnetzwerke, die ihm zur Verfügung stehen, um Informationen zu beschaffen oder Partnerschaften einzugehen. Oft erweist es sich als die rationalere Strategie, solche Beziehungen, z. B. zu einem Lieferanten, stabil zu halten und damit kurzfristige Gewinnoptimierungschancen (z. B. das günstigere Angebot eines anderen Lieferanten) auszulassen. Über die Beschreibung der sozialen Einbettung in Netzwerke hinaus wird der Begriff auch verwendet, um auf die kognitive, politische und kulturelle Einbettung wirtschaftlichen Handelns hinzuweisen.

Die soziale Konstruktion von Märkten: Märkte werden in der Neuen Wirtschaftssoziologie als stabilisierte Rollenkonstruktionen verstanden, die so unterschiedliche Konstellationen wie Produzent und Kunde oder Herausforderer und Platzhirsch umfassen. Dabei betont die Neue Wirtschaftssoziologie häufig die Unterschiedlichkeit der verschiedenen Märkte. Untersucht wird, welche konkreten und kontingenten historischen und sozialen Umstände den jeweiligen Markt als komplexes institutionelles Gefüge hervorgebracht haben.

Ungewissheit: Märkte sind soziale Arenen, in denen bestimmte soziale Mechanismen die offene Zukunft („Unsicherheit") einschränken und in begrenzte und kalkulierbare Optionen („Risiken") transformieren. Nur weil diese Mechanismen prinzipiell unlösbare Fragen, wie die nach der perfekten Bewertung eines Gutes, beantwortbar machen, ist rationales Handeln der Marktakteure möglich.

Finanzialisierung: Gemeint ist der Prozess der Relevanzzunahme des Finanzmarkts für die Gesamtwirtschaft. Dieser Prozess hat zwei Seiten. Erstens nimmt durch die Finanzialisierung der Anteil der Profischöpfung aus Finanzmarktprofiten (nicht aus Produktionsprofiten) zu. Zweitens breitet sich kulturell eine Auffassung von Unternehmensführung aus, die den Finanzmarkt zum zentralen Bezugspunkt guten Wirtschaftens macht.

6 Kritik Weiterentwicklung und Rezeption

6.1 Vergleich zu anderen Theorieangeboten

Der Vergleich mit anderen Theorieangeboten ist wichtig, weil sich die Schwächen eines Ansatzes immer dann am deutlichsten zeigen, wenn Alternativen zum Vergleich herangezogen werden. Um diesen Vergleich zu organisieren, konzentriere ich mich daher auf ein Kernelement des Forschungsdesigns fast aller Arbeiten im Kontext der Neuen Wirtschaftssoziologie, das sie von anderen – in diesem Handbuch beschriebenen – Ansätzen wie der Systemtheorie Niklas Luhmanns, der praxistheoretischen Feldtheorie Pierre Bourdieus oder etwa Max Webers Untersuchungen zum Verhältnis von Wirtschaft und Gesellschaft unterscheidet. Die Neue Wirtschaftssoziologie wird von empirischen Fallstudien dominiert und theoretische Debatten beschränken sich auf die Frage nach der Ausarbeitung einer sog. „Theorie mittlerer Reichweite". Gemeint ist damit eine soziologische Theorie, die einen ganz bestimmten Bereich des gesellschaftlichen Lebens beschreibt: Im Falle der Neuen Wirtschaftssoziologie also die Wirtschaft, aber nicht auch das Recht, die Politik, die Medien, die Familie etc. Solche Gesellschaftsbereiche kommen zwar auch innerhalb der Neuen Wirtschaftssoziologie in den Blick, aber immer nur insoweit, als sie sich in bestimmten Phänomenen mit der Wirtschaft „treffen" und „verbinden". Insbesondere Zelizer macht deutlich, dass die Neue Wirtschaftssoziologie diese Phänomene nutzt, um unsere Vorstellungen von wirtschaftlichen Phänomenen von falschen Vorstellungen „reiner Ökonomie" zu befreien. Umgekehrt fragt sie aber kaum danach, ob und wie die Ausbreitung des Ökonomischen in der Moderne andere gesellschaftliche Bereiche verändert oder gar bedrängt. Demgegenüber sind „gesellschaftstheoretische" Großentwürfe – wie die genannten Theorien von Weber, Bourdieu und Luhmann – darauf ausgelegt, ein soziales Phänomen wie die Wirtschaft auf grundlagentheoretischer Ebene genauer zu bestimmen. Dies geschieht beispielsweise durch den systematischen Vergleich und die Abgrenzung gegen andere Formen des Handelns. Darüber hinaus beschreiben solche Ansätze die Wirtschaft als ein Feld oder Funktionssystem und verfügen damit über Mittel, um die Frage nach dem Verhältnis dieses sozialen Feldes zu anderen sozialen Feldern (wie Politik, Recht etc.) systematischer zu stellen.

Solche gesellschaftstheoretischen Forschungsdesigns erweisen sich nicht generell (also in jeder Hinsicht) als überlegen, mindestens aber in dreierlei Hinsicht als vorteilhaft. Für die Neue Wirtschaftssoziologie sind sie vor dem Hintergrund des verstärkten Interesses am Kapitalismusbegriff bzw. am makrosoziologischen Verhältnis von Wirtschaft und Gesellschaft besonders relevant (vgl. Swedberg 2017; Maurer 2017: 6; Beckert 2009). Erstens sind sie besser in der Lage, den kommunikativen Austausch zwischen der Scientific Community der Neuen Wirtschaftssoziologie und anderen wissenschaftlichen Communities der Soziologie anzuregen. Universaltheoretische Entwürfe wie der von Niklas Luhmann bieten gut handhabbare Möglichkeiten, wirtschaftssoziologische Befunde in ihrer Relevanz für die allgemeine Soziologie einzuordnen. Zweitens bieten Gesellschaftstheorien bessere Möglichkeiten, ökonomische und nichtökonomische Phänomene zueinander in Beziehung zu setzen. Es ergeben sich Möglichkeiten, die „gesellschaftliche Einbettung", wenn man so will, der Wirtschaft im Blick zu behalten. Wie ließe sich z. B. die Rolle der Pandemie Covid-19 in der Ökonomie konzipieren, ohne einen Begriff davon zu haben, dass es verschiedene soziale Felder gibt, die teilweise nach explizit nicht-ökonomischen Logiken operieren und dass diese Felder an Reibungspunkten immer wieder in ein dynamisches Verhältnis von Unter- und Überordnung geraten (vgl. Stichweh 2020)? Die Theorien mittlerer Reichweite der Neuen Wirtschaftssoziologie bieten Ansatzpunkte, sich diesen Fragen und Themenfeldern in Fallstudien zu nähern. Aus ihr kann sich also eine Spezialisierung auf Fragen des Verhältnisses von politisch-medizinischer Pandemiekontrolle und Ökonomie ergeben, nicht aber eine Antwort auf die Frage, wie es überhaupt dazu kommt, dass Marktlogiken politisch plötzlich medizinischen Problemen untergeordnet werden. Das bringt mich zum dritten Aspekt. Hier scheinen gesellschaftstheoretische Untersuchungsdesigns den Ansätzen mittlerer Reichweite der Neuen Ökonomischen Soziologie etwas hinzuzufügen: Sie können als Fundgrube für Themen dienen, die in der Neuen Ökonomischen Soziologie unterthematisiert sind. Denn universell angelegte Theorieentwürfe bieten Möglichkeiten, die Relevanz von Phänomenen besser einzuschätzen, die im wirtschaftssoziologischen Mainstream wenig Beachtung finden. So weist etwa Swedberg im Anschluss an Weber darauf hin, dass sich die Neue Wirtschaftssoziologie im Gegensatz zu Weber zu wenig mit der Wechselwirkung zwischen Wirtschaft und Rechtssystem beschäftige (vgl. Swedberg 2003; Derselbe 2017: 73). Forscher der Neuen Wirtschaftssoziologie nutzen in solchen Fällen die Arbeiten der Klassiker, um theoretische Ansätze zur Bearbeitung solcher im Mainstream der Neuen Wirtschaftssoziologie unterthematisierter Phänomene zu adressieren und damit die Neue Wirtschaftssoziologie für diese Themen zu öffnen.

Eine weitere Möglichkeit, Schwächen der Neuen Wirtschaftssoziologie durch Vergleiche mit fachinternen Alternativen aufzudecken, besteht darin, die Neue Wirtschaftssoziologie im Hinblick auf ökonomische Phänomene zu befragen, deren Relevanz von Ansätzen thematisiert wurde, die vor der Neuen Wirtschaftssoziologie dominant waren. Zu denken wäre hier an die Arbeits- und Industriesoziologie, die sich u. a. mit Machtdynamiken und informellen Strukturen in Unternehmen beschäftigt hatte, an die Ungleichheitsforschung, die u. a. Fragen der Lohnentwicklung und Vermögensbildung kritisch untersucht hat, oder auch an die marxistischen Ansätze, die zu keinem Zeitpunkt dominant waren, sich aber in der Geschichte der Disziplin immer wieder als eigenständiger Innovationsherd erwiesen haben, die sich im Laufe der Jahrzehnte so unterschiedlichen Themen wie der Logik von Konjunktur- und Krisenzyklen oder der globalen ökonomischen Systemkonkurrenz (zwischen kapitalistischer „Erster" und kommunistischer „Zweiter Welt") und Ausbeutungsverhältnissen (durch die Machtzentren der Ersten und Zweiten Welt gegenüber den Entwicklungsländern der „Dritten Welt") gewidmet haben. Aber für alle diese Themen – Arbeit, Industrie und kapitalistische Ausbeutung/Akkumulationskrisen – gilt, dass sie ohnehin im Schnittfeld von Randrelevanzen der Neuen Wirtschaftssoziologie und Kernrelevanzen angrenzender Forschungsfelder wie der Politischen Soziologie und der Organisationssoziologie liegen. Im Kontext neuerer Entwicklungen der Neuen Wirtschaftssoziologie werden diese Themen daher teilweise aufgegriffen.

6.2 Weiterentwicklungen

Eine ausstehende theoretische Synthese?

Convert und Heilbron haben sich kritisch mit der Geschichte der NES auseinandergesetzt, indem sie u. a. die Zitationsnetzwerke zwischen den Texten der NES mit deren Inhalten verglichen haben. Sie kommen zu dem Schluss, dass die beiden Hauptströmungen der NES – Netzwerkanalyse und Neo-Institutionalismus – theoretisch sehr unterschiedlich begründet sind. Sie schreiben daher: „The notion of economic sociology

[...] represents not so much a specific intellectual as an institutional project, more an intra-disciplinary coalition than a distinct approach" (Convert/Heilbron 2007: 51 f.) Allerdings gebe es Bemühungen, diese Kluft zu überbrücken. Immerhin, so Sparsam, sei „eine schleichende forschungspragmatische Konvergenz beider Ansätze zu beobachten" (Sparsam 2014: 274). Die Netzwerktheorie bediene sich analytisch des Kulturbegriffs des Neo-Institutionalismus und dieser wiederum der Methode der Netzwerkanalyse. Eine konsequente theoretische Integration beider Ansätze stehe jedoch noch aus.

In letzter Zeit hat es sich außerdem eingebürgert, neben der netzwerkanalytischen und neo-institutionalistischen Vorstellung von der sozialen Konstruktion von Märkten auch die performativitätstheoretische Perspektive gleichermaßen theoretisch ernst zu nehmen (vgl. Fourcade 2007). Dies erschwert das Unterfangen einer theoretischen Integration zusätzlich. Denn es ist umstritten, ob die Performativitätsansätze unter das Einbettungsparadigma subsumiert werden können (Kalthoff 2004: 154 f.). Eine Schwierigkeit besteht darin, dass diese Ansätze zunächst ein ganz anderes Erkenntnisinteresse verfolgen als die NES: Es geht nicht darum zu zeigen, inwiefern die Neoklassik die Realität falsch abbildet, sondern wie sie an deren Konstruktion beteiligt ist. Dennoch würden beide Programme auf den gleichen Fluchtpunkt zulaufen, nämlich Märkte wissenssoziologisch zu fundieren, argumentieren etwa Aspers und Beckert. Zudem ließe sich auch dieser Ansatz zumindest indirekt als Kritik an der ökonomischen Theorie verstehen, „insofern die Autoren gerade die historisch kontingenten kulturellen Voraussetzungen von Märkten im Wissensbestand der Akteure in den Mittelpunkt rücken." (Aspers/Beckert 2017: 233).

Entscheidend dafür, ob diese theoretische Desintegration als Problem wahrgenommen wird oder nicht, ist vermutlich auch die jeweilige forschungspragmatische Haltung. Eine zentrale Variable ist dabei das Verhältnis zu den Wirtschaftswissenschaften. Denn je nachdem, ob es nur darum geht, das wirtschaftswissenschaftliche Weltbild um einige soziologische Aspekte anzureichern oder diesem Weltbild eine viel weitergehende Alternative gegenüberzustellen, wird man den Anspruch auf eine umfassende Theorie der Wirtschaft und deren Verbindung mit der Gesellschaftstheorie als intellektuell höchst anregende Denkübung, die letztlich aber einer hemdsärmeligeren empirischen Forschungspraxis im Wege steht, oder als wichtige Baustelle für die Weiterentwicklung der Neuen Wirtschaftssoziologie begreifen (vgl. Fligstein 2015; dagegen z. B. Swedberg 2015). Eine Reihe von Autoren wie Fligstein oder Beckert haben in den letzten Jahren in verschiedenen programmatischen Beiträgen eine stärkere Ablösung der Neuen Wirtschaftssoziologie von wirtschaftswissenschaftlichen Denkfiguren gefordert. Damit machen sie die Neue Wirtschaftssoziologie auch anschlussfähiger für den Austausch mit anderen Theorieangeboten der Wirtschaftssoziologie, wie der zunehmende Rückgriff insbesondere Bourdieus Theorie der sozialen Felder, zeigt (vgl. Kap. V).

7 Theorieanwendung: Konflikte um den Hambacher Forst ⚡

Im Folgenden fokussiere ich mich darauf Fragen der politisch-juristischen und kulturellen Einbettung des Hambacher Forsts zu perspektivieren. Ich spare hier also die Anwendung der Netzwerkperspektive aus (vgl. Kap. VI).

Der Hambacher Forst ist eines der wenigen verbliebenen Urwaldgebiete in Deutschland. Ein Großteil des ursprünglich 4.100 Hektar großen Waldes wurde 1977 vom Energiekonzern RWE gekauft und anschließend gerodet, um die darunter liegende Braunkohle zu fördern. Um die Rodung der verbliebenen 100 Hektar ist in den 2010er Jahren ein heftiger politischer Streit entbrannt, der hier kurz skizziert und anschließend als wirtschaftssoziologisches Phänomen analysiert werden soll. Widerstand gegen den Braunkohleabbau im Hambacher Revier gibt es seit Beginn des Abbaus. Verständlicherweise mobilisiert das Thema zunächst vor allem Anwohner, deren Dörfer den Baggern weichen sollen.

Die Proteste (insbesondere auch in Form von Waldbesetzungen durch Errichtung von Baumhäusern) haben jedoch im Jahr 2012 eine neue Qualität angenommen, weil das Thema nun in den Blick einer gesamtdeutschen Umweltbewegung gerät. Bundesweite mediale Aufmerksamkeit erlangten die Proteste 2018, als die Baumhausbesetzer auf Anweisung des NRW-Ministerpräsidenten (Laschet) geräumt wurden. Es kam zu Massendemonstrationen von bis zu 50.000 Menschen in der Region. Derartige Relevanz erhält der Vorgang für die Demonstranten auch, weil zeitgleich die sogenannte Kohlekommission über die nationale Strategie zum Kohleausstieg beriet. Der Konflikt um den Hambacher Forst wurde gerade durch dieses Timing zum Symbol für das politische Ringen um die Geschwindigkeit des Kohleausstiegs (Liersch et al. 2022: 11). Ein Gericht entschied, dass die Rodung nicht rechtens war. Die weitere Rodung wurde daher zunächst gestoppt. Im Jahr 2020 wurde ein Gesetz zum Erhalt des Waldes verabschiedet. Seitdem ist klar, dass die wenigen verbliebenen Bäume stehen bleiben.

Aus wirtschaftssoziologischer Sicht ist zunächst die enge Verknüpfung ökonomischer, politischer und rechtlicher Aspekte interessant. Der Konflikt verbindet auf komplexe Weise ein Energieunternehmen mit Eigentums- und Abbaurechten am Hambacher Forst, politische Akteure mit einem Interesse an der Fortführung des Abbaus (wie die Landesregierung NRW, die eng mit dem Unternehmen verflochten ist (vgl. Ferguson/Cradler 2020: 27)), Anwohner mit einem Interesse am Erhalt des Waldes und energiepolitische Akteure aus Politik (die Grünen, die den Kohleausstieg fordern) und Zivilgesellschaft („Aktionsbündnis Hambi bleibt" etc.). Dies wirft zunächst die Frage auf, wie wir hier das wirtschaftssoziologische Beobachtungsfeld eingrenzen. Fragt man nur nach „wirtschaftlichem Handeln" im engeren Sinne – also z. B. Verkaufen, Kaufen etc. – so müsste sich die Analyse vor allem auf das Handeln der Anwohner (die ihre Grundstücke gegen Entschädigung abgeben oder nicht), der Kommunal- und Landespolitik (die die Grundstücke verkauft) und des RWE (als industriellem Nutzer der Grundstücke) beschränken. Fragt man jedoch nach der sozialen Konstruktion des Marktes, so wird schnell deutlich, dass der Kampf der Protestierenden gegen den Verkauf zwingend in den Blick genommen werden muss, denn darin zeigt sich gesellschaftliche Einflussnahme auf die marktkonstitutiven Institutionen: Darf ein Urwald überhaupt verkauft werden oder nicht? Eine hilfreiche Heuristik, um all diese Phänomene in den Blick zu bekommen, ist die Frage nach der sozialen Konstruktion von Marktakteuren (Käufern, Verkäufern etc.) und Marktobjekten (verkäuflichen Waren) (vgl. Nessel 2016: 257 ff.). Zu fragen ist dann, wie der Wald historisch zu einem auf einem Markt handelbaren Gut gemacht wurde. Wie er mit Käufern und Verkäufern verbunden wird. Andererseits ist dann mit Blick auf die Gegenwart zu fragen, mit welchen Argumenten und Mitteln Protestbewegung, Recht und Politik diese Vermarktlichung des Waldes zumindest teilweise rückgängig machen.

Auf der Ebene der Konstruktion von Marktakteuren kann dann gefragt werden, welche institutionellen Produktionslogiken unternehmerische Akteure überhaupt dazu motivieren, sich als Käufer zu positionieren. Zur Klärung dieser Frage kann z. B. die Geschichte der ingenieur- und marktwissenschaftlichen Diskurse zur Braunkohlenutzung Anhaltspunkte liefern. Interessant ist in diesem Zusammenhang u. a. die Tatsache, dass RWE (damals Rheinbraun-AG) 1977 die Braunkohlereviere nicht mit der Absicht erwarb, die Braunkohle als Energieträger zu verkaufen – dieser Markt erschien wegen der Konkurrenz durch die Kernenergie unattraktiv –, sondern um die Braunkohle auf dem Markt für chemische Grundstoffe anzubieten. Umgekehrt stellt sich die Frage nach der Konstruktion der Verkäuferseite. Welche institutionelle Ordnung liegt in diesem konkreten historischen Moment vor und wie genau legt sie es der Kommunal- und Landespolitik nahe, sich als Verkäufer zu positionieren? Hier spielt sicherlich die enge Verbindung zwischen Kommunen und RWE eine wichtige Rolle. In dem Maße, in dem Kommunen Anteile am Unternehmen halten, wird es für sie zu einer rationalen Strategie, sich für das Wachstum des Unternehmens einzusetzen (vgl. Ferguson-Cradler 2020: 27).

Daran schließt sich freilich die Frage an, wie und warum die Enteignung der Bewohner dieser Gebiete legitimiert wurde und wie mit Hindernissen (d. h. dem möglichen Widerstand der Bewohner) umgegangen wurde. Darüber hinaus stehen in einem Marktgeflecht wie dem Hambacher Forst zwischen Käufer und Verkäufer eine Reihe institutioneller Akteure, ohne die das ökonomische Geschehen nicht verstanden werden kann. Welche Auflagen machen die Umweltbehörden für den Verkauf des Landes und den Abbau des Rohstoffs? Wie regulieren die zuständigen staatlichen Stellen den Zugang von RWE zum Energiemarkt? Angesichts der politischen Organisierung von Anwohnern und anderen Betroffenen stellt sich zudem die Frage, welche Rolle Verbraucher- und Umweltschutz spielen. Der Widerstand begann 1978 als lokale Initiative von Bewohnern von Dörfern, die in Waldnähe lagen oder wegen des Bergbaus umgesiedelt werden mussten, und entwickelte sich bis zur Rodungsperiode 2018 zu einer Bewegung, die globale Nachrichtenwerte generieren konnte (Liersch & Stegmaier 2022: 1). Mit welchen Strategien ist es politischen Akteuren wie Parteien, Behörden, Verbraucherorganisationen, Bürgerinitiativen und anderen NGOs gelungen, zunächst marktprozessexterne Faktoren wie den Verfall der Grundstückspreise von Anwohnern, C02-Emissionen oder das Sterben bedrohter

Tierarten zu marktrelevanten Faktoren zu machen, dass die Abbaurechte RWEs mit ihnen teilweise eingeschränkt werden konnten?

8 Übungsfragen

a) Was versteht Granovetter unter dem Begriff der Einbettung und welche unterschiedlichen Verwendungsweisen des Begriffs finden sich darüber hinaus der Neuen Wirtschaftssoziologie? *(Wiederholungsfrage)*

Granovetter weist mit dem Begriff der Einbettung auf die wesentliche Rolle sozialer Bekanntschaftsnetzwerke für wirtschaftliches Handeln hin. Der reinen Gewinnorientierung anonymer Marktakteure stellt er die empirische Verortung realer Marktakteure in Bekanntschaftsnetzwerken mit Beziehungslogiken (Vertrauen etc.) gegenüber. In der Neuen Wirtschaftssoziologie wurde das Konzept weiterentwickelt, um u. a. auch auf die Einbettung wirtschaftlichen Handelns in Wissensformen (kognitive Einbettung), politische Regulierung (politische Einbettung) sowie Normen und kollektive Vorstellungen (kulturelle Einbettung) aufmerksam zu machen.

b) Was versteht man in der Neuen Wirtschaftssoziologie unter der sozialen Konstruktion von Märkten? *(Wiederholungsfrage)*

White warf die Frage auf, woher Märkte eigentlich kommen. Seine Antwort lautet, dass Märkte als stabile Rollenkonstellationen zu verstehen sind. Eine begrenzte Anzahl von Produzenten beobachtet sich gegenseitig und differenziert so verschiedene Nischen (nach Preis und Qualität). Zentral ist auch die Frage, wie sich diese Produzentengruppen gegen eine zu große Zahl von Anbietern schützen. Der Ansatz des Neo-Institutionalismus untersucht die Entstehung von Märkten weniger mathematisch modellhaft als vielmehr anhand konkreter empirischer Fälle und durch Rekonstruktion der verschiedenen historischen Strukturen, die einen Markt stabilisieren. Zentral ist dabei die Annahme, dass nicht die Effizienzanforderungen des Marktes selbst bestimmte unternehmerische und politische Strukturen hervorbringen, sondern dass sich konkrete Märkte durch komplexe und zum Teil ergebnisoffene Aushandlungen im Kräftefeld unternehmerischer und politischer Kräfte herausbilden.

c) Was ist nach Beckert die Rolle des Ungewissheitsbegriffs für die Wirtschaftssoziologie? *(Wiederholungsfrage)*

Beckert schlägt vor, den Begriff der Ungewissheit einzusetzen, um einen Ansatzpunkt für eine einheitliche Theorie der Wirtschaftssoziologie zu haben, die vor dem Problem der Einbettung ansetzt. Ungewissheit verweist dabei im Unterschied zum Risikobegriff darauf, dass die Zukunftsoffenheit wirtschaftlichen Handelns prinzipiell nicht durch Vorhersagen kalkulierbar ist. Die sozialen Mechanismen der Konstruktion von Märkten reduzieren diese Ungewissheit und transformieren sie in ein Risiko, das es den Akteuren ermöglicht, sich als rationale Marktteilnehmer zu verhalten.

d) Ein Berater empfiehlt einem Erfinder eines neuen Handys sein Produkt möglichst schnell auf den Markt zu bringen. „Qualität setzt sich schließlich durch!" Welche komplexeren Empfehlungen können wir dem Erfinder mit Verweis auf unterschiedliche Erkenntnisse der Neuen Wirtschaftssoziologie geben, um erfolgreich als Unternehmer zu agieren? *(Diskussionsfrage)*

Die Netzwerktheorie legt nahe, dass der Erfolg von Unternehmern mit innovativen Ideen stark von ihrer Einbettung in soziale Kreise abhängt. Gibt es unterschiedliche Interessengruppen, die durch die Erfindung zu einem gemeinsamen Projekt zusammengeführt werden können? Generell gilt auch, dass ein Netzwerk mit heterogenen Akteuren helfen kann, nicht-redundante Informationen über Marktchancen zu erhalten. Darüber hinaus legt die Netzwerkperspektive nahe, dass es wichtig ist, den möglichen Markt für die Erfindung im Hinblick auf die Etablierung einer Nische zu beobachten. Insbesondere die Bewertungssoziologie weist zudem darauf hin, dass eine Innovation nicht nur sachlich-technisch, sondern auch sozial-ästhetisch überzeugen muss. Besteht die Gefahr, dass die Innovation durch den Vergleich mit Produkten einer bestimmten Kategorie verkannt wird? Welche Bewertungsinstanzen müssen von der Qualität der Innovation überzeugt werden, damit sich die Meinung verbreitet, dass es sich um eine echte Innovation handelt?

9 Weiterführende Literatur und Medien

Die hier aufgeführte Literaturauswahl lässt bewusst die netzwerktheoretischen Vertreter der Neuen Wirtschaftssoziologie aus, weil diese schon im Beitrag zur netzwerkssoziologischen Wirtschaftssoziologie in diesem Band dargestellt werden. Ein zweiter Fokus wurde außerdem auf die, für den Stil der Neuen Wirtschaftssoziologie typischen, empirischen Fallstudien gelegt.

a) Theoretisierende Ausführung

Fligstein, Neil (2011): Die Architektur der Märkte. Wiesbaden: VS Verlag für Sozialwissenschaft.

Das Buch versammelt eine Reihe von Aufsätzen in denen Fligstein in empirischen Fallstudien und theoretischen Auseinandersetzungen einen eigenständigen Ansatz für die Soziologie des Marktes entwickelt. Als Aufsatzsammlung versammelt das Buch sehr unterschiedliche Beiträge, darunter Aufsätze zu Beschäftigungssystemen, Unternehmenserfolg, Kontrollkonzepten, globalen Unterschieden in kapitalistischen Volkswirtschaften, uvm.

b) Anwendung auf ökonomische Phänomene

Beckert, Jens; Lutter, Mark (2007): Wer spielt, hat schon verloren? Zur Erklärung des Nachfrageverhaltens auf dem Lottomarkt. In: Kölner Zeitschrift für Soziologie und Sozialpsychologie 59(2), 240–270.

Die Studie fragt wie ein Fall offensichtlich irrationalen Markthandelns erklärt werden kann: Warum spielen Akteure Lotto? Mit einer statistischen Analyse bestimmen sie welche Erklärungen für welchen Anteil von Spielern zutrifft. Die falsche Kalkulation der Gewinnchancen erklärt nur die Teilnahme eines sehr kleinen Anteils von Spielern. Wichtiger sind die Vergemeinschaftungschancen beim Spielen in der Gruppe und der kulturelle Sinn des Lotto Spielens als evokativem Konsumgut.

c) Weiterführender Beitrag

Aspers, Patrik; Dodd, Nigel (Hg.) (2015): Re-imagining economic sociology. Oxford: Oxford University Press.

Der Beitrag bündelt Rück- und Ausblicke einer Reihe der einflussreichsten Forscher der Neuen Wirtschaftssoziologie. Zugleich kann er auch gut als ein kursorischer Einstieg in die unterschiedlichen Forschungsfelder und -ansätze der Neuen Wirtschaftssoziologie dienen.

d) Weitere mediale Vertiefung

Wirtschaftssoziologie untersucht soziale Phänomene gerne im unmittelbaren empirischen Kontakt. Wer sich also interessiert dafür ein anfängliches Interesse an der Wirtschaftssoziologie zu vertiefen, tut vermutlich gut daran, sich mit konkreten Märkten, Unternehmen und Handelspraktiken zu befassen. Eine interessante Anlaufstelle dafür könnte das Besucherprogramm der Frankfurter Börse sein. Wer sich zusätzlich im Alltag mit interessanten Darstellungen zu historischen, geografischen und kulturellen Spezifika unterschiedlichster Produktionsmärkte befassen will, dem seien die Videoessays von Asianometry empfohlen.

https://www.boerse-frankfurt.de/besuch

https://www.youtube.com/@Asianometry

Literaturverzeichnis

Abolafia, Mitchel Y. (1996): Making markets. Opportunism and restraint on Wall Street. 1. Auflage. Cambridge: Harvard University Press.

Aspers, Patrik (2006): Sociology of Markets. In: Beckert, Jens; Zafirovski, Milan (Hg.): International encyclopedia of economic sociology. 1. Auflage. London: Routledge, 427–432.

Aspers, Patrik (2009): Knowledge and valuation in markets. In: Theory and society 38(2), 111–131.

Aspers, Patrik (2010): Orderly Fashion. A Sociology of Markets. Princeton: Princeton University Press.

Aspers, Patrik; Beckert, Jens (2017): Märkte. In: Maurer, Andrea (Hg.): Handbuch der Wirtschaftssoziologie. 2. Auflage. Wiesbaden: Springer VS, 215–239.

Aspers, Patrik; Dodd, Nigel (Hg.) (2015): Re-imagining economic sociology. 1. Auflage. Oxford: Oxford University Press.

Bachmann, Phillip; Siegert, Gabriele (2021): How to buy, sell, and trade attention: A sociology of (digital) attention markets. In: Maurer, Andrea (Hg.): Handbook of Economic Sociology for the 21st Century: New Theoretical Approaches, Empirical Studies and Developments. Cham: Springer International Publishing, 147–157.

Bandelj, Nina (2020): Relational work in the economy. In: Annual Review of Sociology 46(1), 251–272.

Beckert, Jens (1996): Was ist soziologisch an der Wirtschaftssoziologie? Ungewißheit und die Einbettung wirtschaftlichen Handelns. In: Zeitschrift für Soziologie 25 (2), 125–146.

Beckert, Jens (1997): Grenzen des Marktes. Die sozialen Grundlagen wirtschaftlicher Effizienz. In: Theorie und Gesellschaft 39. Frankfurt am Main: Campus.

Beckert, Jens (2003): Economic sociology and embeddedness. How shall we conceptualize economic action? 37(3), 769–787.

Beckert, Jens (2007): Die soziale Ordnung von Märkten. In: Beckert, Jens; Diaz-Bone, Rainer; Ganßmann, Heiner (Hg.): Märkte als soziale Strukturen. In: Theorie und Gesellschaft 63, Frankfurt am Main: Campus, 43–62.

Beckert, Jens (2009): Wirtschaftssoziologie als Gesellschaftstheorie. Economic sociology as theory of society. In: Zeitschrift für Soziologie (3). Stuttgart: Lucius & Lucius Verlagsgesellscheft mbH (38).

Beckert, Jens (2010): How do fields change? The interrelations of institutions, networks, and cognition in the dynamics of markets. In: Organization studies 31(5), 605–627.

Beckert, Jens (2018): Imaginierte Zukunft. Fiktionale Erwartungen und die Dynamik des Kapitalismus. Berlin: Suhrkamp.

Beckert, Jens (2024): Verkaufte Zukunft: Warum der Kampf gegen den Klimawandel zu scheitern droht. Neue Ansätze zu einer realistischen Klimapolitik. 1. Auflage. Berlin: Suhrkamp.

Beckert, Jens; Aspers, Patrik (Hg.) (2011): The worth of goods: Valuation and pricing in the economy. Oxford: Oxford University Press.

Beckert, Jens; Besedovsky, Natalia Paula (2009): Die Wirtschaft als Thema der Soziologie. Zur Entwicklung wirtschaftssoziologischer Forschung in Deutschland und den USA. In: Beckert, Jens; Deutschmann, Christoph (Hg.): Wirtschaftssoziologie. Wiesbaden: VS Verlag für Sozialwissenschaften, 22–42.

Beckert, Jens; Dewey, Matías (2017): The Architecture of Illegal Markets. Towards an Economic Sociology of Illegality in the Economy. Unter Mitarbeit von Matías Dewey. Oxford: Oxford University Press.

Beckert, Jens; Diaz-Bone, Rainer; Ganßmann, Heiner (Hg.) (2007): Märkte als soziale Strukturen. Theorie und Gesellschaft 63. Frankfurt am Main: Campus.

Beckert, Jens; Lutter, Mark (2007): Wer spielt, hat schon verloren? Zur Erklärung des Nachfrageverhaltens auf dem Lottomarkt. In: Kölner Zeitschrift für Soziologie und Sozialpsychologie 59(2), 240–270.

Beckert, Jens; Rössel, Jörg; Schenk, Patrick (2017): Wine as a Cultural Product. Symbolic capital and price formation in the wine field. In: Sociological Perspectives 60(1), 206–222.

Beckert, Jens; Zafirovski, Milan (Hg.) (2006//2011): International encyclopedia of economic sociology. 1. Auflage. London: Routledge.

Beyer, Jürgen (2009): Zur Nivellierung der nationalen Differenzen des Kapitalismus durch globale Finanzmärkte. In: Beckert, Jens; Deutschmann, Christoph (Hg.): Wirtschaftssoziologie. In: Kölner Zeitschrift für Soziologie und Sozialpsychologie, Sonderheft 49. Wiesbaden: VS Verlag für Sozialwissenschaften, 305–324.

Beyer, Jürgen; Senge, Konstanze (2018). Finanzmarktsoziologie. Wiesbaden: Springer VS.

Biggart, Nicole Woolsey; Castanias, Richard P. (2001): Collateralized Social Relations: The Social Economic Calculation. In: American Journal of Economics and Sociology 60, 471–500.

Biggart, Nicole Woolsey (1989): Charismatic Capitalism. Direct Selling Organizations in America. Chicago: University of Chicago Press.

Boltanski, Luc; Chiapello, Ève (2006): Der neue Geist des Kapitalismus. Frankfurt am Main: Suhrkamp.

Boltanski, Luc; Esquerre, Arnaud (2018): Bereicherung. Eine Kritik der Ware. Unter Mitarbeit von Christine Pries. 1. Auflage. Berlin: Suhrkamp.

Brugger, Florian (2021): Harrison C. White: Where Do Markets Come From? In: Kraemer, Klaus; Brugger, Florian (Hg.): Schlüsselwerke der Wirtschaftssoziologie. 2. Auflage. Wiesbaden: Springer VS, 269–276.

Burt, Ronald S. (2004): Structural holes and good ideas. In: American journal of sociology 110(2), 349–399.

Carruthers, Bruce G. (1999): City of capital. Politics and markets in the English financial revolution. Princeton: Princeton University Press.

Carruthers, Bruce G. (2010): The Sociology of Money and Credit. In: Smelser, Neil J.; Swedberg, Richard (Hg.): The handbook of economic sociology. 2. Auflage. Princeton: Princeton University Press.

Carruthers, Bruce G.; Uzzi, Brian (2000): Economic Sociology in the New Millenium. In: Contemporary Sociology 29(3), 486–494.

Castilla, Emilio J., Granovetter, Mark, Hwang, Hoky, & Granovetter, Ellen (2000). Social networks in silicon valley. In: Lee, Chon-Mong (Hg.): The Silicon Valley Edge. Stanford: Stanford University Press, 218–247.

Coleman, James (1988): Social capital in the creation of human capital. In: American Journal of Sociology 94, 95–120.

Coleman, James (2005): A Rational Choice Perspective in Economic Sociology. In: Smelser, Neil J.; Swedberg, Richard (Hg.): The handbook of economic sociology. 2. Auflage. Princeton: Princeton University Press, 166–180.

Convert, Bernard; Heilbron, Johan (2007): Where did the new economic sociology come from? In: Theory and Society 36(1), 31–54.

Davis, Gerald F. (2005): Firms and Environments. In: Smelser, Neil J.; Swedberg, Richard (Hg.): The handbook of economic sociology. 2. Auflage. Princeton: Princeton University Press, 478–502.

Davis, Gerald F.; Diekmann, Kristina A.; Tinsley, Catherine H. (1994): The Decline and Fall of the Conglomerate Firm in the 1980s: The Deinstitutionalization of an Organizational Form. In: American Sociological Review 59(4), 547.

Dewey, Matías; Dohmen, Caspar; Engwicht, Nina; Hübschle, Annette Michaela (2019): Schattenwirtschaft. Die Macht der illegalen Märkte. Berlin: Verlag Klaus Wagenbach.

Diaz-Bone, Rainer (2018): Die "Economie des conventions". Grundlagen und Entwicklungen der neuen französischen Wirtschaftssoziologie. 2. Auflage. Wiesbaden: Springer VS.

Dobbin, Frank (1994): Forging Industrial Policy. The United States, Britain, and France in the Railway Age. Cambridge: Cambridge University Press.

Dodd, Nigel (2014): The social life of money. London, Oxford: Princeton University Press.

Ferguson-Cradler, Gregory (2020): Ownership in the electricity market: Property, the firm, and the climate crisis. In: MPIfG Discussion Paper 20(5).

Fligstein, Neil (1993): The transformation of corporate control. 1. Auflage. Cambridge: Harvard University Press.

Fligstein, Neil (1996): Markets as politics. A political-cultural approach to market institutions. In: American Sociological Review 61(4), 656–676.

Fligstein, Neil (2001): The Architecture of Markets. An Economic Sociology of Twenty-First-Century Capitalist Societies. Princeton: Princeton University Press.

Fligstein, Neil (2002): Agreements, Disagreements and Opportunities in the "New Sociology of the Markets". In: Guillen, Maruo F.; Collins, Randall; England, Paula; Meyer, Marshall W. (Hg.): The New Economic Sociology. Developments in an Emerging Field. New York: Russell Sage Foundation, 61–78.

Fligstein, Neil (2015): What Kind of Re-Imagining Does Economic Sociology Need? In: Aspers, Patrik; Dodd, Nigel (Hg.): Re-imagining economic sociology. Oxford: Oxford University Press, 301–316.

Fligstein, Neil; Mara-Drita, Iona (1996): How to make a market? Reflections on the Attempt to Create a Single Market in the European Union. In: American journal of sociology 102(1), 1–33.

Fligstein, Neil; McAdam, Doug (2015): A theory of fields. First issued as an Oxford University Press paperback. Oxford: Oxford University Press.

Fligstein, Neil; Stone Sweet, Alec (2002): Constructing Polities and Markets: An Institutionalist Account of European Integration. In: American journal of sociology 107(5), 1206–1243. DOI: 10.1086/341907.

Fourcade, Marion (2007): Theories of Markets and Theories of Society. In: American Behavioral Scientist 50(8), 1015–1034.

Fourcade, Marion (2018): Economics: the view from below. In: Swiss journal of economics and statistics 154(1), 5.

Fourcade, Marion; Healy, Kieran (2017): Seeing like a market. In: Socio-economic review 15(1), 9–29.

Geertz, Clifford (1983): Local Knowledge. New York: Basic Books.

Granovetter, Mark (1985): Economic Action and Social Structure: The Problem of Embeddedness. In: American journal of sociology 91(3), 481–510.

Granovetter, Mark (1990): The old and the new economic sociology. A history and an agenda. In: Friedland, Roger; Robertson, Alexander F. (Hg.): Beyond the marketplace. Rethinking economy and society. London: Routledge; de Gruyter, 89–112.

Granovetter, Mark (1995): Getting a job: A study of contacts and careers. University of Chicago press.

Granovetter, Mark (2005): The Impact of Social Structure on Economic Outcomes. In: Journal of Economic Perspectives 19(1), 33–50.

Granovetter, Mark S. (2000): Ökonomisches Handeln und soziale Struktur. Das Problem der Einbettung. In: Müller, Hans-Peter; Sigmund, Steffen (Hg.): Zeitgenössische amerikanische Soziologie. Opladen: Leske + Budrich.

Granovetter, Mark S. (2002): A Theoretical Agenda for Economic Sociology. In: Maruo F. Guillen, Randall Collins, Paula England und Marshall W. Meyer (Hg.): The New Economic Sociology. Developments in an Emerging Field. New York: Russell Sage Foundation, 35–60.

Granovetter, Mark S. (2005): The impact of social structure on economic outcomes. In: The journal of economic perspectives 19(1), 33–50.

Granovetter, Mark S. (2017): Society and Economy. Framework and Principles. Cambridge: Harvard University Press.

Guillen, Maruo F.; Collins, Randall; England, Paula; Meyer, Marshall W. (2002) (Hg.): The Revival of Economic Sociology. In: Dies. (Hg.) The new economic sociology: Developments in an emerging field. Russell Sage Foundation.

Hall, Peter A.; Soskice, David W. (Hg.) (2001): Varieties of capitalism. The institutional foundations of comparative advantage. Oxford: Oxford University Press.

Hasse, Raimund; Krücken, Georg (2009): Neo-institutionalistische Wirtschaftssoziologie. In: Kölner Zeitschrift für Soziologie und Sozialpsychologie 49, 194–207.

Heintz, Bettina (2021): Kategorisieren, Vergleichen, Bewerten und Quantifizieren im Spiegel sozialer Beobachtungsformate. In: Kölner Zeitschrift für Soziologie und Sozialpsychologie 73(S1), 5–47.

Hirsch, Paul; Michaels, Stuart; Friedman, Ray (1987): "Dirty Hands" versus "Clean Models": Is Sociology in Danger of Being Seduced by Economics? In: Theory and Society 16(3), 317–336.

Hiß, Stefanie; Fessler, Agnes; Griese, Gesa; Nagel, Sebastian; Woschnack, Daniela (2020): Nachhaltigkeit und Finanzmarkt. Wiesbaden: Springer VS.

Höpner, Martin; Streeck, Wolfgang (Hg.) (2003): Alle Macht dem Markt? Fallstudien zur Abwicklung der Deutschland AG. In: Schriften des Max-Planck-Instituts für Gesellschaftsforschung Köln 47. Frankfurt am Main: Campus.

Ingham, Geoffrey (1998): On the Underdevelopment of the 'Sociology of Money'. In: Acta Sociologica 41(1), 3–18.

Ingham, Geoffrey K. (2004): The nature of money. Cambridge: Polity Press.

Kädtler, Jürgen (2018): Finanzmärkte und Finanzialisierung. In: Böhle, Fritz (Hg.): Handbuch Arbeitssoziologie. Band 2: Akteure und Institutionen. Wiesbaden: VS Verlag, 299–322.

Kalthoff, Herbert (2004): Finanzwirtschaftliche Praxis und Wirtschaftstheorie: Skizze einer Soziologie ökonomischen Wissens. In: Zeitschrift für Soziologie, 33(2), 154-175.

Karpik, Lucien (2011): Mehr Wert. Die Ökonomie des Einzigartigen. 1. Auflage. Frankfurt am Main: Campus.

Kicker (2024): Klubs zahlen "nur" noch 682,5 Mio. Euro für Berater. https://www.kicker.de/klubs-zahlen-nur-noch-682-5-mio-euro-fuer-berater-1078197/artikel (letzter Aufruf: 06.04.2025).

King, Lawrence P.; Szelenyi, Ivan (2006): Post-Communist Economic Systems. In: Handbook of Economic Sociology, 205-230.

Kraemer, Klaus; Brugger, Florian (2016): Zum Stand der wirtschaftssoziologischen Forschung. Schlüsselwerke der Wirtschaftssoziologie. Wiesbaden: Springer VS, 1-27.

Krippner, Greta R. (2001): The Elusive Market: Embeddedness and the Paradigm of Economic Sociology. In: Theory and Society 30 (6), 775-810.

Krippner, Greta R. (2005): The financialization of the American economy. In: Socio-economic review 3(2), 173-208.

Krüger, Anne K. (2022): Soziologie des Wertens und Bewertens. Berlin: utb.

Krüger, Anne K.; Peetz, Thorsten; Schäfer, Hilmar (Hg.) (2025): The Routledge international handbook of valuation and society. Abingdon, Oxon, New York: Routledge.

Kuper, Simon; Szymanski, Stefan (2022): Soccernomics. Why European men and American women win and billionaire owners are destined to lose. 2022 World Cup edition. New York: Bold Type Books.

Mongrain, Catherine (2024): Avoiding the transactional "feel" while getting paid. Affect and relational work in sugar dating. In: Canadian review of sociology = Revue canadienne de sociologie 61(4), 392-408.

Liersch, Carina; Stegmaier, Peter (2022): Keeping the forest above to phase out the coal below: The discursive politics and contested meaning of the Hambach Forest. In: Energy Research & Social Science 89, 1-19.

Lutter, Mark (2010): Märkte für Träume. Die Soziologie des Lottospiels. 1. Auflage. Frankfurt am Main: Campus.

MacKenzie, Donald A., 2006: An engine, not a camera. How financial models shape markets. Cambridge: MIT Press.

MacKenzie, Donald; Millo, Yuval (2003): Constructing a Market, Performing Theory: The Historical Sociology of a Financial Derivatives Exchange. In: American journal of sociology 109(1), 107-145.

MacKenzie, Donald; Muniesa, Fabian; Siu, Lucia (Hg.) (2008): Do economists make markets? On the performativity of economics. Third printing, and first paperback printing. Princeton, Oxford: Princeton University Press.

Maurer, Andrea (2017): 30 Jahre neue Wirtschaftssoziologie. Einleitung zur zweiten Auflage. In: Maurer, Andrea (Hg.): Handbuch der Wirtschaftssoziologie. 2. Auflage. Wiesbaden: Springer VS, 3-9.

Meier, Henk E. (2008): Institutional complementarities and institutional dynamics. Exploring varieties in European football capitalism. In: Socio-economic review 6(1), 99-133.

Mizruchi, Mark S.; Stearns, Linda Brewster (1988): A Longitudinal Study of the Formation of Interlocking Directorates. In: Administrative Science Quarterly 33(2), 194-210.

Münnich, Sascha (2017): Netzwerke, Felder und die wirtschaftssoziologische „Neoklassik". Zentrale Vertreter und Perspektiven der New Economic Sociology. In: Maurer, Andrea (Hrsg.): Handbuch Wirtschaftssoziologie. Wiesbaden: VS Verlag, 106-126.

Mützel, Sophie (2010): Netzwerkansätze in der Wirtschaftssoziologie. In: Stegbauer, Christian / Häußling, Roger (Hg.): andbuch Netzwerkforschung, Wiesbaden: VS, 601-613.

Nessel, Sebastian (2016): Verbraucherorganisationen und Märkte. Eine wirtschaftssoziologische Untersuchung. Wiesbaden: Springer-Verlag.

Podolny, Joel M. (2001): Networks as the Pipes and Prisms of the Market. In: AJS; American journal of sociology 107(1), 33-60.

Polanyi, Karl (1957): The Economy as an Instituted Process. In: Arensberg, Conrad M.; Polanyi, Karl; Pearson, Harry W. (Hg.): Trade and market in the early empires. Economies in history and theory. Glencoe: Free Press, 243–270.

Portes, Alejandro; Mooney, Margarita (2002): Social capital and community development. In: Guillen, Maruo F.; Collins, Randall; England, Paula; Meyer, Marshall W. (Hg.): The New Economic Sociology. Developments in an Emerging Field. New York: Russell Sage Foundation, 303–329.

Powell, Walter W. (1990): Neither Market nor Hierarchy: Network Forms of Organization. In: Research in Organizational Behavior 12, 295–336.

Reckwitz, Andreas (2006): Die Transformation der Kulturtheorien. Zur Entwicklung eines Theorieprogramms. Studienausg. Weilerswist: Velbrück Wissenschaft.

Reckwitz, Andreas (2017): Die Gesellschaft der Singularitäten. Zum Strukturwandel der Moderne. Frankfurt am Main: Suhrkamp.

Roy, William G. (1997): Socializing Capital. The Rise of the Large Industrial Corporation in America. Princeton: Princeton University Press.

Sachweh, Patrick (2017): Jens Beckert: Was ist soziologisch an der Wirtschaftssoziologie? In: Klaus Kraemer und Florian Brugger (Hg.): Schlüsselwerke der Wirtschaftssoziologie. Wiesbaden: Springer VS, 333–338.

Schedler, Kuno (2007): Public Management und Public Governance. In: Benz, A., Lütz, S., Schimank, U., Simonis, G. (Hg.): Handbuch Governance. Theoretische Grundlagen und empirische Anwendungsfelder. Wiesbaden: Springer VS, 253–268.

Schilhaneck, Michael (2008): Zielorientiertes Management von Fußballunternehmen. Konzepte und Begründungen für ein erfolgreiches Marken- und Kundenbindungsmanagement. Wiesbaden: Gabler.

Senge, Konstanze (2011): Das Neue am Neo-Institutionalismus. Der Neo-Institutionalismus im Kontext der Organisationswissenschaft. 1. Auflage. Wiesbaden: Springer VS.

Senge, Konstanze (2012): Über die Bedeutung von Gefühlen bei Investitionsentscheidungen. In: Schnabel, Annette; Schützeichel, Rainer (Hg.): Emotionen, Sozialstruktur und Moderne. Wiesbaden: Springer VS, 425–444.

Senge, Konstanze (2015): Die emotionale Säule von Institutionen. Entwicklungen, Potentiale und Probleme in einer neo-institutionalistischen Deutung von Emotionen. In: Apelt, Maja; Wilkesmann, Uwe (Hg.): Zur Zukunft der Organisationssoziologie. Wiesbaden: Springer VS, 205–225.

Sparsam, Jan (2014): Wirtschaft in der New Economic Sociology. Eine Systematisierung und Kritik. Wiesbaden: Springer VS.

Sports Innovation Institute (2021): Examining the Ever-Rising Cost of Competing in the English Premier League. https://blogs.iu.edu/iuindysii/2021/09/01/examining-the-ever-rising-cost-of-competing-in-the-english-premier-league/?utm_source=chatgpt.com (letzter Aufruf: 12.06.2025).

Statista (2024): Weltweite Transferausgaben für Fußballspieler in den Jahren 2015 bis 2024. https://de.statista.com/statistik/daten/studie/382052/umfrage/transfer-ausgaben-weltweit-profifussball/#:~:text=Die%20weltweiten%20Transferausgaben%20im%20Fu%C3%9Fball,gegen%C3%BCber%20dem%20Rekordjahr%202023%20darstellte (letzter Aufruf: 01.04.2025).

Stark, David (2000): For a sociology of worth. Berlin (Keynote address, Annual Conference of the European Association of Evolutionary Political Economy).

Stichweh, Rudolf (2020): Simplifikation des Sozialen. In: Volkmer, Michael; Werner, Karin (Hg.): Die Corona-Gesellschaft. Analysen zur Lage und Perspektiven für die Zukunft. Bielefeld: transcript, 195–206.

Streeck, Wolfgang (2024): Taking back control? States and state systems after globalism. English language edition. London: Verso.

Swedberg, Richard (1997): New Economic Sociology: What Has Been Accomplished, What Is Ahead? In: Acta Sociologica 40(2), 161–182.

Swedberg, Richard (2003a): Principles of economic sociology. Princeton: Princeton University Press.

Swedberg, Richard (2003b): The case for an economic sociology of law. In: Theory and society 32(1) 1–37.

Swedberg, Richard (2015): Theorizing in economic sociology. In: Aspers, Patrik; Dodd, Nigel (Hg.): Re-imagining economic sociology, 34–56.

Swedberg, Richard (2017): Die Neue Wirtschaftssoziologie und das Erbe Max Webers. In: Maurer, Andrea (Hg.): Handbuch der Wirtschaftssoziologie. 2 Auflage. Wiesbaden: Springer VS, 61–78.

UEFA (2024): Das Finanz- und Investitionsumfeld im europäischen Klubfußball. https://ecfil.uefa.com/2023/de (letzter Aufruf: 06.04.2025).

Uzzi, Brian (1999): Embeddedness in the Making of Financial Capital: How Social Relations and Networks Benefit Firms Seeking Financing. In: American Sociological Review 64(4), 481–505.

van der Zwan, Natascha (2014): Making sense of financialization. In: Socio-economic review 12(1), 99–129. DOI: 10.1093/ser/mwt020

Weber, Roberto; Dawes, Robyn (2006): Behavioral Economics. In: Smelser, Neil J.; Swedberg, Richard (Hg.): The Handbook of Economic Sociology. 2. Auflage. Princeton: Princeton University Press, 90–108.

Werron, Tobias (2009): Der Weltsport und sein Publikum. Zur Autonomie und Entstehung des modernen Sports. Weilerswist: Vellbrück Verlag.

White, Harrison C. (1981): Where do markets come from? In: American journal of sociology, 87(3), 517–547.

White, Harrison C. (2001): Markets from Networks. Socioeconomic Models of Production. Princeton: Princeton University Press.

White, Harrison C. (2008): Identity and control. How social formations emerge. 2. Auflage. Princeton: Princeton University Press.

Wilkinson, John (2019): An Overview of German New Economic Sociology and the Contribution of the Max Planck Institute for the Study of Societies. MPIfG Discussion Paper 19/3. Köln: Max-Planck-Institut für Gesellschaftsforschung.

Windolf, Paul (2005): Was ist Finanzmarkt-Kapitalismus? In: Windolf, Paul (Hg.): Finanzmarkt-Kapitalismus. Analysen zum Wandel von Produktionsregimen. Kölner Zeitschrift für Soziologie und Sozialpsychologie, Sonderheft 45. Wiesbaden: Springer VS, 20–57.

Zelizer, Viviana A.R. (1981): The price and value of children: the case of children's insurance. In: AJS; American journal of sociology 86(5), 1036–1056. DOI: 10.1086/227353.

Zelizer, Viviana A.R. (1994): The Social Meaning of Money. Pin Money, Paychecks, Poor Relief, and Other Currencies. Princeton: Princeton University Press.

Zelizer, Viviana A.R. (2001): Money, Socioloogy of. In: Smelser, Neil J.; Baltes, Paul B. (Hg.): International Encyclopedia of the Social and Behavioral Sciences: Elsevier, 9991–9995.

Zelizer, Viviana A.R. (2001b): Enter Culture. In: Guillen, Marua F.; Collins, Randall; England, Paula; Meyer, Marshall (Hg.): The new economic sociology: Developments in an emerging field. New York: Russell Sage Foundation.

Zelizer, Viviana A.R. (2005): The purchase of intimacy. Princeton: Princeton University Press.

Zelizer, Viviana A. R. (2006): Culture and Consumption. In: Smelser, Neil J.; Swedberg, Richard (Hg.): The Handbook of Economic Sociology. 2. Auflage. Princeton: Princeton University Press, 331–354.

Zukin, Sharon; DiMaggio, Paul J. (1991): Introduction. In: Zukin, Sharon; DiMaggio, Paul (Hg.): Structures of capital. The social organization of the economy. Reprinted. Cambridge: Cambridge University Press, 1–36.

Markus Lange

VIII Social Studies of Finance: Sozio-technische Arrangements, Kalkulationen und Performativität

Zusammenfassung

Die von der interdisziplinären Wissenschafts- und Technikforschung geprägte Social Studies of Finance ist seit Ende der 1990er Jahre an der Hervorbringung von finanzwirtschaftlicher Praxis interessiert. Sie fokussiert diese vor allem in ihren mikrosozialen, interaktionellen und historischen Elementen. Hierfür beobachtet und analysiert sie sozio-technische Arrangements und tradierte Praktiken der finanzwirtschaftlichen Wirklichkeit. Hinsichtlich ihres theoretischen Beitrages ergibt sich daher eine Besonderheit, die in dem Kapitel ausführlicher betrachtet wird: Die Social Studies of Finance betreibt eine eher auf empirische Beobachtungen und Analysen beruhende Theoriegenese als eine theoriegeleitete Erfassung des Finanzsektors. Damit ist ihr ein theoretisches Potenzial inhärent, wenn etwa wirtschaftswissenschaftliche Theorien und Modelle selbst zum Forschungsgegenstand werden, um herauszufinden, wie diese finanzwirtschaftliche Praxis konfigurieren. Anhand von drei zentralen Konzepten dieser Forschungsrichtung wird diese Theoriegenese verdeutlicht und der Beitrag zu einer wirtschaftssoziologischen Theoriebildung beleuchtet: Sozio-technische Arrangements, Kalkulationen und die Performativität von wirtschaftlichen Theorien und Modellen. Zu den wichtigsten Autor*innen zählen Michel Callon, Karin Knorr Cetina, Donald MacKenzie und Ekaterina Svetlova.

1 Einleitung

Die *Social Studies of Finance* (SSF) untersucht seit Ende der 1990er Jahre vordergründig den Finanzsektor und legt einen besonderen Fokus auf den Handel mit Finanzinstrumenten, etwa Aktien, Anleihen, Kredite oder darauf basierende Derivate. Die SSF ist von einer interdisziplinär ausgerichteten Wissenschafts- und Technikforschung geprägt. Sie ist daher zunächst an den konkreten empirischen Hervorbringungen dieser finanzwirtschaftlichen Praxisbereiche interessiert.

Hierfür beobachtet und analysiert die SSF die darin involvierten menschlichen und nicht-menschlichen Akteur*innen – und erfasst sie als analytisch gleichwertige Phänomene, etwa: Finanzmarkthändler*innen, Broker*innen und Kund*innen; Computer, Bildschirme und Algorithmen; mathematische Modelle, fortlaufende Informationsströme und Diskurse; oder Unternehmen, Staaten und weitere gesellschaftliche Gruppen. Die SSF erschließt auch die sich hierbei ergebenen Relationen bzw. Vernetzungen zwischen solchen Akteur*innen. Sie geht zudem mittels historisch angelegter Analysen vor, wenn beispielsweise tradierte Prozesse und Pfade in oder die Wirksamkeit von Theorien auf solche finanzwirtschaftlichen Praxisbereiche untersucht werden. Hinsichtlich des Beitrages dieser Forschungsrichtung zur wirtschaftssoziologischen Theoriebildung ergibt sich daher eine Besonderheit: Die SSF betreibt vor allem

https://doi.org/10.1515/9783110704884-008

eine auf empirischen Beobachtungen und Analysen beruhende Theoriegenese als eine theoriegeleitete Erfassung des Finanzsektors. Die Basis hierfür bilden zumeist qualitativ-hermeneutische Rekonstruktionen von mikrosozialen und historischen Dimensionen der finanzwirtschaftlichen Wirklichkeit. Hierüber entwickelte theoretische Konzepte zielen daher eher auf ein *Verstehen* bestimmter Ausschnitte dieser Wirklichkeit ab (vgl. Soeffner 1999) als auf die Formulierung sozialtheoretischer Gesamtentwürfe und Gegenwartsdiagnosen.

⚡ Aktuelles Beispiel zur Veranschaulichung: Flash Crashs auf Finanzmärkten

Abb. VIII.1: Der Schwarze Schwan steht sinnbildlich für unerwartete und folgenreiche Ereignisse an den Finanzmärkten – wie etwa den Flash Crash. (Pixabay, https://pixabay.com/de/photos/schwan-schwarz-was servogel-elegant-3340932/, letzter Aufruf: 14.04.2025).

Gegenwärtige finanzwirtschaftliche Praxis ist von einer engen Verschränkung von Mensch und Technik geprägt, was beispielsweise beim sogenannten *High Frequency Trading* deutlich wird (Lange/Lenglet & Seyfert 2016; MacKenzie 2018a). Entscheidungen zum Kauf, Verkauf oder Halten von Finanzinstrumenten werden hier vornehmlich computerbasiert und algorithmisch durch sogenannte „Bots" und bisweilen im Takt von Milli- oder Nanosekunden getroffen. Werden diese technischen Händler vornehmlich von Menschen konstruiert, gesteuert und bisweilen ausgesetzt, so obliegt die eigentliche Investitionsentscheidung jedoch ihnen.

Damit zusammenhängend ist es seit den 2010er Jahren verstärkt zu sogenannten *Flash Crashs* gekommen. Darunter werden abrupte, in kürzester Zeit stattfindende Kurseinbrüche auf Finanzmärkten verstanden, auf die zumeist auch eine ebenso schnelle Erholung eintritt. Ein besonders einschlägiges Beispiel für solche Flash Crashs ist der Einbruch US-amerikanischer Aktienmärkte vom 06.05.2010 im Zeitraum zwischen 14:40 Uhr und 15:00 Uhr:[1] Der Aktienindex *Standard & Poor's 500* (S&P 500) verliert innerhalb von circa sechs Minuten fast sechs Prozent seines Wertes, der Dow Jones fast neun Prozent[2]. Die Aktie von Procter & Gamble fällt beispielsweise kurzzeitig um 47 Prozent ab. Zwischen 14:40 Uhr und 14:50 Uhr werden auf Handelsplattformen in den USA 1,3 Milliarden Aktien gehandelt, was etwa dem Sechsfachen des durchschnittlichen Handelsvolumens entspricht. Üblicherweise schließen an solche rapiden und massiven Kurseinbrüche zügige Erholungen an, so dass die ursprüngliche Marktlage wieder hergestellt wird.

Im Grunde stehen solche Anomalien im Widerspruch zu einer Vielzahl von (wirtschaftswissenschaftlichen) Theorien über den Finanzmarkthandel, die diesen vor allem als besonders rational und kalkuliert erfassen, weshalb er prinzipiell sogar durch sogenannte ökonometrische Modelle exakt erfasst werden könnte. Abweichungen von diesen Annahmen würden hiernach allenfalls durch größere und vor allem marktexterne Schocks hervorgerufen werden, etwa politische Unsicherheiten oder Pandemien. Ein genauerer Blick auf die möglichen Ursachen von Flash Crashs verdeutlicht demgegenüber, dass der Finanzmarkthandel regelmäßig nicht diesen theoretischen Annahmen und Modellen entspricht. Hier kann die SSF ansetzen und dazu beitragen aufzuklären, wie es zu solchen Phänomenen kommt.

Zumeist liegen hierfür keine konkreten (volks-)wirtschaftlichen Gründe vor. Vielmehr sind die Gründe bei finanzwirtschaftlichen Akteur*innen selbst zu suchen (Easley/López de Prado/O'Hara 2011; Kirilenko et al. 2014). Einerseits kann dies menschlich verursachte Fehler betreffen, wenn etwa hochvoluminöse Derivateorders durch ein versehentliches Verklicken, etwa sogenannte „fat finger trades", ausgelöst werden. Andererseits kann dies die Konfiguration der vollautomatischen handelnden Bots selbst betreffen, wenn bestimmte Grenzwerte erreicht werden, so dass sie Verkaufsorders auslösen. Kann der Ursprung von Flash Crashs sowohl technische und menschliche Ursachen haben, so sind es gerade jene algorithmischen und eigenständig operierenden Handelssysteme, die den kollektiven Verkauf von Finanzinstrumenten in kürzester Zeit auslösen und dynamisieren. So werden kleinste Marktbewegungen auch von anderen Bots beobachtet und mit Blick auf die eigenen Parameter abgeglichen. Zudem ist es möglich, dass eine Vielzahl von Bots auf ähnlichen Algorithmen und Grenzwerten basieren und somit auch ähnlich auf solche Marktbewegungen reagieren. Dies kann dann eine Kettenreaktion von Verkäufen durch Bots zur Folge

---

1 https://web.archive.org/web/20100512164019/http://www.ftd.de/finanzen/maerkte/marktberichte/:1000-punkte-rutsch-das-geheimnis-des-grossen-boersencrashs/50113071.html (letzter Aufruf: 18.03.2025).
2 Der Flash Crash ist somit ein Ereignis, welches nach den Modellen der Efficient Market Theory eigentlich nicht auftreten dürfte. Schwarze Schwäne galten bis zum Ende des 18. Jahrhunderts als nicht vorstellbar, da nach Wissenslage nur weiße Schwäne bekannt waren (vgl. Abb. VIII.1.). Für die Finanzwissenschaft führte Nassim Taleb den „Schwarzen Schwan" als Metapher für ein ökonomisches Ereignis ein, welches einerseits nicht vorhergesagt wurde, andererseits massive Folgen für Einzelpersonen, Unternehmen oder Gesellschaft hat (Taleb 2010).

haben und somit einen rapiden Markteinbruch auslösen, der zunächst algorithmisch geprägt ist und außerhalb der menschlichen Wahrnehmung stattfindet, sich darüber jedoch zu einer kollektiven Verkaufswelle dynamisiert.

Für die SSF ist das Beispiel in zweifacher Hinsicht einordbar: Zum einen betrifft dies die Wissensbestände, die in die Konstruktion der Handelsmodelle algorithmischer Bots einfließen. Nach welchen Kriterien werden Grenzwerte des Kaufens und Verkaufens gesetzt? Basiert dies auf finanzmarktinternen Erfahrungen und Wissensbeständen oder sind Rückschlüsse etwa auf Wirtschaftstheorien und darauf basierenden Ökonometrien festzustellen (Callon 1998; MacKenzie 2006b)? Inwieweit wird die Reflexivität von Handelsmodellen mitberücksichtigt, wenn diese sich gewissermaßen auch gegenseitig beobachten und aufeinander reagieren (Beunza/Stark 2012; Langenohl 2021)? Zum anderen verdeutlichen Flash Crashs die intensive Verschränkung von menschlichen und technischen Akteur*innen beim Finanzmarkthandel. Gegenüber dem mittlerweile als „klassisch" zu bezeichnenden Börsenhandel, bei dem menschliche Händler*innen Marktlagen bewerten und Preise von Finanzinstrumenten konstruieren, treffen beim globalisierten und digitalisierten Finanzmarkthandel nun auch technische Akteure Investitionsentscheidungen. Neben dem High Frequency Trading wird dies etwa auch bei passiv gesteuerten Fonds bis hin zu Exchange Traded Funds deutlich, die lediglich eine Marktbenchmark replizieren (etwa den DAX), jedoch nicht mehr aktiv von Fondsmanagern gesteuert werden.

2 Entstehungsgeschichte

Die SSF fokussiert vor allem mikrosoziale, interaktionelle und historische Elemente von finanzwirtschaftlicher Praxis und ist an ihrer konkreten Hervorbringung und Reproduktion interessiert. Hinsichtlich des Beitrages dieser Forschungsrichtung zur wirtschaftssoziologischen Theoriebildung und damit auch für die im Folgenden vorzustellenden Forschungen und Konzepte ist ihr daher ein besonderes theoretisches Potenzial inhärent: Die Entwicklung von theoretischen Konzepten basiert auf konkreten empirischen Beobachtungen und damit auf die Erfassung von finanzwirtschaftlicher Wirklichkeit an sich. Damit können etwa auch wirtschaftswissenschaftliche Theorien und Modelle selbst zum Forschungsgegenstand werden, um herauszufinden, wie diese finanzwirtschaftliche Praxis konfigurieren. Diese Besonderheit hängt wiederum mit der methodologischen Einbettung von Vertreter*innen der SSF zusammen, also mit den Theorien über die Forschungsmethoden, die sie anwenden.

Um diese Hintergründe und damit den Ansatz der SSF zu verstehen, ist ein Blick in ihre Entstehungsgeschichte lohnenswert. Hierzu wird in diesem Abschnitt aufgezeigt, dass sich die SSF zunächst nicht aus einer grundlegenden Wirtschaftsforschung heraus formiert, sondern, dass ihre Wurzeln in der Wissenssoziologie (vgl. Maasen 2009) und damit einhergehend in einer interdisziplinär ausgerichteten Wissenschafts-

und Technikforschung liegen (vgl. Bauer/Heinemann/Lemke 2017b). Die Genese dieser facettenreichen Forschungsrichtungen kann hier nicht detailliert werden. Jedoch werden anhand von zwei Vertreter*innen der SSF einige wesentlichen Dimensionen dieser methodologischen Einbettungen und ursprünglichen Forschungen aufgezeigt: Einerseits ist dies Karin Knorr Cetina mit den *Science and Technology Studies* (STS). Andererseits ist dies Michel Callon mit der *Akteur-Netzwerk-Theorie* (ANT).

Die STS formiert sich in den 1970er Jahren als ein interdisziplinäres Forschungsfeld, das sich wiederum der Erforschung von Wissenschaft und Technik zuwendet. Das Feld wird maßgeblich durch die Gründung der *Society for Social Studies of Science* (abgekürzt „4S")[3] im Jahr 1975 institutionalisiert, deren erster Präsident der Soziologe Robert K. Merton war. Die zwei Magazine „Science, Technology, & Human Values" und „Social Studies of Science" gehören seit den Anfängen der STS zu ihren bedeutendsten wissenschaftlichen Publikationsmedien.

Ein wesentliches Anliegen der STS ist es, die konkrete Hervorbringung von Wissenschaft methodisch und empirisch – also wissenschaftlich – zu ergründen (vgl. überblickend Bauer/Heinemann/Lemke 2017a). Die STS betrachtet wissenschaftliches Wissen in seiner „Fabrikation", in seinen sozialen und kulturellen Entstehungsbedingungen sowie dafür etablierten „Praktiken" und „Artefakten" (Bauer/Heinemann/Lemke 2017a: 2). Für den Ansatz der STS ist kennzeichnend, dass wissenschaftliche Objekte erst durch ihre sozialen Elemente – etwa Gruppen von Forschenden und Beforschten und sich dadurch ergebende soziale Dynamiken der wissenschaftlichen Praxis – und technischen Elemente – etwa Labore, wissenschaftliche Geräte oder auch technische Artefakte in den Forschungsfeldern wie beispielsweise Computer und Algorithmen – sowie durch deren Wechselwirkungen und Verschränkungen konstruiert werden. Die STS möchte diese *sozio-technischen Konstruktionen* von Wissenschaft herausstellen und verstehen.

Karin Knorr Cetina gehört zu den ursprünglichen Vertreter*innen der STS sowie zu den Gründungsmitgliedern der 4S (Garcia-Sancho/Knorr Cetina 2018: 261-262). Ihre sozialtheoretischen und methodologischen Selbstverortungen zeigen zugleich, dass sie sich nicht einer bestimmten soziologischen Schule zugehörig fühlt, sondern dass gerade auch ihre anfänglichen Forschungen in den Naturwissenschaften von multiperspektivischen Anleihen geprägt sind. Knorr Cetina verweist hier etwa auf wissenschaftstheoretische bzw. wissenssoziologische Grundlagenwerke von Karl Mannheim, Thomas Kuhn oder Peter Berger und Thomas Luckmann (Garcia-Sancho/Knorr Cetina 2018: 249 ff.). Die kritische Distanzierung etwa gegenüber dem Sozialkonstruktivismus der beiden zuletzt Genannten (Berger/Luckmann 1969; Garcia-Sancho/Knorr Cetina 2018: 252) zeigt zugleich, dass Knorr Cetina der Wissenssoziologie zugewandt ist, sich in dieser Perspektive jedoch nicht vollends verortet. Ähnlich verhält es sich mit der Ethnomethodologie, wo Knorr Cetina einerseits Autor*innen wie Aaron Cicourel und

---

3 Siehe die Webpräsenz der Vereinigung: www.4sonline.org. Aufgrund der vier Anfangsbuchstaben „S" in den Substantiven des Namens der Forschungsgesellschaft, wird diese auch als „4S" bezeichnet.

Harold Garfinkel benennt, andererseits aber auch kritisiert, dass über deren Ansätze der Kontext und die Geschichte von wissenschaftlicher Praxis aus dem Blick geraten würden (Knorr Cetina/Krämer/Salomon 2019: Absatz 15). Demgegenüber sind ihre anfänglichen Forschungen etwa im Bereich der Teilchenphysik genuiner ethnografisch bzw. anthropologisch angelegt (Garcia-Sancho/Knorr Cetina 2018: 250). Hier geht es beispielsweise um die Besonderheit, dass der Forschungsalltag in diesem wissenschaftlichen Feld sehr stark von der historisch gewachsenen Pfadabhängigkeit der eigenen Disziplin und deren vielfältigen wie auch kontroversen Theorien geprägt ist (Garcia-Sancho/Knorr Cetina 2018: 250).

Es sind solche Erkenntnisse, die für Knorr Cetina erst herausgefunden werden können, wenn die konkreten wissenschaftlichen (Alltags-)Praktiken untersucht werden und nicht vornehmlich etwa institutionelle, organisationale oder kommunikative Elemente von Wissenschaft (Garcia-Sancho/Knorr Cetina 2018: 251). Dies würde wiederum durch den interdisziplinären Ansatz der STS gefördert werden, etwa durch den Austausch mit geschichtswissenschaftlichen und philosophischen Perspektiven (Garcia-Sancho/Knorr Cetina 2018: 253).

Selbst das naturwissenschaftliche Labor ist demnach ein Ort der „Verdichtung von Gesellschaft" (Knorr Cetina 1988), wenn die Forschenden in ihren Interaktionen untereinander auf soziale Praktiken zurückgreifen, die sie im Zuge ihrer gesellschaftlichen Sozialisation verinnerlicht haben und im Labor zum Zweck der Erkenntnisproduktion einsetzen. Somit lassen sich auch verschiedene Arten der Erkenntnisgenerierung entlang verschiedener wissenschaftlicher Felder unterscheiden, was Knorr Cetina, quasi ihre Forschungen in den Naturwissenschaften abschließend, als „epistemische Kulturen" bezeichnet (Knorr Cetina 1999): Über die vergleichende Analyse von Teilchenphysik und molekularer Biologie zeigt Knorr Cetina, dass es nicht nur die Theorien und Methoden der jeweiligen wissenschaftlichen Disziplin sind, die Einfluss auf die Erkenntnisproduktion haben, sondern auch spezifisch eingeschliffene Formen etwa der sozialen Interaktionen unter den Forschenden und damit einhergehenden Routinen zur Herstellung von wissenschaftlicher Evidenz.

Vor diesen Hintergründen beginnt Knorr Cetina Ende der 1990er Jahre mit ihren Feldforschungen im schweizerischen Investmentbanking und untersucht den globalen und sich zu dieser Zeit rapide digitalisierenden Währungshandel. Als Gründe hierfür benennt sie einerseits, das durch ihre Forschungen in der Teilchenphysik gewachsene Interesse an globalen Zusammenhängen, andererseits aber auch die Kritik an bestehenden (deutschen) wirtschaftssoziologischen Forschungen über den Finanzsektor, die vornehmlich an den wirtschaftlichen oder politischen Konsequenzen interessiert wären, ohne die finanzwirtschaftliche Praxis selbst zu untersuchen (Preda/Knorr Cetina 2021: 190-191). Hinzu kommen eher zufällige und glückliche Fügungen durch ihre damalige Professur an der Universität Bielefeld, über die sie beispielsweise auch Urs Brügger kennenlernt, der damals noch im Investmentbanking tätig war, zugleich aber auch ein Doktorat anstrebte (Preda/Knorr Cetina 2021: 190-191) und mit dem

Knorr Cetina jene für die SSF wesentlichen Forschungen durchführen wird, die im Folgenden vorgestellt werden.

Eng verknüpft mit den STS formiert sich in den 1980er Jahren und vornehmlich in Frankreich die ANT (vgl. überblickend Farías/Blok/Roberts 2020a; Schulz-Schaeffer 2000). Es ist vor allem die langjährige Zusammenarbeit zwischen Bruno Latour und Michel Callon ab Mitte der 1970er bis in die 1990er Jahre hinein, aus der heraus der wesentliche Ansatz der ANT entsteht (Callon 2024). Im Gegensatz zu Knorr Cetina erforscht Callon bereits seit Beginn seiner wissenschaftlichen Laufbahn wirtschaftliche Fragestellungen. Dies betrifft Zusammenhänge von Wissenschaft, Innovation und Wirtschaft (Mallard/Callon 2023: 153), die er beispielsweise bei der Entwicklung von elektrischen Fahrzeugen (Mallard/Callon 2023: 156) oder in der maritimen Fischerei (Callon 2024: 145–147) untersucht.

Die ANT ist vor allem von den folgenden Annahmen und Konzepten geprägt, die in ihren ursprünglichen Ausformulierungen insbesondere auf Callon und Latour zurückgehen: So kann als methodologisches Zentrum das sogenannte „Prinzip der generalisierten Symmetrie" angesehen werden (Farías/Blok/Roberts 2020b: xxi; Schulz-Schaeffer 2000), welches annimmt, dass menschliche und nicht-menschliche Akteur-*innen als methodisch und analytisch gleichwertige Entitäten betrachtet werden. Unterscheidungen zwischen Mensch, Technik und Natur werden hier bewusst aufgebrochen bzw. aufgelöst, um soziale bzw. sozio-materielle Phänomene besser zu verstehen. Gerade die exorbitante Genese von Technik und Technologie seit der industriellen Revolution bis hin zur Digitalisierung und damit einhergehend die massive Verschmutzung und Ausbeutung von Ökologie verdeutlichen im Grunde bereits, dass eine Betrachtung allein der menschlichen Sozialitäten und Interaktionen nicht ausreichend sein kann, um damit einhergehende Transformationsnotwendigkeiten und Herausforderungen für zukünftige Gesellschaften adäquat zu erfassen. Wenngleich die ANT den Akteurbegriff im Titel führt, so ersetzt sie diesen durch das Konzept von menschlichen und nicht-menschlichen „Aktanten". Solche Aktanten können beispielsweise Menschen, Maschinen, Computer, Algorithmen, Pflanzen, Tiere oder auch Formeln, Modelle und Diskurse sein. Die ANT betrachtet diese nicht nur als Einzelphänomene, sondern gerade auch hinsichtlich ihrer gemeinsamen Relationen und Vernetzungen. Erst deren Beobachtungen und analytische Rekonstruktion legen das eigentliche sozio-materielle Phänomen und seine diversen Dimensionen frei. In diesem Zusammenhang ist auch das Konzept der „Assemblage" verbreitet (Müller 2015), wenn so ein Netzwerk als Arrangement verschiedener Entitäten betrachtet wird und daher im Grunde eine neue Entität zugänglich wird. So ein Netzwerk aus Aktanten ist dabei kein statisches, sondern ein dynamisches und sich permanent veränderndes Gefüge, wodurch neue Assoziationen entstehen (Latour 1986) und Übersetzungen etwa von Bedeutungen zwischen bestimmten Aktanten stattfinden und sich dadurch verändern (Callon 1984).

Das folgende klassische Beispiel der ANT zu Callons Forschungen über Kammmuscheln in der Bucht von St. Brieuc (1984) verdeutlicht die Herangehensweise an eine analytisch gleichrangige Erforschung von menschlichen und nicht-menschlichen Aktanten (vgl. Elder-Vass 2015; Schulz-Schaeffer 2000). Es erweist sich zugleich als paradigmatische Herangehensweise einer Analyse auch von wirtschaftlichen Prozessen: Bereits seit mehreren Jahren nimmt der Bestand von Kammmuscheln rapide ab. Einerseits ist dies auf natürliche Ursachen zurückzuführen, etwa die Bedrohung durch maritime Feinde wie dem Seestern oder mehreren intensiven Winterperioden, die zu einem Absinken der Wassertemperatur in der Bucht geführt haben. Andererseits hat dies wirtschaftliche Gründe, denn Kammmuscheln gelten in der französischen Gourmetküche als Delikatesse. Um damit einhergehende Nachfragebedürfnisse sicherzustellen, kam es zu einer Überfischung der in der Bucht tätigen Fischer*innen, die wiederum ihr wirtschaftliche Interessen bedienten und somit den Kammmuschelbestand reduzierten. Die Fischer*innen sehen „nur" die ausgewachsenen Kammmuscheln, nicht jedoch die Entwicklung beginnend vom Larvenstadium. Dies wiederum wird von Biolog*innen erforscht, die letztendlich Kollektoren einsetzen, um die Larvenentwicklung in einer geschützten Umgebung zu ermöglichen. Somit ergibt sich ein Netzwerk mit Aktanten, deren unterschiedlichen „Eigenschaften" und „Interessen" in Einklang zu bringen sind: Kammmuscheln und maritime Feinde, die überleben wollen; Kollektoren, wo die Larven der Kammmuscheln festgesetzt und kultiviert werden; Fischer*innen, die wirtschaftliche Interessen bedienen; und Forscher*innen, die Wissen generieren wollen. In der Lesart der ANT „verhandeln" dann beispielsweise die Forscher*innen mit den Larven, wobei sich letztere prinzipiell „weigern", sich in den Kollektoren verankern zu lassen.

Das Beispiel verdeutlicht die zunächst eigentümlich klingende Lesart der ANT, wenn auch nicht-menschlichen Aktanten ein Reagieren und Prozessieren unterstellt wird – ohne dies jedoch mit einer Anthropologie dieser Aktanten zu vollziehen. Im Grunde zeigt es jedoch, dass zwischen den beteiligten Aktanten verschiedene Interessen und unterschiedliche Wissensbestände zu demselben Phänomen bestehen, die für sie zu verschiedenartigen Herausforderungen führen. Um für alle Beteiligten Lösungen zu finden, werden der ANT nach Übersetzungen (bzw. Translationen, englisch „translations") angelegt (Callon 1984), was bedeuten kann, andere Perspektiven verstehen zu müssen, Verhandlungen zwischen den Aktanten zu ermöglichen, Allianzen zu schließen oder sich vor Abweichungen und Betrug zu schützen.

Callons Forschungen über Wirtschaft fließen daher in die Entwicklung der ANT ein. Zudem wirkt die ANT auch auf eine pluralistische Wirtschaftsforschung zurück, etwa hinsichtlich von Fragen zur Konstruktion von ökonomischen Werten (Doganova 2020). Callon selbst leistet hier weitere Beiträge, wenn er etwa mit der sozialtheoretischen und methodologischen Verortung in der ANT wirtschaftliche Märkte als „market devices" und letztendlich als Akteur-Netzwerke betrachtet (Callon 1998, 2021). Damit legt er zugleich wesentliche Grundbausteine für die Entstehung der SSF und entwickelt diese wiederum weiter, wie im folgenden Abschnitt gezeigt wird.

3 Erkenntnisinteresse

Aus dieser multiparadigmatischen und interdisziplinären Wissenschafts- und Technikforschung hat sich Ende der 1990er Jahre die SSF formiert (vgl. überblickend Arminen 2010; Carruthers/Kim 2011; Kalthoff 2004; Newton 2019; Preda 2007). Das folgende Zitat fasst die wesentlichen Annahmen der SSF zusammen:

> Social studies of finance, however, do not take the abstractness and virtuality of financial markets for granted, addressing the formation of financial and economic agents "as made up of *agencements*, of combinations of human beings, material objects, technical systems, texts, algorithms, and so on" (MacKenzie, 2009: 4). The Actor-Network Theory that enabled tackling of "details" of artifacts, embodied humans, technological and conceptual systems has paved the way to material sociology that does not abstract material and physical entities which are a salient part of social systems, such as financial markets. (Arminen 2010: 171–172, Herv. i. Orig.)

Hier wird deutlich, dass die SSF an die wesentlichen Perspektiven der STS anschließt: Wenngleich Finanzmärkte als abstrakte und virtuelle Phänomene betrachtet werden können, so ist dies keinesfalls als „taken for granted" anzunehmen – und sollte demnach auch die Vorbereitung von Forschungen im Finanzsektor nicht anleiten. Tatsächlich lesen sich die im Folgenden vorzustellenden Studien auch nicht als theoretisch vorgeprägte Forschungen. Demgegenüber weisen ausführliche Fall-, Artefakt- oder Prozessrekonstruktionen in diesen eher darauf hin, dass hier zunächst der zweite Teil des Zitates von Interesse ist: Also die Analyse und das Aufzeigen der „agencements" als Netzwerk menschlicher und nicht-menschlicher Akteur*innen.

Mit diesem methodologischem Grundverständnis lässt sich das eigentliche Erkenntnisinteresse der SSF daher nicht ohne weiteres auf einen Begriff bringen. Jedoch ist diese Forschungsrichtung insbesondere an den Wissensbeständen der im Finanzsektor handelnden Akteur*innen interessiert und fragt hier explizit auch nach den theoretischen Hintergründen, Rahmungen und zeitlichen Pfaden dieser. Hinzu kommt ein Interesse an den konkreten technologischen Infrastrukturen, die dem Finanzsektor im besonderen Maße inhärent sind. Die Kombination beider Interessenbereiche wird wiederum deutlich, wenn im Finanzsektor etwa elektronische Handelssysteme entwickelt werden, die Investitionsentscheidungen eigenständig treffen, und hierzu aufgezeigt wird, auf welchen Praxiserfahrungen oder wissenschaftlichen Theorien diese beruhen. Daher kann die SSF prinzipiell zu etlichen Fragestellungen im Finanzsektor beitragen, so auch zu den regelmäßigen Krisen, die von ihm ausgehen oder in die er involviert ist.

Im Folgenden werden drei Konzepte vorgestellt, die zentral für die SSF sind: sozio-technische Arrangements, Kalkulationen bzw. kalkulative Praktiken und der Ansatz der Performativität von (wissenschaftlichem) Wissen und Theorie. Sie können als theoretisch verdichtete Konzepte betrachtet werden, weil sie jeweils eine Bandbreite von empirischen Beobachtungen und deren Theoretisierungen integrieren.

Sozio-technische Arrangements

Es ist vor allem die Digitalisierung von finanzwirtschaftlicher Praxis, die mit der Jahrtausendwende eine Dynamisierung erfahren hat und im Zentrum der Untersuchungen der SSF stehen. Hiermit einher geht nicht nur eine Quantifizierung von Akteur*innen, sondern auch eine Diversifizierung dieser (vgl. Arjalies et al. 2017; Lange 2021: 31–57). Es sind dann nicht mehr „nur" Tageshändler*innen oder Fondsmanager*innen, die Finanzmarkthandel vollziehen, sondern vor allem auch technische bzw. technologische Aktanten. Computer, Screens, Excel-Sheets, Chats, Kurs-Charts, Algorithmen, Formeln oder Modelle bilden die technische Grundausstattung des digitalen Handels. Sie repräsentieren beispielsweise einen heutigen „trading desk" im Handelsraum einer Finanzorganisation und werden über die „Screenwände" visualisiert. Vor ihnen sitzen Handelnde, um Bewertungen von Marktlagen vorzunehmen und Investitionsentscheidungen zu sondieren. Bisweilen wird dies auch von den technischen Aktanten vollzogen, etwa beim automatisierten Handel bis hin zum oben veranschaulichten High Frequency Trading. Die SSF erfasst so ein Zusammenspiel von menschlichen und technischen Akteur*innen als „sozio-technisches Arrangement" (expliziter ausformuliert etwa durch Beunza/Stark 2004). So bestehen Handelsräume aus einer Vielzahl solcher „desks" und verfügen Banken, Fonds, Börsen oder Versicherungen über je eigene Handelsräume.

Beim digitalen Handel verlagern sich Kaufende, Verkaufende, Intermediäre und Märkte in ein „Außen", das nicht mehr über die „enge Tuchfühlung" des Börsenparketts erfasst werden kann und andere Praktiken erforderlich macht. Wie dies geschieht, wird insbesondere bei Knorr Cetina und Brügger und deren Untersuchungen zu „face-to-screen-interactions" deutlich (Knorr Cetina/Brügger 2002a, 2002b, 2002c). Physisch abwesende und bisweilen nicht persönlich bekannte Akteur*innen handeln über Computerbildschirme miteinander, konstruieren aber dennoch „Wir"-Relationen bzw. -„Gefühle" und formieren eine „globale Mikrostruktur".

Empirisch dokumentiert wird dies über Ethnografien von schweizerischen Devisenhändler*innen, die über das screen-basierte „conversational dealing system" von Reuters weltweit mit anderen Handelspartner*innen interagieren. Lokal und physisch abwesende bzw. global verstreute Händler*innen konstruieren durch in Echtzeit stattfindende Chats eine „response presence", die sich auf den Devisenmarkt bzw. eine spezifische Währung als gemeinsames Objekt bezieht (Knorr Cetina/Brügger 2002a: 909). Dadurch entstehen trotz physischer Abwesenheit reziproke Beziehungen zwischen Händler*innen, die – wiederum ähnlich zum Präsenzhandel – auch mit Normativen und Regelwerken fixiert bzw. sanktioniert werden (etwa die Regeln des „Geben und Nehmens", Knorr Cetina/Brügger 2002a: 927). Hierüber formieren sich intersubjektive „we-relations" (Knorr Cetina/Brügger 2002a: 920 ff.), die global im Ausmaß, aber mikrosozial im Charakter sind.

Finanzmärkte werden von Knorr Cetina und Brügger als „Lebensformen" erfasst, die sich permanent ändern und durch Zeitzonen bewegen, und die Händler*innen kognitiv wie emotional „betreten" (Knorr Cetina/Brügger 2002c: 162, 179). Der Handel mit Finanzprodukten wird daher auch als „scopic flow architecture" perspektiviert, gerade weil sich Märkte im Grunde wie Flüsse über Zeitzonen hinwegbewegen, was wiederum Zeitmanagement erforderlich macht (Knorr Cetina 2003), etwa die „Übergabe" von Handelspositionen an Händler*innen in anderen Zeitzonen. Dies mündet auch in dem Konzept „skopische Medien" (Knorr Cetina 2017), wobei „skopisch" aus dem Griechischem stammt und „sehen" bzw. eine Beobachtungsapparatur adressiert (Knorr Cetina 2017: 32). Ausformuliert zu einem Medienbegriff erfasst Knorr Cetina hierüber die „Konstellation technischer, visueller und verhaltensbezogener Komponenten, die, gebündelt auf Finanzbildschirmen, den Teilnehmern eine globale Welt übermitteln" (Knorr Cetina 2017: 34).

Währenddessen diese Forschungen vornehmlich zeigen, dass sich durch die Digitalisierung insbesondere Kommunikation nach „außen" verändert hat, so fokussieren die Ethnografien von Daniel Beunza und David Stark auf die sozio-technischen Interaktionen in Handelsräumen (Beunza/Stark 2004, 2012, 2013). Sie untersuchen den Arbitrage-Handel, und zwar insbesondere die sogenannte quantitative Merger Arbitrage, bei der im Zuge von Firmenübernahmen bzw. -fusionen auf Preisunterschiede gehandelt wird, u. a. mithilfe von „bots" und ihren algorithmisch generierten Kaufs- oder Verkaufssignalen. Zugleich werden Handelsentscheidungen dadurch nicht determiniert, sondern kommt es zu einer Auseinandersetzung mit dem Handelsraum als „Labor", z. B. wenn experimentelle Markttests durch die Konfrontation mit und Adaption von anderen sozio-technischen Arrangements im Handelsraum durchgeführt werden (Beunza/Stark 2004: 371). Im Handelsraum sind verschiedenste Bereiche, Teams und letztendlich Handelstische subsumiert, die je spezifische Ansätze bzw. sozio-technische „tools of the trade" einsetzen (Beunza/Stark 2004: Titel des Artikels). Die Anordnung des Handelsraumes erfolgt dabei so, dass der Tisch für „special situations" insofern zentral positioniert ist, weil er diese Verschiedenheit und technisch-kognitive Vielfalt von Marktbewertungen und Lageeinschätzungen abgreift, um z. B. aus der Rekombination von Arbitrage-Strategien und denen des Kreditgeschäfts ein neues Arbitrage-Geschäft zu generieren (vgl. den „election trade", Beunza/Stark 2004: 387–389).

**Sozio-technische Arrangements und der Umgang mit Ungewissheit:
Ein Kalibrierungsproblem im Handelsraum**

Das folgende Beispiel verdeutlicht die Wirksamkeit eines sozio-technischen Arrangements. So stellt sich für einen Arbitrage-Händler die Frage, ob das von ihm genutzte automatische Handelssystem in einer gegebenen Marktlage noch adäquat „kalibriert" ist. Er „löst" dieses Problem über die sozio-technische Einbettung in den Handelsraum. Neben der empirischen Beobachtung wird auch die Deutung der beiden Wissenschaftler aufgeführt, um zu veranschaulichen, welche analytischen Schlüsse sie hieraus ziehen:

> How to solve the calibration problem? Tom solves it by drawing on the social and spatial resources of the trading room. He sits in between the merger arbitrage desk and the systems desk. According to Tom,

> When you hear screams of agony around you, it indicates that perhaps it is not a good time to trade. If I hear more screams, maybe I should not use the system even if it's green.
>
> Similarly, price feed in stocks and futures has to come at the same speed. By sitting near the futures arbitrage desk, the stat arb trader can remain alert to any anamoly in the data feed. In addition to getting a sense of when to turn off their robots, statistical arbitrage traders interpret cues from nearby desks to gauge when to take a particular security out of automated trading. The instruments of representation that make up the technology of finance retain their value only so long as they remain entangled in the social relations that spawned them. A trader's tools are socio-technical. (Beunza/Stark 2004: 395)

Die Anordnung des Handelsraums nach bestimmten Handelsbereichen bzw. Finanzmärkten und die Reaktionen von dort sitzenden Händler*innen sind für den Arbitrage-Händler wichtige Ressourcen, um Interpretationen darüber anzulegen, ob er seinem automatischem Handelssystem noch vertrauen kann, auch wenn es „grüne" Signale anzeigt. Wenn mit der Verwendung von algorithmisch gesteuerten „Bots" auch Erwartungen einhergehen, rationale Investitionsentscheidungen zu treffen, so fungiert das soziotechnische Arrangement hier zugleich als Korrektiv dieser Erwartungen. Die Wahrnehmung von „Schmerzschreien" („screams of agony") anderer Händler*innen zeigt darüber hinaus an, dass in dieser soziotechnischen Verschränkung auch affektive Facetten wirksam werden (Lange 2021: 13–14).

Ähnlich wie bei Knorr Cetina und Brügger werden Finanzmärkte auch bei Beunza und Stark reflexiv bzw. selbstreferenziell gesehen, wenn Arbitrage-Händler*innen wissen, dass sie rekursiv in ein Phänomen intervenieren, das sie selbst als Handlungsgrundlage beobachten (Beunza/Stark 2004: 397). Damit kann eine Art „sinnhafte Dissonanz" (Stark 2009) entstehen, wenn verschiedene Handelstische und -bereiche auch zu verschiedenen Interpretationen über die Lage eines jeweiligen Finanzmarktes führen und dies wiederum neue Interpretationen und Ansätze darüber auslöst, wie weitergehandelt werden kann.

Sozio-technische Arrangements, die sich im Zuge der Digitalisierung des Finanzsektors formieren, finden sich darüber hinaus nicht nur in Handelsräumen, sondern gerade auch in den eigentlichen Börsen und deren Transformation von einem Finanzmarkthandel unter physisch co-präsenten Händler*innen, die Kaufs- und Verkaufsangebote verbal als analogen „open outcry" übermitteln, hin zu einem Handel eben als digitale „face-to-screen"-Interaktion von physisch abwesenden und prinzipiell global verteilten Händler*innen. Hierzu geben Studien über die Automatisierung etwa der Londoner Börse (Pardo-Guerra 2010) und Pariser Börse (Muniesa 2005) Aufschluss. Dies hat wiederum auch die börslichen Verfahren zur Ermittlung der Preise von Finanzinstrumenten verändert, sowie deren Visualisierungen und Veröffentlichungen nunmehr prinzipiell in Echtzeit (Preda 2006; Stäheli 2004). Die Preisfindung musste wiederum auf die massive Expansion von Handelsaufträgen reagieren (Muniesa 2000). Wie Fabian Muniesa (2007) zeigt, betraf dies besonders die Feststellung von Tagesschlusskursen, die auch in anderen Medien veröffentlicht werden und wesentliche Inputs für diverse Kennzahlensysteme sind. Diese mussten so konfiguriert werden, dass sie ein kollektives Marktgeschehen repräsentieren, etwa einen Durchschnittspreis der in den letzten Börsenminuten eingegangenen Kaufs- und Verkaufsangebote, und nicht nur auf den zuletzt eingegangenen und zum Tagesende oftmals stark schwankenden Kursstellungen basieren.

Kalkulative Praktiken

Mit der oben beschriebenen Fokussierung auf menschliche und nicht-menschliche Akteur*innen lässt sich zudem fragen, wie hierüber mehr oder weniger typische wirtschaftliche Prozedere erfasst werden können. Gerade im Bereich der Finanzmärkte betrifft dies permanent stattfindende Bewertungen, wenn Welt- und Marktlagen in Preise von Finanzinstrumenten übersetzt werden. Vor allem mittels quantitativer

Zahlenwerke und Modellen soll hierüber auch eine Rationalität des finanzwirtschaftlichen Vollzuges legitimiert werden.

Mit den „calculative collective devices" haben Callon und Muniesa (2005) eine Perspektivierung von kalkulativen Praktiken vorgenommen, welche die prinzipielle Vielfalt dieser in ein allgemeineren Ansatz subsumiert und neben quantitativen auch qualitative Formen des Kalkulierens erfassbar macht. Dabei wird die Etablierung von Unterschieden als basales Element einer Kalkulation veranschlagt. Kalkulationen durch Unterscheidungen sind hiernach Grundlage für Imaginationen und Vorhersagen von Handlungsabläufen (vgl. Beckert 2016).

> Calculating does not necessarily mean performing mathematical or even numerical operations [...] Calculation starts by establishing distinctions between things or states of the world, and by imagining and estimating courses of action associated with those things or with those states as well as their consequences. (Callon/Muniesa 2005: 1231)

Mit „states of the world" sind beim Finanzmarkthandel vor allem wirtschaftliche und andere gesellschaftliche Welt- und Marktereignisse gemeint, die etwa turnusmäßig veröffentlichte Gewinn- und Verlustmeldungen von Unternehmen oder monatliche Arbeitslosenzahlen ebenso betreffen wie politische Entscheidungen etwa beim Brexit, der zweiten Trump-Präsidentschaft oder der Entscheidung, schuldenbasierte staatliche Investitionspakete zu verabschieden. Diese Ereignisse und Lagen sind Gegenstand der täglichen Informationsströme von Finanzmarkthändler*innen, welche diese wiederum mit Blick auf ihre eigenen Portfolios bestehend aus Finanzprodukten bewerten und kalkulieren.

Dem Ansatz folgend wird die Hervorbringung kalkulativer Praktiken als Dreierschritt erfasst (Callon/Muniesa 2005: 1231): Mit dem „detachment" ist gemeint, dass eine endliche Anzahl von Entitäten bzw. Dingen zunächst in einen „calculative space" angeordnet oder arrangiert werden, etwa in Rechnungen, Excel-Spreadsheets, Screens, Trading Floors oder auch in Arbeitsspeichern von Computern. Hierüber wird selektiert, was Gegenstand einer Kalkulation wird und was nicht. Die Assoziation dieser Entitäten markiert den zweiten Schritt. Dies kann die Berechnung von Werten mit einem Taschenrechner betreffen, wodurch diese durch die Berechnung mathematisch aufeinander bezogen werden. Bei den oben dargestellten Arbitrage-Händler*innen würde eine Assoziation beispielsweise wie folgt aussehen: Im Kern geht es ihnen darum, den Zeitpunkt für eine Firmenübernahme zu prognostizieren (Beunza/Stark 2012). Die zentrale Referenz hierfür ist der „Spreadplot", der auf einem Bildschirm angezeigt wird und die Differenz zwischen den Aktienkursen des kaufbereiten Unternehmens und des Zielunternehmens anzeigt. Angenommen wird, dass sich der Kurs dieses Zielunternehmens dem Kurs des kaufenden Unternehmens im Zuge der Übernahme angleicht, und somit der Spread verschwindet, wenn die Übernahme stattfindet. Abgeschlossen wird die Kalkulation durch die Extraktion eines Resultats (z. B. eine Summe, geordnete Listen, eine dichotome Wahl). Mit diesem Resultat liegt dann eine Entität vor, die den kalkulativen

Raum auch verlassen und wiederum Gegenstand von anderen Kalkulationen werden kann.

In der Einfachheit und intuitiven Nachvollziehbarkeit dieses Konzeptes von Kalkulationen liegt zugleich seine Stärke. Herauszustellen ist, welche Dinge in einen kalkulativen Raum arrangiert werden, wie das sozio-technische Arrangements dieses Raumes aussieht bzw. wie in diesem Dinge manipuliert werden und wie hierüber ein Resultat ermittelt wird, das diesen Raum auch verlassen kann, etwa durch Kommunikation und mediale Verbreitung. Mit diesem Dreierschritt werden neben quantitativen, arithmetischen, ökonometrischen oder algorithmischen Kalkulationen auch qualitative, kognitive und prinzipiell affektive Formen des Kalkulierens adressiert, was auch als „qualculation" bezeichnet wird (Callon/Law 2005; Cochoy 2008).

Finanzwirtschaftliche Praxis ist massiv von Zahlenströmen, Arithmetik und Ökonometrie geprägt, was dieses Verständnis von Kalkulation eventuell besonders nachvollziehbar macht. Zugleich wird finanzwirtschaftliche Praxis hiervon nicht determiniert. Vielmehr dokumentieren die folgenden Forschungen, wie Kalkulationen sozial konfiguriert werden und interaktionell stattfinden. So zeigen Beunza und Garud (2007) am Beispiel der Hochphase der New Economy 1998 bis 2000, dass Analyst*innen allein schon deswegen zu divergierenden Kaufs- und Verkaufsempfehlungen des damals noch jungen Unternehmens Amazon gelangen, weil sie es entweder als „internet company" oder als klassischen „book retailer" klassifizieren.

Das konkrete und situative „doing calculation" wurde insbesondere von Herbert Kalthoff und seinen Untersuchungen zum Risikomanagement in Kreditabteilungen von Banken untersucht. Er zeigt, wie Risikoanalyst*innen durch den praktischen Kalkulationsvollzug Unternehmen als eigentliche Objekte der Kalkulation neu konstituieren (Kalthoff 2005). Die „Konstruktivität ökonomischer Zahlenwerke" (Kalthoff 2007a) übersetzt diese Gegenstände in ökonomische Entitäten (wie etwa dem Cash Flow). Beobachtet wird aber auch ein „undoing calculation", also eine De-Legitimation von Zahlen durch die soziale Einbettung der Handelnden in Bankenorganisationen und -hierarchien sowie damit einhergehenden Misstrauensstrukturen (Kalthoff 2011). So kann es auch zu „codeswitches" kommen, wenn etwa die Dominanz eigener Kalkulationen und Zahlen zugunsten der Meinung vertrauenswürdiger Akteur*innen aus dem umgebenden sozialen Netzwerk aufgegeben wird (Kalthoff 2007b: 163–164). Hierüber wird deutlich, wie kalkulative Praktiken in sozialen Interaktionen konstruiert, verhandelt, verändert oder neutralisiert werden. Damit wird zugleich eine kultursoziologische, praxeologische Perspektive auf Kalkulationen eröffnet, eine „Performanz sozialer Praxis" mit körperlichen, technischen, darstellerischen und reflexiven Dimensionen (Kalthoff 2007a: 162; vgl. Preda 2009).

Zusammenfassend betrachtet kann, wiederum mit Beunza und Stark, gefragt werden, ob die sozio-technische Konfiguration von Kalkulationen auch dazu führt, dass sich gewissermaßen auch gesellschaftliche „Dysfunktionen" in diesen ablagern:

> What happens when traders use devices that bring other traders' opinions to bear on their calcu-
> lations? [...] once social dynamics are introduced in calculative decision-making, do the dysfunc-
> tions of society also enter into the calculations? (Beunza/Stark 2012: 389)

Einige der hier aufgezeigten Elemente von kalkulativen Praktiken finden sich auch
bei der konkreten Adaption von Wirtschaftstheorien wieder, was mit dem Konzept
der Performativität adressiert wird.

Performativität wirtschaftswissenschaftlicher Theorie

Das wirtschaftswissenschaftliche Standardakteurmodell wird als *homo oeconomicus*
bezeichnet. Es unterstellt wirtschaftlich Handelnden die Möglichkeit einer strikt rationalen Nutzenmaximierung, weil vorausgesetzt wird, dass diese über feststehende und
transitive Präferenzordnungen verfügen, eindeutig darüber informiert sind, welche
Mittel zur Erreichung von Zwecken zur Verfügung stehen, weshalb sie deshalb per
(mathematischer) Kalkulation imstande sind, die positiven wie negativen Kosten von
Handlungsalternativen zu ermitteln, sie aus den Alternativen dann die effizienteste
Alternative auswählen und darüber ihren Nutzen maximieren (für Modellüberblick
und sozialwissenschaftliche Kritik s. Albert 1965; Beckert 1997; Orléan 2014).

Übertragen auf den Finanzmarkthandel, etwa als *Efficient Market Hypothesis*
(EMH)(Fama 1970), würde sich hier ein besonders geeignetes Marktumfeld zur Erfüllung dieser Annahmen ergeben: Unterstellt wird, dass Finanzmärkte imstande sind,
allen Marktakteur*innen alle relevanten Informationen gleichermaßen (und zeitgleich) zur Verfügung zu stellen. Ein daran anschließender Handel führt zu Markt-
preisen, die neue Informationen unmittelbar abbilden. Sie sind dann „eingepreist".
Daraus resultiert theoretisch ein permanentes Marktgleichgewicht zwischen Angebot
und Nachfrage und in der Konsequenz würde niemand übermäßig große Gewinne
oder Verluste machen.

Die SSF untersucht hierzu, wie (überwiegend) ausgehend von diesem Kernpara-
digma mathematisch-ökonometrische Kalküle finanzwirtschaftliche Praxis informieren und orientieren. Hierzu überblicken Eve Chiapello und Christian Walter (2016)
drei Zeitalter: die Diskontierung (Abzinsung) von Cash Flows, also die Ermittlung von
gegenwärtigem Wert durch Rückrechnung zukünftig erwarteter Wertentwicklungen
(„discounting convention"); das wahrscheinlichkeitstheoretische Kalkül mathematischer Erwartung und Abweichung („mean-variance convention"); und die stochasti-
sche Preisbewertung geerdet in der EMH, die Abwesenheit von Arbitrage proklamiert,
um ein prinzipiell risikofreies Investmentportfolio zu garantieren („market-consistent
convention"). Diesen Konventionen ist die mathematisch-ökonometrische Ermittlung von
wirtschaftlichem Wert gemeinsam. Unterscheiden lassen sie sich nach ihrer formalen
Arithmetik, die wiederum auf verschiedenartige temporale Orientierungen zurückgehen.
Sie alle sind jedoch gleichermaßen Beispiele für eine Rahmung des Finanzmarkthandels
durch die Wirtschaftswissenschaft, was als These der Performativität soziologisch adressiert wird:

In a nutshell, the performativity argument claims that formal economic models do not simply represent economic phenomena (such as market transactions), but can create them too (Preda 2007: 522).

Einschlägig sind insbesondere die Forschungen von Donald Mackenzie und Yuval Millo zur EMH, dem „Capital Asset Pricing Model" und insbesondere der „Option Pricing Theory" bzw. dem 1973 veröffentlichten Black-Scholes-Merton-Model (BSM) zur Bewertung der Preise von Optionsderivaten (MacKenzie 2006a; MacKenzie/Millo 2003). Im Kern geht es beim BSM darum, bei einem Optionsgeschäft gegenwärtig zu vereinbaren, zu welchem Preis ein Finanzinstrument zum Zeitpunkt X gehandelt wird. Käufer*innen einer Option können sich hierdurch vor zukünftigen Marktschwankungen absichern („hedging"). Hierfür zahlen sie Verkäufer*innen einen Preis, also den Wert der Option an sich. Die sich in dieser Konstellation ergebenen Handlungsprobleme und der theoretische Lösungsvorschlag des BSM wird von Herbert Kalthoff (2004) allgemeinverständlich dargestellt:

> Demnach besteht das erste Handlungsproblem der ökonomischen Akteure in dem Umstand, zum Zeitpunkt t den Wert eines Gutes zum Zeitpunkt t_1 voraussagend bewerten zu müssen, um dann auf der Grundlage dieser Bewertung eine Entscheidung treffen zu können. Das zweite Problem besteht darin, den Preis der Option und damit die Prämie in Abhängigkeit von dieser Wertentwicklung festzulegen. Diese Fixierungen [...] werden umso komplexer, wenn der Objektwert [...] nicht konstant zu- oder abnimmt, sondern einer volatilen Bewegung folgt [...] Unter der Voraussetzung verschiedener und vereinfachender Annahmen (etwa keine Transaktionskosten) lautet der Vorschlag von Black, Scholes und Merton wie folgt: Wenn der Preis einer Aktie dem Standardmodell einer normal verteilten Wahrscheinlichkeit (*random walk*) folgt, dann kann auch jede Transaktion abgesichert, das heißt gedeckt werden. Die Deckung geschieht durch ein kontinuierlich angepasstes Portfolio, dessen Bezugspunkt die Preisentwicklung derjenigen Aktien darstellt, auf die sich der konkrete Handel bezieht (*replicating portfolio*). Der Preis der Option (die Prämie) gleicht dabei die Kosten dieses Portfolios aus; aber die auftretende Divergenz der Preise führt zum Handel mit ihnen, denn über Arbitrage kann ein relativ risikofreier Gewinn erzielt werden, wodurch die Divergenz der Kosten von Option und Portfolio wieder ausgeglichen wird. (Kalthoff 2004: 164, Herv. i. Orig.)

Diese Beschreibung des BSM verdeutlicht, wie der finanzwirtschaftliche Umgang mit Zukunft zum Gegenstand einer mathematischen Formalisierung und Vereinfachung wird. Denn im Grunde ist der Vorschlag des BSM trivial, wenn ein permanent anzupassendes Portfolio herzustellen ist, das den Verlauf etwa eines Aktienkurses repliziert. Hierüber ermittelbar wird der Preis der Option und zugleich die Möglichkeit eines „hedges" zur Absicherung – insofern die wesentlichen Annahmen des Modells erfüllt sind. Wenn der Kurs des zugrunde gelegten Finanzinstrumentes als Basiswert einer sogenannten Brownschen Bewegung folgt (bzw. einem „Wiener-Prozess"), würde das BSM mittels stochastischer Verfahren den „wahren" Wert einer Option kalkulierbar machen.

Mackenzie und Millo (2003) zeigen, wie diese wirtschaftstheoretischen Annahmen mit der Praxis des Optionenhandels konfrontiert wurden. In den 1970er Jahren wurde der Handel mit solchen komplexeren Derivaten gerade auch an der Terminbörse Chicago Board of Exchange noch als moralisch verwerflich, spekulativ und daher dem Glücksspiel gleichend konnotiert. Zugleich zeigte sich damals, dass die ursprünglich durch das BSM kalkulierten theoretischen Preise von Optionen systematisch von den empirischen Handelspreisen abwichen. Erst die zunehmende praktische Anwendung des Modells in Kombination mit technologischen Fortschritten und Marktliberalisierungen veränderten den Optionenhandel hin zu einer adäquateren Passung mit den Modellannahmen (Mackenzie und Millo 2003: 136 f.). Obwohl das BSM immer wieder in Form von falschen Prognosen versagt hat, sowohl in Krisen (etwa dem Crash von 1987) als auch in weniger volatilen Marktlagen, hat es sich zu einem integralen Bestandteil auch des digitalisierten Optionenhandels entwickelt (MacKenzie 2004). Einerseits wird dies auf die technische Nützlichkeit aufgrund verhältnismäßig einfacher Modellierungstechniken zurückgeführt (Millo/MacKenzie 2009). Andererseits vereinfachten sich Handelsinteraktionen zwischen Marktakteur*innen aufgrund gemeinsamer Bezugnahmen auf das BSM. So ist die über das Modell ermittelbare „implizite Volatilität", welche die Maßzahl der zukünftig von Marktteilnehmer*innen erwarteten Schwankungen eines Basiswertes über die Restlaufzeit einer darauf basierenden Option angibt, nicht nur eine zentrale Bezugsgröße im Optionenhandel, sondern eine allgemeine Bezugsgröße für die Erfassung von Marktlagen geworden.

Die seit den 1970ern vollzogenen Implementierungen des Modells repräsentieren die von MacKenzie differenzierten Typen von Performativität (MacKenzie 2006a; Preda 2007: 523–524): So wird mit der generischen Performativität die grundsätzliche Nutzung wirtschaftstheoretischer Modelle bezeichnet, mit der effektiven Performativität die Modifizierung ökonomischer Prozesse durch die Adaption dieser und mit der „Barnesian"-Performativität (nach dem Soziologen Barry Barnes) die Festigung dieser Modifikationen entsprechend den Vorstellungen und Annahmen von Ökonom*innen.

Nicht zuletzt finden sich auch in den ökonometrischen Modellwelten des Finanzmarkthandels wieder jene oben verdeutlichten sozio-technischen Kalibrierungen und situativen Anpassungen von kalkulativen Praktiken wieder. Dies wird insbesondere von Ekaterina Svetlova untersucht. Sie verfolgt eine Sicht auf Finanzmarktmodelle nicht als determinierende Entscheidungsskripte, sondern „simply [as] channels used to transmit the financial actors' judgements into numbers" (Svetlova 2012: 420). Sie stellt heraus, dass zunächst eine Investitionsidee als „Story" entwickelt wird, anhand von Informationen ebenso aber von Gefühlen etwa für ein Unternehmen, um erst dann die eigene Tabellenkalkulation passend „hinzudeichseln" („to wangle", Svetlova 2012: 421, zitiert nach Mars 1998). Hierfür untersucht sie das Discounted Cash-Flow-Model (DCF), in dem versucht wird, den gegenwärtigen „Fair Value" z. B. eines Unternehmens anhand eines zukünftig zu erwartenden Kapitalertrages zu berechnen, der wiederum über die Zeit „abgezinst" bzw. diskontiert, also zurück in die Gegenwart kalkuliert wird. Ein Verkauf beispielsweise von Aktien wird vom Modell nahegelegt, wenn der tatsächliche Aktienkurs des Unternehmens höher als dieser „Fair Value" ist (Überwertung) und umgekehrt ein Kauf, wenn der reale Kurs unter dem theoretisch ermittelten Wert liegt

(Unterbewertung). Dahinter verbirgt sich die Annahme, dass sich die Realität langfristig an die theoretischen Werte anpassen wird. Hier ergibt sich folgendes Problem: Eine inakkurate Schätzung dieser Faktoren (als Blick in die Zukunft) führt zu einem inakkuraten „Fair Value" und dementsprechenden Handelsentscheidungen („garbage in, garbage out", Svetlova 2012: 427). Zugleich sind viele dieser Parameter, insbesondere menschliche Erwartungen (an die Erwartungen von anderen Handelnden) nicht ohne weiteres quantifizierbar (Svetlova 2012: 426).

4 Methodologie und Methode

Durchaus im Sinne einer verstehenden und hermeneutischen Soziologie gedacht (vgl. Soeffner 1999), hat die SSF ein sehr ausgeprägtes Verstehenspotenzial bei der Erfassung einer oftmals schwer zugänglichen und schwer verständlichen finanzwirtschaftlichen Praxis. Sie untersucht vor allem mikrosoziale, interaktionelle und historische Elemente von finanzwirtschaftlicher Praxis und ist an ihrer konkreten Hervorbringung und Reproduktion interessiert. Der weit überwiegende Teil der vorgestellten Forschungen und theoretischen, oder vielmehr theoretisierten Konzepte basiert daher vor allem auf qualitativ-rekonstruktive empirische Forschungsmethoden: etwa Ethnografien (z. B. Beunza/Stark 2004; Knorr Cetina/Brügger 2002a), qualitative Interviewstudien (z. B. Svetlova 2012) oder historisch angelegte Prozess- und Artefaktanalysen (z. B. MacKenzie 2006a, 2018b; MacKenzie/Millo 2003). Dies hat Implikationen für die Art der Theoriegenese in der SSF und geht wiederum auf ihre Entstehungsgeschichte zurück: So sind es vornehmlich die empirischen Beobachtungen von Ausschnitten stattfindender finanzwirtschaftlicher sozialer Wirklichkeit – und nicht bereits etablierte Theorien über diese und damit einhergehende Annahmen – deren Verdichtungen, Sättigungen und analytischen Rekonstruktionen in der SSF auch Prozesse der Theoriegenese auslösen.

5 Zusammenfassung zentraler Begriffe

Sozio-technische Arrangements: Hierunter wird das Zusammenspiel und die analytisch gleichrangige Betrachtung von menschlichen und technischen Akteur*innen erfasst. Die Analyse der sich zwischen diesen Akteur*innen einstellenden Relationen, Assoziationen und Vernetzungen legen die tatsächlichen Elemente frei, welche eine bestimmte (finanz)wirtschaftliche Praxis hervorbringen.

Kalkulation: In der SSF werden Kalkulationen als Dreierschritt betrachtet. Auf die Erfassung bzw. Anordnung von Entitäten in einem „calculative space" (Callon/Muniesa, s. o.) erfolgt deren Assoziation (etwa als Berechnung) und daraufhin die Ermittlung eines Ergebnisses, welches wiederum als neue Entität in andere Kalkulationen einfließen kann. Hierüber lassen sich sowohl quantitative als auch qualitative Kalkulationen erfassen.

Performativität: Unter Performativität wird in den SSF insbesondere die Wirksamkeit von wirtschaftswissenschaftlichen Theorien und Modellen auf wirtschaftliche Praxis betrachtet. In einem basalen Verständnis betrifft dies die Adaption von theoretischen Annahmen, um zur Lösung wirtschaftlicher Handlungsprobleme beizutragen. Besonders wirkungsmächtige Theorien können darüber hinaus dazu führen, dass wirtschaftliche Praxis überhaupt erst durch sie hervorgebracht wird und sich den Annahmen dieser Theorien annähert, auch wenn diese den betreffenden wirtschaftlichen Bereich nicht adäquat erfassen können.

6 Kritik, Weiterentwicklung und Rezeption

Durch diese vornehmlich mikrosozialen bzw. historischen Analysen findet Theoriebildung über Wirtschaft per se dicht an der empirisch untersuchten wirtschaftlichen Wirklichkeit statt. Damit geht die SSF explizit mit dem Problem der theoretischen Determinierung um, welches etwa beim wirtschaftswissenschaftlichen Modell des homo oeconomicus vorliegt. Indem sie den Einfluss beispielsweise von ökonometrischen Modellen selbst analytisch integriert, kann sie Theorie-Praxis-Adaptionen und deren Konsequenzen für wirtschaftliche Sphären nicht nur empirisch abbilden, sondern auch theoretisch abstrahieren. Darin liegt eine wesentliche Erkenntnis- und Reflexionsleistung der SSF.

Demgegenüber wird kritisiert, dass es genau jene mikrosozialen Fokusse der SSF sind, die diese in ihrer Reichweite einschränkt. So wird hinterfragt inwieweit die SSF überhaupt dazu beitragen kann, etwa die Konsequenzen finanzwirtschaftlicher Investitionsentscheidungen für andere wirtschaftliche Bereiche zu erfassen (Corpataux/ Crevoisier 2016). Dies trifft insofern zu, wenn darüber hinaus beispielsweise auch die intensiven Relationen zwischen finanzwirtschaftlichen und staatlichen Akteuren (z. B. Staatsanleihen und Regulierung, s. Lange/von Scheve 2022) bislang nicht explizit über den Ansatz der SSF oder ihre Konzepte untersucht wurden. Demgegenüber werden Konzepte der SSF in anderen wissenschaftlichen Perspektiven aufgegriffen, die dann durchaus gesamtwirtschaftliche Ebenen oder andere gesellschaftliche Bereiche adressieren. Dies betrifft etwa aktuellere Entwicklungen einer Soziologie des Wertens und Bewertens (vgl. Chiapello 2015; Fourcade 2011; Kjellberg et al. 2013; Krenn 2017; Krüger/Reinhart 2017) oder theoretische Weiterentwicklungen des Performativitätskonzeptes und damit auch Loslösungen vom Finanzsektor (Muniesa 2014).

Im Sinne einer konstruktiven Kritik ordnet Andreas Langenohl (2022) den mikrosozialen Fokus der SSF wie folgt ein: So ließe sich einerseits die Frage aufwerfen, inwieweit der interaktionelle Fokus der SSF Elemente freisetzen würde, die einen universalen Charakter hätten und somit auch Fragen nach sozialem Wandel und sozialer Transformation adressieren könnten (Langenohl 2022: 89). Anderseits wird hinterfragt, inwieweit eine mikrosozial ausgerichtete SSF auch stärker externe, nichtfinanzwirtschaftliche Dimensionen bei der Hervorbringung eben von finanzwirtschaftlicher Pra xis berücksichtigen müsse (Langenohl 2022: 101). Hieran lässt sich anschließen, dass die SSF zwar diverse Bereiche des Finanzmarkthandels untersucht hat (z. B. Devisenhandel, Arbitrage oder Kreditwesen), bislang aber keine systematische Auseinandersetzung darüber folgt ist, wie sich etwa Handelsstile, Durchdringungen des vollautomatischen Handels oder kalkulative Praktiken entlang von Handelsbereichen im Finanzsektor unterscheiden.

In der Wirtschaftssoziologie hat die SSF jedoch einen festen Platz eingenommen. Dies zeigen zum Beispiel Zitationsanalysen, in denen die beiden grundlegenden Artikel zu kalkulativen Praktiken „Economic markets as calculative collective devices" von Callon und Muniesa (2005) sowie zur Performativität „Constructing a market, performing theory: the historical sociology of a financial derivatives exchange" von MacKenzie und Millo (2003) den zweiten und vierten Platz der meistzitiertesten wirtschaftssoziologischen Journal-Artikel belegen (Fernández-Esquinas et al. 2023: 239, wenngleich nur mit Fokus auf Europa und Nordamerika). Zugleich ist das Label „Social Studies of Finance" bislang nicht als wirtschaftssoziologisch prägende und eigenständige Schule sichtbar geworden. Insbesondere das Konzept der Performativität hat in der europäischen wirtschaftssoziologischen Forschung jedoch eine eigene Wirksamkeit entwickelt, währenddessen es im angloamerikanischen Feld weniger wahrgenommen wird und daher auch Verbindungen zum Einbettungsansatz der neueren Wirtschaftssoziologie eher marginal ausfallen (Preda/Knorr Cetina 2021: 193–194).

⚡ 7 Theorieanwendung: Konflikte um den Hambacher Forst

Werden die Geschehnisse rund um den „Hambacher Forst" als sozio-technische beziehungsweise sozio-*natürliche* Arrangements erfasst, so wird ein geradezu paradigmatisches Anwendungsfeld des Ansatzes der SSF deutlich, ohne dass damit zugleich ein finanzwirtschaftlicher Fokus gesetzt wird. Die Vorzüge der zurückliegend vorgestellten Perspektiven und Konzepte bestehen darin, durch die analytisch gleichrangige Erfassung von menschlichen und nicht-menschlichen Aktanten, deren Relationierungen und sich zwischen ihnen einstellenden Translationen je spezifische und eigentümliche Verschränkungen, Symbiosen und Koalitionen ebenso aufzuzeigen wie Separierungen, Antagonismen und Konflikte.

Der „Hambacher Boden" ist ein geeigneter Ausgangspunkt. So wird in diesem das Vorhandensein von Kohle vermutet. Selbst diese Annahme ist bereits Ergebnis einer sozio-technischen Kalkulation, wenn hierfür Bodenproben zu entnehmen und zu analysieren sind. Das Unternehmen RWE tritt hier als wirtschaftlicher Akteur hinzu und möchte diese Kohlebestände vereinnahmen bzw. diese „ausbeuten" und den in der Region seit den 1970er Jahren existierenden Tagebau erweitern. Ähnlich wie beim Beispiel der Kammmuscheln stellt sich die Frage, wie sich Kohle „kultivieren" lässt. Dies betrifft zunächst Praktiken, die Kohle „abzubauen", also aus dem Boden herauszubekommen bzw. zu „fördern", um sie anschließend zum Zwecke der Gewinnung von elektrischer Energie zu verbrennen. Hier treten vielfältige weitere Akteur*innen hinzu, etwa Schaufelradbagger, Fließbänder, Lastkraftwagen, Zerkleinerer, Kohlekraftwerke, dortige Verbrennungsöfen, in denen Kohle durch die Verbrennung in Kohlenstoffdioxid ebenso wie in Wärmeenergie „übersetzt" wird, wobei mittels letzterer wiederum Wasser zum Verdampfen gebracht wird, dadurch Dampfturbinen angetrieben werden, die elektrische Energie freisetzen. Hinzu kommen diese „Maschinen" entwickelnde, bedienende, wartende oder auch finanzierende Menschen. Durch diese und viele weitere sozio-technische Praktiken kann RWE als Unternehmen wirtschaftliche Umsätze und letztendlich Gewinne erzeugen. Dies kann RWE wiederum auch dafür nutzen, ein „Signaling" an finanzwirtschaftliche Aktanten herzustellen, die dies dann als Input ihrer eigenen kalkulativen Bewertungspraktiken eben über RWE heranziehen, um daraufhin mit den zu RWE auf Finanzmärkten zirkulierenden Finanzinstrumenten – etwa Aktien, Anleihen oder Derivate – zu handeln.

Neben diesen menschlichen Wirtschaftsinteressen wird die Kohle selbst dahingehend „kultiviert", als natürlicher Rohstoff auch zur Destruktion anderer, mit Blick auf die Erdhistorie vor allem natürlicher Arrangements beizutragen – also die Gefährdung eines (in den letzten Jahrtausenden) mehr oder weniger stabilen Weltklimas, wenn das freigesetzte Kohlenstoffdioxid die atmosphärische Freigabe von an der Erdoberfläche reflektierten Sonnenstrahlen zusehends erschwert, und sich das Erdklima dadurch zusehends dynamischer erhöht, was wiederum die Grundlage natürlicher und damit auch menschlicher Lebensformen gefährdet.

Das, was den „Hambacher Boden" zum „Hambacher Forst" macht, sind zudem: Die Bäume, deren Wurzeln in dem Boden verankert und sich als Rhizome mit anderen Bäumen relationiert haben. Bäume zeichnen sich durch spezifische Lebensweisen aus, die bisweilen aus Inschutznahme dieser auch anthropologisiert werden (Wohlleben 2020). Insofern ihr natürliches Lebensende eintritt (sie könnten vorher auch gefällt werden), wird wiederum ein wesentlicher Übersetzungsprozess freigesetzt, nämlich die Entstehung von Kohle. Allein innerhalb dieser genuin natürlichen Arrangements finden daher wesentliche Relationierungen statt – und dies kontinuierlich zumindest seit 12.000 Jahren bzw. nach der letzten Eiszeit.

Hinzu kommen Menschen, genauer Aktivist*innen, welche sich für den Fortbestand des Forstes einsetzen. Dies geschieht aufgrund verschiedener Motivationen: etwa die Erhaltung der vom bevorstehenden Tagebau bedrohten Dörfer, der Naturschutz und der Erhalt ökologischer Diversität, die Abkehr von fossilen Energieformen oder die Kritik an gegenwärtigen kapitalistischen Dynamiken – im Grunde also ein mehrdimensionaler, aber klarer Antagonismus zu RWE und den mit RWE verbundenen Menschen. Einige Gruppen dieser Aktivist*innen beginnen nun, den Forst zu „besetzen", in dem sie in diesem etwa Camps errichten. Insbesondere mit den Bäumen kommt es zu Relationen, die auch für nicht Involvierte beobachtbar sind bzw. sein sollen.

Aktivist*innen nehmen die Bäume gewissermaßen „in Schutz". Dies geschieht physisch, wenn neben oder in Form von Baumhäusern auch in den Bäumen gelebt wird, diese schützend durch die Ankettung „umarmt" werden oder unter ihnen in den Boden des Forstes Tunnel gebaut werden, in denen sich Aktivist*innen hineinbegeben und aufhalten. Damit wird auch eine rechtliche Ebene dieser sozionatürlichen Inschutznahme sichtbar: Einerseits werden durch die Besetzung des Forstes die Eigentumsrechte eben des Eigentümers RWE verletzt. Andererseits kulminiert als sogenannter „ziviler Ungehorsam" auch die juristische Bewertung zukünftig sicherzustellender Freiheitsrechte. So stellte das deutsche Bundesverfassungsgericht im Beschluss vom 24.03.2021 fest, dass die Regelungen des damaligen Klimaschutzgesetzes insofern verfassungswidrig sind, wenn bei zu gering ausfallenden gegenwärtigen Einsparungen von CO_2-Emissionen die Freiheitsrechte zukünftiger Generationen gefährdet sind und diese den negativen Konsequenzen des Klimawandels verstärkt ausgesetzt sind.

Um zumindest einen annähernd umfassenden Fokus auf das Arrangement „Hambacher Forst" und den Relationen in diesem herzustellen, sind neben den natürlichen, aktivistischen und unternehmerischen Akteur*innen zumindest auch staatliche Akteur*innen einzubeziehen. Dies sind etwa Polizist*innen, die Konformität zu Recht und Verfassung im Zweifel auch physisch durchsetzen sollen, oder Politiker*innen, die den Hambacher Forst vorm Hintergrund etwa ihrer parteilichen Interessen bewerten und in Koalition oder Opposition mit den verschiedenen Aktanten vor Ort treten.

Die Betrachtung des Hambacher Forstes aus der Perspektive der SSF bzw. den STS als deren Ursprung legt daher die vielfältigen, komplexen und miteinander relationierten sozio-technischen bzw. sozio-natürlichen Arrangements frei. Die hier nur angedeuteten wirtschaftlichen Verschränkungen und Konfliktbeziehungen ließen sich dabei ohne weiteres erweitern. So ließe sich beispielsweise herausstellen, wie Wirtschaft bzw. Oikos (altgriechischer Ursprung von „Ökonomie" als „Haus- und Wirtschaftsgemeinschaft") bei den Aktivist*innen selbst stattfindet und inwieweit hier etwa gemeinwohlorientierte Wirtschaftsweisen vorliegen oder auch die Abstinenz dieser.

8 Übungsfragen

a) Was sind die wesentlichen Annahmen der Social Studies of Finance? *(Wiederholungsfrage)*

Die Forschungsrichtung zeichnet sich vor allem durch eine analytisch gleichrangige Betrachtung von menschlichen und nicht-menschlichen Akteur*innen aus. Durch die Erfassung von sozio-technischen Arrangements bzw. Netzwerken und den Relationen zwischen den Akteur*innen ist sie imstande, Ausschnitte von finanzwirtschaftlicher Praxis als Gesamtheit in den Blick zu nehmen, adäquat zu rekonstruieren und damit zu verstehen. Dadurch ist eine Theoriegenese möglich, die aus den empirischen Beobachtungen heraus erfolgt und nicht als theoretische Determinierung.

b) Wie werden wirtschaftliche Theorien selbst zum Gegenstand dieser For-schungsrichtung? *(Wiederholungsfrage)*

Insbesondere die Wirksamkeit des Black-Scholes-Merton Modells zur Ermittlung von Optionspreisen verdeutlicht, wie ein wirtschaftswissenschaftliches theoretisches Mo-dell Annahmen über den Optionenhandel trifft, die diesen in seiner sozio-technischen Wirklichkeit nicht adäquat erfassen kann. Dennoch wird das Modell performativ wirk-sam und rahmt den Optionenhandel auch heute noch.

c) In medialen Darstellungen wird der Finanzsektor bisweilen als Wirtschaftsbe-reich dargestellt, in denen von Menschen getroffene Investitionsentscheidungen nur noch eine untergeordnete Rolle spielen und demgegenüber vor allem com-putergestützte, ökonometrische und algorithmische Handelssysteme vollauto-matisch mit Finanzinstrumenten handeln. Trifft dies zu? *(Wiederholungsfrage)*

Die Forschungen der SSF zeigen zweifelsohne auf, dass der Finanzsektor zu den ersten gesellschaftlichen Bereichen überhaupt gehört, in denen bereits Anfang der 2000er Jahre die erste Stufe einer vollumfänglichen Digitalisierung abgeschlossen war und sich bis heute permanent weiterentwickelt hat. Damit geht auch ein starker Ein-schlag vollautomatischer Handelssysteme einher. Jedoch wird finanzwirtschaftliche Praxis hierdurch nicht determiniert. Der Handel mit Finanzinstrumenten findet über eine immense Vielfalt von unterschiedlich konfigurierten sozio-technischen Arrange-ments statt. Daher sind es die jeweils vorliegenden Konstellationen zwischen mensch-lich-sozialen und technisch-assoziativen Elementen, die eine bestimmte Variante des Handels mit Finanzinstrumenten hervorbringen.

d) Können die Perspektiven und Konzepte der SSF dazu beitragen, die Potenziale wie auch Herausforderungen einer sozial-ökologischen Transformation zu un-tersuchen? *(Diskussionsfrage)*

Durch die Ursprünge in der interdisziplinär ausgerichteten Wissenschafts- und Tech-nikforschung bringt die SSF prinzipiell methodologische und analytische Vorzüge mit, durch die auch Fragen nach sozial-ökologischen gesellschaftlichen Transformationen adressierbar sind. Dies betrifft etwa eine ohne größere konzeptuelle Hürden mögliche In-tegration auch von natürlichen Akteur*innen, wie beim Beispiel zum Hambacher Forst versucht wurde anzudeuten. Die dedizierte Rekonstruktion der sozialen, technischen und natürlichen Verschränkungen erscheint vielversprechend, wenn etwa Fragen zur (Nicht-) Vereinbarkeit von wirtschaftlichem Interesse an Prosperität und Wachstum mit gesell-schaftlichen Transformationsansprüchen etwa an ökologische Nachhaltigkeit und den Schutz ökologischer Räume und Ressourcen betrachtet werden. Weitgehend unerforscht scheinen in diesem Zusammenhang beispielsweise die Wirkungspotenziale gerade auch von theoretischen Entwürfen zu alternativen Wirtschaftsformen zu sein, etwa Post-/De-Growth-Ansätze, Gemeinwohlökonomie oder solidarisch organisierte Wirtschaftsgemeinschaften. So könnten Weiterentwicklungen etwa in diese Richtungen nicht nur durch die analytische Integration sozio-technisch-natürlicher Arrangements profitieren, sondern könnte im Sinne einer progressiven Performativität auch untersucht werden, wie solche Ansätze auf die Etablierung alternativer Wirtschaftsformen einwirken können.

9 Weiterführende Literatur und Medien

a) Theoretisierende Ausführung
Callon, Michel (2021): Markets in the Making: Rethinking Competition, Goods, and Innovation. New York: Zone Books.

Das Buch kann als eine vorläufig abschließende Betrachtung des Markt-Konzeptes in der SSF angesehen werden. Callon reflektiert und aktualisiert hier seine langjährigen Forschungen und insbesondere auch theoretischen Weiterentwicklungen des Ansatzes von „market devices".

b) Anwendung auf ökonomische Phänomene
Arjalies, Diane-Laure; Grant, Philip C.; Hardie, Iain; MacKenzie, Donald A.; Svetlova, Ekaterina (2017): Chains of finance: How investment management is shaped. Oxord: Oxford University Press.

In diesem Band wird genauer auf die Diversität finanzwirtschaftlicher Praktiken eingegangen und sich somit von dem für die SSF typischen Fokus eher auf einen einzelnen Bereich gelöst. Damit geraten auch komplexe finanzwirtschaftliche Prozessketten in den Blick

c) Weiterführender Beitrag
Borwein, Sophie; Magistro, Beatrice; Loewen, Peter; Bonikowski, Bart; Lee-Whiting, Blake (2024): The gender gap in attitudes toward workplace technological change. In: Socio-Economic Review 22(3), 993–1017.

Wenngleich dieser Artikel nicht der SSF zugeordnet werden kann, adressiert er jedoch ein wesentliches Thema auch dieser Forschungsrichtung: So werden in einer ländervergleichenden Analyse geschlechtliche Dimensionen von Einstellungen zu technologischem Wandel am Arbeitsplatz untersucht.

d) Weitere mediale Vertiefung
Dokumentarfilm „Inside Job", von Charles H. Ferguson, 2010.

Dieser mehrfach ausgezeichnete Dokumentarfilm rekonstruiert die weltweite Finanz- und Wirtschaftskrise 2007–2009. Es werden detaillierte Einblicke in die vielfältigen und komplexen Hintergründe zur Entstehung und den Verlauf der Krise gegeben sowie insbesondere auch die Wirkungsmächtigkeit von Risikomodellen und die Rolle der Wirtschaftswissenschaften aufgezeigt.

Literatur

Albert, Hans (1965): Modell-Platonismus. Der neoklassische Stil des ökonomischen Denkens in kritischer Beleuchtung. In: Topitsch, Ernst (Hg.): Logik der Sozialwissenschaften. Köln: Kiepenheuer & Witsch, 406–434.

Arjalies, Diane-Laure; Grant, Philip C.; Hardie, Iain; MacKenzie, Donald A.; Svetlova, Ekaterina (2017): Chains of finance: How investment management is shaped. Oxord: Oxford University Press.

Arminen, Ilkka (2010): Who's afraid of financial markets?. In: International Sociology 25(2), 170–183.

Bauer, Susanne; Heinemann, Torsten; Lemke, Thomas (2017a): Einleitung. In: Bauer, Susanne; Heinemann, Torsten; Lemke, Thomas (Hg.): Science and Technology Studies. Klassische Positionen und aktuelle Perspektiven. Frankfurt am Main: Suhrkamp, 7–42.

Bauer, Susanne; Heinemann, Torsten; Lemke, Thomas (2017b): Science and Technology Studies. Klassische Positionen und aktuelle Perspektiven. Frankfurt am Main: Suhrkamp.

Beckert, Jens (1997): Grenzen des Marktes: Die sozialen Grundlagen wirtschaftlicher Effizienz. Frankfurt am Main: Campus.

Beckert, Jens (2016): Imagined Futures: Fictional Expectations and Capitalist Dynamics. Cambridge: Harvard University Press.

Berger, Peter L.; Luckmann, Thomas (1969): Die gesellschaftliche Konstruktion der Wirklichkeit: Eine Theorie der Wissenssoziologie. Frankfurt am Main: Fischer.

Beunza, Daniel; Garud, Raghu (2007): Calculators, lemmings or frame-makers? The intermediary role of securities analysts. In: Sociological Review 55(2), 13–39.

Beunza, Daniel; Stark, David (2004): Tools of the trade: The socio-technology of arbitrage in a Wall Street trading room". In: Industrial and Corporate Change 13(2), 369–400.

Beunza, Daniel; Stark, David (2012): From dissonance to resonance: Cognitive interdependence in quantitative finance. In: Economy and Society 41(3), 383–417.

Beunza, Daniel; Stark, David (2013): „eeing through the eyes of others: dissonance within and across trading rooms. In: Knorr Cetina, Karin; Preda, Alex (Hg.): The Oxford handbook of the sociology of finance. Oxordk: Oxford University Press, 203–222.

Borwein, Sophie; Magistro, Beatrice; Loewen, Peter; Bonikowski, Bart; Lee-Whiting, Blake (2024): The gender gap in attitudes toward workplace technological change. In: Socio-Economic Review 22(3), 993–1017.

Callon, Michel (1984): Some elements of a sociology of translation: Domestication of the scallops and the fishermen of St Brieuc Bay. In: Sociological Review 32(1), 196–233.

Callon, Michel (Hg.) (1998): The laws of the markets. Oxford: Blackwell.

Callon, Michel (2021): Markets in the Making: Rethinking Competition, Goods, and Innovation. New York: Zone Books.

Callon, Michel (2024): Working with Bruno Latour on a daily basis. In: Theory, Culture & Society 41(5), 143–161.

Callon, Michel; Law, John (2005): On qualculation, agency, and otherness. In: Environment and Planning D: Society and Space 23(5), 717–733.

Callon, Michel; Muniesa, Fabian (2005): Economic markets as calculative collective devices. In: Organization Studies 26(8), 1229–1250.

Carruthers, Bruce G.; Kim, Jeong-Chul (2011): The Sociology of Finance. In: Annual Review of Sociology 37(1), 239–259.

Chiapello, Eve (2015): Financialisation of Valuation. In: Human Studies 38(1), 13–35.

Chiapello, Eve; Walter, Christian (2016): The three ages of financial quantification: A conventionalist approach to the financiers' metrology. In: Historical Social Research 41(2).

Cochoy, Franck (2008): Calculation, qualculation, calqulation: shopping cart arithmetic, equipped cognition and the clustered consumer. In: Marketing Theory 8(1), 15–44.

Corpataux, José; Crevoisier, Olivier (2016): Lost in space. In: Progress in Human Geography 40(5), 610–628.

Doganova, Liliana (2020): What is the value of ANT research into economic valuation devices?. In: (Hg.): The Routledge Companion to Actor-Network Theory: New York: Routledge, 256–263.

Easley, David; López de Prado, Marcos M; O'Hara, Maureen (2011): The microstructure of the "Flash Crash": Flow toxicity, liquidity crashes, and the probability of informed trading. In: The Journal of Portfolio Management 37(2), 118–128.

Elder-Vass, Dave (2015): Disassembling Actor-network Theory. In: Philosophy of the Social Sciences 45(1), 100–121.

Fama, Eugene F. (1970): Efficient capital markets: A review of theory and empirical work. In: The Journal of Finance 25(2), 383–417.

Farías, Ignacio; Blok, Anders; Roberts, Celia (2020a): The Routledge Companion to Actor-Network Theory. New York: Routledge.

Farías, Ignacio; Blok, Anders; Roberts, Celia (2020b): Actor-network theory as a companion: an inquiry into intellectual practices. In: (Hg.): The Routledge Companion to Actor-Network Theory: New York: Routledge, xx–xxxv.

Fernández-Esquinas, Manuel; Espinosa-Soriano, Paula; Ortega, José Luis; Massó, Matilde (2023): Economic sociology in Europe and North America. An exploration based on a systematic review of the literature. In: Maurer, Andrea; Nessel, Sebastian; Veira-Ramos, Alberto (Hg.): Economic Sociology in Europe. Recent Trends and Developments: London: Routledge, 227–258.

Fourcade, Marion (2011): Cents and sensibility: Economic valuation and the nature of "nature". In: American Journal of Sociology 116(6), 1721–1777.

Garcia-Sancho, Miguel; Knorr Cetina, Karin (2018): "These were not boring meetings": Miguel García-Sancho talks with Karin Knorr Cetina. In: Engaging Science, Technology, and Society 4, 246–266.

Kalthoff, Herbert (2004): Finanzwirtschaftliche Praxis und Wirtschaftstheorie. Skizze einer Soziologie ökonomischen Wissens. In: Zeitschrift für Soziologie 33(2), 154–175.

Kalthoff, Herbert (2005): Practices of Calculation. In: Theory, Culture & Society 22(2), 69–97.

Kalthoff, Herbert (2007a): Ökonomisches Rechnen: Zur Konstitution bankwirtschaftlicher Objekte und Investitionen. In: Mennicken, Andrea; Vollmer, Hendrik (Hg.): Zahlenwerk. Kalkulation, Organisation und Gesellschaft. Wiesbaden: VS Verlag für Sozialwissenschaften, 143–164.

Kalthoff, Herbert (2007b): Rechnende Organisation. Zur Anthropologie des Risikomanagements. In: Beckert, Jens; Diaz-Bone, Rainer; Ganßmann, Heiner (Hg.): Märkte als soziale Strukturen. Frankfurt am Main: Campus, 151–165.

Kalthoff, Herbert (2011): Un/doing calculation: On knowledge practices of risk management. In: Distinktion: Scandinavian Journal of Social Theory 12(1), 3–21.

Kirilenko, Andrei A.; Kyle, Albert S.; Samadi, Mehrdad; Tuzun, Tugkan (2014): The flash crash: The impact of high frequency trading on an electronic market. In: SSRN Electronic Journal.

Kjellberg, Hans; Mallard, Alexandre; Arjaliès, Diane-Laure; Aspers, Patrik; Beljean, Stefan; Bidet, Alexandra; Corsin, Alberto; Didier, Emmanuel; Fourcade, Marion; Geiger, Susi; Hoeyer, Klaus; Lamont, Michèle; MacKenzie, Donald A.; Maurer, Bill; Mouritsen, Jan; Sjögren, Ebba; Tryggestad, Kjell; Vatin, François; Woolgar, Steve (2013): Valuation studies? Our collective two cents. In: Valuation Studies 1(1), 11–30.

Knorr Cetina, Karin (1988): Das naturwissenschaftliche Labor als Ort der „Verdichtung" von Gesellschaft. In: Zeitschrift für Soziologie 17(2), 85–101.

Knorr Cetina, Karin (1999): Epistemic Cultures. Cambridge, London: Harvard University Press.

Knorr Cetina, Karin (2003): From pipes to scopes: The flow architecture of financial markets. In: Distinktion (7), 7–23.

Knorr Cetina, Karin (2017): Von Netzwerken zu skopischen Medien.: Die Flussarchitektur von Finanzmärkten. In: Kalthoff, Herbert (Hg.): Soziologie der Finanzmärkte: Bielefeld: Transcript-Verlag, 31–62.

Knorr Cetina, Karin; Brügger, Urs (2002a): Global microstructures: The virtual societies of financial markets. In: American Journal of Sociology 107(4), 905–950.

Knorr Cetina, Karin; Brügger, Urs (2002b): Inhabiting technology: The global lifeform of financial markets. In: Current Sociology 50(3), 389–405.

Knorr Cetina, Karin; Brügger, Urs (2002c): Traders' engagement with markets: A postsocial relationship. In: Theory, Culture & Society 19(5–6), 161–185.

Knorr Cetina, Karin; Krämer, Hannes; Salomon, René (2019): Die Ethnomethodologie umzirkeln. Karin Knorr-Cetina im Gespräch mit Hannes Krämer & René Salomon. In: Forum Qualitative Sozialforschung/Forum: Qualitative Social Research 20(2), Art. 18.

Krenn, Karoline (2017): Markets and classifications – Constructing market orders in the digital age. An introduction. In: Historical Social Research-Historische Sozialforschung 42(1), 7–22.

Krüger, Anne K.; Reinhart, Martin (2017): Theories of valuation. Building blocks for conceptualizing valuation between practice and structure. In: Historical Social Research-Historische Sozialforschung 42(1), 263–285.

Lange, Ann-Christina; Lenglet, Marc; Seyfert, Robert (2016): Cultures of high-frequency trading: Mapping the landscape of algorithmic developments in contemporary financial markets. In: Economy and Society 45(2), 149–165.

Lange, Markus (2021): Affekt, Kalkulation und soziale Relation. Ungewissheitsarrangements beim Finanzmarkthandel. Wiesbaden: Spinger VS.

Lange, Markus; von Scheve, Christian (2022): Risk Entanglement in the Finance-State Nexus: The Case of Systemic and Political Risk. In: Frontiers in Sociology 7, 877217.

Langenohl, Andreas (2021): Algorithmic Reflexivity: The constitution of socio-technical accountability in financial pricing. In: Historical Social Research 46(2), 106–125.

Langenohl, Andreas (2022): Legacies and problematics of microsociology in the Social Studies of Finance. In: Przegląd Socjologiczny 71(4), 87–104.

Latour, Bruno (1986): The powers of association. In: Law, John (Hg.): Power, action, and belief. London; Boston: Routledge & Kegan Paul, 264–280.

Maasen, Sabine (2009): Wissenssoziologie. Bielefeld: transcript.

MacKenzie, Donald (2018a): 'Making', 'taking' and the material political economy of algorithmic trading. In: Economy and Society 47(4), 501–523.

MacKenzie, Donald A. (2004): The big, bad wolf and the rational market: portfolio insurance, the 1987 crash and the performativity of economics. In: Economy and Society 33(3), 303–334.

MacKenzie, Donald A. (2006a): An engine, not a camera: How financial models shape markets. Cambridge: MIT Press.

MacKenzie, Donald A. (2006b): Is economics performative? Option theory and the construction of derivatives markets. In: Journal of the History of Economic Thought 28(1), 29–55.

MacKenzie, Donald A. (2009): Material markets: How economic agents are constructed. Oxford: Oxford University Press.

MacKenzie, Donald A. (2018b): Material signals. A historical sociology of high-frequency trading. In: American Journal of Sociology 123(6), 1635–1683.

MacKenzie, Donald A.; Millo, Yuval (2003): Constructing a market, performing theory: The historical sociology of a financial derivatives exchange. In: American Journal of Sociology 109(1), 107–145.

Mallard, Alexandre; Callon, Michel (2023): From innovation to markets and back. A conversation with Michel Callon. In: Sociologica 16(3), 15–173.

Mars, Frank (1998): Wir sind alle Seher. Unveröffentlichte Dissertation. Universität Bielefeld.

Millo, Yuval; MacKenzie, Donald A. (2009): The usefulness of inaccurate models: Towards an understanding of the emergence of financial risk management. In: Accounting, Organizations and Society 34(5), 638–653.

Müller, Martin (2015): Assemblages and actor-networks: Rethinking socio-material power, politics and space. In: Geography Compass 9(1), 27–41.

Muniesa, Fabian (2000): Performing Prices:: The case of price discovery automation in the financial markets. In: Kalthoff, Herbert (Hg.): Facts and figures. Marburg: Metropolis, 289–312.

Muniesa, Fabian (2005): Containing the market: The transition from open outcry to electronic trading at the Paris Bourse. In: Sociologie du Travail 47(4), 485–501.

Muniesa, Fabian (2007): Market technologies and the pragmatics of prices. In: Economy and Society 36(3), 377–395.

Muniesa, Fabian (2014): The provoked economy: Economic reality and the performative turn. London: Routledge.

Newton, Tim (2019): 'New' Social Theory? Abbott and Social Studies of Finance. In: Sociology 53(5), 809–825.

Orléan, André (2014): The Empire of Value: A new Foundation for Economics. Cambridge: MIT Press.

Pardo-Guerra, Juan Pablo (2010): Creating flows of interpersonal bits: the automation of the London Stock Exchange, c . 1955–90. In: Economy and Society 39(1), 84–109.

Preda, Alex (2006): Socio-Technical Agency in Financial Markets. In: Social Studies of Science 36(5), 753–782.

Preda, Alex (2007):The sociological approach to financial markets. In: Journal of Economic Surveys 21(3), 506–533.

Preda, Alex (2009): Brief encounters: Calculation and the interaction order of anonymous electronic markets. In: Accounting, Organizations and Society 34(5), 675–693.

Preda, Alex; Knorr Cetina, Karin (2021): Karin Knorr Cetina: An Interview with Alex Preda. In: Sociologica 15(3), 189–198.

Schulz-Schaeffer, Ingo (2000): Akteur-Netzwerk-Theorie. Zur Koevolution von Gesellschaft, Natur und Technik. In: Weyer, Johannes; Abel, Jörg (Hg.): Soziale Netzwerke. München: Oldenbourg, 187–211.

Soeffner, Hans-Georg (1999): „Verstehende Soziologie und sozialwissenschaftliche Hermeneutik". In: Hitzler, Ronald; Reichertz, Jo; Schröer, Norbert (Hg.): Hermeneutische Wissenssoziologie: Konstanz: UVK, 39–49.

Stäheli, Urs (2004): Der Takt der Börse. In: Zeitschrift für Soziologie 33(3), 97.

Stark, David (2009): The sense of dissonance: Accounts of worth in economic life. Princeton: Princeton University Press.

Svetlova, Ekaterina (2012): On the performative power of financial models. In: Economy and Society 41(3), 418–434.

Taleb, Nassim N. (2010): Der Schwarze Schwan: Die Macht höchst unwahrscheinlicher Ereignisse. München: Deutscher Taschenbuch Verlag.

Wohlleben, Peter (2020): Das geheime Leben der Bäume: Was sie fühlen, wie sie kommunizieren – die Entdeckung einer verborgenen Welt. München: Heyne.

Abbildungsverzeichnis

Abb. I.1 Entwicklung des Außenhandels in Deutschland von 2000–2024. (Statistisches Bundesamt (Destatis), https://www.destatis.de/DE/Themen/Wirtschaft/Aussenhan del/_Grafik/_Interaktiv/entwicklung-aussenhandel-jahre.html, letzter Aufruf: 11.04.2025, Lizenzierung nach dl-de/by-2-0) —— **34**

Abb. II.1 Wo besonders viele Deutsche armutsgefährdet sind. Armutsgefährdungsquote in Deutschland nach Bundesland 2022. (Statista, https://de.statista.com/infografik/ 31049/armutsgefaehrdungsquote-nach-bundesland/, letzter Aufruf: 14.04.2025, Lizenzierung nach CC BY-ND 3.0) —— **58**

Abb. II.2 Ein Symbol des Protests: das Baumhaus von Waldschützern im Hambacher Forst. (Kevin McElvaney/Greenpeace 16.09.2018) —— **88**

Abb. III.1 Absatz bestimmter Verbrauchsgüter während der Covid-19-Pandemie. (Statistisches Bundesamt (Destatis) 2025) —— **102**

Abb. IV.1 Alan Greenspan im Jahr 2007, damals Chairman der Federal Reseve, bei einer Rede im Rahmen des International Monetary Funds (IMF). (International Monetary Fund Photograph/Stephen Jaffe, https://commons.wikimedia.org/wiki/File:Alan_Green span,_IMF_116greenspan2lg.jpg, letzter Aufruf: 25.03.2025, Lizenzierung nach Public Domain) —— **142**

Abb. IV.2 3D-Modell für die Rekultivierung des Tagebau Hambach durch den RWE-Konzern. Südliche Ansicht. Stand 15.09.2022. (Quelle: RWE Power/Stand 2021) —— **176**

Abb. V.1 Nachhaltiger Einkauf. (Statista, https://de.statista.com/infografik/24476/negative-fol gen-fehlender-nachhaltigkeit-fuer-geschaefte-marken-und-produkte/, letzter Aufruf: 05.03.2025, Lizenzierung nach CC BY-ND 3.0) —— **190**

Abb. VI.1 Satellitenbild des Containerschiffs „Ever Given" im Suezkanal am 24.03.2021. (P. Markuse, https://www.flickr.com/photos/pierre_markuse/51070311183/, letzter Aufruf: 13.10.2024, Lizenzierung nach CC BY 2.0) —— **218**

Abb. VI.2 Die Routen der globalen kommerziellen Seeschifffahrt und ihre Dichte. (B.S. Halpern (T. Hengl; D. Groll), https://commons.wikimedia.org/w/index.php?title=File: Shipping_routes_red_black.png, letzter Aufruf: 05.03.2025, Lizenzierung nach CC BY-SA 3.0) —— **219**

Abb. VI.3 Proteste am Hambacher Forst im Oktober 2018. (Nick Jaussi/BUND, https://www. flickr.com/photos/bund_bundesverband/31288683028, letzter Aufruf: 13.10.2024, Lizenzierung nach CC BY-NC-SA 2.0) —— **249**

Abb. VII.1 Es ist nicht die „unsichtbare Hand des Marktes" (Adam Smith), die die Preise beim Spielertransfer im Profifußball steuert. (Pixabay, https://pixabay.com/de/photos/ magie-fantasie-finale-endspiel-3535628/, letzter Aufruf: 14.04.2025, Lizenzierung nach Pixabay-Inhaltslizenz) —— **266**

Abb. VIII.1 Der Schwarze Schwan steht sinnbildlich für unerwartete und folgenreiche Ereignisse an den Finanzmärkten – wie etwa den Flash Crash. (Pixabay, https://pixabay.com/de/ photos/schwan-schwarz-wasservogel-elegant-3340932/, letzter Aufruf: 14.04.2025, Lizenzierung nach Pixabay-Inhaltslizenz) —— **316**

https://doi.org/10.1515/9783110704884-009

Autor*innenverzeichnis

Dabrowski, Simon, M.A. Soziologie, ist Doktorand und ehemaliger Mitarbeiter des Lehrstuhls für Wirtschafts- und Organisationssoziologie des Instituts für Soziologie der Martin-Luther-Universität Halle-Wittenberg. Seit 2023 ist er wissenschaftlicher Mitarbeiter am Forschungsinstitut Betriebliche Bildung. Schwerpunkte: Wirtschaftssoziologie, Organisationssoziologie, sozial-ökologische Transformation und Nachhaltigkeit.

Hof, Bernadette ist Doktorandin und ehemalige Mitarbeiterin des Lehrstuhls für Wirtschafts- und Organisationssoziologie des Instituts für Soziologie der Martin-Luther-Universität Halle-Wittenberg. Ihre Schwerpunkte liegen auf der Erforschung organisationaler Prozesse und Strukturen, der sozialwissenschaftlichen Sicherheitsforschung sowie den qualitativen Methoden der empirischen Sozialforschung.

Lange, Markus ist Wirtschaftssoziologe und hat gegenwärtig die Geschäftsführung des Sonderforschungsbereichs 1171 „Affective Societies – Dynamiken des Zusammenlebens in bewegten Welten" an der Freien Universität Berlin inne.

Peters, Christian Helge ist wissenschaftlicher Mitarbeiter (Post-Doc) am Lehrstuhl für Wirtschafts- und Organisationssoziologie an der Universität Halle-Wittenberg. Seine Arbeitsschwerpunkte umfassen die theoretische Soziologie, Kultursoziologie sowie Wirtschafts- und Arbeitssoziologie. Gegenwärtig forscht er insbesondere zu artenübergreifenden Arbeits- und Sorgebeziehungen, zum Garten sowie zu antimodernen Elementen in Affekttheorien.

Senge, Konstanze ist Professorin für Wirtschafts- und Organisationssoziologie an der Martin-Luther-Universität Halle-Wittenberg. Ihre Forschungsschwerpunkte sind Finanzmärkte, Pferdemärkte, Nachhaltigkeit, Handeln unter Ungewissheit (in Organisationen und auf Märkten), Soziologie der Emotionen und der Sinne (in Organisationen und auf Märkten).

Weigelin, Max ist wissenschaftlicher Mitarbeiter am Arbeitsbereich für Wirtschafts- und Organisationssoziologie der Martin Luther Universität Halle-Wittenberg. Seine Forschungsschwerpunkte liegen in den Bereichen der Mikrosoziologie (insb. Soziologie der Sinne), qualitative Methoden und Organisationsforschung.

Zink, Veronika ist Postdoktorandin am Lehrstuhl für Wirtschafts- und Organisationssoziologie der Martin-Luther-Universität Halle-Wittenberg. Ihre Forschungsarbeiten bewegen sich am Nexus von Kultur und Ökonomie. Die Forschungsschwerpunkte liegen auf dem Studium von Gefühlen, auf der Analyse affektiver Infrastrukturen der Subjektivierung und der Untersuchung von Spielarten der Modernekritik.

https://doi.org/10.1515/9783110704884-010

Register

Adam Smith 7
Affekt 161, 164–165, 170–174
Agencement 233, 240
Agency 199
Aktant 233, 240
Akteur 111
Akteur-Netzwerk-Theorie 233, 319
Anarchokapitalismus 157
animal spirits 14
Arbeitsleistung 65
Arbeitsmarkt 22
Arbeitsteilung 7, 16–17
Assemblage 233
Assoziation 233, 240
autologische Theorie 110
Autopoiesis 108, 121

Beamtentum 61
Beobachtung 109
Beobachtung zweiter Ordnung 109
Bewertungssoziologie 294
Biopolitik 161
Börse 64, 95
Bürokratisierung 61

Calvinismus 80
Chicago School 158

Dekonstruktion 166
Derivat 116
Différance 152, 168
Direktvertrieb 294
Diskurs 156, 168
Dispositiv 160, 168

ECommerce 296
Eigenliebe 8
Eigennutz 5
Einbettung 300
Entbettung 21–22
Entnetzung 246
Entscheidung 118
erklärend verstehend 69, 83
Ethos 71, 81

Feld 198
fiktiv 22

fiktive Ware 22
Finanzialisierung 146, 293, 300
Finanzmarkt 116
Finanzmarktkapitalismus 173
Finanzmarktsoziologie 174
Finanzsektor 315
Funktion 113
funktionale Analyse 120
funktionale Differenzierung 109, 124
Funktionssystem 112

Geist 72
Geist des Kapitalismus 71, 81, 83
Geld 113–114, 121, 123, 291
Gesellschaft 109
Gesellschaftstheorie 301
Globalisierung 33
Gouvernementalität 161, 168, 173
Governance 234

Habitus 194, 202
Handeln unter Ungewissheit 13
Handlung 111, 193
Handlungsmotiv 67
Handlungsmuster 67, 78
Heilslehre 74, 76
Herdenverhalten 103
High Frequency Trading 316
Hinduismus 73
historisch vergleichend 64
homo oeconomicus 6, 109, 111, 329
Humankapitaltheorie 158
Hyperkapitalismus 146
Hyperrealität 156, 168

Idealtypus 78, 83
Ideen 61, 67
Identitäten 232
immaterielle Arbeit 154
Interaktion 192
Interesse 67
Intimität 292

Kalkulation 195, 332
Kapital 196, 202
Kapitalismus 66, 71, 79, 94
Kastenordnung 74–75

https://doi.org/10.1515/9783110704884-011

kausale Analyse 67
Kausalität 70
Keynesianismus 13
Klassen 196
Knappheit 112, 121
kognitiver Erwartungsstil 117, 125
Kommunikation 108
komparativer Kostenvorteil 11
Komplexität 104
Konsum 294
Kontexturanalyse 121
Kontingenz 104
Kontrolle 232
Kontrollkonzepte 299
Körper 164, 194
Kreativökonomie 172
Krise der Kritik 145
Krise des Marxismus 145
Kritik der Wirtschaftswissenschaft 276
kritische Theorie 124
Kultur 278
Kybernetik zweiter Ordnung 110

Landarbeiter 65
Lebensführung 67
Liberalismus 6, 157

Macht 199
Management 299
Marketing 200
Markt 21, 115, 157, 196, 277, 282, 288
Marxismus 12
materialistisch 61
Mensch 111
Merkantilismus 3
Methode 72
moderne Gesellschaft 105
moderne Wirtschaft 112
moral sentiments 9
Multikausalität 66, 72

Nachhaltigkeit 129
Neo-Institutionalismus 284, 299
Neoliberalismus 14, 158
Netzwerk 199, 240, 278
Netzwerkanalyse 238
Netzwerkdenken als politische und praktische
    Rationalität 244, 246
Netzwerke als Governanceform 240

Ökogouvernementalität 176
ökonomische Praxis 202
ökonomischer Habitus 202
ökonomisches Feld 202
Ökonomisierung 122, 146, 159, 162, 165, 173
operative Geschlossenheit 109
Ordoliberalismus 157, 166
Organisation 117, 122
Organisationsberatung 126

Panikkauf 101
Performativität 126, 132, 303, 333
Physiokratismus 5
politische Regulation von Märkten 278
Postmarxismus 147
Postoperaismus 172
Präferenz 196
Praxis 189, 193
Preis 115
Preisfindung 9
Programm 114
protestantische Ethik 79

Qualität 294
qualitative Netzwerkanalyse 239
qualitative Sozialforschung 201

Rationalisierung 62
Redistribution 21
Reflexivität 115
Reziprozität 21
Richard Baxter 80

Schulden 173
schwache und starke Verbindungen 229
Science and Technology Studies 319
second-order dangers 117
Selbstbeobachtung 110
Selbstbeschreibung 116, 129
Selbstreferentialität 108, 115
Selbststeuerung 106, 125
Semantik 109
Semiokapitalismus 154
Sicherheitsdispositiv 162
Sinn 194
Sinnzusammenhang 68
Social Network Analysis 238
soziale Konstruktion von Märkten 300
soziale Ungleichheit 196

soziales System 107–108
Sozialkapital 230, 240
sozio-technisches Arrangement 332
Speenhamland-Gesetz 22
Steuerungstheorie 106
Strukturalismus 148, 170, 192
strukturelle Kopplung 118
strukturelle Löcher 230
Strukturwandels des Kapitalismus 146
subjektiver Sinn 63, 83
Subjektivierung 163
symbolisch generalisiertes
    Kommunikationsmedium 113
Systemkrise 124

Tableau économique 5
Tausch 21
Theorie mittlerer Reichweite 300

Ungewissheit 285, 300
Universaltheorie 104
Unternehmen 199

Unternehmensgesellschaft 165
Unternehmer 159
unternehmerisches Selbst 169, 173

Verbraucherschutz 295
vergleichende Kapitalismusforschung 66
Verstehen 63, 108
Verstehende Soziologie 68
Vilfredo Pareto 12

Wachstumskrise 106
Ware 22
Wettbewerb 158
Wirtschaft 101, 121
Wirtschaftsethik 66
Wissensökonomie 117

Zahlung 113
Zeitalter der Simulation 154
zweck-rational 189
zweite Natur 198